RAU

GARRI KASPAROW

Von der Zeit geprüft

Partien bis zur Weltmeisterschaft 1984 1985

RAU

Aus dem Russischen übersetzt von Alexander Dolgorukov.
Redaktionell bearbeitet von Bernd Feustel.

Titel der russischen Originalausgabe: »Ispıtanije vremeniem«, Baku 1985

Foto: Vorderseite: Michael Kupferschmidt, Basel

1. Auflage: 1986

Satz: Schach-Spezialsatz, Bernd Feustel, Bamberg
Gesamtherstellung: Druckerei Schadel GmbH, Bamberg
Printed in Germany
ISBN 3-7919-0251-2

Inhaltsverzeichnis

Vorwort

Eine Sammlung kommentierter Partien gleicht im allgemeinen dem schachlichen Credo eines Meisterspielers. Aus den Kommentaren läßt sich deutlich das individuelle Spielverständnis ablesen, ebenso wie das persönliche Herangehen an allgemeine schachliche Probleme in weitesten Sinne. Auch das vorliegende Buch ist in dieser Hinsicht keine Ausnahme, aber eine gewisse Neuerung in der Gestaltung des Materials erfordert eine einführende Erklärung zur Struktur des Buches zu seinem Entstehungsprozeß.

Meine schachliche Weltanschauung entwickelte sich unter großem Einfluß des Ex-Weltmeisters Michail Botwinnik. Ich bin überzeugt, daß die fünf Jahre, die ich in der Botwinnik-Schule verbracht habe (1973 – 1978), von großer Bedeutung für die Gestaltung meiner Persönlichkeit als Schachspieler waren und den weiteren Weg meiner schachlichen Vervollkommnung bestimmt haben.

Als besonders wichtige Station auf diesem Weg scheint mir die Aneignung des „Hauptaxioms" von Botwinnik zu sein, dessen Kerngedanke in der Notwendigkeit der ständigen analytischen Arbeit und vor allem in der sorgfältigen Analyse der eigenen Partien gelegen ist. Nachdem ich unentwegt diese Regel befolgt hatte, konnte ich nach Jahren erkennen, daß sich gerade hier ein Fundament für die kontinuierliche Weiterentwicklung und Steigerung meiner schachlichen Meisterschaft befindet. Diese Einsicht wird übrigens bei weitem nicht von allen geteilt.

So begann man in letzter Zeit beeindruckt von dem ständig anwachsenden Volumen von Informationen aus der schachlichen Praxis, immer öfter darüber zu sprechen, daß die „Notwendigkeit" zur zielgerichteten Analysetätigkeit in Frage zu stellen sei. Darf aber die weitere Entwicklung des Schachspiels mit der Absage an seine wissenschaftliche Erforschung verbunden werden?

Das erste Jahr meiner Schachbiographie, in dem ich mich als reif bezeichnen möchte, ist 1978. Dieses Jahr kann man überhaupt als den Beginn der Praxis des Kommentierens bei mir ansehen, zunächst allerdings mit Einschränkung, da nur eigene Partien betreffend. Doch nach dem Erscheinen der periodischen Zeitschrift »Šachmaty« in Baku bekam meine journalistische Tätigkeit einen beständigen Charakter (zwischen 1981 – 1984 wurde über alle Turniere berichtet, an denen ich teilnehmen konnte).

Es ist klar, daß diese so umfangreiche Arbeit des Kommentierens nicht ohne Varianten- und Detailfehler sein konnte. Darüber hinaus waren gewisse Korrekturen auch durch die sich schnell entwickelnde Eröffnungstheorie bedingt; deshalb bedarf nach einer gewissen Zeit praktisch jeder Kommentar wenn nicht einer Neuauswertung so doch wenigstens einer Präzisierung oder Ergänzung. Nach diesem Prinzip ist auch dieses Buch aufgebaut. Der Hauptkommentar, verfaßt direkt unmittelbar nach Beendigung der Partien, blieb insgesamt unverändert (stilistische Kosmetik und geringe Veränderungen bei den Varianten nicht mitgerechnet), und an jenen Stellen, wo der alte Kommentar einer »Reparatur« oder einer Neufassung bedurfte, sind im Text neue Anmerkungen eingefügt, in einer anderen (*kursiven*) Schriftart gesetzt. Darin ist dem Wesen nach das Resultat der heutigen Analyse dieser Partien enthalten.

Somit wird ein eigenwilliger Doppelkommentar geliefert. Ich glaube, daß das Buch dank dieser interessanten Gestaltung (es können frühere Analysefehler ebenso nachvollzogen werden wie Änderungen in der Schachauffassung und der Theorie) effektiv für methodische Aufgaben (gerade bei Spielern mit höherer Spielstärke und Qualifikation) genutzt werden kann.

Zum Schluß möchte ich all jenen meinen Dank aussprechen, die mir bei der Abfassung und der schnellen Herausgabe dieses Werkes geholfen haben.

Garri Kasparow

P.S. Der Autor ist keineswegs der Ansicht, daß seine Arbeit als abgeschlossen gelten kann und keiner weiteren Bearbeitung bedarf. Schachliche Kommentare oder ein ganzes Buch verdienen eine hohe Wertschätzung erst dann, wenn sie die Überprüfung durch die Zeit bestanden haben. Deswegen sollen Sie couragiert nach neuen Fehlern und Fehleinschätzungen suchen, womit Sie Ihren Beitrag zur Wahrheitssuche im Schach leisten können.

VOR EINIGEN JAHREN...

Im Winter 1978 diskutierte man die Frage, ob der erst 14jährige Meisterkandidat Garri Kasparow zum Turnier, das zum Andenken von Sokolski ausgetragen wurde, eingeladen werden soll. Wo doch nur Schachmeister dort spielen sollten! Ausnahmsweise lud man ihn ein; der junge Schachspieler gewann das Turnier und darüber hinaus überbot er die Norm, die zum Titel »Meister des Sports« verlangt war, um 3,5 Punkte.

In diesem Buch sind Partien aus den Jahren 1978 – 1984 gesammelt, von Kasparow unmittelbar nach den Wettkämpfen kommentiert. Natürlich wählte er damals die interessantesten Partien und Endspiele aus, aber das Schachspiel entwickelt sich ständig, und so mußte der Autor seine damaligen Kommentare neu bearbeiten.

Kasparow befindet sich auf dem richtigen Weg; Partienanalysen sollen nicht nur veröffentlicht werden, um den Lesern Vergnügen zu bereiten. Der Leser hat das Recht, über diese Analyse streng zu urteilen, und anhand der Leserkritik kann man die Objektivität der eigenen Einschätzungen und Forschungen überprüfen. Diese Einsicht ist obligatorisch für alle, die auf diesem Gebiet etwas leisten wollen. Denn nur so können die schöpferischen und schachsportlichen Erfolge verbessert werden, gerade so kann man aus einem Talent das Maximum herausholen – falls man Talent besitzt! Was den Autor dieses Buches angeht, so gibt es daran keine Zweifel...

In diesem Buch sind 86 Partien und 14 Endspielstellungen zusammengefaßt – im Verlauf dieser sechs Jahre hat Kasparow weit mehr gespielt – die Auswahlprinzipien dabei waren sehr streng. Die Jahre vergehen, die schöpferischen Erfolge mehren sich, und dann werden in neuen Sammelwerken manche der hier veröffentlichten Partien nicht mehr berücksichtigt sein...

Von Zeit zur Zeit wird der Forschungstrend der sowjetischen Schachschule kritisiert. So meinte Löwenfisch 1950, daß die Vorbereitung bzw. die Ausbildung eines Schachmeisters die Bedeutung der Improvisation und überhaupt des schöpferischen Elements im Schachspiel herabsetzen würde; heutzutage wird manchmal behauptet, diese Richtung sei veraltet und nicht mehr geeignet. Die Praxis jedoch ist das Kriterium zur Auffindung der Wahrheit, und eine Tatsache bleibt unbestritten – die häusliche Vorbereitung des Schachspielers, seine Analysetätigkeit führt zu einer Steigerung seiner praktischen sportlichen Erfolge.

Und so handelt Kasparow. Wünschen wir ihm weitere Erfolge, weitere junge Meister sollen seinem Beispiel folgen!

M.M.Botwinnik

Moskau, 5.7.1984

Mein erstes Duell gegen einen Großmeister

In der sportlichen Biographie eines jeden Schachspielers werden sich wohl Partien und Turniere finden lassen, die für ihn zu den »Unvergeßlichen« zählen. Die Zahl der großen Turnierwettbewerbe, an welchen ich teilgenommen habe, kann man zu diesem Zeitpunkt (1978) noch an den Fingern einer Hand abzählen, aber das Turnier in memoriam Sokolski werde ich mein Leben lang nicht vergessen. Hier konnte ich die Normbarrieren, die für die Tetelerringung eines Schachmeisters vorgesehen sind, bezwingen. Auch die Partie aus der letzten Runde wird unvergessen bleiben – zum ersten Mal spielte ich eine Turnierpartie gegen einen Großmeister – »Mann gegen Mann«.

Kasparow – Lutikow
Damenbauernspiel
Minsk 1978

1. d4 Sf6 2. Sf3 d6

Mir scheint der Zug 2. ... g6 adäquater zu sein aber auch im Hinblick auf die Fortsetzung der Partie elastischer, da sich der Bauer d7 die Wahl der Fortentwicklung offenhält (3. Sc3 d5!). Gleichzeitig besitzt Weiß nun eine zusätzliche Möglichkeit, den Gegner dazu zu zwingen, die Aufstellung der Streitkräfte in der Eröffnung neu zu überdenken.

3. Sc3 Lg4

Eine List gegen die andere! Der Pirc– (3. ... g6) bzw. der Philidor-Verteidigung (3. ... e5) ausweichend wählt Schwarz eine seltene Fortsetzung.

4. e4 Sbd7?!

Eine positionell sehr riskante Fortsetzung. Vielleicht war das ein Test der „Ernsthaftigkeit" meiner Absichten in der letzten Runde des Turniers. Um die Idee von Schwarz zu widerlegen, mußte ich zum scharfen Bauernzug e5 greifen, in einer Situation, in der mir ein Remis vollkommen genügt hätte. Aber in meiner ersten Partie gegen einen Großmeister wollte ich unbedingt hochwertiges und gutes Schach spielen und so traf ich meine Entscheidung. Statt 4. ... Sbd7

		1	2	3	4	5	6	7	8	9	10	11	12	13	14	15	16	17	18	Punkte
1.	Kasparow	●	½	1	1	½	0	0	1	1	½	1	1	½	1	1	1	1	1	13
2.	Kupreitschik	½	●	1	½	½	½	½	1	½	1	1	1	1	1	½	½	½	1	12,5
3.	Schereschewski	0	0	●	½	½	½	½	1	½	1	½	½	½	1	1	1	1	1	11
4.	Kapengut	0	½	½	●	½	½	1	0	½	1	½	1	1	0	½	1	1	1	10,5
5.	Klowan	½	½	½	½	●	1	½	½	½	0	½	½	1	½	1	½	1	1	10,5
6.	Motschalow	1	½	½	½	0	●	1	0	½	½	1	½	½	1	1	½	½	1	10,5
7.	Dydyschko	1	½	½	0	½	0	●	½	0	1	0	1	1	0	½	1	1	1	9,5
8.	Lutikow	0	0	0	1	½	1	½	●	1	½	½	½	½	0	1	1	1	½	9,5
9.	Juferow	0	½	½	½	½	½	1	0	●	½	½	0	1	½	0	1	1	1	9
10.	Sacharow	½	0	0	0	1	½	0	½	½	●	½	½	½	1	1	½	½	1	8,5
11.	Roisman	0	0	½	½	½	0	1	½	½	½	●	½	1	0	0	1	1	1	8,5
12.	Begun	0	0	½	0	½	½	0	½	1	½	½	●	½	1	½	1	0	1	8
13.	Smirnow	½	0	½	0	0	½	0	½	0	½	0	½	●	1	1	1	1	1	8
14.	Litwinow	0	0	0	1	½	0	1	1	½	0	1	0	0	●	0	0	1	1	7
15.	Marjasin	0	½	0	½	0	0	½	0	1	0	1	½	0	1	●	1	½	½	7
16.	Kagan	0	½	0	0	½	½	0	0	0	½	0	0	0	1	0	●	½	½	4
17.	Weremeitschik	0	½	0	0	0	½	0	0	0	½	0	1	0	0	½	½	●	0	3,5
18.	Ljuboschin	0	0	0	0	0	0	0	½	0	0	0	0	0	0	½	½	1	●	2,5

wäre 4. ... e6 oder 4. ... c6 aussichtsreicher.

5. e5 Sg8

Der Rückzug ist erzwungen, denn 5. ... de5: 6. de5: Lf3: 7. Df3: Se5: 8. Db7: wäre für Schwarz sehr unvorteilhaft.

6. h3 Lf3:

Auf 6. ... Lh5 wollte ich mit 7. g4 Lg6 8.h4 fortfahren, um im geeigneten Moment e5-e6 durchzusetzen.

7. Df3: c6 8. Lf4

Weiß will d6-d5 provozieren und erst dann das entwicklungshemmende Bauernopfer e5–e6 anbringen. Außerdem sollte ernste Aufmerksamkeit dem Versuch zur Öffnung der Stellung mittels 8. ed6: ed6: 9. d5 geschenkt werden, wobei es nach 9. ... c5 10. Lf4 zu Schwierigkeiten für Schwarz kommen dürfte, den Bauern d6 zu decken.

8. ... d5

Jetzt wird die Richtigkeit des Vorhabens von Weiß vollauf bestätigt. Bedeutend schwierigere Aufgaben könnten für Weiß nach 8. ... e6 9. ed6: Sdf6! entstehen, obwohl auch dann nach 10. 0–0–0 Ld6: 11. Le5! der weiße Positionsvorteil offensichtlich ist.

9. e6 fe6: 10. Ld3 Sgf6 11. De2

Vorläufig behindert der schwarze Mehrbauer lediglich die Entwicklung; es ist ohnehin offensichtlich, daß er ein Kind des Todes ist. Der Versuch, diesen Bauern etwa mittels 11. ... Db6 12. 0-0-0 0-0-0 13. De6: Dd4: gegen einen anderen einzutauschen, scheitert am schönen, allerdings auch geläufigen Einschlag 14. Dc6:+! bc6: 15. La6 matt!

11. ... g6 12. De6: Lg7 13. 0-0

Eine umstrittene Entscheidung von Weiß, entstanden aus der Überlegung, daß allein durch den massiven Druck auf der e-Linie die Verteidigung des Gegners nicht zu schwächen ist und daß dazu noch Operationen auf einem der Flügel notwendig sein werden. Ich hatte bereits die Konturen des Bauernangriffes auf dem Damenflügel vor Augen und postierte deshalb den König auf der anderen Seite. Heute bin ich der Meinung, daß die lange Rochade eine logischere und stärkere Fortsetzung ist.

13. ... Sh5 14. Lg5?!

Als ich 13. 0-0 zog, dachte ich gerade an diesen aktiven Zug des Läufers (anstatt 14. Le3), dabei vermutete ich, mehr aus allgemeinen Überlegungen, daß Schwarz sich schwerlich dazu entschließen wird, den Bauern d4 mittels 14. ... Ld4: zu nehmen. Mit der beruhigenden Variante 15. Sd5: cd5: 16. Lb5 Sf6 17. Tad1 Db6 18. Ld7:+ usw. im Hinterkopf kam ich zu dem Schluß, daß die weißen Türme eine ihrer Würde entsprechende Beschäftigung auf den zentralen Linien finden werden. Die häusliche Analyse aber ergab, daß Schwarz anstatt 16. ... Sf6 zu ziehen, mit 16. ... a6 droht, sich von der Fesselung zu befreien, was ihm zusammen mit der Drohung Sc5 ermöglicht hätte, sich vom Druck zu befreien (17. Tae1 ab5: 18. Le7: Db6 19. Dd5: Le5!).

Es ist offensichtlich, daß man statt 15. Sd5:? einfach 15. Tfe1 spielen muß, zum Beispiel 15. ... Lf6 16. Lf6: Shf6: (16. ... Sdf6:? 17. g4) 17. Sa4 mit gutem Spiel für den Minusbauern.

14. ... Sf8 15. Dg4 Sf6 16. De2 Dd6 17. Tae1

Durch die Rückgabe des Bauern hat Schwarz seine Position etwas verbessert. Seine Figuren sind jedoch nach wie vor ohne günstiges Zusammenspiel, die Entwicklung ist noch nicht abgeschlossen, und die unangenehme Drohung auf der e-Linie ist längst noch nicht abgewehrt. Das Problem mit der Aufstellung der Türme hat Weiß einfach gelöst: Die Öffnung der f-Linie ist nach dem Bauernvorstoß f2-f4-f5 realistisch, und deswegen ist es für die Türme besser auf f1 und e1 zu stehen.

17. ... e6

Schwarz beugt damit dem Vorrücken des weißen f-Bauern vor, doch gleichzeitig verurteilt er sich selbst zu einer passiven Verteidigung. Übrigens scheint 17. ... Kf7 18. Lh4! Se6 19. Lg3 für Schwarz gefährlich zu sein, sowohl nach 19. ... Sd4: 20. De3 Db4 21. a3 als auch nach 19. ... Dd7 20. Le5 mit anschließendem f2-f4-f5.

18. Sa4

Auf diese Weise eröffnet Weiß die Kampfhandlungen an einer zweiten Front – auf dem Damenflügel – und versucht damit, auch dort ein Angriffsziel zu finden.

18. ... Kf7 19. b4 b6

Natürlich nicht 19. ... Db4: wegen 20. Sc5 mit vielen gefährlichen Drohungen.

20. Dd2 Te8 21. Lf4 De7

Schwarz kann den sich abzeichnenden Angriff von Weiß nicht verhindern. Auf 21. ... Dd7 ist 22. c4 dc4: 23. Lc4: eine starke Antwort; 23. ... b5 24. Sc5 verbietet sich auch, und in der Stellung nach 23. ... Sd5 24. Le5 gibt es wenig Grund zur Freude für den Nachziehenden.

22. b5 Da3

Auf e7 stört die Dame nur die Umgruppierung der Figuren. Auf 22. ... c5 hatte ich vor, mit 23. dc bc zu antworten, um das Spiel zu öffnen.

23. Sc3 c5 24. Sb1!

Der Rückzug des Springers ins eigene Lager ist der wohl stärkste Zug seiner bisherigen Laufbahn. Es wird klar, daß der Vorstoß der schwarzen Dame auf a3 die Öffnung des Zentrums nicht verhindern konnte.

24. ... Da4

Es gibt schon keine andere Wahl mehr. Nach 24. ... Db4 kann man einfach mit 25. Db4: cb4: 26. Ld6 antworten, und nach 24. ... Da2: 25. Sc3 ist die Dame gefangen.

25. dc5: bc5: 26. c4! S8d7

Natürlich darf man nicht 26. ... dc4: spielen, wegen 27. Sc3, und nach 26. ... d4 ist die schwarze Dame wieder gefangen.

27. Sc3 Da5 28. Dc2 Dd8

Jetzt hat die Dame auf ihrem eigenen Flügel nichts mehr zu suchen. Auf 28. ... e5 gibt es die starke Erwiderung 29. Ld2! d4 30. Se4 Db6 31. Sg5+.

29. Lg5 Sb6 30. a4

Die Drohung eines weiteren Vorrückkens des a-Bauern läßt dem Nachziehenden keine Zeit für die Umgruppierung; zum Beispiel 30. ... Dc7 31. cd5: ed5: 32. a5 Sbd7 33. Sd5: Sd5: 34. Lc4.

30. ... dc4: 31. Le4 Te7 32. a5

Der andere Angriffsplan wäre 32. Lc6 mit nachfolgendem Td1!.

32. ... Sbd7 33. Lc6 Sb8 34. Td1 Da5: 35. Se4 Tf8!.

Endlich kommt auch der Turm ins Spiel, wobei er dem König gleichzeitig den Weg nach g8 öffnet. Schwarz bekommt eine reale Perspektive zur Konsolidierung seiner Position, während Weiß mit der Wiederherstellung des materiellen Gleichgewichts beschäftigt ist. Aber hier erkannte ich einen Schwachpunkt in der Aufstellung der schwarzen Türme.

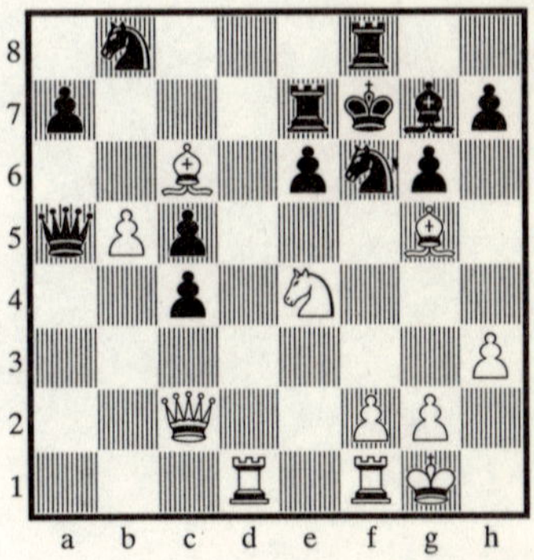

36. Lf4!

Der weiße Läufer bewegt sich die ganze Partie über wie ein Pendel zwischen den Feldern f4 und g5, jedes Mal die gegnerische Verteidigung mehr schwächend. Seine letzte Bewegung macht die Stellung für Schwarz kritisch.

Da 36. ... e5 unmöglich ist, muß er dem Aufmarsch der weißen Figuren hilflos zulassen.

36. ... Sc6: 37. bc6: Se8

Etwas hartnäckiger wäre 37. ... Se4: 38. De4: Ld4 gewesen.

38. Td7! Td7: 39. cd7: Sf6 40. Sd6+ Ke7 41. Sc4:

Eine andere vielversprechende Fortsetzung ist hier 41. Sb7.

41. ... Da6 42. Ld6+ Kd7: 43. Lf8: Lf8:

Trotz des sich ergebenden materiellen Gleichgewichtes bleibt die schwarze Stellung schwierig. Es ist unmöglich, gleichzeitig den König zu schützen und alle schwachen Bauern unversehrt zu bewahren.

44. Dd3+ Ke7

Nach 44. ... Kc7 45. Te1 geht der Bauer e6 schnell verloren.

45. Td1 Sd5 46. De4 Kf7

Schlecht ist 46. ... Sc3 wegen 47. Dh4+ usw.

47. Se5+ Kg8 48. Sd7 c4 49. Tb1 Dd6

Schwarz pariert die Drohung Tb8. Durch den Kampf abgelenkt, verpaßten wir den Kontrollzug, und keiner von uns machte Anstalten, die Partie zu unterbrechen. Da beschloß ich, den zweiten schon vorher abgesteckten Angriffsplan aufzugreifen, nach dem die Aktivität des Turms die Entscheidung bringen sollte.

50. Tb7 c3 51. Sf8: Kf8: 52. Th7: Df4

Mit der Dauerschachdrohung erzwingt Schwarz den Damentausch und rettet sich vor dem unmittelbaren Mattangriff. Die entstandene Endspielstellung ist für ihn jedoch hoffnungslos. Der Vormarsch seiner Freibauern ist zum Scheitern verurteilt.

53. Df4: Sf4: 54. Kf1 a5 55. Ta7 Sd5 56. Ta5: Kf7

Eine letzte Falle – nach 57. Ke2 Sf4+ 58. Kf3? c2 59. Tc5 Sd3 60. Tc2: Se1+ gewinnt nämlich Schwarz! Aber...

57. g3

Schwarz gibt auf.

DAUGAWPILS, 1978

Ausscheidungsturnier zur UdSSR-Meisterschaft

Kasparow – Iwanow
Sizilianisch

1. e4 c5 2. Sf3 Sc6 3. d4 cd4: 4. Sd4: g6 5. c4 Lg7 6. Le3 d6 7. Sc3 Sh6 8. Le2 0-0 9. Dd2

Eine andere, meiner nach aussichtsreiche Möglichkeit der Entwicklung wäre 9. 0-0 f5 10. Dd2 Sg4 11. Lg4: fg.

9. ... Sg4 10. Lg4: Lg4: 11. 0-0 Da5 12. Tac1 Tfc8 13. b3 a6 14. Sc6: Tc6:

Ungünstig ist 14. ... bc6: wegen der Antwort 15. c5!.

15. Lh6 Tac8

Aber nicht 15. ... Lh8? 16. Sd5 Dd8 17. Dg5! oder 15. ... b5? 16. Lg7: Kg7: 17. Dg5!

16. Lg7: Kg7: 17. f4?!

Trotz des Abtausches hat die Position nicht an Schärfe verloren. Es scheint, als ob Weiß nach 17. Db2! f6 18. Sd5 etwas besser stünde, aber ich war zu voreilig mit meinem Zug, und die Einschätzung der Position änderte sich sehr schnell.

17. ... f6!

Jetzt sind die Vorteile des Vorrückens des f-Bauern unklar, während der unangenehme Konter b7-b5 droht. Weiß entscheidet sich, den Bauern c4 zu opfern, um das Spiel zu komplizieren.

18. Kh1 b5 19. f5 g5

Das unvorsichtige Schlagen auf c4 – 19. ... bc4:? – führt zu Figurenverlust: 20. b4! Db4: 21. h3.

20. Df2

Falls 20. Db2 bc 21. b4, so folgt 21. ... De5!.

20. ... bc4: 21. Sd5 cb 22. Tc6: Tc6: 23. Da7!

Diesen Einbruch ins feindliche Lager plante Weiß schon vor dem 18. Zug. Jetzt steht der Springer im Zentrum, und die im Rücken des Gegners wütende Dame kompensiert mit ihrer Aktivität den materiellen Nachteil.

23. ... Dd8 24. ab3: Le2! 25. Te1 Lb5 26. h4

Natürlich wäre 26. De7:+ angenehm für Schwarz. Jetzt scheint mir 26. ... h6 etwa mit der Fortsetzung 27. Td1 Kf8 28. Kh2 Tc2 29. e5! Dd7! (29...de? 30. Sf4) 30. Dd7: Ld7: 31. ef die solideste und zum Chancenausgleich führende Fortsetzung. Um das Schicksal im Kampf gegen einen Gegner nicht herauszufordern, der bislang nacheinander sechs Partien gewonnen hatte, bot ich Remis an, was dieser jedoch ablehnte.

Ausscheidungsturnier zur Teilnahme an der UdSSR Meisterschaft

Platz	Spieler	Siege	Verluste	Remis	Punkte
1.	Kasparow	6	1	6	9
2.	Ivanow	7	2	4	9
3.	Kupreitschik	5	1	7	8,5
4.	Michailtschischin	4	0	9	8,5
5.	Kapengut	4	0	9	8,5
6.	Pantschenko	6	2	5	8,5
7.	Zeschkowski	6	2	5	8,5

26. ... gh4:?!

Diese Antwort schwächt die Königsstellung und bietet dem weißen Turm klare Angriffsziele.

27. Df2 Kh8 28. Dh4: Tc2

Schwarz konnte die Drohung gegen den Bauern e7 abwenden und den Turm aktivieren, doch er steht wegen der Gefahr, die seinem König droht, dennoch schlechter.

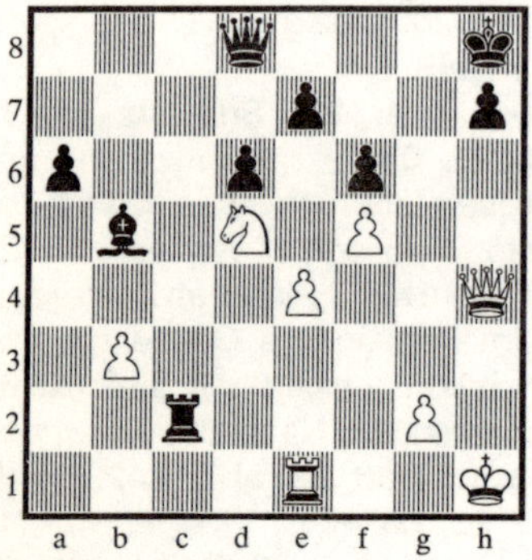

29. Te3?

Ein natürliches Manöver aber gleichzeitig auch ein Fehler, der den Vorteil vergibt. Nach 29. Sf4! könnte Schwarz die Dame nicht nach f8 und den Läufer nicht nach f7 bringen, was offensichtlich zu seiner Niderlage führen würde, zum Beispiel: 29. ... Le8 30. Se6 Da5 31. Dg3 oder 29. ... De8 30. Te3 Df7 31. Tg3.

29. ... Df8! 30. Th3 Dg7 31. Tg3 Df8 32. Sf4 Le8!

Nun steht die schwarze Abwehr. Nach 33. Sg6+ Lg6: 34. fg6: Dg7 ist alles in Ordnung.

33. Se6 Df7 34. Kg1

Wenn Weiß mit 34. Tg7 auf Damenfang ausgeht, riskiert er eine Niederlage. Ich erkannte, daß mein Vorteil geschwunden war, und so baute ich eine letzte Falle auf.

34. ... Dh5!

Nach 34. ... Ld7 35. Sd8 Df8 ist die Partie nach 36. Dh6! schnell zu Ende, doch Schwarz verläßt den richtigen Weg nicht.

35. Dh5: Lh5: 36. Tg7 Te2!

Ein friedlicher Ausgang bahnt sich an, während Weiß nach 36...Tc7? 37. g4! unerwartet den Läufer hätte abfangen können.

37. Te7:

Auch Weiß paßt auf: 37. g4? Te4:! 38. gh Te6: 39. h6 Te5 40. Tf7 Kg8 41. Tg7+ Kf8 42. Th7: Tf5: 43. Th8+ Kf7 44. h7 Th5 und Schwarz gewinnt.

37. ... Te4: 38. Ta7 h6 39. Ta8+ Kh7 40. Ta7+.

Remis.

AUSZEICHNUNG IM »INFORMATOR«

Die folgende Partie wurde als eine der zehn besten Partien des 26. Bandes des »Schachinformator« ausgezeichnet.

Kasparow – Palatnik
Aljechin-Verteidigung

1. e4 Sf6 2. e5 Sd5 3. d4 d6 4. Sf3 g6 5. Lc4 Sb6 6. Lb3 a5

Ein System, das von den Schachspielern aus Odessa häufiger angewendet wird. Obwohl die Theorie nach 7. e6 Le6: 8. Le6: fe 9. Sg5 Sc6 10. Se6: Dd7 11. De2 einen stabilen Vorteil für Weiß verspricht, gelang es meinem Gegner mehrfach, die Lebensfähigkeit der schwarzen Position nachzuweisen. Deshalb entschloß ich mich, eine andere, meiner Ansicht keiineswegs schlechtere Fortsetzung zu wählen.

7. a4 Lg7 8. Sg5

Nun entsteht nach 8. ... d5 eine bekannte Theoriestellung, ergänzt durch die Züge a2-a4 und a7-a5. In der Hauptvariante, in Verbindung mit 9. f4 und dem Raumvorteil, kann die Schwächung des Feldes b4 nach dem möglichen Bauerntausch auf c Gegenspiel für Schwarz bedeuten. Daher wollte ich anders fortsetzen: 9. 0-0 0-0 10. Te1 Sc6 11. c3 f6 12. ef6: ef6: 13. Se6 mit leichtem Vorteil für Weiß.

8. ... e6!?

Diesen bislang unbekannten Zug machte Palatnik, ohne sonderlich lange zu überlegen, was mich einigermaßen verwirrte. Ich überzeugte mich schnell davon, daß die schwarze Absicht nicht zu durchkreuzen ist: 9. Df3 De7 10. Se4 de5: 11. Lg5 Db4+! Die eingeschobenen Züge a2-a4 und a7–a5 erlauben es Weiß nicht 12. c3 zu spielen.

Es scheint, als würde 12. Sbd2 ed 13. c3 oder 12. ... Dd4: 13. 0-0-0 trotzdem eine gefährliche Initiative für Weiß ermöglichen.

Ich suchte nach einem akzeptablen Plan und erkannte bald, daß es keine Wahl gibt. Also folgte:

9. f4 de5: 10. fe5: c5 11. 0-0?! 0-0?!

Die Rochade scheint hier am natürlichsten zu sein, doch leistet sich Weiß hier eine Ungenauigkeit, die Schwarz nicht ausgenutzt hat. Nach 11. ... Dd4+:! 12. Dd4: cd 13. Tf7: (13. Sf7: 0-0 14. Sd6 Tf1:+ 15. Kf1: Ld7 16. Sb7: Sa6!) Le5: 14. Tf1 Sc6 wäre Schwarz aller Schwierigkeiten ledig. Ich hätte dies alles mit dem einfachen 11. c3 cd 12. 0-0! usw. vermeiden können.

12. c3 Sc6?

Ein grober Fehler, nach welchem die weiße Initiative bedrohlich wird. Umumgänglich gewesen wäre 12. ... cd4: 13. cd4: und erst jetzt Sc6. Weiß könnte mit 14. Sf3 f6 15. Sc3!? fe5: 16. Lg5 fortsetzen, mit guter Kompensation für den Bauern, etwa nach 16. ... De8 17. de5: Se5: 18. Se5: Tf1:+ 19. Df1: Le5: 20. Te1 Ld4+ 21. Kh1.

13. Se4! Sd7

Leider! Das Nehmen auf d4 hätte zur raschen Niederlage geführt: 13. ... cd4: 14. Lg5 Dd7 (14. ... Dc7 15. cd4:) 15. Sf6+ Lf6: 16. Lf6: dc3: 17. Dc1.

14. Le3!

Mit einem Fiasko könnte der Versuch enden, die schwarze Stellung im Sturmangriff nehmen zu wollen – 14. Lg5 Db6 15. Sf6+ Kh8 16. Tf4 cd4: 17. Th4 Lf6: 18. ef6: dc3:+ 19. Kh1 cb2: 20. Ta3 Dc5. Deswegen verstärkt Weiß das Zentrum und bereitet die Entwicklung der übrigen Figuren vor. Auf 14. ... Db6 empfiehlt sich entweder 15. Lf2 oder 15. Sa3 cd 16. Sc4.

14. ... Se7

Schwarz hofft, die aufgetauchten Schwierigkeiten überwinden zu können, indem er mit dem Springer den geschwächten Königsflügel deckt und den weißfeldfrigen Läufer fianchettiert.

15. Lg5!

Diese unerwartete Antwort stört den schwarzen Plan. Um den Läufer zu vertreiben, ist Schwarz gezwungen, eine weitere Schwächung des Königsflügels in Kauf zu nehmen.

15. ... cd4:

Ein Unglück kommt selten allein! Es zeigt sich, daß der Läufer erst vertrieben werden kann, wenn das Feld c3 für den Springer freigemacht worden ist. Nach 15. ... h6 16. Lh4 g5 entscheidet 17. Lg5:!+ hg5: 18. Dh5, aber der Tausch im Zentrum beseitigt diese Gefahr: 15. ... cd4: 16. cd4: h6 17. Lh4 g5 18. Lg5:? hg5: 19. Dh5 Se5:!

16. cd4: h6 17. Lh4 g5 18. Lf2 Sg6 19. Sbc3 De7

Schwarz versucht, sich mittels f7–f5 zu befreien. Selbstverständlich ist Weiß bemüht, dies zu verhindern.

20. Lc2 b6 21. Le3

Dank der Bemühungen dieses Läufers beginnt die schwarze Position ungemütlich zu werden, und man merkt es bereits jetzt, daß der entscheidende Schlag bald kommen wird.

21. ... La6 22. Tf2 Sh8

Der letzte Versuch sich zu befreien – Schwarz bereitet wieder f7-f5 vor und zieht deshalb den Springer aus dem gefährlichen Wirkungsbereich des Läufers c2 weg. Allerdings hat Weiß schon vorgesorgt...

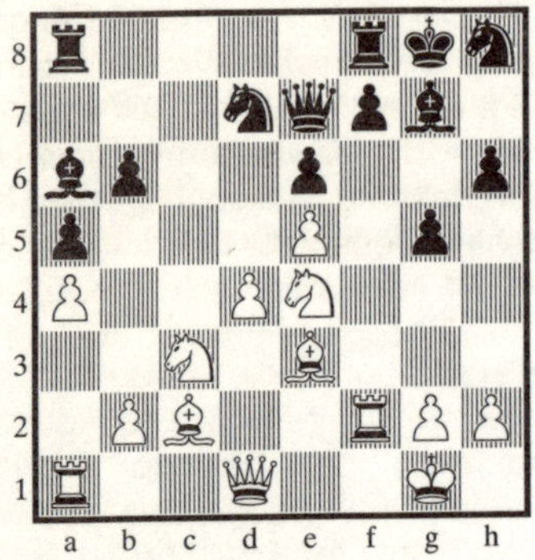

23. Lg5:! hg5: 24. Dh5 f5

Es ist unmöglich, dem Druck nach 24. ... f6 25. Sg5: Tfc8 26. Lh7+ Kf8 27. Sce4 standzuhalten.

25. Sg5: Tf7!

Noch die beste Verteidigung. Sofort zur Niederlage führt sowohl 25. ... Tfd8 26. Tf5:! als auch 25. ... Tfc8 26. Dh7+ Kf8 27. Se6:+ De6: 28. Lf5:. Der nach 25. ... Tf7 gemachte Remis-Vorschlag meines Gegners verwunderte mich etwas, zumal doch die Stärke des weißen Angriffs offensichtlich ist.

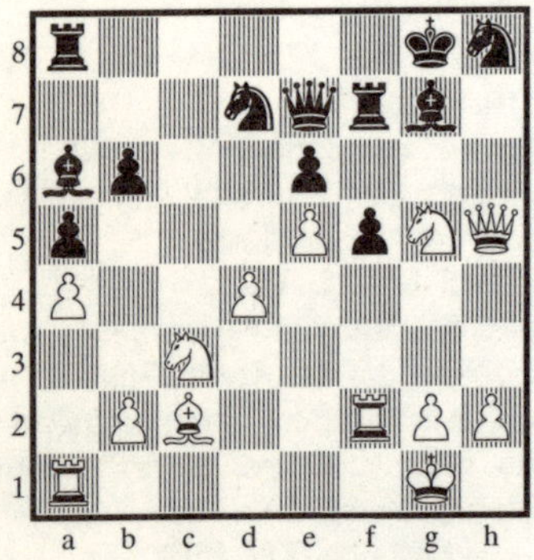

26. Lf5:!!

Das ist der Glanzpunkt der Kombination. Das Opfer des zweiten Läufers zerstört endgültig den Schutz des schwarzen Königs.

26. ... Tf5:

Nach 26. ... ef5: entscheidet der gewaltige Vormarsch des Bauern e5, der von allen Figuren unterstützt wird, alles: 27. Sd5 De8 28. e6 Tf6 29. Dh7+ Kf8 30. e7+.

27. Tf5: ef5: 28. Sd5

Für die schwarze Dame wird es unerwartet eng. Es bleibt nur noch ein Feld, auf das sie sich für kurze Zeit retten kann.

28. ... De8 29. Dh7+ Kf8 30. Df5:+ Kg8

Oder 30. ... Sf7 31. Se6+ Kg8 32. Dg6.

31. Dh7+ Kf8 32. Ta3!

Auch 32. Sc7 hätte zum Sieg geführt, doch ich wollte die Partie mit einem direkten Angriff beenden.

32. ... Tc8

Oder 32. ... Dg6 33. Tf3+ Ke8 34. Dg8+ Lf8 (34. ... Sf8 35. Tf8:+! Lf8: 36. Sf6+) 35. Sc7+ Kd8 (35. ... Ke7 36. Tf7!) 36. Sce6+ Ke7 (36. ... Kc8 37. Tf8:+) 37. Dg6: Sg6: 38. Tf7+ Ke8 39. Sc7+ Kd8 40. Sge6+ Kc8 41. Sa8: usw.

33. Tf3+ Sf6

Eine Verzweiflungstat, aber auch 34. ... Sf7 35. Tf7:+ Df7: 36. Sf7: Tc1+ 37. Kf2 Tf1+ 38. Kg3 Tf7: führt nach 39. Dh4! zu Materialverlust.

34. h3!

Am zielstrebigsten, obwohl auch die Fortsetzung 34. Tf6:+ Lf6: 35. Sf6: Tc1+ 36. Kf2 Dg6 37. Dh8:+ Ke7 38. Sd5+ Kd7 39. e6+ gewinnt.

34. ... Dg6 35. Tf6:+ Lf6: 36. Se6+ Ke8 37. Sf6:+.

Hier hielt Palatnik kurz inne (die letzten paar Züge führte er unter dem Druck der Zeitnot hastig aus), machte eine Handbewegung, als wollte er anzeigen, es geht nichts mehr, und hielt die Uhr an.

Ein eindrucksvoller Sieg! Noch unter dessen Eindruck hielt ich 23. Lg5:! lange

Zeit für den kürzesten Weg zum Ziel. Tatsächlich entwickelt sich nach diesem Zug alles in forcierter Weise, die Opfer sind in allen Varianten korrekt.

Doch irgendwie ließ mich der Gedanke nicht los, daß es auch einen normalen Gewinnweg geben muß, ohne „Schönheitspreis“. Und so fand ich eines Tages eine solche Lösung, und zwar in der Stellung nach 22. ... Sh8 ohne zu opfern: 23. h4 gh4: 24. Dg4! f5 (24. ... Sg6 25. Dh5) 25. ef6: Sf6: 26. Sf6:+ Tf6: 27. Tf6: Df6: 28. De4! Td8 29. Dh7+ Kf8 30. Sb5! mit alles entscheidendem Angriff. Ohne Zweifel ist dieser Weg der einfachere, aber dann hätte es kein Feuerwerk mit zwei Figurenopfern und keinen Angriff gegeben, an dem alle (!) weißen Figuren beteiligt waren. Nun, zwei Jahre später, würde mir die inzwischen gesammelte Turniererfahrung diesen Weg (23. h4) empfehlen. Jedenfalls bereitete mir die Partie mit ihrer stürmisch „emotionellen“ Ausführung viel Freude. Aber nicht nur mir...

MOSKAU, 1979

VII. Spartakiade

Die Suche nach der Wahrheit

Weingold – Kasparow
Königsindische Verteidigung

1. d4 Sf6 2. Sf3 g6 3. c4 Lg7 4. Sc3 d6 5. e4 0-0 6. Le2 e5 7. d5 a5

Das ist der zur Zeit beliebteste Plan für Schwarz, der das weiße Vordringen auf dem Damenflügel erschwert.

8. Lg5 h6 9. Lh4 Sa6 10. 0–0 De8 11. Sd2

Schwächer ist der Zug 11. Se1, wonach Schwarz in zwei Varianten gutes Spiel erhält: 11. ... g5 12. Lg3 Se4: 13. Se4: f5 (Polugajewski – Bukić, 1971) oder 11. ... Ld7 12. Sd3 Sh7 13. f3 b6 14. Dd2 f5 (Hamann – Uhlmann, 1974).

11. ... Sh7 12. a3 f5?

Lange Zeit erachtete man als besser 12. ... Ld7 13. b3 h5 14. f3 Lh6 15. Lf2 De7 16. Dc2 h4 17. Tfd1 f5 18. Tab1 Dg5 (Petrosjan – Stein, 1967). Als ungefährlich für Schwarz wurde auch der Tausch der schwarzfeldrigen Läufer angesehen, wie zum Beispiel in der Partie Udovčić – Hort (1969): 15. Tb1 Le3+ 16. Lf2 Lc5 17. Lc5: Sc5: 18. b4 ab 19. ab Sa4 =. Freilich entstanden Zweifel an dieser Einschätzung, nachdem in der Partie Antoschin – Wasjukow (1978) die Schwächung in der schwarzen Königsstellung offenbar wurde: 17. Sb5 Db8 18. Dc1 c6 19. Lc5: Sc5: 20. Sc3 Sf6 21. f4 Da7 22. Kh1.

Eine neue Idee zeigte als Nachziehender Westerinen in der Partie gegen Timman (1977): 12. ... Ld7 13. b3 f5!? 14. ef5: Lf5: 15. Te1 g5 16. Lg3 Sf6 17. Sf1 Sc5, und Schwarz hat die Initiative an sich gerissen. Ich wollte diesen Plan einer Überprüfung unterziehen, doch vergaß ich, die Züge 12. ... Ld7 13. b3 zwischenzuschalten, noch vor f7–f5.

13. ef5: Lf5: 14. g4!

Das ist die Quittung! Der Springer c3 ist gedeckt, und Schwarz kann den Gegenschlag e5–e4 nicht führen. Der Läufer muß aus der aktiven Position entfernt werden und gibt damit die Kontrolle über das Feld e4 auf. Ein derart plumper Eröffnungspatzer verstimmte mich sehr und beraubte mich teiweise der Möglichkeit, klar und sachlich die weiteren Ereignisse auf dem Brett abzuschätzen, wie dies der Partieverlauf zeigen wird.

14. ... Ld7 15. Sde4 a4

Das ist alles, was Schwarz in dieser wenig sympathischen Stellung erreichen kann. Wenn Weiß dieser Festlegung zuvorkommend b2–b3 gespielt hätte, könnte sich sein Angriff auf dem Damenflügel ungehemmt entfalten. Wie ist die jetzt entstandene Position für Schwarz einzuschätzen? Wie es sich später herausstellte, sah Weingold die Situation ganz anders und meinte, bei Schwarz sei relativ alles in Ordnung. Bedeutend präziser drückt Botwinnik seine Einschätzung aus: „Weiß hat die strategische Initiative auf lange Sicht ergriffen und wenn er richtig spielt, wird er das weitere Geschehen diktieren. Obwohl die schwarze Position passiv ist, ist sie doch stabil, und bei präziser Verteidigung kann Schwarz kaum verlieren".

16. f3 b6 17. Ld3 Lf6

Mit dem letzten Zug hat Weiß die wunde Stelle in der schwarzen Stellung offenbart – den Bauern g6. Außerdem wurde damit auch der Zug 17. ... Sc5 vereitelt (18. Sc5: bc5: 19. Dc2). Deshalb ist es nur natürlich, wenn Schwarz versucht, den schwachen Bauern mit dem König zu decken und gleichzeitig den Läufer g7 zu aktivieren.

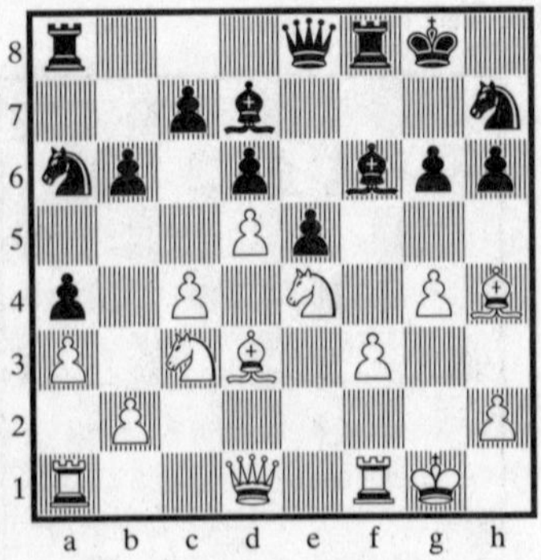

18. Sf6:+!

Als dieser Zug auf dem Demonstrationsbrett ausgeführt wurde, kam Großmeister Gufeld zu mir – ein ausgesprochener Anhänger des Läufers g7 – und rief aus: „Verbrecher!". „Wer?" – fragte ich. „Beide!". Damals konnte ich über diese Episode nur lächeln.

Der Abtausch des prächtigen Springers e4 gegen den Läufer war das Resultat einer richtigen Einschätzung der Stellung: Der fianchettierte königsindische Läufer spielt bei der Verteidigung des Königs eine wesentliche Rolle. Zudem kann er nach der Umpostierung nach g5 eine mächtige aktive Kraft entfalten. Am Brett meinte ich, daß der Abtausch für Schwarz vorteilhaft ausgefallen ist, und witterte die Hauptgefahr eher in der Variante 18. Lf2 Sc5 19. Sc5: bc5: 20. Se4, obwohl ich auch die Position nach 20. ... Lg5 für annehmbar hielt.

18. ... Sf6: 19. Dd2 Sc5 20. Lc2 Kg7?

Nachdem ich mich nun überzeugt hatte, daß die schwarzen Perspektiven im Moment gar nicht so unerfreulich sind, verfiel ich rasch ins andere Extrem – ich begann, meine Chancen zu überschätzen. Ich verzichtete auf den richtigen Zug 20. ... g5, weil ich das ewige Schach nach 21. Lg5: hg 22. Dg5:+ Kh8 23. Dh6+ Kg8 24. Dg5+ (aber nicht 24. g5 Dh5 oder 24. f4 De7) vermeiden wollte. Die meisten Schwierigkeiten bekäme Schwarz nach 21. Lf2! Kf7! (21. ... De7 22. h4 Dg7 23. Le3 mit Vorteil für Weiß) 22. h4 Tg8 23. hg5: hg5: 24. Le3 Ke7 25. Lg5: Df7. Wahrscheinlich behält Weiß einen gewissen Vorteil, doch auf Sieg zu spielen wäre mit einem Risiko verbunden, wegen der ungesicherten Königsstellung. Zum Beispiel: 26. Se4 Se4: 27. Le4: Dg7 28. Lf6:+ Df6: 29. Tf2 Th8 oder 27. fe4:? Tg5: 28. Dg5: Tg8.

21. Tae1

Einfach und stark zugleich. Unerwarteterweise (für mich) wurde klar, daß die Drohung f3–f4 sehr gefährlich ist. Es hilft auch nicht 21. ... Df7 22. f4 ef4: 23. Df4: g5 24. Lg5: hg5: 25. Dg5:+ Kh8 26. Tf6: mit Sieg für Weiß. Nach langer Überlegung gelang es mir, eine interessante Möglichkeit zu finden.

21. ... Sb3!

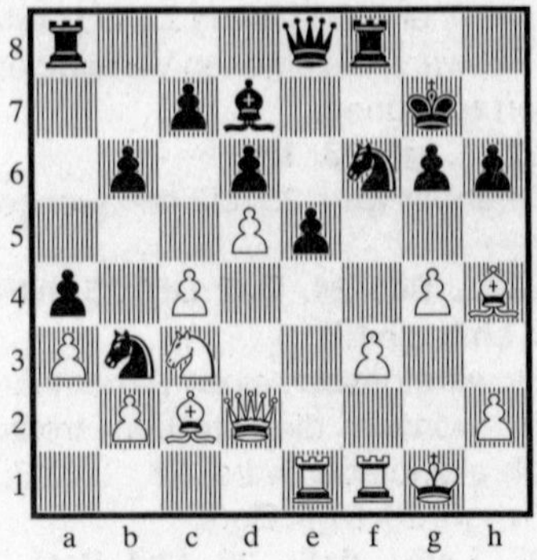

Auf Kosten eines Bauern versucht Schwarz, den gefährlichen Läufer auf c2 zu beseitigen und den weißen Angriffsschwung zu bremsen. Das Opfer anzunehmen, wäre gefährlich: 22. Lb3: ab3: 23. Dd1? g5 24. Lg3 h5 25. h3 Dg6 26. Db3: hg4: 27. hg4: Lg4:! 28. fg4: Dd3 29. Lh2 Sg4: 30. Dd1 Dh3 31. De2 Th8 oder 29. Kg2 Se4! 30. Lh2 Tf1: 31. Tf1: Df1:+!.

22. Dd3?

Wegen der sich abzeichnenden Zeitnot will Weiß kein Risko eingehen und spielt auf Stellungswiederholung (22. ... Sc5); vielleicht geschieht der Zug auch nur mit dem Ziel, die Absichten des Gegners zu prüfen. Das Vorhaben des Nachziehenden hätte man nur mit einem energischen 22. Lb3: ab3: 23. f4! bekämpfen können. Um den Punkt e5 zu behaupten, hätte Schwarz bis zum Äußersten gehen müssen: 23. ... g5. Nun bringt auch 24. fg5: Sg4: 25. Tf8: Df8: 26. Tf1 De8 27. h3 Dh5 nichts mehr. Richtig wäre 24. fe5:! Sg4: 25. Tf8: Df8: 26. e6 Se5 (26. ... gh4: 27. Dg2! Df4 28. h3) 27. Te5: de5: 28. Lg3 Le8 29. Le5:+ Kh7 30. Lc7: Df5, und obwohl die offene weiße Königsstellung dem Gegner einige Konterchancen eröffnet, garantieren die mächtigen Zentralbauern einen deutlichen, vielleicht sogar entscheidenden weißen Vorteil.

Das unentschlossene 22. Dd3 erlaubt es Schwarz, die eigenen Verteidigungslinien zu ordnen.

22. ... g5 23. Lg3

Offenbar wäre 23. Lf2 genauer gewesen.

23. ... Sc5 24. Dd2 Df7 25. h4 Sh7 26. Lh7: gh4:!?

Es wäre besser, einen Bauern zu opfern, wonach die Stellung trotzdem noch akzeptabel wäre: 26. ... Kh7: 27. hg5: hg5: 28. Dg5: Dg6.

27. Le5:+ de5: 28. Lb1 Df4!

Der einzige Zug (28. ... Df6? 29. f4! ef 30. Dc2 Tf7 31. Tf4:!), nach welchem der Damentausch unausweichlich ist, zumal auch 29. ... Dg3+ droht, und nach 29. Dg2 das unangenehme 29. ... h5 erfolgten könnte.

29. Df4: Tf4:! 30. Te5: Taf8

Nur maximale Aktivität sichert ausreichende Konterchancen. Für die Wiederherstellung des materiellen Gleichgewichts reicht die Zeit nicht: 30. ... Tc4:? 31. Te7+ Kf6 32. Th7.

31. Te7+

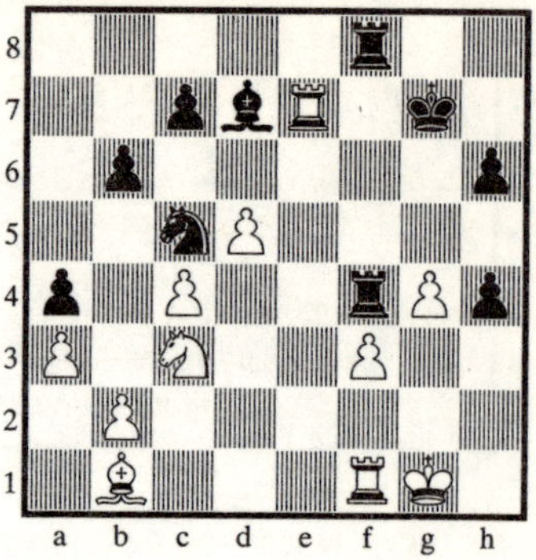

31. ... T8f7?

Ein Fehler, der alle bisherigen Bemühungen von Schwarz zunichte macht. Mit beiden Türmen hätte man eine Niederlage vermeiden können. Zum Beispiel 31. ... Kg8! 32. Se4 Lg4: 33. Sc5: bc5: 34. Tc7: Lf3: 35. Tc5: Tg4+ 36. Kh2 Tg2+ 37. Kh3 Tg7 oder 34. Le4 Lh3 35. Tf2 T8f7 36. Tf7: Kf7:, und Schwarz hat nichts zu befürchten.

32. Tf7:+ Kf7:+ 33. Se4?

In beiderseitiger Zeitnot macht auch Weingold Fehler. Den Vorteil sichert 33. Le4! Nach 33. Se4? hätte ich ein klares Remis erreichen können mit 33. ... Se4: 34. Le4: (34. fe4:? Tf1:+ 35. Kf1: Kf6 wobei nur Weiß eine Niederlage riskiert) Kf6! und Ke5.

33. ... Sb3?

Zuvor rettete genau dieser Springer mit seinem Satz von c5 nach b3 die schwarze Stellung, als sie zu wackeln begann. Die Wiederholung dieses Sprunges erweist sich als verhängnisvoll. Bis heute ist mir nicht klar, wie ich auf diesen Zug verfallen konnte. Wahrscheinlich war die Anspannung in dieser, für mich von Anfang an schwer zu spielenden Partie zu groß.

34. Kf2

Ein präziser Zug, der den Kampf praktisch schon beendet. Schwarz besitzt weder ausreichendes Bauernmaterial noch genug Aktivität – nur noch Schwächen. Es folgte noch:

34. ... Lg4: 35. Ke3 Tf5 36. Tf2 Lh5 37. Sd6+ cd 38. Lf5: Kf6 39. Lc2 Sc5 40. Th2 Kg5 41. Ld1

Damit endete die Zeitnothektik, und ich mußte unwillig erkennen, daß hier nur ein Resultat möglich ist – 1:0. Ein gerechtes Fazit! Jedem, wie er es verdient. Weiß hielt die Initiative fest in der Hand; Schwarz lief ihr lange genug vergeblich hinterher...

Oder hat vielleicht sogar Großmeister Gufeld recht, der behauptete, das Unheil hätte seinen Lauf nach dem Tausch des Läufers g7 genommen?!

Kasparow – Butnorius

Bogoljubow-Indische Verteidigung

1. d4 Sf6 2. c4 e6 3. Sf3 Lb4+ 4. Sbd2

Weiß verfügt über zwei etwa gleichwertige Fortsetzungen: 4. Ld2 und 4. Sbd2, aber mir gefällt die zweite besser.

Zur Zeit ziehe ich 4. Ld2 vor, doch stehe ich nach wie vor zur ersten Hälfte des Satzes.

4. ... 0-0 5. e3 b6

Es gibt noch eine zweite Methode: 5. ... c5 6. a3 Ld2:+ 7. Dd2: b6 8. Le2 d5 9. 0–0 La6 10. dc5: bc5: 11. b3 mit leichtem Vorteil. Beachtung verdient auch die nicht so anspruchsvolle Fortsetzung 6. dc5: Lc5: 7. Ld3 Sc6 8. a3 a5 9. b3.

6. Ld3 Lb7 7. 0-0 d5 8. a3 Ld2:

Auf 8. ... Ld6 kommt die unangenehme Antwort 9. b4 c5 10. bc bc 11. Tb1!.

9. Ld2:

Verlockend ist 9. Sd2: mit der Absicht, nach 9. ... Sbd7 10. cd5: ed5: 11. b4 den Läufer nach b2 zu bringen, zum Beispiel 11. ... c5 12. dc5: bc5: 13. Lb2 mit Vorteilen, aber 10. ... Sd5: 11. Sf3 c5 gestattet Schwarz zufriedenstellendes Spiel.

9. ... Sbd7 10. cd5: Ld5:

Nach 10. ... ed5: 11. b4 ist die Lage für Schwarz ohne Perspektive.

11. b4 c5 12. Tc1!

Möglich ist auch 12. dc5: bc5: 13. Lc3 Se4 14. Lb2, da nach dem Zwischenzug 12. ... Lf3:! 13. gf3: bc5: das Läuferpaar genug Ersatz für die Schwächung des Bauernschildes vor dem König bedeutet. Nicht überzeugend ist 12. Lc3? Se4 13. Lb2 c4 usw.

12. ... cd4:

Schwarz meint, daß ihm die aktiven Leichtfiguren und die Schwäche des Feldes c4 gute Chancen bieten, doch er bedenkt nicht die Stärke des Läuferpaares in der sich öffnenden Stellung sowie die eigene Schwäche auf c6. Im übrigen hatte er auch gar keine bessere Wahl: 12. ... Lf3: 13. Df3: cd4: 14. ed4: führt zu einer Stellung, in der ein Remis nur ein schwarzer Traum ist. Auf 12. ... Tc8 folgt das unangenehme 13. La6!.

13. Sd4: Se5 14. La6!

Hiermit wird die endgültige Kontrolle über die c–Linie erobert. Schwächer ist 14. Le2 Se4 15. Le1 Sd6!

14. ... Se4 15. Le1

Das Läuferpaar gilt es zu behalten; nach 15. f3 Sd2: 16. Dd2: De7! 17. e4 Lb7 18. Lb7: Db7: sind die Chancen gleichmäßig verteilt, zum Beispiel 19. f4 Sg6 20. f5 Se5!.

15. ... Dg5?!

Schwarz versucht, die aufkommenden Schwierigkeiten mit taktischen Mitteln zu lösen, gerät aber vom Regen in die Traufe. Im übrigen ließe auch das natürlich scheinende 15. ... Sd6 nach 16. De2! Sf5 17. Lc3 die Vorteile bei Weiß.

16. f4 Dg6 17. fe5: Sc5 18. Lg3 Sa6:

Nicht annehmbar ist 18. ... De4. Nach 19. De2 Sa6: 20. Tf4! De5: 21. Tg4 behält Weiß eine Mehrfigur. Im Moment sieht aber alles danach aus, als ob bei Schwarz alles in Ordnung wäre.

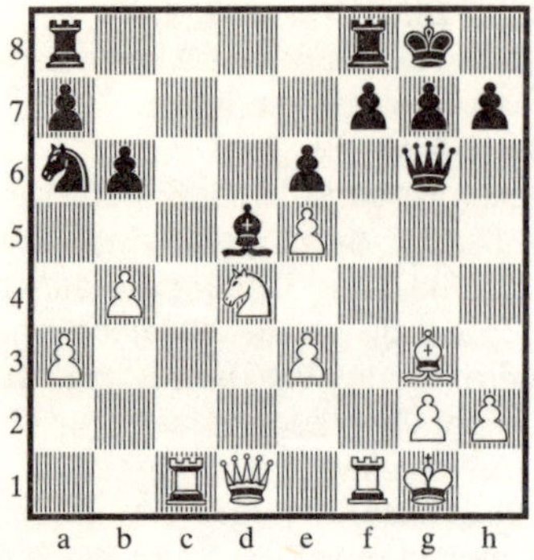

19. Sf5!

Indem Weiß die Unantastbarkeit des Springers nutzt (nach 19. ... ef5: 20. Dd5: ist der Unterschied zwischen dem Läufer g3 und dem abseits stehenden Springer a6 gewaltig), zieht er ihn nach d6, wo dieser die Beweglichkeit der schwarzen Figuren enorm eingrenzen und den Bauernvormarsch e3–e4 unterstützen soll.

19. ... Tae8

Ganz schlecht wäre 19. ... Dg5 wegen 20. h4! Dd8 21. Sd6.

20. Sd6 Te7 21. Tf4!

Damit wird der Turm auf die vierte Reihe gebracht, von wo aus er den gegnerischen König angreifen soll, gleichzeitig wird der Aufmarsch der Schwerfiguren auf der f-Linie für den Druck auf den Bauern f7 vorbereitet. Zusätzlich muß Schwarz auf die Drohung 22. Tg4 Dh6 23. Lf4 Dh5 24. Tg7:+ achten.

21. ... h5 22. e4 La8 23. Lh4 Td7

Schlecht ist 23. ... f6 24. ef6: gf6: 25. Tc3, da Weiß nun einen gewaltigen Angriff entfalten kann.

24. Tc3 Dh6

Auf 24. ... Sc7 hätte Weiß mit dem folgenden Plan geantwortet: 25. Tg3 Dh7 (25. ... Dh6 26. Lg5 Dh7 27. Th4 g6 28. Lf6) 26. Tg5!? g6 27. Da4 b5 28. Da7: mit spielentscheidenden Vorteilen, ebenso nach 29. ... f5 30. ef6: Td6: (30. ... Sd5 31. f7+) 31. f7+ Tf7: 32. Db8+.

25. Df1 Sc7 26. Tcf3!

Stark ist auch 26. Tg3 Se8 27. Lg5 Dh7 28. Se8: Te8: 29. Lf6 g6, aber in diesem Fall gäbe es noch gewisse Hoffnungen für Schwarz.

26. ... f5

Der Nachziehende hätte es sich hier schwerlich leisten können, zwei Tempi herzugeschenken – 26. ... Dg6 27. Tg3 Dh7 28. Lf6 g6, obwohl Weiß gar nicht verpflichtet gewesen wäre, diesem Weg zu folgen, sondern sofort 27. Lf6 gezogen hätte.

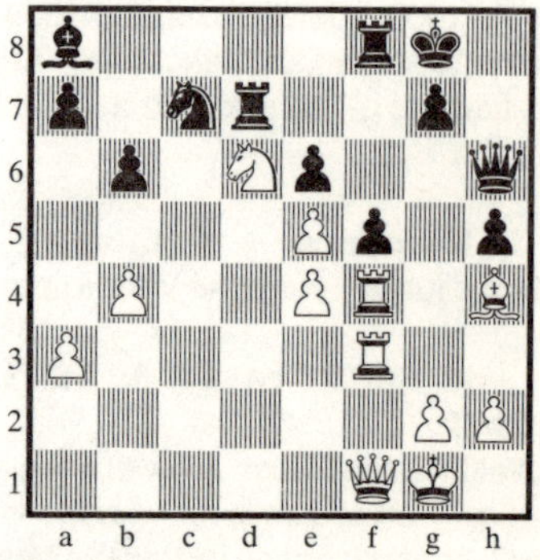

27. ef6:e.p.!

Die Bewertung dieser Fortsetzung kostete mich mehr als 30 Minuten, obwohl klar war, daß die Verkomplizierung der Lage für die besser entfalteten Kräfte von Vorteil ist. Die gesamte Zeit über suchte ich nach dem klarsten Weg zum Sieg.

27. ... Td6:

Die Verteidigung 27. ... e5 hätte eine effektvolle Antwort erhalten: 28. Dc4+ Kh7 (schlecht wäre 28. ... Ld5 29. ed5: ef4: 30. Sf5) 29. fg7: ef4: 30. Sf5! (unklar ist 30. gf8:D Df8:) Td1+ 31. Tf1 Tf1:+ 32. Kf1: De6 33. gf8:S+! usw.

28. f7+ Kh7 29. Le7 e5 30. Lf8:

Im Falle von 30. Tf5 Tf7: 31. Tf7: folgt 31. ... Tg6 und dann ... Se6, wonach sich für Schwarz gewisse Rettungschancen ergeben.

30. ... ef4: 31. Ld6:

Schwächer ist 31. Le7 (31. Tf4:? Tf6!) Tf6! 32. f8D Tf8: 33. Lf8: Se6. Nach 32. Lf6: Df6: 33. Tf4: Dd4+ 34. Kh1 Se6 35. f8D Sf8: 36. Tf8: Le4: entstehen technische Schwierigkeiten für Weiß, die ich vermeiden wollte, indem ich den Bauern e4 fürs Endspiel behielt.

31. ... Dd6: 32. Dd3 De7 33. Dc4

Ziemlich stark wäre auch 33. Dd7 Dd7: 34. f8S+, doch ich entschied mich dafür, die Damen nicht zu tauschen.

33. ... Kh6

Gänzlich hoffnungslos wäre auch 33. ... b5 (33. ... Se6 34. De6:) 34. f8D Df8: 35. Dc7: Le4: 36. Tf4: De8 37. Tf7 Dg8 38. Da7:.

34. Tf4:

Am einfachsten hätte gewonnen: 34. f8D Df8: 35. Dc7: g5 36. Td3.

34. ... Se6 35. Dc8

Nun ist die Lage nicht mehr ganz so klar im Falle von 35. De6: De6: 36. f8D Le4:.

35. ... Dd6 36. Dh8+ Kg6 37. f8S+ Sf8: 38. Df8: Dd1+

Oder 38. ... Dd4+ 39. Kf1 Dd1+ 40. Kf2 und weiter wie in der Partie.

39. Kf2

Gut ist auch 39. Tf1 Dd4+ 40. Df2 De4: 41. Df7+ Kh6 42. Df4+ mit gewonnenem Endspiel. Doch ich hatte schon vorher beschlossen, den Bauern e4 nicht herzugeben.

39. ... Dd2+ 40. Kg3 De1+ 41. Kh3

Der Bauer e4 ist ungefährdet: 41. ... Le4: 42. De8+ (deswegen war das Schachgebot auf h8 wichtig).

Hier unterbrachen die Zeitkontrolle die Partie, mein Gegner machte den Abgabezug, doch gab er die Partie ohne Wiederaufnahme auf.

MINSK, 1979

47. Meisterschaft der UdSSR

Die neue „Entdeckung Amerikas“

Kasparow – Jusupow
Spanisch

1. e4 e5 2. Sf3 Sc6

Bislang bestand das Eröffnungsrepertoire von Jusupow aus der scharfen Tscheljabinsk-Variante und der ruhigen Russischen Partie. Doch bereits im Turnier der ersten Liga griff er auch die heute beliebte offene Variante der spanischen Partie auf.

3. Lb5 a6 4. La4 Sf6 5. 0-0 Se4: 6. d4 b5 7. Lb3 d5 8. de5: Le6 9. Le3

Zweifelsohne sind die Hauptvarianten, die sich nach 9. c3 oder 9. Sbd2 Sc5 10. c3 d4 11. Sg5!? anbieten, meinem Gegner bekannt, deshalb wählte ich eine weniger erforschte Fortsetzung.

9. ... Le7

Die „Enzyklopädie der Schacheröffnungen“ empfiehlt hier 9. ... Sa5, was dem Schwarzen leicht zu erreichenden Ausgleich verspricht, obwohl diese Einschätzung in der Partie Kupreitschik – Slutzki (1979) nicht bestätigt wird: 10. Sd4 Dd7 11. De1 Sb3: 12. ab Le7 13. b4 c5 14. Se6: fe 15. f3 ±.

Es ist verständlich, daß die hier und im Absatz zuvor gemachten Aussagen veraltet sind. Die Variante 9. Sbd2 Sc5 10. c3 d4 11. Sg5 zählt zur Zeit bestimmt nicht zu den Hauptvarianten (seit dem WM-Kampf in Meran steht folgendes Abspiel im Vordergrund: 11. Le6: Se6: 12. cd4: Scd4: 13. Se4 und 13. a4, anstatt 10. ... d4 trifft man häufig 10. ... Lg4). Die Fortsetzung 9. Le3 ist inzwischen beliebt, die 2. Ausgabe der „Enzyklopädie“ empfiehlt nicht mehr 9. ... Sa5, und nach 9. ... Le7 wird als genauer 10. c3 Sc5 (10. ... 0–0 11. Sbd2) 11. Lc2 anerkannt, was 10. Sbd2 Sc5 (11. c3 Sd3!) vermeidet.

10. Sbd2 0–0 11. c3

Nicht viel ausrichten kann 11. Se4: de4: 12. Le6: fe6: 13. Sd2 Dd5 14. Dg4 Se5: 15. De4: Tad8. Außerdem bietet

		1	2	3	4	5	6	7	8	9	10	11	12	13	14	15	16	17	18	Punkte
1.	Geller	●	½	½	½	½	½	½	½	1	1	1	½	1	½	½	½	1	1	11,5
2.	Jusupow	½	●	½	0	1	1	½	1	½	½	½	½	1	½	1	1	½	0	10,5
3.	Balaschow	½	½	●	½	½	½	½	½	½	½	½	½	1	½	½	½	1	1	10
4.	Kasparow	½	1	½	●	1	1	½	1	0	0	½	½	½	1	½	1	0	½	10
5.	Georgadse	½	0	½	0	●	1	½	1	½	0	1	½	0	1	1	½	½	1	9,5
6.	Kupreitschik	½	0	½	0	0	●	0	1	1	½	1	1	1	½	½	0	1	1	9,5
7.	Makaritschew	½	½	½	½	½	1	●	0	1	0	½	½	½	1	½	½	½	1	9,5
8.	Waganjan	½	0	½	0	0	0	1	●	1	½	0	½	1	½	1	1	1	½	9
9.	Lerner	0	½	½	1	½	0	0	0	●	1	½	½	½	1	½	1	½	½	8,5
10.	Beljawski	0	½	½	1	1	½	1	½	0	●	½	0	0	0	0	1	1	½	8
11.	Razuwajew	0	½	½	½	0	0	½	1	½	½	●	½	½	1	½	½	½	½	8
12.	Raschkowski	½	½	½	½	½	0	½	½	½	1	½	●	½	0	½	½	½	½	8
13.	Romanischin	0	0	0	½	1	0	½	0	½	1	½	½	●	1	1	½	0	1	8
14.	Dolmatow	½	½	½	0	0	½	0	½	0	1	0	1	0	●	½	1	1	½	7,5
15.	Tal	½	0	½	½	0	½	½	0	½	1	½	½	1	½	●	0	0	1	7,5
16.	Sweschnikow	½	0	½	0	½	1	½	0	0	0	½	½	½	0	1	●	1	½	7
17.	Anikajew	0	½	0	1	½	0	½	0	½	0	½	½	1	0	0	0	●	½	5,5
18.	Zeschkowski	0	1	0	½	0	0	0	½	½	½	½	½	0	½	0	½	½	●	5,5

sich dem Nachziehenden eine interessante Möglichkeit: 12. ... ef3:, wonach zum Beispiel folgen könnte 13. Ld5 Se5:! oder 13. Dd5 Sb4 14. Dd8: Tad8: 15. Lb3 c5.

11. ... Lg4

Aussichtsreicher ist 11. ... Sd2: 12. Dd2: Dd7. Wie es sich nach der Partie herausstellte, sind der Läuferzug und die damit verbundenen Varianten ausführlich in der „Enzyklopädie" erörtert. Am Brett selbst entdeckten die Spieler also „Amerika zum zweiten Male"...

12. Se4: de4: 13. Dd5 ef3:

Nach der Partie, sichtlich unter dem Eindruck des Geschehens, behauptete Artur Jusupow, das Endspiel nach 13. ... Dd5: 14. Ld5: ef3: 15. Lc6: fg2: 16. Kg2: Tad8 sei für Schwarz ungefährlich. Dem ist natürlich nicht so, denn die Unterminierung 17. a4 sichert eine deutliche Überlegenheit für Weiß.

14. Dc6: fg2: 15. Dg2: Dd7 16. Lh6! gh6: 17. f3 h5?

Das ist also die „Neuerung"! Nun wird es für Schwarz noch schwieriger. Besser ist der Weg, wie er in der „Enzyklopädie" beschrieben wird: 17. ... Lc5+ 18. Kh1 Tae8. Keine Besserung darf Schwarz erwarten nach 17. ... Kh8 18. fg4: Tg8 19. h3 h5 20. Tf7: hg4: 21. De4!

18. Tad1 Df5 19. fg4: De5:

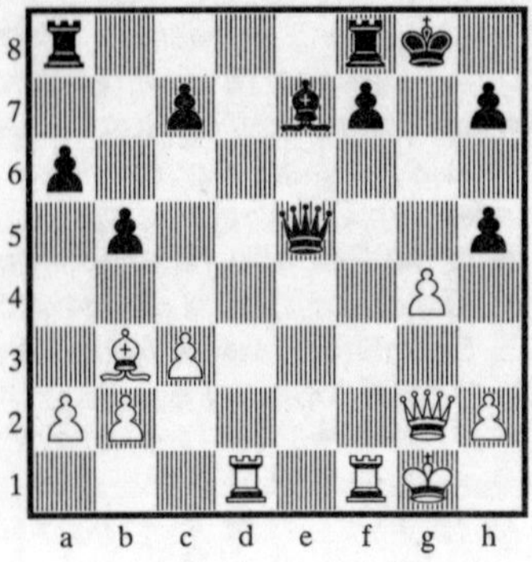

Es fällt schwer, diesen Zug mit einem Fragezeichen zu versehen. Sehr undankbar erscheint die Verteidigung Jusupows nach 19. ... Dg4: 20. Td7. Das Nehmen auf e5 läßt Schwarz auf Spielausgleich bei der geringsten weißen Ungenauigkeit hoffen. Nutzlos ist nunmehr 20. Tf7: Kh8! oder 20. Tf5 De3+ 21. Kh1 Tad8 22. Tdf1 Kh8.

20. Tde1!

Der entscheidende Zug! Die ungeschützte schwarze Königsstellung und die unzusammenhängend postierten schwarzen Figuren ermöglichen den weißen Sieg in wenigen Zügen.

20. ... Dc5+ 21. Kh1 Tad8?

Das verliert eine Figur, aber auch 21. ... Tae8 22. Tf5 Dd6 bringt keine Rettung. Der jetzt verlockende Zug 23. Tf7: Tf7: 24. gh5:+ Kf8 25. Tg1 führt nach 25. ... Lh4! 26. Dg8+ Ke7 27. Df7:+ Kd8 28. Td1 Te1+ zu einem Endspiel mit Remisaussichten für Schwarz. Besser ist natürlich 23. gh5:+ Kh8 24. Tf7: Tf7: 25. Lf7: Tf8 26. Tg1 mit unausweichlichem Matt. Entscheidenden Angriff erhält Weiß auch nach 21. ... Lh4 22. Tf5 Dd6 23. Tef1.

22. Tf5 Dd6 23. Td5 Dg6 24. Te7: Td5: 25. Ld5: hg4: 26. De4 De4:+ 27. Le4: Td8 28. Tc7: h5 29. Lc2 Td5 30. Lb3 Tf5 31. Kg2 a5 32. Tf7:

Nach 15minütigem Überlegen kam ich zu dem Schluß, daß diese Methode Schwarz am ehesten zur Aufgabe zwingen wird.

32. ... Tf7: 33. Kg3 a4 34. Lf7:+ Kf7: 35. Kh4 Kg6 36. b3 a3 37. c4 bc4: 38. bc4: Kf5 39. Kh5: Ke4 40. Kg4: Kd4 41. h4

Weiß führt den Bauern zwei Züge schneller zur Umwandlung. Schwarz gab auf.

Kasparow – Georgadze
Philidor-Verteidigung

1. e4 e5 2. Sf3 d6

Die ersten Züge des Großmeisters aus Tiflis haben mich überrascht. Bekanntlicherweise war er in den letzten Jahren immer dem Zug 1. ... c5 treu.

3. Lc4 Le7 4. d3

Ich beschloß, eine List mit einer anderen zu beantworten, indem ich ein selten gespieltes Eröffnungsschema wählte, bei dem Schwarz zu langem Manövrieren ohne ein konkretes Ziel verurteilt ist, und das in einer Situation, die einem Anhänger der Sizilianischen Verteidigung nicht vertraut sein dürfte.

4. ... Sf6 5. c3 0–0 6. 0–0 c6 7. Lb3 Le6 8. Lc2

Dieser Rückzug ist die logische Folge der weißen Eröffnungsstrategie, die den Ideen der Spanischen Partie folgt. Welchen Weg verfolgt Schwarz?

8. ... h6

Dies entspricht dem natürlichen Wunsch, den Läufer e6 gegen einen Tausch (Sf3–g5xe6) zu sichern. Es scheint, daß Schwarz in dieser Stellung keinen Grund für diesen Tempoverlust haben sollte, da nach 8. ... Sbd7 9. Sg5 keine Gefahr bedeutet wegen 9. ... Sg4. Aber nach 9. Te1 Dc7 10. d4 Te8 11. h3 gibt es keine schließlich doch zweckmäßigere Fortsetzung als 11. ... h6.

9. Te1 Sbd7 10. Sbd2 Dc7 11. d4

Der Vorstoß d6–d5 darf nicht zugelassen werden. Jetzt könnte Schwarz 11. ... Lg4 spielen (zum Beispiel 12. h3 Lh5 13. Sf1 Sh7), doch wählt er ein Entwicklungsschema, das ihn vorläufig an keinen festen Plan bindet.

11. ... Tfe8 12. h3! Sf8 13. c4

Nach der Einengung der schwarzen Möglichkeiten auf dem Königsflügel ändert Weiß plötzlich seinen strategischen Plan. Statt des Spiels auf dem Königsflügel startet er Operationen zur Eroberung von Raum im Zentrum. Da der Abtausch 13. ... ed4: für Weiß ausgezeichnete Chancen bietet – 14. Sd4: Db6 15. S2f3! Lc4: 16. Sf5! – läßt Schwarz ein weiteres Vordringen des d-Bauern zu.

13. ... Sg6 14. d5 Ld7

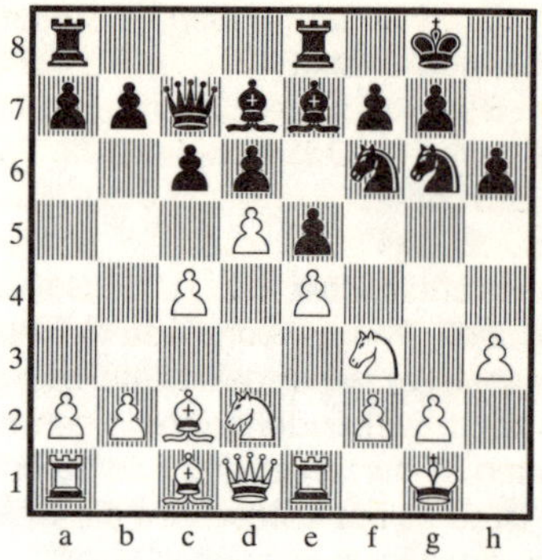

15. Sb1!

Weniger verspricht die Umgruppierung des Springers über f1, weil dadurch das Potential auf dem Damenflügel geschwächt wird. Jetzt beabsichtigt Weiß, den Angriff nach Sc3, Ld2, b4 usw. zu starten. Übrigens ist dies bereits die dritte Partie unter den „unvergeßlichen“, in denen der Kampfausgang wesentlich von einem Springer-Stellungswechsel über das Feld b1 entschieden wurde. Aber wenn ich zum Beisiel im spannenden Duell gegen Sajd (Leningrad, 1977) die Springerumgruppierung in der Reihenfolge Sc3-b1-d2 vornahm, so geschieht sie hier genau umgekehrt.

In meiner Partie mit Lutikow zog sich der Springer von c3 zurück, um dem c-Bauern nach vorne zu lassen (c2–c4), um anschließend wieder zur Verstärkung des Druckes im Zentrum zurückzukehren. Es gibt keinen Grund, besonders stolz auf die Umgruppierung des Springers im Spiel gegen Sajd zu sein, doch ist die Partie an sich sehr interessant: 1. e4 c5 2. Sf3 d6 3. d4 cd4: 4. Sd4: Sf6 5. Sc3 a6 6. Lg5 e6 7. f4 Db6 8. Dd2 Db2: 9. Sb3 Da3 10. Lf6: gf6: 11. Le2 Sd7 12. 0–0 h5 13. Dd4?! (mit der durchsichtigen Drohung 14. Sb1; besser ist 13. Kh1 Le7 14. Tad1 oder Tab1) 13. ... b5 14. Sb1?! Da4 15. c4 b4 16. f5 Le7 17. fe6: fe6: 18. S1d2 Dc6 (Die Stellung ist erkennbar günstig für Schwarz, und nur die ungesicherte Zukunft des schwarzen Königs ermutigt den Anziehenden.) 19. a3 ba3: 20. Kh1 Tb8 21. Ta3: Db6 22. Da1 Se5 23. c5 dc5: 24. Sc4 Dc7 25. Sbd2 Sc4: 26. Sc4: Tb4 27. e5! (Diesen Partieabschnitt spielt Sajd offensichtlich nicht sehr gelungen – die schwarze Stellung reißt an allen Fugen! Obwohl im weiteren Verlauf beide nicht fehlerlos spielten, brachte die Attacke auf den König den Sieg für Weiß.) 27. ... fe5: 28. Dd1 Ld7 29. Ta6: h4 30. h3 Tg8 31. Te6: Kd8 32. Te5: Tc4: 33. Dd5 Tg2: 34. Lc4: Tg3 35. Da8+ Dc8 36. Da5+ Ke8 37. Lf7+ Kf8 38. Le6+ Kg7 39. Da1 Kh6 40. Dc1+ Lg5 41. Tg5: Dc6+ 42. Ld5 Th3:+ 43. Kg2, und Schwarz gab auf.

15. ... Lf8

Schwarz spürt die Gefahr nicht. Um die Gegenchancen zu wahren, hätte er die c-Linie mit 15. ... cd5: 16. cd5: öffnen und nach 16. ... b5 Gegenspiel auf dem Damenflügel entfalten müssen. Dabei hätte er sein Augenmerk auf die Verteilung der Figuren richten müssen: Tec8, Db7, Le7–d8–b6 (a5).

16. Sc3 c5?

Das ist bereits ein schwerwiegender strategischer Fehler. Man hätte, wenn auch mit Tempoverlust, zum Plan mit c6xd5 zurückkehren sollen.

17. La4!

Bei der vorliegenden Bauernstruktur im Zentrum begünstigt der beabsichtigte Tausch die Absichten von Weiß, weil die aktiven Aussichten der auf dem Brett verbleibenden Läufer miteinander nicht zu vergleichen sind.

17. ... a6 18. Ld7: Sd7:

Etwas besser wäre 18. ... Dd7: gewesen, worauf Weiß mit 19. a4 hätte antworten können, um schwarzes Gegenspiel zu verhindern. Doch mir gefiel besser 19. a3 b5 20. Le3, was Schwarz am Öffnen des Damenflügels nicht hindert. In dem nun beginnenden Gefecht zeigte es sich, daß Weiß mehr Figuren zur Verfügung hat.

19. g3 Le7 20. h4 Sf6 21. Sh2 Dd7 22. a4 Dh3 23. Df3 Dd7

Der Tigersprung der schwarzen Dame nach h3 ist nichts anderes als eine Vortäuschung von Aktivität vor einem Remisangebot im 22. Zug. Eine nüchterne Einschätzung der Lage genügte Weiß, um dieses abzulehnen, worauf die gegnerische Dame wieder ziehen muß. Einen stärkeren Widerstand hätte man nach 22. ... Ld8 leisten können, obwohl 23. a5 b5 24. ab6:e.p. Lb6: zu klarem weißen Vorteil führt. Allerdings ist es in Zeitnot nicht leicht, einen so wichtigen Entschluß zu fassen, und Georgadze machte sich keine Gedanken mehr um das Gegenspiel, sondern entschied sich für eine passive Verteidigung, sich auf die Stärke seiner zentralen Bauernkette verlassend.

24. a5 Sf8 25. Ld2 Tec8 26. Sf1

Die Tragödie für Schwarz besteht darin, daß er auf äußert eingegrenztem Raum die Drohungen einer bedeutend beweglicheren weißen Streitmacht abwehren muß. Nun droht 27. Se3.

26. ... Sg4

Die schwarze Dame ist an das Feld d7 gefesselt, und die Umgruppierung des Springers f8 wird unmöglich. Genau das nutzt Weiß aus, indem er das Spiel sofort auf den Damenflügel verlagert.

27. Sa4 Ld8 28. Tec1 Tab8

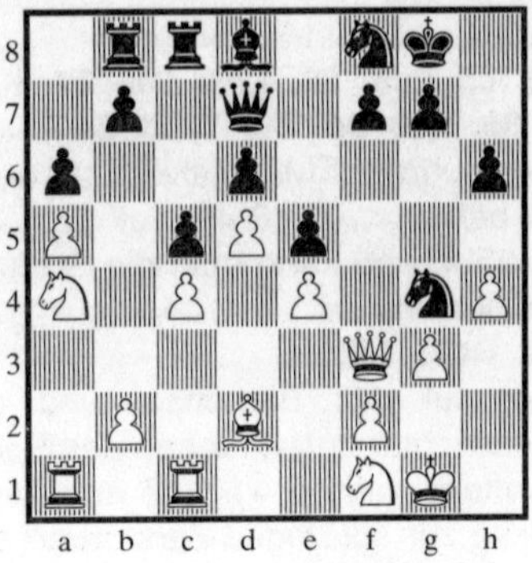

29. b4

Der Auftakt des entscheidenden Angriffs.

29. ... cb4: 30. Lb4: h5

Vielleicht hätte es sich gelohnt, den Erfolg im offenen Kampf zu suchen: 30. ... b5 31. ab6:e.p. Lb6: 32. c5 dc5: (32. ... La7 33. c6!) 33. Lc5: Lc5: 34. Sc5: Tc5:. Zwar endet das Gefecht nach 35. Tc5: Tb2 36. Se3! Sf2: 37. Tc2! zugunsten von Weiß, doch nach 30. ... h5 kommt es erst gar nicht zu einem echten Kampf.

31. Sb6

Die chancenreichste Fortsetzung angesicht der Zeitnot des Gegners. Ziemlich gut ist auch 31. Dd3, zum Beispiel nach 31. ... b5 32. ab6: Lb6: 33. Sb6: (33. c5 La7!) Tb6: 34. La3 Db7 35. c5 Tb3 36. c6, doch ich wollte ihm auch nicht mal den Hauch einer Gegenchance lassen.

31. ... Lb6: 32. ab6:

Jetzt werden sich die Hauptereignisse auf der c-Linie abspielen, und für den Fall, daß sie geöffnet wird, wird gerade der Bauer b6 den Vorposten c7 sichern.

32. ... De7 33. Da3 Td8

Wenn die Zeit drängt, fällt es schwer, sich für 33. ... Tc5! zu entscheiden, doch das wäre die letzte Hoffnung gewesen – 34. Lc5: dc5: 35. Se3 Se3: 36. De3: Sd7. Ich bin der Meinung, daß Weiß nach 37. d6! sicher gewinnen wird.

34. f3 Sh6

Auf 34. ... Sf6 ist 35. Se3 stark.

35. c5 dc5: 36. Lc5: Df6 37. Kg2 Te8 38. Le3 Sd7 39. Tab1 De7

Dies führt zu Materialverlust, doch auch bei 39. ... Tbc8 40. Tc7 Tc7: 41. bc7: b5 42. d6 kann man die Stellung kaum noch halten.

40. De7: Te7:

Hier fiel das Blättchen, und die Schiedsrichter unterbrachen das Spiel. Das offensichtliche 41. Tc7 aber führt sowieso zur sofortigen Zerstörung der schwarzen Stellung. – 1:0

Zeschkowski – Kasparow
Sizilianisch

1. e4 c5 2. Sf3 e6 3. d4 cd4: 4. Sd4: Sc6 5. Sb5 d6 6. c4 Sf6 7. S1c3 a6 8. Sa3 Le7 9. Le2 0–0 10. 0–0 b6 11. Le3

Eine wohlbekannte und für Weiß angenehme Stellung. So ergaben sich in der Partie Georgadze – Polugajewski bei der letztjährigen Meisterschaft (Tiflis, 1978) große Schwierigkeiten für Schwarz nach 11. ... Lb7 12. Db3 Sd7 13. Tac1 Te8 14. Tfd1 Sc5 15. Dc2 Lf6 16. Sab1!. Man kann auch an eine frühere Partie erinnern, Karpow – Olafsson (Amsterdam, 1976). Mir schien, die schwarzen Unannehmlichkeit rühren von der unglücklichen Position des schwarzen Damenspringers her, dessen richtiger Standort auf d7 ist. Folglich entschloß ich mich zu:

11. ... Se5!?

Diejenigen, die durch den Tempoverlust, der mit diesem Zug verbunden ist, beunruhigt sind, sollen auf den Wanderweg des Springers a3 achten. Die Idee Sc6–e5–d7 (nach dem vorbereitenden 11. ... Lb7 12. Tc1) wurde bereits in der Partie Zeschkowski – Ribli erprobt (Riga, 1979). Ribli spielte damals erfolgreich, und so reagiert Zeschkowski in unserer Partie aggressiver.

12. f4 Sed7 13. Lf3 Lb7 14. De2

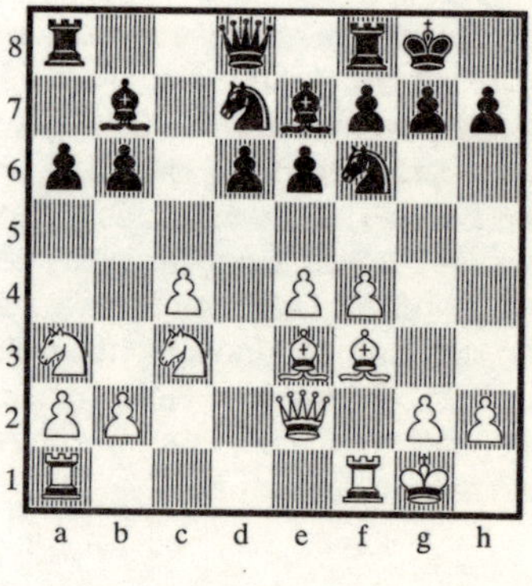

14. ... Dc7?! 15. Tac1

Zum weißen Plan gehört der Zug g2–g4, worauf Schwarz mit d6–d5 antworten möchte. 14. ... Dc7 erschwert diesen Gegenschlag, da sich die Gegenüberstellung von schwarzer Dame und weißem Turm auf der c-Linie unangenehm auswirken kann. Genauer wäre gewesen 14. ... Te8, und falls 15. Tad1, so erst in diesem Fall 15. ... Dc7. Und trotz der Ungenauigkeit, die ich zuließ, kam ich nach 40 Minuten Überlegung zur Schlußfolgerung, daß es für mich gar nicht so schlechte Gegenspielmöglichkeiten gibt.

15. ... Tac8 16. g4 Sc5 17. Dg2 d5!

Vielleicht ist auch 17. ... g5!? 18. fg5: Sfd7 19. Le2 Se5 akzeptabel?

Heute erscheint mir dieses Bauernopfer zweifelhaft.

18. e5!

Von drei sich anbietenden Möglichkeiten die einzig richtige. Bei den beiden anderen 18. ed5: bzw. 18. cd5: gewinnt Weiß zwar Material, aber:

1) 18. ed5: Sd3 19. g5! (19. Tcd1 Sf4: 20. Lf4: Lc5+! 21. Kh1 Df4:) 19. ... Lc5! 20. Lc5:! Dc5:+ 21. Kh1 Sd5:! 22. cd5: Sc1: 23. Tc1: b5 mit Initiative für Schwarz.
2) 18. cd5: Sd3 19. d6! Ld6: 20. Sd5 Sd5:! 21. Tc7: Se3: 22. De2 Sf4: 23. De3: Tc7: mit genügend Kompensation für die Dame.

18. ... Sfe4 19. cd5: ed5: 20. b4

Kaum etwas ändert sich nach 20. Tfd1 Tfd8 21. b4 Sc3: 22. Tc3: d4!

20. ... Sc3: 21. Tc3: d4

Ein lange vorbereitetes Bauernopfer. das zu einer Stellung führt, die Weiß gewisse Sorgen bereiten dürfte: die unkoordinierte Wirkung der Figuren, die vorgeschobenen und verwundbaren Bauern. Insgesamt hat Schwarz allen Grund zu der Hoffnung, mindestens das Gleichgewicht aufrecht erhalten zu können.

22. Ld4: Dd7 23. Sc2!

Dies ist sicher stärker als die Fortsetzung 23. Le3 Lf3: 24. Df3: Sa4 25. Tc8: Tc8:.

23. ... Lf3: 24. Tcf3: Se6 25. Le3 f5

Am Brett schien es mir, als ob dieser Zug, der die Phalanx der weißen Bauern zerbricht, der stärkste ist. Heute bin ich der Ansicht, daß 24. ... Tc4 zumindest nicht schlechter wäre, zum Beispiel 26. f5 Sg5 27. Tf4 Tfc8 28. Sd4 Tc3.

26. ef6: Lf6: 27. Kh1

Eine unumgängliche Vorsichtsmaßnahme. Zu nichts führt 27. f5 Sg5 bzw. 27. g5 Le7 (27. ... Lg5:? 28. fg5: Tf3: 29. Df3: Tc2: 30. Lb6:), und die weißen Bauern sind gestoppt (28. f5? Sg5:).

27. ... Dd5

Zentralisierungsabsicht. Brauchbar wäre auch 27. ... Dc7.

28. a3 Dc4

Für b6-b5 ist keine Zeit: 28. ... b5 29. Lg1!, und der Springer auf c2 erhält glänzende Aussichten.

29. f5

Nach 29. Se1 Sd4 ist die schwarze Stellung recht gut, deswegen bietet Weiß die Überleitung in eine ausgeglichene Endspielphase an.

29. ... Dc2: 30. Dc2: Tc2: 31. fe6: Tc6 32. a4.
Remis

SKARA, 1980
Mannschafts-Europameisterschaft

Kasparow – Přibyl
Grünfeld-Indisch

1. d4 Sf6 2. c4 g6 3. Sc3 d5 4. cd5: Sd5: 5. e4 Sc3: 6. bc3: Lg7 7. Sf3 b6

Normalerweise spielt man an dieser Stelle 7. ... c5. Den Zug b7-b6 sah man meist erst nach 7. ... 0–0 8. Le2. In dieser Situation wurde er meines Wissens zum ersten Mal angewendet.

8. Lb5+ c6 9. Lc4 0–0 10. 0–0

Vielleicht ist auch 10. De2 spielbar, was den Tausch der weißfeldrigen Läufer verhindert, doch mir schien, daß Weiß auch ohne diese Figuren gutes Spiel besitzt.

10. ... La6 11. La6: Sa6: 12. Da4

Eine Ungenauigkeit. Stärker ist das einfache 12. Lg5 Dd7 13. Dd2 – das starke Zentrum und der auf a6 unglücklich postierte Springer sorgen für einen dauerhaften weißen Vorteil.

12. ... Dc8 13. Lg5 Db7 14. Tfe1 e6

Am Brett nicht leicht zu entscheiden, was besser ist: 14. ... e6 oder 14. ... Tfe8. Offenbar sind beide Züge gleichwertig.

15. Tab1 c5

Praktisch erzwungen; es drohte 16. c4. Das vorsorgliche 15. ... h6 hätte das unangenehme 16. Le3 zur Folge gehabt, womit c6-c5 verhindert wird.

16. d5!

Wenn man sich noch einen vorbereitenden Zug (16. Ted1) leisten würde, könnte man leicht die Initiative verlieren (nach f7-f5).

16. ... Lc3: 17. Ted1 ed5: 18. ed5:

Die positionellen Vorteile gleichen den Materialrückstand voll aus. Weiß verfügt über einen starken Freibauern auf d5, Schwarz über eine ungünstige Figurenverteilung, vor allem hinsichtlich des Springers auf a6.

18. ... Lg7

Wenn man zuerst eine Verbesserung der Springerstellung vornimmt, so ergeben sich folgende Möglichkeiten: 18. ... Sc7 19. Le7 Tfe8 20. Dd7, oder auf 18. ... Sb8 gibt es die Wahl, entweder einen Bauern zu erobern (19. Dc4 Lg7 20. Dc5:) oder den Angriff fortzusetzen mit 19. Dh4.

19. d6 f6

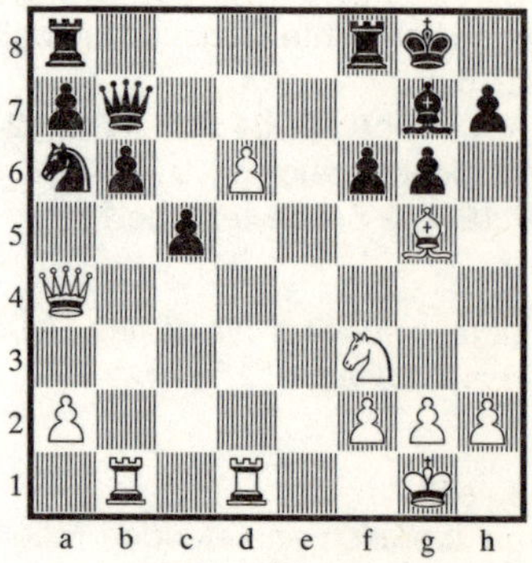

20. d7!

Ohne Zweifel hat Weiß im Falle von 20. Lf4 genügend positionelle Kompensation für den Minusbauern. Über das Figurenopfer, das er eingeht, kann man sicher diskutieren, aber auch jetzt, nach einer ruhigen und ernsthaften Analyse erscheint es mir korrekt. Um so schwieriger war es, dies am Schachbrett abzuschätzen.

20. ... fg5:

Eine prinzipielle Fortsetzung. Es wurden auch andere Möglichkeiten erörtert:

1) 20. ... Sb4 21. Db3+ Kh8 22. Se5 fe5: 23. d8D Tad8: 24. Td8: Td8: 25. Ld8: – der weiße Vorteil ist unübersehbar.
2) 20. ... Tad8 21. Dc4+ Kh8 22. Se5! fe5: 23. Ld8: Td8: 24. De6! Db8 (nichts ändert 24. ... Sc7 25. De7 Db8 26. Tb3 e4 27. Td6 Lf8 28. Df6+ Lg7

29. Df7) 25. Tb3 c4 26. Th3 Sc5 27. Dg6: h6 28. Tg3;

3) 20. ... Kh8 – 21. Lf4 ist darauf eine ruhige Antwort, doch man kann auch 21. Dc4 spielen, und Schwarz hat nichts Besseres als mit 21. ... fg5: in den Partietext überzuleiten.

21. Dc4+ Kh8 22. Sg5: Lf6

Der einzige spielbare Zug. Sofort verliert 20. ... Ld4 wegen 21. Td4: cd4: 22. Dd4:+ Kg8 23. Se6.

23. Se6 Sc7

Wiederum erzwungen. Schlecht ist
21. ... Sb4 – 22. Df4 Sc6 (22. ... Sd5 23. Dd6) 23. Sf8: Tf8: 24. d8D Sd8: 25. Td8:.

24. Sf8: Tf8: 25. Td6

Es gab folgende Möglichkeit ins Endspiel überzuleiten: 25. Dc5: Dg2:+ 26. Kg2: bc5: 27. Tb7 Se6 28. Td6 Sf4+ 29. Kf1 Ld8 30. Ta7: mit klarem Vorteil. Doch ich wollte mehr erreichen.

25. ... Le7

Dieser Zug läßt eine wirkungsvolle Angriffsentfaltung zu. Schwarz hat überhaupt große Sorgen, vernünftig zu spielen. Zum Beispiel 25. ... Ld8 (oder 25. ... Db8 26. Tbd1 Dd8 27. Tc6 Lg7 28. h4, und Schwarz ist im Zugzwang) 26. h4 Da6 27. Dc3+ Kg8 28. Dc2 (die Dame einsperrend). Die armselige schwarze Lage illustriert die Variante 28. ... Lh4: 29. Tg6:+.

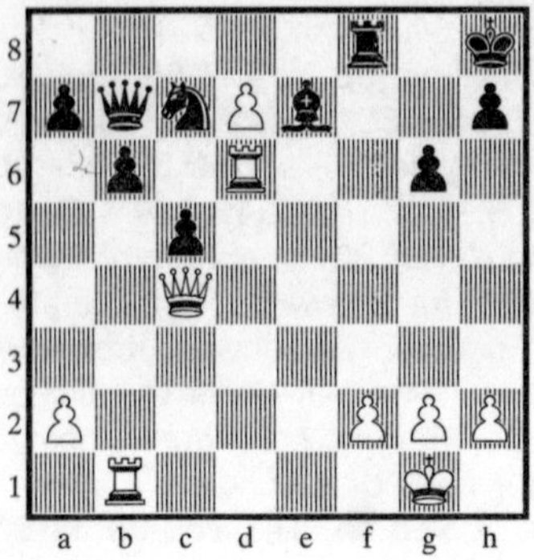

26. d8D!

Es ist paradox: Weiß opfert den Stolz seiner Position – den Freibauern. Im weiteren Verlauf des sich schnell entwickelnden Kampfes verlieren die schwarzen Figuren den Zusammenhalt.

26. ... Ld8:

Es verliert 26. ... Td8: 27. Td8:+ Ld8: 28. Df7 Dd5 (die einzige Rettung vor dem Matt) 29. Dd5: Sd5: Td1.

27. Dc3+ Kg8 28. Td7 Lf6 29. Dc4+ Kh8 30. Df4

Das Tempospiel ist zu Ende – Weiß gewinnt die Figur zurück. Besser für Schwarz war hier 30. ... Lg7 31. Dc7: Dc7: 32. Tc7: Ld4 33. Tf1, obwohl dieses Endspiel sehr, sehr schnell verloren geht.

30. ... Da6? 31. Dh6

Schwarz gab auf, da es keine Rettung vor dem Matt gibt.

Kasparow – Vukić
Caro-Kann

1. e4 c6

Es erweist sich immer wieder, daß viele meiner Gegner ein ganz bestimmtes Eröffnungsrepertoire besitzen. So antwortet der jugoslawische Großmeister Vukić auf 1. d4 immer mit der Fianchettierung des schwarzfeldrigen Läufers (in Banja Luka mußte ich 1979 gegen die Königsindische Verteidigung kämpfen), und auf 1. e4 spielt er entweder die Aljechin-Verteidigung oder Caro-Kann mit 4. ... Lf5.

2. d4 d5 3. Sd2 de4: 4. Se4: Lf5 5. Sg3 Lg6 6. h4 h6 7. Sf3 Sd7 8. h5 Lh7 9. Ld3 Ld3: 10. Dd3: e6 11. Ld2 Dc7 12. 0–0–0 Sgf6 13. Se4 0–0–0 14. g3

Die letzten beiden Züge von Weiß wurden von Geller in die Praxis eingeführt. Dieser Plan ist für Schwarz besonders unangenehm, wovon ich mich anläßlich der Partie gegen ihn bei der 46.

Meisterschaft der UdSSR überzeugen konnte.

14. ... Se4: 15. De4: Le7

Dies wird empfohlen von der „Enzyklopädie der Schacheröffnungen". Mir scheint, daß man nach Ausgleich besser in folgenden Varianten suchen sollte: 15. ... c5 16. Lf4 Ld6 oder 15. ... Sf6 16. De2 Ld6 17. c4 c5.

Anscheinend ist dieser Weg schwieriger, als ich mir das damals vorgestellt habe – auf 15. ... c5?! gibt es die starke Antwort 16. dc5:! Sc5: 17. Dc4! mit der Drohung Lf4.

16. Kb1 The8 17. De2!

Nichts bringt 17. c4 c5 18. Lf4 Ld6 19. Se5 Te7!.

17. ... Ld6 18. The1 Te7

Gegen Geller spielte ich mit Schwarz 18. ... Sf6 19. Se5 c5 20. dc5: Le5: 21. De5: De5: 22. Te5: Td4. Dieses für Schwarz eindeutig schlechtere Endspiel konnte ich noch mühsam ins Remis retten. Ich glaube, daß 20. Lc1 dem Anziehenden noch mehr verspricht. Mit dem Partietext bereitet Vukić e6–e5 vor (auf das sofortige 18. ... e5 ist möglich die Zugfolge 19. c4 e4 20. Sh4 Sf6 21. Sf5 Lf8 22. Lc3 mit klarem Vorteil).

19. c4 c5 20. Lc3 Sf6

Auf 20. ... cd4: folgt unangenehm 21. Ld4:! Lb4 22. Th1 e5 23. Le3.

21. Se5 cd4: 22. Td4:

Eine Ungenauigkeit, die aber unbemerkt blieb. Klarer Vorteil für Weiß ergibt sich nach 22. Ld4: Le5: 23. Le5: Td1:+ 24. Td1: Dc6 25. g4 Td7 26. Te1!

22. ... Le5: 23. Td8:+ Dd8: 24. Le5: Td7?

Zu schablonenhaft gespielt. Schwarz besetzt die für ihn unwichtige d-Linie. Richtig wäre 24. ... Da5!, was die gegnerischen Figuren fesselt. Jetzt unterbindet Weiß diese Möglichkeit und bildet die starke Bauernkette f3–g4–h5.

25. Lc3 Db6 26. g4 Dd6

Schwarz spielt ohne einen festen Plan und läßt außerdem den taktischen Einschlag 27. g5 hg 28. h6 zu. Diese Variante schien mir aber nicht ausreichend überzeugend zu sein (28. ... Df4 29. hg Td8), und ich beschloß, vom vorher abgesteckten Plan nicht abzuweichen.

27. f3 a6 28. a4! Dd3+?

Schwarz hat natürlich nur dann Aussichten auf Gegenspiel, wenn er die Dame behält, zumal doch die weiße Königsstellung offen ist.

29. Kc1 Kc7

Kaum eine Änderung gäbe es durch 29. ... Se8 30. Dd3: Td3: 31. Tf1 f6 32. Kc2 Td7 33. Te1 Sc7 34. f4, aber die Rückkehr der Dame nach d6 wäre auch noch möglich.

30. Dd3: Td3: 31. Tf1 Kc6 32. Kc2 Td7

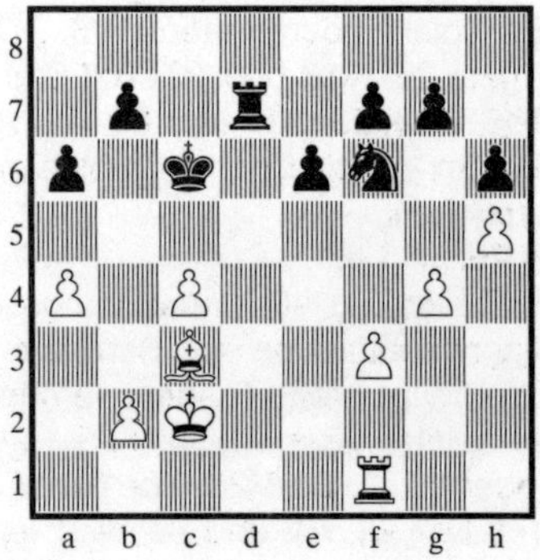

33. a5!

Verlockend scheint 33. b4 und auf 33. ... b5? – 34. Lf6: gf6: 35. Td1! mit Gewinnstellung: 35. ... Te7 36. ab5: ab5: 37. c5 oder 35. ... Td1: 36. ab5:+ ab5: 37. Kd1: oder 35. ... ba4: 36. b5+ ab5: 37. cb5:+ Kc7 38. b6+ Kc6 39. Td7: Kd7: 40. f4. Allein 33. ... a5! ergibt Gegenchancen für Schwarz. Nach 33. a5! ist das Endspiel für Schwarz meiner Ansicht nach verloren – er ist merklich eingeengt, während die Figurenkonstellation für Weiß ideal ist.

33. ... Se8 34. Te1 Td6 35. f4 Sf6?

Die Absicht von Vukić g4-g5 zu verhindern ist verständlich, da danach das Opfer auf g7 in verschiedenen Variationen aktuell wird: zum Beispiel 35. ... Kd7 36. g5 Tc6 37. Td1+ Kc8 38. Lg7:!. Aber abgelenkt duch die unangenehme Verteidigung vergaß der jugoslawische Großmeister für einen Moment die Schwachstellen in seiner Bauernstruktur und die unglückliche Lage des Turmes auf d6. Die Quittung folgte prompt.

36. Lf6: gf6: 37. Td1!

Schwarz gab auf, da Weiß im entstehenden Bauernendspiel Freibauern auf beiden Flügeln bilden kann.

Spiridonow – Kasparow

Damenbauernspiel

1. Sf3

Schon wieder! Bereits zum dritten Mal in diesem Turnier mußte ich ein und dieselbe Aufgabe lösen: Wie kann ich nach 1. Sf3 eine interessante Position mit verwickeltem Kampf (ohne Vereinfachung) erreichen?

1. ... g6 2. d4 Sf6 3. Lg5 Lg7 4. Sbd2

Fest und zuverlässig! Anscheinend ist es nötig, die weißen Figuren aus ihren Schützengräben hervor zu locken, dazu braucht man einen Köder – das Trugbild der „Überlegenheit".

4. ... c5 5. Lf6:

Und tatsächlich – Weiß beginnt den Kampf um die Vorherrschaft, obwohl meiner Ansicht nach 5. e3 dem Geist der Stellung besser entspricht. Darauf wollte ich mit der Replik 5. ... b6 antworten.

5. ... Lf6: 6. Se4 Ld4:

Objektiv stärker ist zwar 6. ... Db6, aber nach 7. Sf6:+ Df6: 8. e3 wird die Aussicht auf Verschärfung des Spiels unrealistisch. Natürlich geht nicht 6. ... Da5+ 7. c3 Ld4: wegen 8. b4.

7. Sd4: cd4: 8. Dd4: 0–0 9. c4

Passiv ist 9. e3 (9. ... Sc6 10. Dd2 d5 11. Sc3 e6 mit ausgezeichnetem Spiel für Schwarz), und 9. 0–0–0 wäre viel zu scharf.

Obwohl 9. 0–0–0 in der Praxis dem Nachziehenden die meisten Sorgen bereitet.

9. ... Sc6 10. Dd2 d6 11. Sc3

Weiß plant den zentralen Vorstoß e2–e4. Schwarz muß sich beeilen, um nicht unter Druck zu geraten.

11. ... Le6 12. e4 Db6!

Viel schwächer ist 12. ... f5 wegen 13. ef5: Tf5: 14. Le2 Se5 15. b3. Der Damenzug birgt die Drohung 13. ... Dd4 in sich, mit Übergang in ein günstiges Endspiel, und doch war dieser Weg der beste für Weiß (13. Le2 Dd4 14. Td1 Dd2:+ 15. Td2:). Ebenso gut sieht 13. Sd5 Ld5: 14. ed5: Sd4 15. Td1 aus, doch Schwarz besitzt eine interessante taktische Möglichkeit: 15. ... e5! 16. de6: Tfe8 17. Dd4: Te6:+ 18. Le2 Tae8 19. 0–0 Dd4: 20. Td4: Te2: mit Vorteil.

Dieser Kommentar bedarf einer Korrektur: 13. Le2 ist kaum das Beste; weil die Alternative 13. Sd5 Ld5: 14. ed5: Sd4 15. 0–0–0! (und nicht 15. Td1?) e5 16. de6: Se6: 17. Ld3 eine für Weiß günstige Position entstehen läßt.

13. Td1?

Nun übernimmt Schwarz sofort die Initiative, dank des Entwicklungsvorsprungs.

13. ... Se5 14. b3 f5!

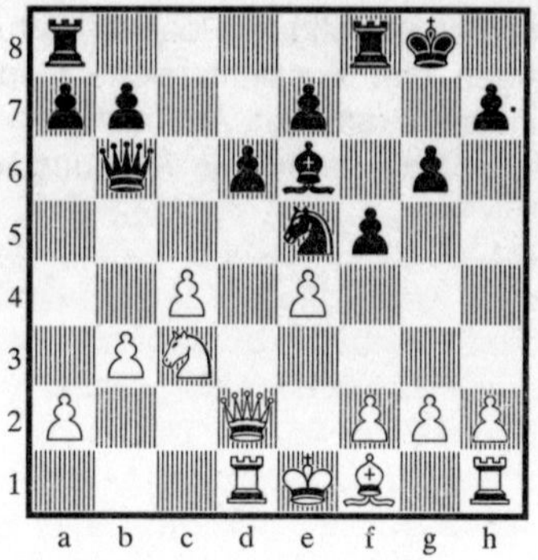

Hier überlegte Spiridonow lange. Tatsächlich sind die folgenden Varainten für Weiß wenig tröstlich: 15. ef5: Tf5: 16. f4 Taf8; 15. f4 Sg4 16. h3 De3+ 17. De3: Se3: 18. Td3 Sc2+ 19. Kd2 fe4: 20. Se4: Lf5!; 15. Sd5 Ld5: 16. Dd5:+ Kg7.

Besser wäre 15. ef5: Tf5: 16. Dd4, obwohl nach 16. ... Dd4: 17. Td4: Taf8 18. Td2 Tf4 Weiß wiederum gewisse Schwierigkeiten bei der Figurenentwicklung hat. Spiridonow entschloß sich. f5–f4 zuzulassen, in der Hoffnung, die schwarze Stellung im Zentrum später sprengen zu können.

15. Le2 f4 16. Sd5 Ld5: 17. Dd5+ Kg7 18. 0–0

Weiß hat die Entwicklung seiner Figuren abgeschlossen, doch zu welchem Preis! Der mächtige Springer e5 gegen den schlechten Läufer e2! Die einzige Hoffnung für Weiß ist der Vorstoß c4-c5, zum Beispiel 18. ... a5 19. c5 Dc5: 20. Dc5: dc5: 21. Td5 Kf6 22. Tc5:. Schwarz hätte mit 18. ... Kf6! fortsetzen sollen, und nach dem forcierten 19. b4 Db4: 20. Tb1 Da3 21. Tb7: Tab8! ist sein Vorteil unübersehbar.

18. ... Tac8? 19. b4! Db4: 20. Tb1 Da3 21. Tb7: Kf6

Dieser Zug hat nun keine Wirkung mehr, da Weiß die b-Linie bereits kontrolliert.

22. h4 h6

Es drohte die Läuferaktivierung 23. Lg4!. Jetzt könnte Weiß nach 23. Dd2 g5 24. Tb3 Dc5 25. Tb5 die schwarze Dame aus ihrer günstigen Position zurückdrängen und aussichtsreiche Gegenchancen bekommen. Am nächsten Tag äußerte Spiridonow die Meinung, daß Weiß mittels 23. Dd2 g5 24. g3 die Initiative hätte übernemhen können, da 24. ... f3 wegen 25. Tb3 unmöglich wäre. Ich konnte nur bedauern, daß er diese trügerische Möglichkeit nicht schon in der Partie entdeckte: 24. g3? f3! 25. Tb3 Da4 26. Lf3: Db3:!.

23. Td1?

Zwar eine schöne Falle (23. ... Da2:?? 24. Dd6:+!), aber ab sofort ist die Partie für Weiß verloren.

23. ... Tb8!

Fehler sind dazu da, daß sie korrigiert werden!

24. Tc7 Tfc8 25. Tc8: Tc8: 26. Db7 Dc5 27. Db2?

Nach 27. Tb1 wäre noch Widerstand möglich gewesen.

27. ... Db6! 28. Dc1 g5 29. Td5 e6 30. hg5:+

Besser wäre es, ohne die Öffnung der h-Linie auszukommen, aber unter Zeitdruck versucht Spiridonow, die Anzahl der Züge vor der Zeitkontrolle zu reduzieren.

30. ... hg5: 31. Td1 Ke7! 32. Dc2 Tb8 33. Da4 g4 34. Da3 Dc5 35. Dc3

Ein Endspiel (nach dem Damentausch ist natürlich vollkommen hoffnungslos für Weiß.

35. ... g3 36. Tf1

An dieser Stelle rechnete ich sicherheitshalber etwa 10 Minuten lang eine unkomplizierte Gewinnvariante durch, weil ich bereits über bittere Erfahrung mit gewonnenen Stellungen in der Zeitnot meiner Gegner verfüge.

36. ... gf2:+ 37. Tf2: Tb1+ 38. Lf1 De3 39. De3: fe3: 40. Tc2 Sc4:

Weiß gab auf.

BAKU, 1980

Internationales Turnier

Kasparow – Saitzew
Damengambit

1. d4 d5 2. c4 e6 3. Sc3 Sf6 4. Lg5 Le7 5. e3 0–0 6. Sf3 h6 7. Lh4 b6

Auf dem Brett ist eines der heute beliebtesten Eröffnungssysteme entstanden, von Tartakower ersonnen und von Bondarewski und Magakonow weiterentwickelt. Die Suche nach einem Vorteil stützt sich dabei zumeist um den Zug 8. Db3.

Der Turnierpraxis der letzten Jahre nach zu urteilen, ist die Wahl zwischen 8. Db3, 8. Dc2, 8. Tc1, 8. Le2, 8. Ld3 eine reine Geschmackssache.

In dieser Partie wollte ich einen scharfen Plan mit heterogenen Rochaden einem Test unterziehen.

8. Dc2 Lb7 9. Lf6: Lf6: 10. cd5: ed5: 11. 0–0–0 c5 12. dc5: Sd7!

Bis vor kurzem sah die Theorie die schwarze Stellung nach 12. ... bc5: 13. Sd5: Ld5: 14. Lc4 Sd7 15. Td5: Tb8 16. b3 als aussichtsreich an, doch in den Partien Lapenis – Petrosjan (1979) und Gawrikow – Lputjan wurde dieses Urteil revidiert. In der erstgenannten Partie erhielt Weiß nach 16. ... De7 17. h4! Sb6 18. Te5! Dc7 19. Te4 einen Mehrbauern und behauptet die „Blockadefigur" auf c4. In der zweiten setzte Schwarz mit 16. ... Dc7 17. Kd1 Tfc8 fort, und nach 18. Ke2? Sb6 19. Td2 Sc4: 20. Dc4: Tb4 21. Da6 c4 22. bc4: Lc3 23. Tc2 Tb6 24. Da4 Tb4 endete die Partie remis. Dabei hätte Weiß nach 18. Sd2 klare Vorteile („Blockade" auf c4!).

Schwarz begann daher seine Hoffnungen mit 12. ... Sd7 zu verbinden. Wie die Partie Lapenis – Klowan (1979) zeigt, gleicht zumindest die schwarze Initiative nach 13. cb6: Db6: den materiellen weißen Vorteil aus. Wenig verspricht ebenfalls das Spiel gegen den Isolani (13. c6). Wohl konnte Weiß in der Partie Nikitin – Kirpičnikow (1980) Über-

		1	2	3	4	5	6	7	8	9	10	11	12	13	14	15	16	Punkte
1.	Kasparow	●	½	1	½	½	1	1	1	½	½	½	1	1	½	1	1	11,5
2.	Beljawski	½	●	1	½	½	½	½	½	1	1	1	½	½	1	1	1	11
3.	Grigorjan	0	0	●	½	½	1	½	½	½	1	½	½	½	½	1	1	8,5
4.	Gufeld	½	½	½	●	½	1	½	½	½	½	½	½	½	1	½	½	8,5
5.	Michailtschischin	½	½	½	½	●	½	½	½	1	½	½	½	½	0	1	1	8,5
6.	Torre	0	½	0	0	½	●	1	1	0	½	½	1	1	1	0	1	8
7.	Tschiburdanidze	0	½	½	½	½	0	●	0	1	½	½	1	½	½	1	1	8
8.	Csom	0	½	½	½	½	0	1	●	½	1	½	½	1	½	½	½	8
9.	Lechtynski	½	0	½	½	0	1	0	½	●	½	½	½	½	½	1	1	7,5
10.	Magerramow	½	0	0	½	½	½	½	0	½	●	½	½	1	½	1	1	7,5
11.	Padewski	½	0	½	½	½	½	½	½	½	½	●	0	½	1	½	½	7
12.	Antoschin	0	½	½	½	½	0	0	½	½	½	1	●	½	½	1	0	6,5
13.	Saizew	0	½	½	½	½	0	½	0	½	0	½	½	●	½	1	½	6
14.	Vogt	½	0	½	0	1	0	½	½	½	½	0	½	½	●	½	½	6
15.	Martinović	0	0	0	½	0	1	0	½	0	0	½	0	0	½	●	1	4
16.	Garcia	0	0	0	½	0	0	0	½	0	0	½	1	½	½	0	●	3,5

legenheit erlangen: 13. c6 Lc6: 14. Sd4 Lb7 15. Le2 Tc8 16. Kb1 Sc5 17. Lg4 Ta8 18. Lf3, doch ist das Spiel für Schwarz verbesserungsfähig (interessant ist zum Beispiel 15. ... a6 mit nachfolgendem b6–b5).

Ganz aktuell war jüngst die Diskussion um die Variante 13. c6 in Verbindung mit 15. g4!? (statt 15. Le2). Doch das dauerte nicht lange; es gab Erfolge und Niederlagen für Weiß (zum Beispiel Ubilawa – Charitonow, Meisterschaft der UdSSR, 1. Liga, 1983). Ohne sich mit den Beweisen über die Zuverlässigkeit seiner Position nach 15. g4 lange aufzuhalten, versuchte Schwarz 14. ... Tc8!?, was sich als gar nicht schlecht erwies! (vgl. Partie Sturua – Markow, 1983).

Bei vorausgehenden Analysen der Stellung nach 12. ... Sd7 kam ich zum Urteil, daß es mit 13. Sd5: möglich ist, um die Überlegenheit zu kämpfen.

13. Sd5: Sc5:

Man müßte auch den Zug 13. ... Tc8 beachten. Die dann folgenden Züge sind praktisch erzwungen: 14. Sf6:+ Df6: 15. Td7: Lf3: 16. gf3: Tc5: 17. Lc4. Falls sich Schwarz jetzt dazu verführen läßt, den Bauern zu schlagen, werden die weißen Drohungen gefährlich: 17. ... Df3: 18. Tg1 Dc6 19. Td4 b5 20. Dc3! g6 (20. ... bc4: 21. Tg7:!; 20. ... g5 21. h4) 21. Tg6:+!! Dg6: 22. Lf7:+ Tf7: 23. Td8+ usw. Stärker ist 17. ... Tfc8, Wonach Weiß die Möglichkeit erhält, zwischen einem Damenendspiel mit einem Mehrbauern, jedoch fast ohne Siegeschancen (18. Thd1 Tc4: 19. Td8+ Td8: 20. Td8:+ Dd8: 21. Dc4: Dg5!) zu wählen und einer ganz spannenden Stellung, die kaum einschätzbar ist (18. b3 b5 19. Thd1 bc4: 20. b4). Ich entschied mich für den zweiten Weg, was natürlich mit einem Risiko verbunden war, aber auch Erfolgsaussichten versprach.

14. Lc4

Das verlockende 14. Df5 stößt auf starke Replik: 14. ... Dc8 15. Sf6:+ gf6: 16. Dc8: Tac8: 17. Kb1 Se4 mit besserem Spiel.

14. ... b5 15. Sf6:+

15. Lb5: Ld5: 16. Lc4 erfährt eine effektvolle Antwort, verbunden mit einem Damenopfer – 16. ... Le4! 17. Td8: Tfd8: 18. De2 Tac8, und der schwarze Angriff ist nicht abzuwehren. Auch nach 15. Lb3 Tc8 (nicht schlecht ist auch 15. ... a5) 16. Kb1 Sb3: 17. Db3: Tc5 erhält Schwarz ausgezeichnetes Spiel, nachdem er den mächtigen Springer von d5 verdrängt hat (18. e4 Te8 19. The1 Te4:).

15. ... Df6: 16. Ld5 Tac8 17. Kb1 Sa4 18. De2 Ld5: 19. Td5:

Der bedrohliche Springer auf a4 und die nicht ganz sichere weiße Königsstellung versprechen dem Nachziehenden Gegenspiel. Damit muß er sich aber beeilen, da Weiß mit ein paar Zügen die eigene Stellung konsolidieren kann. In meinen Analysen schätzte ich die eigene Situation als günstig ein, dabei stützte ich mich auf folgende Varianten: 19. ... Dg6+ 20. e4 Dg2: 21. Tg1 Dh3 22. Tg3 De6 23. Sd4 Df6 24. Sf5 oder 20. ... Tfe8 21. Te1 Dg2: 22. Tb5:.

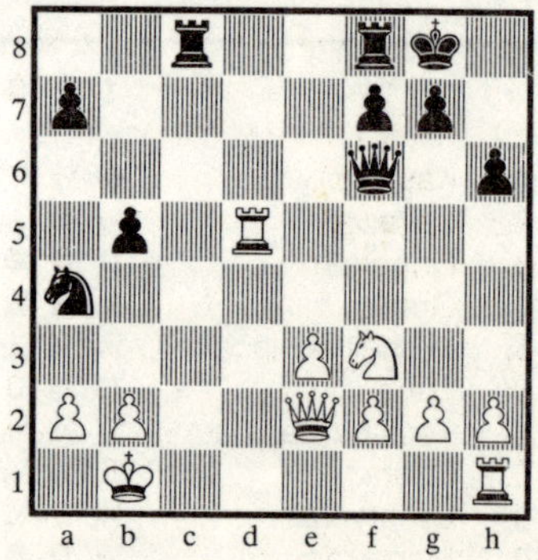

19. ... Tc4!

Ein glänzender Zug, der sofort das Bild der Stellung verändert. Indem Schwarz die Drohung Dg6+ verstärkt, bildet er noch zwei weitere: Tfc8 und vor allem Tb4. Das Nehmen des Bauern auf b5 eröffnet ihm nach 20. ... Tfc8 einen furchtbaren Angriff, zum Beispiel 21. Se5 Da6! 22. Sc4: Db5: 23. Tc1 Tc4:! 24. Tc4: Sc3+ mit Damengewinn. Schlecht ist auch 20. Sd4 wegen 20. ... Dg6+ und 21. ... Dg2:. Die weiße Antwort ist demnach erzwungen.

20. Td4 Tfc8

Jetzt ist es endgültig klar, daß Schwarz vollen Ausgleich für den geopferten Bauern besitzt. Aber trotz des Mißgeschicks in der Eröffnung verlor ich den Mut nicht – der richtige Kampf beginnt erst, und die Uhr von Saitzew zeigte nur noch etwas mehr als 20 Minuten Restbedenkzeit an.

21. Thd1

Es scheint, als sei 21. Dd3 (21. ... Tc2 22. Td8+) der geeignete Gegenangriff, bei dem Weiß auch seinen materiellen Vorteil behält. Doch das überraschende 21. ... Sc5! beinhaltet unabwendbare Drohungen: 22. Tc4: Sd3: 23. Tc8:+ Kh7 24. Tc2 Dg6 oder 22. De2 Dg6+ 23. Ka1 Tc1+! 24. Tc1: Sb3+ 25. ab3: Tc1:+ 26. Ka2 Db1+ 27. Ka3 a5 28. Td8+ Kh7 29. Sg5+ (29. Dd3+ Dd3: 30. Td3: Ta1 matt) Kg6 30. Td6+ f6. Auch nach 21. Tc4: bc4: ist die Verteidigung nicht einfach.

Mit dem Zug 21. Thd1 geht Weiß auf den Tausch Dame gegen zwei Türme ein. Auf den ersten Blick ist die Stellung nach 21. ... Tc2 22. Dc2: Tc2: 23. Kc2: für Schwarz günstiger: Er zerstört den gegnerischen Königsflügel mit 23. ... Dg6+ (*Etwas cleverer und vielleicht auch besser ist 23. ... De6!?.)* 24. e4 Dg2: 25. Se5 Df2:+ 26. T1d2 De3. Der weiße Plan ist aber auch nicht so schlecht und hält nach 24. Kd2! Kb2: 25. Tc1 Dg2: 26. Ke2 das Gleichgewicht.

Ohne die reellen Vorteile von 21. ... Tc2 zu erkennen, macht mein Gegner, der bislang brillant gespielt hat, einen schwerwiegenden Fehler – er überschätzt die eigenen Chancen. Mit den nächsten Zügen stellt er das materielle Gleichgewicht zwar wieder her, aber ...

21. ... Dg6+? 22. Dd3 Dg2: 23. Df5!

Weiß konnte überraschend schnell seine Kräfte entfalten, und der schwarze König dürfte sich auch hinter der Bauernfestung unwohl fühlen. Um die Wucht des Gegenangriffes zu schwächen, sollte Schwarz die Damen tauschen (23. ... Dg6), wobei er sich auf ein Endspiel einlassen muß, in dem die Chancen auf Remis oder Verlust etwa gleich groß sind. Saitzew verzichtet auf den Übergang ins ungünstige Endspiel und sucht sein Glück im Spiel mit den Damen, dabei einige schlaue Fallen aufstellend.

23. ... Tf8? 24. Td8!

Sehr verlockend sah 24. Tg1 aus, wegen 24. ... Df2: 25. Td2 De3: 26. Tg7:! mit Matt. Genau da wäre die erste schwarze Bombe hochgegangen – 24. ... Tc5! 25. De4 Tfc8! 26. a3 Dh3, und Schwarz wäre aller Gefahren endgültig ledig.

24. ... Tc7 25. Tf8:+ Kf8: 26. Sd4!

Einen effektiven Erfolg erzielt man weder mit 26. Se5 Dg5 noch mit 26. Db5: Tc8. 27. Se5 Sb6, da Schwarz seine Reserven herbeiholen kann.

26. ... Te7 27. Sb5:

Dieselbe Antwort entscheidet auch nach 26. ... Kg8. Den Bauern mit dem Springer nehmend, umgeht Weiß die letzte Falle, gestellt in hochgradiger Zeitnot des Gegners (27. Db5:? Sc3+!).

27. ... Te3:

Auf 27. ... g6 gewinnt am einfachsten 28. Df4, womit man Springer und Bauer h6 gleichzeitig im Visier hat.

28. Sd6 Tf3

Nach 28. ... Kg8 29. Dc8+ Kh7 30. Dc2+ verliert Schwarz den Turm.

29. Dc8+ Ke7 30. De8+ Kf6

Schwarz gab auf, ohne das naheliegende 31. Df7:+ mit nachfolgendem Matt abzuwarten. Dem einst so mächtigen Springer auf a4 blieben nur die Erinnerungen an frühere Zeiten, weil Schwarz sich durch den Bauern g2 verführen ließ.

Kasparow – Csom
Nimzowitsch-Indische Verteidigung

1. d4 Sf6 2. c4 e6 3. Sc3 Lb4 4. e3 c5 5. Se2 cd4: 6. ed4: 0–0

Zwei Überraschungen gleich zu Beginn! Der ungarische Großmeister greift sehr selten zur Nimzowitsch–Indischen Verteidigung und dann macht er auch noch statt des normalen 6. ... d5 einen etwas verrufenen Zug.

7. a3 Le7 8. d5

Weniger verspricht 8. g3 d5 9. c5, darüber hinaus gefiel mir während der Partie die Entgegnungsmöglichkeit 8. ... Dc7!? nicht.

8. ... ed5: 9. cd5: Te8 10. g3 Lc5 11. Lg2

Hier fing mein Gegner, der bislang sehr schnell gespielt hatte, zu überlegen an. Wie sonderbar, der natürliche Läuferzug gilt als Neuerung! Die „Enzyklopädie" zitiert die Partie Polugajewski – Cholmow (1961), in der nach 11. Sa4 Lf8 12. Lg2 d6 13. 0–0 Sbd7 14. Le3 Se5 15. Ld4 Weiß besser steht. Das alles ist richtig, doch wie spielt man auf 11. ... b6!. Die Variante 12. Sc5: bc5: 13. Lg2 La6 14. Le3 Sg4 ist kaum das Richtige. Man könnte glauben, der ungarische Großmeister hatte genau diese Idee vor Augen.

11. ... d6

Nachdem er sich davon überzeugt hatte, daß die direkte Attacke auf f2 zu keinem Vorteil führt, setzt Csom seine Entwicklung fort. Tatsächlich ist die Variante 11. ... Sg4 12. 0–0 Df6 13. Sf4 Sf2: 14. Tf2: Lf2:+ 15. Kf2: g5 16. Se4 Db6+ 17. Le3 Db2:+ 18. Kg1 für Schwarz kaum verlockend, und nach 12. ... Db6 kann Weiß zwischen einem Bauernopfer (13. Se4 Te4: 14. Le4: Sf2: 15. Tf2: Lf2:+ 16. Kg2) mit vielversprechendem Spiel (16. ... d6 17. Lh7:+) und einer einfachen Verteidigung (13. De1) wählen.

12. h3!

Man darf den Tausch des Läufers c8 gegen den Springer e2 (12. 0–0 Lg4) nicht zulassen. Die Zukunft des Springers hat mehr Perspektiven, als es auf den ersten Blick scheint.

12. ... Lf5 13. 0–0 Sbd7

Es ist gar nicht einfach, sich bei diesem Zug für ein »?« oder etwa ein »?!« zu entscheiden. Aber genau dieser Zug ist die Ursache für alle späteren Schwierigkeiten. Sicherlich kann man behaupten, 13. ... Se4 wäre stärker gewesen, doch Schwarz wollte sich nicht vom Läufer c5 trennen, obwohl ihm 13. ... Se4 14. Sa4 Sd7 gutes Figurenspiel ermöglicht hätte.

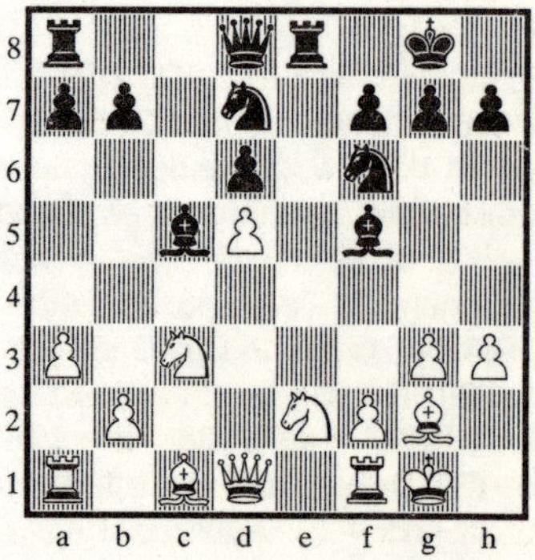

14. g4!

Dieser Bauernvorstoß auf dem Königsflügel ist berechtigt, da er die schwarzen Springer mächtig einengt (die ohnehin nur begrenzte Bewegungsfreiheit besitzen). Zudem kann sich der Läufer c5 nicht in das Geschehen einschalten. Von nun an mußte Csom immer öfter lange überlegen. Der weiße Angriffsplan war für ihn so überraschend, daß er nichts dagegen zu unternehmen wußte.

14 ... Le4

Kaum besser ist 14. ... Lg6 15. Sg3 Se5 16. g5 Sfd7 17. Sce4. Der Wirkungsgrad der schwarzen Figuren wird immer geringer, Weiß droht mit dem Vorstoß des h-Bauern.

15. Sg3 Lg2: 16. Kg2: Sf8 17. g5 S6d7 18. h4 Se5

Es scheint, als ob die letzte Möglichkeit zum Konterspiel im Plan mit 18. ... Tc8, 19. ... Lb6 und 20. ... Sc5 bestanden hätte, wobei man den Punkt e4 nicht kampflos räumt.

19. h5!

Die schwarzen Figuren sind äußerst eingeengt, und die Konturen der weißen Drohungen werdrn nun klar erkennbar. Neben dem direkten Sce4 und h5-h6 sieht ebenfalls Sce4, b3, f4 gut aus. Nachdem er 30 Minuten über diese Stellung nachgedacht hatte, überzeugte sich Csom davon, daß weitere Passivität unvermeidich zur Niederlage führt, und entschloß sich zum Angriff auf das weiße Bauernpaar. Die Lage hat sich verschärft, doch nur für kurze Zeit.

19. ... f6 20. Sce4! fg5: 21. Lg5: Db6 22. h6

Weiß verfügt über eine deutliche Überlegenheit an Kräften im entscheidenden Brettabschnitt. Nach 19. ... f6 bedarf es keines besonderen Kommentars zur Lage. Schwarz wählte immer das kleinstmögliche Übel. Es soll betont werden, daß auf 20. ... Sfd7 sehr stark 21. f4 Sf7 (oder 21. ... Sc4 22. Dd3 b5 23. b3) 22. g6 ist, und nach 20. ... Dd7 mit einem noch größeren Effekt h5-h6 folgt.

22. ... Sf7 23. hg7: Sd7

Schwarz verteidigt sich nur gegen die unmittelbaren Drohungen, ist aber gegen den weißen Vormarsch am Königsflügel machtlos.

24. Sf6+ Sf6: 25. Lf6:

Baut die nächste Drohung 26. b4 auf, was den Läufer c5 gewinnen würde.

25. ... Db5 26. Th1 Lb6 27. Df3!

Weiß bereitet in aller Ruhe die Verdoppelung der Türme auf der h-Linie vor.

27. ... Se5

Das erlaubt ein effektvolles Finale, doch auch 27. ... Ld8 28. Lc3 Se5 29. Df5 Dd5:+ 30. Se4 ist nicht besser, da das Matt nicht abzuwenden ist.

28. Sf5!

Nun greift auch der Springer e2 ein, um eine für Turnierpartien ziemlich seltene Mattstellung anzudrohen. Auch 28. Df5 hätte natürlich gewonnen.

28. ... Sf7 29. Th7:!

Schwarz gab auf.

Wie Sie vielleicht schon gemerkt haben, wurden die schwarzen Züge mit keinerlei kommentierenden Zeichen versehen, es wurde lediglich eine rein subjektive Ansicht geäußert. Mir scheint, daß bereits die rein äußerlich belanglose Ungenauigkeit 13. ... Scd7 der Beginn der schwarzen Katastrophe war. Vielleicht sollten wir noch tiefer gehen und uns mit der „Enzyklopädie" einverstanden erklären, die besagt, daß 6. ... 0–0 nicht zur Sicherung des Gleichgewichtes ausreicht. Die einzelnen Züge von Schwarz sind schwer zu kommentieren und vom jeweiligen Geschmack des Betrachters abhängig.

Heute scheint mir diese Schlußfolgerung etwas herausfordernd zu sein, doch damals paßte sie gut in den logisch entwickelten schematischen Rahmen. Seit damals hat sich vieles geändert (was auch für den Geschmack zutrifft).

Erstens konnte Schwarz in der Partie Chandler – Andersson (1980) eine gelungene Figurenkonstellation entwikkeln mit gutem Spiel nach 12. ... a6! 13. 0–0 Sbd7 14. Sd4 Se5 und Ld7. Somit wäre 12. ... Lf5 eine Ungenauigkeit, bzw. ein Fehler, da Weiß ein Tempo für die Entwicklung auf dem Königsflügel erhält.

Seine Versuche, zu beweisen, wie zweifelhaft 6. ... 0–0 ist, verband Weiß auch mit 10. Le3, 10. d6. Im ersten Fall gestaltete sich das Spiel nach den Fortsetzungen 10. ... d6, 10. ... Sg4 11. Ld4 d6 und 11. ... Lf6 für ihn günstig. Doch die Idee Adorjans 11. ... Sh6!! (mit der Drohung Sf5) zwang praktisch den Gegner, bis zum Äußersten zu gehen: 12. g4 d6 13. h3 f5 mit leichten Vorteilen für Schwarz (Groszpeter – Adorjan, 1983) oder 12. Sg3 La3:+ 13. Le2 Lb2: 14. Sb5 mit ausgeglichener Stellung (Ree – Ligterink, 1984).

Dafür sicherte das Gambit 10. d6 Lf8 11. g3 Te6 12. Lg2 Td6: 13. Dc2 in einigen Partien eine für den Weißen chancenreiche Position. Eine weitere problematische Situation entsteht nach der schwarzen Initiative 9. ... Lc5!? (statt 9. ... Te8).

Im allgemeinen brauchen wir heute, vier Jahre später, nicht mehr vom „zweifelhaften Ruf“ des Zuges 6. ... 0–0 zu sprechen. Es wird interessant sein, wie man diesen Zug nach weiteren vier Jahren bewerten wird.

Durch die Bauernfestung

Eine interessante Stellung entstand in der Partie

Kasparow – Torre

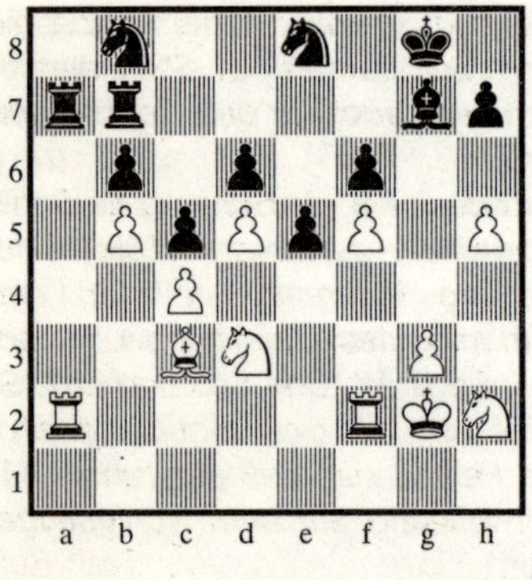

Fast ohne nachzudenken spielte Torre

41. ... Lh6 42. Sg4

Nach meinem Zug wurde die Partie abgebrochen. Die Analyse (durchgeführt mit meinen Trainern, den Meistern Nikitin und Schakarow) der Stellung erwies sich als äußerst interessant. Es ist klar, daß Schwarz das Vordringen des weißen Bauern nach h6 nicht verhindern kann, wonach der Springer e8 eingesperrt wird. Zunächst schien der Gewinnplan einfach zu sein: zum Beispiel 42. ... Kg7 43. Sh6: Kh6: 44. Ld2+ Kg7 (natürlich nicht 44. ... Kh5: 45. Kh3 mit sofortigem Matt) 45. h6+ Kf7 46. Lc1 (oder Lc3), wonach der Springer auf e4 verlagert wird. Nach Kf3, Tg2 entscheidet der Vorstoß des g-Bauern das Schicksal der Partie. Es gibt auch in der folgenden Variante keine Schwierigkeiten: 42. ... Lg5 43. h6 e4 44. Sf4 Lf4: 45. gf4: Sd7 46. Tfe2; danach gewinnt Weiß den Bauern e4, zieht mit dem König nach d3 und dem Springer nach h5, weicht mit dem Turm a2 nach e2 aus und gewinnt die Partie entweder mit Sh5–g7 oder mit der Turmverdoppelung auf der e–Linie.

Später haben wir entdeckt, daß Schwarz nach 42. ... Kg7 43. Sh6: Kh6: 44. Ld2+ Kg7 45. h6+ Kf7 46. Lc1 mittels 46. ... Sd7 47. Tfe2 e4 und nachfolgendem Se5 gutes Gegenspiel erhält. Genauer ist 46. Lc3, obwohl der Tausch des Läufers gegen den Springer unerwünscht ist (Springer e8 wird wieder zum Leben erweckt), und man auf den gefährlichen Springer achten muß.

Es wurde uns klar, daß Schwarz mit dem Vorrücken des Bauern e5 nicht zögern darf: 46. Lc3 Sd7 47. Tfe2 e4 48. Sf2 Se5 49. Le5: fe5: 50. Se4: Ke7 51. Ta6! Ta6: 52. ba6: Ta7 53. Ta2 Sc7 54. g4 Ta6: 55. Ta6: Sa6: 56. g5 mit leichtem Gewinn. Bedeutend gefahrenreicher wäre der Weg für Weiß nach 46. ... e4! 47. Sf4 Sd7 48. Se6 Ke7. Nun führt 49. Tfe2 Se5 50. Ta7: Ta7: 51. Te4: Ta3 52. Le5: de5: 53. Tg4 Ta2 54. Kh3 Ta1 nicht zum Ziel. Seine Überlegenheit behauptet Weiß mit dem nicht so offensichtlichen Manöver 49. Tae2!, womit er zwar die a–Linie freigibt, dafür beide Türme behält.

Charakteristisch sind folgende Varianten: 49. ... Ta3 50. Te4:! Tc3: 51. Sc5: Se5 52. Sb7: Ta3 53. c5! dc5: (53. ... bc5: 54. b6) 54. d6+ Sd6: 55. Te5:+ fe5: 56. f6+ oder 50. ... Se5 51. Le5: de5: 52. Tg4 Tba7 53. Tg8 Tc3 54. Th8 (54. Kh2 Taa3 55. Tg2 ±) 54. ... Taa3 55. Th7:+ Kd6 56. Sf8! Tg3:+ 57. Kh2 Th3+ 58. Kg1 Thg3+ 59. Tg2. Falls 52. ... Kd6 (statt 52. ... Tba7), so folgt 53. Tg8 Te7 54. Sg7! Kd7 55. Se8: Te8: 56. Tg7+ Te7 57. d6! Tg7: 58. hg7: Ta8 59. Kf3 Tg8 60. Ta2 Kd6: 61. Ta7 h5 62. Tf7! (aber nicht 62. Ke4 h4 63. gh4: wegen 63. ... Tg7:!).

Nach 49. ... Ta4 50. Te4: Se5 entscheidet der schnelle Bauernvorstoß: 51. g4! Tc4: 52. Tc4: Sc4: 53. g5 Se3+ 54. Kg1 Sd5: 55. g6 Tb8 56. gh7: Sec7 57. Tg2 Se6: 58. Tg8. Auch die Kriegslist 49. ... Ta4 50. Te4: Se5 51. g4 Ta3 kann Schwarz nicht helfen.

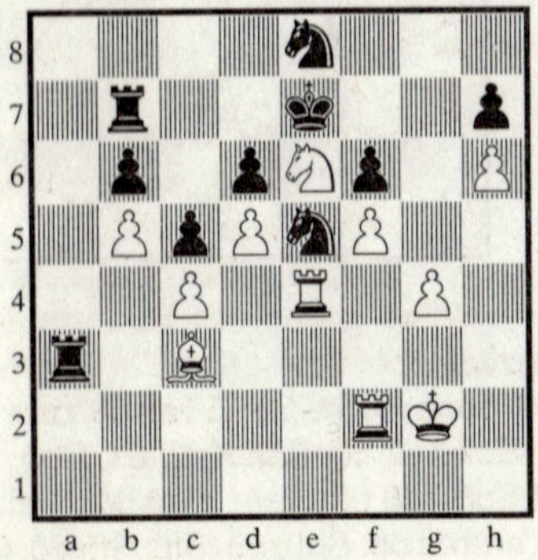

Nun ist nach 52. Le5: de5: dem weißen Turm der Weg nach g8 versperrt. Aber mittels 52. g5! wird die schwarze Verteidigung durchbrochen: 52. ... Tc3: 53. g6 Tb8 (53. ... Sc7 54. Sd8!) 54. Ta2, und ungeachtet der Mehrfigur ist Schwarz hilflos. Schlecht ist auch 52. ... fg5: wegen 53. Te5:! Tc3: (53. ... de5: 54. Le5: Taa7 55. f6+ Kf7 56. Sg5:+ Kg6 57. f7) 54. f6+! Sf6: 55. Tg5: Se8 56. Tg7.

Es sah aus, als ob nur noch die Nebenvarianten zu vervollkommnen waren, und mir der Sieg sicher sei. Die Fortsetzung der abgebrochenen Partie wurde aber vertagt. Da Torre mit einem Tag Verspätung zum Turnier erschien, mußte er erst die ausgefallene Partie nachholen. Bei der gedanklichen „Fortsetzung" der Partie fiel mir plötzlich auf: „Und was passiert, wenn Schwarz das Zusammenspiel der weißen Figuren stört, indem er nach 46. ... e4 47. Sf4 den verflixten Bauern zieht – 47. ... e3?"

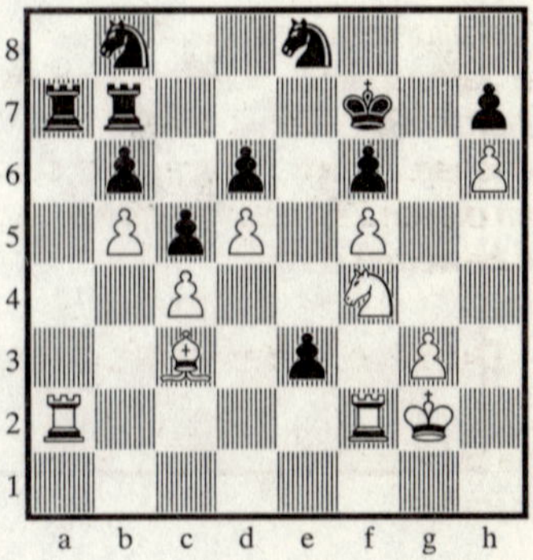

Nach 48. Tfe2 Sd7 49. Se6 Ke7 kann Weiß nicht mehr günstig umgruppieren, Schwarz kann seinen Plan demhingegen verwirklichen. Wir machten uns sofort an die Arbeit, doch fand sich in jeder Variante eine Verteidigung für Schwarz. Wir kehrten zurück zum Zug 46. Lc1 in Verbindung mit 46. ... Sd7 47. Tfc2 (den Bauern c4 schützend). Hier schien gewinnversprechend 47. ... e4 48. Sf2 e3 49. Sg4 (49. ... Se5 50. Se3:), doch auch hier fanden wir ein Gegenmittel 49. ... e2!. Dieser Vorstoß stiftet Verwirrung in der weißen Stellung: 50. Te2: Se5 51. Se3 Sd3. Nach einer erneuten Analyse der Variante 46. Lc3 e4 47. Sf4 e3! 48. Tfe2 Sd7 49. Se6 Ke7 50. Ta6 Ta6: 51. ba6: Ta7 52. Te3: Se5 53. Le5: de5: 54. Ta3 Sd6 war ich überzeugt, daß die Abbruchstellung wahrscheinlich remis ist. Es blieb nur die Hoffnung, daß Torre entweder 42. ... Lg5 nicht als Abgabe-

zug aufgeschrieben oder den Zug 47. ... e3! nicht gesehen hat.

Hoffnung hin, Hoffnung her, ich wurde den Gedanken nicht los, daß das weiße Spiel verbessert werden kann (Zeit zur Analyse gab es ja genügend). Es zeigte sich, daß Weiß in der Variante nach 54. ... Sd6 55. Ta4 Sf5: einen ausgezeichneten Zug zur Verfügung hat – 56. Sc7!

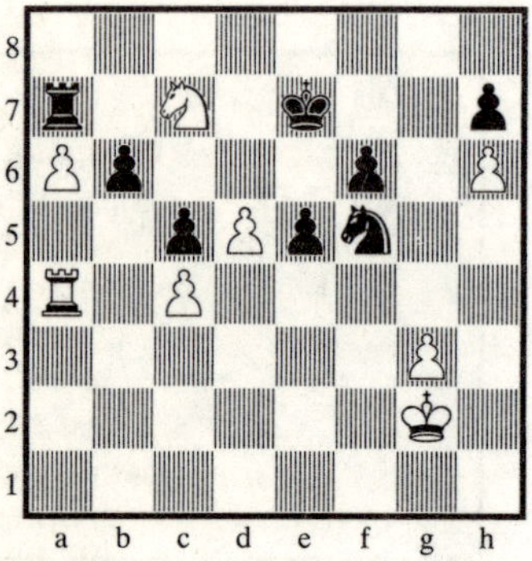

Wir setzten uns wieder ans Brett, noch ohne Vorstellung davon, wohin uns diese Spur führen wird. Schwarz hat drei vernünftige Antworten zur Auswahl – 56. ... Sd6, 56. ... Sd4 56. ... Kd7 – und jede von ihnen muß sorgfältig geprüft werden. Eine mehrstündige Analyse, während der wir uns durch ein wahres Labyrinth von verwickelten Varianten durcharbeiten mußten, ergab folgende Resultate:

I. 56. ... Sd6 57. Sb5 Ta8 (57. ... Sb5: 58. cb5: f5 59. g4!) 58. Sd6: Kd6: 59. Kf3 (59. g4 e4!) f5 60. g4 e4+ 61. Kf4 fg4: 62. Kg4: (62. Ke4:? Kc7 63. Kf4 b5!) 62. ... Kc7 (62. ... Ke5 63. a7! Kd4 64. d6 e3 65. d7? e2 66. Ta1 Kc4: 67. Kf3 Kd3 68. Ta3+ Kd2 69. Ta2+ Kd3=; 65. Kf3! Kd3 66. Ta3+ Kd2 67. Te3: Tf8+ 68. Ke4 Te8+ 69. Kd5 Ke3: 70. d7) 63. a7! b5 64. cb5: Kb6 65. d6 Kb5: (65. ... e3 66. d7 e2 67. Te4) 66. Te4: Ta7: 67. Te7 Ta6 (67. ... Ta1 68. Th7: Kc6 69. Th8) 68. d7 Td6 69. Th7: c4 70. Te7 c3 71. h7 c2 72. h8D c1D 73. Db8+. Die längste Variante. Man muß hinzufügen, daß auch 66. ... Kc6 67. Te7 c4 (67. ... Kd6: 68. Th7: c4 69. Kf3 c3 70. Ke2!) 68. Th7: c3 69. Tc7+ Kd6: 70. Tc3: Ta7: 71. Th3 Schwarz nicht rettet, auch nicht zu einem früheren Zeitpunkt 59. ... Kc7 60. Ke4 b5 61. cb5: Kb6 62. Kf5 Kb5: 63. Ta1 c4 64. d6.

II. 56. ... Kd7 57. Sb5 Ta8 58. a7 Sd4 (58. ... Sd6 59. Sd6: Kd6: 60. Kf3 Kc7 61. Ke4 Kb7 62. Kf5 Ta7: 63. Ta7:+ Ka7: 64. d6 Kb7 65. Kf6:) 59. Ta6! Sb5: 60. cb5: f5 61. Kf3 c4 62. Ke3 Kc7 63. d6 Kb7 64. Ta4!

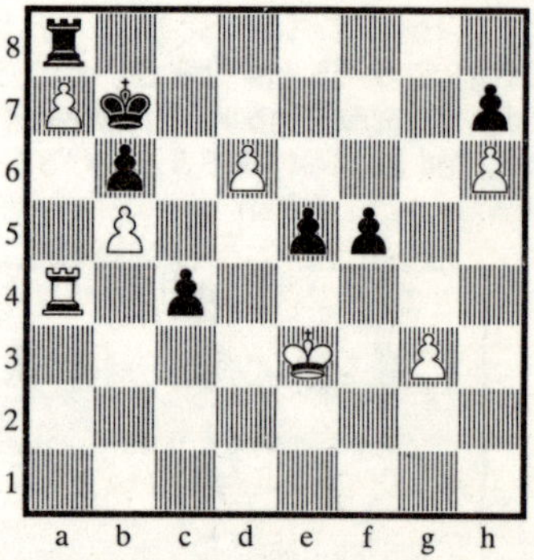

Zugzwang!

III. 56. ... Sd4 57. Sb5 Ta8 58. d6+ Kd7 59. Sc7 Ta7 60. Sd5 Kd6: 61. Sb6: Kc6 62. Sc8 Ta8 63. Se7+ Kd6 64. Sd5 Ta7 (es drohte 65. Sb6) 65. Sf6: Sf5 66. Sh7: Sh6: 67. Sf6 Sf5 68. Se4+ Kc6 69. Ta5. Die akrobatischen Pirouetten des weißen Springers hinterlassen einen nachhaltigen Eindruck. Es geht auch nicht 60. ... b5 61. cb5: Sb5: 62. Sb6 Kd8 63. d7 Sd4 (63. ... Kc7 64. Ta5) 64. Sc8! Ta8 65. a7 Sc6 66. Tg4 Kc7 67. Tg7 c4 68. Th7: c3 69. d8D+! Kd8: 70. Tg7.

Als es an die Fortsetzung der Partie ging, war ich siegessicher und lechzte nach dem Zug 42. ... Kg7, um die Schönheit der tiefreichenden Analyse zu demonstrieren. Aber leider...

42. ... Lg5 43. h6 Te7 44. Tfe2 Kf7

45. Sdf2 Lc1 46. Se4 Ted7

Jetzt führt der Abtausch aller Türme zum Sieg: 47. Ta7: Ta7: 48. Te1 Ta2 49. Kf3 Lg5 (49. ... Tc2 50. Te2) 50. Ta1 Ta1: 51. La1: Lc1 52. Ke2 Sd7 53. Kd1 La3 (53. ... Lg5 54. Lb2 mit nachfolgendem Kd1–e2–f3 und im geeigneten Augenblick Sg5:) 54. Lc3 Lb4 55. Lb2 – der schwarze Läufer nimmt am Spiel nicht teil, und Weiß kann ohne Störungen den Durchbruch g3–g4–g5 vorbereiten (Springer g4 zieht nach h5, König nach f3, Läufer nach c1 usw.). Doch ich beschloß, den König gegen das mögliche Schachgebot von a2 aus zu sichern und eine schöne Falle aufzustellen, die ich am Brett entdeckte.

47. Kf3 Ke7

Hartnäckiger wäre 47. ... La3, wonach Weiß folgendermaßen gewinnt: 48. Ta1 Lb4 49. Tea2 Ta5 50. Ta5: ba5: 51. Lb4: ab4: 52. b6! Ke7 53. Ta7 b3 (53. ... Kd8 54. Ke2 mit Umzug des Königs auf den Damenflügel) 54. Sgf2 b2 55. Sc3 Kd8 56. Sfe4 Kc8 57. Ta2 Tb7 58. Tb2: Sd7 59. Sb5 Tb6: 60. Ta2 Kd8 61. Ta7, mit nachfolgendem Kg4–h5, g4–g5, und Schwarz ist schutzlos.

48. Ta7: Ta7: 49. Te1 Lg5 50. Sg5: fg5:

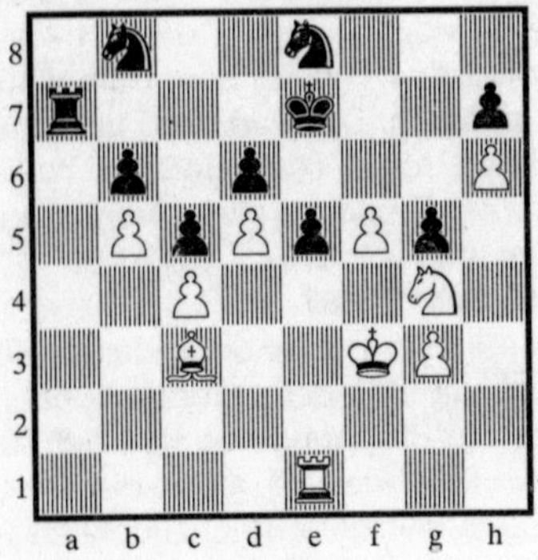

51. Se5:! de5:

Oder 51. ... Ta3 52. Sg6++ Kd8 53. Te3 mit weißem Gewinn.

52. Le5: Sd6

Gegen die Abzugsschachdrohung gab es keinen sicheren Schutz (52. ... Ta3+ 53. Kg4 Sd7 54. Lb2+), und nun haben die weißen Bauern das Wort.

53. f6+ Kd7 54. Ld6: Kd6: 55. Te6+ Kc7 56. f7 Ta1 57. Ke2.

Schwarz gab auf.

Vielleicht hätte Schwarz mit 41. ... h6 eine Festung errichten können? Die Bauernbarriere sieht unüberwindbar aus, doch Weiß hat folgenden Plan auf Lager (die Züge von Schwarz werden nicht erwähnt, da sie an der Position nichts ändern können): Sg4, Tfb2, Ld2 (hier steht der schwarze König auf h7), Kf3–e4, Sd3–e1–f3–h4–g6, der König geht auf b3 über, alle Türme werden abgetauscht, der König kehrt ins Zentrum zurück, und nach Sg6–e7–c6 (schwarzer Springer auf d7), Sg4–h2, g3–g4, Sh2–f3–h4–g6 stellt Weiß die beiden Springer auf c8 und e6, den König auf d3. Danach entscheidet das Opfer auf b6 (Sb6: Sb6:, La5 Sd7, b5–b6–b7, Se6–d8–c6 und Kd3–a7). Dem langzügigen weißen Plan hat Schwarz, so scheint es, nichts entgegenzusetzen.

Wie spielt man die letzte Runde eines Turniers?

Kasparow – Martinović
Damenbauernspiel

Vor der letzten Runde lag ich einen halben Punkt vor Beljawski. Über das Ergebnis der Partie Beljawski – Garcia gab es für mich keinen Zweifel (und tatsächlich war dieser Kampf nach zwei Stunden praktisch schon beendet). Die Vorbereitung war für mich einfach: Nach 1. e4 wendet Martinović immer die Sizilianische Verteidigung an und nach 1. d4 die Königsindische. Groß war die Versuchung, sich auf ein „Handgemenge“ in der Najdorf-Variante einzulassen (Martinović läßt keine andere zu), doch dann entschied ich mich für ein System, das zu einem komplizierten positionellen Kampf führt. Dabei dachte ich daran, daß Martinovič oft unter Zeitnot leidet, und in der Najdorf-Variante die ersten 15–20 Züge in wenigen Minuten absolviert haben würde.

1. d4 Sf6 2. Sf3 g6 3. Lg5

Diese Variante gilt als harmlos, aber der überzeugende Sieg von Weiß in der Partie Balaschow – Sax (1979) und in der fast identisch verlaufenden Partie Georgadze – van der Wiel (1979) beweisen, daß sie so einfach doch nicht ist.

3. ... Lg7 4. Sbd2 d6

Natürlich hängt hier die Wahl des Aufbaus vom jeweiligen Geschmack des Spielers ab. Schwarz zog den zu Königsindisch passendsten Zug, doch mir scheint hier logischer 4. ... c5 (siehe Partie Spiridonow – Kaparow, Skara 1980).

5. e4 0–0 6. c3 Sbd7 7. Le2 e5 8. de5:

Weiß verzichtet auf die Aufrechterhaltung des Bauernzentrums, um dem Läufer auf g7 keine Möglichkeit zur Entfaltung zu geben. Durchaus möglich wäre auch 8. 0–0 Te8 9. Dc2 (Balaschow – Vukić, Bugojno, 1978)

8. ... de5:

Nach 8. ... Se5: 9. Se5: de5: verändert sich der Charakter der Stellung kaum.

Und dennoch könnte Schwarz nach diesem Abtausch leichter manövrieren.

9. 0–0 b6

Ich begann innerlich zu zittern: Ist diese Partie vielleicht dazu bestimmt, ins Kuriositätenkabinett eingereiht zu werden, und wird Martinović, eingelullt durch die nach außen hin unscheinbaren Manöver der weißen Figuren, zum dritten Opfer nach Sax und van der Wiel?! Allerdings ist der schwarze Zug ganz einfach zu erklären – der Plan mit der Doppelfianchettierung ist der natürlichste.

10. Te1 Lb7 11. Dc2 h6 12. Lh4 De7

13. Lf1 Tfe8

Schade! Es ist nicht gelungen, den Punkt nach bekanntem Muster zu erobern. Der bescheidene Turmzug verstärkt tatsächlich das schwarze Spiel. Das schablonenhafte 13. ... Tfd8 brachte Schwarz in den erwähnten Partien nach 14. Sc4 De6 15. Sfd2 Dg4 16. Lf6:! Lf6: 17. Se3 De6 18. Lc4 Dd6 19. Tad1 c6 20. Sf3 De7 21. Sg4 Lg7 22. Dd2 Kh7 23. Dd6! in große Schwierigkeiten. Die Abweichungen in den Schlußphasen beider Partien wirkten sich auf das Ergebnis nicht mehr aus. 13. ... Tfe8 nimmt Weiß derartige Möglichkeiten – der Bauer e5 ist gedeckt, und Schwarz spielt einfach 16. ... Sf6:. 16. Lg3 (statt Lf6:) bringt dann auch nichts wegen 16. ... Sh5 17. f3 Dg5 18. Lf2 Sf4 19. Kh1 h5.

14. b4

Schwarz ist in seinen Aktionen eingeengt, Weiß aber besitzt Perspektiven im Zentrum und am Damenflügel, vorläufig allerdings noch sehr vage. Es müssen noch reelle Objekte für einen Angriff geschaffen werden, deswegen auch der Vorstoß des b-Bauern.

14. ... a6

Angemessener schien mir 14. ... a5 15. a3 Ta7 worauf ich 16. Ld3 Tea8 17. Db2 erwidert hätte – die schwarzen Türme sind dann auf dem Damenflügel festgefahren. Der Partiezug läßt später noch a6–a5 zu (zum Beispiel im Falle von a2–a4) und bereitet einen anderen Gegenstoß vor: c7–c5.

15. Sc4 Tac8?

Martinović, der für die ersten 14 Züge anderthalb Stunden verbraucht hat (die Wahl der Eröffnung hat sich demnach als richtig erwiesen!), führte diesen letzten Zug fast ohne nachzudenken aus und machte damit seinen ersten (und wahrscheinlich einzigen) ernsthaften Fehler. Richtig wäre 15. ... De6 16. Sfd2 c5 (aber nicht sofort 15. ... c5 wegen 16. Tad1 cb4: 17. Sd6) – nun kann Weiß die

Schwächung des Feldes d6 nicht ausnützen. Nach 17. Se3 cb4: 18. cb4: Tac8 19. Db1 oder 17. a3 Tac8 18. f3 entstehen Stellungen, die für Schwarz ohne weiteres annehmbar sind, in meinen Augen aber doch mehr Möglichkeit zur Übernahme der Initiative für Weiß bieten. Der Fehler von Schwarz erlaubte es mir, den Damenflügel in die Zange zu nehmen.

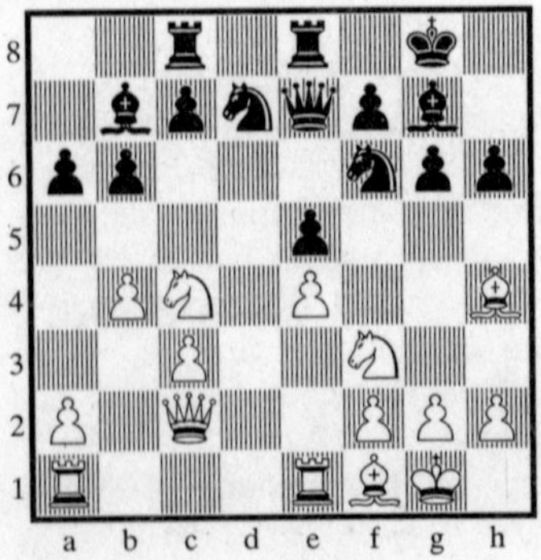

16. a4! De6 17. Sfd2 Sh5

Schwarz versucht, auf dem Königsflügel Konterspiel zu erlangen, doch dabei geben seine Figuren den Schutz wichtiger Punkte auf.

18. f3!

Verlockend sieht aus 18. Se3 Lf6 19. Lc4 De7 20. Ld5! c6 21. Lf6: Shf6: 22. Lb3, da man die Schwäche des Feldes d6 und des Damenflügels bei Schwarz spürt. Doch 19. ... Dd6! läßt erfolgreiche Verteidigung zu.

18. ... Lf6?!

Der Läufer hätte sich den bescheideneren Standpunkt f8 aussuchen sollen, von wo aus er den Damenflügel im Visier hätte.

19. Lf2 Lg5 20. Se3 Sdf6 21. c4!

Mit diesem Zug werden alle schwarzen Schwächen offenbart. Unerwartet sind mehrere positionelle Drohungen aufgetaucht: Sd5, a5, c5.

21. ... c6 22. Sb3 Sd7

Unter Zeitdruck macht Martinović natürlich wirkende Züge, und es sieht so aus, als ob er alle bedrohten Punkte deckt. Doch, wie so oft in ähnlichen Situationen, kommt der Strategie die Taktik zu Hilfe.

23. c5 b5 24. Ted1 Le7 25. Sc4!

Der Springer steht riesig und hat Einfluß auf die Schwäche d6 gewonnen. Noch energischer wäre 25. Sf5! gewesen. Es schien mir, als ob die Variante 25. ... gf5: 26. ef5: Df6 27. Td7: Tb8 28. Tdd1 Lc8 gewisse Unklarheiten enthält. Aber die Trugbilder der letzten Runde verschwanden zu Hause schnell: Die Einschätzung der Stellung nach 19. Ld3 Sf4 20. Le4 Dg5 21. Le1 läßt keine Zweifel mehr zu.

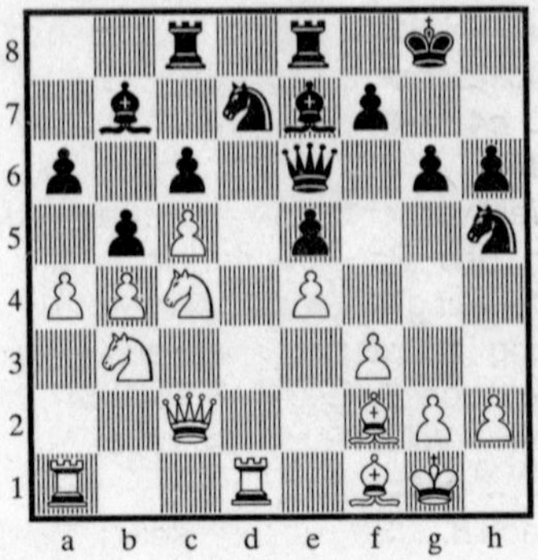

25. ... Tc7 26. Sd6 Tb8 27. ab5: cb5:

Nach 27. ... ab5: 28. Ta7 gibt es keine Verteidigung gegen Sa5, doch nun wird Schwarz durch die Schwäche des Feldes d6 beeinträchtigt.

28. Sb7: Tbb7: 29. Da2!

Bereitet den für Weiß günstigen Damentausch vor. Muß man noch ausdrücklich betonen, daß sich Schwarz bereits in Zeitnot befand?

29. ... Sb8 30. Sa5 Da2: 31. Ta2: Ta7

Oder 31. ... Td7 32. Td5 usw.

32. c6 Ta8 33. Tc2! Lb4: 34. Td8+ Kg7 35. Lb6 La5: 36. La5: Tc6: 37. Tb8:

Natürlich gewinnt auch 37. Tc6: Sc6: 38. Ta8: Sa5: 39. Ta6:.

37. ... Tb8: 38. Tc6: b4 39. Lc7 Schwarz gab auf.

DORTMUND, 1980

Jugendweltmeisterschaft

Kasparow – Akesson
Damenindische Verteidigung

1. d4 Sf6 2. c4 e6 3. Sf3 b6 4. a3

Bei dieser Fortsetzung hat Schwarz die Qual der Wahl: 4. ... La6, 4. ... c5, 4. ... d5, 4. ... Lb7.

4. ... Lb7 5. Sc3 d5 6. cd5: Sd5:

Eine der häufigsten Erwiderungen auf das System mit 4. a3. Es scheint, daß das starke Bauernzentrum dem Anziehenden bessere Chancen bietet und das einfache 6. ... ed5: solider ist.

Natürlich ist 6. ... ed5: solider, und nach 6. ... Sd5: hat Weiß ein bewegliches Zentrum, doch zur objektiven Bewertung der Chancen muß man auch andere Momente beachten. Dazu verweise ich auf die erste Partie des Kandidatenkampfes gegen Kortschoi in einem späteren Kapitel.

7. e3 Le7 8. Lb5+ c6 9. Ld3 Sc3: 10. bc3: Sd7 11. e4 c5 12. 0–0 cd4:?!

Genauer ist 12. ... 0–0, wodurch die Spannung im Zentrum so lange aufrecht erhalten wird, bis Weiß die Position des schwarzfeldrigen Läufers festgelegt hat.

13. cd4: 0–0 14. De2 Tc8 15. Lb2

Alle weißen Figuren sind ideal verteilt, während Schwarz noch auf der Suche nach einem geeigneten Standort für seine Dame ist.

15. ... Dc7 16. De3 Sf6 17. Se5 b5!

Sollte man sich so leicht mit dem Vorpostenspringer auf e5 abfinden? Möglich war 17. ... Sd7!? (oder einen Zug früher 16. ... Db8 oder 16. ... Ld6) 18. f4 (18. Tac1 Dd6) Se5: 19. fe5: Dd7, und Weiß kat keine erkennbaren Möglichkeiten zur Entfaltung der Initiative.

18. f4 Db6

Schwarz konnte einen Platz für seine Dame finden, doch nur auf Kosten von Konzessionen im Zentrum. Er hat erkannt, daß der weiße Angriff nach einigen Zügen am Königsflügel gefährlich werden kann, und versucht nun, das gegnerische Angriffspotential durch den Tausch des Läuferpaares zu schwächen. Die folgenden weißen Züge sind genau dagegen gerichtet.

19. Kh1 b4 20. ab4: Lb4: 21. Tab1!

Verhindert 21. ... Lc3 und bereitet die Drohung La3 vor.

21. ... a5 22. De2!

Eine nicht weniger wichtige Rolle beim Angriff wird der weißfeldrige Läufer spielen (22. f5 La6!).

22. ... Da7

Konsequenter wäre es, die Idee des Läufertausches weiterzuverfolgen – 22. ... Ta8!? 23. f5 La6 24. fe6: fe6: oder 23. Tbc1 Tac8!

23. f5 Da8

Schwarz übt nun Druck auf das Zentrum aus, aber seine Figuren, vor allem die Dame, haben sich zu weit vom Königsflügel entfernt, und es schien mir, daß Weiß diese Tatsache zu seinem Vorteil ausnutzen kann.

24. d5?!

Stand der Spitzengruppe bei insgesamt 56 Teilnehmern

Platz	Spieler	Land	Punktzahl
1.	Garri Kasparow	UdSSR	10,5 aus 13
2.	Nigel Short	England	9 aus 13
3.	Morovic	Jugoslawien	8,5 aus 13
4.	Negulescu	Rumänien	8,5 aus 13
5.	Klaus Bischoff	BRD	8,5 aus 13

Stärker ist 24. fe6: fe6: 25. d5 ed5: 26. Sg4. Ziemlich gefährlich sieht die weiße Stellung auch nach 24. fe6: fe6: 25. Tf4 aus. Der hastige Zug in der Partie erlaubt es dem Nachziehenden, die erste Attacke abzuwehren.

Heute würde ich ganz entschieden 24. fe6: fe6: 25. Tf4! vorziehen, da 25. d5 ed5: 26. Sg4 Sg4: 27. Dg4: Tc7! in seinen Auswirkungen nicht klar überschaubar ist (obwohl die Kompensation für den Bauern nach 28. e5 für Weiß gegeben ist).

24. ... ed5: 25. Sg4 Sg4: 26. Dg4: f6

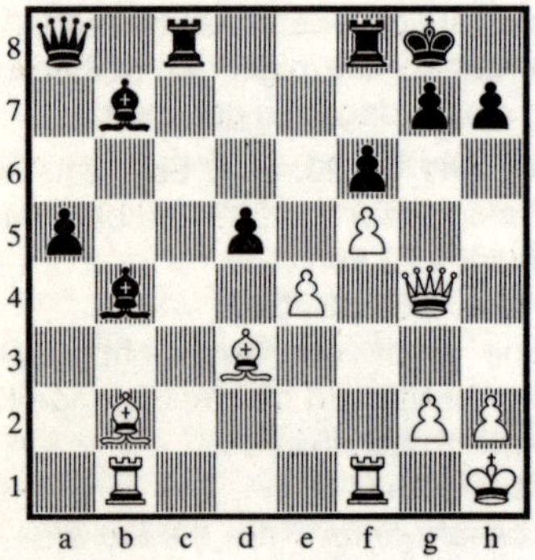

Jetzt wird das programmgemäße 27. e5 mit der einfachen Antwort 27. ... Lc3 abgewehrt. Zur Unterstützung des Angriffs muß Weiß zu äußerst radikalen Mitteln greifen. Deswegen folgte nach 45 Minuten Überlegung:

27. Lf6:!

Im Band 30 des „Informators" wird dieser Zug mit dem Zeichen »!?« versehen, und es wird stattdessen 27. e5 Lc3 28. e6 »mit Kompensation« vorgeschlagen. Das letztere ist richtig, doch was das Zeichen »!?« betrifft, so ist dies nur eine Annäherung an die Wahrheit. Noch richtiger wäre gewesen »?!«...

Den Läufer opfernd, öffnet Weiß seinen Bauern den Weg, die zu einer kraftvollen Macht werden. Zudem verändert der Zug 27. Lf6: den Kampfcharakter der Partie grundsätzlich, was bei begrenzten Zeitressourcen des Gegners für diesen oft unangenehm sein kann. Ich habe zumindest ein Remis erreicht, der Preis für das voreilige 24. d5.

27. ... Tf6: 28. e5 Th6?

Hier begeht Schwarz einen Fehler, indem er sich mit dem Turm auf dieses Feld verirrt. Eine bessere Verteidigung hätte 28. ... Tf7 29. f6 Tcf8! garantiert.

Analyse-Diagramm

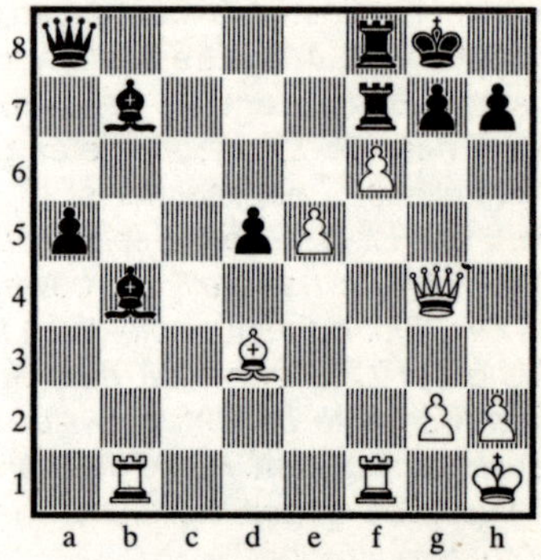

Nicht annehmbar ist zum Beispiel der Frontalangriff mittels 30. Lh7:+? Kh7: 31. Tf5 Ld2!, da sich Schwarz nun erfolgreich verteidigen kann. Stärker ist 30. Tf3!. Schwarz hat nun die Auswahl:

1) 30. ... Kh8 31. Th3 gf6: 32. Lh7:! Th7: 33. Th7:+ Kh7: 34. Tb3!;

2) 30. ... Dc8 31. Lf5 Dc4 32. Tf4 Da2 33. Tbf1, und es ist keine Verteidigungsmöglichkeit in Sicht;

3) 30. ... Ld2 31. Th3;

4) 30. ... d4 31. Tg3! mit den unabwendbaren Drohungen e5–e6 und Dh5;

5) 30. ... Lc8! (die beste Fortsetzung) 31. Dg5! Kh8 (31. ... Le6 32. Tg3 g6 33. Dh6 Kh8 34. Lg6:) 32. Tb4:! gf6:! 33. Dh6 ab4: 34. Lh7: Lg4!! 35. Lb1+ Kg8 36. ef6: Lf3: 37. Dg5+ mit Remis.

Natürlich ist die letzte Variante kaum berechenbar, und der Zug 28. ... Th6? ist leicht zu widerlegen.

Mit der letzten Variante steht es noch bedeutend komplizierter – sie ist unumgänglich. Anstatt 31. ... Kh8 ist 31. ... Da7 32. Tbf1 g6 möglich (Vorsichtsmaßnahme gegen die remisliche Kombination, welche sich im Falle von 32. ... Le6 oder 32. ... Dd4: 33. fg7: Tg7: 34. Tf8:+ Lf8: 35. Tf8:+ usw. anbahnte) 33. Dh6 Le6 (oder 33. ... Kh8 34. Lg6: Tg8 35. Lf7: Df7: 36. Tc1 d4 37. Tg3 mit unklaren Chancen) 34. Tg3 Kh8 35. Lg6: Tc7 (nicht 35. ... Tg8? 36. Lf7: Df7: 37. Tg7!) 36. Ld3! (es droht 37. Tg7) 36. ... Lc8 (36. ... Tg8? 37. f7!) 37. h3 Tg8 (37. ... a4 38. Tf4) 38. e6!? Le6: (38. ... Tg3:? 39. f7) 39. f7 Tf7: 40. Tg8:+ Kg8: 41. De6: wahrscheinlich mit Remis. Aber auch diese Variante ist nicht forciert, wodurch die richtige Abschätzung des Läuferopfers schwierig ist.

29. f6 Tc7 30. e6

Eine andere interessante Fortsetzung ist 30. Tbc1 Dd8 31. De6+ Tf7 32. Lb5!, die aber nicht so klar ist wegen 32. ... gf6:! 33. Le8 De7 34. Lf7:+ Df7: 35. Df7:+ Kf7: 36. Tc7+ Ke6.

30. ... Dd8!

Schwarz entschließt sich zu einem Turmopfer für zwei gefährliche Bauern und wendet damit die effektvolle Niederlage ab, die nach 30. ... Df8 31. f7+ Kh8 32. Tb4:! ab4: 33. Db4:! Tc8 34. Df8: Tf8: 35. e7 möglich war oder auch nach 30. ... Db8 31. h3 Lc8 32. Tb4:! Db4: (32. ... ab4: 33. f7+ Kf8 34. Dg7:+!) 33. e7! Lg4: 34. f7+. Es rettet auch nicht 30. ... Kh8 31. Dg3! Dc8 32. Tbc1! Ld6 33. Tc7: Dc7: 34. f7.

31. e7 Te7: 32. fe7: De7: 33. Tbc1 Dd8?

In Zeitnot findet der Nachziehenden die bessere Antwort 33. ... De6! nicht, was aber auch zu einem für Weiß besseren Endspiel führt: 34. De6:+! (34. Lf5? De5!) Te6: 35. Tc7 Te7 36. Te7: Le7: 37. Lh7:+! Kh7: 38. Tf7 Lb4 39. Tb7: d4 40. Td7 Lc3 41. Kg1! Nach dem Partiezug kommt es gar nicht zum Endspiel.

34. Df5 Db8

Schade, daß Akesson nicht zuließ, daß die Partie nach 34. ... Ld6 35. Df7+ Kh8 36. h3 Lc8 37. Tc7! effektvoll beendet wird.

35. Df7+ Kh8 36. Tc7

Schwarz gab auf.

Tempone – Kasparow

Englisch

1. Sf3 Sf6 2. g3 g6 3. b3 Lg7 4. Lb2

In Jugendkonkurrenzen wurde ich oft mit diesem „giftigen" System konfrontiert. Obwohl die Theorie nach 4. ... d6 und im geeigneten Moment e7–e5, Ausgleich verspricht, zeigt die Praxis doch, daß es für Schwarz gar nicht so einfach ist, dies zu erreichen. Deswegen pflege ich ein anderes Entwicklungsschema anzuwenden, das sich als gute Antwort auf die Doppel-Fianchettierung erwies.

4. ... c5 5. c4 d6 6. Lg2 e5

Dieser Partieabschnitt bedarf eines Kommentars. 4. ... c5 ist mit der Absicht verbunden, nach 5. ... d5 ein mächtiges Zentrum zu errichten. Weiß kann dies durch 5. c4 verhindern. Aber der Versuch, auch 6. ... e5 nicht zuzulassen, wodurch die Wirkung des Läufers b2 begrenzt wird, ist zweifelhaft. Auf 6. d4 ist 6. ... Se4! für Weiß unangenehm.

7. 0–0 Sc6 8. Sc3 0–0

Zur gleichen Stellung kam es in zwei weiteren meiner Partien: Charitonow – Kasparow (Moskau, 1977) und Webb – Kasparow (Skara, 1980). Der Engländer entschied sich dafür, sofortiges d2–d4 vorzubereiten, doch nach 9. e3 Lf5 10. d4 (besser 10. d3) e4! 11. Sg5 Te8 12. dc5: dc5: 13. Sb5 Te7! erhielt Schwarz eine aussichtsreiche Stellung. Charitonow spielte besser: 9. d3 Se8!? 10. Dd2 Sc7 11. Se1 Le6 12. Sd5 Dd7 13. e3. Doch ich glaube, daß auch in diesem Fall für Schwarz alles in Ordnung ist.

Tempone wählt einen ähnlichen Plan,

aber es gelingt ihm nicht, den Punkt d5 und die damit verbundenen Vorteile zu erobern.

9. d3 Se8

Ein wichtiges Kettenglied des Gesamtplans. Auf c7 steht der Springer besser als auf f6, da er dem f–Bauern den Weg freimacht, ohne die Kontrolle über d5 aufzugeben.

10. Sd2 Sc7 11. e3?! Le6 12. Tc1

Die Ungenauigkeit im 11. Zug führt dazu, daß Weiß gezwungen ist, den Vorstoß d6–d5 gekünstelt zu verhindern. 12. Sd5? darf nicht gespielt werden, wegen 12. ... Ld5: 13. cd5: Sb4 mit Bauerngewinn. Deshalb ist 11. a3 Le6 12. Sd5 vorzuziehen.

12. ... Dd7 13. Te1?!

Weiß ist zu sehr um den Läufer g2 besorgt. Er hätte 13. Sde4 h6 14. f4 oder sogar sofort 14. f4 in Betracht ziehen sollen.

13. ... Tad8 14. Sde4

Weiß bekommt nun schon die ersten Schwierigkeiten. Anscheinend behagt ihm die Situation nach 14. a3 d5 15. cd Sd5: 16. Sd5: Ld5: 17. Se4 b6 nicht.

14. ... h6 15. f4 f5 16. Sf2 ef4: 17. gf4:

Dies ist eine der kritischen Stellungen. 17. ... d5 geht jetzt nicht mehr wegen 18. cd5: Sd5: 19. Sd5: Lb2: 20. Tc5: La3 21. b4! Sb4: 22. Ta5! Ld5: 23. Ld5: Sd5: 24. Ta3:. Aber das einfache 17. ... b6 ergibt prächtiges Spiel für Schwarz, zum Beispiel 18. Dd2 d5 19. cd5: (oder 19. Se2 Lb2: 20. Db2: d4! 21. e4 Se8) 19. ... Sd5: 20. Sd5: Ld5: 21. Lg7: Dg7: 22. Ld5: Td5: 23. Dc3 Dc3: 24. Tc3: g5!

Ich unterschätzte die Möglichkeiten meines Gegners und machte nacheinander einige schablonenhafte Züge, besser gesagt schwache Züge, wonach sich die Lage grundlegend zu meinem Nachteil veränderte.

17. ... Df7?!

Es soll damit der Vorstoß g6–g5 vorbereitet werden. Es wäre besser gewesen, diesen Zug sofort auszuführen. Kaum für Schwarz gefährlich ist 17. ... g5 18. fg5: hg5: 19. Sh3 Lf6 oder 19. Dh5 g4.

18. Dd2 g5?! 19. Se2!

Behauptet den Punkt f4 und sorgt für den Tausch der schwarzfeldrigen Läufer. Jetzt droht die Öffnung des Spiel auf dem Königsflügel zu einem Bumerang für Schwarz zu werden: Sein König ist nicht sehr sicher gedeckt.

19. ... d5?

Schwarz steuert einen selbtmörderischen Kurs, ohne die Gefahr zu spüren.

20. Lg7: Dg7: 21. Kh1

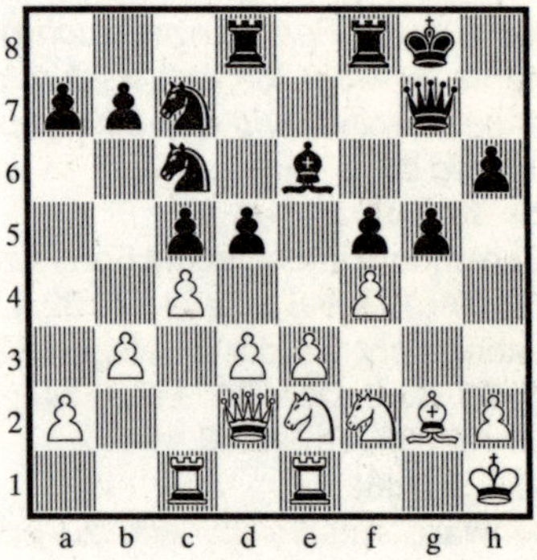

Das ist ein logisches Ausweichen vor den Komplikationen, die nach 21. cd5: Ld5: 22. Tc5: Lg2: 23. Kg2: Sd5! entstehen. Statt 21. Kh1 wäre noch energischer 21. Sg3!, zum Beispiel 21. ... gf4: 22. Sh5 fe3: 23. Te3: mit gefährlichem weißen Angriff.

Hier endlich nahm ich die entstandene Situation kritisch unter die Lupe, und das Ergebnis fiel ungünstig aus. Eine schlechte Figurenkonstellation und die Verwundbarkeit des Zentrums waren eindeutige Anzeichen dafür, daß die schwarze Position als nachteilig zu bezeichnen ist. Nach langem Überlegen kam ich zu dem Schluß, daß eine Veränderung der Lage nur dann erreichbar ist, wenn die Aufstellung der Leichtfiguren, vor allem der schwarzen Kavallerie, verbessert werden kann. Um diesen Plan zu verwirklichen, muß man die Schwächung des Damenflügels in Kauf nehmen und das Zentrum aufgeben, doch schien mir die Aufgabe, Chancen auf dem Königsflügel zu schaffen, Vorrang zu haben. Also:

21. ... dc4:! 22. bc4: Se8!

Von f6 aus wird der Springer die wichtigen Zentralfelder e4 und d5 kontrollieren und das unangenehme Springermanöver Se2–g3–h5 verhindern.

23. Dc3! Sf6 24. d4

Weiß sieht auch nicht untätig zu, so daß Schwarz zu energischen Maßnahmen greifen muß.

24. ... Lc8?!

Das ist zwar die richtige Idee, doch ihre Ausführung ist nicht präzise. Ich hätte 24. ... Se7! spielen sollen, wonach für Weiß unangenehm wäre 25. Lb7:? Sed5! 26. Ld5: Sd5: 27. cd5: Ld5:+ 28. e4 fe4:, und in der Variante 25. d5 Lc8 26. Da3 Sg6 27. Dc5: Sh4 28. Tg1 b6 29. Dd4 b5! oder 29. Db4 Tde8 erhält Schwarz gute Gegenchancen. Nun jedoch könnte Weiß mit 25. dc5:! deutliche Vorteile erlangen, zum Beispiel nach 25. ... Se7 26. Tcd1 Sg6 27. Td6! Sh7 28. Ld5+ usw. Doch Tempone spielte anders, da er das schöne Zentrum nicht aufgeben wollte.

25. Tcd1?!

Gleichzeitig mit diesem Zug bot mein Gegner unerwarteterweise Remis an. Dieser Zug vergibt einen Hauptteil der Überlegenheit, doch verschlimmert er die Situation nicht gleich so, daß Schwarz reale Aussichten auf Gewinn hätte. Und trotzdem beschloß ich, es zu riskieren.

25. ... cd4: 26. ed4:?

Ich rechnete gerade mit diesem natürlich scheinenden Zug, als ich das Remisangebot ausschlug. 26. Sd4: bietet dem Weißen bessere Chancen. Tempone nahm an, er könne den Bauern auf d5 vorziehen, mich dadurch einengen, den Springer auf d4 postieren, womit das schwarze Gegenspiel ausgeschaltet wäre. Doch dieser Gedankengang meines Gegners wurde mit dem folgenden Zug widerlegt.

26. ... Se7!

Die Stellung ist nun eine ganz andere. Es ist offensichtlich, daß die Überführung des Springers nach h4 ernste Unannehmlichkeiten für Weiß bringen kann. Von h4 aus wird der Läufer auf g2 ins Visier genommen, eine der wichtigsten weißen Figuren. Jetzt sollten Schutzmaßnahmen ergriffen werden, doch Tempone zeigt keine Eile.

27. d5 Sg6 28. Sd3

Durch natürlich scheinende Züge grenzt Weiß seine Möglichkeiten immer mehr ein, wohl unter dem Eindruck des früheren Stellungsvorteils. Aber die Auswahl der Fortsetzung ist für ihn bereits jetzt mit manchen Schwierigkeiten verbunden. Unannehmbar für Weiß ist sowohl 28. fg5: hg5: 29. Sh3?! Dh6! 30. Dg3 Sg4 mit einer mächtigen Attacke als auch 28. fg5: hg5: 29. Sd4 Sf4! mit Vorteil für Schwarz (zum Beispiel 30. Tg1 Tde8 31. Sd3 Sg4!). Wenn Weiß ahnen würde, was ihm demnächst blüht, hätte er sicher 28. a4 gezogen.

28. ... Sh4 29. Tg1

Während der letzten sechs Züge hat sich die Stellung grundsätzlich verändert. Die schwarzen Springer haben unweit des weißen Königs Stellung bezogen, doch um den entscheidenden Angriff führen zu können, muß die letzte schwarze Reserve ins Spiel gebracht werden – der Läufer c8.

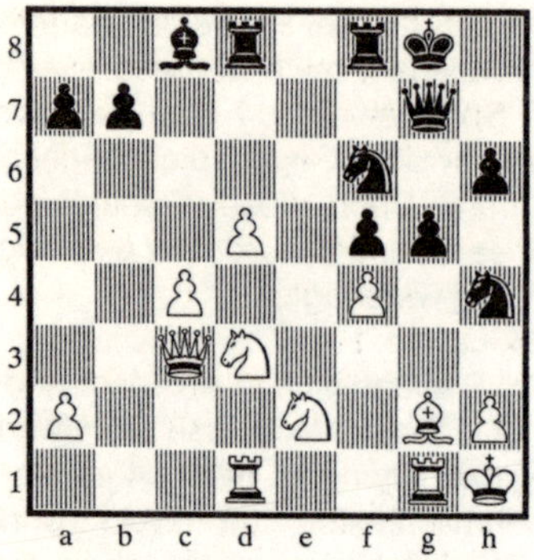

29. ... b5!

Triumph des schwarzen Plans! Das weiße Zentrum bricht zusammen, und die schwarzen Leichtfiguren, die auf den Feldern e6, c6, c7 verstreut waren, werden zu einer gewaltigen Macht.

30. Se5 bc4: 31. Dc4: Lb7 32. d6+ Kh7!

Verlockend war 32. ... Kh8 33. Lb7: Db7:+ 34. Dc6 Se4, doch nach 35. Tge1! wird die Stellung unklar.

33. Lb7: Db7:+ 34. Dc6 Dc6:+ 35. Sc6: Se4!

Eine in ihrer Art seltene Mattdrohung aufbauend, erobert Schwarz den Bauern auf d6.

36. Tgf1

36. Tge1!? wäre gerechtfertigt nach 36. ... Sf2+ 37. Kg1 Sd1: 38. Td1:, doch Schwarz hat es nicht nötig, seinen starken Springer gegen den passiven Turm herzugeben. Klare Vorteile erhält Schwarz nach 36. ... Td6: 37. Td6: Sd6: 38. fg5: hg5: 39. Sed4 Se4 oder noch stärker 36. ... Tc8! 37. d7 Tc6: 38. d8D Td8: 39. Td8: Tc2! mit entscheidendem Angriff, zum Beispiel 40. Sd4 Tg2! (nicht so klar ist 40. ... Sf2+ 41. Kg1 Sh3+ 42. Kh1 Tg2 43. Td7+ Kg6 44. Td6+ Kh5 45. Th6:+! Kh6: 46. Sf5:+) 41. Te4: fe4:.

36. ... Td6:

Hier ist 36. ... Tc8 nicht so stark, wegen 37. Sed4!, und 37. ... Sd6: geht dann nicht wegen 38. Se6!.

37. Td6: Sd6: 38. fg5: hg5: 39. Td1 Te8!

Ein Springerrückzug würde Weiß noch einige Chancen einräumen, aber Schwarz denkt nicht daran, diesen wegzuziehen, sondern setzt den Angriff fort.

40. Sed4 Te3! 41. Kg1 Se4

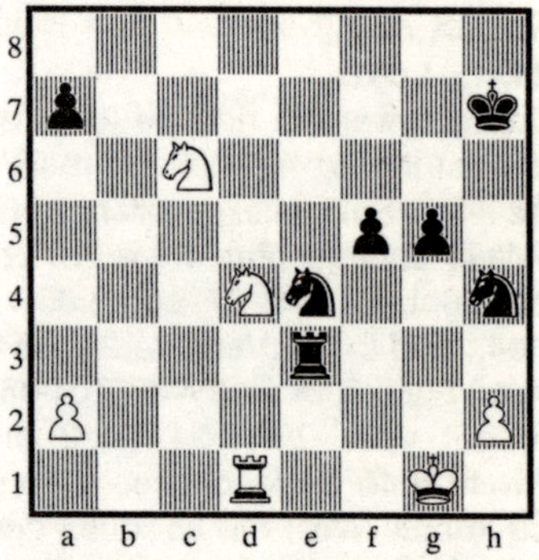

Die schwarzen Figuren (vor allem die Springer!) haben einen Käfig um den weißen König herum errichtet, nachdem sie ihre dominierenden Positionen eingenommen haben. Der Sieg kann jetzt entweder durch die Verlagerung des Turms auf die zweite Reihe oder durch den Vormarsch der Bauern f und g erreicht werden.

41. Tb1 Td3 42. a4 Td2

Weiß gab auf.

MALTA, 1980

XXIV. Olympiade

Kasparow – Marjanović
Damenindische Verteidigung

1. d4 Sf6 2. c4 e6 3. Sf3 b6 4. g3 Lb7 5. Lg2 Le7 6. 0–0 0–0 7. d5!?

Ein Bauernopfer, welches nach dem Sieg von Polugajewski über Kortschnoi (12. Partie im Halbfinale der Kandidaten, 1980) Mode geworden war. Das normale 7. Sc3 Se4 ist für Weiß nicht sehr vielversprechend.

7. ... ed5: 8. Sh4!

Das ist eine Neuerung von Polugajewski.

8. ... c6 9. cd5: Sd5: 10. Sf5 Sc7

In der oben erwähnten Partie konnte Schwarz die Absicht des Gegners nicht rechtzeitig durchschauen, und prompt geriet er in Schwierigkeiten: 10. ... Lc5 11. e4 Se7 12. Sg7:! Kg7: 13. b4. Marjanović wählt eine logischere Fortsetzung.

11. Sc3 d5

Zu weißer Überlegenheit hätte auch 11. ... d6 12. Lf4 Se8 13. Dd2 Sa6 14. Tad1 geführt (Sweschnikow – Platonow, Taschkent, 1980).

Dieses Gambit wurde in relativ kurzer Zeit einigen ernsthaften Erprobungen in der Praxis unterzogen, und bald fand sich geeignetes Gegenspiel für Schwarz. Ein ganz aktuelles Beispiel: 11. ... Se8 12. Lf4 Sa6 13. Dd2 d5 14. e4 Sac7 15. Tad1 Lf6 16. ed5: Sd5: 17. Sd5: cd5: 18. Se3 Sc7 19. Lc7: Dc7: Remis (Timman – Karpow, 1983).

12. e4 Lf6

Der starke Druck bleibt auch nach 12. ... de4: 13. Se4: erhalten. Nun ist mit Zugumstellung eine Position wie in der Partie Razuwajew – Makaritschew (Tiflis, 1978) entstanden. Dort spielte Weiß 13. Dg4, ohne viel zu erreichen.

In der Partie Kischnew – Cholmow (1981) konnte Schwarz den Bauern sofort zurückerobern – 12. ... Sd7 13. ed5: Sd5: 14. Sd5: cd5: 15. Ld5: Ld5: 16. Dd5:, und nach 16. ... Lf6 17. Lf4 Sc5 18. Ld6 Te8 19. Tad1 Dd7 20. Df3 Db7 war die Spannung weg.

13. ed5:!

Eine prosaische Rückeroberung des Bauern 13. Lf4 d4 14. Sd4: Ld4: 15. Lc7: Dc7: 16. Dd4: c5! führt nur zum Ausgleich, und das verlockende 14. e5 dc3: 15. ef6: Df6: 16. Sg7: Dg7: 17. Lc7: cb2: 18. Tb1 reicht nur als Kompensation für den materiellen Rückstand aus.

13. ... cd5:

Bei 13. ... Sd5: hätte man den Bauern zurückgewinnen und den positionellen Vorteil bewahren können: 14. Sd5: cd5: 15. Se3 Sc6 16. Sd5:). Es ist verständlich, daß Marjanović den materiellen Vorsprung behalten will, umso mehr, als für Schwarz keine besonderen Gefahren erkennbar sind.

14. Lf4 Sba6 15. Te1 Dd7

Seltsam, daß sich ein so natürlicher Zug als schwerer Fehler erweist. Eine bessere Verteidigung wäre 15. ... Sc5 gewesen, und Weiß hätte immer noch die Korrektheit seines Opfers beweisen müssen.

Nach dieser Partie erwiesen sich in der Praxis sowohl 15. ... Sc5 als auch 15. ... Lc8 als geeignete Züge. Aber auch 15. ... Dd7 ist kein „schwerer Fehler". Einen solchen machte Marjanović erst beim nächsten Zug. Wenn er auf die Idee gekommen wäre, statt des folgenden 16. ... Kh8? den Zug 16. ... Dd8 zu spielen, wäre der Ausgang der Partie unklar gewesen.

16. Lh3

Nicht geeignet war die Fortsetzung 16. Dg4 Lc8 17. Se7+ De7:.

16. ... Kh8

Schwarz hätte unlösbare Probleme nach 16. ... Dc6 17. Tc1 Sc5 18. Le5!. Eine pikante Variante ist 18. ... Tfe8 (18.

... d4 19. Se4) 19. Sd4, und die Dame ist in der Falle.

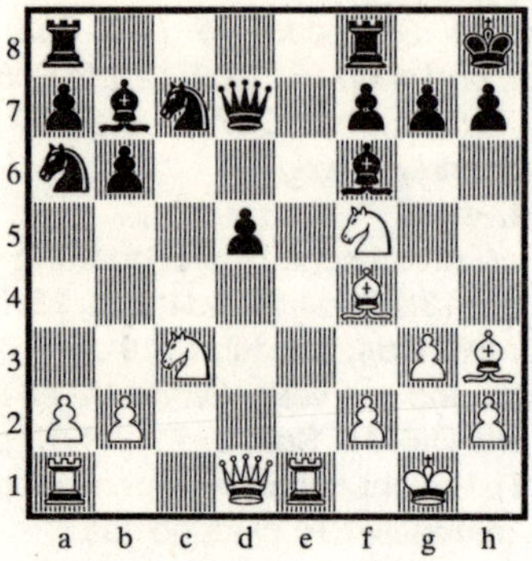

17. Se4! Lb2:

Jetzt wird der weiße Angriff unwiderstehlich, aber gibt es überhaupt noch einen besseren Schutz?

18. Sg5!

Die Konzentration der weißen Figuren auf dem Königsflügel übertrifft deutlich die Verteidigungsmöglichkeiten des Schwarzen.

18. ... Dc6

Auf 18. ... Se6 gewinnt ganz einfach 19. Sd6 mit der zusätzlichen Drohung 20. Dc2.

19. Se7 Df6 20. Sh7:! Dd4 21. Dh5 g6 22. Dh4

Hier hätte Marjanović bereits aufgeben können, doch nahm er statt dessen unerwarteterweise die einzige weiße Figur, die nicht am aktiven Spielgeschehen beteiligt war.

22. ... La1: 23. Sf6+

Schwarz gab auf wegen 23. ... Kg7 24. Dh6+ Kf6: 25. Lg5 Matt.

Kasparow – Ligterink

Damenindische Verteidigung

1. d4 Sf6 2. c4 e6 3. Sf3 b6 4. g3 Lb7

Normalerweise spielt Ligterink stattdessen 4. ... La6. In dieser Partie wollte er allem Anschein nach die Stellung wiederholen, die ich in der Runde zuvor gegen Marjanović auf dem Brett hatte. Doch ich wählte diesmal einen anderen Weg.

5. Lg2 Le7 6. Sc3 Se4 7. Ld2 Lf6 8. 0–0

Diesen Zug und den folgenden darf man nicht in umgestellter Reihenfolge machen: 8. Tc1? Ld4:!.

8. ... 0–0 9. Tc1 c5

Öfter wird 9. ... d6 gespielt mit nachfolgendem 10. d5 Sd2: 11. Sd2: und nun entweder gleich 11. ... e5 oder zuerst 11. ... Lc3:. In beiden Fällen behält Weiß einen minimalen positionellen Vorteil.

10. d5 ed5: 11. cd5: Sd2: 12. Sd2: d6

Es scheint, als ob Schwarz die Eröffnungsprobleme erfolgreich gelöst hätte. Er verfügt über das Läuferpaar und über gute Aussichten am Damenflügel. Mit dem nächsten Zug aber zieht Weiß seine Trümpfe hervor – einen mächtigen Springer und Angriffsmöglichkeiten auf der anderen Brettseite.

13. Sde4!

Im Falle des schablonenhaften 13. Sc4 La6 ist bei Schwarz tatsächlich alles in bester Ordnung.

13. ... Te8

Geht auf den Tausch des wichtigen Läufers ein. Vielleicht hat meinem Gegner Ligterink der Angriff nach 13. ... Le7 (was bedeutend prinzipientreuer wäre) nicht gefallen: 14. f4 Sd7 15. g4 Sf6 16. Sf2. Und doch ist es besser anstatt 13. ... Te8 den Zug 13. ... Sa6 zu wählen, womit versucht wird, die Figuren auf dem Damenflügel möglichst schnell zu entwickeln.

14. Dd2 a6

Dies ist nicht in der Absicht geschehen, b6–b5 vorzubereiten, sondern lediglich zum Schutz des Bauern d6 (Sb5 droht). Doch nun wird der Punkt b6 geschwächt, und dem Springer b8 ist ein günstiges Feld genommen. Diese Nachteile werden durch den nächsten Zug unterstrichen.

15. b4!

Weiß verlagert das Spiel überraschend auf den Brettabschnitt, auf dem eigentlich der Gegner aktiv werden sollte. Diese Idee ist aufgrund der schlechten Koordination der schwarzen Figuren und des möglichen Angriffes auf den Bauern d6 entstanden. Nun wäre 15. ... bc4: wegen 16. Sf6:+ Df6: 17. Se4 und 18. Db4: ungünstig für Schwarz.

15. ... Le7

Diese Verteidigung kommt hier schon zu spät, nachdem sich durch die letzten beiden Züge die Position sehr zugunsten von Weiß verändert hat.

16. bc5: bc5: 17. Df4

Das Hauptziel ist es, den Springer b8 nicht herauszulassen.

17. ... Dc7

Schwarz gibt die Hoffnung noch nicht auf und will den Springer schnellstmöglich befreien. Falls dies gelingen sollte, stünde es um Schwarz sofort besser.

18. Sa4 Da5

Ein mißglückter Verteidigungsversuch gegen 19. Sac5:, aber 18. ... Dd8 19. Tfd1 bringt auch keine besondere Entlastung.

19. Tb1 Ld5: 20. Sb6 Le4: 21. Le4: Ta7

Die Lage scheint für Schwarz gar nicht so schlimm zu sein, doch die folgende Kombination zeigt, wie es in Wirklichkeit steht.

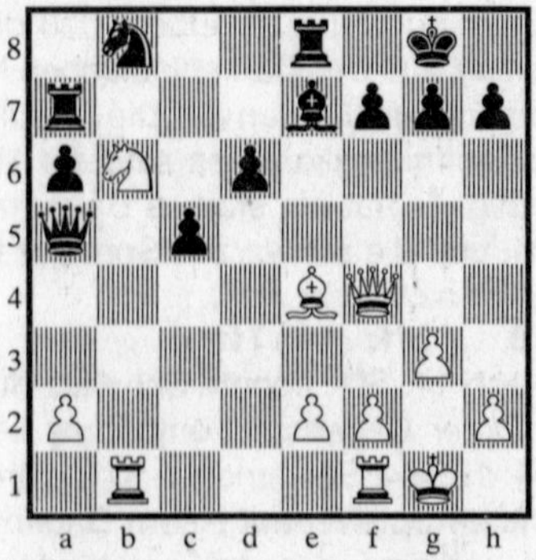

22. Sc8!

Fast alle gegnerischen Figuren sind bedroht. Natürlich geht 22. ... Tc8: nicht wegen 23. Df5. Am besten wäre 22. ... Tc7 23. Tb8: Lf8. Dann hat aber Weiß die bequeme Auswahl zwischen 24. Tfb1 oder 24. Sd6: Tb8: 25. Sc4.

22. ... Sc6 23. Sa7: Sa7: 24. Ld5

Schwarz gab auf. Nach 24. ... Lf6 entscheidet 25. Tb7.

Kasparow – Speelman

Damenindische Verteidigung

1. d4 Sf6 2. c4 e6 3. Sf3 b6 4. g3 La6 5. Sbd2 Lb4 6. Db3 Sc6?! 7. d5 Ld2:+ 8. Ld2: Se7 9. Lc3! Sf5 10. Sd2! Sd6?! 11. f3! 0–0 12. e4 ed5: 13. cd5:

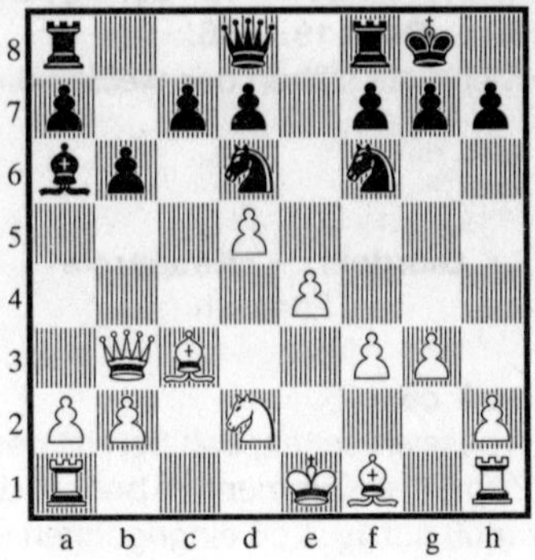

Es ist schwer zu glauben, daß diese Position aus der Damenindischen Verteidigung entstanden ist. Die Resultate des Eröffnungskampfes sind für Weiß günstig: Er hat ein starkes Bauernzentrum, und die schwarzen Springer fühlen sich nicht sehr wohl.

13. ... Lf1: 14. Tf1:

Nach 14. Sf1: könnte Schwarz durch ein Opfer Gegenspiel entfalten: 14. ... Sfe4: 15. fe4: Se4: und 14. Kf1: wäre im weiteren Spielverlauf einem Bauernangriff auf dem Königsflügel hinderlich. Jetzt aber wird zum Beispiel auf 14. ... Sb7 folgendes möglich sein: 15. e5 Sc5 16. Dc4 Se8 17. 0–0–0 mit großer Überlegenheit für Weiß.

14. ... a5 15. e5

Die Herausforderung muß angenommen werden, weil nach 15. a4 Sb7 die lange Rochade nicht mehr ganz so ungefährlich ist.

15. ... a4 16. Dc2 De8?

Man muß annehmen, daß Schwarz die unangenehme Variante 16. ... Te8 17. Kf2 Sd5: 18. ed6: Se3 19. Dd3 Sf1: 20. Tf1: vermeiden wollte, die klare Vorteile für Weiß bringen würde. Doch das wäre immer noch die bessere Lösung gewesen, denn nun wird eine interessante Kombination möglich.

17. Kf2 Sd5: 18. Dd3!

Schwarz verliert eine ganze Figur: 18. ... Sc3: 19. ed6:. Bei 16. ... Te8 kann die Idee nicht verwirklicht werden wegen 18. ... Sc3: 19. ed6: Te2+ 20. Kg1 Dg5!.

18. ... De6 19. ed6:

Die Mehrfigur sichert den weißen Sieg.

Giardelli – Kasparow
Englisch

1. c4 c6

Es passiert selten, daß bereits der erste Zug eines Kommentars bedarf, doch hier muß auf 1. ... c6 eingegangen werden. Es ist nämlich so, daß mein Gegner regelmäßig ein und dasselbe Schema anwendet: c4, g3, Lg2, Sc3, e3, Sge2.

2. Sf3

Bereits ein kleiner Erfolg für Schwarz: Der Springer steht schon mal nicht auf e2.

2. ... g6 3. g3 Lg7 4. Lg2 Sf6 5. 0–0 0–0 6. Sc3 d5

Nach 7. cd5: cd5: 8. d4 Se4 entstünde die Grünfeld-Verteidigung, in einer für Schwarz günstigen Variante. Deswegen wählt Giardelli bislang unerforschte Wege.

7. cd5: cd5: 8. d3 Sc6 9. Db3

Weiß versucht, Druck auf die Punkte d5 und b7 auszuüben, doch Schwarz nutzt die Lage aus, die durch den frühen Ausflug der Dame entstanden ist.

9. ... d4! 10. Sb5

10. Sa4 erhielte als Antwort 10. ... b6, wonach der Springer keine Perspektiven mehr hat, und den Druck auf der Diagonale beseitigt Schwarz mit dem Manöver Lc8–e6–d5.

10. ... a6 11. Sa3

Nach 11. Da4 ist 11. ... Sd7! stark, was den Springer b5 zum Rückzug zwingt.

11. ... b5

Der weiße Springer wird doch ausgeschaltet, die Schwäche auf der langen Diagonale kann nicht ausgenutzt werden (12. Dc2 Lb7! 13. Se5 Sb4) – die Eröffnung gestaltet sich demach deutlich zum Vorteil von Schwarz.

12. Lf4 Le6 13. Dc2 Tc8 14. Dd2 Ld5 15. Tfc1 Sd7

Die Vorbereitungen zum Kampf sind abgeschlossen. Weiß muß sich nun beeilen: Wenn es Schwarz gelingt, zu e7–e5, Dd8–e7 und Sd7–b6 zu kommen, ist die weiße Stellung strategisch bereits verloren.

16. Sc2 e5

Der Versuch, die Überführung des weißen Springers nach b4 mittels 16. ... a5 zu verhindern, ist fehlerhaft wegen 17. Sa3 Db6 18. Se5!.

17. Lh6

Schwächer ist 17. Lg5 f6 18. Lh6 Lh6: 19. Dh6: Sb6!, und der schwarze Vorteil ist offensichtlich, zum Beispiel 20. e3 de3: 21. Se3: Lf3: 22. Lf3: Sd4.

17. ... De7 18. Lg7: Kg7: 19. e3

Nachdem 19. Sb4 nicht geht, versucht Schwarz den Springer anders ins Spiel zu bringen.

19. ... de3:

Nach 19. ... Df6 würde folgen 20. e4! Le6 21. Sb4, und die Schwäche des schwarzen Damenflügels kann empfindlich unangenehm werden.

20. Se3: Lf3: 21. Lf3: Sd4 22. Lg2

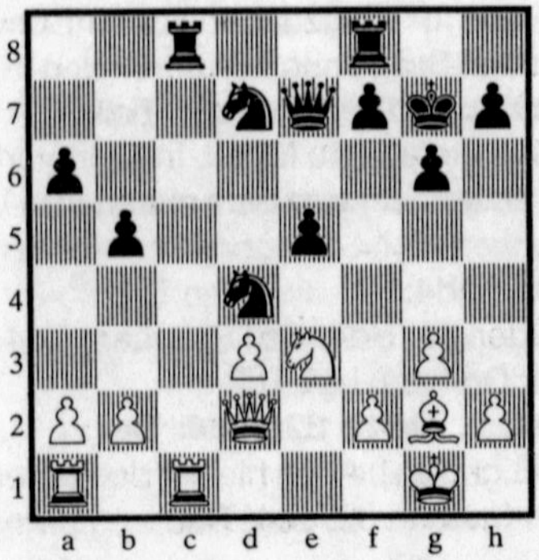

Auf den ersten Blick gewährleisten der rückständige Bauer d3 und die mächtige Stellung des Springers auf d4 einen klaren Vorteil für Schwarz, doch hat Weiß auch Positiva: einen starken Läufer, die schwarze Schwäche am Damenflügel, die Möglichkeit, entweder die Springer zu tauschen (23. Sc2) oder auch den Kampf um die c–Linie zu eröffnen (23. Tc3).

22. ... Sc5!

Jetzt kann 23. Sc2 mit Sce6 pariert werden und 23. Tc3 mit 23. ... Sa4. Aber Schwarz hat den Bauern e5 geschwächt, was der Gegner unverzüglich ausnutzt.

23. Te1 h5!

Die Gefahr Se3–g4 muß ausgeschaltet werden.

24. Tac1?!

Dieser natürliche Zug, der darüber hinaus auch noch eine Falle beinhaltet (24. ... Scb3? 25. ab3: Sb3: 26. Sd5!), erweist sich doch nicht als der beste. 24. Sd5 Dd6 25. Tac1 hätte den Vorzug verdient.

24. ... Tfd8!

Der Zug geht einher mit der Drohung 25. ... Sd3: 26. Tc8: Se1:. Es hilft nicht 25. Kh1, weil nun schon der Plan 25. ... Scb3! verwirklicht wird: 26. ab3: Sb3: 27. Sd5 Td5: 28. Tc8: Sd2: 29. Ld5: Dd7 30. Tc5 e4! 31. Le4: (31. de4:? Sf3 32. Te3 Dh3) Se4: 32. de4: Dd2 usw. Wenn man hinzufügt, daß 25. Sd5 jetzt nicht mehr so gut ist wegen 25. ... De6, wird klar, daß Weiß keine großen Wahlmöglichkeiten besitzt.

25. Tc3 Df6

Schwarz läßt sich nicht zu 25. ... b4? provozieren: 26. Tc4 Sd3:? 27. Dd3: Sf3+ 28. Lf3: Td3: 29. Tc8: – denn drei Figuren sind unbedingt stärker als die Dame.

26. Sc2

An dieser Stelle kostete mich die Inbetrachtziehung einer anderen Fortsetzung viel Bedenkzeit – 26. Tec1 Sd3:!!. In allen folgenden Varianten demonstrieren die schwarzen Springer wahre Wunder an gegenseitigem Zusammenwirken: 27. Tc8: Sc1: 28. Td8: Dd8:! (28. ... Sce2+? 29. Kf1 Dd8: 30. Lf3!) 29. Kf1 Sa2: 30. Ld5 (30. b3 Dc7!) 30. ... Sf5! 31. Sf5: gf5: 32. Ke2 Sb4 oder 27. Sd5 Sc1:! 28. Tc8: Td5:! (schwächer ist 28. ... Tc8: 29. Sf6: Sce2+ 30. Kf1 Tc1+ 31. Dc1: Sc1: 32. Se8+ Kf8 33. Sc7 mit Remisaussichten) 29. Ld5: Dd6! mit materiellen Vorteilen. Diese Stellung verdient es, anhand eines Diagramms dargestellt zu werden.

Analyse-Diagramm

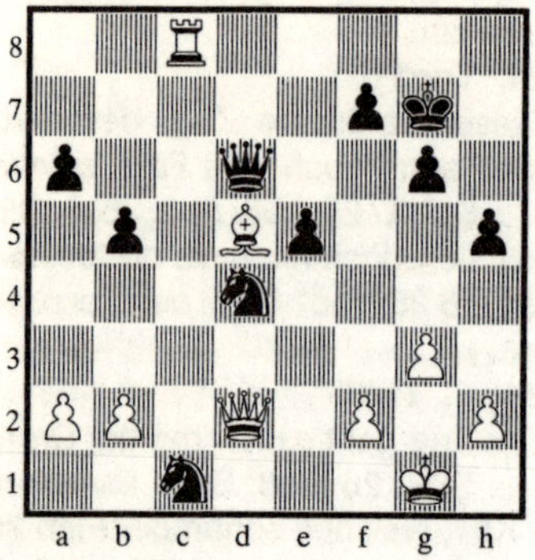

26. b4 hat nur im Falle von 26. ... Sa4 27. Tc8: Tc8: 28. Sd5 seine Berechtigung, aber das einfache 26. ... Sce6 bewahrt den schwarzen Vorteil, zum Beispiel 27. Sd5 Sf3+ 28. Lf3: Df3: 29. Te5: Sd4 mit gefährlichem Angriff (30. Se7 Df6!). Das verhältnismäßig bessere 26. Sc2 rettet Weiß auch nicht aus seinen Schwierigkeiten.

26. ... b4! 27. Sb4:?

Der entscheidende Fehler. Richtig wäre gewesen 27. Tc4. Nach 27. ... Sc2: 28. Tc2: (28. Dc2: Sd3: 29. Tc8: Se1:) b3! (28. ... Td3: 29. De2) 29. ab3: Sb3: 30. Dd1 Sd4 verfügt Schwarz über eine ernstzunehmend Überlegenheit, doch es steht noch ein langer Kampf bevor.

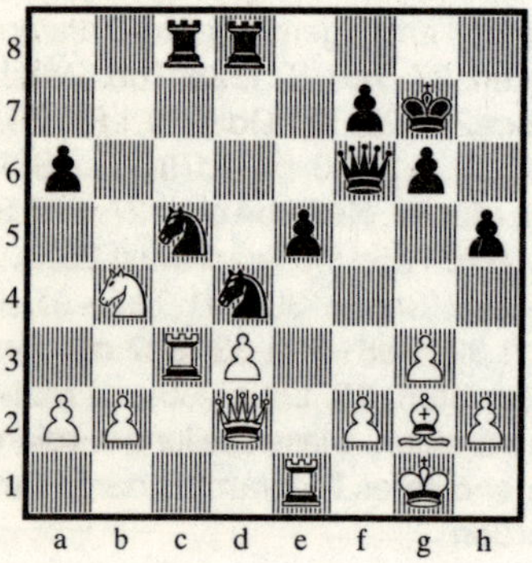

27. ... e4!

Ein Triumph der Überlegenheit! Die schwarzen Figuren kontrollieren alle Schlüsselpositionen. Gegen den kombinierten Angriff von Dame, den beiden Türmen und Springern ist Weiß schutzlos.

28. De3

Es rettet den Weißen weder 28. Df4 Df4: 29. gf4: ed3: noch 28. Tec1 ed3:! 29. Tc5: (29. Sd3: Sd3: 30. Dd3: Sb5) 29. ... Se2+ 30. Kf1 Sc1: 31. Tc1: Tc1:+ 32. Dc1: d2 33. Dd1 Db2: 34. Sd5 Td5:! 35. Ld5: Db5+ mit gewonnenem Endspiel für Schwarz.

28. ... a5! 29. Sc2

Auch 29. Tec1 Db6! ist nicht besser (30. Tc4 Sf5 30. Sc2 Sf5).

29. ... Sd3: 30. Tc8: Tc8:

Das einfachste Mittel. In allen Varianten erzielt Schwarz eine materiellen Vorteil.

31. Dd4:

Oder 31. Sd4: Se1: 32. Le4: Tc4 33. De1: Dd4: 34. Lg2 Tc2.

31. ... Dd4: 32. Sd4: Se1:

Weiß gab auf. Auch hier ist der Bauer e4 unantastbar: 33. Le4: Tc4.

Unvergeßliche Augenblicke im Februar

Das Turnier der Nationalmannschaften der Sowjetunion, gewidmet dem 26. Parteitag der KPdSU, wurde vom 22. – 28. Februar 1981 in Moskau doppelrundig ausgetragen. Es verlief ohne allzu große Überraschungen, wie ich meine. Die A-Nationalmannschaft war natürlich ohne Konkurrenz (28,5 Punkte). Den zweiten Platz der Junioren-Nationalmannschaft (23,5 Punkte), knapp vor der Nationalmannschaft der Altmeister (23 Punkte) und noch vor der B-Nationalmannschaft (21 Punkte), muß man als großen Erfolg werten und als ein Zeichen des steigenden Könnens unseres Nachwuchses betrachten.

Die Turnierkämpfe waren trotz des freundschaftlichen Charakters spannend und kompromißlos. Besonders interessant war des Mini–Turnier der ersten Bretter, wo Weltmeister Karpow (A-Mannschaft), Ex-WM Smyslow (Senioren-Mannschaft), Großmeister Romanischin (B-Mannschaft) und Kasparow (Junioren-Team) aufeinandertrafen. Zur vielfachen Verwunderung gelang es ausgerechnet mir, als Sieger hervorzugehen, mit 4 aus 6 Punkten vor Karpow (3,5), Smyslow (2,5) und Romanischin (2).

Ich möchte hier von den interessantesten Momenten dieser sechs Partien berichten.

Erste Runde

Der Kampf am Abgrund

Kasparow – Romanischin

Grünfeld-Verteidigung

1. d4 Sf6 2. c4 g6 3. Sc3 d5 4. cd5: Sd5: 5. e4 Sc3: 6. bc3: Lg7 7. Sf3 c5 8. Le3

Momentan hat das System mit dem Springer auf f3 fast alle anderen Fortsetzungen verdrängt. Der Plan, der mit der Festigung des Punktes d4 und der Räumung der Diagonale a1-h8 verbunden ist, wodurch der unangenehme Druck des Läufers g7 auf ein Minimum reduziert wird, sieht sehr verlockend aus. Schwarz konnte auch lange keine wirksame Gegenantwort finden, doch dank der Bemühungen von Smejkal und anderen Anhängern der Grünfeld-Verteidigung wurde eine Methode gefunden, wie Schwarz aktives Spiel erlangen kann. Die zuletzt gespielten Partien dieser Art dürften die Wirksamkeit des Planes bestätigt haben, dem hier auch Romanischin folgt.

8. ... Da5 9. Dd2 Sc6

Im Falle von 9. ... 0–0 10. Tc1 cd4: 11. cd4: Dd2:+ ist 12. Sd2: gut. Als herrliche Demonstration dessen, welche Möglichkeiten Weiß in dieser Stellung besitzt, kann die Partie Karpow – Hübner (Tilburg, 1980) dienen.

10. Tc1 cd4: 11. cd4: Dd2: 12. Kd2: 0–0

Um das schöne Zentralbauernpaar zu behalten, hat sich der weiße König ins Zentrum vorgewagt. Die nächsten Züge müssen zeigen, ob diese Entscheidung gut oder schlecht war. Gewöhnlich setzt Weiß hier fort mit 13. Lb5, aber nach 13. ... f5! erhält Schwarz augezeichnetes Spiel. Als Beispiel kann die Partie Tschechow – Romanischin (48. Meisterschaft der UdSSR, Oberliga) genannt werden. Ich versuchte, das weiße Spiel zu verstärken.

13. d5 Td8

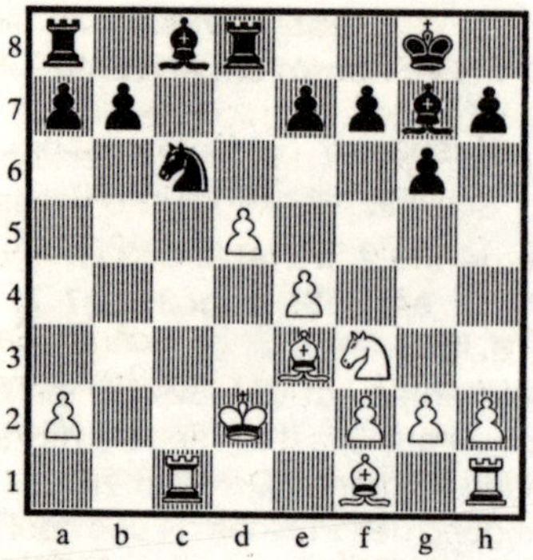

14. Ke1

Der Schlüsselzug des weißen Planes, der übrigens schon ein Jahr lang in meinem Eröffnungs-Geheimwaffen-Arsenal auf Lager war! Der schwarze Springer wird von c6 vertrieben, und eine gewisse Disharmonie in der Konstellation der weißen Figuren schien mir nur vorübergehender Natur zu sein.

14. ... Sa5!

Nach langer Überlegung fand Romanischin eine interessante und vielleicht sogar optimale Möglichkeit.

Vom heutigen Standpunkt aus ist die Bemerkung „vielleicht" nicht mehr angebracht.

Zweifellos steht der Springer auf a5 schlecht, doch dafür kontrolliert er das Feld c4, wohin der Läufer f1 möchte. Außerdem hätte Weiß bei anderen Springerzügen bedeutend leichteres Spiel gehabt, zum Beispiel 14. ... Se5 15. Se5: Le5: 16. f4 Lg7 17. Kf2, und die weiße Überlegenheit ist deutlich sichtbar, oder 14. ... Sb4 15. Ld2 und der Springer ist gezwungen, eine nicht sehr vielversprechende Position auf a6 einzunehmen (15. ... Sa6 16. Lc4±). Bei der häuslichen Analyse verzichtete ich auf die Inbetrachtziehung von 14. ... Sa5 aus „allgemein üblichen Erwägungen". Am Brett stellte es sich jedoch heraus, daß nicht alles so einfach war. Die Vorstöße e7–e6 und f7–f5 drohen wie ein Damokles-Schwert, zum Beispiel 15. Lb5 f5! 16. Tc7 e6 16. Lg5 Td7.

15. Lg5! Lf6

Später zeigte sich, daß Schwarz nach 15. ... Ld7! 16. Ld3 Tdc8 17. Ke2 e6 18. Ld2 ed5:! 19. ed5: Te8+ ausgezeichnetes Spiel erhält (Agsamow – Weingold, 1981 und Anikajew – Agsamow, 1982). Die Suche nach Überlegenheit wurde in andere Richtungen verlagert: 10. Tb1!?, 8. Tb1!?.

16. Ld2 b6

Eine kurze Verschnaufpause ist für Weiß eingetreten: Indem er den Läufer nach f6 herausgelockt hat, verhindert er den sofortigen Vorstoß des schwarzen f-Bauern und erschwert den Durchbruch e7–e6, aber nach der Entwicklung des Läufers nach b7 oder g4 wird dieser Durchbruch dennoch Realität. Also gewann Weiß nur ein Tempo zur Konsolidierung. Das ist vollkommen ausreichend, wenn man energisch genug handelt!

17. Tc7!

Auf den ersten Blick behandelt Weiß die Eröffnung etwas leichtsinnig. Aber im Kampf um die Initiative betrat er bereits einen gefährlichen Pfad, wo man sich nicht an die Regeln hält, sondern an die Ausnahmen. Wahrscheinlich hätte Schwarz jetzt vorsichtig spielen müssen (17. ... Td7), aber der Wunsch, den Gegner zu bestrafen, ist zu groß.

17. ... Lg4 18. La6 e6!

Die Vergeltung ist anscheinend unvermeidbar, doch von diesem Moment an demonstrieren die weißen Figuren, obwohl eine weniger (ohne Turm h1), erstaunliche Flexibilität.

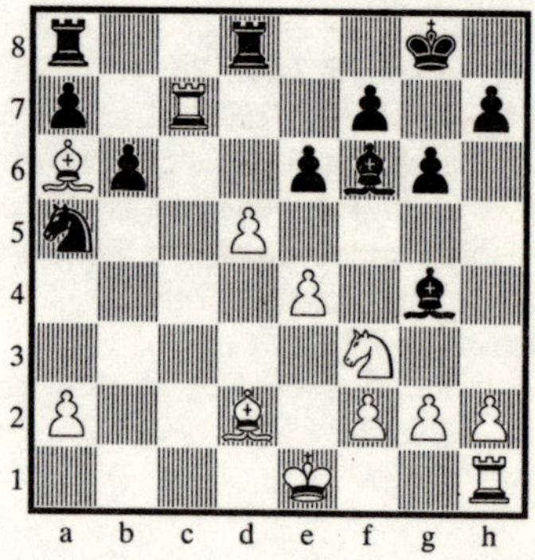

19. Sg5! Le5!

Nach 19. ... ed5: 20. Sf7: Td7 21. Sh6+ Kg7 22. Tc8! muß Schwarz Materialverlust hinnehmen.

20. Tf7:!

Das „Luftschloß" von Weiß erweist sich unerwarteterweise als sehr solide.

20. ... ed5:

20. ... h6 führt nach 21. Sf3 Lf3: 22. Tf3: ed5: 23. ed5: Td5: 24. Lh6: zu einer Stellung, in der ein Mehrbauer und das Läuferpaar für Weiß wichtigere Argumente sind als der Entwicklungsvorteil des Nachziehenden.

21. f4!

Dieser Bauer ist dazu berufen, eine wichtige Rolle bei der Zerstörung der schwarzen Königsstellung zu spielen.

21. ... Lg7!

Schwächer ist 21. ... Ld4 wegen 22. Th7:, wonach das verlockende 22. ... Sc4 23. e5 Te8 mit der Drohung Le5: durch das überraschende 24. h3! abgewiesen werden kann, und der Turm h1 greift in den Kampf von seinem angestammten Platz aus ein. Zum Beispiel 24. ... Le5: 25. fe5: Te5:+ 26. Kf2 Tf8+ 27. Kg3 Sd2: 28. hg4:! Tg5: 29. Th8+ Kf7 30. T1h7+ Ke8 31. Lb5+ mit Matt.

22. f5!

Man hätte besser folgendermaßen spielen sollen: 22. h3! h6! 23. hg4: hg5: 24. Tc7 – zum Beispiel 24. ... Te8 (24. ... de4:? 25. La5: ba5: 26. Lc4+) 25. Kf2! Te4: 26. Ld3 Ta4 (26. ... Td4? 27. Tg7:+ Kg7: 28. Lc3 Sc6 29. Lb5) 27. Lg6: Ta2: 28. Lf7+ Kf8 29. Ke1! Sc6 (29. ... Ta1+ 30. Ke2 – es droht Matt auf b4!) 30. Th7 mit Initiative oder 24. ... gf4: 25. ed5: Le5 (25. ... Td5:? 26. La5:) 26. Te7 Te8 27. Te8:+ Te8: 28. Kf2 Td8 29. La5: ba5: 30. Te1 mit leichtem Vorteil im Endspiel.

Weiß verstärkt weiterhin den Druck, und Romanischin begeht in Zeitmangel einen verhängnisvollen Fehler.

22. ... de4:?

Nach dem besseren 22. ... gf5:! wollte ich 23. h3! Lh5 24. Tg7:+ Kg7: 25. Se6+ Kf6 26. ef5:! (schwächer ist 26. Sd8: Td8: 27. ef5: Sc4! 28. g4 Te8+! 29. Kd1 Lf7) antworten, wonach die Aktivität der weißen Figuren den materiellen Vorteil von Schwarz mehr als kompensiert hätte. Zum Beispiel 26. ... Te8 27. g4 Lf7 28. Lc3+ Ke7 29. Sc7.

Wie ein Leser der Zeitschrift „Šachmaty w SSSR" richtig erkannt hat, rettet 27. ... Te6:+! 28. fe6: Lg6 den Nachziehenden aus allen Schwierigkeiten.

23. La5: ba5:

Das verzweifelte 23. ... e3 findet eine unkomplizierte Erwiderung: 24. Tg7:+! Kg7: 25. Lc3+ Kh6 26. Sf7+ Kh5 27. Sd8: Td8: 28. Le2 usw.

24. Lc4

Nun ist sowohl 24. ... Tac8 25. Tc7+ als auch 24. ... Td4 25. Ta7:+ Tc4: 26. Ta8:+ Lf8 27. Se6 schlecht, aber Romanischin findet in Zeitnot einen erstaunlichen Ausweg.

24. ... Lc3+! 25. Kf2 e3+! 26. Kg3

Es geht nicht 26. Ke3: wegen der Antwort 26. ... Ld2+.

26. ... Le5+ 27. Kg4:

Es gelingt nicht, den Läufer c4 zu behalten. 27. Kh4? führt nach 27. ... Td4 nur zu Remis: 28. Ta7:+ Tc4: 29. Ta8:+ Kg7 30. Ta7+ Kg8!.

27. ... Td4+ 28. Kh3 Tc4:

Es scheint, als ob Schwarz alles abgewehrt hätte, aber noch hat der f-Bauer ein Wort mitzureden.

29. f6

Nun kann nur ein Läuferopfer die Mattdrohungen abwenden, oder die Variante 29. ... Tc7 30. Tc7: Lc7: 31. f7+ Kh8 32. Se6 Ld6 33. Te1 führt zu vollkommen aussichtslosem Spiel für Schwarz.

29. ... Lf6: 30. Tf6: Te8 31. Te1

Hier bereits könnte man den Schlußpunkt setzen, aber die Wunder setzen sich noch fort!

31. ... e2 32. Kg3

Einfacher wäre 32. Te6.

32. ... Ta4 33. Kf2 Ta2: 34. Se6 a4

35. Tb1?

Weiß ist immer noch von Mattgedanken begeistert, und das Finale scheint ihm nicht weit. Zu einem unkomplizierteren Gewinn führt 35. Sd4, wobei man sofort den Bauern e2 gewinnt, zum Beispiel 35. ... a3 36. Te2: Tee2: 37. Se2: a2 38. Ta6 oder 35. ... Kg7 36. Tf3 usw.

35. ... a3 36. Tb7 e1D+

Genauer ist 36. ... Tb2. Der Traum vom Mattfinale ist ausgeträumt, und die Freibauern auf a und e erweisen sich als reale Kraft. Das Remis zumindest ist für Weiß gerettet: 37. Tg7+ Kh8 38. Te7 Tbb8 39. Ta7: Ta8 40. Ta8: Ta8: 41. Sd4 a2 42. Sb3 Tb8 43. Ta6.

37. Ke1: Tg2: 38. Tg7+ Kh8 39. Tgf7 h5?

Kurz vor Zeitablauf entschließt sich Schwarz dazu, dem König den Weg nach vorne freizumachen, ohne zu merken, daß ihm Gefahr von g5 und h6 aus droht. Einfacher wäre 39. ... h6 gewesen.

40. Kf1 Th2:?

Plötzlich werden die Mattdrohungen tatsächlich Wirklichkeit. Und nur ein Zug trennte Schwarz von der Rettung: 40. ... a2!. Nach 41. Ta7: hätte man ruhig feststellen können, daß 41. ... Tb2? verliert – 42. Sg5! Te7 43. Tf8+ Kg7 44. Se6+ Kh6 45. Th8+ oder 42. ... Tb1 43. Kf2 a1D 44. Th7+ Kg8 45. Tg6:+ Kf8 46. Tf7 matt, doch 41. ... Th2: 42. Tg6: a1D+ 43. Ta1: Th1+ 44. Tg1 führt zu Remis.

41. Tg6:!

Schwarz muß sich mit den tragischen Folgen der in Zeitnot gemachten Züge abfinden. Es ist nichts mehr zu retten: 41. ... a2 42. Th6+. Romanischin gibt den Turm her, aber dadurch wird das unabwendbare Ende nur um einige Züge verzögert.

41. ... Te6: 42. Te6: Kg8 43. Ta7:

Schwarz gab auf.

Ohne Zweifel hat mich der Sieg in einem solchen Kampf beflügelt.

Zweite Runde

Überraschungseffekt

Smyslow – Kasparow

Englisch

1. Sf3 c5 2. c4 Sf6 3. g3 b6 4. Lg2 Lb7 5. 0–0 e6 6. Sc3 Le7 7. b3 0–0 8. Lb2 d6 9. e3 Sbd7 10. d4 a6 11. De2 Se4 12. Tfd1

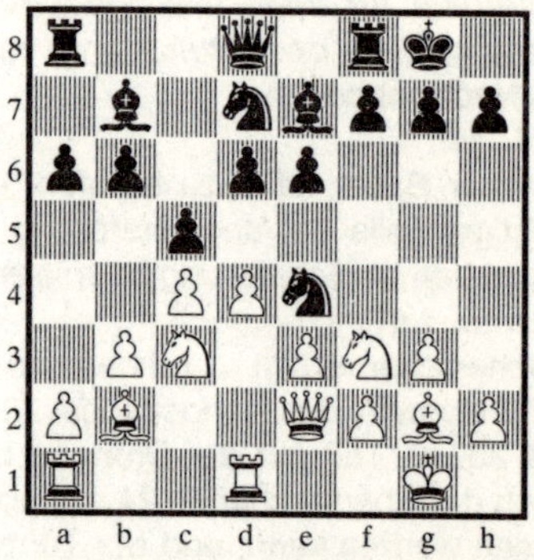

Die Diagrammstellung verspricht einen langen Kampf. Umso erstaunlicher sind die Metamorphosen, die sich binnen kurzer Zeit auf dem Brett vollziehen.

12. ... Db8!?

Das einfache 12. ... Dc7 mit nachfolgendem Sd7–f6 würde gleichwertiges Spiel für Schwarz bedeuten, dank der Kontrolle über die Felder e4 und d5. Statt dessen erlaubt Schwarz dem Gegner eine Kombination, die zu Qualitätsgewinn führt.

13. Se4: Le4: 14. Se5! Lg2: 15. Sd7: Db7 16. Sf8: Lf3 17. Dd3 Tf8: 18. Td2

Man hätte vorsichtshalber 18. d5 in Erwägung ziehen sollen, aber warum die Qualität zurückgeben, wenn keine unmittelbaren Gefahren erkennbar sind? Übrigens wird Weiß nach dem nächsten Zug zu diesem Gedanken zurückkehren, doch da ist es bereits zu spät.

18. ... f5!

Eine kritische Stellung, die für die Einschätzung des Qualitätsopfers wichtig ist. Die entstandene Situation ist objektiv besser für Weiß. Doch um dies zu beweisen, bedarf es sehr energischen Spiels.

Weiß hätte hier eine „zweite Front" eröffnen müssen – 19. a3! mit nachfolgendem d4x5: und b3–b4. Dann nämlich hätte Schwarz nicht so schnell all seine Figuren zum Angriff auf den König umgruppieren können.

19. Te1?!

Nach 18. ... f5 besitzt die schwarze Dame die tolle Möglichkeit über e8 nach h5 zu gelangen. Der Zug 19. Te1 scheint dies zu erschweren. Auf 19. ... Da8 ist zum Beispiel 20. dc5: bc5: 21. b4! cb4: 22. c5! unangenehm, da die Öffnung der Stellung mit Vorteilen für Weiß verbunden wäre. Nach 19. ... Dc8 plante Weiß mittels 20. e4 fe4: 21. Te4: Le4: 22. De4: die Qualität zurückzugeben und dabei beständigen Vorteil zu erreichen. Trotzdem...

19. ... Dc8!

Nun wird klar, daß nach 20. e4 fe4: 21. Te4: der schwarzen Dame ein bedeutend kürzerer Weg zum Lager des weißen Königs zur Verfügung steht, nämlich 21. ... Lg5! (*Oder 21. ... e5! 22. Te3 e4 23. Te4:! Dh3 24. Df3: Tf3: 25. Te7: und Weiß riskiert keinen Verlust mehr – 25. ... Tf7 26. Te8+ Tf8 27. Te7.*) 22. Tde2 e5! mit der Drohung Dh3. Verwirrt durch die sich ergebenden Veränderungen machte Smyslow nacheinander zwei schwache Züge, wonach der schwarze Angriff unabwendbar wird.

Wahrschenlich zu Remis hätte nach 20. e4 fe4: 21. Te4: Lg5 die Zugfolge 22. Te3! Le3: 23. fe3: und 24. Tf2 geführt.

20. Dc3? Tf6 21. a3??

Hier ist dieser Plan nicht mehr angebracht. Verteidigungschancen hätte es noch nach 21. dc5: bc5: 22. Dd3 e5 23. b4! oder sogar 21. Dd3 gegeben, womit der vorherige Fehler eingestanden wird, wonach Schwarz aber mit e3–e4 zu rechnen hat.

21. ... De8!

Jetzt, nachdem die schwarzen Drohungen deutlich sichtbar geworden sind, wird klar, daß die weißen Figuren zu deren Abwehr schlecht postiert sind. Die ungünstige Lage der weißen Türme raubt dem König die letzte Hoffnung auf Rettung durch Flucht. Während der Wirkungsgrad der Dame auf c3 und des Läufers auf b2 (eigentlich auch der übrigen weißen Figuren) gleich Null ist, zerstören die schwarzen Figuren in wohlkoordiniertem Zusammenspiel die weiße Königsstellung in wenigen Zügen.

22. dc5: Dh5

Mit der deutlichen Drohung Dh2:+ nebst Th6+ und Th1 Matt.

23. h4 Dg4 24. Kh2 bc5:

Schwarz hat keinerlei Grund zur Übereilung.

25. Th1 Tg6 26. Kg1 Lh4: 27. Da5

Nach 27. Td6: Lg3: hat Weiß nur noch ein paar ungefährliche Rache-Schachgebote zur Verfügung.

27. ... h6

Dies gewinnt einfacher als alles andere. Weiß gab auf.

Dritte Runde

Ein lang ersehntes Duell

Nun also das Spiel gegen den besten Spieler der Welt. Meiner Meinung nach ist eine Partie gegen den Weltmeister für jeden Schachspieler die beste Möglichkeit, seine eigenen Kräfte zu testen. Deswegen war ich vor Spielbeginn äußerst konzentriert und zu einem harten Kampf bereit.

Kasparow – Karpow
Russische Partie

1. e4

In letzter Zeit machte ich diesen Zug selten und bei der Vorbereitung nahm ich an, daß mir in meinem ersten Spiel gegen den Weltmeister eine kleine Überraschung nicht schaden wird. Aber auch er hatte eine für mich parat...

1. ... e5 2. Sf3 Sf6

Momentan ist die Russische Partie wieder sehr beliebt. Die Aufgaben und Möglichkeiten für Schwarz sind in dieser Eröffnung etwas begrenzt: Indem man die Stellung vereinfacht, wartet man die Aktivitäten des Gegners ab.

3. Se5: d6 4. Sf3 Se4: 5. d4 Le7 6. Ld3 d5 7. 0–0 Sc6 8. Te1 Lf5

Noch bis vor kurzem sah man den Zug 8. ... Lg4 als unerläßlich an und nach 9. c4 Sf6 10. cd5: Sd5: 11. Sc3 entsteht eine für Weiß günstige Konstellation. Die Idee hinter diesem Zug, der erfolgreich angewandt wurde von Hübner gegen Adorjan (1980), besteht in der Verwirklichung einer maximalen Vereinfachung. Dabei wird der Tatsache Rechnung getragen, daß das direkte 9. c4 Sb4 10. cd5:? wegen 10. ... Sf2:! nicht möglich ist.

9. Sbd2

Nach langer Überlegung beschloß ich, dem Beispiel Adorjans zu folgen. Kaum etwas kann sich Weiß von 9. Sc3 oder 9. a3 erwarten.

Etwa ein Dutzend Partien, gespielt in den Jahren 1982 – 1983 (dabei drei Partien Karpow – Portisch), zeigten, daß nach 9. c4 Sb4 10. Lf1! Weiß die Initiative beibehält.

9. ... Sd2: 10. Dd2: Ld3: 11. Dd3: 0–0 12. c3 Dd7 13. Lf4

Weiß hat sich einen kleinen Vorteil gesichert, dank der aktiveren Aufstellung seiner Figuren. Ob es ihm gelingen kann, etwas Wesentliches in dieser Stellung zu erreichen oder ob Schwarz das Spiel ausgleichen kann, muß sich in den nächsten Zügen zeigen. Hübner jedenfalls gelang es nicht, nach 13. ... Tfe8 14. h3 a6 15. Te3 Ld6 16. Sg5 g6 17. Ld6: Te3: 18. De3: Dd6: 19. Te1 eindeutigen Ausgleich zu erreichen, obwohl die Partie schließlich mit Remis endete. Der Weltmeister verstärkt nun das schwarze Spiel.

13. ... a6 14. Te3 Tae8 15. Tae1 Ld8!

Den Bauern c7 deckend, plant Schwarz Tauschoperationen in der e-Linie vorzunehmen.

16. h3 Te3: 17. Te3:

Nichts bringt 17. De3: wegen der Erwiderung 17. ... Df5!.

17. ... f6

Das geradlinige 17. ... Te8 löst auch nicht alle Probleme wegen 18. Df5! Te6 19. h4. Und weiter zum Beispiel 19. ... g6 20. Dh3 De8 21. Te6: De6: 22. De6: fe6: 23. Sg5! mit Vorteil für Weiß.

18. Te2 Tf7

Vielleicht ist 18. ... Se7 genauer. In diesem Fall wollte ich fortsetzen 19. b3 c6 (19. ... Df5 20. Df5: Sf5: 21. g4!) 20. c4 De3!, was die Spannung aufrecht erhält.

19. Sd2!

Verhindert den Turmtausch, weil das Endspiel nach 19. ... Te7 20. Sb3 Te2: 21. De2: Le7 22. Dg4! Dg4: 23. hg4: Ld6 24. Ld6: cd6: für Schwarz kaum günstig ist, obwohl die Remischancen recht groß sind.

19. ... Le7 20. Sf1

Schwarz deckt den Punkt c5 ab, und der Springer wählt einen anderen Weg. Von e3 aus wird er den Bauern d5 anvisieren.

20. ... Lf8 21. Df3 Te7?

Nun ist der weiße Vorteil Realität geworden. Das bessere 21. ... Sd8 22. Se3 c6 hält die Status-quo-Situation aufrecht: Die Partie steht dann fast ausgeglichen, Weiß hat jedoch aktivere Möglichkeiten, zum Beispiel 23. Lg3 Se6 24. h4 Te7 25. Td2 oder 23. ... Te7 24. Td2 Te4?! 25. c4! Sf7 (25. ... Se6 26. cd5:

cd5: 27. Df5) 26. cd5: cd5: 27. Dh5!.

22. Se3 Sd8

Erzwungen. Einen anderen Weg, die Drohung 23. Kf1 mit Bauerngewinn abzuwehren, gibt es wohl nicht.

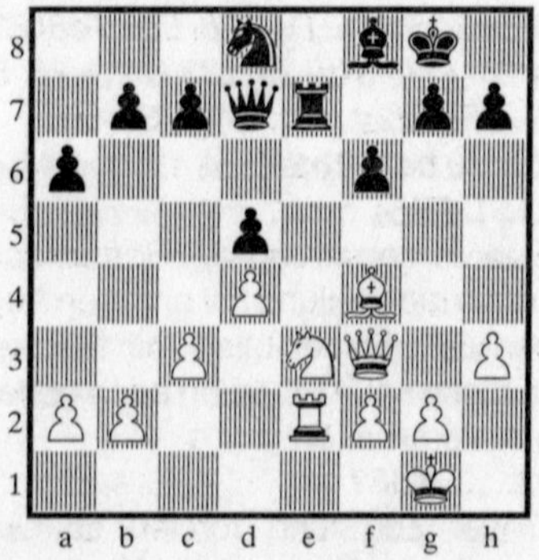

23. Lc7:! Dc7: 24. Sd5: Dd6

Zu einer schwierigen Verteidigung ist Schwarz auch nach 24. ... Te2: 25. Sc7: Te1+ 26. Kh2 Ld6+ 27. g3 Lc7: 28. Df5! verurteilt.

25. Se7:+ Le7:

Durch diese einfache Kombination gelang es Weiß, spürbaren Vorteil zu erreichen, hauptsächlich aufgrund der ungünstigen Aufstellung der schwarzen Figuren. Diesen Vorteil hätte man nun mit energischen Mitteln vergrößern sollen, ohne dem Gegner Zeit für die Umgruppierung zu lassen. Ich wählte einen verlockenden aber nicht den optimalen Weg, wonach das Spiel allmählich wieder ausgeglichen wurde.

26. De4 Lf8 27. De8?!

Richtiger wäre 27. c4! gewesen, was sofort den c- und d-Bauern in Bewegung setzt. Danach wäre die schwarze Verteidigung mit erheblichen Schwierigkeiten verbunden, zum Beispiel 27. ... b6 (27. ... Sc6 28. De6+ De6: 29. Te6: Sd4: 30. Tb6) 28. g3 Sf7 29. Kg2 g6 30. Tc2! f5 31. Df4 Dc6+ 32. Df3 usw.

27. ... g6 28. a4?! Kg7 29. b4?! Dc7 30. Te3 Sf7 31. De6 Dd8

Dadurch wird der weißen Dame das schöne Feld d5 unzugänglich gemacht.

32. a5 h5!

Nachdem Karpow die weißen Bauern zum Stehen gebracht hat, beginnt sich seine Figurenaufstellung langsam aber sicher zu verbessern. In leichter Zeitnot wiederholte ich die Züge, um Zeit zu gewinnen, aber der günstige Augenblick wurde bereits verpaßt.

33. De4 Dd7 34. De6 Dd8 35. Kf1

Der letzte Versuch, um den Vorteil weiterhin zu kämpfen wäre 35. Te1 gewesen. Dann wäre 35. ... Sh6 schlecht wegen 36. Db6! Dd5 37. c4! Dc4: 38. Db7:+ Sf7 39. b5!. Doch nach 35. ... Ld6 ist kein Weg zur Verbesserung der Lage in Sicht, zum Beispiel 36. c4 Lb4: 37. Tb1 Da5: 38. c5 Db5! 39. Tb3 a5 40. Tf3 Dc6 41. Tf6: De6: 42. Te6: wahrscheinlich mit Remis. Noch einfacher ist 35. ... Dc7!.

35. ... Sh6 36. g4

Weiß ist gezwungen, solche Züge zu machen... Aber ich wollte auf keinen Fall den Springer nach f5 lassen, und so hat sich Schwarz jetzt vor dem Verlust gerettet, da die weiße Königsstellung offen ist. Übrigens hat auch Weiß die Grenze des Erlaubten noch nicht überschritten.

36. ... hg4: 37. hg4: Sf7 38. Ke2

Im Zentrum fühlt sich der König hinter dem Bauernwall sicherer als am offenen Flügel.

38. ... Sg5 39. Db6 Dd7 40. Kd3 Ld6 41. Kc2 Remis.

Hier schlossen wir auf meinen Vorschlag hin Frieden. Man kann leicht verfolgen, wie Schwarz seine Stellung in den letzten 10 Zügen stetig verbesserte. Aber auch die weiße Stellung ist solide genug, und der König dürfte auf b2 oder b3 in Sicherheit sein. Zu riskant für Schwarz ist 41. ... Lf4 42. Te2 Dd5?! 43. Te7+ Kh6 44. Db7:, und der weiße König kann sich verstecken, während die weiße Bauernarmee stark zu sein scheint.

Vierte Runde

Die Last der Emotionen

Meiner Spielweise in der zweiten Partie gegen Romanischin waren in vollem Maße die Nachwirkungen des Spiels gegen den Weltmeister anzumerken.

Romanischin – Kasparow
Englisch

1. Sf3 g6 2. d4 Lg7 3. g3 Sf6 4. Lg2 0–0 5. c4 c5 6. 0–0 cd4: 7. Sd4: Sc6 8. Sc3 Sd4: 9. Dd4: d6 10. Dd3 a6 11. Le3 Ld7 12. Ld4 Lc6 13. e4 Te8 14. Tfe1 Tc8 15. Tad1 Da5 16. a3
Schwarz hat die schlechtere Stellung; darüber hinaus droht das Gespenst der Zeitnot. Und dennoch entschied ich mich für eine lange forcierte Variante, welche meiner Meinung nach vorteilhafte Vereinfachung zuließ.

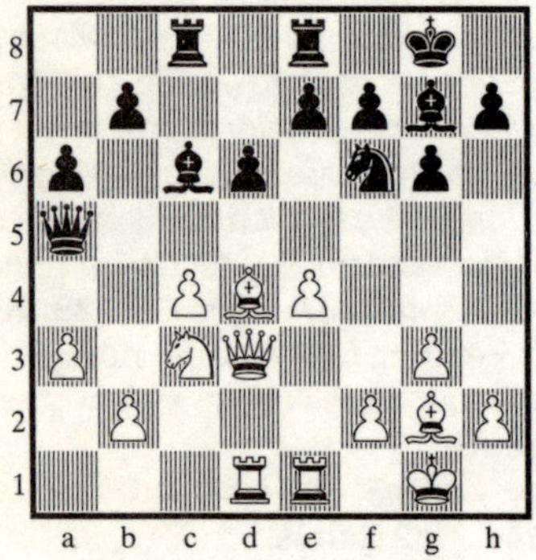

16. ... b5
Offenbar die richtige Lösung. Wenn es Weiß gelungen wäre 17. b4 (17. ... Da3:? 18. Ta1) zu spielen, wäre Schwarz zur Passivität verurteilt.

17. cb5: ab5: 18. e5 de5: 19. Lc6: ed4:
Nach 19. ... Tc6: 20. Te5: Td8 21. Db5:! (21. Tb5:? Da6!) Db5: 22. Sb5: gibt es keine Kompensation für den Bauern.

20. Le8: dc3:
In Erwartung von 21. Db5: Db5: 22. Lb5: cb2: 23. a4 e6 und ... Sd5 oder 21. Lb5: cb2: 22. Db3 Da7! (stärker als 22. ... e6 23. Db2: Sd5 24. Db3 Tc3 25. Db1 Ta3: 24. Lc4) 23. Lc4 (23. Db2: Se4 24. De2 Sc3 25. Dc2 Db7 26. Ld7 Td8) 23. ... Sg4 24. Lf7:+ Kf8 25. Df3 Df2:+ 26. Df2: Sf2: 27. Kf2: Kf7:, und Schwarz hat nichts zu befürchten.

21. Ld7!
Eine Verbesserung von Romanischin, die mich die Stellung mit anderen Augen sehen ließ. Leider blieb mir fast keine Zeit, diese neue Situation auch gedanklich zu verarbeiten.

21. ... Td8?
Dieser Zug führt forciert zu einem schwierigen Endspiel, während das bessere 21. ... Tc4! dem Nachziehenden doch noch den erwünschten „Erfolg“ (sprich Remis) verspricht. Zum Beispiel 22. bc3: Tc3: 23. Db5: Da3: 24. Db8+ Lf8 25. Lh3 Kg7.

Schwarz behauptet sich auch nach 22. b3 c2! 23. bc4: cd1:D 24. Dd1: (24. Td1: bc4: 25. Dc4: Da3:) 24. ... Sd7: 25. Te7: Sf6! 26. Db3 Lf8! 27. Te5 Ld6 28. Tb5: De1+ 29. Kg2 De4+ 30. Df3 La3:.

22. Db5: Dc7 23. bc3:
Stärker ist 23. Lh3, und die materielle Überlegenheit von Weiß dürfte die Partie entscheiden: 23. ... Td1: 24. Td1: c2 25. Tc1 Lh6 26. f4 Da7+ 27. Kh1 De3 28. Df1 oder 23. ... Tb8 24. Te7:! c2 25. Tc1 Dd8 26. De2 Tb2: 27. Ta7 Sd5 28. Td7! Da8 29. Tc2: Sc3 30. Dc4.

23. ... Td7: 24. Td7: Dd7: 25. Dd7: Sd7: 26. Te7: Sb6! 27. Tb7 Sa4 28. Tb8+ Lf8 29. c4 Kg7 30. Kg2 Ld6?
Nun kann Weiß seine Bauern in Bewegung setzen, dank der ungünstigen Konstellation der schwarzen Leichtfiguren.

Nach dem besseren 30. ... Le7! bleiben die Remis-Aussichten erhalten: 31. Ta8 Sb6 oder 31. Kf3 Kf6 32. Ta8 Sb6 33. Ta6 Lc5.

31. Ta8 Sb2

Falls 31. ... Sb6, so folgt 32. Ta6 Sc4: 33. Tc6 oder 32. ... Lc5 33. a4.

32. a4! Sc4: 33. a5 Se5?

Dieser Zeitnotfehler beschleunigt die Niederlage noch. Wenn man den Springer für den a-Bauern opfert, könnte man den Widerstand verlängern, obwohl das entstandene Endspiel theoretisch verloren ist.

34. Tc8!

Nun kann der a-Bauer nicht mehr aufgehalten werden. Schwarz gab auf.

Fünfte Runde

Im Stile des Gegners

Kasparow – Smyslow

Spanische Partie

Wahrscheinlich in der Annahme, daß ich wegen der Niederlage in der vorhergehenden Runde auf Sieg spielen würde, wählte Smyslow ein positionell riskantes Schema und provozierte mich frühzeitig zu Aktivitäten. Mir gelang es aber, die schwarzen Schwächen festzulegen, so daß ich nach 19 Zügen stabile Vorteile erreichte.

1. e4 e5 2. Sf3 Sc6 3. Lb5 a6 4. La4 g6 5. d4 ed4: 6. c3!? Lg7?! 7. cd4: b5 8. Lc2 d6 9. d5 Se5 10. Se5: de5: 11. a4 Ld7 12. Le3 Sf6 13. 0–0 0–0 14. Dd2 Se8 15. Lc5 Sd6 16. ab5: Lb5: 17. Te1 Dd7 18. Sc3 Tfb8 19. b4 Lf8

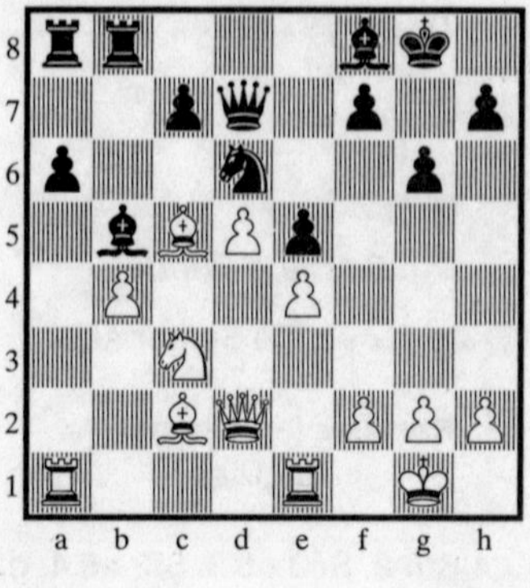

20. Dg5

Weiß hat es nicht eilig und verbessert mit jedem Zug seinen Figurenaufbau.

20. ... De7 21. De3 Df6?!

Dieser äußerlich aktive Zug erweist sich als ernste Ungenauigkeit. Die Dame stand auf d7 hervorragend, und es gab keinen Grund, sie von dort zu entfernen.

22. Ld3!

Nach dem Tausch des Läufers b5 wird die Schwäche auf a6 spürbar.

22. ... Ld3:

Man hätte die Dame zur Verteidigung des Damenflügels zurückholen sollen: 22. ... Dd8 und danach ... Dd7 (... De8).

23. Dd3: Sb5?

Widerstandsfähiger ist die schwarze Stellung nach 23. ... Sb7.

24. Sb5: ab5:

Offensichtlich schlecht ist die Entgegnung 24. ... Tb5:? wegen 25. Db5:! ab5: 26. Ta8: usw.

25. Ta8: Ta8: 26. Db5: Da6 27. Da6: Ta6: 28. g4!

Der deutlichste Weg zum Sieg.

28. ... Ld6 29. b5! Ta8 30. Ld6: cd6: 31. b6 Tb8 32. Tb1

Der Turm hinter einem Freibauern entscheidet oft über den Partieausgang.

32. ... Kf8 33. Kf1 Ke7 34. Ke2 g5 35. Kd3 Kd7 36. Kc4 Tc8+ 37. Kb5 Tc2 38. Ta1!

Sichert dem weißen König einen ungefährdeten Standort.

38. ... Tb2+ 39. Ka6

Schwarz gab auf.

Sechste Runde

Jeder wollte Sieger sein

Karpow – Kasparow

Englisch

1.c4 Sf6 2. Sc3 c5 3. Sf3 e6 4. g3 b6 5. Lg2 Lb7 6. 0–0 Le7 7. d4 cd 8. Dd4: d6 9. Lg5 a6 10. Lf6: Lf6: 11. Df4 0–0 12. Tfd1 Le7 13. Se4 Le4: 14. De4: Ta7 15. Sd4 Dc8 16. b3 Te8 17. a4 Dc5 18. Ta2 Lf6 19. Tad2 Tc7 20. Db1 Le7 21. b4 Dh5 22. Tc2 Tec8

Nach längerem Manövrieren entstand eine Position, die sich im Zustand dynamischen Gleichgewichts befindet. In der Annahme, der Bauer c4 sei unantastbar, startet Weiß eine fehlerhafte Kombination.

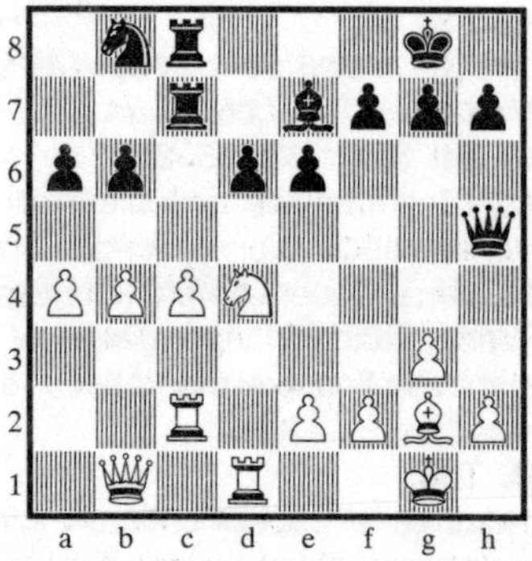

23. b5? ab5: 24. ab5:

Weiß hat hier nicht 23. b5 gespielt, um mit dem Springer auf b5 zurückzuschlagen. Dann würde nämlich 24. ... Td7! ganz einfach eine bessere Stellung für Schwarz erreichen (Schwächen auf a4 und c4).

24. ... Tc4:!

Schwarz schlägt kühn den Bauern, ohne Angst vor 25. Sc6. Tatsächlich sichert ihm die folgende Variante einen Mehrbauern und Gewinnchancen: 25. ... Tc2: 26. Se7:+ Kh8! (26. ... Kf8? 27. Sc8: De2: 28. Tf1 Tc8: 29. Dh7:) 27. Lf3! De5! (27. ... Dc5? 28. Sc8: Dc8: 29. Lc6 Tc5 30. Td6: Sc6: 31. Dd3!) 28. Sc8: Tc8:.

25. Tc4: Tc4: 26. Da2 Dc5 27. Da8! Td4: 28. Db8:+ Lf8 29. Ta1

Mit dem 28. Zug lehnte ich das Remis-Angebot ab, doch schon im 29. Zug beging ich einen Fehler.

29. ... d5?

Nun ist das Remis für Weiß gesichert. Zum Sieg hätte 29. ... h6! geführt, zum Beispiel 30. Ta8 Td1+ 31. Lf1 d5 32. De8 d4 33. Ta7 Df5 34. Kg2 d3! 35. Ta8 (35. ed3: Td2) 35. ... De4+! 36. f3 (36. Kh3 Db4!) 36. ... de2: 37. Df8:+ Kh7 oder 30. Lf1 Tb4 31. Ta8 d5 32. De8 Tb1 33. Tc8 (33. Ta7 Dc1!) 33. ... Db4 34. Kg2 d4! 35. Tc7 De1 36. Df7:+ Kh7 37. Df8: Df1:+ 38. Kf3 Tb3+ 39. Kg4 De2:+ 40. Kh3 De5.

Natürlich kann Weiß den forcierten Varianten ausweichen: 30. De8 Tc4 31. Lc6 (nicht 31. Ta8 Tc1+ 32. Lf1 Dd5! 33. Df8:+ Kh7 34. f3 Dd1) 31. ... Tc1+ 32. Tc1: Dc1:+ 33. Kg2 d5 34. e3 mit reellen Remisaussichten.

30. Lf1 Tc4 31. Ta8 Tc1 32. De8 d4 33. Ta7 Df5 34. Ta8 Dc5

Remis? Nein, das Kampffieber hat beide Spieler voll erfaßt.

35. g4?

Der Zug ist verlockend, da er der schwarzen Dame das Feld f5 entzieht und die Drohung Ta7 aufbaut. Doch könnte diese Schwächung der Königsstellung für Weiß verhängnisvoll sein.

35. ... Dd6?

Eine fehlerhafte Antwort in beiderseitiger Zeitnot. Gewinnbringend wäre der Damenzug auf die andere Bretthälfte gewesen – 35. ... Db4!, zum Beispiel 36. Ta7 d3! 37. Df7:+ Kh8 38. Df3 d2. Hartnäckiger ist 36. h3! h6! 37. Kg2, wonach 37. ... De1 nur zum Remis führt: 38. Df8:+ Kh7 39. Dh8+! (39. Df7:? Df1:+ 40. Kg3 Tc3+ 41. e3 Te3:+) 39. ... Kg6 40. Tg8 Df1:+ 41. Kg3 Dg1+ 42. Kf3 Dh1+ (42. ... Tc3+ 43. e3) 43. Kg3. Doch 37. ... Tc7! gewährte Schwarz ausgezeichnete Gewinnchancen.

36. Td8 Db4 37. Td7 h6

Hier ist 37. ... d3 uneffektiv wegen 38. Df7:+ Kh8 39. Td3: Dg4:+ 40. Tg3 (40. ... Df5=).

38. Df7:+ Kh7 39. g5

Zu Remis führt auch 39. De6: De1 40. De4+ Kh8 41. Dg2 De2: 42. Td8 Tf1:+ oder 42. Td4: Lc5.

39. ... Db1! 40. g6+

Auch das listige 40. Kg2 erreicht nichts wegen 40. ... De4+! 41. f3 Df5 42. Df5:+ ef5: 43. gh6: Kh6: 44. Td4: Lc5 45. Td5 f4.

40. ... Dg6:+ 41. Dg6: Kg6:

Remis.

Zur Frage von Glück und Unglück

Internationales Schachturnier

Moskau 1981

Das Internationale Großmeisterturnier in Moskau (1981) war mein erster ernster Test im „großen Schach", und so gesehen bin ich mit meinem sportlichen Erfolg zufrieden. Mein Turnierschicksal war alles andere als geradlinig, und ich möchte hier die Partien erläutern, die sich wesentlich auf das Gesamtresultat ausgewirkt haben.

Beljawski – Kasparow
Königsindisch

1. d4 Sf6 2. c4 g6 3. Sc3 Lg7 4. e4 d6 5. f3 0–0 6. Le3 Sc6

Bis dahin wurden die Züge sehr schnell ausgeführt. Beljawski wählt immer den Sämisch-Angriff, ich dagegen bevorzuge die Variante mit 6. ... Sc6. Aber bereits für die nächsten beiden Züge verbrauchte Beljawski über 40 Minuten.

7. Dd2 a6 8. Sge2 Te8?!

Diese Fortsetzung ist kaum besser als das übliche 8. ... Tb8, doch ich wollte die ausgetretenen Pfade der Theorie verlassen.

9. Sc1

Zu schärferem Spiel führt 9. h4.

9. ... e5 10. d5 Sd4 11. S1e2

Weiß will den Springer d4 abtauschen, aber dadurch bietet er Schwarz zusätzliche Möglichkeiten. Ich würde 11. Sb3 vorziehen, wonach Schwarz zwischen dem zweifelhaften Bauernopfer 11. ... c5 12. dc6: bc6: 13. Sd4: ed4: 14. Ld4: d5 und dem schlechteren Spiel nach 11. ... Sb3: 12. ab3: c5 13. g4! wählen muß.

11. ... c5 12. dc6:e.p. Sc6:!

Diese Fortsetzung, die sinnlos wäre bei einer Springerstellung auf b3, ist hier logisch, weil es Weiß schwer fällt, die schwarzen Schwächen infolge des Entwicklungsrückstandes, schnell auszunutzen. So erlaubt etwa das schablonenhafte 13. Td1 dem Nachziehenden, seine Kräfte in Ruhe zu entfalten – 13. ...

		1	2	3	4	5	6	7	8	9	10	11	12	13	14	Punkte
1.	Karpow	●	½	½	1	½	½	1	1	½	½	½	1	½	1	9
2.	Kasparow	½	●	½	½	½	½	½	1	½	0	½	½	1	1	7,5
3.	Polugajewski	½	½	●	½	½	½	½	½	½	1	½	½	1	½	7,5
4.	Smyslow	0	½	½	●	½	½	½	1	½	½	½	1	1	½	7,5
5.	Gheorghiu	½	½	½	½	●	½	½	½	½	½	½	1	½	½	7
6.	Portisch	½	½	½	½	½	●	½	0	1	½	1	0	1	½	7
7.	Balaschow	0	½	½	½	½	½	●	½	½	½	1	0	½	1	6,5
8.	Beljawski	0	0	½	0	½	1	½	●	1	1	½	½	½	½	6,5
9.	Andersson	½	½	½	½	½	0	½	0	●	½	½	½	½	1	6
10.	Petrosjan	½	1	0	½	½	½	½	0	½	●	½	½	½	½	6
11.	Smejkal	½	½	½	½	½	0	0	½	½	½	●	1	0	½	5,5
12.	Timman	0	½	½	0	0	1	1	½	½	½	0	●	0	1	5,5
13.	Torre	½	0	0	0	½	0	½	½	½	½	1	1	●	½	5,5
14.	Geller	0	0	½	½	½	½	0	½	0	½	½	0	½	●	4

Le6 14. Sc1 Tc8.

13. Sd5!

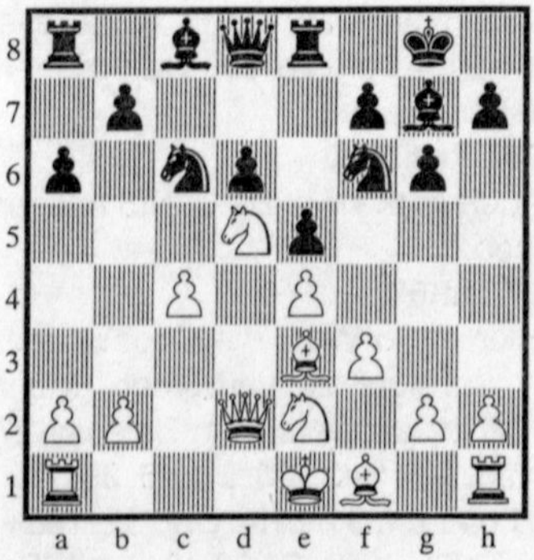

Eine sehr energische Fortsetzung, die Schwarz vor eine schwierige Wahl stellt: Soll man sich vor der Drohung Lb6 schützen, was das materielle Gleichgewicht erhalten würde, oder soll man ohne Rücksicht auf Verluste den weißen Entwicklungsrückstand auszunutzen versuchen. An dieser Frage zerbrach ich mir eine Stunde und acht Minuten lang den Kopf – ein Rekord, denn so lange habe ich noch nie über einen einzelnen Zug nachgedacht. So viel Zeit war nötig, um mich davon zu überzeugen, daß die passive Verteidigung nach 13. ... Sd5: 14. cd5: Se7 15. Sc3 oder nach 13. ... Sd7 14. b4! perspektivlos ist – also entschied ich mich für das Qualitätsopfer.

13. ... b5! 14. Lb6

Es wäre vielleicht angebracht gewesen, dieses Danaergeschenk nicht anzunehmen, und statt dessen auf Position zu spielen, zumal Schwarz bald in Zeitnot zu geraten drohte. Zum Beispiel: 14. Sec3 Sd4 15. Ld3 (gefährlich ist 15. Sf6:+ Lf6: 16. cb5: ab5: 17. Sb5:? Sb3). *Gute Kompensation für den Bauern erhält Schwarz nach 17. Lb5: Lh4+! (17. ... Sb3?! 18. Dd1 Sa1: 19. Le8:) 18. Lf2 Lf2:+ 19. Df2: Sb5: 20. Sb5: La6.* In diesem Fall erreicht Schwarz ausgeglichenes Spiel. Beljawski will den Eröffnungsvorteil nicht abgeben und nimmt die Qualität, in der Annahme, die schwarze Aktivität sei nur zeitlich begrenzt wirksam.

14. ... Dd7 15. Sc7 Tb8 16. Se8: De8: Hier überlegte Beljawski lange. Bei näherem Hinsehen ist alles doch nicht so einfach: Weiß hat eine große Auswahl an guten Fortsetzungen, zumindest auf den ersten Blick. Eine detaillierte Analyse offenbart jedoch gewaltige schwarze Ressourcen. Lassen Sie uns einige Varianten betrachten:

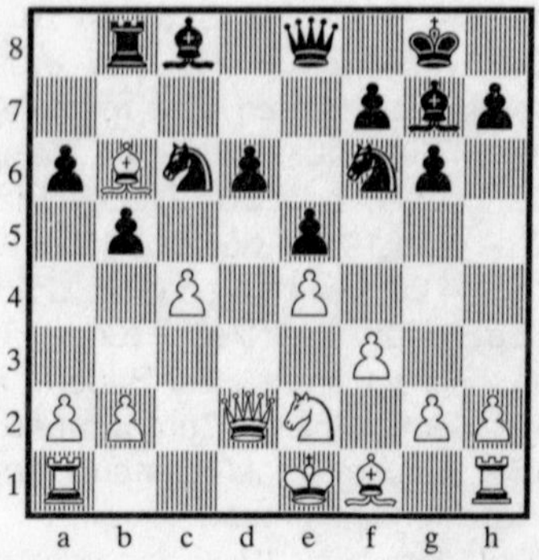

1) Nach 17. c5 verfügt Schwarz neben einem zweiten Qualitätsopfer 17. ... Sd7 18. Lc7 dc5: 19. Lb8: Sdb8: auch über den unangenehmen Zug 17. ... Tb7! (mit der Drohung Lf8). Nach 18. Dd6: Lf8 19. Dd2 (19. Df6:? Le7 und die weiße Dame sitzt in der Falle) 19. ... Le6 20. Sc3 Td7 21. Df2 b4 entschädigt das aktive Figurenspiel zumindest für den Qualitätsrückstand.

2) 17. Lc7 Tb7 18. Ld6: bc4: 19. La3 (19. Sc3? Td7 20. Lc4: Dd8 21. Td1 Se8) Le6 20. Sc3 Td7 21. Df2 Lh6 22. Td1 Sd4 mit starkem Angriff auf den König, der sich immer noch in der Brettmitte befindet.

3) 17. cb5: – dies ist meiner Ansicht nach die stärkste Fortsetzung, obwohl

auch in diesem Fall Schwarz nach 17. ... Tb6: 18. bc6: d5! Gegenspiel erhält. Außerdem verfügt Schwarz über eine interessante Möglichkeit, die sich durch die Gegenüberstellung der schwarzen Dame und des weißen Königs ergibt: 17. ... ab5: 18. Le3 d5! 19. ed5: Sd4 20. Sc3 (oder 20. Ld4: ed4: 21. Dd4: Lf5 und der schwarzfeldrige Läufer ist stärker als Turm und zwei Bauern) b4 21. Se4 Sd5: mit lebhaftem Spiel.

Sich bemühend, alle Gefahren zu umgehen, beschließt Weiß als allererstes, seinen König aus dem Zentrum zu entfernen, so aber gewinnt Schwarz Zeit und aktiviert die eigenen Figuren.

17. Le3?! bc4: 18. Sc3 Le6 19. Le2

Das verlockende 19. Sd5 eröffnet dem Nachziehenden eine reiche Auswahl an Fortsetzungen, zum Beispiel: 19. ... Ld5: 20. ed5: Sd4 21. Lc4: Sf5 22. 0–0 e4 oder 19. ... Ld5: 20. ed5: c3!? 21. bc3: Sd4 22. Lc4 Dc8 oder 19. ... Sd5:!? 20. ed5: e4 21. de6: De6: – für den Turm erhält Schwarz nur zwei Bauern, aber die Bauernlawine im Zentrum und der weiße Entwicklungsrückstand lassen die Position unklar erscheinen.

Trotzdem hätte Weiß das prinzipielle 19. Sd5 wählen sollen, da 19. Le2 endgültig die Initiative an den Nachziehenden übergibt.

19. ... Sd4 20. 0–0 d5 21. ed5: Sd5: 22. Sd5: Ld5:

Der Kampf gestaltet sich deutlich zum Vorteil von Schwarz, der einen Bauern für die Qualität und bedeutend aktivere Figuren besitzt. Für Weiß ist vor allem der Springer d4 unangenehm, der nicht so leicht zu vertreiben ist (23. f4? Se2:+ 24. De2: ef4: 25. Tf4: Tb2:).

23. Tf2 h5

Für die ersten 23 Züge haben beide Spieler fast die gesamte Bedenkzeit verbraucht – beide hatten noch etwa 10 Minuten zur Verfügung. Dadurch sind die Fehler und Ungenauigkeiten in der Spielfolge zu erklären.

24. Tc1 De6 25. Lf1 h4?!

Dieser Plan, verbunden mit dem Vorstoß des h-Bauern, sieht verlockend aus (vor allem in Zeitnot), doch vorzuziehen gewesen wäre 25. ... Sf5, wobei alle positionellen Vorteile des Nachziehenden erhalten bleiben.

26. Te1 Dc6

Auch jetzt wäre 26. ... Sf5 besser gewesen.

27. Lh6?

Hier hätte Weiß die Chance gehabt, den Springer zu vertreiben und Ausgleich zu erzielen, zum Beispiel 27. f4! Sf5 28. fe5: Se3: (28. ... Le5: 29. Tf5: gf5: 30. Ld4 Ld4: 31. Dd4: Db6 32. Te8+ Kh7 33. Th8+ Kg6 34. Tg8+ mit Dauerschach) 29. Te3: (deutliches Übergewicht behält Schwarz nach 29. De3: Lf8! 30. Kh1 Lc5 31. Dd2 Lf2: 32. Df2: h3!) 29. ... Lh6 30. e6! Dc5 (30. ... Le6: 31. Te6:!) 31. ef7:+ Lf7: 32. Te8+ Te8: (auf keinen Fall 32. ... Le8: 33. Dh6: Tb2: wegen 34. Lc4:+) 33. Dh6: Te4 34. Dd2 mit Remis. Natürlich ist es nicht leicht, all diese Varianten durchzurechnen, wenn man nur noch vier Minuten für 14 Züge zur Verfügung hat.

27. ... Lh8 28. f4?

Nun führt dieser aktive Zug zur Katastrophe. Besser wäre 28. h3, was die Drohung h4-h3 verhindert, obwohl auch dann der schwarze Vorteil klar ist.

28. ... e4 29. Td1 Le6 30. f5

Nach 30. Lg5 Sf5 kann der schwarze Freibauer ungehindert bis e3 vorstoßen, was weißen Widerstand zwecklos macht. Um irgendwie die Koordination der Figuren zu organisieren, opfert Beljawski einen Bauern, aber auch dadurch gelingt es ihm nicht, den Lauf der Dinge zu verändern.

30. ... Sf5: 31. Df4 Te8 32. Tfd2

Nun ist der verirrte Läufer verloren. Auch 32. Lg5 Dc5! ist für Weiß nicht günstig.

32. ... Dc5+ 33. Kh1 Le5 34. Dg5 Kh7

Hier hätte man die Partie auch schon

aufgeben können, aber in diesem Moment hatten beide Spieler jeweils nur noch eine Minute zur Verfügung!

35. Td8 Td8: 36. Td8: Df2

Einfacher wäre natürlich 36. ... Sh6:.

37. Td1 Sh6:

Viel stärker ist 37. ... e3, doch der Partiezug verdirbt nichts.

38. De5: e3 39. Dc3

So oder so – vor den vielfältigen Drohungen gibt es keinen Schutz. Zum Beispiel 39. h3 Sf5 40. Kh2 Sg3.

39. ... h3 40. De1 Sg4.

Als Partieschluß wäre 40. ... e2! wirkungsvoller gewesen. Nachdem die Kontrollzüge gemacht waren, gab Weiß auf. Die Variante 41. Tc1 Ld5 42. Df2: ef2: mit dem unabwendbaren Sg4–e3 und h3xg2 ist überzeugend genug.

Kasparow – Gheorghiu

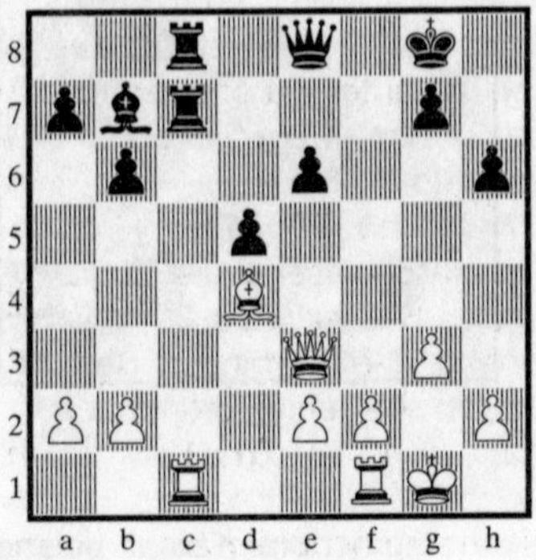

In dieser Stellung bot der rumänische Großmeister Remis an, da die verschiedenfarbigen Läufer in der Regel neutralisierende Wirkung haben. Tatsächlich aber vergrößern die Läufer in Verbindung mit Stellungsnachteilen die schwarzen Sorgen. Deswegen entschloß ich mich, trotz Zeitnot (7 Minuten für 13 Züge) weiterzuspielen.

28. De5 Tf7

Wahrscheinlich ist 28. ... Df7 der genauere Zug, da es die Kontrolle über die c-Linie aufrecht erhält. In diesem Fall hat Weiß die Wahl zwischen 29. Tc7: Tc7: 30. f4 mit der Drohung f4-f5 und dem ruhigen 29. Tc3 Tc3: 30. bc3:, womit er alle Vorteile seiner Stellung bewahren kann.

29. g4

Dies sieht riskant aus, ist aber in Wirklichkeit voll gerechtfertigt. Durch den Bauernvorstoß auf dem Königsflügel bereitet Weiß die Basis für den Übergang ins Endspiel vor.

29. ... Tc6 30. f4?!

Mit diesem Vorstoß sollte man es nicht so eilig haben. Das bescheidenere 29. f3 ist vorzuziehen, und anschließend dann h2-h4-h5.

30. ... Dd7 31. h4 Dc7?!

Die mächtige Batterie von Dame und Läufer im Zentrum hat meinen Gegner so erschreckt, daß er unbedingt auf Abtausch drängt und dabei die Schwierigkeiten des bevostehenden Endspiels außer Betracht läßt. Gerade jetzt sollte man aktiv werden mit 31. ... De7, um Weiß daran zu erinnern, daß sein König durch die letzten Züge etwas zu offen da steht. In der Variante 32. Tc6: Lc6: 33. g5 Tf5 34. De3 hg5: 35. hg5: Df7 verfügt Schwarz über Gegenspiel, das ein Remis sichert.

32. Tc6: De5: 33. Le5: Lc6: 34. Tc1 Lb7 35. h5

Es ist somit ein für Schwarz schwieriges Endspiel entstanden. Die weißen Figuren sind bedeutend aktiver, und der schwarze Königsflügel ist unter Druck. Gheorghiu sah, daß passives Abwarten zur Niederlage führt, und versuchte nun, bis zur Zeitkontrolle Aktivität zu demonstrieren.

35. ... Tf8

Wenn Schwarz die c–Linie erobert, wird für ihn die Welt wieder in Ordnung sein, aber Weiß paßt auf.

36. Tc7 Tf7 37. Tc3!

Nun folgt auf 37. ... Tf8 der Zug 38. Ta3, der den schwarzen Turm zwingt, die Bauern auf dem Damenflügel zu beschützen. Deshalb beschließt Schwarz, den weißen Bauernkeil zu sprengen.

37. ... Kh7 38. Kf2 g6 39. hg6:+?

Dieser natürlich scheinende Zug, in Zeitnot ausgeführt, verschenkt einen Großteil der Überlegenheit. Nach 39. Ke3! gh5: 40. gh5: bleibt der schwarze König im Käfig gefangen, und Turm und Läufer wären gezwungen, die Felder, auf denen Weiß eindringen könnte, zu decken. Der Gewinnplan ist ziemlich einfach: Weiß zieht die Bauern nach a4 und b5, den König nach d4, wonach Tc7 entscheidet. Nach 39. hg6:+? erweist sich der strategisch richtige Plan am Königsflügel als ein nicht zu verwirklichender Traum.

39. ... Kg6: 40. Ta3 Lc6

In dieser Stellung machte ich einen „schwachen Zug". Statt die Partie zu vertagen und nach Gewinnwegen zu suchen, habe ich Remis angeboten, das Gheorghiu freudig annahm. Es fällt mir schwer, diese meine Entscheidung zu erklären. Wahrscheinlich war das eine Folge der Nervenanspannung während der Partie und vor allem in der Zeitnot. Im Laufe des Turniers bedauerte ich mehrfach meinen so eiligen Remis-Vorschlag, nachdem ich beobachten konnte, wie die Großmeister auch in „total remislichen" Stellungen nach noch so kleinen Chancen suchen.

Nach 41. Tc3 Lb7 hätte Weiß zwei etwa gleichwertige Pläne zur Verfügung:

a) *42. Ke3 h5 43. gh5:+ Kh5: 44. Tc1 Kg6 45. Tg1+ Kh7 46. Kd4 La6 47. Tg2! (läßt den Läufer nicht auf den Königsflügel – 47. e3 Le2!) und danach e2-e3, b2-b3, a2-a4, auf den günstigsten Augenblick für das Eindringen wartend (Tc2–c8 oder Ld6, Ke5);*

b) *42. Kg3 h5 43. g5 La6 44. e3 und die gegenerische Unbeweglichkeit ausnutzend (Schwarz muß die c-Linie bewachen, um das Eindringen des weißen Turms auf h8 oder f8 zu verhindern), kann Weiß die Position durch den Bauernvorstoß auf dem Damenflügel verstärken. Es ist schwer zu sagen, ob die weiße Überlegenheit für einen Sieg ausgereicht hätte, aber jedenfalls hätte man es (ohne jedes eigene Risiko) versuchen sollen.*

Portisch – Kasparow

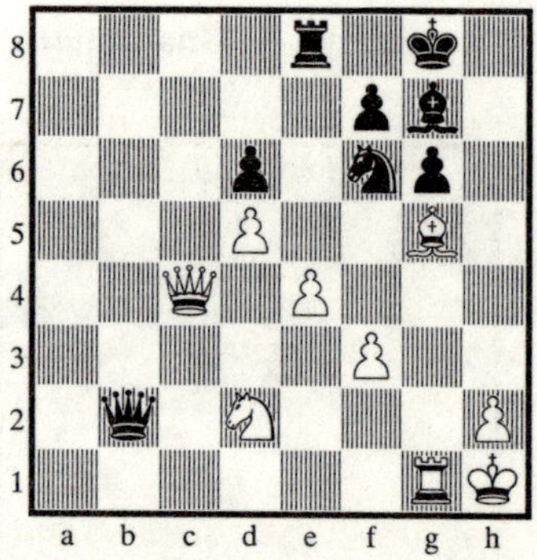

Nach erbittertem Kampf gelang es Weiß, einen Bauern zu gewinnen und eine feste Position dabei zu erhalten. Die etwas unsichere Lage des Königs bietet Schwarz einige Chancen zum Gegenspiel. Deswegen zählt vor allem Aktivität!

26. ... Sh5! 27. Dc6

Scheint stark zu sein, weil es zu weiterem Materialgewinn führt. Aber die immer größere Aktivität der schwarzen Figuren kompensiert vollkommen diese Verluste. Auch beim vorsichtigeren 27.

Db3 kann Schwarz den Partieverlust durch energisches Spiel vermeiden: 27. ... Db3: 28. Sb3: f5! 29. Sd2 Tc8!.

27. ... Tb8! 28. Dd6:

Portisch wählte die riskantere von zwei Möglichkeiten. Nun besetzen die schwarzen Figuren fast forciert die wichtigen Positionen. Im Falle von 28. Tb1 Db1:+ 29. Sb1: Tb1:+ 30. Kg2 Tb2+ 31. Kf1 Le5 riskiert Weiß natürlich nichts, aber die schwarzen Figuren können mit Erfolg Abwehr- und Angriffsmaßnahmen miteinander koordinieren, wodurch die weißen Gewinnchancen bis auf ein Minimum reduziert werden (Zum Beispiel 32. De8+ Kg7 33. Le7 Tb1+ 34. Ke2 Sf4+ 35. Kd2 Tb2+ 36. Kc1 Sd3+ 37. Kd1 Sf2+ 38. Ke1 Sd3+ 39. Kf1 Tb1+! 40. Ke2 Sf4+ mit Dauerschach). Portisch will natürlich mehr erreichen.

28. ... Le5 29. Dd7

Wenig ändert sich nach 29. Dc6 Da3!, und die Drohung Tb2 (nach dem vorbereitenden 30. ... Kg7) ist ziemlich unangenehm.

29. ... Dd4 30. Dg4 Tb2

Schlecht ist jetzt 31. Sf1 wegen Dd3! mit vielfältigen Drohungen. Man kann in ein Remis-Endpiel überleiten, indem man Qualität opfert: 31. Dh5: Dg1:+ 32. Kg1: gh5:. Und doch gelingt es Portisch, den ersten Angriff abzuwehren und materiellen Vorteil zu bewahren.

31. Td1! Dd3 32. Dc8+ Kg7 33. Dc4 Da3 34. De2

Weiß gelingt es, alles zu verteidigen (nicht möglich ist 34. ... Sf4 wegen 35. Lf4: Lf4: 36. Sc4!), aber nach 34. ... Da2! 35. Le3 Sf4 36. Df1 (36. Dc4? Td2:! 37. Da2: Td1:+ 38. Lg1 Ld4) sind alle weißen Figuren gefesselt.

34. ... Da4?! 35. Tb1! Ta2 36. Le3

In der Erkenntnis, daß die Aktivität der eigenen Figuren abnimmt, findet Schwarz unter Zeitdruck die beste Chance – die Verlagerung der Dame auf den Königsflügel.

36. ... Dd7! 37. Df2

Die Drohung 37. ... Dh3, schon als solche unangenehm genug, ist in der Zeitnot doppelt gefährlich. Deswegen versucht Portisch, den Läufer auf e5 als die gefährlichste schwarze Figur zu tauschen. Aber nach diesem Abtausch entstehen ihm durch die schwarze Aktivität große Schwierigkeiten. Kaum mehr verspricht 37. Df1, zum Beispiel 37. ... De7! 38. Df2 (38. f4? Lc3 39. Dd3 Ld2: 40. Ld2: Td2:!) Df6, und es sind keine Möglichkeiten zur Verbesserung der weißen Stellung ersichtlich.

37. ... Dh3 38. f4?!

Besser wäre das sofortige 38. Ld4. Portisch befürchtete 38. ... Sg3+ 39. Kg1 Se2+, ohne zu bemerken, daß er über die einfache Entgegnung 39. Dg3:! verfügt. Nach 38. Ld4 hatte ich vor, mit 38. ... Ld4: 39. Dd4:+ Kh7 fortzusetzen, und der Unterschied in der Position des weißen Bauern (verglichen mit dem Partieverlauf) bleibt ohne Einfluß auf das Ergebnis.

38. ... Lc3 39. Ld4+ Ld4:

Schwächer ist 39. ... f6 wegen 40. Df3!.

40. Dd4:+ Kh7

Mit dem 40. Zug bringt Schwarz den König in Sicherheit. Dieser Zug forciert das Remis, während 40. ... f6!? Weiß mit Problemen konfrontiert hätte. Zum Beispiel 41. Df2 Dd3 42. Td1 Dc2 43. Df3 Sf4:! 44. d6 Ta3! 45. Df1 Td3 mit Gewinn, oder 41. Db4 Sg3+ 42. Kg1 Se2+ 43. Kh1 Td2:! 44. De7+ Kh6 45. Df8+ Kh5 46. Dh8+ Kg4 usw. Rettung für Weiß bringt nur 41. Dc5!. Nun geht nicht 41. ... Sf4: wegen 42. Dc7+, und 41. ... Sg3+ 42. Kg1 Se2+ 43. Kh1 Td2: geht nicht wegen 44. Tb7+ Kh6 45. Df8+ Kh5 46. Th7+. Deshalb sollte sich Schwarz mit dem Dauerschach zufrieden geben.

41. Tg1!

Viel schlechter wäre 41. Df2 wegen 41. ... Sf6! 42. Df3 Dh4, und Weiß bekommt Schwierigkeiten.

41. ... Kg8!

Die klarste Lösung. Weiß ist nicht imstande, die Remiskombination von Schwarz zu verhindern.

42. d6 Td2:! 43. Dd2: Df3+ 44. Dg2 Sg3+! 45. hg3: Dh5+ 46. Dh2 Df3+ 47. Tg2 Dd1+

Eine in der Praxis selten vorkommende Dauerschachkonstruktion.

Kasparow – Andersson

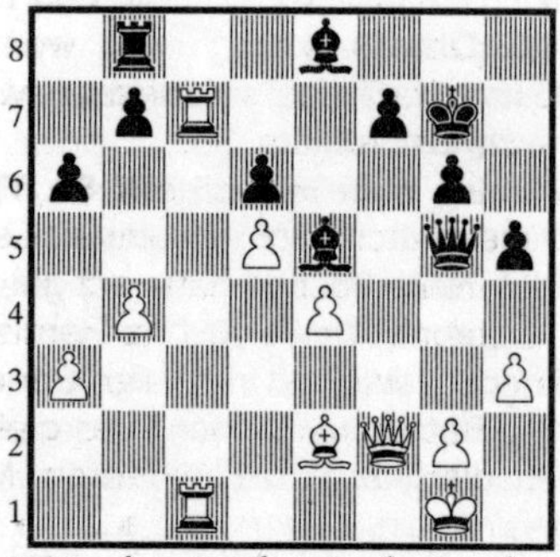

Schwarz hat in der Eröffnung die Qualität geopfert, weil er mit dem Spiel auf den schwarzen Feldern rechnete. Es gelang mir allmählich, die schwarzen Aktivitäten zu neutralisieren und die c-Linie zu erobern, wonach das Resultat der Partie außer Zweifel stand. Die einzige schwarze Rettungschance bestand in der Bedrohung des weißen Königs durch Dame und schwarzfeldrigen Läufer. Diese Hoffnungen wären durch 39. h4! Dh6 (39. ... Dd2 40. T1c2) 40. c3 sofort im Keim erstickt gewesen. Statt dessen machte Weiß einen schlimmen Zeitfehler.

39. T1c2 h4!

Andersson versäumt die sich ihm bietende Chance nicht und richtet auf g3 einen Figurenstützpunkt ein.

40. Lg4 Kh6

Hier wurde die Partie abgebrochen, und Weiß notierte den nächsten Zug. Die Analyse zeigte, daß auf dem Weg zum Sieg noch viele technische Schwierigkeiten zu überwinden waren.

41. Kh1 b6

Schwarz versucht, seinen Turm zu aktivieren, aber Weiß läßt das natürlich nicht zu.

42. Ta7

Das verlockende 42. Ld7 kann den entscheidenden Vorteil nicht sichern. Die Fortsetzung 42. ... Ld7: 43. Td7: f6! 44. Tcc7 Th8 45. Db6: Df4 46. Dg1 De4: gewährt dem Nachziehenden gute Konterchancen durch aktives Figurenspiel.

42. ... Lg3 43. Dd2!

Der Beginn eines Manövers, welches meiner Ansicht nach am schnellsten zum Ziel führt.

43. ... Lf4 44. Dd4! Le5 45. Dg1!

Wie sonderbar es auch sein mag, aber gerade von diesem Feld aus kann die weiße Dame den Gegner am meisten beunruhigen. Weil der Damentausch für Schwarz hoffnungslos ist, ist der Läufer gezwungen, wegen der möglichen Drohung Dc1 auf e5 zu bleiben. Deswegen ist Df4 schlecht, und Schwarz macht vorläufig einen nützlichen Zug: Er zieht den Bauern, damit dieser nicht geschlagen werden kann.

45. ... a5 46. Dc1! Lf4 47. Da1 Le5 48. Dg1

Weiß überläßt das Zugrecht dem Gegner, doch wird dabei klar, daß es trotz der Vielfalt der Züge kaum einen gibt, der die Situation nicht verschlechtern würde.

48. ... ab4:

Nach 48. ... Lf4 ist gut 49. b5! (49. ... Lb5: 50. Tf7:) und danach a3–a4, was den Läufer e8 einsperrt.

49. ab4: Lf4 50. Da1 Le5 51. Da3!

Weiß nutzt das jetzt freigewordene Feld a3 erfolgreich aus.

51. ... Kg7 52. Tf2 Lf6 53. Dd3! De5

54. Le6!

Weiß erreicht die maximale Begrenzung der Beweglichkeit der schwarzen Figuren und startet den entscheidenden Angriff.

54. ... Kg8 55. Df3 Kg7 56. Df4 Dd4 57. Tf1 b5

Schwarz ist gezwungen, diesen Zug zu machen, und der Läufer e8 ist endgültig eingesperrt.

58. Lg4!

58. Tc7 hätte für Schwarz die Möglichkeit eröffnet, Aktivität mit 58. ... Ta8! zu demontrieren (59. Dd6:? Le5 60. Dc5 Ta1!).

58. ... Td8

Im Falle von 58. ... Da7: 59. Df6:+ Kg8 60. Dd6: hat der Nachziehende keine Chance.

59. Tc7

Jetzt könnte Weiß nach 59. ... Ta8 den Bauern d6 nehmen, da der Läufer nicht mehr geschlagen werden kann. Deshalb macht Andersson einen Abwartezug.

59. ... Db2 60. Tc2! Dd4 61. Td2 De5!

Während der gesamten Fortsetzung des abgebrochenen Spiels trachtete Weiß danach, die Damen zu tauschen, Schwarz vermied dies tunlichst, und hier bekommt derjenige schwarze Zug, der den Abtausch vorschlägt, ein Ausrufezeichen! Falls nämlich die Damen auf dem Brett bleiben, gerät Schwarz in einen unabwendbaren Angriff, zum Beispiel 61. ... Dc3 62. Td3! Db2 (62. ... Dd3: 63. Df6:+ Kg8 64. Td1!) 63. Tdf3 Le5 64. Dg5 Ta8 65. De7 usw. Nachdem sich Andersson davon überzeugt hatte, daß alle seine anderen Möglichkeiten erschöpft sind, leitet er ins Endspiel über.

62. De5: Le5: 63. Tc2 Ld7!

Schwarz muß, koste es, was es wolle, die Drohung Tc8 verhindern. 63. ... Ld7 scheint ein Versehen zu sein, aber nach 64. Tc7?! Lg4: 65. Tff7:+ Kh6 66. hg4: Kg5 ist der Gewinn für Weiß erschwert.

64. Le2?!

Wegen seiner Fehlleistung im 39. Zug mußte Weiß 25 Züge lang kämpfen, um den hartnäckigen Widerstand Anderssons zu brechen. Und jetzt, wo das Ziel so nahe ist, erlaubt er dem erfindungsreichen Gegner, den Kampf komplizierter zu gestalten. Das simple 64. Ld7: hätte einen unkomplizierten Gewinn ermöglicht, zum Beispiel 64. ... Td7: 65. Tc8 Tb7 66. Tfc1 Kf6 67. T1c7 Tb6 68. Ta8 oder 65. ... Ta7 66. Tb8 Ta2 67. Tb1 Kf6 68. Tb5:, und der b-Bauer geht unaufhaltsam zur Umwandlung.

64. ... f5! 65. Tc7 Kh6 66. Ld3 fe4:!

Viel stärker als 66. ... f4?, wonach Weiß mittels 67. Le2! eine leicht gewonnene Stellung erhält.

67. Le4: Kg5 68. Ld3 Ld4 69. Tb7?

Dieser natürliche Zug erweist sich als der Fehler, der es Schwarz gestattet, erstaunlicherweise das Remis zu erzwingen. Weiß gewinnt den Bauern, ermöglicht dem Gegner aber gleichzeitig, die Figuren zu aktivieren. Man hätte unbedingt den König aus der Gefahrenzone entfernen müssen. Dieses Ziel hätte man mit einem komplizierten Manöver erreichen können: 69. Tf3! Lb6 (weil 69. ... Lf5 70. Lf5: gf5: 71. Tb7 Ta8 72. Tf1 zu einem verlorenen Endspiel führt, ist Schwarz zum Abwarten gezwungen) 70. Tb7 Ld4 71. Kh2!! Le5+ (sonst kommt g2-g4) 72. Kg1! Ld4+ 73. Kf1. Danach nimmt Weiß einfach den Bauern b5. Weil ich mir meines Sieges zu sicher war, spielte ich schablonenhaft.

69. ... Lc3! 70. Lb5: Lf5 71. Le2 Ta8 72. b5 Ta2 73. Lf3 Tb2 74. Tb8 Ld4!

Eine phantastische Stellung. Weiß besitzt materiellen Vorteil, aber alle Versuche, den Sieg zu erringen, werden von Andersson korrekt unterbunden.

75. Td1 Lc5 76. Kh2 Le3 77. Te1 Lf2 78. Tf1 Lc5 79. Te8 Ld4!

Nicht 79. ... Tb5: wegen 80. Le4!.

80. Td1 Lf2! 81. Le2

Nach 81. Te2 hat Schwarz das Zwischenschach 81. ... Lg3+ und dann folgt 82. ... Tb5:.

81. ... Ld7 82. Te4 Lf5 83. Te8 Ld7 Remis. Andersson meisterte die schwierige Verteidigung brillant.

Die Fortsetzung dieser Partie wurde im Anschluß an mein dramatisches Duell gegen Petrosjan gespielt. Das erklärt vieles... Heute lese ich mit einem Lächeln meinen damaligen Kommentar nach dem 74. Zug: „Eine phantastische Stellung? Alles wird versucht, um den Sieg zu erringen?“ Ob da in den nachfolgenden neun Zügen tatsächlich alles versucht wurde?! Es scheint, daß mir für den richtigen Kampfgeist die Nervenkraft fehlte. Ansonsten würde ich jedenfalls auf das Weiterspielen der remisgegebenen Endstellung wohl nicht verzichtet haben!

Kasparow – Petrosjan
Damenindische Verteidigung

1. d4 Sf6 2. c4 e6 3. Sf3 b6 4. a3 Lb7 5. Sc3 d5 6. cd5: Sd5: 7. e3 Le7 8. Lb5+ c6 9. Ld3 Sc3: 10. bc3: c5 11. 0–0 0–0?!

Dies ist eine Ungenauigkeit. Zuerst hätte der Springer auf 11. ... Sc6 entwikkelt und erst nach 12. Lb2 Tc8 13. De2 die Rochade ausgeführt werden sollen. So aber kann Weiß die schwarze Königsstellung schwächen.

12. Dc2 g6 13. e4 Sc6

In einer späteren Partie gegen Polugajewski setzte Petrosjan mit 13. ... Dc7 fort, doch nach 14. De2 Td8 15. h4! Sc6 16. Le3 Lf6 17. e5 Lg7 18. h5 konnte Weiß ungehindert seinen Angriff entfalten. Wahrscheinlich wäre auch für mich 14. Le3 besser gewesen.

14. Lh6 Te8 15. Tfd1 Dc7

Vielleicht sollte Schwarz die Qualität opfern, mit Rücksicht darauf, daß das Endspiel nach 15. ... cd4: 16. cd4: Sd4: 17. Sd4: Dd4: 18. Lb5 De4: 19. De4: Le4: 20. Le8: Te8: 21. Td7 a5 ihm gute Remischancen bietet. Indem Schwarz auf die Vereinfachung verzichtet, ermöglicht er Weiß, eine günstige Umgruppierung vorzunehmen.

16. De2 Ted8 17. De3!

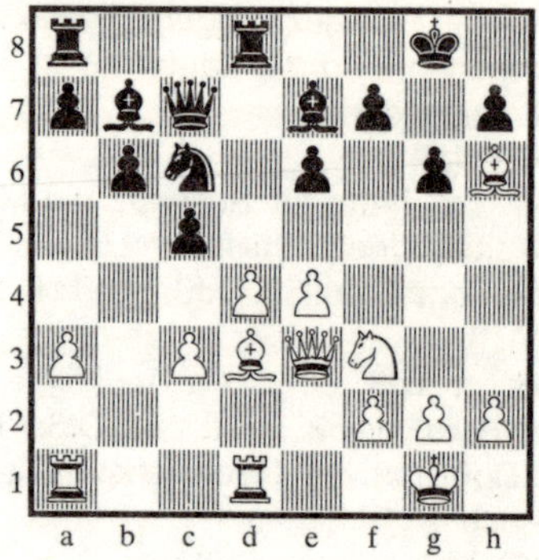

Die weiße Stellung sieht recht bedrohlich aus. Der zugrunde liegende Plan ist einfach: e4–e5 sowie h2–h4–h5 durchsetzen, mit direktem Angriff auf den König (möglich sind auch Nebenlösungen, zum Beispiel ist auf 17. ... Td7 eine unangenehme Antwort 18. Lf4! Dd8 19. Lb5). Auf Kosten von Stellungskonzessionen liquidiert Petrosjan den sich anbahnenden weißen Angriff.

17. ... e5 18. d5

Auf diesen Zug wäre es nicht nötig gewesen einzugehen, wenn Weiß dafür nicht 58 Minuten verbraucht hätte! Ich wollte eigentlich sofort die geöffnete Diagonale a2–g8 mittels 18. Lc4 besetzen, obwohl ich vermutete, daß Varianten vom Typ 18. ... ed4: 19. cd4: cd4: 20. Lf7:+ Kf7: 21. Db3+ Ke8 22. Tac1 Dd6! oder 22. e5 Lc5 23. Sg5 De7 äußerst zweifelhaft sind. So oder so, eine ganze Stunde war vertan, und das mußte ich bald bereuen.

18. ... Sa5 19. c4!

Die Überführung des schwarzen Springers nach d4 ist für Weiß nicht gefährlich, während der Vorstoß c5–c4

Gegenspiel am Damenflügel für Schwarz bedeutet.

Ich glaube, daß 19. c4 das Ausrufezeichen nicht verdient hat. Nach 19. Sg5 c4 20. Le2 mit anschließendem h2–h4 ist die weiße Initiative am Königsflügel größer.

19. ... Sb3 20. Ta2 f6 21. h4 Lc8 22. Tb1! Sd4 23. Sd4: cd4: 24. Dg3

Weiß besitzt die Initiative, verbunden mit dem Vorstoß f2–f4, doch um dieses Plus zu verwirklichen, muß er energisch handeln.

24. ... Lf8 25. Ld2 Ld6 26. Tf1 Dg7

Schwarz hat für den Fall f2-f4 folgendes vorbereitet: 27. f4 Ld7 28. fe5: Le5: 29. Lf4 Tf8 30. Taf2 Tae8 mit solider Verteidigung. Deswegen eröffnet Weiß eine zweite Front in der Hoffnung, die schwarzen Figuren dorthin zu locken.

27. a4!? a5 28. Tb2 Lc5 29. f4 Ld7

Petrosjan wies darauf hin, daß das prophylaktische 29. ... h6! (30. h5 g5) stärker ist.

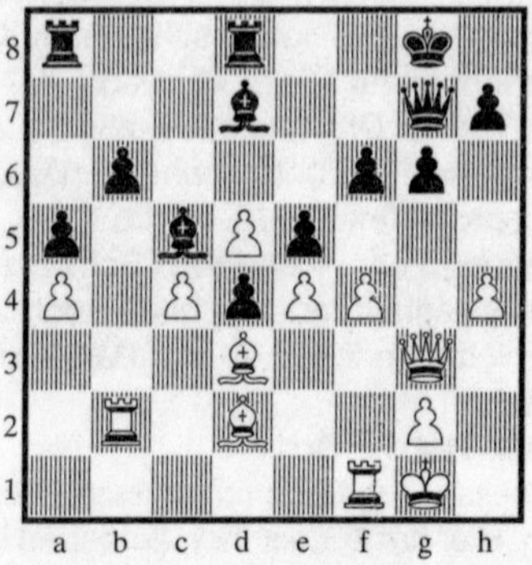

Im schwarzen Lager ist alles gedeckt, und man kann in Ruhe das bescheidene 30. Ta2 auf sich zukommen lassen.

30. h5! La4:?

Es wäre besser gewesen, den gefährlicheren Bauern zu schlagen: 30. ... gh5:, obwohl in diesem Fall nach 31. Dh4 Weiß starke Initiative beibehält (31. ... Lg4 32. fe5: fe5: 33. Lg5 Te8 34. Tbf2). Petrosjan, sich in seiner Position sicher fühlend, hofft darauf, im weiteren Verlauf den freien a-Bauern ausnutzen zu können, doch der weiße Angriff entfaltet sich blitzschnell.

31. h6 Dc7 32. f5!?

Zwar ist dies eine vielversprechende Fortsetzung, die Weiß einen starken Angriff sichert. Und doch wäre 32. fe5: besser gewesen, obwohl die Stellung nach 32. ... fe5: 33. Lg5 Tf8 34. Lf6 kompliziert ist, ist der weiße Angriff kaum abzuwehren. Wir werden einige Varianten erörtern:

Analyse-Diagramm

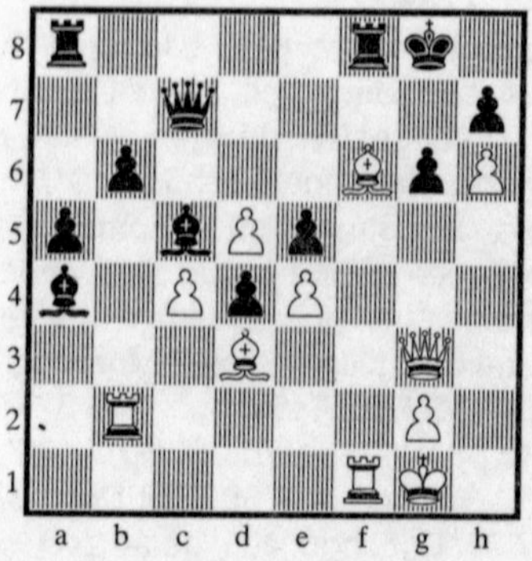

34. ... Tae8 35. Tbf2 Ld7 (35. ... Ld6 36. Tf5 Ld7 37. Tg5) 36. Kh2 Dd6 37. Dg5 a4 38. Le2! d3 39. Lh5 Lf2: 40. Tf2: Tf6: 41. Tf6: De7 42. Lg6:! hg6: 43. Tg6:+ Kh8 44. Tg8+! Tg8: 45. De7: d2 46. De5:+ Kh7 47. Dd4 mit Gewinn,

oder 34. ... Ld6 35. Tbf2 Tf7 36. c5! bc5: (36. ... Dc5: 37. Le5: Tf2: 38. Tf2: Le5: 39. De5: Dc1+ 40. Lf1 Dh6: 41. Dd4: läßt dem Nachziehenden keine Rettungschancen) 37. Lc4 Taf8 38. Lc5:!! Le5: 39. Tf7: Tf7: 40. d6 Lg3: 41. dc7:.

Auch das Qualitätsopfer rettet Schwarz nicht: 34. ... Tf6: 35. Tf6: Tf8 36. Tf8:+ Kf8: 37. Tf2+! Kg8 38. Tf6 Ld6 39. c5! bc5: (39. ... Dc5: 40. Tg6:+! hg6: 41. Dg6:+ Kf8 42. Df6+! Ke8 43. h7) 40. Lc4.

Also ist 32. fe5: vorzuziehen, doch am Brett war es unmöglich, alle Varianten durchzurechnen. Deswegen habe ich die forcierteste Fortsetzung ausgesucht.

32. ... g5 33. Lg5:! fg5:?

Nach diesem Fehler hätte Weiß gewinnen müssen. Nur 33. ... Kf7! hätte noch Verteidigungschancen gesichert. Weiß hätte sich dann mit einem soliden positionellen Plus zufriedengeben und zurückziehen sollen: 34. Ld2.

34. Dg5:+ Kf8

Sofort verliert 34. ... Kh8? wegen 35. Df6+ Kg8 36. Tf3.

35. Df6+??

Das bisherige planvolle Spiel hätte Weiß unbedingt mit 35. f6! (Drohung f6–f7) fortsetzen müssen. Nach dem danach erzwungenen 35. ... Df7 hätte Weiß den Bauern e5 genommen, und die Bauernlawine hätte alles überrollt. Die einfachen aber effektiven Varianten bestätigen diese Schlußfolgerung: 35. ... Df7 36. De5: Te8 (36. ... Dg6 37. Tb6:! Dh6: 38. De7+!! Le7: 39. fe7:+ Ke7: 40. Th6:) 37. Dg5 Dg6 38. Tf5! Dg5: (38. ... Ld7 39. Dg6: hg6: 40. Tg5 a4 *[40. ... Kf7 41. e5 Te5: 42. Te5: Kf6: erschwert die Aufgabe für Weiß, doch auch dann gibt es keine Rettung: 43. Tbe2 a4 (43. ... Lf5 44. Te8; 43. ... Th8 44. Te6+ Le6: 45. Te6:+ Kg5 46. Tg6:+ Kh5 47. Kh2! oder 46. ... Kf4 47. Kf2! mit Mattdrohungen) 44. g4! Lg4: (44. ... a3 45. g5+ Kf7 46. d6! Ld6: 47. Td5 a2 48. Ta2:) 45. Te8 Ta7 46. Te6+! Le6: 47. Te6:+ Kg5 48. Tg6:+ Kf4 49. Tg7 Ta8 50. h7.]* 41. e5 a3 42. h7!) 39. Tg5: Kf7 40. e5 Tg8 41. Tg7+ Tg7: 42. fg7:! Kg8 43. Tf2 Ld7 (43. ... Le8 44. Tf8+! Lf8: 45. Lh7:+) 44. e6 La4 45. d6! Ld6: 46. e7! Le7: 47. Lf5! Kf7 48. Lh7:+ Lf6 49. g8D+ Tg8: 50. Lg8:+ Kg8: 51. Tf6:. Der Leser soll sich nicht über die Länge der Hauptvariante wundern – ihr forcierter Inhalt erleichtert wesentlich die Beurteilung. Anstatt diese Variante zu wählen, ließ ich mich (in Zeitnot) zu einer anderen Fortsetzung verleiten.

35. ... Ke8 36. Ta1

Das ist der Hauptgedanke von Weiß. Falls jetzt der Läufer zurückgezogen wird, erweist sich der 35. Zug als berechtigt, aber der Läufer muß ja gar nicht gezogen werden!

36. ... De7!!

Ein brillanter Zug, den Petrosjan fast ohne zu überlegen ausführte. Der weiße Angriff ist verpufft, weil die Türme am Damenflügel festgefahren sind. Nachdem ich mich überzeugt hatte, daß das Endspiel nach 37. De7:+ Ke7: 38. Ta4: Td6 vollkommen aussichtslos ist, versuchte ich noch „im Trüben zu fischen".

37. De6!? Td6!

Petrosjan spielt wiederum perfekt. Nach 37. ... De6: 38. fe6: Ld7 39. ed7:+ Td7: 40. Tf2 könnte sich Weiß noch retten.

38. Dg8+ Df8 39. Dg3 Dh6:!

Vom weißen Angriff blieb nicht eine Spur übrig, doch hätte man sich mit 40. Te2 immer noch gegen den Verlust aufbäumen können. Dann ergäben sich nach 40. ... Ld7 keine schlechten Konterchancen für Weiß: 41. De5:+ Kf7 42. Dg3 Tg8 43. Df3, und das weiße Bauerntrio ist nicht zu unterschätzen. Das bedeutend stärkere 40. ... Lb3! mit der Drohung Lc4: sicherte für Schwarz die Überlegenheit; aber er hätte noch viele Probleme zu lösen. In der Partie folgte aber:

40. Ta4:?? Dc1+

Diesen Zug habe ich einfach übersehen. Hier hätte ich schon aufgeben können.

41. Kf2 Db2:+ 42. Kf3 Kf7.

Dieser Zeitnot bedingte Amoklauf endete für mich mit einer kalten Dusche. Weiß gab auf.

Nach Beendigung des Turnieres vernahm ich mit staundendem Interesse die Meinung, mein Resultat (Platz 2. – 4.) sei zum Teil dem Glück zuzuschreiben.

Durch das Prisma der Analyse

Moskau, 1981

In der Mannschaftsmeisterschaft der UdSSR spielte die Mannschaft von Aserbaidschan in der zweiten Gruppe. Deshalb gehörten meine Gegner verständlicherweise zu denjenigen Schachmeistern, die in der Regel nach Spielvereinfachung und Remis strebten. Es gab natürlich auch Ausnahmen ...

Als ein gutes Beispiel für einen überraschenden Angriff auf den König kann die Partie Kasparow – Jurtaew dienen.

Kasparow – Jurtajew
Nimzowitsch-Indische Verteidigung

1. d4 Sf6 2. c4 e6 3. Sc3 Lb4 4. e3 0–0 5. Ld3 d5 6. cd5: ed5: 7. Se2 Sbd7 8. 0–0 c6 9. f3 c5 10. a3 cd4: 11. ed4: Le7 12. Sf4 Sb8

13. g4!

Dieser aktive Bauernvorstoß verfolgt nur das Ziel, Raum zu erobern und die Beweglichkeit der schwarzen Figuren zu begrenzen. Die beste Reaktion darauf wäre 13. ... Sc6, was sofort den Bauern d4 ins Visier nimmt. In diesem Falle hätte ich mit 14. Lc2 und Dd3 geantwortet, um den schwarzen Königsflügel zu schwächen. Im weiteren Verlauf entwikkelt Weiß dann einfach seinen Damenflügel (Le3, Tae1), um Vorteil zu bewahren, begünstigt durch die Unbeweglichkeit der schwarzen Figuren. Wahrscheinlich war Jurtajew derselben Meinung, da er den nächsten Zügen wenig Beachtung schenkte.

13. ... Ld6?! 14. Kh1 Te8?!

Auch jetzt war 14. ... Sc6 vorzuziehen. Meinem Gegner hat wahrscheinlich die Variante 15. g5 Lf4: 16. gf6:! Lc1: 17. fg7: Te8 18. Dc1: nicht gefallen, da sie besseres Spiel für Weiß bedeutet. Möglich wäre zum Beispiel diese schöne Fortsetzung: 18. ... Dh4 19. Sd5: Sd4: 20. Tg1 (20. Sc7 Lh3!) 20. ... Sf3: 21. Df4!! Df4: 22. Se7+! Te7: 23. Lh7:+ mit Matt. Natürlich muß Schwarz nicht so effektvoll mattgesetzt werden, diese Variante sollte nur die großen Möglichkeiten von Weiß demonstrieren. Indem Schwarz den Turm wegzog, um ihn vor dem Schlagen zu bewahren (17. fg), meinte er, sich ausreichend gegen g4–g5 abgesichert zu haben. Kaum eine Gefahr für ihn stellt 15. g5 Lf4: 16. Lf4: Sh5 dar. Und dennoch ...

15. g5! Lf4: 16. Lf4: Sh5 17. Lb8:!

Diesen Zug hat Schwarz wohl übersehen. Tatsächlich scheint der Tausch eines starken Läufers gegen einen Springer, der noch in der Grunstellung verweilt, absurd zu sein. Doch dadurch gewinnt der f-Bauer an Beweglichkeit und ist schließlich dazu berufen, eine wichtige Rolle in meinem Plan zu spielen.

17. ... Tb8: 18. f4 g6 19. Df3!

Mit der Drohung f4–f5 nimmt Weiß gleichzeitig den Bauern d5 ins Visier. Konfrontiert mit diesen unerwarteten Schwierigkeiten, geriet Jurtajew in Verwirrung und fand nur eine schlechte Verteidigung.

19. ... b6?

Dieser schwache Zug kann nur eine begrenzte Funktion erfüllen – den Bauern d5 sichern, ohne dabei das Gesamtproblem der Verteidigung lösen zu können. Schwarz hätte f4–f5 nicht zulassen dürfen, zum Beispiel mit 19. ... Sg7!. Nun stößt 20. Sd5:? auf die starke Erwiderung 20. ... Lg4!, aber nach 20. Lb5! (20. ... Tf8 21. Sd5: Lg4 22. De4!) ist der weiße Vorteil klar ersichtlich.

20. f5 Tb7 21. f6!

Der verirrte schwarze Springer ist für immer abgeschnitten.

21. ... Le6 22. Tae1 Dd6 23. Te5 Td8

Es ist dem Weißen gelungen, gewaltige Kräfte in unmittelbarer Nähe des schwarzen Königs zusammenzuziehen. Jetzt folgt der mattbringende Angriff.

24. De3 b5

Dies ist ein vergeblicher Versuch, die Aufmerksamkeit des Gegners vom Königsflügel abzulenken.

25. Le2 b4 26. ab4: Tb4: 27. Lh5: gh5:

Es scheint, als ob Schwarz erfolgreich der unmittelbaren Gefahr entronnen ist, doch ...

28. g6! hg6: 29. Te6:! fe6:

Offensichtlich darf nicht 29. ... De6: geschehen wegen 30. Dh6.

30. Dh6 Tb7

Hier gab Schwarz auf, ohne die Antwort von Weiß abzuwarten. Die Variante 31. Dg6:+ Kh8 (31. ... Kf8 32. Tg1) 32. f7 Df8 33. Dh5:+ Kg7 34. Tg1+ Kf6 35. Dh4+ ist überzeugend genug.

In der nächsten Partie hat sich der Kampf für mich viel schwieriger gestaltet.

Vaiser – Kasparow

Königsindische Verteidigung

1. d4 Sf6 2. c4 g6 3. Sc3 Lg7 4. e4 d6 5. f4 0–0 6. Sf3 c5 7. d5 e6 8. Le2 ed5:

Dies sind wohlbekannte Züge, von beiden Spielern in kurzer Zeit ausgeführt wurden, dennoch sei ein kurzer Kommentar dazu erlaubt. Anläßlich des Ausscheidungsturniers in Daugawpils, das drei Jahre zurückliegt, habe ich gegen Vaiser ein Blitzmatch ausgetragen, und jedesmal, wenn ich die schwarzen Figuren hatte, folgte an dieser Stelle 9. cd5:. Ansonsten erinnere ich mich nur an klägliche Eröffnungsresultate. Nun sind drei Jahre nicht umsonst vergangen, und ich habe mir vorgenommen, eine gebührende Antwort auf diesen Angriff zu geben. Doch es folgte eine unangenehme Überraschung für mich...

9. e5!

Das Ausrufezeichen steht hier aus Gründen der Psychologie. Vaiser hat richtig einkalkuliert, daß von den drei möglichen Fortsetzungen – 9. ed5:, 9. cd5: und 9. e5 – die letztere für mich am überraschendsten sein würde. Und wirklich ist Schwarz von da an gezwungen, nach der Pfeife des Gegners zu tanzen.

9. ... Sg4?!

Dieser Springerausfall gilt laut Theorie als eine der besten Entgegnungen auf den tollkühnen 9. Zug von Weiß. Als eine Begründung wird folgende Variante angeführt: 10. h3? d4 11. Se4 Se5:! 12. fe5: de5:, und die schwarze Bauernmacht im Zentrum sichert die besseren Chancen. Aber auch Weiß verfügt über eine vielversprechende Fortsetzung.

10. cd5: de5: 11. h3 e4 12. hg4:

Dieser Zug wird in der „Enzyklopädie der Schach-Eröffnungen" nicht einmal erwähnt, statt dessen wird nur 12. Se4: Sf6 angeführt, mit gutem Spiel für Schwarz.

12. ... ef3: 13. gf3:

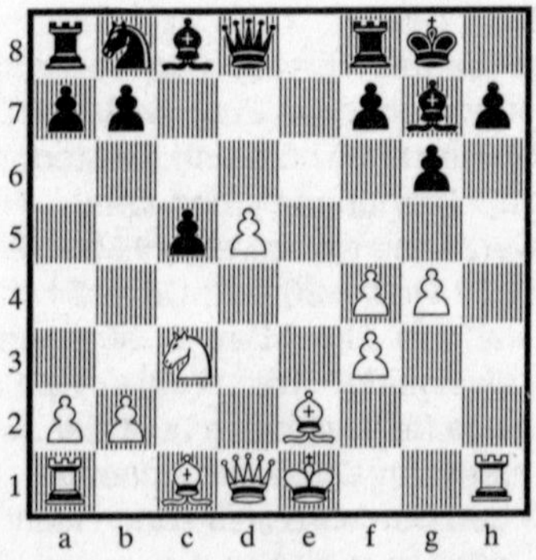

Über diese Stellung dachte ich lange nach. Zunächst schien es mir, daß die weißen Drohungen auf der h-Linie einfach abzuwehren seien, und die unsichere Lage des weißen Königs mir gute Gegenchancen bietet. Aber bei näherer Betrachtung erwies sich alles als gar nicht so einfach: Die Schwierigkeiten begannen sich zu häufen und bauten sich zu einem Mount-Everest von Problemen auf, die in der zur Verfügung stehenden Zeit nicht zu lösen waren. Der hauptsächliche Nachteil für Schwarz bestand im Fehlen geeigneter Felder für die Entwicklung der Figuren am Damenflügel. Vielleicht rührt meine pessimistische Einschätzung von den Emotionen am Brett her, doch würde ich hier lieber mit den weißen Figuren spielen.

13. ... Te8

Der Versuch, den Vorstoß f4-f5 mittels 13. ... f5 zu unterbinden, hätte zur Schwächung der Diagonale a2–g8 geführt, was in nächster Zukunft Schwarz teuer zu stehen käme.

14. f5!

Jetzt kann Weiß seinen Läufer nach h6 entwickeln, um von dort aus die aktivste schwarze Figur und vor allem den einzigen Beschützer des schwarzen Königs zu bedrohen – den Läufer g7. Varianten vom Typ 14. ... gf5: 15. Lh6 Lh6: 16. Th6: Dg5 17. Dd2! Dd2: 18. Kd2: fg4: 19. Se4 Sd7 20. Tah1 oder 14. ... Sd7 15. Lh6 Ld4 16. Dd2 und 0–0–0 lassen wenig Raum für Optimismus; deswegen entschloß ich mich, den Bauern b2 anzugreifen, um wenigstens den zunehmenden weißen Angriffsschwung etwas abzubremsen.

14. ... Db6?

Besser wäre der Versuch gewesen, die Fesselung auf der e-Linie auszunutzen mit 14. ... b6!?. Da das sofortige 15. Lh6? an 15. ... Lc3: 16. bc3: La6 scheitert und nach 15. Se4 gf5: 16. gf5: Lf5: 17. Lg5 Dd7! 18. Sf6+ Lf6: 19. Lf6: Dd6 Schwarz die Initiative ergreift, ungeachtet des Läuferverlustes (dieser wird erfolgreich vom weißfeldrigen Läufer ersetzt), müßte Weiß Vorsichtsmaßnahmen ergreifen. Zum Beispiel 15. Kf1, obwohl auch dann 15. ... La6 schwarze Konterchancen ermöglicht.

15. Lh6!

Den schwarzen „Mückenstichen" schenkt Weiß keine Beachtung und setzt seinen Generalplan fort.

15. ... Db2:

Ich war mir der Gefahren bewußt, die auf mich lauerten, aber ich beschloß, konsequent zu sein und schlug den Bauern; vielleicht wird es mir doch gelingen, mich zu behaupten ...

16. Lg7: Kg7:

Die Fülle der weißen Angriffsmöglichkeiten ist auf den ersten Blick zu erkennen, doch ich versuchte mich mit dem Gedanken zu beruhigen, daß nicht jeder Zug zum Gewinn führt, und um diesen Zug zu finden und um den kritischen Moment zu bestimmen, muß der Gegner die Ruhe bewahren.

17. f6+?

Hier war es mit der Ruhe schon vorbei. Weiß konnte der Versuchung nicht widerstehen, sich mit noch einer Sturmtruppe der feindlichen Königsstellung zu nähern. Der Bauer darf nicht geschlagen werden: 17. ... Kf6:? 18. Se4+ Kg7 19. Tb1 De5 20. Dd2 h5 21. gh5:, und die Vergeltung für den Damenspaziergang ist nicht zu vermeiden. Den Bauern auf f6 zu belassen, scheint noch gefährlicher zu sein, aber Schwarz hat keine andere Wahl.

Das bescheidene 17. Tc1! sei auch erwähnt, da gerade dieser Zug einen unabwendbaren Angriff ermöglicht hätte. Die Hauptdrohung dabei ist 18. Tc2 und 19. Dd2 (oder in bestimmten Fällen Da1).

17. ... Kg8!

Dem weißen Angriff fehlte nur noch die letzte Kraftanstrengung, doch in diesem Moment sagte mir die Intuition, daß das Schlimmste bereits vorüber sei, und ich begann, meine Aufmerksamkeit auf den weißen König zu konzentrieren, der im Zentrum festgefahren war.

18. Dc1!

Mit einem Frontalangriff ist die Partie auf keinen Fall zu entscheiden, zum Beispiel 18. Se4 Sd7! (18. ... Lg4:? 19. Tb1 De5 20. Dd2 Sd7 21. Dh6 Sf6: 22. Sf6:+ Df6: 23. Dh7:+ Kf8 24. Dh8+ mit weißer Mehrfigur) 19. Tb1 De5 20. Dd2 Sf6: 21. Dh6 b6! 22. g5 (oder 22. Sf6:+ Df6: 23. Dh7:+ Kf8 24. Dh8+ Dh8: 25. Th8:+ Ke7 26. d6+ Kd8) 22. ... Se4: 23. Dh7:+ Kf8 24. fe4: Ld7 und der weiße Angriff ist gestoppt. Vaiser bietet ein Endspiel an, in dem der Entwicklungsrückstand des Gegners und der starke Bauer f6 weiße Überlegenheit sichern. Doch wartet auf ihn eine Überraschung!

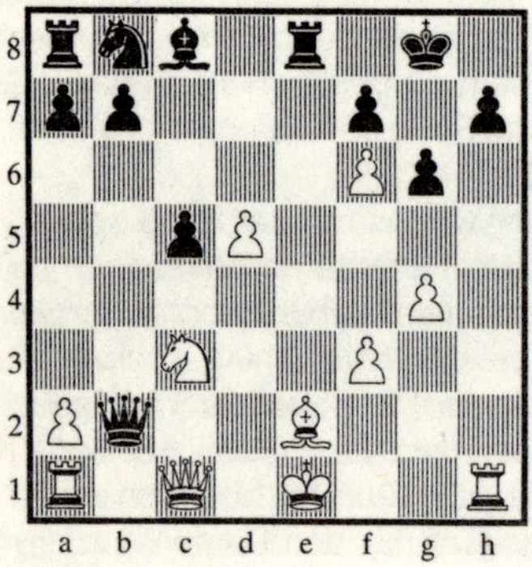

18. ... Db4!

Ein auf den ersten Blick geradezu selbstmörderischer Zug, weil der Damensprung nach h6 gleich zwei todbringende Drohungen bedeutet. Aber Schwarz kann sie abwehren! Man sehe: 19. Dh6? Dc3:+ 20. Kf2 Dd4+ 21. Kg3 De5+ 22. f4 Df6:. Das Qualitätsopfer wäre kleinmütig – 18. ... Te2:+? 19. Se2: Df6:, was für Weiß nach 20. Dc3! deutlich bessere Chancen sicherte. „Ich habe den Damenrückzug auch nicht im entferntesten in Betracht gezogen. Der Bauer auf f6, die offene h-Linie, die zum Sprung nach h6 bereite Dame, der Entwicklungsrückstand der gegnerischen Figuren, Weiß ist am Zug – und da sollte es keine mattbringende Fortsetzung geben?" – so äußerte sich Vaiser damals.

19. Kf1?

Weiß hätte sich umstellen müssen und seine ehrgeizigen Pläne zu Gunsten eines Spiels auf Ausgleich begraben sollen. Zu diesem Ziel führt 19. Dd2! Sd7 20. Tb1 Dd4 21. Dd4: cd4: 22. Se4 d3! 23. Ld3: Sf6: 24. Kf2 wahrscheinlich mit Remis (24. ... Sd5:? 25. Tb5!). Weiß jagt dem Sieg nach und überschreitet unmerklich die verhängnisvolle Grenze.

19. ... Sd7 20. Lb5

Dies sieht überzeugend aus: Anscheinend kann nichts mehr die weiße Dame daran hindern, das ersehnte Feld h6 zu erreichen. Aber in Wirklichkeit will Schwarz seinen König gar nicht verteidigen – er geht zum Gegenangriff über und baut mit dem nächsten Zug die Drohung Te3 auf.

20. ... Dd4! 21. Kg2

Nach 21. Dh6 würde 21. ... Sf6: 22. Le8: Dc3: 23. Kg2 Lg4:! 24. Lf7:+ Kf7: 25. fg4: Te8 folgen, und Weiß steht schutzlos da.

21. ... Te3!

Weitaus stärker als 21. ... Df6:, was nach 22. Dh6 Dg7 23. Se4! günstiges Gegenspiel für Weiß bedeutet, ungeachtet der beiden Minusbauern.

22. Se2 De5 23. Kf2 Te2:+ 24. Le2: Sf6:

Das Fazit des weißen Angriffs lautet: Der Sturm ist verebbt, und die Mehrqualität kann ihn kaum trösten. Dafür hat Schwarz bereits zwei Bauern bekommen, und die offene Stellung des weißen Königs gewährt Möglichkeiten zu taktischen Operationen. So sichert zum Beispiel nach 25. Tb1 das Läuferopfer einen unwiderstehlichen schwarzen Angriff: 25. ... Lg4:! 26. fg4: Se4+ 27. Ke1 Dg3+ 28. Kd1 Te8! (29. Lb5 Df3+ 30. Kc2 Dc3+; oder 29. Tb3 Sf2+ 30. Ke1 Dg2!). Um Schlimmeres zu vermeiden, leitet Weiß ins Endspiel über, aber Schwarz kann noch einen Bauern erobern. Zu diesem Zeitpunkt waren übrigens beide Spieler in Zeitnot.

25. Dc5: Lg4: 26. De3 De3:+ 27. Ke3: Sd5:+ 28. Kf2 Le6 29. Tab1

Jetzt kann Schwarz den Springer gegen den Läufer tauschen, und die weißen Aussichten auf Rettung reduzieren sich auf ein Minimum. Mehr Chancen verspricht 29. Lc4! Tc8 30. Lb3 (30. Tac1? Sf4!). In diesem Falle gilt es, sich mit der Variante 30. ... Kg7 31. Tac1 (nichts ändert 31. Thd1 Tc5!) Tc1: 32. Tc1: Kf6 zufrieden zu geben, womit der König mit guten Aussichten auf Sieg zentralisiert wird.

29. ... b6 30. Tbc1 Sf4 31. a3 Se2: 32. Ke2: b5 33. Tc7 a5 34. Tb1 Lc4+ 35. Kf2 a4!

Diese nicht sehr stellungsgemäße Bauernaufstellung ist hier berechtigt, da der unterstützende Läufer in seiner Kraft dem Turm kaum nachsteht.

36. Te1 Td8 37. Te3 Td2+ 38. Kg3 Kg7 39. f4 Tb2 40. Tc5 h5

Genauer wäre das sofortige 40. ... Tb3 gewesen. An dieser Stelle wurde die Partie abgebrochen, aber Weiß (er ließ den Zug 41. Kh4 notieren) gab ohne Wiederaufnahme auf. Obwohl noch Widerstand möglich gewesen wäre, verfügt Schwarz über deutliche Wege zum Gewinn. Der erste besteht im Durchbruch b5-b4 (nach dem Rückzug des Läufers nach e6) mit dem weiteren Tausch des h- gegen den f-Bauern. Die drei Freibauern müßten den Spielausgang entscheiden. Der zweite Weg ist technischer Art und nutzt die weißen Bauernschwächen: 41. ... Tb3 42. Tg3 Tb1! 43. Te3 Tg1 44. Tg5 (44. Tg3 Th1+ 45. Th3 Tf1) Th1+ 45. Kg3 f5! und der Turm ist vom Damenflügel abgeschnitten. Die Wahl zwischen den verschiedenen Möglichkeiten ist Geschmackssache.

In allen Partien dieser Mannschaftsmeisterschaft mußte ich mit Schwarz gegen geschlossene Eröffnungssysteme spielen. Mit der Königsindischen Verteidigung konnte ich mich immer recht gut behaupten. Interessant gestalteten sich meine Partien gegen Waganjan und Grigorjan, in denen Weiß seinen weißfeldrigen Läufer fianchettierte.

Waganjan – Kasparow

1. d4 Sf6 2. Sf3 g6 3. c4 Lg7 4. g3 0–0 5. Lg2 d6 6. 0–0 c5 7. dc5: dc5: 8. Dd8: Td8: 9. Se5!?

Die von Waganjan gewählte Fortsetzung ist trotz der scheinbaren Harmlosigkeit sehr gefährlich. Die Überführung des Springers nach d3 wird Schwarz zur Verteidigung des Bauern c5 verpflichten und ernsthaft die Entwicklung des Damenflügels erschweren. Das schablonenhafte 9. ... Sfd7 hat das unangenehme 10. Sd7:! Sd7: 11. Td1 zur Folge. Nach längerem Überlegen gelang es mir, einen interessanten Plan zu finden, der mit einem Bauernopfer verbunden ist.

9. ... Se8!? 10. Sd3 Sd6 11. Sc5: Sc6!

Für den geopferten Bauern erhält Schwarz Entwicklungsvorteile und greift zudem den Bauern c4 an. Trotzdem scheint es, als ob der nächste Zug alle Drohungen abwehrt.

12. Sa3

Nun bringt 12. ... Sd4 nichts wegen 13. Te1 Lg4 14. Kf1!, und die schwarze Initiative ist erloschen; aber wozu diese Eile?

12. ... Tb8!

Schwarz nutzt die ungünstige Lage der weißen Figuren aus und entzieht ruhig den Turm der Fernwirkung des Läufers g2; außerdem droht er durch 13. ... Sd4 14. Te1 Lg4 15. Kf1 Tdc8 den Bauern zurückzugewinnen. Waganjan verteidigt sich gegen diese Gefahr und versucht gleichzeitig, das Problem der Figurenentwicklung am Damenflügel zu lösen.

13. Sa4

Das sieht auf den ersten Blick überzeugend aus, da Weiß zunächst seine Figuren ohne Störung entwickeln kann und einen Mehrbauern besitzt. Aber Schwarz verfügt über versteckte Ressourcen als Gegengewicht. Interessant wäre es, 13. Te1!? Sa5 14. Lg5 Kf8 mit unklarer Stellung zu erproben.

13. ... Le6 14. Lf4 Tbc8 15. Tac1

Nach 15. Ld6: Td6: kompensiert die Aktivität der schwarzen Figuren zumindest den geopferten Bauern.

15. ... Sd4 16. Tfe1

Weiß deckt mit Erfolg alles, und die schwarzen Aktionen sind in eine Sackgasse geraten. Die nüchterne Rückeroberung des Bauern 16. ... Lc4: 17. Sc4: (17. Ld6:? Se2:+ 18. Te2: Le2: 19. Tc8: Tc8: 20. Lf4 b5) Tc4: bietet nach 18. Sc3 dem Weißen bessere Chancen. Doch im kritischen Moment kommt die Taktik zu Hilfe.

16. ... b5! 17. Ld6:!

Waganjan zeigt sich auf der Höhe! Es scheint, daß Weiß ohne etwas befürchten zu müssen, den zweiten Bauern schlagen kann: 17. cb5: (nicht möglich ist 17. Sb5:? wegen 17. ... S6b5: 18. cb5: Se2:+! 19. Te2: Tc1:+ 20. Lc1: Td1+ 21. Lf1 Lh3) Tc1: 18. Lc1: doch da schlägt die bis zum Äußersten gespannte Feder zurück: 18. ... Sc4! 19. Sc3 (schlecht ist 19. Sc4: Se2:+ 20. Te2: Td1+ 21. Lf1 Lc4:) 19. ... Sa3: 20. ba3: Tc8! (20. ... Sc2? 21. Td1) 21. Ld2 Sc2 22. Tc1 Lc3: 23. Tc2: (23. Lc3: Tc3: 24. Le4 Sd4) Ld2: 24. Td2: Tc1+ 25. Lf1 Lh3 mit Matt. Diese forcierte Variante demonstriert die potentielle Kraft der schwarzen Stellung. Waganjan durchschaute aber meine Pläne und fand ein Mittel, um das drohende Feuer im Keim zu ersticken.

17. ... Td6: 18. Sb5: Sb5: 19. cb5: Tc1: 20. Tc1: Td2

Die Schwäche der Grundreihe bei Weiß und die der Bauern ermöglicht es Schwarz, das materielle Gleichgewicht wieder herzustellen.

21. Lf3 Lb2:

Wir einigten uns auf ein Remis, was in Anbetracht der Variante 22. Sb2: Tb2: 23. a4 Ta2 24. Lc6 Lb3! begründet war.

Grigorjan – Kasparow

1. Sf3 Sf6 2. c4 g6 3. g3 Lg7 4. Lg2 0–0 5. 0–0 c5 6. d4 d6 7. Sc3 Sc6 8. dc5:

Grigorjan kann also auch nicht der Versuchung widerstehen, mit dem Mehrtempo des Anziehenden eine symmetrische Aufstellung mit minimalem Risiko zu spielen. Zu weitaus komplizierterem Spiel führt 8. d5 Sa5 9. Sd2. In der vorliegenden Situation muß Schwarz, wenn er auf Sieg spielen will, hohes Risiko eingehen, um das Geschehen auf dem Brett zu verkomplizieren.

8. ... dc5: 9. Le3 Le6

Bedeutend natürlicher sieht der Zug 9. ... Da5 aus, doch wie die Praxis zeigt, hat Schwarz nach 10. Ld2 nichts Besseres, als mit der Dame nach d8 zurückzukehren. Diese schnelle Verflachung des

Kampfes gehörte natürlich nicht zu meinem Plan.

10. Da4

Auf 10. Lc5: ist 10. ... Da5! eine starke Antwort. Doch nun macht sich das Mehrtempo von Weiß bemerkbar. So ist auf 10. ... Db6 die unangenehme Antwort 11. Db5! zu befürchten, zum Beispiel 11. ... Sd7 12. Sg5. Die gleiche Antwort erfolgt auch nach 10. ... Da5, daher ist Schwarz also gezwungen, einen neuen Weg zu suchen.

10. ... Sd4 11. Tad1

11. Ld4: cd4: 12. Sb5 könnte nach 12. ... Sd7 zum massenhaften Figurenabtausch führen, zum Beispiel: 13. Sfd4: (13. Sbd4:?! Sb6! 14. Se6: Sa4: 15. Sd8: Tfd8: mit besserem Spiel) 13. ... a6! 14. Se6: ab5: 15. Sd8: Ta4: (15. ... ba4:? 16. Sb7: a3 17. Tad1!) 16. Sb7: bc4: 17. Tad1 (17. Lc6 Ta7) 17. ... Sb6 wahrscheinlich mit Remis. Schwarz kann natürlich eine andere Fortsetzung wählen, die viel komplizierter ist: 12. ... Ld7 13. Db3 Se4! 14. Tad1 (14. Sbd4:? Ld4: 15. Sd4: Sd2) 14. ... Lb5: 15. Db5: Sd6 16. Db3 Db6. Nach dem Partiezug tritt die Partie in eine Phase unvorstellbarer Komplikationen ein.

11. ... Ld7 12. Da3 Sc2 13. Dc5: b6

Die Verfolgung der weißen Dame beginnt. Es wäre naiv zu vermuten, daß es Schwarz mit so begrenzten Kräften gelingen wird, die Dame in die Falle zu treiben, aber ich hoffte, während des Spiels gute Möglichkeit zu bekommen, um den Vorteil der besseren weißen Entwicklung und des weißen Mehrbauern ausgleichen zu können.

14. Dg5!?

Weiß spielt mit dem Feuer und hofft, in Bälde die Schwächen auf dem schwarzen Königsflügel ausnützen zu können. Auf das sofortige 14. De5 könnte Schwarz am besten mit 14. ... Sg4 15. De4 Sce3: 16. fe3: Tc8! antworten, was ihm Kompensation für den geopferten Bauern sichert.

14. ... h6 15. Df4!

Die weiße Dame findet den einzigen ungefährlichen Ausweg. Das verlockende 15. Dh4 in der Hoffnung auf 15. ... g5? 16. Lg5: hg5: 17. Sg5: mit einem vernichtenden Angriff gegen den schwarzen König, würde nach 15. ... Se3: 16. fe3: Sg4! 17. Sd5! g5 18. Sg5:! (18. Dh5? e6! 19. Dg4: ed5: 20. Dh5 Dc8! mit der Drohung ... Lg4) 18. ... e6!! zu einer ganz irrationalen Stellung führen. Ich meine, diese Stellung verdient ein Diagramm.

Analyse-Diagramm

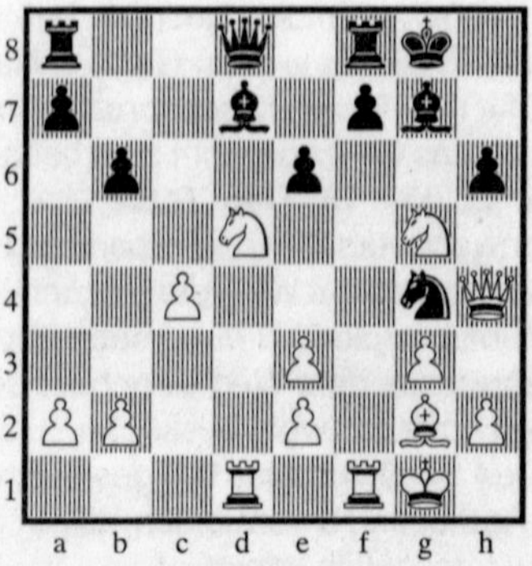

Angesichts der Vielfalt der möglichen Antworten ist es für Weiß nicht einfach, den richtigen Weg zu finden:

1) 19. Dg4:? ed5: 20. Sf7: Lg4: 21. Sd8: Tad8: 22. Ld5:+ Kh8, und der schwarze Läufer ist stärker als die zerstreuten Bauern von Weiß.

2) 19. Sb6: Se3:!! (nun hängen praktisch alle Figuren) 20. Sd7:! (schwächer ist 20. Sa8: wegen 20. ... hg5: 21. De4 Sg2:! 22. Dg2: Dc8!, und nach ... Lc6 gewinnt Schwarz einen Springer und besitzt klare Vorteile) 20. ... hg5: 21. De4 Sd1:! (21. ... Sf1: 22. Da8:!) 22. Td1:! (schlecht ist 22. Sf8:? Db6+ 23. Kh1 Sf2+ 24. Tf2: Df2: oder 24. e3 Td8!, und Schwarz gewinnt) 22. ... Tc8. Die entstandene Situation läßt sich schwer beurteilen, doch sind meiner Meinung nach die schwarzen Chancen besser,

dank der ungesicherten Lage des weißen Königs.

3) 19. Sf7:! (nur dieser unerwartete Einschlag hält das Gleichgewicht für Weiß aufrecht) 19. ... Dh4: 20. gh4: ed5:! (das unvorsichtige 20. ... Tf7:? führt nach 21. Tf7: Kf7: 22. Tf1+ zu Materialverlust) 21. Ld5: (21. Sh6:+ Kh7!) 21. ... Se3:! 22. La8:! Sd1: (22. ... Lh3? 23. Sh6:+) 23. Td1: Le6! (23. ... Tf7: 24. Ld5 mit besseren Aussichten für Weiß) 24. Sd8 Lc4: 25. Ld5+ Ld5: 26. Td5: Lb2: mit Remis.

Offensichtlich ist es unmöglich, alle Varianten am Brett durchzurechnen, doch habe ich intuitiv gespürt, daß ich weniger riskiere als mein Gegner. Nach 15. Df4! muß Schwarz sehr präzise spielen, um das Gleichgewicht zu erhalten.

15. ... g5 16. De5 Tc8!?

Schwarz versucht, die Spannung zu erhalten, doch hat Weiß die Möglichkeit, das Spiel forciert zu vereinfachen und Gefahren aus dem Weg zu gehen. Deswegen hätte ich wohl besser 16. ... Sg4 17. De4 Sce3: 18. fe3: Tc8 gespielt, um den Abtausch zu vermeiden, der in der Partie tatsächlich erfolgt ist.

17. Sd5!

17. Lc1? hätte den letzten schwarzen Zug vollauf bestätigt – nach 17. ... Tc5! ist die weiße Dame dann gefangen!

17. ... Sd5: 18. Dd5: Le6 19. Db7!

Stärker als das naheliegende 19. Dd8: Tfd8: 20. b3, weil nach 20. ... g4! 21. Sh4 Se3: 22. fe3: Lf6! (22. ... b5? 23. cb5: Td1: 24. Td1: Tc2 25. Td8+) mit der Drohung b6–b5 die Chancen für Schwarz nicht schlechter sind.

19. ... Dc7 20. Dc7: Tc7: 21. b3

Hier einigten wir uns auf Vorschlag von Weiß auf Remis. Wahrscheinlich hätte Grigorjan weiter um den Sieg kämpfen sollen, doch nach 21. ... Se3: 22. fe3: Tfc8 23. Sd4 Ld7 muß Schwarz noch nicht verlieren. Interessant ist auch das halbkorrekte 22. ... b5?! 23. cb5: Tc2 24. Td2 Tfc8 25. Tfd1 Td2: 26. Td2: Tc1+ 27. Kf2 Lc3 28. Td8+ Kg7 mit der Drohung g5–g4. Das Spiel hätte sich etwa so weiterentwickeln können: 29. h3! (29. Sd4 Lg4!) 29. ... La5! (29. ... Ta1? 30. Ta8! Ta2: 31. b6) 30. Ta8 Lb6 31. Sd4 Ta1 32. a4 Ta3, und ein weißer Sieg ist nicht ersichtlich.

Ungeachtet dessen, daß die beiden letzten Partien unentschieden ausgegangen sind, und die Zahl der Züge nicht allzu hoch war, war ich von der schöpferisch-kreativen Seite her mit beiden zufrieden.

Graz, 1981

Die Mannschafts-Weltmeisterschaft der Junioren (bis 25 Jahren) in Graz war die insgesamt dritte Meisterschaft dieser Art. Die erste (1978) endete mit einem sensationellen Sieg der englischen Spieler, bei der zweiten konnte sich die sowjetische Mannschaft revanchieren. Diesmal zweifelte niemand am Erfolg des sowjetischen Teams, welches aus hochklassigen Spielern zusammengestellt war (Kasparow, Psachis, Jusupow, Dolmatow, Kotschiew, Wladimirow), und auch bei der Schacholympiade um die Vorderplätze kämpfen könnte.

Vor dem Start schien uns das Hauptproblem im täglichen Spielrhythmus zu liegen. Doch schon in der ersten Runde verflogen unsere Träume vom leichten Sieg. Während wir nach schwerem Kampf die Mannschaft Österreichs nur knapp schlugen (2,5:1,5), fegten die Engländer die Schweizer Mannschaft mit 4:0 vom Brett. In der zweite Runde erkämpften wir mit Mühe einen 2,5:1,5 Sieg gegen Jugoslawien, während die Engländer wiederum ohne Punktverlust die starke Mannschaft Brasiliens bezwangen. Nach zwei Runden befanden wir uns in der Tabellenmitte, drei(!) Punkte hinter der Spitze zurück. Dies war kein Grund, den Kopf hängen zu lassen, es blieben ja noch 9 Runden. In den nächsten beiden schlugen wir überzeugend die Kanadier und die Franzosen mit jeweils 3,5:0,5. Der Rückstand verringerte sich aber nur um einen halben Punkt, denn die Engländer haben die sehr starken Mannschaften Schwedens (3,5:0,5) und der USA (3:1) ebenfalls klar bezwungen. Wir konnten jetzt nur auf den direkten Vergleich mit den Engländern hoffen, welcher in der 5. Runde stattfand. Der Vorsprung von 2,5 Zählern gab ihnen die besseren Zukunftsperspektiven, sogar eine knappe Niederlage hätte ihnen die Chancen auf den Turniersieg nicht genommen. Wir brauchten also unbedingt einen hohen Sieg – und den holten wir dann auch!

Psachis spielte gegen Mestel mächtig auf (bis zu diesem Zeitpunkt hatte der Engländer all seine Partien gewonnen). Jusupow brillierte durch seine Technik, als er in einem total remislichen Endspiel Plaskett niederrang. Mir gelang es, in einem harten Kampf Speelman zu besiegen, nur Dolmatow konnte seine Vorteile nicht ausnutzen, so daß er sich mit Remis zufrieden geben mußte. In der nächsten Runde mußtem wir allerdings noch einmal gegen einen starken Gegner antreten – die USA. Dieser Kampf verlief für uns weniger glücklich, wir erreichten nur ein Remis. Die Engländer verloren sogar gegen Ungarn mit 1,5:2,5. Bis zur letzten Runde vergrößerten wir unseren Vorsprung bis auf 2,5 Zähler. Als letztes gewannen wir gegen die bundesdeutsche Mannschaft (2,5:1,5). Das englische Team schlug Jugoslawien (3:1) und wurde insgesamt zweiter vor Ungarn.

Eine ganz wichtige Rolle bei unserem Sieg spielte die kameradschaftliche Atmosphäre, die während des gesamten Turniers in unserer Mannschaft herrschte. Das ständige Gefühl der Geschlossenheit und der gegenseitigen freundschaftlichen Unterstützung half uns, alle auftretenden Schwierigkeiten zu überwinden.

Stark beeindruckt waren wir von der englischen Mannschaft. Man braucht sich nur vor Augen zu führen, daß immerhin drei von ihnen jeweils das beste Ergebnis an ihrem Brett erzielten (Mestel, Plaskett, Davis), während bei uns nur zwei denselben Erfolg vorweisen konnten (Kasparow, Wladimirow). Ansonsten muß man auch die Erfolge der ungarischen Mannschaft hervorheben, der es gelungen war, das starke amerikanische Team zu überflügeln. Erfolgreich spielten auch die Franzosen, die zum ersten Mal einen Platz unter den ersten fünf erobern konnten. Eine Zeitlang war das amerikanische Team eine gewisse Konkurrenz für die führenden Mannschaften, doch vergaben sie im Schlußspurt ihre Medaillenchancen. Dabei fiel vor allem der 16jährige Joël Benjamin auf, der das beste Resultat als erster Ersatzmann erzielte (unter anderem schlug er auch Jusupow).

Mit meiner Spielweise in Graz war ich zufrieden, es gab eine Reihe von interessanten, gehaltvollen Partien. Die Rolle des Mannschaftskapitäns ist natürlich ehrenvoll, aber in kritischen Situationen bedeutet es für einen doppelte Verantwortung zu tragen. Deshalb mußte ich zehn Runden lang nacheinander absolvieren. Ich durfte nur in der letzten Runde aussetzen, als das Turnier praktisch schon entschieden war.

Sunye – Kasparow
Brasilien – UdSSR
Damengambit

1. Sf3 Sf6 2. c4 c5 3. Sc3 e6 4. e3 Sc6 5. d4 d5 6. cd5: ed5: 7. Lb5 Ld6 8. dc5: Lc5: 9. 0–0 0–0 10. b3 Lg4 11. Lb2 Tc8 12. Tc1 Ld6 13. Le2 Lb8!

Der schwache Isaolani-Bauer d5 gilt als ein nicht zu hoher Preis für die Möglichkeit, seine Figuren so bequem aufstellen zu können. Auf 14. Sd4 war jetzt die Antwort 14. ... Dd6 15. g3 Lh3 geplant.

14. Sb5 Se4 15. Sbd4 Te8 16. h3 Lf3:! 17. Sf3: Dd6 18. Dd3 Sg5

Eine Alternative ist 18. ... a6!.

19. Tfd1 Tcd8 20. Kf1 Se4 21. a3 a6 22. Dc2 La7 23. Ld3 De7 24. Te1 Td6 25. b4 Te6 26. b5 ab5: 27. Lb5: h6 28. Tcd1 Td8 29. Db3 Dd6 30. a4 Lc5 31. Te2 b6 32. Kg1

Falls 32. Lc6: Dc6: 33. Sd4 so folgt 33. ... Dc7! 34. Se6:? Dh2 35. Tee1 fe6: ∓ oder 34. Kg1 Tg6.

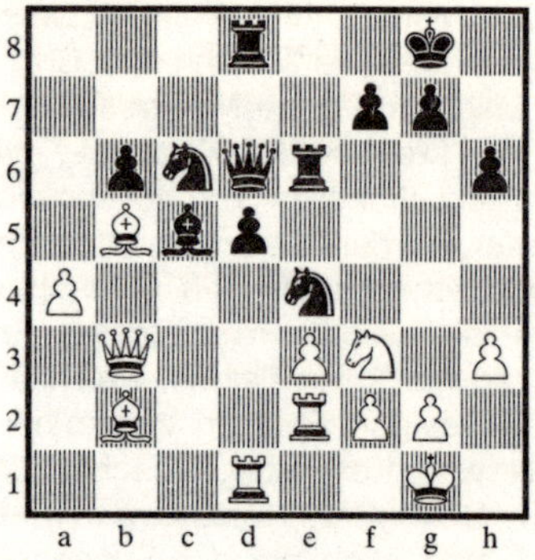

Hier bot der Brasilianer Remis an, aber ich konnte doch noch eine interessante Möglichkeit entdecken, wie man den Königsflügel angreifen könnte. Deswegen entschloß ich mich weiterzukämpfen (auch in Anbetracht der Tatsache, daß mein Gegener schon viel Bedenkzeit verbraucht hatte).

32. ... Se7!

Geplant ist die Umgruppierung des Springers über f5 (oder g6) nach h4 und des Turmes nach g6, um Druck auf die gegnerische Königsstellung auszuüben.

33. Sd4 Tg6 34. Ld3 Dd7

Nun entsteht auch die erste Drohung (Dh3:). Die klarste Erwiderung wäre 35. f3!, was nach 35. ... Sg3 36. Lg6: Se2:+ 37. Se2: Sg6: zu etwa ausgeglichenem Spiel führt. Doch Sunye meidet auch die kleinste Schwächung seiner Stellung.

35. Kh1?! Sf5! 36. Le4:?

Das ist nun schon ein ernster Fehler, nach welchem der schwarze Vorteil deutlich spürbar wird. Man hätte unbedingt die gesamte schwarze Kavallerie beseitigen müssen, zum Beispiel mittels 36. Sf5: Df5: 37. Le4: De4: 38. f3, und Schwarz besitzt danach nur einen leichten Vorteil.

36. ... de4: 37. Ted2 Sh4!

Erst hier merkte Sunye, daß er für den Fall des vorbereiteten 38. Sf3 eine unangenehme Überraschung präsentiert bekommt: 38. ... ef3:! 39. Td7: fg2:+ 40. Kg1 Sf3 Matt! Der andere Springerzug 38. Sf5 führt zu Qualitätsgewinn, aber wie soll Weiß seinen König nach 38. ... Df5: 39. Td8:+ Kh7 verteidigen. Es bleibt nur ...

38. Se6 Dd2: 39. Td2: Td2: 40. Sf4 Tg5 41. Kg1

Nun mußte ich meinen Zug notieren, dessen überraschender Charakter eine Art Ouvertüre zur allerschönsten Kombination, die mir je am Schachbrett gelang, abgibt.

41. ... Sf3+ 42. Kf1

Ein anderer Königszug wird später zur Diskussion gestellt.

42. ... Le3:!!

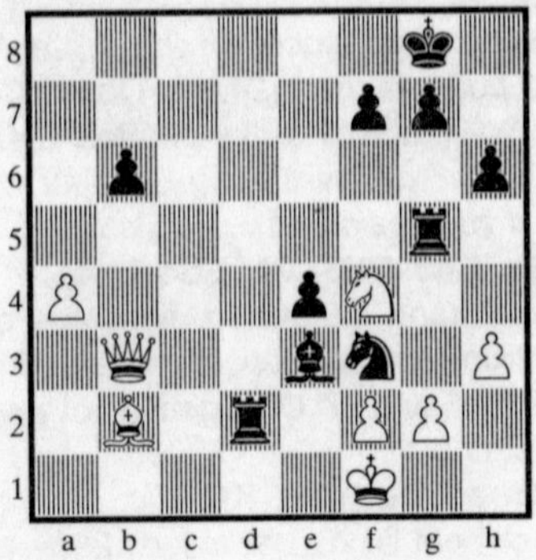

43. fe3:

Die Annahme des Opfers ist erzwungen, da im Falle von 43. Se2 Weiß mattgesetzt wird: 43. ... Sh2+ 44. Ke1 Tg2: 45. De3: Sf3+ 46. Kf1 Tg1+!! 47. Sg1: Td1+ nebst Matt!

43. ... Tdg2:! 44. Dc3!

Die einzig mögliche Verteidigung. Das sich anbietende 44. Db6: verliert sofort: 44. ... Th2 45. Se2 Tgg2. In der jetzigen Situation (nach 44. Dc3!) hätte Weiß allerdings nach dieser Antwort Möglichkeit zu Dauerschach auf c8 und f5.

44. ... Th2 45. Se2 Kh7!

Erneuert die Drohung ...Tgg2. Sunye verhindert sie mit primitiven Mitteln und übersieht dabei eine originelle Mattkombination.

46. Dc8?! Th1+ 47. Kf2 Sd2!

Weiß gab auf. Nach 48. Sg3 Th2+ 49. Ke1 Sf3+ 50. Kf1 Tb2: ist der Kampf aussichtslos.

Besser hätte man sich nach 46. Db4! verteidigen können, indem man die Kontrolle über das Feld d2 beibehält. Doch auch dann hat Schwarz Gewinnmöglichkeiten, die zugegebenermaßen nicht so offensichtlich sind: 46. ... f5! 47. Db5 (47. Df8 Th1+ 48. Kf2 Sd2! usw.) 47. ... f4! 48. Db4 Sd2+! 49. Dd2: (49. Ke1 f3! 50. Kd2: Te2:+ 51. Kc3 Te3:+ 52. Kd4 f2, und der f–Bauer wird zur Dame) 49. ... Th1+ 50. Kf2 f3!. Es ist unschwer, sich davon zu überzeugen, daß das Matt oder große Materialverluste für Weiß jetzt unausweichlich sind.

Nun kehren wir zur Stellung nach 41. ... Sf3+ zurück. Was wäre, wenn der weiße König auf die andere Seite ausgewichen wäre – 42. Kh1? In diesem Fall hätte eine andere Kombination entschieden: 42. ... Le3:!! 43. fe3: Tdg2:!! 44. Sg2: Tg3!

Analyse-Diagramm

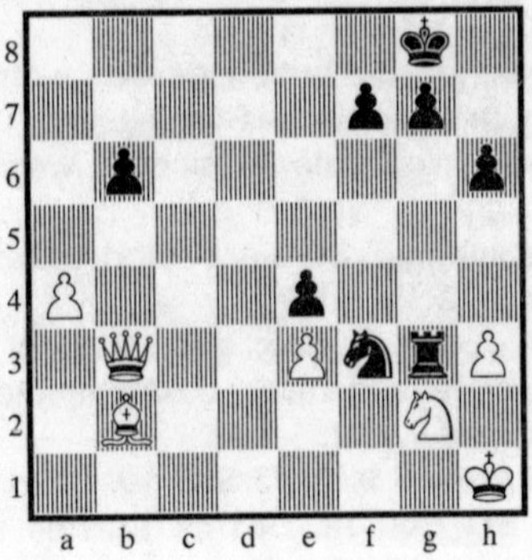

Eine fantastische Stellung! Trotz des riesigen materiellen Vorteils kann Weiß das Matt nicht verhindern. Bislang ist mir nichts Ähnliches in der Spielpraxis untergekommen. Weiß wird auch durch die Ablehnung des Opfers nicht gerettet: 43. Se6, worauf ich fortgesetzt hätte 43. ... Tf2: und nach 44. gf3: – 44. ... Tf1+ 45. Kh2 ef3:! 46. Sg5: (46. De3: Tg2 matt) 46. ... Lf4 matt!

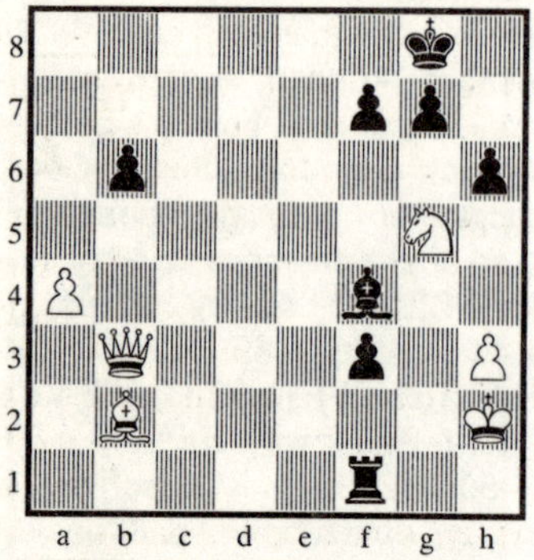

Auf dem Brett ist erneut ein Mattfinale entstanden! Durch ihre außerordentliche Schönheit gefiel mir diese Partie mehr als alle anderen bei diesem Turnier gespielten.

Klarić – Kasparow
Jugoslawien – UdSSR
Damenbauernspiel

1. d4 Sf6 2. c3 g6 3. Lg5 Lg7 4. Sd2 0–0 5. e4 d6 6. f4!?

Nach 6. Sf3 entstünde eine wohlbekannte theoretische Stellung. Jetzt aber besitzt Weiß gute Aussichten, wenn es ihm gelingt, Sgf3 und Lc4 zu spielen. Deshalb muß Schwarz sofort das Zentrum attackieren.

6. ... c5 7. dc5: dc5: 8. Lc4

Dies ist ungenau – besser ist hier 8. Sgf3 und 9. Le2.

8. ... Sc6 9. Sgf3 Sa5 10. Le2 Sg4! 11. Sf1 Db6 12. Dc1 c4 13. Lh4 e5!?

Ein positionelles Bauernopfer.

14. h3 Sf6 15. Lf6: Df6: 16. fe5:

Ein wichtiger Moment. Nach 16. Se5: wollte ich 16. ... g5! spielen mit der anschließend möglichen Entwicklung 17. Sc4: gf4: 18. Sa5: Dh4+ 19. Kd1 Dd8+ 20. Kc2 Da5: 21. Df4: Le6!. Obwohl Schwarz zwei Bauern weniger hat, stehen seine Aktien ausgezeichnet.

16. ... De7

Zu kompliziertem Kampf führte 16. ... Db6!? 17. Se3 Lh6 18. Sd5 Lc1: 19. Sb6: Lb2: 20. Sa8: La1: 21. Kd2.

17. Df4

Das verlockende 17. Se3 führt nach 17. ... Le6 18. Sd5 Ld5: 19. ed5: Le5: zu Schwierigkeiten für Weiß.

17. ... Sc6 18. Se3 Se5: 19. Sc4:?

Besser ist 19. Sd5 Dd6 20. 0–0–0, da es die weiße Entwicklung vollendet.

19. ... Sf3:+ 20. Lf3: Le6 21. Se3 Dc5! 22. Sc2

Auf 22. 0–0 folgt unerwartet 22. ... g5!, und Weiß verliert eine Figur.

22. ... Tad8

Noch energischer ist 22. ... Le5! 23. De3 Lg3+ 24. Kd1 (24. Kf1 Db5+) Tfd8+ 25. Sd4 (25. Kc1 De3:+ 26. Se3: Lf4) 25. ... Le5 – die weiße Stellung ist dann nicht zu verteidigen.

23. De3 Db5 24. Sb4 Lc4

Nun kann der König nicht aus dem Zentrum entkommen: 25. Le2 Le2: 26. De2: Dc5 und 27. Df2? geht nicht wegen 27. ... Lc3:+!

25. a4 De5 26. Kf2

Schlecht ist 26. Le2 wegen 26. ... Lh6! 27. Dh6: Dg3+. Doch wie soll man den Angriff jetzt fortsetzen?

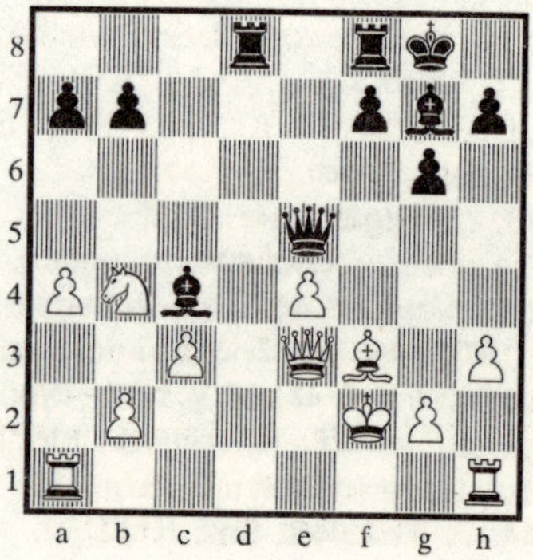

26. ... Lf6!

Sehr stark ist 26. ... f5!, zum Beispiel 27. ef5: De3:+ 28. Ke3: a5! 29. Sa2 (29. Sc2 Lh6+) Td3+ oder 27. The1 f4 28. Da7: (28. Dc1 Dc5+) Ta8 29. Db6 Tf6 30. Dd4 Dd4: 31. cd4: Tb6 mit klarem Sieg für Schwarz.

27. Thd1 Le7

Jetzt gibt es gegen ...Lc5 keinen ausreichenden Schutz.

28. Sc2

Nach 28. Sd5 entscheidet 28. ... Lh4+! 29. Kg1 Ld5:, und Weiß verliert eine Figur!

Dem ist nicht so – Weiß gewinnt die Figur zurück: 30. Dc5!, und Schwarz, der im 22. und 26. Zug gute Möglichkeiten verpaßte, ist gezwungen, seine Überlegenheit erst noch zu beweisen. Nach 30. ... Le7 31. Da5 b6 32. Td5: Df4! kann der Vorteil verwirklicht werden: 33. Da7: Td5: 34. ed5: (stärker ist 34. De7:, obwohl 34. ... Td2 reale Chancen für einen schwarzen Sieg bietet) 34. ... Lc5+ 35. Kh1 Ld6 36. Kg1 De3+ 37. Kh1 (37. Kf1 Lc5) 37. ... Te8!, oder 33. Db5 Lc5+! 34. Kh1 Td5: 35. ed5: Ld6 36. Kg1 De3+ 37. Kh1 De5 38. Kg1 Te8!. Aber 31. Db5! scheint der Zug zu sein, der zum Remis führt. Also ist das Ausrufezeichen nach 26. ... Lf6 nach genauerer Untersuchung durch ein Fragezeichen zu ersetzen!

28. ... Td1: 29. Td1: Lb3 30. Dd3

Oder 30. De2 Lc5+ und 31. ... Dh2.

30. ... Dc5+! 31. Ke1 Lh4+ 32. Kd2 Td8 33. Sd4 Ld1:,

und Schwarz gewann die Partie.

Speelman – Kasparow

England – UdSSR

Englisch

1. Sf3 Sf6 2. c4 c5 3. Sc3 e6 4. g3 b6 5. Lg2 Lb7 6. 0–0 Le7 7. b3 0–0 8. Lb2 d6 9. e3 Sbd7 10. d4 a6 11. Tc1

Smyslow hat beim Turnier der Auswahlmannschaften (1981) gegen mich mit 11. De2 fortgesetzt, ebenso Smejkal beim Internationalen Turnier in Moskau (1981). Nach 11. ... Se4 entstand in etwa Gleichgewicht. Der von Speelman gemachte Zug gilt als nicht so gut und läßt einen interessanten schwarzen Gegenschlag zu.

11. ... b5!

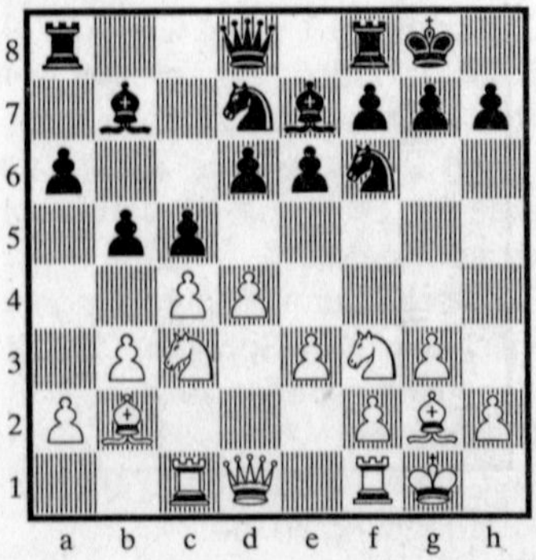

Auf den ersten Blick könnte man meinen, daß Weiß einen Bauern erobern kann mit 12. dc5: Sc5: 13. cb5: ab5: 14. Sb5:, da nach 14. ... Ta2: als Antwort 15. Lf6: erwartet wird, was scheinbar 15. ... gf6: erzwingt. Aber 15. ... Lf6:! verändert die Einschätzung der Situation zugunsten von Schwarz: 16. Dd6: Sb3: 17. Tcd1 Dd6: 18. Sd6: Lf3: 19. Lf3: Sd2 oder 16. Sd6: La6 17. Tc5: Le2! 18. Db1 Tb2 mit Mehrqualität. Wenn Weiß nichts unternimmt, dann verspricht eine gewisse Schwäche der weißen Zentralbauern gutes Spiel für Schwarz.

12. d5 ed5: 13. Sd5: Sd5: 14. cd5: Lf6!

Der Läufertausch ist für Schwarz günstig, da danach der Durchbruch e4–e5 erschwert und auch das Gegenspiel am Damenflügel gesichert wird.

15. Lf6: Sf6:

Der Vorteil dieses Zuges ist offensichtlich (der Springer übt Druck auf das Zentrum aus), die Nachteile nicht so sehr: Weiß wird e4-e5 vorbereiten, und in diesem Falle wäre der Springer besser auf d7 aufgehoben, von wo aus er auch leichter auf den Damenflügel gelangen kann. Vorzuziehen wäre demnach 15. ... Df6:!, da die Dame auf der langen Diagonale die Möglichkeit hätte, den Bauernangriff a6–a5, b5–b4, a5–a4 zu unterstützen.

16. Sh4 a5 17. e4 Te8 18. Te1 g6

Das direkte 18. ... a4 wird mit 19. e5! Te5: 20. Te5: de5: 21. Tc5: mit weißem Vorteil beantwortet. Zum Beispiel gibt es nach 21. ... e4 die wichtige Ressource 22. Sf5!, und d5 darf nicht genommen werden.

Schwarz nimmt seinem Gegner die Möglichkeit, den Springer über f5 ins Geschehen eingreifen zu lassen.

19. Dd2 b4

Hier wäre 19. ... a4 schlecht wegen der Entgegnung 20. b4.

20. a3

Die normale Entwicklung der Ereignisse könnte folgendermaßen aussehen: 20. f4 Sd7 21. Tcd1 a4 22. Sf3 ab3: 23. ab3: Db6 oder 23. ... Ta3 mit beiderseits scharfem Spiel. Mein englischer Partner entschied sich für eine umstrittene Lösung: Um die schwarze Aktivität zu bremsen, stößt er mit dem Bauern gerade dort vor, wo der Gegner stärker ist.

20. ... ba3: 21. Ta1 De7!

Nun folgt nach 22. Ta3:? die starke Replik 22. ... Sd5:. Der Bauer a3 ist wohl schwach, doch in einigen Varianten, wenn er es schafft, am Leben zu bleiben, kann er gefährlich werden. Zum Beispiel wird 22. e5 mit 22. ... a4! 23. ef6: De1:+ mit anschließendem ... ab3: und a3-a2 widerlegt.

Die Analyse dieser Variante ist fehlerhaft. Nach 22. e5? a4? 23. ef6: De1:+ 24. Te1: Te1:+ 25. De1: ab3: 26. Sf5!! gewinnt Weiß, man sehe: 26. ... a2 27. Sh6+ Kh8 28. Sf7:+ Kg8 29. Sh6+ Kh8 30. De7 a1D+ 31. Lf1 oder 26. ... gf5: 27. De3 a2 28. Dh6 a1D+ 29. Lf1 Df6: 30. Df6:. Vollkommen ausreichend ist das einfache 22. ... de5: 23. d6 Dd7, und nur im Falle von 22. f4 a4 23. e5 kann man die Dame opfern – 23. ... ab3: 24. ef6: De1:+ 25. Te1: Te1:+ 26. De1: a2 usw.

22. h3

Um den Zug 23. Te3 vorzubereiten (mit der Idee 24. Ta3:), sichert sich Weiß zunächst gegen Sg4 ab und macht das Feld h2 für den König frei.

22. ... De5

Baut die Drohung 23. ... Db2 auf, doch die Hauptidee wird im nächsten Zug sichtbar. Weiß ist gezwungen, den Bauern sofort zu schlagen und kann das auch tun, da mit der auf e5 postierten Dame 23. ... Sd5: schwach ist, wegen des Zwischenzuges 24. Sf3.

23. Ta3: Dd4! 24. Dd4:! cd4:

Wieder ein Freibauer – diesmal auf der d-Linie! Zugegeben, auch dieser Bauer ist schwach, doch all das verursacht eine gewisse Desorganisation im gegnerischen Lager. Wichtig ist auch, daß es für Weiß schwierig ist, Springer und Läufer ins Spiel zu bringen, die durch den schwarzen Druck im Zentrum gebunden sind.

25. Ta4

Mit dem einfachen Ziel 26. ... Ld5: 27. Td4: Tab8 28. Ta1. Anlaß zu mehr Zuversicht hätte Weiß aber nach 25. Td1 Se4: 26. Td4: Sc5 27. b4 ab4: 28. Ta8: Ta8: 29. Tb4:; nach 29. ... Kf8 besitzt Schwarz zwar gewisse Vorteile (Schwäche des Bauern d5), doch die Chancen von Weiß auf ein Remis sind sehr beachtlich.

25. ... d3 26. Td1?!

Es scheint, daß 26. Td4 Ld5: 27. Td3: zu einer oben erwähnten Stellung führt, aber hier wirkt sich die unterschiedliche Tatsache aus, daß der Turm nicht auf d4 steht. Nach 27. ... Tab8 28. Ta1 Lb3: 29. Ta5: Se4: ist die Rückeroberung des Bauern (30. Le4: Te4:) mit Risiko verbunden: 31. Td6: Le6! 32. Kg2 Te2 33. Ta3 Tbb2 34. Tf3 h5, und es ist trotz der materiellen Ausgewogenheit nicht so einfach, Remis zu erreichen. Vielleicht hat Weiß ohne 30. Le4: bessere Aussichten auf erfolgreiche Verteidigung.

26. ... Sd7!

Der d-Bauer erweist sich plötzlich als unverwundbar: 27. Td3:? Sc5!.

27. b4 ab4: 28. Tb4: Sc5 29. Sf3 Ta2

Kaum stärker ist 29. ... Te4: 30. Te4: Se4: 31. Se1 Sc3 32. Td3: Ta1 33. Tc3: Te1:+ 34. Kh2 Td1; hier hat Schwarz nur geringe Chancen auf Gewinn.

30. e5! de5: 31. Tc1 Tc2

Nun ist die Endspielsituation „vier gegen drei" auf einem Flügel unvermeidbar.

32. Tc2: dc2: 33. Tc4 Sb3 34. Tc2: Ld5: 35. Tc7 e4 36. Se1 Sd4 37. Td7 Te5 38. Sd3?

Geistreich, aber nicht ausreichend. Solange der Turm auf c7 stand, sollte man 37. Sc2 spielen, ohne Angst vor 37. ... Sf3, denn nach 38. Lf3: ef3: 39. Se3 nebst 40. g4 und Kh2–g3 kann Weiß leicht Remis erreichen.

Auf 37. Sc2 ist die beste Antwort 37. ... Se6 38. Td7 Td8 39. Td8:+ Sd8:, und alle Hoffnungen auf Erfolg sind noch nicht geschwunden.

Auch jetzt ist es noch nicht zu spät zur Rückkehr – 38. Tc7.

38. ... ed3: 39. Ld5:

Und somit hat Schwarz wieder einen – nun bereits den dritten – Freibauern. Die Frage ist, wie man über ihn verfügen soll.

39. ... Kf8!

Weiß rechnete mit 39. ... d2 40. Lf7:+ und 41. Td4:. Nach dem Textzug wird 40. Lf7: mit 40. ... Te4! beantwortet, und der d-Bauer ist nur auf Kosten der Preisgabe einer Figur aufzuhalten.

40. Lc4 d2 41. Td4: Te1+ 42. Kg2 d1D 43. Td1: Td1:

Die Mehrqualität zu realisieren stellt kein großes Problem mehr dar. Die Fortsetzung bleibt daher unkommentiert.

44. h4 Tc1 45. Ld5 Tc5 46. Lb3 Ke7 47. La2 h6 48. Lb3 Tc7 49. La2 Kd6 50. Kh3 Ke5 51. Kg4 Ta7 52. Lb3 Tb7 53. Ld1 Tb2 54. Kf3 Kd4 55. Le2 Tb3+ 56. Kg2 Kc3 57. Lf3 Tb5 58. Lc6 Tc5 59. Le8 Tc7 60. Kf1 Kd2 61. La4 Tc1+ 62. Kg2 Ke1 63. Lb3 Tc7 64. f4 Ke2 65. Ld5 Ke3 66. La8 f6 67. Kg1 Tg7! 68. Kg2 g5 69. hg5: hg5: 70. fg5: Tg5:.

Weiß gab auf.

Kasparow – Fedorowicz
UdSSR – USA
Damenindische Verteidigung

1. d4 Sf6 2. c4 e6 3. Sf3 b6 4. a3 c5 5. d5 La6 6. Dc2 ed5: 7. cd5: g6

Genauer als 7. ... d6 8. Sc3 Sbd7, so geschehen in der Partie Kasparow – Browne (1979), in der nach 9. Lf4! Le7 10. g3 0–0 11. Lg2 Te8 12. 0–0 Weiß die besseren Chancen erhielt.

8. Sc3 Lg7 9. g3 0–0 10. Lg2 d6 11. 0–0 Te8 12. Te1 Dc7

Eine wichtige Feinheit: Gewöhnlich postiert man die Dame auf e7, wo sie nach e2–e4, h2–h3 und Lf4 die schwarzen Aktivitäten nur behindert.

13. Lf4

Vielleicht hätte man auch hier nach dem Standardplan mit e2–e4 verfahren sollen, doch mir schien es möglich, die Position der schwarzen Dame sofort auszunutzen: Die normale Entwicklung ist nun erschwert, da auf 13. ... Sbd7 die Entgegnung 14. Da4 sehr unangenehm ist.

13. ... Sh5

Der Springerzug auf ein Feld am Brettrand sieht nicht besonders schön aus, doch ist dafür der weiße Vorstoß e4–e5 maximal erschwert, und das schwarze Gegenspiel am Damenflügel nimmt realistische Formen an: c5–c4 und Sb8–d7–c5 oder Lb7, a7–a6 und b6–b5.

14. Ld2 Sd7

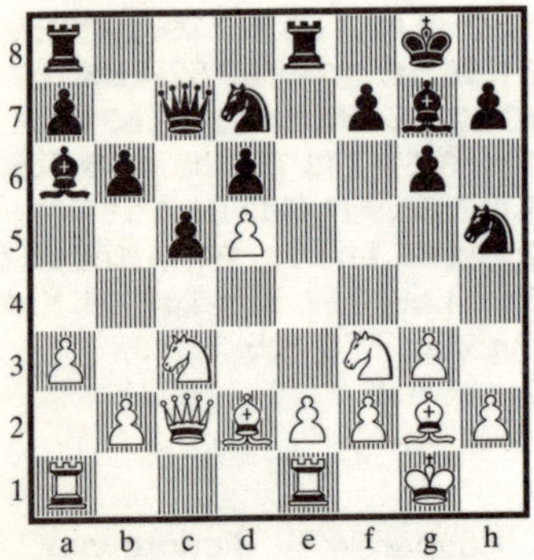

Nun muß Weiß einen konkreten Plan für die bevorstehenden Verwicklungen festlegen. Natürlich kann man mit dem üblichen Manöver 15. a4 den gegnerischen Angriff aufhalten, aber nach 15. ... c4 bestehen für Weiß keine klaren Möglichkeiten für die Initiative. Nach grundsätzlichen Überlegungen beschließt Weiß einen originellen Plan aufzugreifen, der übrigens keinerlei logische Verbindung zum biherigen Spielverlauf aufweist.

15. Da4 Lb7 16. Dh4

Ein solches Damenmanöver wird normalerweise mit einem Angriff auf den König verbunden. Hier läßt sich diese Absicht vorläufig nicht prognostizieren. Nachdem sich am Brett noch so viele Figuren befinden, ist der Damenzug anscheinend unbegründet. Die Begründung lautet aber: Um den Druck am Damenflügel zu erhöhen, muß Schwarz einige seiner Figuren umgruppieren, wonach die Voraussetzungen für den Angriff auf den schwarzen König geschaffen wären.

16. ... a6 17. Tac1 b5 18. b4

Damit wird der gegnerische Angriff gebremst.

18. ... Dd8

Im Falle von 18. ... Sb6 19. g4 Sf6 20. e4 Sc4 21. Lg5 oder 21. Lh6 wäre genau das eingetreten, was ich vor Augen hatte: Schwarz verfügt über klare Überlegenheit am Damenflügel, Weiß aber greift den schwarzen König an. Eine spannende und undurchsichtige Stellung. Meinem Gegner gefiel wahrscheinlich die Dame auf h4 nicht, und so versucht er, sie auf direktem Wege abzudrängen. Das dabei entstehende forcierte Spiel erfordert hohe Präzision.

19. Lg5

Auf 19. Se4 folgt nicht 19. ... Dh4:? 20. Sh4:, sondern 19. ... Te4:! 20. De4: Shf6 und Ld5: mit ausgezeichneter Kompensation für die geopferte Qualität.

19. ... f6

Ungünstig ist 19. ... Lf6 wegen 20. Lf6:, und im Falle von 20. ... Df6: ist dann bereits sehr stark mit 21. Se4! zu rechnen; wenn aber 20. ... Shf6: gespielt wird, war der weiße Plan vollkommen berechtigt: Nach 21. e4 hat Schwarz Schwierigkeiten, seinen König zu verteidigen.

20. Ld2 f5

Damit wird das zentrale Feld e4 unter Kontrolle genommen und die Umgruppierung des Springers h5 ins Zentrum vorbereitet. Die Schwäche des Feldes e6 kann Weiß vorläufig nicht ausnutzen.

21. Lg5 Db6?

Richtig wäre 21. ... Lf6! gewesen, womit das Gleichgewicht in etwa gehalten werden kann, zum Beispiel 22. e4 (22. Lf6: Df6:) cb4: 23. ab4: Tc8.

22. e4 cb4:

Auch im Falle von 22. ... h6 23. Ld2

(23. ef5:!?) Lf6 24. Dh3 wackelt die schwarze Verteidigung gewaltig.

23. ab4: Tac8

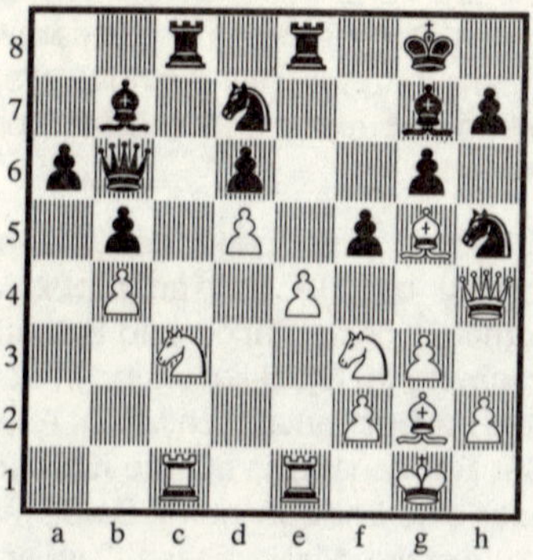

Dies ist die kritische Stellung. Beide Seiten haben das erreicht, was sie angestrebt haben: die maximale Aktivierung der Figuren auf „ihrem" Brettabschnitt. In diesem Moment hatte ich Sorgen wegen der unsicheren Stellung des Springers c3 und wegen der Schwäche im Zentrum, deshalb entschied ich mich zur Zugwiederholung.

24. Le3? Dd8 25. Lg5 Db6?

Dieser Zug wurde schnell ausgeführt, Er zeigt klar, daß mein Gegner nichts gegen ein Remis hatte. Nach wie vor wäre es notwendig gewesen, 25. ... Lf6 zu ziehen, doch es ist äußerst schwierig, die weitere Entwicklung vorherzusagen. Nach kurzer Überlegung fiel mir die Möglichkeit einer Angriffskombination auf.

26. ef5:!

Weiß opfert eine Figur, scheinbar ohne direkten Vorteil. Aber gerade hier wirken sich die kleinen Schwächen in der schwarzen Aufstellung aus: die ungünstig stehende Dame, der Läufer auf b7, der Springer auf h5, die entblößte Königsdeckung. Der folgende Angriff ist nicht abzuwehren.

26. ... Te1:+ 27. Te1: Lc3:

Natürlich nicht 27. ... Tc3:, wegen 28. Ld8 Lf6 29. Te8+ Kf7 30. Te7+ Kg8 31. Td7: mit entscheidendem weißen Vorteil.

28. Te7 Tc4

Es ist schwierig, eine Verteidigung zu finden. Der Springerrückzug nach f8 oder f6 zum Beispiel wird mit 29. Le3! beantwortet, und die schwarze Dame sitzt in der Falle – 29. ... Dd8 30. Tb7:. Der Versuch zum Gegenangriff 28. ... Lf6 29. Td7: Tc2 wird mit 30. g4! (schützt den Punkt f2) pariert, und nach 29. ... Tc1+ ist am einfachsten 30. Lc1: Lh4: 31. Le3, wodurch die Dame zurückerobert wird.

29. Dh3!

Eine einfache und starke Antwort: Die Dame bezieht Stellung im Hinterhalt. Ihr Sprung auf den Königsflügel erwies sich als voller Erfolg!

29. ... Lc8

Und wieder entscheidet nach einem Rückzug des d7-Springers die Entgegnung Lg5-e3.

30. fg6: Sdf6

Zur sofortigen Niederlage führte 30. ... hg6: 31. De6+.

31. Lf6: Sf6: 32. gh7:+ Kf8

Nach 32. ... Kh8 wäre 33. Dh6 möglich gewesen, und nach 33. ... Df2:+ – 34. Kh1. Ich wollte jedoch mit 33. Sh4 antworten, was auch mit einem sofortigen aber viel effektvolleren Mattzug verbunden ist: 33. ... Th4: 34. Dc8: oder 33. ... Lh3: 34. Sg6 matt.

33. h8D+ Ke7: 34. Dg7+.

Schwarz gab auf. Die zwei Dame werden natürlich leicht mit einem König fertig.

Zwei Wochen in Tilburg

Außer dem Weltmeister und seinem Herausforderer kamen zur fünften Auflage des traditionellen Turniers im kleinen holländischen Städtchen Tilburg fast alle führenden Schachmeister der Weltspitze. Einer der Favoriten war der Holländer Jan Timman, der auf „eigenem Terrain“ immer besonders gut spielt. Imposant sah das Quartett der sowjetischen Teilnehmer aus: der amtierende Landesmeister Beljawski, Ex-Weltmeister Spasski, Petrosjan und Kasparow. Übrigens hätte sich jeder der 12 Teilnehmer berechtigte Hoffnungen auf den Titel machen können.

Zunächst übernahm etwas unerwartet Ulf Andersson die Führung mit 2,5 Punkten nach drei Runden. Der schwedische Großmeister spielte ohne Hast und nach außen hin nicht sehr anspruchsvoll, doch gelang es ihm, Miles und Portisch „einzuschläfern“. Im weiteren Verlauf gab er sich mit Remisen zufrieden, und zwei Niederlagen in den Schlußrunden ließen ihn ins Mittelfeld zurückfallen. Timman konnte sein Spiel nach und nach steigern. Wichtig war das Duell Timman – Kasparow in der vierten Runde, das der holländische Großmeister stark und präzise absolvierte.

Irgendwie unbemerkt kämpfte sich Beljawski bis zur Spitzengruppe vor. Maximale Konzentration und Selbstbeherrschung im Spiel ließen ihn in der 9. Runde zu Timman aufschließen. Aber in dieser Runde lauerte auf die führenden Spieler eine Enttäuschung: Beide mußten zum ersten Mal in diesem Turnier kapitulieren. Timman verlor gegen Sosonko und Beljawski gegen Portisch, wonach auch Petrosjan zur Tabellenspitze aufschließen konnte, der als einziger von allen ohne Niederlage blieb. Gegen Petrosjan war ich wieder mal dem Sieg nahe, doch wie beim Turnier in Moskau, triumphierte wiederum die Verteidigung.

		1	2	3	4	5	6	7	8	9	10	11	12	Punkte
1.	Beljawski	●	½	0	1	½	½	½	½	1	1	1	1	7,5
2.	Petrosjan	½	●	½	½	½	½	½	1	1	½	½	1	7
3.	Portisch	1	½	●	½	1	0	½	½	0	1	1	½	6,5
4.	Timman	0	½	½	●	½	½	1	1	0	1	½	1	6,5
5.	Ljubojević	½	½	0	½	●	½	½	½	½	1	1	½	6
6.	Andersson	½	½	1	½	½	●	½	0	½	0	½	1	5,5
7.	Spasski	½	½	½	0	½	½	●	1	½	½	½	½	5,5
8.	Kasparow	½	0	½	0	½	1	0	●	1	½	1	½	5,5
9.	Sosonko	0	0	1	1	½	½	½	0	●	0	½	½	4,5
10.	Larsen	0	½	0	0	0	1	½	½	1	●	0	1	4,5
11.	Hübner	0	½	0	½	0	½	½	0	½	1	●	½	4
12.	Miles	0	0	½	0	½	0	½	½	½	0	½	●	3

Kasparow – Petrosjan

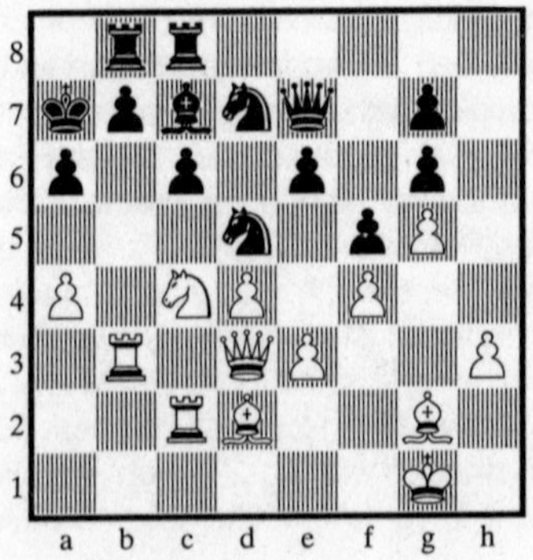

Durch ein Bauernopfer in der Eröffnung war es mir gelungen, die schwarzen Figuren maximal einzuengen. Darüber hinaus ist die schwarze Königsstellung offensichtlich verwundbar. Im Moment droht zum Beispiel a4–a5, und es ist nicht klar, wie man die Drohung Tcb2 und Db1 abwehren soll. Petrosjan hat die Aussichtslosigkeit einer passiven Verteidigung erkannt und entschließt sich zu einem Verzweiflungszug.

30. ... b5

Auf den ersten Blick sieht das gar nicht so schlecht aus, doch besitzt Weiß eine starke Erwiderung.

31. ab5: cb5: 32. Ta2!

Nun ist der Springer c4 unantastbar (32. ... bc4: 33. Ta6:+!), und es scheint, daß das Auseinanderbrechen der schwarzen Stellung unabwendbar ist.

32. ... Kb7!!?

Die beiden Ausrufezeichen hinter diesem Zug stehen für die Kühnheit, mit welcher sich der schwarze König in die Gefahr hineinstürzt, das Fragezeichen deswegen, weil es wohl nicht die stärkste Antwort ist. Die meisten anderen Spieler hätten wahrscheinlich so fortgesetzt: 32. ... Ld6, doch dann würde Weiß nach 33. Tb5: Tb5: 34. Sd6: Dd6: 35. Db5: einen Bauern und klare Vorteile gewinnen. Doch der Zug 32. ... Kb7 übte eine unerwartete psychologische Wirkung auf mich aus. Im Gefühl, ganz nahe am Sieg zu sein, wurde ich nervös.

33. Lb4?

Seltsam, daß sich dieser natürlich scheinende, die Spannung steigernde Zug als ernster Fehler erweist. Die Stütze der schwarzen Stellung ist der Springer auf d5, und diesen sollte man als erstes angehen. Richtig wäre gewesen 33. Sa3!. Nun verliert 33. ... S7b6 wegen 34. Sb5:! ab5: 35. Db5:, zum Beispiel 35. ... Td8 (35. ... Ta8 36. Ld5:+ ed5: 37. Dd5:+) 36. Lb4! De8 37. Da6+ Kc6 38. Lc5 Kd7 (38. ... Ta8 39. Tb6:+) 39. Lf1!. Deshalb muß Schwarz auf 33. Sa3! mit 33. ... Lb6 antworten. Doch dann ändert unerwarteterweise der weiße Springer seine Route, wobei er die ungenügende Koordination der schwarzen Figuren ausnutzt – 34. Sc2! Und obwohl Schwarz nach 34. ... Ta8 35. Sb4 Dd6 alle Schwächen decken kann, führt der Durchbruch im Zentrum zu einer für Weiß eindeutig besseren Stellung: 36. e4! fe4: 37. De4:, und Schwarz ist schutzlos (37. ... Ta7 38. Dg6: Ld4:+ 39. Kh1 S7b6 40. f5!).

Wie aus diesen Varianten zu ersehen ist, war es doch nicht so einfach, den Gewinn zu erreichen. Der Weg dorthin erforderte tiefes Eindringen in die Feinheiten der Stellung.

Der auf dem Brett träge wirkende folgende Zug rettet die schwarze Verteidigung.

33. ... De8!

Von hier aus deckt die Dame den Bauern b5 indirekt. Bedeutend schwächer ist 33. ... Dd8? wegen 34. e4! fe4: 35. De4: mit nicht zu parierenden Angriffen in Folge: 35. ... De8 36. Dd5:+! ed5: 37. Ld5:+ Ka7 38. Ta6:+! Ka6: 39. Ta3+ La5 40. Ta5: matt!

34. Ld6

Der weiße Läufer geht seinem Untergang entgegen, aber insgesamt gesehen verdirbt dieser Zug die Partie nicht, nachdem auch 34. La5 De7! nicht von mehr Erfolg gekrönt ist.

34. ... Ta8 35. Db1

Weiß hat eingesehen, daß der Sieg verpaßt ist und bringt die Figuren lediglich in Position, in der Hoffnung, einen unerwarteten Kombinationsangriff führen zu können.

Zwar war auch schon der 32. Zug unerwartet für mich, doch der nächste verwirrte mich vollends.

35. ... Kc6!!

Der König tritt allein dem weißen Angriff entgegen! Aber nach diesem paradoxen Zug büßt die weiße Figurenaufstellung ihre Wirksamkeit ein, und Weiß muß sich eher darum sorgen, wie er die verirrten Figuren ohne materielle Verluste freikämpfen kann. Aber leider, durch die fantastische Verteidigung meines Gegners überrascht, fand ich nicht die richtige Fortsetzung und verlor nach wenigen Zügen. Die Rettung wäre gewesen 36. Lc7: bc4: (36. ... Kc7: 37. Sb2 Kd8 38. De1 mit Kompensation für den Bauern) 37. Tb7 Tc7: 38. Ta6:+ Ta6: 39. Db5+ Kd6 40. Da6:+ Ke7 (40. ... Tc6? 41. Da3+) 41. Ld5: Tb7: 42. Lb7: (42. De6:+? Kd8 43. De8:+ Ke8: 44. Lb7: c3, und der Bauer wird umgewandelt) 42. ... Db8 43. Kf2 mit Remis-Endspiel.

36. Tba3? bc4: 37. Ta6:+ Ta6:+ 38. Ta6:+ Lb6 39. Lc5 Dd8 40. Da1

Nicht viel ändert sich im Falle von 40. Db4 Ta8! 41. Da4+ Kb7 usw.

40. ... Sc5: 41. dc5: Kc5: 42. Ta4

Weiß gab auf. Diese Partie war von entscheidender Bedeutung für die spätere Plazierung der beiden beteiligten Kontrahenten.

Die Vergabe der vordersten Plätze wurde erst in der letzten Runde entschieden. Nachdem Petrosjan gegen Ljubojević schnell remisierte, hing alles vom Duell Beljawski – Timman ab.

Beljawski fand eine Verbesserung in einer der schärfsten Varianten der Sizilianischen Verteidigung und wurde nach Partiegewinn auch Turniersieger.

Was meinen relativen Mißerfolg angeht, so kann man hier mit Bestimmtheit sagen, daß ich im Wesentlichen an der Unfähigkeit litt, einen einmal erreichten Vorteil auch zu realisieren. Dieser Fehler war charakteristisch für meine Partien gegen Petrosjan, Spasski, Portisch und Larsen, wobei ich aus vier strategisch gewonnenen Stellungen nur zwei Remisen erzielen konnte! Ohne Rücksicht auf das schwache Resultat gab es auch schöpferisch wichtige Partien, vor allem die drei Siegpartien. Hier ist eine davon.

Kasparow – Andersson

Damenindische Verteidigung

1. d4 Sf6 2. c4 e6 3. Sf3 b6 4. a3 Lb7 5. Sc3 Se4

Die Lieblingsfortsetzung des schwedischen Großmeisters in der Damenindischen Verteidigung mit 4. a3. Meiner Ansicht nach ist der Zug 5. ... d5 aussichtsreicher.

6. Se4: Le4: 7. Sd2!

Dies ist die energischste Fortsetzung.

7. ... Lg6?!

Ein neuer, aber wahrscheinlich wenig glücklich gewählter Zug. Offenbar hatte Schwarz Angst vor 7. ... Lb7 wegen der Antwort 8. e4. Nach dem Abzug des Läufers von der langen Diagonale ändert Weiß seinen Plan.

8. g3! Sc6?!

Das ist die Fortführung der etwas gekünstelten Spielweise. Das üblichere 8. ... c6 9. Lg2 d5 10. 0–0 Le7 11. e4 sichert dem Anziehenden nur die etwas besseren Chancen.

9. e3 a6

Schwarz versucht immer noch, den Kampf ums Zentrum zu führen, obwohl es nötig gewesen wäre, sich um die Figurenentwicklung am Königsflügel zu kümmern.

10. b4!

Gut wäre auch 10. b3, doch ich wollte

Schwarz zu größerer Aktivität provozieren.

10. ... b5 11. cb5: ab5: 12. Lb2 Sa7

Hier schätzte mein Gegner die Stellung noch ziemlich optimistisch ein. Tatsächlich hat Schwarz nach d7–d5 nichts zu befürchten, doch wird er bis zum Ende der Partie nicht mehr zum Verschnaufen kommen.

13. h4!

Es ist nötig, dem schwarzen Königsflügel Schwächen zuzufügen.

13. ... h6

Etwas bessere Verteidigungschancen hätte 13. ... h5 geboten.

14. d5! ed5: 15. Lg2 c6 16. 0–0

Das ist die Stellung, die Weiß angestrebt hatte. Die Entwicklung der schwarzen Figuren wird verzögert, und die Gefahren des sich nun öffnenden Spiels (mittels e3–e4) sind im Prinzip nicht abzuwenden (16. ... f5 verhindert zwar diese Drohung, doch danach entstehen irreparable Schwächen im schwarzen Lager). Andersson versucht, eine künstliche Rochade durchzuführen, doch dabei schwächt er die weißen Felder katastrophal.

16. ... f6 17. Te1!

Schwächer ist das sofortige 17. e4 wegen 17. ... de4: 18. Le4: Lf7!

17. ... Le7 18. Dg4 Kf7 19. h5 Lh7 20. e4 de4: 21. Le4: Le4: 22. Se4:

Weiß hat alle Streitkräfte vollständig mobilisiert, während die schwarzen Figuren weiterhin auf den letzten beiden Reihen eingepfercht sind. Der Partieausgang ist eigentlich schon vorauszusehen.

22. ... Sc8

Der schwarze König findet keinen sicheren Platz. Nach 22. ... Tf8 entscheidet 23. Tad1 d5 24. Sf6:!, und nach 22. ... Te8 gewinnt 23. Dg6+ Kf8 24. g4, da es keinen Schutz gegen Se4–g3–f5 gibt.

23. Tad1 Ta7

Schwarz hat seine Schwächen irgendwie abgedeckt, aber dank einer einfachen Kombination sprengt Weiß die gegnerische Verteidigung.

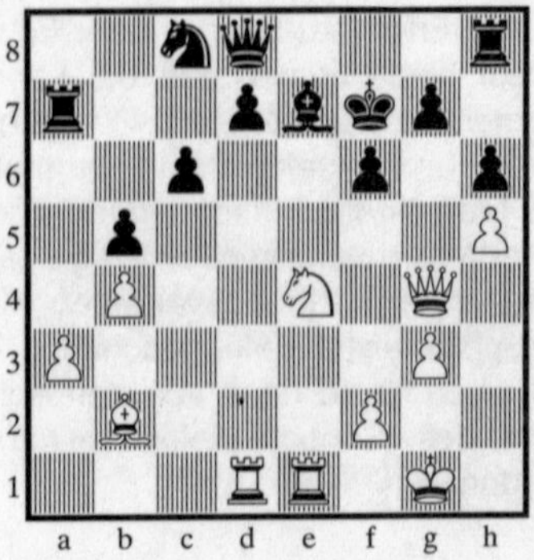

24. Sf6:! gf6:

Sofort verliert 24. ... Lf6: wegen 25. Dg6+ Kf8 26. Lf6: gf6: 27. Te6!

25. Dg6+ Kf8 26. Lc1! d5 27. Td4!

Der klarste Weg zum Sieg. Nach 27. Lh6:+ Th6: 28. Dh6:+ Kg8! 29. Td4 Lf8 erhält Schwarz noch gewisse Chancen.

27. ... Sd6 28. Tg4 Sf7 29. Lh6:+! Ke8

Oder 29. ... Sh6: 30. Dg7+ Ke8 31. Dh8:+ Kd7 32. Dh6:.

30. Lg7

Schwarz gab auf; der Vormarsch des h-Bauer ist nicht aufzuhalten.

Wenn man kein Foto-Finish braucht

Die 49. Landesmeisterschaft der UdSSR

Frunse, 1981

Es ist nicht einfach, über ein so kompromißloses Turnier, wie die 49. Landesmeisterschaft der UdSSR zu berichten. Insbesondere gilt das für einen Teilnehmer, dem es gelang, alle Schwierigkeiten des hartnäckigen Turnierkampfes mit Erfolg zu überwinden. Es wird darauf hingewiesen, daß die Landesmeisterschaften der UdSSR schon immer ein umfangreiches und mannigfaltiges Material für Forschungen lieferten. Gerade hier wurden neue Wege gefunden, Mode-Eröffnungsvarianten widerlegt, und Meisterwerke geschaffen, welche auch heute noch von den Anhängern des Schachspieles bewundert werden.

Und trotz alledem wird nach meiner Meinung die 49. Landesmeisterschaft eine bedeutend gewichtigere Spur in der Geschichte des Schachspiels hinterlassen als ihre Vorgänger. Dies erklärt sich nicht nur durch die Resultate (über 50 Prozent entschiedene Partien), was allein schon bei Turnieren mit ähnlichem Besetzungsniveau nicht üblich ist, sondern auch durch eine äußerste Kampfspannung, die bis zum letzten Turniertag andauerte. Ich meine, daß jeder Turnierteilnehmer hier wenigstens eine Partie gespielt hat, welche zu seinen schöpferischen Glanzleistungen gezählt werden kann. Es ist nicht möglich, den gesamten Turnierablauf zu schil-

		1	2	3	4	5	6	7	8	9	10	11	12	13	14	15	16	17	18	Punkte
1.	Kasparow	●	0	½	1	1	½	1	1	1	½	½	1	1	1	½	0	1	1	12,5
2.	Psachis	1	●	1	½	1	½	1	½	0	1	½	½	½	1	½	1	1	1	12,5
3.	Romanischin	½	0	●	½	½	1	1	0	½	½	1	½	½	½	1	0	1	1	10
4.	Gawrikow	0	½	½	●	½	½	½	1	½	0	½	1	½	1	½	1	½	½	9,5
5.	Tukmakow	0	0	½	½	●	0	½	½	1	1	½	½	½	1	½	1	½	1	9,5
6.	Agzamow	½	½	0	½	1	●	½	½	½	0	1	½	1	0	½	1	1	0	9
7.	Beljawski	0	0	0	½	½	½	●	½	1	0	½	½	1	1	1	1	½	½	9
8.	Dorfman	0	½	1	0	½	½	½	●	½	0	1	½	½	½	½	½	1	½	8,5
9.	Jusupow	0	1	½	½	0	½	0	½	●	1	0	0	1	1	1	½	0	1	8,5
10.	Kupreitschik	½	0	½	1	0	1	1	1	0	●	0	½	0	0	½	1	½	½	8
11.	Sweschnikow	½	½	0	½	½	0	½	0	1	1	●	½	0	1	½	½	½	½	8
12.	Dolmatow	0	½	½	0	½	½	½	½	1	½	½	●	½	0	1	½	½	½	8
13.	Zeschkowski	0	½	½	½	½	0	0	½	0	1	1	½	●	½	0	1	½	1	8
14.	Judasin	0	0	½	0	0	1	0	½	0	1	0	1	½	●	½	1	1	½	7,5
15.	Kusmin	½	½	0	½	½	½	0	½	0	½	½	0	1	½	●	0	0	1	6,5
16.	Gulko	1	0	1	0	0	0	0	½	½	0	½	½	0	0	1	●	1	½	6,5
17.	Timoschenko	0	0	0	½	½	0	½	0	1	½	½	½	½	0	1	0	●	½	6
18.	Michailtschischin	0	0	0	½	0	1	½	½	0	½	½	½	0	½	0	½	½	●	5,5

dern, deshalb werde ich nur auf das spannende Verfolgungsrennen eingehen, wo ich gegen einen Großmeister, einen Kollegen aus der Studentenauswahlmannschaft, Leo Psachis (Krasnojarsk) kämpfen sollte.

Es scheint, daß unsere Chancen vor der Landesmeisterschaft als gering gewertet wurden. Erst sechs Wochen zuvor hatte ich beim internationalen Turnier in Tilburg schwach gespielt, und Psachis kam nach Frunze im Range des Landesmeisters der UdSSR aus dem Jahre 1980. Aber es gelang nur sehr wenigen, die Goldmedaille des Landesmeisters in zwei aufeinander folgenden Jahren zu erringen (Paul Keres, Michail Tal, Lev Polugajewski), und folglich kann man einen solchen Erfolg als eine Spitzenleistung bezeichnen, dessen nach Meinung der meisten Teilnehmer vor dem Turnierbeginn (aber auch im Laufe des Turniers) Psachis nicht fähig war. Vor dem Turnier aber hatte sich Psachis sehr gründlich mit der Vorbereitung beschäftigt (er nahm in seinen Eröffnungs-Spielplan den Zug 1. d4 auf) und, indem er ein gleichmäßiges und konsequentes Spiel demonstrierte, vermochte er die lange Strecke des Turniers ohne Fehler zurückzulegen. Er erreichte ein brillantes Resultat – 12,5 Punkte aus 17 Partien (+9 =7 -1), was zweifellos viele veranlaßen wird, ihre Meinung über den jungen Schachspieler aus Krasnojarsk zu ändern und ihn als eine Kapazität in der sowjetischen Elite der Schachspieler, als einen der hervorragendsten Großmeister anzusehen.

Mein Schicksal in diesem Turnier gestaltete sich bedeutend spannender. In der ersten Runde gelang mir ein effektvoller Sieg über Gawrikow, in der zweiten Runde entschied ich mich unbegründet für Kombinationsverwicklungen in meiner Partie gegen Psachis und mußte eine gerechte Niederlage hinnehmen. Dieser Mißerfolg ernüchterte mich: in den nächsten Duellen gelang es mir, in einer bedeutend zurückhaltenderen Manier zu spielen, indem ich zur Anwendung der Taktik im Spiel nur dann griff, wenn es die Position erforderte. Ganz unerwartet für mich selbst gelang es mir, den einzigartigen Rekord von Kupreitschik – fünf Siege nacheinander! – zu wiederholen. Zu diesem Erfolg, sowie auch zu meinem Enderfolg in diesem Turnier trug viel die erfolgreiche Bekämpfung der Zeitnotkrankheit bei – eines schrecklichen Feindes, der mich das ganze Jahr verfolgt hatte. Sechs gewonnene Partien aus sieben gespielten, das war ein ausgezeichneter Anfang, aber mich verfolgte Psachis, der bereit war, mich jederzeit in der „nächsten Kurve" zu überholen.

Die nächsten vier Runden spielte ich unter aller Kritik: 1,5 Punkte (drei Remis und eine Niederlage) und das gegen Teilnehmer, die ohne besonderen Erfolg in dem Turnier spielten. Im Ergebnis habe ich einen halben Punkt Vorsprung vor Oleg Romanischin. Psachis hat bereits einen Punkt mehr und ist sicher auf dem Weg zur zweiten Goldmedaille. Ich habe rechtzeitig entsprechende Korrekturen an meiner Spielweise vorgenommen und dadurch drei Siege errungen – und das Resultat: direkt vor dem Finish übernehme ich im Turnier die Führung. Der Vorsprung ist aber sehr knapp und auch meine Verfolger sind erfahrene Kämpfer. Psachis mußte noch gegen Kupreitschik, Gulko und Agzamow und ich noch gegen Romanischin, Sweschnikow und Tukmakow spielen. Die nächsten zwei Runden bestätigen vollkommen meine Befürchtungen – Psachis schlägt mit ausgezeichnetem Spiel seine Gegner, meine beiden Duelle enden nur unentschieden, trotz aller meiner Bemühungen zu gewinnen.

Und nun zur letzten Runde ... Es gab wohl keinen, der am Erfolg von Psachis noch zweifelte. Und wirklich – er mußte dazu nicht mehr allzu viel leisten, schließlich verfügte er über einen halben Punkt Vorsprung und spielte in der Partie gegen Agzamow mit den weißen Steinen. Ich aber mußte gegen einen erfahrenen Gegner spielen, noch dazu mit den schwarzen Figuren. Ich konnte mich nicht erdreisten, in diesem Spiel mit einem so bewährten Turnierkämpfer, wie Tukmakow, fest damit zu rechnen, daß ich gewinne. Und darüber hinaus war ihm allem Anschein nach ein Remis genehm, weil er in diesem Falle die Bronzemedaille und die Aufnahme in die Oberliga 1982 erwerben konnte. In dieser Situation faßte Psachis den verantwortungsvollen Entschluß, gegen Agzamow auf Gewinn zu spielen. Selbst wenn man die Turniersituation vor der letzten Runde nicht berücksichtigt, so erkennt man ohne weiteres, daß die Chancen von Psachis im Kampf gegen Agzamow besser waren, als meine Chancen gegen Tukmakow. Aber die letzte Runde hat ihre eigenen Gesetze ...

Die Waagschalen in der Partie Psachis – Agzamow neigten sich lange einmal zu Gunsten von Psachis, einmal zu Gunsten von Agzamow. Einmal schien es, daß Psachis knapp vor dem Sieg steht, aber seinem Partner gelang es, den Sturmangriff abzuwehren und einen Mehrbauern zu erhalten. Und jetzt beginnt Psachis Friedensverhandlungen, weil er einsah, daß eine Gewißheit besser ist als zehn Ungewißheiten. Aber unerwartet stößt er auf eine Absage. Jetzt leidet Psachis unter der Spannung und versucht, die drohenden Unannehmlichkeiten zu vermeiden. Letzten Endes wurde auf Vorschlag von Agzamow das Remis in einer ziemlich komplizierten Situation protokolliert, in welcher der schwarze Mehrbauer durch den gegnerischen Zeitvorteil kompensiert wurde. Aber zu diesem Zeitpunkt endete auch bereits die Partie des anderen Titelanwärters.

Tukmakow – Kasparow
Königsindische Verteidigung

1. d4 Sf6 2. c4 g6

In meinem heutigen Eröffnungsrepertoire steht die königsindische Verteidigung nicht im allerersten Glied, aber in diesem kritischen Moment beschloß ich, zu dieser alten Methode, zu dieser bewährten Waffe zurückzukehren.

3. Sc3 Lg7 4. e4 d6 5. Le2 0–0 6. Lg5

Das von Tukmakow gewählte System ist für Weiß nicht vielversprechend, aber es hat den Vorteil, daß es die schwarzen Möglichkeiten in einem bedeutenden Maße begrenzt. Tukmakow versteht, daß mir Vereinfachungen nicht genehm sind, und er erwartet, daß Schwarz die eingefahrenen Bahnen meiden wird.

6. ... c5 7. d5 b5?!

Bei objektiver Einschätzung verdient dieses Bauernopfer nur ein Fragezeichen, aber die Möglichkeiten für Komplikationen nehmen zu, und hierfür bekommt dieser Zug ein zusätzliches Ausrufezeichen!

8. cb5: a6 9. a4!

Zweifellos ist dies die stärkste weiße Replik, die Zweifel an der Korrektheit der schwarzen Eröffnungswahl aufkommen läßt. In Tilburg 1981 hatte ich die Stellung mit umgekehrter Farbverteilung gegen Spasski. Der Ex-Weltmeister spielte unklug 9. ... Da5?, und nach 10. Ld2 Sbd7 11. Ta3 waren die letzten Zweifel hinsichtlich des weißen Vorteils ausgeräumt. Die Fortsetzung, die Schwarz hier wählen will, erlaubt es ihm, ein lebhaftes Figurenspiel zu entfalten.

9. ... h6 10. Ld2

Nach 10. Lf4 g5! 11. Ld2 e6 12. de6: Le6: bekommt Weiß Schwierigkeiten mit der Entwicklung des Springers g1.

10. ... e6 11. de6: Le6: 12. Sf3 ab5: 13. Lb5:

Weiß gelingt es nicht, den starken Bauern auf b5 zu erhalten, weil nach 13. ab5:? Lb3! 14. Dc1 Ta1: 15. Da1: De7! der Bauer e4 nicht zu retten ist.

13. ... Sa6 14. 0-0 Sc7

Als verlockend gilt 14. ... Sb4, aber nach 15. Le3! gelangt Weiß nach der Verhinderung von d6-d5 zu einem klaren Übergewicht.

15. Te1

15. Le2 erlaubte es, das Läuferpaar zu erhalten, aber es gestattete Schwarz den Zentrumsdurchbruch d6–d5 mit allen Vorteilen zu spielen. Aber auch nach 15. Le2 d5 16. ed5: Sfd5: 17. Sd5: Sd5: verfügt Schwarz nur über eine gewisse Kompensation für den Bauern – und sonst nichts mehr. Mit dem Zug 15. Te1 beansprucht Weiß etwas mehr, überläßt aber dem Gegner den Vorteil des Läuferpaares. Hier schoß mir zum ersten Mal der Gedanke durch den Kopf, daß das Remis, welches für Weiß aus rein sportlichen Gesichtspunkten heraus angenehm ist, für ihn in der Partie bereits kein Orientierungspunkt mehr ist.

15. ... Sb5: 16. Sb5:

Und nach diesem optimistischen Zug entwickelten sich meine Vermutungen zur Gewißheit. Ja, Tukmakow ist in Eifer geraten und, indem er versucht, seinen Gegner für sein abenteuerliches Spiel in der Eröffnung zu strafen, vergißt er die Aufgabe, die er in der letzten Runde zu lösen hatte. Inzwischen machte das einfache 16. ab5: die Bahn frei für die zahlreichen Abtauschmanöver und den ersehnten „dritten Rang". Eigentlich begann die Partie erst in diesem Moment.

16. ... d5 17. ed5: Sd5: 18. Se5!

Vorläufig ist Weiß auf der Höhe. Das naheliegende 18. Dc2 erlaubte es den schwarzen Läufern nach 18. ... Sb4! 19. Lb4: cb4: einen vernichtenden Druck am Damenflügel zu entwickeln.

18. ... Te8 19. Tc1

Es ist schwer, diesen üblichen Zug zu verurteilen, wonach noch eine Figur in den Kampf eingreift und somit eine Gefahr für den Bauern c5 entsteht, aber gerade dieser Zug verursachte die weiteren Schwierigkeiten. Derart dynamisch geladenen Positionen erfordern richtige und kühne Entscheidungen Zug für Zug, und die Aufeinanderfolge der „starken" und der „soliden" Züge kann hier nichts Gutes zur Folge haben. Die Dynamik der entstandenen Situation erforderte ein energisches 19. Sc4!, wodurch die Einbruchsgefahr auf d6 geschaffen werden konnte, und was die weiße Überlegenheit gesichert hätte. So aber gelingt es jetzt Schwarz, seine Figuren maximal zu aktivieren.

19. ... Lf5!

Von diesem Moment an greift Schwarz zur Taktik des „harten Drukkes". Indem ich Zug um Zug eine der Figuren angriff, konnte ich Weiß zwingen, sich auf einen engen und kurvenreichen Weg zu begeben, wo eine kleine Ungenauigkeit verhängnisvoll sein und in den Abgrund führen kann.

20. Sc6

Das ist praktisch eine erzwungene Expedition, weil 20. Sc4 dem Schwarzen die Möglichkeit zur Schaffung unangenehmer Drohungen gewährte, zum Beispiel 20. ... Te1:+ 21. Le1: Sf4! 22. Dd8:+ Td8:, und nach 20. f4 g5! 21. Dh5 Te7 entsteht eine Position, in welcher der weiße Mehrbauer keine Rolle spielt; und 20. La5 verändert wesentlich den Kampfcharakter, aber die Komplikationen führten zu einem für Schwarz günstigeren Endspiel: 20. ... Ta5: 21. Sc6 Te1:+ 22. De1: Dg5! 23. Sa5: (23. h4? Dg4 24. f3 Df4 25. Sa5: Le5 26. g3 Df3: 27. De5: Se3) 23. ... Sf4 24. g3 Se2+ (es ist nicht angebracht 24. ... Dg4 zu spielen, wegen 25. f3! Df3: 26. gf4: Le4 27. Dd2) 25. De2: Dc1:+ 26. Kg2 Le6! (26. ... Lb2:? Sb3) 27. b3 Db1!, und die Aktivität der schwarzen Bauern überwiegt den minimalen materiellen Nachteil.

Der von Weiß gewählte Zug scheint ausreichend gut, weil nach 20. ... Db6 21. Sa5! Te1:+ 22. De1: der Mehrbauer erhalten bleibt und alle Drohungen abgewiesen sind. Aber ob es angebracht ist, der Dame die Rolle des Beschützers für den Bauern c5 aufzubürden?

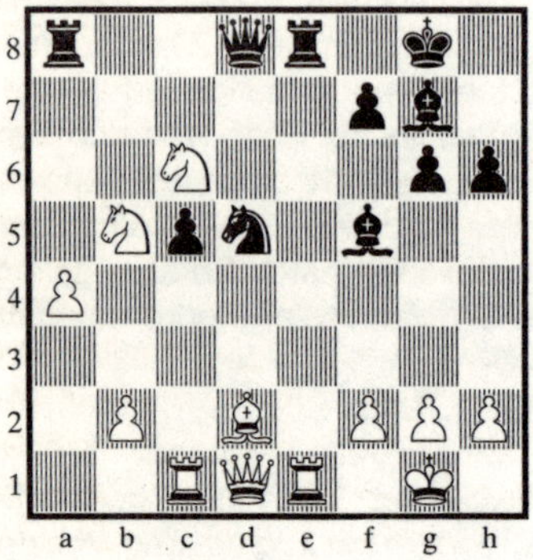

20. ... Dd7!

Indem Schwarz den zweiten Bauern opfert, lenkt er den weißen Turm ab, wonach unerwartet eine Schwächung der weißen Position auf der Grundreihe in den Vordergrund tritt.

21. Tc5: Te1:+ 22. De1:

Das ist erzwungen: nach 22. Le1: Te8! ist die Drohung Sf4 kaum abwendbar (zum Beispiel 23. g3 Sf4!, und im Falle von 23. La5 ändert der schwarze Springer seine Marschrichtung – 23. ... Sb4!, und es steht schlecht für Weiß).

22. ... Te8 23. Dc1

Nach 23. Df1 bekam der nächste schwarze Zug eine höhere Bedeutung.

23. ... Sb6!

Keine Minute zum Ausruhen! Zum vollkommenen Glück fehlt dem Anziehenden nur noch eine Kleinigkeit. Aber er kann dieses Tempo jetzt und bis zum Ende der Partie nicht bekommen.

24. b3

Man ist gezwungen, für die Verteidigung des Bauern a4 die Zeit in Anspruch zu nehmen, – denn hätte der schwarze Springer dieses Feld erreicht, gäbe es eine Panik in den Reihen der weißen Figuren.

24. ... Te2

Jetzt wird die schwarze Absicht deutlich – die weißen Figuren ballten sich am Damenflügel zusammen, und ihr König beobachtet mit Besorgnis den schwarzen Figurenaufmarsch, welcher direkt neben seiner Residenz vor sich geht. Wohl aber hat Weiß für diese Unbequemlichkeit einen imposant wirkenden Ausgleich in Form der zwei verbundenen und entfernten Freibauern.

Jetzt steht Weiß vor der Frage: wohin mit dem Läufer? Wahrscheinlich ist 25. Le3 ungeeignet wegen 25. ... Lb2! 26. Df1 Ld3 27. Dd1 Lb5:!, aber welches Feld ist sonst zu wählen? c3 oder a5? „Nur sich nicht versuchen lassen," beschloß Tukmakow – „darüber hinaus wird dann der Springer bedroht". Aber in derartigen irrationalen Positionen sind die logischen Problemlösungen nicht immer die richtigen.

Es ist schwer zu sagen, wie sich der Kampf nach 25. Lc3 entwickelt hätte. Es könnte zum Beispiel folgen: 25. ... Tc2 26. De1 Le4! mit einer kaum möglichen genauen Bewertung aller Komplikationen.

Wollen wir doch versuchen die möglichen Komplikationen zu bewerten, um die Korrektheit der Idee 20. ... Dd7 einzuschätzen. Nach 25. ... Tc2 26. De1 Le4 27. Scd4! Dg4 28. g3 Dh3 (28. ... Sd5 29. f3! Sf4 30. De4:! Sh3+ 31. Kf1) 29. De4: Tc1+ 30. De1! Te1:+ 31. Le1: steht Schwarz der eintönige Kampf um das Remis bevor. Somit erweist sich der Angriff auf den Punkt g2 als uneffektiv. Der andere Weg ist 25. ... Tc2 26. De1 Lc3: 27. Sc3: (27. Tc3:? Tc3: und verliert eine Figur) 27. ... De6!. Jetzt zwingt die Schwäche der ersten Reihe Weiß zur

Vorsich. Man verliert zum Beispiel nach 28. Se5? wegen 28. ... Sd7! 29. Tc8+ Kh7 30. Sf3 Se5 31. Se5: De5:!, oder nach 28. Da1? wegen 28. ... Dd6! 29. b4 Dd2. Nach 28. De3 kann Schwarz das Remis forcieren: 28. ... Sd7 29. Tc4 (29. Se7+? De7:; 29. Sd4? De3: 30. Tc8+ Sf8) 29. ... Sb6 (29. ... Ld3?! 30. Sd4! De3: 31. Tc8+) 30. Tc5 Sd7.

Die kritische Position entsteht nach 28. Df1 Ld3 29. Dd1 (oder 28. Dd1 Lg4! 29. Df1 Le2 30. De1 Ld3 31. Dd1). Es hier nicht einfach, den richtigen Weg zu finden: 29. ... Df6! (29. ... Sd7? 30. Sd4; 29. ... Dd6? 30. Se4) 30. De1 Dd6! (der starke Druck wird fortgesetzt, schwächer ist 30. ... Sd7? 31. Sd5!; 30. ... Df2:+? 31. Df2: Tc1+ 32. De1 Te1:+ 33. Kf2; 30. ... De6 31. De3! Sd7 32. Sd4!) 31. b4 Sa4:! (zu einer schwierigen Position führt 31. ... Sd7? 32. Sb5! Lb5: 33. Tc2: Lc6: 34. b5) 32. Sa4: Te2 (Weiß hat bereits eine Mehrfigur, aber es folgt Gefahr auf Gefahr!) 33. Dc1 (man verliert nach 33. Dc3? wegen 33. ... Df4, spielt man aber 33. Df1, dann folgt 33. ... Td2 34. De1 Te2) 33. ... Df6 34. Df1 (34. f3? Df4) 34. ... Td2 35. De1 Te2 mit Zugwiederholung.

Man kann annehmen (vorausgesetzt, daß in dieser Analyse keine Fehler vorkommen), daß im Falle 25. Lc3 die Aktivität der schwarzen Figuren das materielle Übergewicht des Gegners auszugleichen vermag.

25. La5

Nach diesem Zug wurde mir klar, daß Tukmakow den Kern der drohenden Gefahr nicht voll erkannt hatte. Auf den ersten Blick ist bei Weiß alles in Ordnung: der Springer auf b6 hängt, und 25. ... Lb2 26. Df1 Ld3 stößt auf die Entgegnung 27. Sb4!. Aber die in den schwarzen Figuren angehäufte gewaltige Energie beginnt sich frei zu setzen.

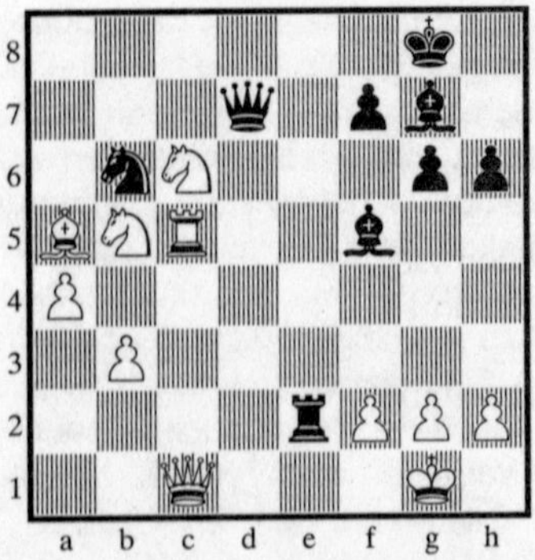

25. ... Le4!

Der Springer ist unantastbar: nach 26. Lb6:? Dg4 27. Df1 Te1! wird Weiß matt gesetzt! Jetzt, wo die schwarzen Drohungen solch reale Gestalt annehmen, sollte man 26. Df1 erwägen, womit die Dame zur Verteidigung herangezogen wird. Darauf würde ich antworten mit 26. ... Tb2 27. Lb6: Lc6: (27. ... Lg2: führt nur zum Remis) und keine schlechte Kompensation für die geopferten Bauern erhalten. Aber Tukmakow ist von der Idee besessen, die am Damenflügel zusammengeballten Figuren zum Einsatz zu bringen.

26. Se5 De7!

Damit werden neue Angriffsobjekte anvisiert.

27. Sd4?

Dieser natürliche Zug erleichterte meine Aufgabe sowohl am Schachbrett als auch beim Kommentieren. Wie sonderbar es auch sein mag, aber jetzt ist die weiße Position wahrscheinlich nicht zu verteidigen, weshalb ich zum ersten Mal den Zug meines Gegners klar und deutlich mit einem Fragezeichen einschätzen konnte. Trotz der Kritik am Spiel von Weiß blieb die Position doch unklar, aber das galt nur im Falle von 27. Df1!. Auf Wunsch kann Schwarz dann ein effektvolles Remis erreichen: 27. ... Ta2 (27. ... Tb2? 28. Lb6: Le5: 29. Te5:! De5: 30. Ld4 mit Gewinn) 28. Lb6:

Le5: 29. Sc3 Lh2:+ 30. Kh2: Dh4+ 31. Kg1 Lg2: 32. Kg2: Dg4+ mit Dauerschach. In einer beliebigen anderen Partie könnte ein ähnliches Remis eine gewaltige schöpferische Genugtuung bedeuten, aber an diesem Tage ging ich ein Risiko ein, nur um ein Unentschieden zu vermeiden! Zum Glück befreite mich Tukmakow von der Notwendigkeit, nach den illusorischen Chancen in den Varianten vom Typ 29. ... Lc3: 30. Tc3: Df6 31. La5! (31. Te3? Ta1 32. Te1 Ld3!) 31. ... Dg5 32. f3 (32. Lb4? Ta1!, 32. Te3!?), zu suchen, und wenn 32. ... Da5:, dann 33. Tc8+ Kg7 34. fe4:.

Die Überführung des Springers in das Zentrum kann das Problem des Weißen nicht lösen, es verschlechtert nur seine Position, weil auf dem Feld d4 der Springer den unterschiedlichsten Angriffen ausgesetzt ist.

27. ... Ta2 28. Lb6:

Es gibt nichts besseres. Auf 28. Sdc6 ist 28. ... Dc5:! entscheidend, und auf 28. Sdf3 – 28. ... Lf3:.

28. ... Le5: 29. De3?

Und jetzt, wo die Gefahr mit bloßem Auge zu sehen ist, wo die schwarzen Figuren alle Schlüsselstellungen erobert haben, verliert Tukmakow die Fassung. Die vielen Drohungen und der Zeitmangel bedingten die „unerklärbare" Unaufmerksamkeit, die durch einen einzigen Zug die Partie aufgab. Der Gerechtigkeit halber soll betont werden, daß die beste Verteidigung 29. De1! (29. Dh6: Dc5:) den Widerstand nur verzögern konnte. Am einfachsten wäre für Schwarz fortzusetzen mit 29. ... Dd6! 30. Se2 (schlecht ist 30. Tc8+ Kh7 31. Lc5 Lh2:+ 32. Kh1 Df4) 30. ... Lh2:+ (30. ... Ta1? 31. Tc1) 31. Kh1 Le5, womit der stärkstmögliche Angriff erreicht und der Sieg gesichert wird.

Hier ist eine Präzisierung notwendig: nach 32. Sc3! Df6 33. Te5:! (33. De4:? Ta1+ 34. Sb1 Dh4+!) 33. ... De5: 34. Kg1! (34. f3? Dh5+ 35. Kg1 Tg2:+!) 34. ... Tc2 35. Se4: Df4 (oder 35. ... f5 36. De3! De4: 37. Dh6: mit einem möglichen Remis) 36. g3 (36. Sc3? Tc1 37. Sd1 Dd6) 36. ... Tc1 37. Sf6+! Kg7 38. Se8+ Kg8 (38. ... Kf8 39. Lc5+; 38. ... Kh8 39. Ld4+) 39. Sf6+ erzwingt Weiß ein Remis. Zu dem gleichen Resultat führt 29. ... Lh2:+ (anstatt 29. ... Dd6) 30. Kh2: Dh4+ 31. Kg1 Dg4 32. g3 (anscheinend reicht auch 32. Sf3 aus: 32. ... Lf3: 33. De8+ Kg7 34. De5+ Kh7 35. Dg3 Dg3: 36. fg3: Tg2:+ 37. Kf1 Tg3: 38. Kf2 Th3 39. a5) 32. ... Dh3 33. Tc8+! Kh7 34. Sf3 Lf3: 35. Th8+ Kh8: 36. De8+ Kg7 37. Ld4+ f6 38. De7+.

Einen wirklich starken Angriff sicherte demhingegen 29. ... Df6! 30. Se2! Ta1 31. Tc1 Dg5 32. g3 (32. Df1 Tc1: 33. Sc1: Df4) 32. ... Dg4! 33. Sd4! Dh3! 34. f3 Ta2 35. Sc2 Lf3: 36. Df2 Le4.

29. ... Dc5:!

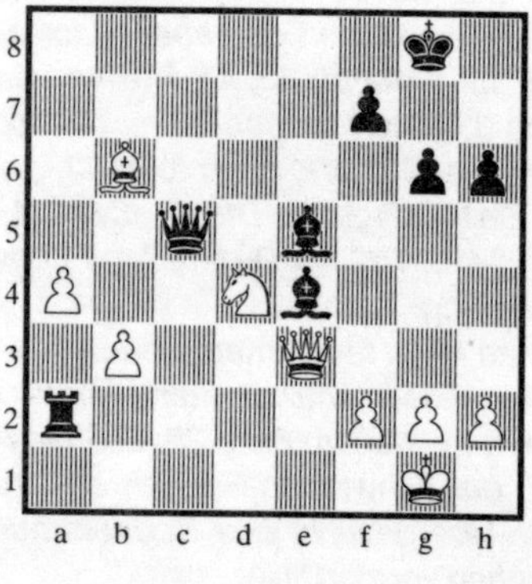

Dieses Diagramm scheint einen goldenen Schimmer von der Medaille des Landesmeisters der UdSSR zu haben – das werde ich nie vergessen!

Etwa 15 Minuten nach Beendigung dieser Partie endete auch die Partie Psachis – Agzamow.

Diese beiden Spieler, die im Laufe des Turniers abwechselnd die Führung übernommen hatten, kamen gleichauf zum Finish. Während in einer solchen Situation die zusätzlichen Fakten, wie

Zahl der Siege bzw. Wertungspunkte berechnet werden, war in diesem Fall der glückliche Umstand eingetreten, daß beide zum Sieger erklärt wurden!

Das Gefecht auf dem Minen-Feld

In der 13. und 14. Runde der Meisterschaft in Frunze kam es für mich zu einer theoretischen Diskussion, in die ich mich eingelassen habe, über die heute aktuellen Fragen im Botwinnik-System der slawischen Verteidigung. Meine Partner – die Großmeister Timoschenko und Dorfman – bereiteten für die beiden Partien die Verstärkung in einer langen und forcierten Variante vor, wobei Dorfman die bedauerliche Erfahrung des Vorgängers berücksichtigen konnte. Aber weder der Verlauf der Partien, noch ihr Resultat unterschieden sich voneinander. Aber bevor ich über diese Zwillingspartien berichten will, möchte ich einen thematischen Exkurs machen.

Das klassische Herangehen an das Schachspiel, wonach Schwarz in der Eröffnung die Rolle des Verteidigers zugesprochen wird, stellte den Nachziehenden vor die erstrangige Aufgabe, das Spiel auszugleichen. Die Entwicklung der Theorie im Schachspiel aber konnte sich mit einem solchen Herangehen an die Eröffnungsproblematik nicht abfinden. Heute sind viele Systeme bekannt, in denen Schwarz das weiße Privileg in der Eröffnung bestreitet – das Recht auf den Vorteil. Die ersten Forschungen wurden in dieser Richtung von Michail Botwinnik vorgenommen. Er entschied sich oft für diejenigen Fortsetzungen, die von anderen abgelehnt wurden, indem er auf seine tiefgreifenden Analysen und sein feines Verstehen der Nuancen der entsprechenden Situation vertraute. Nicht wenige brillante Siege konnte er gerade in solchen „ungünstigen" Systemen erringen. Und einer dieser Siege bekam mit Recht den Namen seines Schöpfers. Sogar unter Berücksichtigung der modernen Varianten für den Gegenangriff zeichnet sich das Botwinnik-System durch die Schärfe und Kompliziertheit der entstehenden Positionen aus. Eine lange Zeit schreckte die Vielfalt der Gefahren Weiß vor diesem System zurück, aber in den letzten Jahren machte die Theorie des Systems gewaltige Fortschritte. Nachdem Weiß sich überzeugt hatte, daß die Ablehnung der schwarzen Herausforderung zu keinen realen Vorteilen führte, beschloß man Versuche zu unternehmen, um dieses System zu widerlegen.

Also: 1. d4 d5 2. c4 c6 3. Sf3 Sf6 4. Sc3 e6 5. Lg5 dc4: 6. e4 b5 7. e5 h6 8. Lh4 g5 9. Sg5: hg5: 10. Lg5: Sbd7

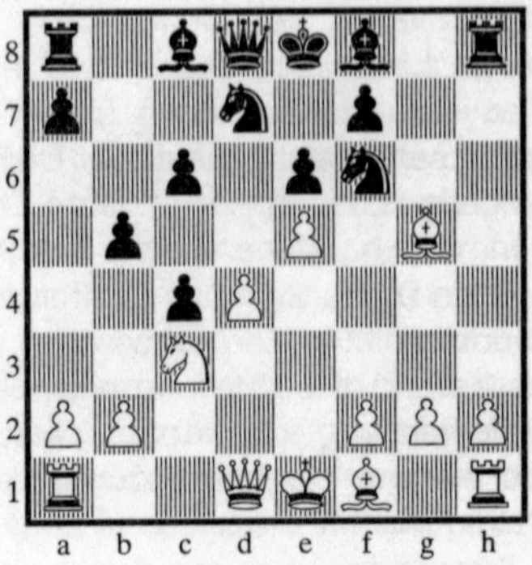

Das ist die Ausgangsstellung des Systems. Das gestörte Gleichgewicht auf allen Brett-Abschnitten prädestiniert spannende Kämpfe. Die Suche nach einem Vorteil steht für Weiß mit den Fortsetzungen 11. ef6: und 11. g3 im Zusammenhang. Lange Zeit galt die zweitgenannt Fortsetzung als die stärkere Alternative, aber die Partie Polugajewski –

Torre auf dem Internationalen Turnier in Moskau (1981) brachte diese Einschätzung ins Wanken. Nach dieser Partie gelten die beiden Züge als gleichwertig, weil Schwarz in beiden Fällen im Spiel ein und dieselbe Position auf seinen Wunsch erreichen kann.

11. ef6: Lb7 12. g3 c5 13. d5 Db6

Der Zug 13. ... Sb6, der als ein theoretischer Hauptzug galt, verschwand aus der Praxis nach der oben erwähnten Partie, bei der folgendermaßen weiter gespielt wurde: 14. de6:! Dd1:+ 15. Td1: Lh1: 16. e7 a6 17. h4!! Lh6 18. f4, und die Armada der weißen Bauern ist jetzt stärker als der eingesperrte schwarze Turm.

14. Lg2 0–0–0 15. 0–0 b4 16. Sa4

Wohin soll sich die Dame zurückziehen? In der Partie Razuwajew – Vaiser (1981) war es Schwarz nicht gelungen, die Frage richtig zu beantworten – 16. ... Da6?, und nach 17. a3! b3 18. Sc3 Sb6 19. Dg4 Sd5: 20. Sd5: Ld5: 21. Ld5: Td5: 22. Tfd1! wurde Schwarz mit unlösbaren Problemen konfrontiert. Aber bereits nach wenigen Tagen fand Timoschenko auf dem gleichen Turnier (der Mannschaftsmeisterschaft der UdSSR) die richtige Lösung – 16. ... Db5!. Der in Verwirrung geratene Zaitschik konnte die unbekannte Situation nicht ausnutzen und geriet in eine schwierige Lage. Erneut stand diese Stellung in der Oberliga-Begegnung im Oktober zwischen Dorfman und Haritonow zur Debatte. Schwarz machte die ersten 16 Züge voller Zuversicht, aber die starke weiße Entgegnung ließ ihn lange nachdenken.

16. ... Db5! 17. a3!

Indem Weiß das Spiel am Damenflügel öffnet, betont er die unsichere Lage des schwarzen Königs. Dorfman fand nicht die beste Antwort. Es folgte 17. ... ed5: – und nach 18. ab4: cb4: 19. Le3! konnte er die Unannehmlichkeiten nur dank des später ungenauen Spiels seines Partners meistern. Jetzt war wiederum Schwarz am Zuge! Es meldeten sich Sweschnikow und Timoschenko zu Wort. Dank der Bemühungen dieser beiden wurde der angemessene Gegenzug aufgefunden:

17. ... Sb8,

der nach ein paar Runden in der Partie Anikajew – Sweschnikow seine erstmals Verwendung fand. Letzterer hatte aber Pech – die Neuerung sollte sich nicht als effektiv erweisen: Anikajew konnte am Brett die Züge auffinden, die sich auch später bei der analytischen Untersuchung als die besten erwiesen.

18. ab4: cb4: 19. Le3 Ld5: 20. Ld5: Td5: 21. De2 Sc6 22. Tfc1

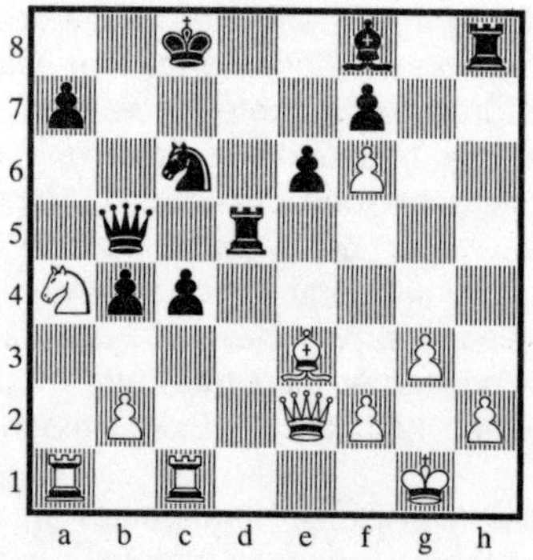

Das ist die kritische Position für die Einschätzung des Zuges 17. ... Sb8. Sweschnikow machte einen Fehler – 22. ... Kb7, und Anikajew nutzte geschickt diesen Fehler seines Partners aus: 23. Tc4: Sa5 24. b3! mit klarem weißen Übergewicht (schlecht ist hier 24. ... Sb3: wegen 25. Sc3! bc3: 26. Ta7:+ Kb8 27. Tf7: mit unabwendbarem Angriff.) Aber auch dieser Mißerfolg vermochte die „Wahrheitssuchenden“ nicht aus dem Sattel zu werfen. Das Interessanteste fing erst an. Die Antwort von Schwarz ließ nicht lange auf sich warten. Bereits in den Schlußrunden der gleichen Oberliga-Meisterschaft verwendete Timoschenko eine andere Neuerung! Nach 22. ... c3!? wurde sein

Partner Raschkowski lange nachdenklich und ... mit einem kühnen Figurenopfer versetzte er Schwarz in eine schwierige Lage! – 23. Db5: Tb5: 24. Sc3!: bc3: 25. Tc3: Kd7 (25. ... Kb7 26. Tac1) 26. Ta6 Sd8 27. Ta7:+ Ke8 28. Tc8. Obwohl es Schwarz schließlich noch gelungen war, einen halben Punkt in dieser Partie zu retten (die akute Zeitnot beeinträchtigte Raschkowski), wurde doch klar, daß 22. ... c3 die Variante nicht rehabilitieren kann. Aber alle diese Geschehnisse waren nur der Prolog....

Schließlich – es war der 15. Dezember 1981 in der Stadt Frunse auf der Bühne im Sportpalast – und es kam folgende Partie zur Austragung:

Kasparow – Timoschenko

Nach der sorgfältigen Überprüfung der Position nach dem 28. Zug in der Partie Raschkowski – Timoschenko kam ich zu der Schlußfolgerung, daß Weiß gute Gewinnchancen hat. Deshalb wunderte mich das schnelle Spiel von Timoschenko im Verlauf der Eröffnung. Erfreut durch die Erkenntnis, daß die vorgenommene Analyse nicht umsonst war, machte ich die Züge mit derselben Schnelligkeit wie mein Gegner. Bereits nach 20 Minuten nach Spielbeginn, als an den anderen Brettern erst die Figuren langsam Tuchfühlung miteinander aufzunehmen begannen, entstand in unserer Partie bereits die Position, wie sie auf dem vorausgegangenen Diagramm abgebildet ist. Aber der nächste Zug ließ meinen Wunschtraum von einem leichten Sieg, wie er mir in der Hausanalyse vorschwebte, zerplatzen.

22. ... Sa5

Die Stärke einer derartigen Neuerung besteht darin, daß sie den Gegenspieler zwingt, Zeit für die psychologische Neuorientierung zu verlieren. Und jeder Schachspieler weiß, wie schwer es fällt, von einer wohlvorbereiteten Hausanalyse auf das konkrete selbständige Spiel am Brett umzuschalten. Allerdings hilft die Nähe der Gefahr oft, die inneren Ressourcen zu mobilisieren.

Meine ersten Eindrücke von der entstandenen Position waren unerfreulich. Die Variante 23. La7: Kb7 24. Sb6 c3! demonstriert am besten die Vorteil der schwarzen Stellung. War denn die strategische Hauptlinie von Weiß so wenig tragfähig? Natürlich nicht! Aber um das riskante Spiel von Schwarz zu widerlegen, braucht man dazu ein energisches Vorgehen. Alle positionellen Vorteile, die Schwarz erkämpft hat, gingen ja auf Kosten einer Schwächung seiner Königsstellung, während die weißen Figuren ganz in der Nähe des schwarzen Monarchen in Stellung gegangen sind. Deshalb nichts als rein in den Angriff! Diese doch nur logische und natürliche Überlegung kostete mich am Brett 53 Minuten.

Die Zugentscheidung selbst kostete kaum noch eine halbe Minute, aber die Varianten mußten eben erst geprüft werden...

23. b3! c3

Der weiße Angriff ist nach 23. ... Sb3: 24. Tc4:+ Kd7 25. Sc3! bc3: 26. Ta7:+ Kd8 27. Tc3:! kaum noch abzuwehren, und die Dame ist wegen der Mattdrohung in drei Zügen unantastbar. Aber jetzt ist Weiß gezwungen eine Figur zu opfern, und er verfügt über keine forcierte Entscheidungsvariante in dieser Position.

24. Sc3: bc3: 25. Tc3:+ Kd7

Schlecht ist 25. ... Kb7? wegen 26. Dc2 Ld6 27. b4! mit entscheidenden Drohungen (27. ... Sc6 28. Tc6:!). Deshalb strebt der schwarze König in das Zentrum und sucht den Schutz seiner Streitmacht.

26. Dc2 Ld6 27. Tc1 Db7

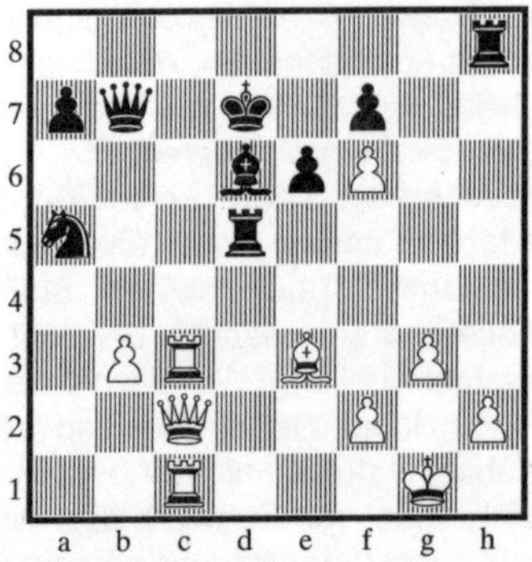

Es scheint, daß der weiße Angriff in eine Sackgasse geraten ist, weil die Aufstellung der gesamten Schwerfiguren in der c-Linie zu keinem spürbaren Vorteil geführt hat. Und darüber hinaus stellt Schwarz mit dem Verteidigungszug 27. ... Db7 gleichzeitig eine äußerst starke Drohung auf: ... Th2:!. Aber wiederum, wie es bereits beim 23. Zug der Fall war, wird die weiße Initiative durch den Einsatz des b-Bauern vorangetrieben.

28. b4!

Jetzt ist indirekt die Gefahr 28. ... Th2: abgewendet, worauf 29. Da4+! entscheidend ist (29. ... Kd8 30. Tc8+; 29. ... Tb5 30. Kh2:). Anscheinend übersah Timoschenko während seiner Analyse diese versteckte Ressource, weil er nach dem Zug 28. b4! für 25 Minuten in Nachdenken verfiel. Jetzt kann das listige 28. ... Tb5 wegen 29. ba5: Th2: 30. Tc6! mit dem forcierten Übergang in ein gewonnenes Endspiel nicht helfen: 30. ... Tbh5 31. a6! Th1+ 32. Kg2 Tc1: 33. ab7: Tc2: 34. Td6:+ Kc7 35. Td7+ Kb8 36. Lf4+ e5 37. g4! usw.

28. ... Db4:!

Dies ist ohne Vorurteile gespielt. Schwarz gibt zu verstehen, daß das Schachgebot auf c7 für ihn an und für sich keine Unannehmlichkeit bedeuten kann. Und wirklich, nach 29. Tc7+? Lc7: 30. Dc7:+ Ke8 31. Lc5 Db7 32 Da5: kann die weiße Initiative die fehlende Qualität nicht kompensieren.

Im Vergleich zu der früher möglichen Variante 27. ... Db4 28. Tc7+! Lc7: 29. Dc7:+ Ke8 30. Lc5 Db7 31. Da5: ± wirkt sich das Fehlen des Bauern b3 aus.

29. Tb1 Dg4

Das forcierte Spiel geht zu Ende. Vom nächsten Zug hängt es ab, ob Weiß neue Drohungen aufstellen kann, oder ob Schwarz mit heiler Haut davonkommt. Hier mußte ich lange nachdenken und ich gestand mir ein, daß der Angriff von mir intuitiv vorgetragen wurde.

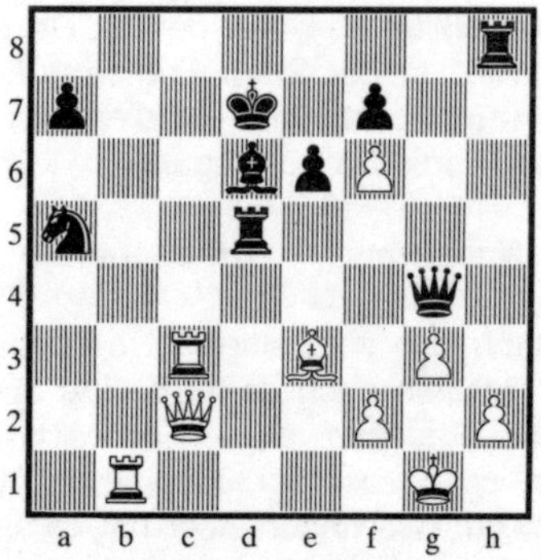

Es gelingt nicht sofort, aus der Angriffsposition Nutzen zu ziehen, zum Beispiel: 30. Lf4 Lf4: 31. Da4+ Kd6 32. Te1 (32. Db4+ Ke5!) e5! 33. Db4+ Ke6 34. De7+ Kf5 oder 30. f3 Df5! (das unvorsichtige 30. ... Dh3? erlaubt Weiß die Partie mit der effektvollen Kombination zu beenden: 31. Tb7+!! Sb7: 32. Da4+ Kd8 33. Lb6+! mit matt) 31. Da4+ Kd8 32. Tbc1 Df6:, und der schwarze König weicht der Verfolgung aus. Wie es der letzten Variante zu entnehmen ist, braucht Schwarz das Schachgebot der Dame auf a4 nicht zu befürchten, solange sein König auf d8 ein sicheres Rückzugsfeld besitzt. Und was bedeutet das? – Daß für die Liquidierung des Bauern a7, der das Feld b6 bewacht und für den weißen Läufer unzugänglich macht, das entscheidende Tempo, das so oft zum glücklichen Abschluß fehlt, geopfert werden muß.

30. La7:!!

Diese paradoxe Lösung erweist sich als optimal. Jetzt wird die Drohung 31. f3 gefährlich. Schwarz andererseits erhielt das Tempo, das Timoschenko benötigte, um seinem König einen möglichen Unterschlupf vorzubereiten.

Zu diesem Zeitpunkt verfügte ich über eine Restbedenkzeit von nur wenig mehr als 20 Minuten, während die Uhr von Timoschenko anzeigte, daß er bislang weniger als 40 Minuten Bedenkzeit aufgebraucht hatte.

30. ... e5 31. Da2!

Plötzlich wird klar, daß Schwarz nun nicht imstande ist, die einfache Frage zu lösen – wohin mit dem Turm d5? Hier mußte Timoschenko über eine Stunde nachdenken, aber die Länge der Überlegungsdauer bedeutet nicht immer auch eine Steigerung der Qualität des nachfolgenden Zuges.

31. ... Td1+

Das ist keine besonders gute Lösung, weil jetzt der Springer auf a5 hängen bleibt. Wohl aber konnte sich Schwarz weder mit 31. ... Dh3 wegen 32. f3! Ke6 33. Tb5! (33. Td1? Dh2:+!), noch mit 31. ... Ke6 wegen 32. f3 Df5 33. Td1 e4 34. fe4: De4: 35. Td3 retten. Schwarz konnte lediglich mit dem Zug 31. ... Df5! die Aufgabe von Weiß maximal erschweren. Jetzt wäre 32. Te1 uneffektiv wegen 32. ... Ke6, und das „schöne" 32. Tb7+ erlaubt Schwarz den Angriff nach 32. ... Sb7: 33. Dd5: Db1+ (33. ... Sd8? 34. Td3 Df6: 35. Lb8 Th6 36. Ld6: Dd6: 37. Db5+) 34. Kg2 Sd8 35. Tb3 Df5! (aber nicht 35. ... Dc2? wegen 36. Tb6! Dc7 37. Db5+ Ke6 38. Lb8) 36. Tb6 Dh3+ 37. Kf3 e4+! 38. Ke3 Dh6+ usw. abzuweisen. Zum Ziel führte 32. f3!!, wodurch die wesentliche Verteidigungsressource von Schwarz e5–e4 ausgeschaltet wird. Schwarz wird es danach kaum gelingen, sich zu retten, zum Beispiel: 32. ... Ta8 (32. ... e4? 33. Da4+ Ke6 34. fe4:) 33. Tbc1 Ta7: 34. Dd5: Df6: 35. Ta3!. Jedenfalls war 31. ... Df5 noch die beste praktische Chance. Der Abtausch der Türme führt Schwarz schnell in eine hoffnungslose Position.

32. Td1: Dd1+ 33. Kg2 Dh5

Der Springer ist sowieso nicht zu retten, deshalb versucht Schwarz im Trüben zu fischen.

34. Da4+!

Bedeutend schwächer ist 34. h4? wegen 34. ... Sc6!.

34. ... Ke6 35. h4!

Jetzt ist alles zu Ende. Nach 35. ... e4 36. De4:+ De5 37. Dg4+ Df5 38. Te3+ Le5 39. De2! sind die weißen Drohungen nicht abzuwehren, und Schwarz ist gezwungen sich von seinem Springer zu trennen, d.h. letztlich hat er zwei Bauern weniger und die schlechtere Stellung.

Etwas ist interessant zu betonen: Weiß war beim 30. Zug in starkem Zeitnachteil befindlich, mittlerweile kam es zu einem Rollentausch: Schwarz leidet an extremer Zeitnot und auf der Uhr des Weißen sind noch 15 Restminuten verblieben!

35. ... De2 36. Da5: Ta8

Hartnäckiger ist das vorausgehende 36. ... De4+.

37. Da4!

Die Verfolgung des schwarzen Königs wird mit neuen Kräften fortgesetzt.

37. ... Kf6: 38. Dd7 Kg7 39.Tf3 Dc4 40. Dd6: Ta7: 41. De5: Kh7 42. Tf5

Auf der Suche nach einem Unterschlupf hat der schwarze König unter dem Beschuß der weißen Figuren das halbe Schachbrett durchquert. Jetzt aber gibt es keinen Fluchtweg mehr. Deshalb bietet Schwarz kurz vor dem Untergang noch ein Racheschach.

42. ... Dc6+ 43. Kh2,

und Schwarz gab auf.

Die Partie war zu Ende, aber die hitzigen Diskussionen darüber dauerten noch an. Ob das Figurenopfer korrekt war? Wo konnte Schwarz stärker spielen? Diese Fragen bewegten fast alle Turnierteilnehmer. In den Streitgesprächen, die sofort nach Beendigung der Runde losgingen, klang am stärksten die Stimme von Sweschnikow. Die von ihm demonstrierten Varianten schienen ziemlich überzeugend zu sein, und letzten Endes ließ sich die Mehrheit der Großmeister davon überzeugen, daß der Zug 30. ... e5 als der entscheidende Fehler anzusehen sei, während Schwarz mittels 30. ... Le5 den gegnerischen Angriff abwehren hätte können. Alle meine Widerlegungsversuche blieben ohne Erfolg und Sweschnikow erklärte in Anwesenheit aller, daß er bereit sei, im Spiel gegen mich in der 16. Runde, die schwarze Partieanlage anzuwenden und mit 30. ... Le5 die Stellung zu behaupten. Wir kannten die Prinzipientreue des Schachspielers aus Tscheljabinsk und es konnten keine Zweifel bestehen, daß er sein Versprechen halten würde.

Ich kehrte in mein Hotel zurück und konnte lange nicht einschlafen. Die Überlegungen bezüglich der soeben gespielten Partie ließen mich lange nicht zur Ruhe kommen. Und daher konnte ich nicht umhin, die Analyse sofort zu beginnen. Erst gegen 2 Uhr nachts fand ich meine Ruhe. Die Analyse demonstrierte unwiderlegbar, daß 30. ... Le5 Schwarz nicht retten kann. Ich mußte nur noch auf die 16. Partie warten, aber im Leben kann auch etwas dazwischen kommen...

Die Zuschauer, welche sich zum Beginn der 14. Runde verspätet einfanden, betrachteten mit Erstaunen eines der Demonstrationsbretter. Die Gegner brauchten für ihr Spiel ca. 40 Minuten.

Kasparow – Dorfman

um nach 30 Zügen die Partie zu dieser komplizierten Mittelspielstellung zu bringen. Es ist nicht schwer zu erraten, daß auf dem Brett folgende Position stand:

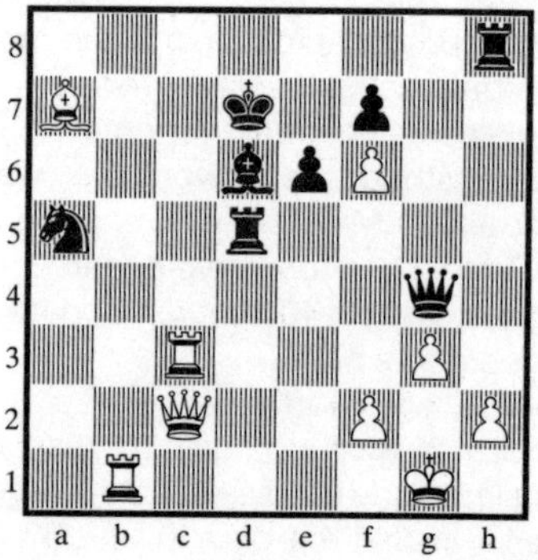

Nach dieser Position strebten beide Partner, und jeder war davon überzeugt, daß er ohne besondere Schwierigkeiten seinen Punkt gewinnen würde. Wenn aber Dorfman, wobei er Sweschnikow aufs Wort geglaubt hatte, sich nicht selbst um eine tiefergehende Analyse der Position bemüht hatte, so gründete sich meine zuversichtliche Gewißheit hinsichtlich eines Erfolges auf eine sehr sorgfältige Analyse. Dorfman spielte schnell.

30. ... Le5,

aber die folgende Antwort von Weiß war für ihn eine Überraschung.

31. Tc5!

Sweschnikow hielt 31. f3 für erzwungen, was es dem Schwarzen ermöglicht hätte, den Angriff mittels 31. ... Ld4+! abzuwehren, zum Beispiel: 32. Kh1 Dg3: 33. Da4+ Kd8 34. Tb8+ Db8: 35. Lb8: Lc3:, oder 32. Ld4: Dd4:+ 33. Kh1 Kd6! usw. Der Partiezug bezweckt den Abtausch des Turmes d5, welcher der hauptsächliche Beschützer des schwarzen Königs ist.

31. ... Tc5:

Zu einem bitteren Ende für Schwarz führt zum Beispiel der Zug 31. ... Ta8, man sehe: 32. Ta5:! Ta5: 33. Tb7+ Ke8 34. Te7+ Kf8 35. Dh7 mit unvermeidlichem Matt.

32. Lc5:!

Dieser stille Zug beinhaltet den Kern der weißen Absicht. Das pseudo-aktive 32. Dc5:? wäre eine falsche Spur: 32. ... Sc6! 33. Tb7+ Lc7 34. Lb6 Tc8, und es gibt keine Möglichkeit für die Verstärkung des Angriffes. Nach 32. Lc5: ist Schwarz schutzlos. Das beweisen die Varianten meiner Nachtanalyse: 32. ... Tc8? 33. Dd2+; 32. ... Dc4 33. Dd2+ Kc6 34. Tb6+! Kc5: 35. Da5:+ Kd4 36. Kb4; 32. ... Tb8 33. Td1+ Ke8 34. f4!, womit die Figur wegen der Drohung Da4+ zurückgewonnen wird: 32. ... Lc7 33. Dd3+ Kc8 34. Tb4! Df5 35. Da6+ und 36. Td4+.

1 Stunde und 5 Minuten verbrauchte Dorfman bei der Suche nach einer Hintertür, aber es war bereits zu spät!

32. ... Sc6 33. Dd3+ Kc8

Es ist zwecklos zu versuchen, die d-Linie zu unterbrechen: 33. ... Sd4 (33. ... Ld4 34. Tb7+ Ke8 35. Db5) 34. Td1 Th4 35. Db5+ Kc8 36. Da6+ Kc7 37. Lb6+!. Nach 33. ... Kc8 konnte Weiß schnell in ein gewonnenes Damenendspiel gelangen: 34. Da6+ Kd7 35. Tb7+ Lc7 36. Tc7:+! Kc7: 37. Db6+ Kc8! 38. Dc6:+ Kb8 39. Db6+ Kc8 40. Da6+ Kc7 41. Lb6+ Kc6 42. Ld4+! Kd7 (42. ... Kd5 43. Db5+ Ke4 44. f3+!) 43. Da4+! Kc8 44. Da8+ und 45. Dh8:. Aber Weiß verfügt auch über die Möglichkeit, die Partie im direkten Angriff zu entscheiden.

34. Td1 Sb8

Auf 34. ... Td8 gewinnt 35. Da6+.

35. Tc1!

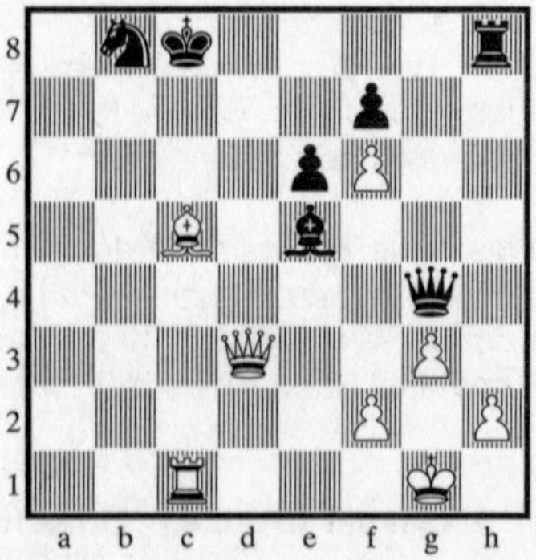

Dadurch wurde die Hilflosigkeit der schwarzen Figuren betont, die nicht imstande sind, ihrem König zu helfen. Das erlösende Figurenopfer, welches von Schwarz vorgenommen wird, konnte das Ende nur noch hinausschieben.

35. ... Da4 36. Ld6+ Sc6 37. Le5: Td8 38. Db1!

Wiederum entstehen Mattdrohungen.

38. ... Td5 39. Db8+ Kd7 40. Dc7+ Ke8 41. Dc6:+ Dc6: 42. Tc6: Te5: 43. Tc8+.

Schwarz gab auf.

Nach 43. ... Kd7 44. Tf8 verliert er den dritten Bauern.

Nach dieser Partie warteten alle mit Interesse auf die 16. Runde, auf die Partie Kasparow – Sweschnikow. Aber Sweschnikow wich bereits beim 5. Zug (5. ... h6) ab, womit er stillschweigend die Gesetzmäßigkeit der weißen Siege in den vorangegangenen Runden anerkannte. Man kann nur, da wir Sweschnikow gut kennen, mit Sicherheit vermuten, daß er in naher Zukunft versuchen wird, die Diskussion über diese Variante wieder aufzunehmen.

Zweifellos werden solche Eröffnungskatastrophen die Zahl der Anhänger dieses Systems reduzieren, aber die Diskussion darüber, ob es Weiß damit endgültig gelungen ist, dieses System zu entschärfen, oder ob die Waffe wieder neu scharf gemacht werden kann, wonach das Botwinnik-System seine Wiedergeburt feiern würde, bleibt meiner Meinung nach bislang offen.

„Eine neue Explosion" ertönte nach anderthalb Jahren in meiner Partie gegen den Ex-Weltmeister Tal (vgl. in einem späteren Kapitel dieses Buches).

Das Schicksal in einem Umschlag

Nach neun Runden war die Situation in der führenden Gruppe äußerst verworren. Obwohl an der Spitze des Rennens formal Romanischin und Kupreitschik standen, galten als tatsächliche Spitzenreiter Psachis und ich, da wir beide je 4 Punkte aus 5 beendeten Partien bei je 4 Hängestellungen hatten.

Die Fortsetzung mehrerer Hängepartien an einem Abend ist aus einer Reihe wohlverständlicher Gründe schwierig. Erstens reduziert sich dabei die Qualität und Tiefe der Hausanalyse, weil die Gedanken zerstreut sind und es erst mit großer Mühe gelingt, sich auf eine bestimmte Abbruchposition zu konzentrieren. Zweitens ist es sehr schwierig, sich innerhalb der 15 Minuten, die als Pause zwischen der Abwicklung der einzelnen Hängepartien nur gewährt wird, sich von den vorangegangenen Emotionen frei zu machen und für einen neuen Kampf zu rüsten. Meine Aufgabe wurde etwas erleichtert, als Dolmatow ohne die Fortsetzung unserer Hängepartie das Spiel aufgab; aber die drei anderen unterbrochenen Partien – gegen Beljawski, Kusmin und Kupreitschik – mußten gespielt werden. Jede dieser drei Partien war auf eine andere Art schwierig zu analysieren. In allen drei hatte mein Gegner den Abgabezug notiert. Natürlich kann man auch beim Abgabezug einen Fehler begehen, aber mein Trainer und ich mußten selbstverständlich sämtliche Eventualzüge berücksichtigen. Vor der Wiederaufnahme der Partien blieben – trotz einer durchwachten Nacht – viele ungeklärte Fragen offen. Nur eins war nicht zu bezweifeln: jeder meiner Partner verfügte über eine sehr starke Möglichkeit, wonach sich meine Aufgabe äußerst schwierig gestalten sollte (gegen den Großmeister aus Lemberg zu gewinnen und in den beiden anderen Partien das Remis zu sichern).

Als erste wurde die für mich bedeutend günstiger stehende Partie – gegen Beljawski – gespielt.

Kasparow – Beljawski

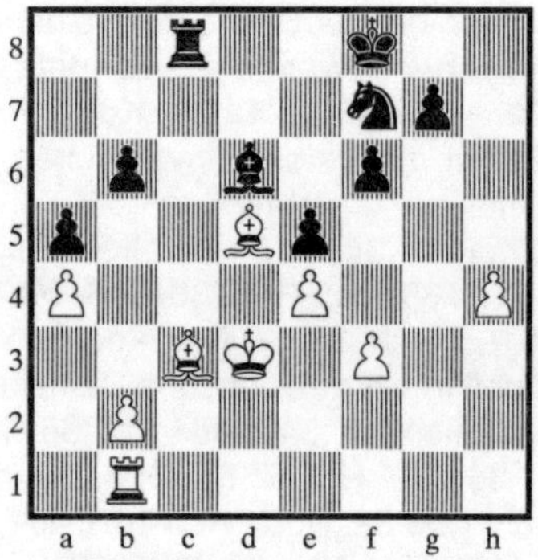

Das Läuferpaar bietet Weiß realistische Erfolgschancen. Schwarz muß nun Sorge dafür tragen, die Drohung b2–b4 (mit entscheidender Öffnung des Spiels am Damenflügel) abzuwenden. Beljawski überlegte 40 Minuten, bevor er seinen Abgabezug notierte. Was könnte er wohl gewählt haben? Zuerst analysierten wir 43. ... Lb4. Und darauf den geradlinigen Weg: 44. Lb4:+ ab4: 45. Kd2 Sd6 46. Tc1 – doch dieser bietet Schwarz nach 46. ... Tc5! 47. Tc5: bc5: 48. Kd3 Ke7 49. a5 Kd7 50. a6 c4+! 51. Kc2! (51. Lc4: Kc6) 51. ... Sc8 52. Lc4: Kc6 53. Kb3 Kc5 gewisse Rettungschancen. Bedeutend klarer führt 45. Tg1! Sd6 46. Tg2! zum Ziel, indem man nach dem Abtausch auf dem Feld c2 strebt und den schwarzen König an die Deckung des Bauern g7 fesselt. Jetzt steht Schwarz im Falle von 46. ... Tc5 47. h5! unter Zugzwang und ist gezwungen seine Idealstellung aufzugeben: 47. ... Sf7 48. Tc2 Tc2: 49. Kc2: Sg5 50. Kb3 Sf3: 51. Kb4: oder 47. ... Ta5 48. Tc2! Ta4: 49. Tc6 Se8 50. Tb6:. In beiden vorgeführten Varianten ist das Ergebnis das Partie klar (+–).

Schwarz kann sich auch nicht mit einem Bauernopfer retten: 45. ... g5!? 46. Lf7: Kf7: 47. hg5:. Die Bauernschwächen beeinträchtigen Schwarz auch im Turmendspiel: 47. ... b3 48. gf6: Kf6: (48. ... Tc2 49. f4! Kf6: 50. f5 Tb2: 51. Tg6+ Kf7 52. Tb6: Ta2 53. Tb4! b2 54. Kc2) 49. Tg2! Tc1 50. Tg8 Tc2 51. Tb8 Tb2: 52. Tb6:+ Kg5 53. Kc4 Tc2+ 54. Kb3: Tf2 55. a5 Tf3:+ 56. Ka4 Te3 57. Tb4 und Weiß gewinnt.

Auch das passive Abwarten verspricht Schwarz nichts; es gelingt ihm nicht, eine „Festung" zu errichten – nach 44. b4 Tc3:+ 45. Kc3: Lb4:+ 46. Kd3 Sd6 bricht Weiß auf der g-Linie durch, indem er den h-Bauern als Rammwerkzeug verwendet.

„Mit dieser Hängepartie ist alles klar" – so meinten wir, und dann war ich noch auf einen verrückten Gedanken gekommen: wäre es vielleicht möglich, daß Schwarz seine Aktivitäten sofort mittels 43. ... g5 einleitet? Auf den ersten Blick bietet dieser Zug Weiß nur neue Angriffsobjekte, aber sein Hauptvorteil besteht darin, daß der schwarze Springer beweglich wird. Es ist verlockend, sofort einen Freibauern zu bilden – 44. h5, aber kann man dann nach 44. ... Lb4 den Durchbruch erzwingen? Lange Zeit schien uns der Zug 44. Th1 zielführend, aber im Falle von 44. ... gh4: (schlechter ist 44. ... Tc7 wegen 45. Lf7: Tf7: 46. Kc4 Th7 47. h5) 45. Th4: Kg7! 46. f4 (die schwarze Verteidigung nach 46. Tg4+ Sg5! 47. f4 Tc3:+ 48. bc3: ef4: ist nicht zu durchbrechen) 46. ... ef4: (In dieser Situation erweist sich das Qualitätsopfer als verfrüht: 46. ... Tc3:+ 47. bc3: ef4: 48. Lf7:! Kf7: 49. Th5! Ke6 50. Tf5 mit nachfolgendem Kc4–b5, und Weiß zerstört die schwarzen Befestigungen) 47. Tg4+ Kf8 48. Lf6: Tc7! kann sich Schwarz verteidigen. Und obwohl 49. Lf7: Kf7: (49. ... Tf7:? 50. e5) 50. Ld4 noch einige Chancen bot, wurde doch klar, daß hier andersgeartete Maßnahmen erforderlich sind. Es wurde sogar das superenergische 44. b4!? ausprobiert, aber auch hier gelingt es dem Nachziehenden sein Gegenspiel zu organisieren: 44. ... ab4: 45. Lb4: gh4: 46. Ld6:+ Sd6: 47. Tb6: Ke7.

Im Resultat mußte ich mich damit abfinden, daß es hier nach dem stärkstmöglichen Abgabezug keinen leichten Gewinn geben wird; ich mußte demnach umschalten und nach vielversprechenden anderen Fortsetzungen suchen. Als die beste Fortsetzung wurde von uns schließlich 44. Lf7:! entdeckt – Weiß trennt sich von dem Stolz seiner Position, aber er beschert dem Schwarzen dadurch irreparable Bauernschwächen: 44. ... Kf7: 45. hg5: fg5:. Trotz des beschränkten Materials kann man auf Erfolg hoffen: 46. Tg1 Kg6 47. Ld2 Le7 48. Le3 Tc6 49. Tc1!. Jetzt ist das Läuferendspiel für Schwarz verloren: 49. ... Tc1:? 50. Lc1: Lc5 51. Kc4 Kh5 52. Ld2! (mit der Drohung La5:) 52. ... Ld4 53. b3 Kh4 54. Kd5. Aber im Turmendspiel ist alles nicht ganz so klar: 49. ... Lc5! 50. Lc5: bc5: 51. Tc3! (dies ist stärker als 51. Kc4 Tb6 52. Tc2 Tb4+ 53. Kc5: Ta4: 54. Kb5 Ta2) 51. ... Tb6 52. b3, und Weiß sollte wahrscheinlich gewinnen können, aber nur wahrscheinlich. Denn es sind nur äußerst geringe Reststreitkräfte auf beiden Seiten verblieben.

Es ist einfach zu verstehen, warum ich mit besonderer Unruhe den Schiedsrichter beobachtete, als er den Umschlag öffnete. Ob Beljawski seine einzig mögliche Chance gefunden hatte? In diesem Augenblick verkündete der Turnierleiter den von Schwarz abgegebenen Zug.

43. ... Sh8

Zunächst begann ich innerlich zu jubeln, aber bald schon begann ich mich gedanklich mit den neuen Möglichkeiten vertraut zu machen. Da wir bei unseren Analysen das Hauptaugenmerk auf die Fortsetzungen 43. ... Lb4 und 43. ... g5! gerichtet hatten, hatten wir nur Zeit zu der beiläufigen Feststellung gehabt, daß nach 43. ... Sh8 44. h5 der Durchbruch b2–b4 nicht abzuwehren ist. Ich mußte meine Analyse demnach während der Partie vollführen.

44. h5 Sf7

Jetzt bekommt der Springer Perspektiven, die im weiteren Einsatz über das Feld g5 bestehen, aber der Verlust zweier Tempi geht an der schwarzen Stellung nicht spurlos vorbei.

45. b4 ab4: 46. Lb4: Td8 47. Ld6:+?!

Weiß macht sich seine Aufgabe hiermit selber schwer. Einfacher wäre das unverzügliche 47. Kc4, zum Beispiel: 47. ... Sg5 48. Kb5 Sf3: 49. Kb6: Tb8+ 50. Lb7 oder 47. ... Lb4: 48. Tb4: Sd6+ 49. Kb3 Sc8 50. Le6. Jetzt jedoch müssen auf dem Weg zum Sieg noch mehrere Riffe unbeschadet umschifft werden.

47. ... Td6: 48. Kc4 Sg5 49. Tb3!

Ich konnte kaum der Versuchung widerstehen, den Bauern b6 sofort zu nehmen, ohne auf das schwarze Gegenspiel zu achten. Und wirklich, die Variante 49. Kb5? Sf3: 50. Ka6 Ke7 51. Tb6: f5! 52. Td6: Kd6: 53. Kb6 fe4: 54. a5 (54. Le4: Sd2) sieht verlockend aus, aber gerade hier lauert eine gefährliche Falle. Nach 54. ... Kd5:!! 55. a6 e3 56. a7 e2 57. a8D+ Kd4 muß nun schon Weiß nach einem Dauerschach suchen!

49. ... Ke7

Ein Schlag ins Wasser wäre 49. ... Sh3 wegen 50. Kb5 Sf4 51. Lc4!, und es gibt keine Verteidigung gegen Ka6.

50. Kb5 f5! 51. Ka6 f4

Das Gegenspiel von Schwarz ist effektvoll, und es scheint, daß Weiß nicht durchbrechen kann, weil der Verlust des Bauern f3 auf den ersten Blick für ihn folgenschwer zu sein scheint – der Bauer f4 ist ja nicht mehr weit vom Umwandlungsfeld entfernt. Aber Weiß kann diesem Bauern dennoch den Vormarsch und die Umwandlung erlauben, wobei er freilich genau berechnen mußte, daß bei dem neuen Figuren- und Materialverhältnis alles davon abhängen wird, wer schließlich zuerst am Drücker ist, und das sollte Weiß sein!

52. Kb7! Th6 53. Tb6: Tb6:+ 54. Kb6: Sf3: 55. a5 Sd2

Der Springer ist gezwungen diese ungünstige Stellung zu beziehen, denn andernfalls gelingt es dem Läufer, den schwarzen Freibauern noch aufzuhalten: 55. ... Sd4 56. a6 f3 57. a7 f2 58. Lc4.

56. a6 f3 57. a7 f2 58. a8D f1D

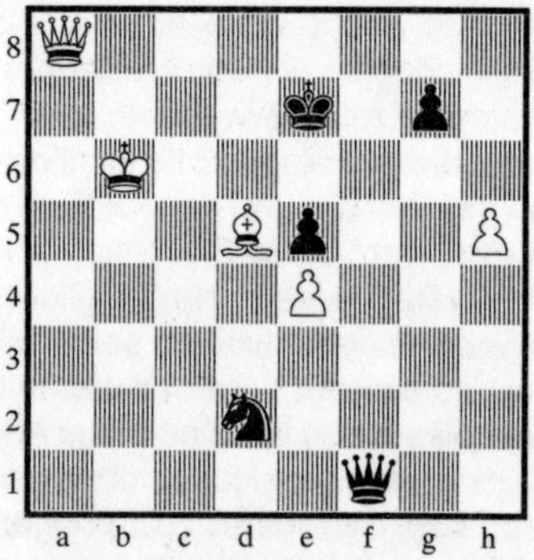

Die Situation auf dem Brett hat sich grundlegend verändert, und es könnte scheinen, daß das Vorhandensein der Damen dem Nachziehenden Remishoffnungen einräumen könnte. Aber bis zum Partieschluß wird ihm nun keine Atempause mehr gewährt. Weiß nutzt die bessere Postierung hinsichtlich der Leichtfiguren sowie sein Zugrecht dazu, den gegnerischen König mit unabwendbaren Drohungen zu belästigen.

59. Kc7!

Ein voreiliges Damenschach wie 59. Da3+? wäre schlecht: 59. ... Kf6 60. Dd6+ Kg5 61. De5:+ Kh4, denn es erlaubt dem schwarzen König, sich der Drohungen zu entziehen.

59. ... Dc1+

Das ist der einzigmögliche Schutz gegen das Matt. Wenn 59. ... Df8 geschehen würde, so folgt 60. Da3+ Ke8 61. Da4+ Ke7 62. Dd7+ Kf6 63. Df5+ Ke7 64. De6+matt!

60. Lc6 Se4:

Es konnte auch 60. ... Dc3 nichts mehr retten wegen 61. De8+ Kf6 62. Dg6+ Ke7 63. Dg7:+ Ke6 64. Kd8!, was die Mattdrohung erneuert. Nach dem erzwungenen 64. ... Da5+ 65. Ke8 Kd6 66. Df6+ Kc5 67. De5:+ Kb6 68. Da5:+ kann der h-Bauer ungehindert zur Umwandlung marschieren.

61. De8+ Kf6 62. Dg6+ Ke7 63. Dg7:+

Der Springer hat keine Rettungschance, deshalb nimmt Weiß zunächst mit Schachgebot noch einen wichtigen Bauern.

63. ... Ke6 64. Dg4+ Kf7 65. Dg6+!

Schwarz verfügte über gewisse Chancen nach 65. De4: Dg5. Weil aber jetzt 65. ... Ke7 66. De4: Dg5 67. Dg6! vollkommen aussichtslos ist, zieht Schwarz den König weiter ins Eck zurück, wo ihn aber unmittelbar sein Schicksal ereilen wird.

65. ... Kf8 66. h6!

Gegen die Mattdrohungen kann nur 66. ... Ke7 helfen, aber in diesem Falle kann nach 67. h7 das Erscheinen einer neuen weißen Dame nicht mehr verhindert werden.

Schwarz gab daher auf.

Dieses selten vorkommende koordinierte Zusammenspiel weniger weißer Figuren, die wie ein gut funktionierender Mechanismus Rad in Rad ineinandergreifen, ist schon bewundernswert. Es ist natürlich schon sehr angenehm in einem solchen Stil einen Großmeister der absoluten Extraklasse zu besiegen, aber die Emotionen dürfen höchstens 15 Minuten andauern, denn schon nach einer Viertel Stunde sollte die nächste Hängepartie begonnen werden, die in schlechter Position für mich abgebrochene Partie gegen Kuzmin.

Kuzmin – Kasparow

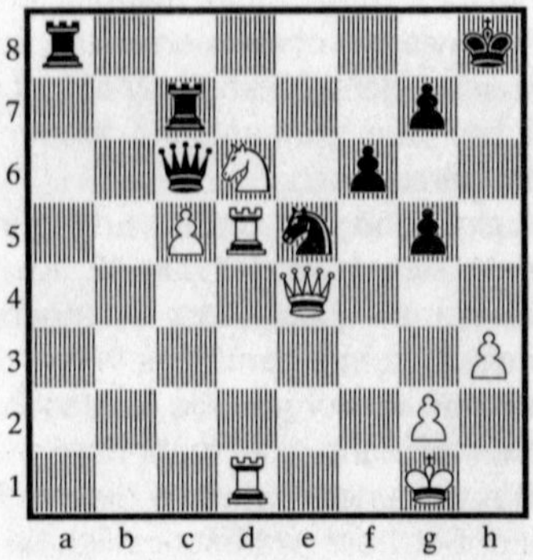

Wiederum haben wir auf dem Brett eine Stellung, die sich materiell im Gleichgewicht befindet. Bei flüchtiger Betrachtung der Position kann man den Eindruck bekommen, daß wir es mit einer ausgeglichenen Chancenverteilung zu tun haben, doch das ist nicht der Fall. Der entfernte Freibauer und der starke Springer d6, der die schwarze Dame vom Königsflügel fernhält, sind kennzeichnend für die weiße Überlegenheit. Gerade das Vorhandensein der Damen in Verbindung mit der großen Beweglichkeit der weißen Figuren gestattet es Weiß, seine Figuren günstig für einen Angriff gegen den schwarzen König umzugruppieren. Im Gegensatz zur weißen Manövrierfähigkeit sehen sich die schwarzen Streitkräfte durch den Bauern c5 gebunden. Sie sind nicht in der Lage, ihren Monarchen optimal zu unterstützen. Desweiteren wird Schwarz auch noch wegen der Schwäche der 8. Reihe gezwungen sein, auf alle möglichen „Seitensprünge" des weißen Springers sorgfältig zu achten und präzise zu reagieren. So wird beispielsweise auf 42. Sb5 Schwarz nur mit 42. ... Td7! sachgerecht antworten können, nicht aber mit 42. ... Tcc8? wegen 43. Sa7!. Die Schwierigkeit bei der Analyse solcher Stellungen besteht nicht zuletzt darin, daß Weiß keinen zwingenden Grund hat, seine Pläne schnell zu verwirklichen. Er kann vielmehr in aller Ruhe lavieren, manövrieren und auf einen besonders günstigen Moment warten, um dann zum entscheidenden Angriff überzugehen.

Ausgehend von diesen Erwägungen könnte sich etwa der Zug 42. Kh1! für Schwarz als besonders unangenehm erweisen, zumal damit das in mehreren Varianten vorkommende Schlagen des Bauern c5 dann nicht mehr mit Schachgebot verbunden wäre. In diesem Falle sollte Schwarz wahrscheinlich in der Fortsetzung 42. ... Tf8 sein Heil suchen, womit er freilich auf jegliches Gegenspiel verzichtet. Aber Kuzmin forcierte mit dem gewählten Abgabezug den Gang der Ereignisse.

42. Sc4

Dadurch wird der Springer e5, der eine feste Stütze der schwarzen Position darstellt, gezwungen, seinen momentanen Standplatz zu verlassen. Nach dem Rückzug des Springers gelingt es Schwarz aber, die gestörte Koordination seiner Figuren wiederherzustellen. Im Falle eines anderen Abzugs des Springers – 42. Sf5 – beabsichtigte Schwarz eine interessante Umgruppierung vorzunehmen: 42. ... Ta4!? 43. De2 g6 44. Sd6 Tf4! mit nachfolgendem Te7, Kg7 – und es ist in der Folge nicht klar, was Weiß dann unternehmen kann.

42. ... Sf7 43. h4

Kuzmin hat es eilig, die Bauernformation vor dem schwarzen König zu schwächen, aber dabei verliert auch der weiße König an Bauernschutz.

Angesichts der Tatsache, daß der Springertausch für Schwarz nicht annehmbar ist, sollte Weiß mit dem Springer einfach nach d6 zurückkehren – 43. Sd6 (43. ... Se5 44. Kh1).

43. ... Te8 44. Df3

Das unvorsichtige 44. Dg6 De6 45. hg5:? erlaubt es Schwarz, zum Gegenangriff überzugehen: 45. ... Dg4 46. Sd6?! Sd6: 47. Td6: (47. cd6: Te2!) 47. ... Tce7 usw.

44. ... De6 45. Sd6

Da Weiß feststellt, daß die Aktivität am Königsflügel in die Sackgasse geraten ist, erzwingt er den Springerabtausch und setzt alle Hoffnung auf den c-Bauern.

45. ... g4!

Das ist ein wichtiger Zwischenzug. Jetzt gelingt es Schwarz, nach 46. Df4 De3+! 47. De3: Te3: der Hauptgefahr auszuweichen; deshalb ist Weiß gezwungen, ein Tempo zu verlieren und mit der Dame in eine weniger aktive Position zurückzuweichen.

46. Df2 Ta8

Es ist natürlich, daß Schwarz auf den Abtausch auf d6 verzichtet, was lediglich dem weißen Bauern freie Bahn schaffen würde.

47. Sf7:+ Tf7: 48. Td6 De5 49. T6d5

Weiß darf g4–g3 nicht zulassen – danach wäre die weiße Königsstellung zu unsicher.

49. ... De6 50. Df4

Im Schwerfigurenendspiel bedeutet der c-Bauer eine gewaltige Kraft, weil er nach vollzogenem Springerabtausch nur noch schwer zu blockieren ist. Aber Schwarz bekommt die Möglichkeit, seine Figuren zu aktivieren, was von außerordentlicher Bedeutung ist; als mögliches Resultat läßt sich bereits bald ein Remis absehen.

50. ... Te7!

Indem Schwarz mit dem Damentausch droht, provoziert er den weißen König zum Zug nach h2.

51. Kh2 Ta3!

Dieser Zug erinnert den Weißen daran, daß sein König nicht hinreichend gegen Angriffe der schwarzen Schwerfiguren geschützt ist, während der schwarze König auf f7 einen sicheren Unterschlupf hat (52. Th5+? Kg8 53. Td8+ Kf7).

52. T5d3

Indem sich Weiß gegen die Drohung g4–g3 vorsieht, gibt er gleichzeitig die Kontrolle über die 5. Reihe auf, und, was am wichtigsten ist, auch die Kontrolle über das Feld e5. Kaum besser wäre 52. T1d3 Ta1!, denn dann wird man mit den schlimmsten Drohungen gegen den weißen König rechnen müssen.

52. ... Ta2!

Jeder unnötige Abtausch würde nur die Kraft des c-Bauern erhöhen, zum Beispiel: 52. ... Td3:? 53. Td3: De5? 54. De5: Te5: 55. Tc3! mit entscheidendem weißen Vorteil. Nach 52. ... Ta2! hindert die Aktivität des Schwarzen den Gegner daran, seine Trümpfe auszuspielen. So darf Kuzmin weder 53. Tc1 noch 53. Tc3 spielen wegen 53. ... Tg2:+ 54. Kg2: De2+. Weiß entscheidet sich für eine sichere Deckung des Punktes g2, doch dabei muß er seinen Turm aus dem aktiven Spiel ausschalten.

53. Tg3 f5

Jetzt sind die schwarzen Fortschritte deutlich zu erkennen. Der weiße Freibauer ist festgelegt und das schwarze Gegenspiel sieht sehr vielversprechend aus.

54. Td6 De5

Schwarz bietet den Abtausch an, wobei er ins Kalkül zieht, daß Weiß nach 55. De5: Te5: 56. c6 (56. Tc3 f4!) 56. ... Tc2 mit der Koordinierung seiner Streitkräfte Schwierigkeiten haben wird.

55. Dc4

Das naheliegende 55. Dg5 stößt auf folgende effektvolle Widerlegung: 55. ... Tg2:+! 56. Kg2: De2+ 57. Kg1 (57. Kh1? Df1+) 57. ... De1+ 58. Kh2 Te2+ 59. Tg2 Tg2:+ 60. Kg2: De2+ mit ewigem Schach.

55. ... Te2

Das passive 55. ... Ta8 erlaubt es Weiß, die Initiative zu ergreifen: 56. Td5! Df6 57. Df4! (57. ... Dh4:+? 58. Th3).

56. Td8+ Te8 57. Te8:+ De8: 58. c6

Der c-Bauer tritt den Vormarsch an, aber Schwarz ist darauf bereits vorbereitet.

58. ... Te4

Hier einigten sich die Spieler auf ein Remis. Praktisch ist folgende Abwicklung erzwungen: 59. Dd5! De7 60. c7! Dc7: 61. Df5: Tf4. Der Versuch, auf Gewinn zu spielen, ist für Weiß mit großem Risiko verbunden, zum Beispiel: 59. Dc3?! De6! 60. c7 Tc4 61. Dd2 Kh7! usw.

Also endete die zweite Hängepartie günstig für mich, aber es stand noch eine unangenehme Prüfung bevor.

Kasparow – Kupreitschik

Nur noch sehr wenige Figuren sind auf dem Brett verblieben und es scheint, daß der schwarze Mehrbauer die Partie gegebenenfalls zugunsten des Nachziehenden entscheiden könnte. Aber Weiß kann seinerseits die ungünstige Aufstellung der schwarzen Figuren ausnutzen und den Bauern (a5) zurückgewinnen. Leider konnten wir der Analyse dieser dritten Hängepartie nicht mehr genügend Zeit einräumen, und in erster Linie wurde die Fortsetzung 42. ... Tc1 von uns untersucht, welche nach 43. Tc1: Sc1: 44. Kd2 Sa2 45. Lb3 Sb4 46. Kc3 Kf6 47. Kc4 Ke5 48. Kb5 Kd6 49. Ka5: Kc5 forciert zu einer Position führt, in der die äußerst ungünstige Lage des weißen Königs dem Nachziehenden reale Erfolgschancen einräumt. Es war uns schließlich gelungen, eine mehr oder weniger annehmbare Verteidigung ausfindig zu machen.

In der herrschenden Eile konnten wir aber nicht herausfinden, welchen Stellenwert der Zug 42. ... Kf6 verdient, bzw. welche Gefahr er für Weiß darstellt. In diesem Falle setzt Schwarz dem gradlinigen, auf Bauernrückgewinn gerichteten weißen Spiel eine taktische List entgegen. Zum Beispiel: 43. Tc3 Sc1! (43. ... Sd4 44. Tc5) 44. Kd2 Sa2 45. Tc5 Tb2+ 46. Ke3 (46. Ke1? Sb4) 46. ... Sb4, und jetzt ist 47. Ta5:? unmöglich wegen 47. ... Sd5+ 48. Kf3 Sc3, und der weiße Läufer gerät unerwartet in die Falle. Bei der Analyse machte mich die übermäßig große Aktivität des schwarzen Springer außerordentlich ängstlich, aber während der aufmerksamen Durchleuchtung der Möglichkeiten verschwanden die übertriebenen Angstgefühle. Es genügte bereits, dem Springer den Zugang zum Zentrum zu verwehren – 47. Lf3!, und auf 47. ... Sc2+ kühn sich dem Abzugsschach auszusetzen – 48. Kd2! (48. Kd3? Se1+ 49. Se3 Tb3+ 50. Ke2 Sf3: 51. gf3: Tb4! 52. Ta5: Th4 mit leichtem Gewinn für Schwarz), und dann kann man leicht feststellen, daß keiner der möglichen Springerabzüge dem Schwarzen konkrete Vorteile bringt: 48. ... Sa3+ (48. ... Sd4+? 49. Kc3) 49. Ke1 Tb1+ 50. Ld1 oder 48. ... Sa1+ 49. Ke1 Sb3? 50. Tb5. Heute kann ich in aller Ruhe die Vor- und Nachteile dieses oder jenes Zuges beschreiben – aber damals, während der Fortsetzung der Hängepartie fürchtete ich mich doch etwas vor 42. ... Kf6, wobei ich nicht ohne Grund auf die Unannehmlichkeiten gefaßt war, die mir seitens des so listigen, taktisch versierten Kupreitschik drohten.

Aber alles ließ sich bedeutend einfacher abwickeln. Nachdem Kupreitschik etwa eine halbe Stunde über seinen Abgabezug nachdachte, riskierte er nicht, in das Labyrinth der Varianten nach 43. ... Kf6 einzusteigen, sondern bevorzugte 42. ... Tc1. Nach den im Blitztempo gemachten sieben Zügen (sie sind im vorausgehenden schon dargelegt), entstand die folgende Position.

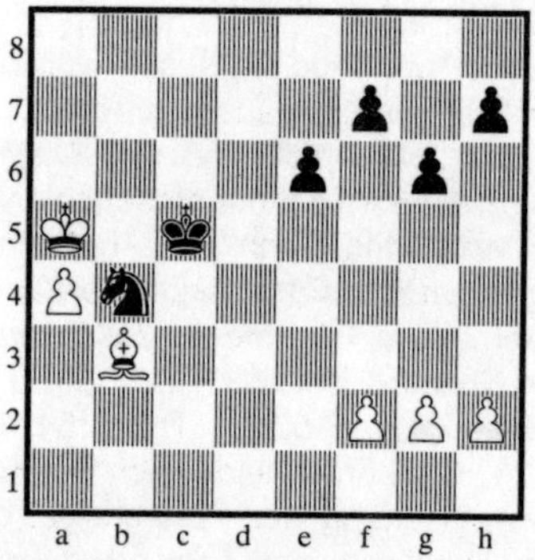

Der schwarze Plan ist einfach: Unter Ausnutzung der schwierigen Lage des weißen Königs soll versucht werden, die eigene zahlenmäßige Überlegenheit am Königsflügel in die Waagschale zu werfen, indem man dort einen Freibauern bildet.

50. f4!

Dadurch wird der schwarze Königsflügel zunächst gelähmt und Schwarz wird gezwungen, den Käfig, in welchem sich der weiße König derzeit befindet, etwas zu öffnen.

50. ... Sd5

Oder 50. ... h6 51. g3 g5 52. f5! usw.

51. Ka6!

Wichtig ist die Aktivität! Der Zug 51. g3 erlaubt es Schwarz, nach 51. ... Sc7! einen Freibauer durch f7–f6 und e6–e5 zu schaffen, wobei der weiße König gleichzeitig eingesperrt bleibt. Jetzt sichert im Falle von 51. ... Sf4: 52. a5! Kc6 (52. ... Kb4? 53. Kb6!, und Weiß kann sogar gewinnen) 53. La4+ Kc7 54. Le8 f5 55. g3! (nicht 55. Kb5? wegen 55. ... Sg2:! 56. Lc6 Se3 57. a6 Kb8 58. Kh6 Sc4+) 55. ... Sd5 56. Kb5 der a-Bauer Weiß gegen etwaige Unannehmlichkeiten. Deshalb plant Schwarz in erster Linie den gefährlichen Freibauern zu liquidieren, aber dabei entfernen sich seine Figuren vom Königsflügel.

51. ... Kb4 52. Ld1

52. Ld5:? führt Weiß nach 52. ... ed5: 53. Kb6 d4 54. a5 d3 55. a6 d2 56. a7 d1D 57. a8D Dd4+ in ein verlorenes Damenendspiel.

52. ... Se3

Hier bedeutete das Nehmen des Bauern f4 für Schwarz keinen Vorteil, zum Beispiel: 52. ... Sf4: 53. a5! Sd5 54. Lf3 f5 55. Kb7! Ka5: 56. Kc6, und der bedeutende Unterschied in der Postierung der Königs reduziert das materielle schwarze Übergewicht auf ein Minimum. Die Situation konnte auch durch das bedeutend listigere 52. ... Sc3 53. Lf3 Sa4: 54. Kb7 nicht geändert werden, denn dem König gelingt es wieder, sich sich zu den Bauern des schwarzen Königsflügels durchzuschlagen. Sofern Weiß aber nicht hinreichend wachsam ist, dann könnte er in eine gut getarnte Falle gehen: 52. ... Sc3 53. Lc2?! Sa4: 54. La4:? Ka4: 55. Kb6 g5!! (ein Remis ergäbe nur mit 55. ... Kb4 56. Kc6 Kc4 57. Kd6 Kd4 58. Ke7 f5 59. Ke6: Ke4 60. Kf6 Kf4: 61. Kg7) 56. g3 (schlecht ist auch 56. fg5: Kb4 57. Kc6 Kc4 58. Kd6 Kd4) 56. ... gf4: 57. gf4: Kb4 58. Kc6 Kc4 59. Kd6 Kd4 60. Ke7 f5! 61. Ke6: Ke4, und Schwarz gewinnt.

53. Lf3 Ka4: 54. Kb6 Kb4 55. Kc6 Kc4 56. Kd6

Wahrscheinlich war 56. Kd7 genauer, aber auch der Zug in der Partie verdirbt nichts.

56. ... Sd5

Jetzt erreicht Weiß ohne besondere Mühe den Remis-Hafen, während 56. ... Sf5+ Weiß noch zur Vorsicht hätte zwingen können.

57. Ke5 Kd3

Nach 57. ... Kc5 58. g4! und f4–f5 sind die massenhaften Bauernabtauschaktionen nicht mehr zu vermeiden.

58. Ld5:

Das sieht gefährlich aus, weil der schwarze König als erster am Königsflügel zu den Bauern durchbricht, aber auch der weiße König vollbringt rechtzeitig seine Taten!

58. ... ed5: 59. Kd5: Ke3 60. Ke5

Wir einigten uns auf Remis. Die Varianten 60. ... f5 61. Kf6 Kf4: 62. Kg7 oder 60. ... Kf2 61. Kf6 Kg2: 62. Kf7: Kh2: bestätigen die Richtigkeit dieser Entscheidung.

Das Resultat der Fortsetzung der Hängepartien erwies sich für meinen Trainer und für mich als eine angenehme Überraschung – wir vermochten das Maximum zu erfüllen! Die erfolgreiche Fortsetzung der Hängepartien gestattete es mir, zum ersten Mal alleiniger Spitzenreiter im Turnier zu werden.

Superturnier in Bugojno

Noch vor kurzer Zeit hatte der Name Bugojno selbst für die Einwohner Jugoslawiens keine große Bedeutung.

Aber dies hat sich seit 1978 geändert, seit dieses kleine Städtchen im Zentrum der Aufmerksamkeit der Schachspieler in aller Welt steht. Das laufende Turnier war das Dritte in diesem Ort. Im ersten Turnier teilten den ersten Platz Anatoli Karpow und Boris Spasski, im zweiten Turnier 1980 gelang es dem Weltmeister im Endspurt Bent Larsen zu überholen. Beide Turniere zeichneten sich durch äußerst hartnäckige Kämpfe aus, deshalb erwartete man auch von den Teilnehmern des Turniers Bugojno 1982 kompromißloses Spiel. Und man kann sagen, daß diese Erwartungen gerechtfertigt waren. Jede Runde zeichnete sich durch interessante Duelle aus und nur gegen Turnierende, als die sportlichen Erwägungen die Oberhand gewannen, ergaben sich auch Kurzremisen. In dieser Hinsicht bildete das Turnier in Bugojno eine angenehme Ausnahme in der Reihe der Superturniere, die gerade in letzter Zeit so populär wurden.

Die ausgewogene Zusammensetzung der Teilnehmer ließ hartnäckige Kämpfe um den ersten Platz erwarten. Als Hauptanwärter auf den Sieg unter den ausländischen Schachspielern galten Jan Timman und Bent Larsen, die auf ihrem Konto bereits viele eindrucksvolle Turniersiege aus vergangen Jahren hatten. Trotzdem kam es nicht zu dem besonders erbitterten Kampf um den Hauptpreis. Das von mir bereits am Start eingeschlagene hohe Tempo ging den Partnern über ihre Kräfte.

In der 1. Runde spielte ich gegen Svetozar Gligorić mit Weiß, aber ich konnte kein Übergewicht bekommen. Dann aber machte mein Gegner einen Fehler, wonach es mir gelang, seine Figuren scheinbar patt zu setzen.

		1	2	3	4	5	6	7	8	9	10	11	12	13	14	Punkte
1.	Kasparow	●	½	½	½	½	½	1	1	½	½	1	1	1	1	9,5
2.	Polugajewski	½	●	½	½	1	½	0	½	½	1	½	1	1	½	8
3.	Ljubojević	½	½	●	½	½	½	½	½	1	1	½	½	½	1	8
4.	Spasski	½	½	½	●	½	½	1	½	½	½	½	½	1	½	7,5
5.	Hübner	½	0	½	½	●	½	½	½	1	½	½	½	1	1	7,5
6.	Andersson	½	½	½	½	½	●	0	½	½	1	½	½	1	½	7
7.	Larsen	0	1	½	0	½	1	●	½	0	0	1	1	1	½	7
8.	Petrosjan	0	½	½	½	½	½	½	●	½	1	½	½	½	1	7
9.	Ivanović	½	½	0	½	0	½	1	½	●	1	½	0	0	1	6
10.	Timman	½	0	0	½	½	0	1	0	0	●	1	1	½	½	5,5
11.	Kavalek	0	½	½	½	½	½	0	½	½	0	●	½	½	½	5
12.	Najdorf	0	0	½	½	½	½	0	½	1	0	½	●	½	½	5
13.	Gligorić	0	0	½	0	0	0	0	½	1	½	½	½	●	1	4,5
14.	Ivkov	0	½	0	½	0	½	½	0	0	½	½	½	0	●	3,5

Kasparow - Gligoric
Damenindisch

1. d4 Sf6 2. c4 c6 3. Sf3 b6 4. a3 c5 5. d5 La6 6. Dc2 ed5: 7. cd5: g6 8. Lf4 d6 9. Sc3 Lg7 10. Da4+ Dd7 11. Ld6: Da4: 12. Sa4: Sd5: 13. 0–0–0 Se7 14. e4 Lf1: 15. Thf1: Sbc6 16. Sc3 Td8? (16. ... Lc3:!) **17. Sb5 Td7 18. Lf4 Td1:+ 19. Td1: 0–0 20. Td7 Ta8 21. Ld6 Sc8 22. Sc7 Tb8 23. Sa6 Ta8 24. Lf4 S8e7 25. Ld6 Sc8 26. Lg3 S8e7 27. Lh4 Lf8 28. Lf6 Tf8 29. Tc7 Te8**

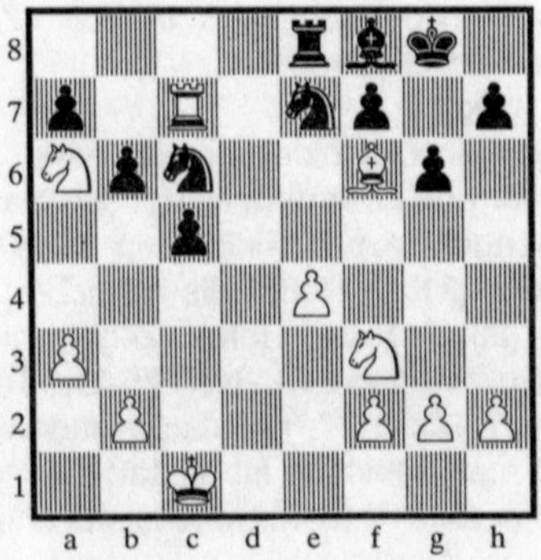

30. g4 Lg7 31. g5 Lf8 32. Kc2 Tc8 33. Tb7 Sd4+ 34. Sd4: cd4:+ 35. Kd3 Sc6 36. f4 Ld6 37. e5 Lf8 38. b4 Sd8 39. Ld8: Td8: 40. Ta7: h6 41. h4 h5 42. Sc7

Schwarz gab auf.

Ich möchte betonen, daß mir in der Anfangsphase des Turniers, während der ersten vier Runden, nicht nur im sportlichen Sinne 3,5 Punkte gelangen, sondern ich auch in schöpferischer Hinsicht ebenso erfolgreich war. Ich denke dabei an ein bemerkenswertes Remis aus der zweiten Runde, das vieles in den Schatten stellt.

Ivanović - Kasparow
Sizilianische Verteidigung

1. e4 c5 2. Sf3 d6 3. d4 cd4: 4. Sd4: Sf6 5. Sc3 a6 6. Lc4 e6 7. De2 Le7 8. a4 Sc6 9. Le3 0–0 10. 0–0

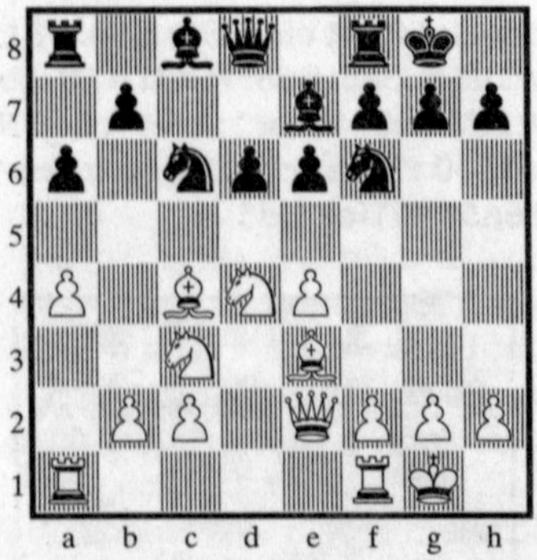

10. ... d5

Mit Hilfe eines solchen oder ähnlichen Befreiungsvorstoßes ergreift der Nachziehende gewöhnlich die Initiative. Mein Spielpartner aus Jugoslawien findet eine interessante Lösung.

11. Tfd1!

Nach 11. ed5: ed5: 12. Lb3 Lb4 hat Schwarz ein ausgesprochen gutes Spiel.

11. ... Ld6 12. ed5:

Jetzt endet alles sehr schnell mit einem Remis. Zu einem bedeutend komplizierteren Kampf führte 12. Lg5, aber auch hier sind die Chancen von Schwarz nicht schlechter, zum Beispiel: 12. ... Sd4: 13. Td4: Db6 14. Lf6: gf6: 15. Dg4+ Kh8 16. ed5:. In dieser Position kann man wählen zwischen 16. ... e5 17. Dh4 mit einem Remis und 15. ... Db2: mit Figurengewinn. Aber in letzterem Falle hat Weiß gewisse Angriffschancen.

12. ... ed5: 13. Sd5: Sd5: 14. Ld5: Lh2:+ 15. Kh2: Dd5: 16. c4 De4 17. Sc6: bc6: 18. Td4 De5+ 19. Kg1

Remis

In der folgenden Partie gegen Großmeister Najdorf aus Argentinien wurde eine interessante Idee verwirklicht.

Kasparow - Najdorf
Damenindische Verteidigung

1. d4 Sf6 2. c4 e6 3. Sf3 b6 4. a3 Lb7 5. Sc3 d5 6. cd5: Sd5: 7. e3 Le7 8. Lb5+ c6 9. Ld3 Sc3: 10. bc3: c5 11. 0–0 Sc6 12. e4 0–0 13. Le3 cd4: 14. cd4: Tc8 15. De2 Sa5 16. Tfe1 Dd6

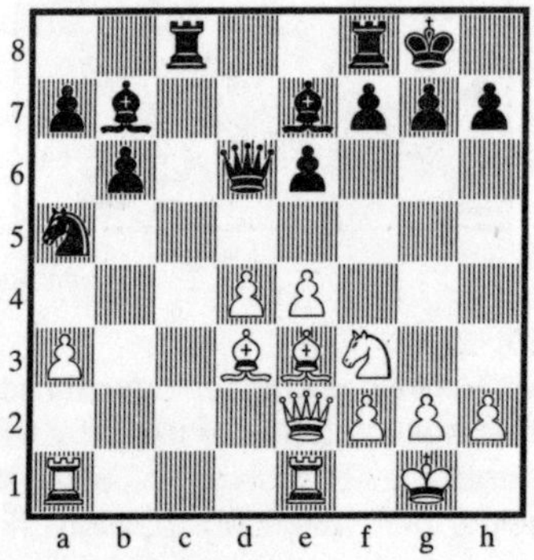

Es gelang mir, die vorgeschobene Stellung der schwarzen Dame zum Tempogewinn für den Angriff auf den Königsflügel auszunutzen. Dabei mußten zwei Zentralbauern geopfert werden.

17. d5 ed5: 18. e5 De6 19. Sd4 De5: 20. Sf5

Die Diagonalen für die Läufer sind geöffnet, der Springer ist aufmarschiert und doch ist die schwarze Position ausreichend stabil.

20. ... Lf6

Schlecht ist 20. ... Lc5 wegen 21. Dh5 und gegen die Drohung Se7+ gibt es keinen ausreichenden Schutz. Auf den ersten Blick eignet sich 20. ... Sc4, aber dann war der stille Zug 21. Df1! partieentscheidend.

Das sind alles nur Märchen!

Nach 20. ... Sc4 21. Df1 ließ das einfache 21. ... Ld6! Weiß am Scherbenhaufen seiner Stellung sitzen. (22. f4 Df6 23. Ld4 Lc5; oder 22. g3 Se3:). Nur etwas besser ist auch 21. Ld4 De2: 22. Te2: Lc5 23. Lg7: Tfe8. Man könnte sich retten wohl nur mit 21. Dh5 g6 22. Ld4 Dd4: (22. ... gh5: 23. Se7:+) 23. Sd4: gh5: 24. Te7: Sd6 25. Sf5 Sf5: 26. Tb7: Sd4 27. Ta7: — Die Bauernschwächen werden Schwarz wohl keinen Erfolg erlauben. Es liegt die Schlußfolgerung nahe, daß statt des leichtsinnigen Opfers der zwei Bauern das „banale" 17. h4 gewählt werden sollte.

21. Dg4

Wie ein Damoklesschwert hängt die Gefahr Ld4 über dem Haupt des Nachziehenden. Am natürlichsten wäre die Antwort 21. ... Tfe8. Falls dann 22. Ld2 Da1: 23. Ta1: La1: folgt, so geht nicht 24. Sg7: wegen 24. ... Lg7: 25. Lh6 Tc1+ 26. Lf1 Tf1:+! 27. Kf1: La6+ und Weiß wird matt. Deshalb ist anstatt 24. Sg7: stärker 24. h4! (damit wird die Drohung Sg7: erneuert).

Es ist übrigens nicht besonders gut 24. Sh6+ zu spielen wegen 24. ... Kf8 25. Lb4+ Tc5 – Schwarz opfert die Qualität, aber der weiße Angriff erlischt. Aber nach 24. h4 bleiben die starken Drohungen erhalten.

Man könnte sich auch durch 21. ... Dc3 verteidigen. Weiß würde fortsetzen 22. Se7+! Le7: (schlecht ist 22. ... Kh8 23. Lh7: Tc4 24. Le4! mit matt) 23. Ld4 Dd4: 24. Dd4: Lf6 25. Dg4 La1: 26. Ta1:. Schwarz hat als Gegengewicht gegen die Dame einen Turm, den Springer und zwei Bauern. Ich bin der Meinung, daß die Chancen von Weiß besser sind, obwohl der am wahrscheinlichsten mögliche Ausgang ein Remis ist. Najdorf spielte schwach weiter.

21. ... Tce8? 22. Ld2 Da1:

Oder 22. ... Dc7 23. Sh6+ Kh8 24. Te8: Te8: 25. Df5 Te4 26. Le4: de4: 27. Tc1

Sc4 28. Lg5 mit entscheidendem Übergewicht.

23. Ta1: La1:

Hier eignet sich wieder die Kombination, die schon erwähnt wurde.

24. Sg7:! Lg7:

Oder 24. ... Lc8 25. Se6+ Kh8 26. Df5 mit Matt.

25. Lh6

Schwarz gab auf.

Nach meiner Meinung waren im Kampf um den ersten Platz die Spiele in den Runden 6 und 7 entscheidend. Diese hatte ich gegen die beiden Exweltmeister Tigran Petrosjan und Boris Spasski auszutragen. Bekanntlich gestalteten sich bislang meine Turnierpartien gegen Petrosjan ungünstig für mich. Diesmal aber ist es mir gelungen von dieser unangenehmen „Tradition“ Abschied zu nehmen. Bereits in der Eröffnung erreichte ich eine große Überlegenheit.

Kasparow – Petrosjan

Bogoljubow-Indische Verteidigung

1. d4 Sf6 2. c4 e6 3. Sf3 Lb4+ 4. Ld2 De7 5. g3 Ld2:+ 6. Dd2: 0-0 7. Lg2 d5 8. 0-0 dc4: 9. Sa3 c5 10. dc5: Dc5: 11. Tac1 Sc6 12. Sc4: De7? 13. Sfe5 Se5: 14. Se5:

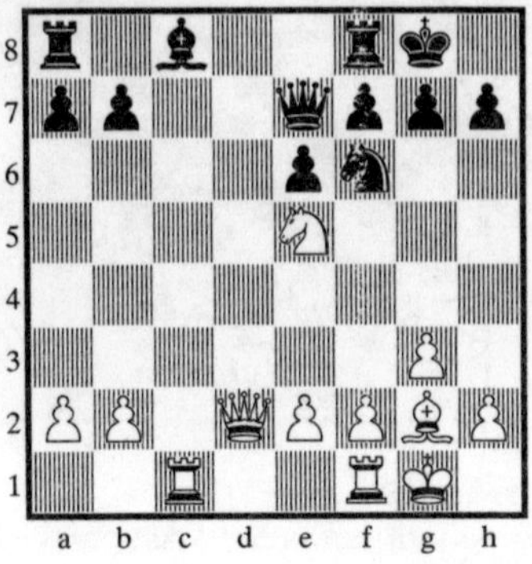

Es ist gar nicht schwer die entstandene Position einzuschätzen – der Unterschied in der Figurenstellung ist enorm groß und bedeutend – die weißen Figuren haben viel mehr Wirkungskraft. Aber die Realisierung der weißen Überlegenheit wird dadurch erschwert, daß in der schwarzen Position momentan keine Schwächen zu finden sind. Sollte es Schwarz gelingen, seine Figuren ohne besonderen Nachteil zu entwickeln, so würde die weiße Initiative längerfristig neutralisiert werden. Zudem soll der Springer e5 aus seiner dominierenden Position vertrieben werden.

14. ... Sd5 15. Tfd1 Sb6 16. Da5!

Damit wird der Damenflügel lahmgelegt und der Befreiungszug f7–f6 verhindert wegen 17. Sc4 Sc4: 18. Tc4: mit entscheidendem Einbruch.

16. ... g6 17. Td3!

Mit seinem letzten Zug versuchte Schwarz, den Abtausch eines Turmpaares vorzubereiten. Aber Weiß kommt diesem Versuch zuvor: 17. ... Td8 18. Dc5! Dc5: 19. Td8:+ Df8 20. Tf8:+ Kf8: 21. Tc7 mit schwarzer Verluststellung.

17. ... Sd5 18. e4!

Es ist zwar schade, daß damit die Diagonale für den eigenen Läufer versperrt wird, aber im Moment ist es wichtiger, den schwarzen Springer von dem ausgezeichneten Standplatz d5 zu entfernen.

18. ... Sb6

Dieser Zug ist erzwungen, um das Feld c7 zu überdecken. Es wäre nicht möglich, sich mit Hilfe taktischer Mittel zu befreien – 18. ... Db4? 19. Td5:.

19. Lf1!

Das ist ein bescheidener, aber sehr wichtiger Zug. In solchen Situationen ist es wichtig, dem Gegner keinerlei Befreiungsmöglichkeit zu gewähren. Schwarz beabsichtigte f7–f6. Mit der Verwirklichung dieses Zuges war die Idee verbunden, um nach 20. Sc4 dann die Verwundbarkeit des Turmes d3 auszunutzen: 20. ... Sc4: 21. Tc4: b6 22. Dc3 La6. Das vorbeugende 19. Lf1! verhindert diese Möglichkeit.

19. ... Te8

Es ist schwerlich möglich, diesen Zug als einen Fehler zu bezeichnen, aber jedenfalls bestand die bessere Chance für Schwarz in dem Bauernopfer durch 19. ... f6 20. Sc4 Ld7, obwohl auch dann nach 21. Sb6: ab6: 22. Db6: Lc6 23. a3 Weiß allmählig eine Gewinnstellung erlangen sollte.

20. Tdd1!

Weiß koordiniert das Zusammenspiel seiner Figuren aufs Beste, und Schwarz bleibt keine andere Wahl, als passiv die Vorbereitungen des Gegners zu beobachten.

20. ... Tf8

Es gibt keine andere Alternative. Nicht einmal mittels eines Bauernopfers kann sich Schwarz jetzt mehr befreien: 20. ... f6 21. Sc4 Ld7 22. Sb6: ab6: 23. Db6: Lc6 24. Lb5! Lb5: 25. Db5: mit einfachem weißen Gewinn. Jetzt kann Schwarz allenfalls noch auf ein Wunder hoffen oder auf die Unerfahrenheit und Übereiltheit seines Gegners. Aufgrund der Erfahrungen aus unseren früheren Turnierbegegnungen scheint das zweite am wahrscheinlichsten zu sein; aber die Lektionen, die mir Tigran Petrosjan in Moskau und in Tilburg erteilte, hatte ich mir zu Herzen genommen.

21. a3!

Derartige unscheinbare Züge machen dem Gegner die absolute Hilflosigkeit seiner Lage bewußt.

21. ... Kg7 22. b3

Weiß nähert sich ohne Eile dem Ziel. Es ist klar, daß der Vorstoß des Bauern bis auf das Feld a5 den schwarzen Widerstand brechen wird; aber was kann Schwarz eigentlich dagegen noch unternehmen?

22. ... Kg8 23. a4 Td8

Auch ohne diesen fehlerhaften Zug hätte die Partie nicht mehr lange gedauert.

24. Dc5!

Eine Variante lautet 24. ... Dc5: (24. ... De8 25. Sg4!) 25. Td8:+ Df8 26. Tf8:+ Kf8: 27. Tc7. Weitere Kommentare sind überflüssig. Schwarz gab auf.

Sehr spannend verlief meine Wettkampfpartie gegen Spasski:

Spasski – Kasparow

Sizilianische Verteidigung

1. e4 c5 2. Sc3 e6 3. g3 d5 4. ed5: ed5: 5. Lg2 Sf6

Der Zug 5. ... d4 ist verfrüht wegen des Zwischenzuges 6. De2+, wonach der bedrohte Springer eines der Zentralfelder besetzen wird (d4 oder e5).

6. Sge2 d4 7. Se4 Se4: 8. Le4: Sd7

Annehmbar ist auch 8. ... Sc6 mit nachfolgendem ...Ld6 und ...0-0.

9. 0-0 Sf6 10. Lg2 Ld6

Schwarz hat eine günstige Figurenstellung. Wenn Weiß mit 11. d3 fortsetzt, bietet sich die Entgegnung 11. ... 0-0 an, und dann hat Schwarz die besseren Chancen und mehr Raum für Umgruppierungen. Deshalb beginnt Spasski unverzüglich mit der Sprengung des Bauernzentrums.

11. c3!

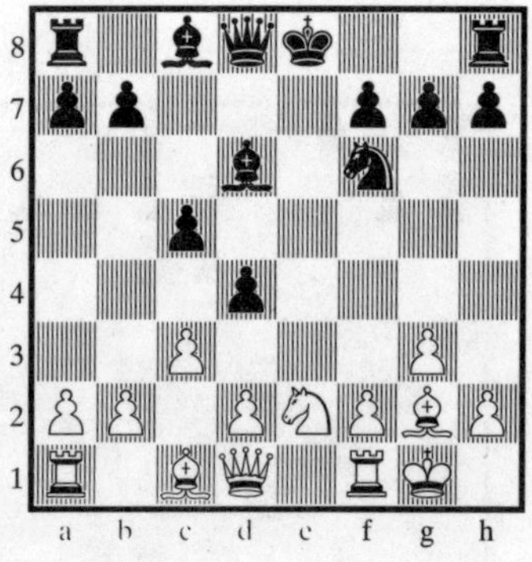

11. ... d3!

Zu einem bedeutend ruhigeren Spiel

führte 11. ... 0-0 12. cd4: cd4: 13. d3 (schlechter ist 13. Sd4: Lg3:) 13. ... Te8.

12. Sf4 0-0

Man darf natürlich nicht 12. ... Lf4:? spielen wegen 13. Da4+ Ld7 14. Te1+! Kf8 15. Df4:.

13. Sd3: Lg3: 14. fg3:!

Das ist stärker als 14. hg3:. Der weiße Turm wird frei für das Spiel in der f-Linie. Schlecht ist demgegenüber 14. Sc5:? wegen 14. ... Lh2:+ 15. Kh2: Sg4+, und der schwarze Angriff ist kaum abzuwehren.

14. ... Dd3: 15. Df3

Das ist nun eine interessante Position – Schwarz riegelt den gegnerischen Damenflügel ab. Wenn es Weiß aber gelingt, sich zu befreien, dann können die beiden weißen Läufer eine gewichtiges Wort mitsprechen. Schwarz muß energisch spielen, daher wäre 15. ... Td8 15. Dd3: Td3: 16. Te1 nicht geeignet, denn es folgte Lf1 und Weiß hätte bessere Aussichten.

15. ... Df3: 16. Lf3:

Auf 16. Tf3: spielt Schwarz 16. ... Le6 mit besseren Chancen.

16. ... Lh3 17. Lb7:!

Spasski kämpft auch um das Übergewicht.

17. ... Tae8 18. Lg2

Nicht in Erwägung zu ziehen ist 18. Td1 wegen 18. ... Lg4 19. Tf1 Le2 20. Te1 Ld3.

18. ... Lg2: 19. Kg2: Te2+ 20. Tf2 Tfe8

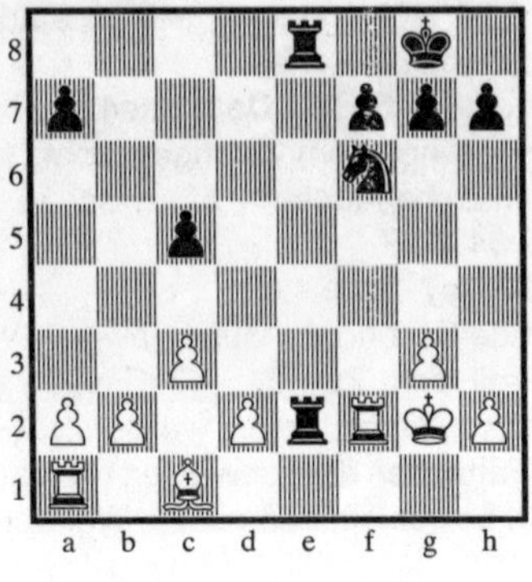

Weiß hat einen Mehrbauern, aber die zwei Figuren am Damenflügel sind vorerst noch nicht im Spiel. Freilich ist es bei dem reduzierten Figurenmaterial auf dem Brett für den Nachziehenden außerordentlich schwierig, seine Entwicklungsvorsprung zur Geltung zu bringen. Die Lage des Schwarzen wird noch erschwert, weil jetzt Spasski einen sehr starken Zug findet.

21. b3!

Das ist eine ausgezeichnete Lösung, die als die einzig richtige in der gegebenen Lage anzusehen ist. Schlecht ist 21. d4 – 21. ... cd4: 22. cd4: Te1, und die Lahmlegung des Damenflügels sollte sich auswirken. Die Idee des Partiezuges besteht in der Vernachlässigung des Königsflügels und in der beschleunigten Entwicklung des Damenflügels. Zum Beispiel: 21. ... h5 22. La3 Sg4 23. Te2: Te2:+ 24. Kf3 usw. (zu den weißen Planspielen gehört auch La3xc5xa7). Oder 21. ... h5 22. La3 Tf2:+ 23. Kf2: Se4+ 24. Kg2 Sd2: 25. Lc5: Te2+ 26. Lf2 Se4 27. Kf3 Tf2:+ 28. Ke4: Th2: – meines Erachtens hat Weiß danach bessere Aussichten.

21. ... Tf2:+ 22. Kf2: Sg4+ 23. Kg2 f5!

Verlockend ist 23. ... Te1, und wenn 24. Lb2 gezogen wird, dann geschieht 24. ... Te2+ 25. Kf3 Td2:. Aber in diesem Falle ist 26. La3 Sh2:+ 27. Ke4 sehr stark – die aktiven weißen Figuren stellen eines bedrohliche Kraft dar.

24. h3 Se5 25. d4

Weiß darf natürlich den Springer nicht nach d3 ziehen lassen, wenn dadurch der Bauer auf d2 blockiert wird.

25. ... cd4: 26. cd4:

Interessant ist 26. Ld2, wodurch der Bauer zurückgegeben wird, aber dadurch wird der Läufer entwickelt: 26. ... dc3: 27. Lc3: mit besseren Chancen. Schwarz konnte aber ein Remis erzwingen – 26. ... Sd3 27. Kf3 Se5+ 28. Kf4 Sd3+, weil man nicht 29. Kf5: spielen darf wegen 29. ... Te2. Zu einer beiderseitig spannenden Position führte 27. Kf1 – 27. ... dc3: 28. Lc3: Te3 29. Ld4 Tg3: 30. La7: Th3:.

26. ... Sd3

Die Aktivität des Springers rettet Schwarz, weil 27. La3 hier wegen 27. ... Se1+ und Sc2 nicht günstig ist.

27. Lg5

Wenn 27. Lf4 gespielt wird, dann ist 27. ... Sf4:+ 28. gf4: Te4 nicht schlecht.

27. ... h6 28. Td1 hg5: 29. Td3: Te2+ 30. Kf3 Ta2: 31. d5 Kf7 32. d6 Ke8

Remis

Nachdem ich in diesen zwei Partien 1,5 Punkte gewonnen hatte, wurde es mir klar, daß ich gute Chancen auf den ersten Platz habe. In der 8. und 9. Runde konnte ich gegen Bent Larsen und Lubomir Kavalek zu Siegen kommen und mein Vorsprung vor dem nächsten Verfolger – Lev Polugajewski – war mittlerweile auf anderthalb Punkte angewachsen.

Kasparow – Larsen

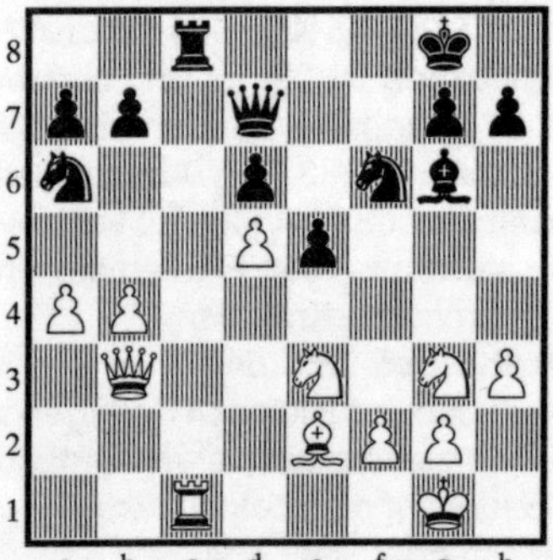

In dieser Stellung ist es schwierig, sich die künftigen kombinatorischen Komplikationen vorzustellen und es scheint, daß die Partie nach einem Manövrierkampf mit einem Remis enden könnte. Aber es gelang mir, eine interessante Möglichkeit zur Verschärfung des Kampfes zu finden.

25. Tc6!

Das ist ein frecher Zug, dessen Vorteil darin besteht, daß er nichts verderben kann! Er hat übrigens eine positionelle Begründung: 25. ... Lf7 26. Lg4 Sg4: 27. Tc8:+ Dc8: 28. hg4: mit einem spürbaren weißen Übergewicht (28. ... Dc1+ 29. Kh2 Dd2? 30. Dc4!). Aber wenn Schwarz den frechen Turm einfach ignoriert hätte und die Aufstellung seiner Figuren verbessern würde (25. ... Sc7), dann hätte die Partie ihren bisherigen Charakter behalten. Aber Larsen gehört nicht zu denjenigen, die dem Gegner aufs Wort glauben. Deshalb schlug er, nachdem er 20 Minuten überlegt hatte (von insgesamt 25 Minuten, über die er noch verfügte) den weißen Turm weg.

25. ... bc6:?

Und jetzt rechtfertigt sich die Absicht von Weiß.

26. dc6:+ Df7 27. Lc4 d5 28. Sd5: Kh8

28. ... Kf8 mit der Idee die Dame zu opfern wird brillant widerlegt durch: 29. Sb6! Tc6: 30. Lf7: Lf7: 31. Da3! und das Abzugsschach ist entscheidend, oder 29. ... ab6: 30. Lf7: Lf7: 31. Dd3!.

29. Sb6! Dc7 30. Sc8: Dc8: 31. b5!

Diesen Zug unterschätzte Larsen. Irgendwie rechnete Larsen nur mit 31. La6: Da6:, wonach es ihm gelingen würde, die Freibauern aufzuhalten. Aber Weiß ist nicht geneigt, seinen starken Läufer abzutauschen.

31. ... Sc5 32. Da3 Sce4

Es gelingt dem Springer nicht, sich auf c5 zu behaupten – 32. ... Df8 33. c7! Sfd7 34. Le6!.

33. De7 Sg3:

Ohne besondere Mühe gewinnt Weiß nun mit dem Zug 34. fg3:. Leider, gerade in diesem Moment wurde ich durch das Fähnchen der schwarzen Uhr abgelenkt. Es schien, daß nur ein Wunder es verhindern könne, daß dieses Fähnchen fällt. Da meinte ich, daß alle Wege nach Rom führten und entschied mich für ein Spielen auf Schönheit.

34. c7 Lf5

Jetzt konnte Weiß zwischen 35. Dd8+ Se8 36. Lf7 und dem bedeutend schöneren 36. b6 ab6: 37. La6! – mit einem schnellen Sieg in beiden Fällen – wählen. Ich weiß nicht mehr, was ich damals im Sinn hatte, aber ich berührte automatisch den schwarzen Springer.

35. fg3:? h5!

Larsen nutzt die sich bietende Chance aus – jetzt sind die Varianten, die in der vorherigen Anmerkung genannt wurden, nicht mehr ausreichend, weil der schwarze König über das Fluchtfeld h7 verfügt. Nachdem ich zu der Erkenntnis gekommen war, daß die Partie nicht mehr auf die Schnelle zu gewinnen ist, beschloß ich einfach mit den Bauern vorzumarschieren.

36. a5 e4 37. b6 ab6: 38. ab6: Kh7

Schwarz hat keine Möglichkeit mehr, die Bauern erfolgreich zu blockieren: 38. ... Db7 39. Dc5 Lc8 40. Lb5! e3 (sonst Lc6) 41. De3:, und Weiß sollte gewinnen.

39. Dc5 Ld7

Und hier endlich fällt das schwarze Blättchen. Aber ungeachtet der Zeitüberschreitung wäre die Lage des Schwarzen auch nach 40. Da5 ohnehin aussichtslos gewesen, denn die Bauern sind nicht mehr aufzuhalten.

Kavalek - Kasparow
Königsindische Verteidigung

1. d4 Sf6 2. c4 g6 3. Sc3 Lg7 4. e4 d6 5. Sf3 0–0 6. h3 e5 7. d5

Das ist eines der tückischsten Kampfsysteme gegen die Königsindische Verteidigung, welches von Makagonow in die Praxis eingeführt wurde. Die Hauptidee besteht darin, daß die Vorbereitung des unverzüglichen Vorstoßes f7–f5 auf eine energische Gegenantwort stößt: 7. ... Sh5 8. Sh2! (das sieht zu gekünstelt aus, aber es hat eine sachliche Basis – und warum soll Sh2 schlechter als Sh5 sein?!) 8. ... De8 9. Le2 Sf4 10. Lf3 f5 11. g3!. Nur durch dieses Bauernopfer läßt sich das Spiel von Schwarz in Zweifel ziehen. Der Zug 11. h4? erlaubte Schwarz in der Partie Kavalek – Quinteros (1973) eine rasende Aktivität zu entwickeln: 11. ... Sa6 12. g3 Sc5!! 13. gf4: ef4:, und Weiß mußte zu den äußersten Maßnahmen greifen (14. e5!), um ein sofortiges Debakel zu vermeiden.

Nach 11. g3! Sh3: 12. Lg2 konnte weder 12. ... fe4: 13. Le3 Lf5 14. Sg4 (Bagirow – Vukić, 1976), noch 12. ... f4 13. Sf3 g5 14. Lh3: Lh3: 15. Th3: g4 16. Th1 gf3: 17. Df3: (Wyschmanawin – Tschiburdanidze, 1981) Schwarz bei der Lösung seiner Probleme helfen.

Schwarz ist aber nicht gezwungen, sich mit f7–f5 zu beeilen.

7. ... Sa6 8. Le3

Weiß bereitete sich vor auf 8. ... Sc5 mit dem üblichen 9. Sd2 zu antworten, aber da lauert auf ihn eine Überraschung.

8. ... Sh5!

Nachdem Schwarz die nicht ganz günstige Stellung des Läufers auf e3 im Hinblick auf die Varianten Sh5 und f7–f5 festgestellt hat, kehrt er zu diesem ursprünglichen Plan zurück.

9. Sh2 De8 10. Le2 Sf4 11. Lf3 f5

Jetzt ist es offensichtlich: die Einschaltung der Züge Sb8–a6 und Lc1–e3 kommt Schwarz entgegen, weil die Entgegnung 12. g3 (12. ... Sh3: 13. Lg2 f4) hier nicht geeignet ist. Die Entwicklung des Springers auf a6 hat auch andere positive Seiten, aber darüber werden wir später noch sprechen.

12. h4 De7 13. g3

Weiß hofft mit 13. ... Sh3 14. Tf1 f4 15. Lc1 die schwarze Initiative los zu werden, wonach der Springer aus dem

Spiel bleibt. Der Gedanke, den Springer ohne Schutz zu lassen, scheint kühn zu sein, aber wenn man die Position genauer ausgewertet hat, dann ist darin deutlich eine Ähnlichkeit mit der bereits erwähnten Partie Kavalek – Quinteros festzustellen. Wahrscheinlich beruhigte sich Kavalek damit, daß in diesem Falle das Feld c5 vom Läufer e3 beobachtet wird, aber nach d3 führt auch noch ein anderer Weg!

13. ... Sb4

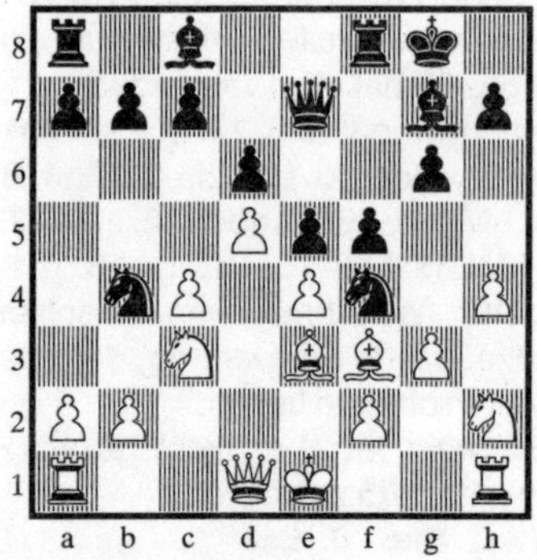

Der Springer f4 ist unverwundbar: 14. gf4: fe4:! (14. ... ef4:? 15. Lf4: fe4: 16. Lg5!) 15. fe5: (15. Se4: ef4: 16. Ld2 Sd3+ 17. Ke2 Sc5, womit die Figur zurückgewonnen wird) 15. ... Sd3+ 16. Ke2 Tf3:! 17. Sf3: Lg4 18. Se4: Se5:, und es gibt keine Rettung für Weiß.

Solch unerwartete Wende im Spielablauf entmutigte Kavalek und er machte einen schwerwiegenden Fehler.

14. Db3?

Das ist eine Kühnheit, die an Selbstmord grenzt. Sei es gut oder nicht gut, aber man mußte rochieren. Schwarz hätte dann geantwortet: 14. ... g5!, womit versucht wird, die Spannung im Umfeld des weißen Königs zu steigern. Es ist nicht leicht, die Position nach 14. 0–0 g5! objektiv einzuschätzen, aber meiner Meinung nach hat Schwarz keine schlechten Perspektiven im bevorstehenden taktischen Kampf.

14. ... Sfd3+

So was findet man nicht oft: die schwarzen Springer haben das vorgeschobene Zentrum des Gegners umgangen und jetzt beginnen sie den weißen König zu verfolgen.

15. Ke2 f4 16. Ld2

In der entstandenen Situation ist es für Schwarz wichtig, wegen der Fülle der verlockenden Fortsetzungen die Fassung nicht zu verlieren. Möglich wäre zum Beispiel das einfache 16. ... a5, aber intuitiv verstand ich, daß hier bedeutend energischere Züge am Platze sind.

16. ... fg3:?!

Schwarz verwechselt die Verkehrszeichen und fährt jetzt auf einem Wege mit vielen Schlaglöchern, der forciert zum Remis führen sollte. Dem Geiste des vorangegangenen Kampfes entspräche das entscheidende 16. ... Sf2:! 17. Kf2: Sd3+ 18. Kg2 (18. Ke2 Sc5 19. Dc2 fg3: 20. Sf1 Df6) 18. ... fg3: 19. Kg3: Tf4!, und die gesamte schwarze Armee könnte sich an dem entscheidenden Sturmangriff beteiligen, zum Beispiel 20. Sg4 h5! 21. Se3 (21. Sf2 Tf3:+! 22. Kf3: Df6+ 23. Ke2 Sf2: mit unvermeidlichem Matt) 21. ... Lf6! 22. Sg2 Lh4:+ 23. Th4: Dg5+, oder 20. Lf4: ef4: 21. Kg2 Dh4: 22. Thf1 Lh3+ 23. Kh1 Lf1: 24. Tf1: Sf2+ 25. Tf2: Df2: 26. Db7: Tf8, und der Sieg ist nahe. Gerade so sollte die gut begonnene Partie zu Ende gehen!

„Der Sieg ist nahe" – das ist zu kategorisch ausgedrückt: 27. Se2! g5 28. Dc7: (28. Db3 Dh4! mit dem Vorrücken der Bauern) 28. ... g4! 29. Lg4: f3 30. Sf3: (30. Lf3: Le5!) 30. ... De2: (30. ... Tf3:? 31. Lf3: Df3:+ 32. Kg1 De2: 33. Dc8+ mit ewigem Schach) 31. Dd6: Df1+! 32. Sg1 Dc4:, und Schwarz hat doch gute Chancen zu gewinnen.

17. fg3: Tf3:! 18. Sf3: Lg4 19. Taf1 Tf8

Das ist eine kritische Stellung, um die von Schwarz unternommene Aktion richtig einzuschätzen. Auf den ersten Blick steht es sehr gut für Schwarz: außer dem direkten Df7 droht der zweifache Abtausch auf f3, mit dem darauffolgenden Einbruch der schwarzen Dame. Aber bei genauerer Auswertung kann man feststellen, daß die Drohung Df7 nicht vernichtend ist, wenn man das Feld d2 für den König räumt, und zu gleicher Zeit sind die schwarzen Springer im weißen Lager gebunden. Das wichtigste für Weiß ist jetzt, das Feld f2 zu decken, um sich gegen die zweite Drohung zu schützen. Diesem Ziel dienen 20. Sd1 und 20. Le3. In der Partie entschied sich Weiß für die bedeutend verlockendere, aber fehlerhafte Fortsetzung.

20. Sd1?

Es ist wichtig – wie bereits betont –, das Feld d2 zu räumen. Dieser Forderung entsprach 20. Le3!, und dann mußte sich Schwarz bereits für die einzig mögliche Fortsetzung, die das Gleichgewicht sichert, entscheiden – 20. ... Lh6! (bedeutend schlechter ist 20. ... Df7? 21. a3! Lf3:+ 22. Kd2 Dd7 23. Thg1, oder 20. ... Dd7 21. a3 Lf3:+ 22. Tf3: Dg4 23. Tf1 Tf3: 24. Tf3: Se1 25. Ke1: Df3: 26. Kd2!).

Schlecht ist jetzt 21. a3? wegen 21. ... Tf3: 22. Tf3: Lf3:+ 23. Kf3: Df6+ 24. Ke2 Le3: 25. Tf1 Sc1+, oder 24. Kg2 Le3: 25. Tf1 Se1+!. Nach 21. Lh6: Tf3: 22. Tf3: Lf3:+ 23. Kf3: Df6+ 24. Kg2 Df2+ 25. Kh3 Df3 26. Th2 (26. Kh2 Df2+) scheint es bereits, daß der Ansturm der schwarzen Figuren abgeklungen ist, aber 26. ... g5! 27. Lg5: Df1+ 28. Kg4 (28. Tg2? Sf2+ 29. Kh2 Dh1+ matt!) 28. ... h5+! 29. Kh5: Df3+ 30. Kh6 (man darf nicht 30. g4? spielen wegen Matt in zwei Zügen) 30. ... Df8+ 31. Kh5 Df3+ führt zum Dauerschach.

Es mag sonderbar erscheinen, daß nach 20. Le3! Schwarz über nichts weiteres verfügt, aber es ist halt so: die Wirkungskoeffizient der schwarzen Figuren ist äußerst gering (man vergleiche die Position nach 16. ... Sf2:!).

20. ... Df7!

Eine starke Antwort: der schwarze Springer ist unantastbar, der weiße Springer jedoch zum Untergang verurteilt.

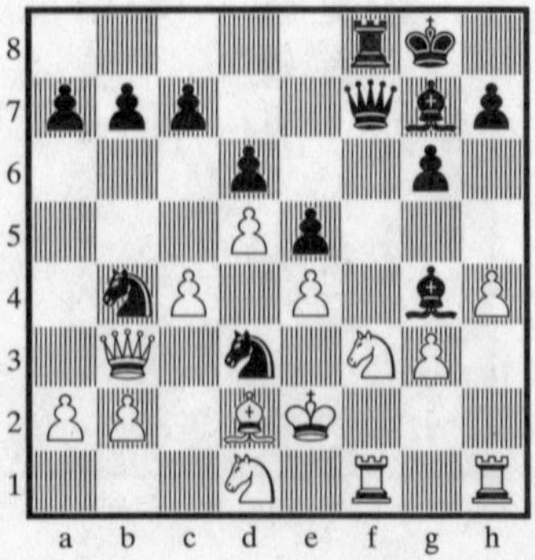

21. Le3 Lf3:+ 22. Kd2 Dd7 23. Thg1

Hartnäckiger ist 23. a3, aber das konnte die Situation auch nicht mehr ändern: nach 23. ... Lh1: 24. Th1: a5 25. ab4: Sb4: sichern der Mehrbauer und die offene Stellung des weißen Königs für Schwarz den Sieg.

23. ... Dh3 24. a3 Le4:! 25. Tf8:+ Lf8: 26. ab4: Dh2+ 27. Kc3 Sc1!

Das ist ein brillantes Finale. Weiß gab auf.

Nachdem ich diese Partie gewonnen hatte, glaubte ich verfrüht, daß ein leichtes Leben in diesem Turnier für mich gesichert sei. Doch nach einem schnellen Unentschieden gegen Ljubojević stand mir das Duell mit Timman bevor, welches zu jenem Wermutstropfen im Freudenbecher werden konnte, der den guten Eindruck des Erfolges vergällt. Die leichtsinnig gespielte Eröffnung konfrontierte mich bereits beim 15. Zug mit einer nicht beneidenswerten Position.

Timman – Kasparow
Königsindische Verteidigung

1. d4 Sf6 2. c4 g6 3. Sc3 Lg7 4. e4 d6 5. f3 0–0 6. Le3 Sc6 7. Sge2 a6 8. Dd2 Tb8 9. h4 b5?! 10. h5 e5 11. d5 Sa5 12. Sg3 bc4:? 13. 0–0–0 Sd7 14. hg6: fg6: 15. Sb1

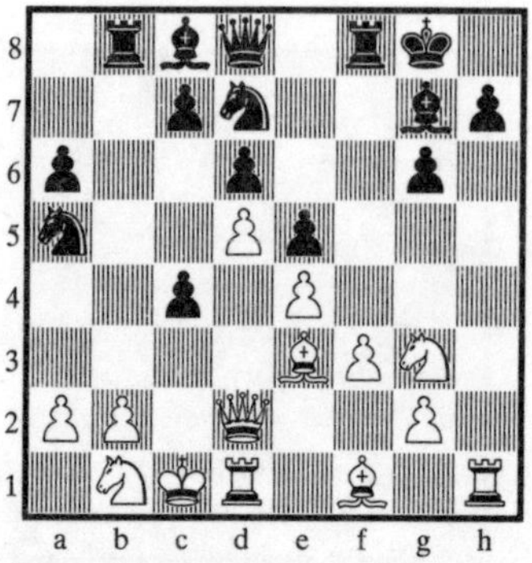

Das herkömmliche 15. ... Sb7 16. Lc4: Sbc5 könnte wohl Schwarz von dem Positionsdruck nicht befreien, aber es ließe doch auf erfolgreiche Verteidigung hoffen. Eine optimistische Stimmung begleitete mich noch und ich spielte mit aller Selbstsicherheit

15. ... Tb5?,

womit ich die Hoffnung verband, daß die Stellung schon genug an unklaren Komplikationen nach 16. Sa3 Sc5! 17. Lc4: (17. Kh1? c3! 18. Dc3: Sa4) 17. ... Tb3!? 18. Lc5: Ta3: 19. La3: Sc4: 20. De1 (20. Dc3? Sa3: 21. Da3: Dg5+) 20. ... Sa3: 21. ba3: aufzuweisen hätte. In dieser Variante bietet die offene Stellung des weißen Königs für Schwarz tatsächlich keine schlechten Gegenchancen.

16. b4!

Das ist eine brillante Erwiderung, die die schwarzen Illusionen zerstört. Anschaulich ist die Hoffnungslosigkeit der Fortsetzung 16. ... Sb7 17. Lc4:, deshalb entscheidet sich Schwarz zu einer Verzweiflungstat – zu einem Turmopfer.

16. ... cb3: 17. Lb5: c5

Es wäre lächerlich zu behaupten, daß Schwarz am Rande des Unterganges steht – er hängt bereits über dem Abgrund! Das einfache 18. Le2 würde Weiß einen Mehrturm gewähren – was wäre von dieser Stellung denn noch zu erwarten!? Aber von diesem Moment an spielt der psychologische Hintergrund eine wichtige Rolle. Weiß wartet von Zug zu Zug auf die Kapitulation des Gegners, während Schwarz Erfindungsgeist beim Balancieren über dem Abgrund an den Tag legen wird.

18. dc6:?! ab5:

Hier mußte Timman nachdenken. Das offenkundige 19. cd7: schien bei näherer Betrachtung nicht so klar zu sein: 19. ... Sc4! 20. dc8:D Dc8: 21. Dd5+ Tf7, und die zahlenmäßig schwache Armee von Schwarz schafft unerwarteterweise ganz reale Drohungen. Aber die einfache Beseitigung des gefährlichen Bauern b3 – 21. ab3:! sicherte für Weiß nach 21. ... Sd2:+ 22. Kd2: das für den Sieg ausreichende Übergewicht. Doch wenn man einen Mehrturm hat, dann ist es nicht so einfach, sich von der Dame zu trennen!

19. Dd5+? Tf7

Schlecht ist 19. ... Kh8? wegen 20. Th7:+! mit Matt.

20. ab3:

Jetzt hat Schwarz alles in allem nur eine Qualität geopfert, und das kann bereits als ein Erfolg betrachtet werden!

20. ... Sf8!

Dadurch wird die Läuferentwicklung nach e6 vorbereitet und der König zusätzlich gedeckt. Auf 21. Db5: ist 21. ... Sc6:! unangenehm, deshalb nimmt die Dame den anderen Bauern.

21. Dd6: De8

Die Situation wird spannend: Schwarz ist es gelungen, die Koordination seiner Figuren zu verbessern, und die unsichere Lage des weißen Königs beginnt bereits sich real auszuwirken.

Wahrscheinlich sollte sich Weiß mit der Unmöglichkeit des raschen Sieges abfinden und fortsetzen mit: 22. Kb2, wonach er im Falle von 22. ... Sc6: 23. Se2 sich ein klares Übergewicht sichert. Aber nach der Konfrontation mit dem unerwarteten gegnerischen Widerstand beginnt Timman nervös zu werden.

22. Dd8 Dc6:+ 23. Kb2

Wiederum scheint es, daß der materielle Mehrbesitz dem Weißen die Oberhand beläßt (schlecht ist 23. .. Sb3: 24. Dd5! oder 23. ... Da6 24. Td6 Sc6 25. Tc6:! Dc6: 26. Tc1), aber es gelingt Schwarz, neue Ressourcen zu finden.

23. ... Da8! 24. Tc1

Mit der Hoffnung auf 24. ... Sc6 25. Tc6:.

24. ... Sc4+! 25. bc4: Td7!

Das ist ein wichtiger Zwischenzug – man muß feststellen, wohin die weiße Dame ziehen wird.

26. De8

Das ist logisch, denn auf 26. Db6 ist 26. ... Tb7 gefährlich, und im Falle von 26. Dh4 wird die Dame aus dem Spiel ausgeschaltet. Darüberhinaus führt Weiß noch etwas im Schilde. Das wird nach ein paar Zügen klar.

26. ... bc4: 27. Sc3 Dc6!!

Doch das gehörte bestimmt nicht zum weißen Plan.

Weiß rechnete mit 27. ... Db7+ 28. Ka1 Da6+ 29. Sa2 Td3 30. Th7:!!, und Schwarz ist schutzlos, zum Beipiel: 30. ... Te3: (30. ... Kh7: 31. Df7) 31. Tg7:+ Kg7: 32. De7+ Kg8 33. Sh5! gh5: 34. Dg5+ nebst De3:. Nach dem Zug in der Partie verliert Weiß unvermeidlich die Dame (es droht Td2+ oder Tb7+).

Nachdem der letzte Zug von Schwarz auf dem Schachbrett ausgeführt worden war, wurde Timman weiß – ihm genügte ein flüchtiger Blick, um die Unausweichlichkeit des Geschehens zu begreifen. Übrigens machte er seinen nächsten Zug fast unverzüglich – Weiß verfügt nur über eine annehmbare Antwort.

28. Kc2 Td2+.

Hier wurde zum Staunen der Zuschauer auf meinen Vorschlag ein Remis fixiert. Ich muß hierzu sagen, daß die schwarze Stellung nach 29. Kd2: De8: 30. Sd5 keinen Grund für die äußerst optimistische Einschätzung bietet. Was Timman anbetrifft, so war die Schockwirkung wegen der so unerwarteten Wende in den Geschehnissen auf dem Schachbrett äußerst stark. In der Schlußstellung (29. Kd2: De8: 30. Sd5) ist folgende Variante möglich: 30. ... Le6 31. Tc4: Ld5: 32. ed5: Db5 33. Tc5 Db2+ 34. Tc2 Db4+ 35. Ke2 Db5+ 36. Kf2 Dd5: mit einem möglichen Remis.

Diese wunderbare Erlösung war eigentlich die Entscheidung im Kampf um den ersten Platz, und das Unentschieden in der nächsten Runde gegen Robert Hübner gewährte mir einen großen Vorsprung und ich war jetzt unerreichbar für meine Mitkonkurrenten.

Nachbetrachtungen zum Interzonenturnier Moskau 1982

... Der Konferenzsaal des Hotels „Sport“ stand leer. Man entfernte von der Bühne die Demonstrationsbretter – die stummen Zeugen des interessanten und kompromißlosen, und bisweilen auch tragischen Kampfes während des Interzonen-Turniers in Moskau. Heute gehört dieses Turnier zur Geschichte und wenn man nach einem Sprintrennen wieder zu Atem gekommen ist, kann man in Ruhe die stattgefundenen Ereignisse retrospektiv bewerten.

Das Interzonen-Turnier in Moskau war der letzte von drei derartigen Wettbewerben, welche veranstaltet wurden, um die sechs Teilnehmer für das Kandidaten-Turnier zu bestimmen. Natürlich fehlte es nicht an Prognosen, wobei das Rezept hierfür äußerst einfach war: das Vergleichen der Tabellen aus den bereits stattgefundenen Interzonenen-Turnieren, die Hinzufügung der zwei–drei oberflächlichen Fakten und die Schlußfolgerung über die „Gesetzmäßigkeiten“ in Anwendung auf das bevorstehende Turnier.

Zur Spitze solch eigenartiger „Prophezeihung“ gehört die Benennung der zwei Herausforderer in jedem Interzonen-Turnier, welches nach dem heutigen System durchgeführt wird (14 Teilnehmer für 2 Plätze): der Favorit plus ein Teilnehmer, der seit Turnierstart nicht als Anwärter gegolten hat. Auf dem Papier sahen diese Auswertungen überzeugend aus, aber Caissa hatte wohl keine Gelegenheit die Zeitung „Sowjetski Sport“ zu lesen und ließ alles auf eigene Art entscheiden...

		1	2	3	4	5	6	7	8	9	10	11	12	13	14	Punkte
1.	Kasparow	●	½	½	½	½	½	1	1	1	1	1	1	1	½	10
2.	Beljawski	½	●	1	½	1	1	0	0	1	1	0	1	½	1	8,5
3.	Tal	½	0	●	½	½	½	1	½	½	1	1	½	1	½	8
4.	Andersson	½	½	½	●	0	½	1	½	½	½	1	1	½	1	8
5.	Geller	½	0	½	1	●	½	½	0	1	1	½	½	1	½	7,5
6.	Garcia	½	0	½	½	½	●	1	1	0	1	1	½	0	1	7,5
7.	Murey	0	1	0	0	½	0	●	1	½	½	½	½	1	1	6,5
8.	Sax	0	1	½	½	1	0	0	●	½	½	0	½	½	1	6
9.	Christiansen	0	0	½	½	0	1	½	½	●	0	½	½	1	1	6
10.	Velimirović	0	0	0	½	0	0	½	½	1	●	½	1	1	½	5,5
11.	van der Wiel	0	1	0	0	½	0	½	1	½	½	●	½	0	½	5
12.	Gheorghiu	0	0	½	0	½	½	½	½	½	0	½	●	1	½	5
13.	Rodriguez	0	½	0	½	0	1	0	½	0	0	1	0	●	1	4,5
14.	Quinteros	½	0	½	0	½	0	0	0	0	½	½	½	0	●	3

Es scheint mir, daß das Interzonenturnier in Moskau das kämpferisch stärkste von allen drei Turnieren war. Ich weiß, man kann daran zweifeln, ob der Sieger eines der Turniere beim Vergleich aller Interzonen-Wettbewerbe im Ganzen objektiv sein kann?

Aber erstens, das Turnier in Moskau hatte die meisten entschiedenen Partien (54,9% gegenüber 50,6% in Las-Palmas und 46,2% in Toluca), zweitens hatten in Moskau vor der letzten Runde gleich fünf Teilnehmer noch die Aussicht auf einen Einzug ins Kandidatenturnier und drittens, konnte man im Moskauer Turnier die „Großmeister-Remisen" an einer Hand abzählen... Diese Argumente sind schon von Bedeutung, aber denjenigen, die das Schachspiel lieben und verstehen, möchte ich empfehlen, die gespielten Partien aufmerksam zu analysieren. Schöpferische Erfolge demonstrierten fast alle Teilnehmer des Turniers. Die Schachfans, die das Glück hatten Eintrittskarten zu bekommen, wurden nicht enttäuscht – spannungsgeladene Kämpfe gab es in jeder Runde.

Als das Wichtigste galt aber die Kampfspannung, welche buchstäblich bis zum letzten Augenblick der letzten Runde nicht abnahm. Es ist nicht möglich, die elektrisch geladene Atmosphäre auf der Bühne und rund um dieselbe wirklichkeitsgetreu wiederzugeben, aber ich will versuchen, das Dramatische der Situation mit Detail-Informationen aus den einzelnen Kampfepisoden zu schildern.

... Der kubanische Großmeister **Guillermo Garcia** kann das nervöse Husten nicht loswerden. Und das ist nur zu verständlich, so blendend nahe ist das Ziel, man muß sich nur zu behaupten verstehen, nur nicht verlieren! Garcia zerdrückt im Aschenbecher eine Zigarette nach der anderen; er weiß, daß das Schicksal solch eine Chance nur einmal bieten kann.

... Langsam erhebt sich am Tisch **Alexander Beljawski**. An seinem Gesicht kann man ablesen, daß er darüber nachgrübelt, wo denn sein Mehrturm in der Partie gegen van der Wiel geblieben ist und warum der weiße König mit Mattangriff bedroht wird? Ja, wenn Beljawski diese Partie gewonnen hätte, könnte er um den ersten Platz kämpfen, doch diese bittere Niederlage warf ihn zu den anderen Konkurrenten zurück. Keiner kann im Moment ahnen, daß Beljawski die schwersten Prüfungen erst noch bevorstehen – erst einmal eine ermattende 8 Stunden lang andauernde Fortsetzung der Abbruchpartie mit Andersson, dann, am nächsten Morgen die Fortsetzung der Partie mit Rodriguez, wo der Großmeister aus Lemberg seine Figuren in Gefahr brachte und nur dank eines Wunders das Remis zustande kam. Und nach all diesen Strapazen wird er, wie immer konzentriert und unerschütterlich, auf der Bühne erscheinen, um in der letzten Runde mit den schwarzen Figuren erfolgreich gegen Gheorghiu zu kämpfen. Er wird diese Partie trotz aller Prognosen und dem „gesunden Menschenverstand" gewinnen, und dieser Sieg wird zu einem verdienten Preis für die Kühnheit des Großmeisters aus Lemberg!

... Mit Sorge wirft **Efim Geller** seine Blicke auf die Uhr. Der unerbittliche Lauf des Minutenzeigers droht die vier wertvollen Siege, die er, der hervorragende sowjetische Großmeister im Finish errungen hatte, zu entwerten. Leider geschah es auch so: Sax nutzte geschickt die Zeitnotfehler des Veteranen und zwang ihn, die Waffen zu strecken.

... Mit Erstaunen beobachtet **Michael Tal** seinen Gegner – wann ist es soweit, daß er endlich einen Fehler macht? Aber Quinteros ist kaltblütig, an diesem Tag spielt er mit Begeisterung, und da ist der Exweltmeister bereits gezwungen sich von dem Siegestraum loszureißen und die einzig möglichen Züge zu machen, um die Partie zu retten. Tal brauchte den Sieg in dieser Partie, er war für ihn lebenswichtig!

... **Ulf Andersson** spielt brillant die Partie in der 9. Runde. Der Sieg scheint schon greifbar nahe zu sein, aber es gelingt mir am Rande des Abgrundes zu ballancieren. Plötzlich ändert sich der Gesichtsausdruck des schwedischen Großmeisters. Die Zuschauer fixieren nach wie vor die zwei weißen Mehrbauern, aber ich bemerke die Fassungslosigkeit des Schweden. Schwarz gelingt es, manche seiner Drohungen wahrzumachen und um sie abzuwehren braucht der supervorsichtige Schwede viel Zeit, und gerade diese ist so knapp! Die Unentschlossenheit von Andersson wird durch mein Remis-Angebot noch verstärkt. Letzten Endes entscheidet das steigende Blättchen an der Kontrolluhr alle Schwankungen und Andersson unterzeichnet das Formular. Die Unterschrift symbolisierte eigentlich die Absage an den weiteren Kampf in diesem Turnier. Obwohl das Remis den Status-Quo der Mitbewerber sicherte, gingen sie in die abschließenden vier Partien mit unterschiedlicher psychologischer Verfassung. Mir ist es gelungen im Endspurt die Verlustpunkte zu vermeiden (4 Siege!), während für Andersson alle Partien unentschieden endeten.

Ja, es ist nicht einfach, in einem Interzonenturnier die Punkte zu erkämpfen. Meist reicht allein das geschickte Spielen nicht aus, deshalb widmete ich während der Vorbereitungsperiode viel Aufmerksamkeit neben den rein schachspielbezogenen Problemen auch der Entwicklung einer Turnier-Strtategie. Es wäre aber nicht aufrichtig, meinerseits zu behaupten, daß alles im voraus geplant wurde: das gilt genauso für die Siege im Finish, wie auch für die Remisen in der Mitte des Turniers. Zweifellos kann man nicht alles voraussehen. Aber in Anbetracht der kurzen Turnierstrecke wurde in den Vordergrund die Aufgabe gestellt, nicht zu verlieren, und folglich nach Möglichkeit jedes Risiko zu vermeiden. Diese Einstellung bedeutet auf keinen Fall eine Absage an den Kampf in sämtlichen Partien. Im Gegenteil, in jeder Runde legte ich die Mühe an den Tag, gegen den Mitbewerber zu kämpfen, aber wenn das Spiel sich nicht günstig gestaltete (wie z.B. gegen Garcia), versuchte ich nicht mit dem Kopf durch die Wand zu rennen und schlug das Remis vor. Es war sehr wichtig, für die Schlußrunden ausreichende Kräfte zu reservieren. Jede Niederlage wirkt sich doch äußerst zermürbend auf das Nervensystem aus. Umso mehr Achtung verdient das Resultat von Beljawski, der es durchsetzte zu den ersten Zwei zu gehören, trotz der drei erlittenen Niederlagen.

Diese Turnier-Strategie erregte Anstoß unter den Sport-Journalisten. In den Zeitungen wurde mir ab und zu die überflüssige Vorsichtigkeit und die Beeinträchtigung der schöpferischen Initiative vorgeworfen, und das alles der sportlichen Resultate wegen, usw. – Und als ein Gegenbeispiel erwähnte man meine Spiele in den anderen Turnieren, wo ich oft vor einem Risiko nicht zurückscheute und Bauern, sowie andere Figuren opferte. Es ist wahr, daß es für die Zuschauer interressant ist, spannungsgeladene Kämpfe mit vielen Figurenopfer zu beobachten. Aber – erstens, es gab verschiedene Opfer (es genügt die Partien gegen Tal und Beljawski zu erwähnen), und zweitens wäre es naiv, von den Teilnehmern eines so harten Auswahl-Wettbewerbes eine Demonstration von Meisterwerken zu erwarten. Deshalb bin ich der Meinung, daß die Frage über den schöpferischen Erfolg oder Mißerfolg durch das sportliche Prisma auszuwerten ist. In Moskau ist es mir gelungen, viele interessante Partien zu spielen.

Kasparow – Sax

Grünfeld Verteidigung

1. d4 Sf6 2. c4 g6 3. Sc3 d5 4. cd5: Sd5: 5. e4 Sc3: 6. bc3: Lg7 7. Lc4

Früher griff ich immer zum System mit 7. Sf3, aber Sax – ein ausgesprochener Anhänger der Grünfeld-Verteidigung – ist gut mit den Feinheiten dieser Eröffnung vertraut und, was eine Selbstverständlichkeit ist, natürlich auch mit den letzten Entwicklungen dieses Systems. Deshalb wurde beschlossen, diese nicht so sehr übliche Fortsetzung zu wählen.

7. ... 0–0 8. Le3 b6

Das ist zweifelhaft, weil es die strategische Hauptaufgabe dieser Eröffnung, die Unterminierung des weißen Zentrums durch c7–c5, nicht fördert.

9. h4 Lb7

Das ist wohl die genaueste Reihenfolge der Züge. In der Partie gegen Knaak (1979) spielte Sax 9. ... Sc6, und nach 10. h5 Sa5 11. hg6:! wurde klar, daß es schlecht ist 11. ... Sc4: (12. Dh5! fg6: 13. Dh7:+ Kf7 14. Sf3 mit kaum abzuwehrenden Angriff) zu spielen. Schwarz war gezwungen mit 11. ... hg6: zu antworten, und nach 12. Ld3 hatte Schwarz große Schwierigkeiten.

10. Df3 Dd7 11. Se2 h5

Das ist der erzwungene Zug, denn sonst kommt h4-h5 und es gibt für Schwarz fast keinen Schutz. Aber jetzt taucht eine andere Frage auf: wie soll Weiß jetzt angreifen?

12. Lg5!

Damit wird die Umgruppierung der Kräfte begonnen, mit dem Ziel, für die aktiven Operationen den schwarzfeldrigen Läufer, den Springer und die Dame einzusetzen.

12. ... Sc6 13. Sf4 e6

Auf 13. ... Sa5 entscheidet 14. Sg6:.

14. Td1 Sa5 15. Ld3 e5!

Dadurch wird sofort das gefährliche weiße Bauernpaar im Zentrum zerschlagen. Das natürliche 15. ... c5 führt zu schnellem Verlust: 16. Sh5:! gh5: 17. Lf6 Lf6: 18. Df6: Dd8 19. Dh6 und es gibt keinen sicheren Schutz gegen die Drohung e4–e5 und Th3. Der Zug 15. ... Dc6 reicht auch nicht aus: man kann einfach 16. Lb1 spielen. Nicht gefährlich ist auch 16. ... La6, der weiße König bleibt im Zentrum und der Königsturm kann in das Spiel über h3 eingreifen, zum Beispiel: 17. Th3 Dc4 18. Tg3 und Schwarz verfügt nur über das ungefährliche Schachgebot auf f1. Übrigens konnte Schwarz in diesem Moment eine Figur mit dem Zug 15. ... f6 gewinnen, aber nach 16. Sg6: fg5: 17. Dh5: Df7 18. f3! sichert sich Weiß einen sehr starken Angriff und dabei praktisch „umsonst".

16. de5: Le5: 17. 0–0

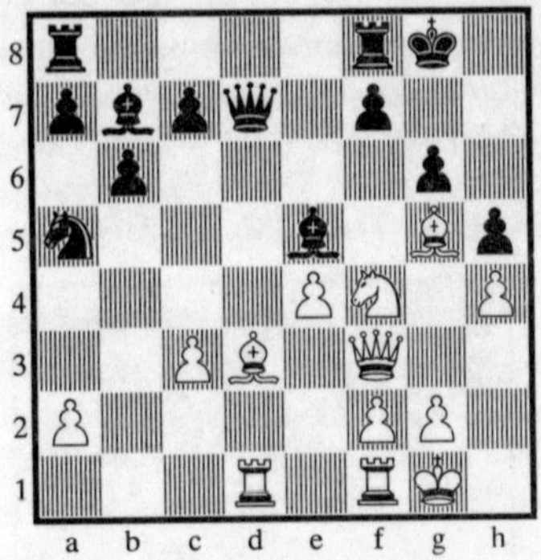

Auf den ersten Blick ist die weiße Position schwächer (das früher gefährliche Zentrum ist zerschlagen). aber das ist nur eine oberflächliche Einschätzung. Der Hauptvorteil von Weiß sind seine Figuren, welche in der Nähe des schwarzen Königs postiert sind und in jedem Moment den direkten Angriff beginnen können. Schwarz wird durch diese konkrete Schwierigkeit vor die Frage gestellt: wohin mit der Dame? – es ist für ihn nicht einfach zu entscheiden. Wenn zum Beispiel 17. ... Da4 geschieht, dann folgte 18. g4 – und Linien werden geöffnet, sodaß keiner mehr den schwarzen König schützen kann. Deshalb ist es verständlich, daß Sax bestrebt ist, die Dame möglichst nahe an den Königsflügel heranzuführen.

17. ... Dg4 18. De3 Tfe8 19. Le2

Jetzt ist Sax gezwungen seinen schwarzfeldrigen Läufer aufzugeben, denn es wäre äußerst schlecht 19. ... Dc8 20. Sd5 Ld5: 21. Td5: zu spielen – dann hätte Weiß das Läuferpaar und ausgezeichnete Zukunftsperspektiven.

19. ... Lf4: 20. Lf4: Sc4?

Das ist jetzt der kritische Moment. Schwarz konnte hier einen Bauern nehmen 20. ... Dh4:, aber nach 21. e5 würde er sich selbst zu einer schwierigen Verteidigung verurteilen: Weiß könnte die schwarzen Felder kontrollieren und die Initiative fest in seiner Hand behalten; es wäre für Weiß jedenfalls bequemer zu spielen. Sax verstand das selbstverständlich und entwarf eine interessante Kombination, die durch eine nicht offensichtliche Antwort zu seinem Nachteil endete.

21. Lc4: Te4: 22. f3! Df4:

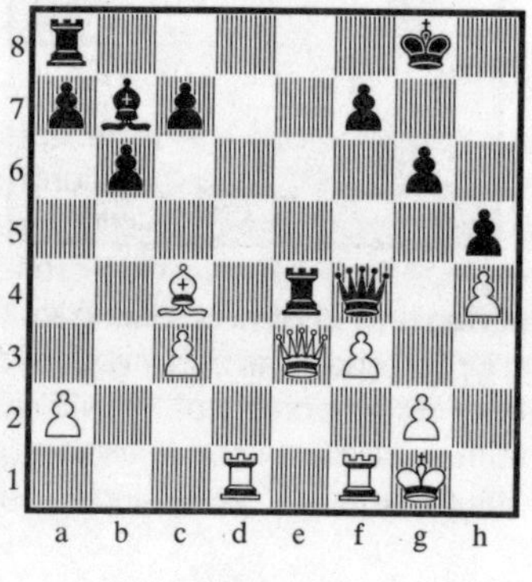

23. Lf7:+! Kg7 24. Dd3!

Die Schwäche des Bauern g6 zwingt jetzt Schwarz zum Übergang ins Endspiel. Aber auch im Endspiel hat Weiß durch seine aktivere Figurenposition, sowie durch die Ungeschütztheit des gegnerischen Königs ausgezeichnete Gewinnchancen.

24. ... De3+ 25. De3: Te3: 26. Td7 Kh6 27. Tc7: La6 28. Td1 Ld3 29. Td2

Der weiße König ist bereit, sich am Kampf zu beteiligen. Das weitere Geschehen gestaltete sich einfach.

29. ... Lf5 30. Kf2 Te5 31. Td5 Td5: 32. Ld5: Td8 33. c4 b5 34. Ke3 a5 35. Kf4 Lb1

Danach verliert Schwarz sofort, aber er konnte auch mittels 35. ... bc4: 36. Lc4: Td4+ 37. Ke5! nichts mehr retten. Jetzt wäre es schlecht 37. ... Th4: zu spielen wegen 38. f4, und es gibt keinen Schutz gegen Lg8 mit der Drohung Th7 (38. ... Lb1 39. Lg8 g5 40. f5 g4 41. Kf6).

36. g4 hg4: 37. fg4:

Schwarz gab auf.

Die zwei nächsten Partien, die einander ähneln, zeichnen sich nicht nur durch ihren Inhalt, sondern auch durch ihre kurze Dauer aus.

Also jetzt zunächst die Partie aus der dritten Runde.

Kasparow – Murey

Damenindische Verteidigung

1. d4 Sf6 2. c4 e6 3. Sf3 b6 4. Sc3 Lb7 5. a3 d5 6. cd5: Sd5: 7. Dc2!?

Dieser Zug eröffnet eine neue Seite in der Theorie dieser Variante. Im Unterschied zu dem üblichen 7. e3 (und nach mehreren weiteren Zügen e3–e4) beabsichtigt Weiß einmal sofort e2-e4 zu spielen, und die Dame steht auf c2 sicher nicht schlechter als auf d1.

7. ... c5

Natürlich ist das weiße Zentrum etwas schwach, aber es ist nicht ratsam, die Entwicklung des Königflügels zu verzögern. Christiansen änderte im Spiel gegen Portisch (1982) die Reihenfolge der Geschehnisse – 7. ... Le7 8. e4 Sc3: 9. bc3: 0–0 10. Ld3 c5, aber auch in diesem Fall vermochte Weiß nach 11. 0–0 cd4: 12. cd4: Sc6 13. Lb2 Tc8 14. De2 seine Kräfte bedeutend harmonischer aufzubauen.

8. e4 Sc3: 9. bc3: Sc6

Das Interesse für 7. Dc2 nahm schnell ab, als es anderthalb Monate nach der Olympiade in Luzern es dem Schwarzen gelungen war, einen Nachteil in der neuen Position der weißen Dame festzustellen: 9. ... Sd7! 10. Ld3 Dc7!, mit der Absicht 11. ... cd4: 12. cd4: Dc2: zu spielen. Weiß verliert erzwungenermaßen Zeit, und sowohl 11. Dd2 g6 12. 0–0 Lg7 (Kasparow – Sosonko), als auch 11. Db1 g6 12. 0–0 Lg7 (Hort – Miles) zeigten, daß sich Schwarz eine günstige Position sichern kann.

10. Lb2!

Der Bauer d4 ist sicher geschützt, und der Turm ist bereit auf d1 eine Angriffsposition zu beziehen.

10. ... Tc8?

Schwarz gelingt es nicht, die Gegenüberstellung der Dame und des Turmes auszunutzen und die Tempoeinbußen kommen ihm teuer zu stehen. Man sollte mit 10. ... Le7 in den Spielverlauf der Partie Portisch – Christiansen einlenken.

11. Td1

Dies betont den illusorischen Charakter der schwarzen Drohungen. Wenn Schwarz einen Zug vorher vom Angriff träumte, so muß er jetzt eine unangenehme Aufgabe lösen – wie soll er sich gegen d4–d5 in Verbindung mit Ld5 verteidigen?

11. ... cd4: 12. cd4: a6

Die optimistischen Abzüge des Springers führen allesamt schnell zur Katastrophe, zum Beispiel: 12. ... Sd4:? 13. Da4+; 12. ... Se5 13. Lb5+ Lc6 14. de5:! oder 12. ... Sb4 13. Da4+ Lc6 14. Db3.

Nach dem Partiezug 12. ... a6 verfügt Weiß über die Möglichkeit, sofort zu forciertem Spiel mit 13. d5!? überzugehen. Zu Gunsten von Weiß wären die interessanten Komplikationen in der Variante 13. ... Sb4 14. Da4+ b5 15. Lb5:+ ab5: 16. Db5:+ Dd7 17. Dd7:+ Kd7: 18. de6:++ Ke6: 19. Sd4+! Ke5 20. 0–0!, und es steht schlecht um die Zukunft des schwarzen Königs (20. ... Sa6 21. Sc6++ Kf4 22. Lc1+! Ke4: 23. Tfe1+ Kf5 24. Td5+ Kg6 25. Tg5+ Kf6 26. f4! Lc5+ 27. Kf1 oder 24. ... Kf6 25. Lb2+ Kg6 26. Se5+ Kf6 27. Td7 usw.). All das sieht schön aus, aber sobald der schwarze Springer seinen Marschweg ändert – 13. ... Se5 –, wird die Position sofort undurchsichtig und unklar: 14. Db3 (14. Da4+ b5 15. Lb5:+? ab5: 16. Db5:+ Dd7) 14. ... Sf3:+ 15. gf3: ed5:. Deshalb setzt Weiß konsequent die Verwirklichung seinen ursprünglichen Planes fort.

13. Dd2!

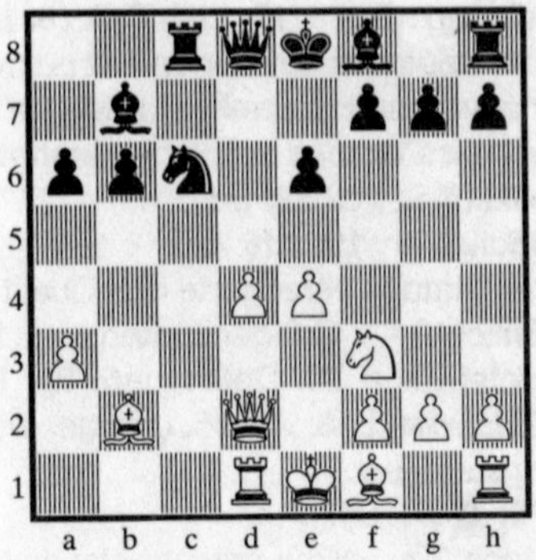

Jetzt ist Schwarz des Gegenspieles beraubt, welches mit der Stellung der weißen Dame auf der c-Linie in Verbindung steht, und der Bauer d4 droht im Gewaltmarsch bis d7 vorzudringen. Den Durchbruch kann man nur mit dem Zug 13. ... Se7 verhindern, aber wie kümmerlich wird dann die Position von Schwarz aussehen!

13. ... Sa5

Schwarz versteht, daß die strategische Schlacht verloren ist, und versucht nach irgendwelchen taktischen Ressourcen zu suchen, aber es ist schon zu spät – die Stellungs-Gesetzmäßigkeiten sprechen zu Gunsten von Weiß.

14. d5! ed5:

Kaum besser wäre 14. ... Sc4. Nach 15. Lc4: Tc4: verfügt Weiß über die angenehme Wahlmöglichkeit zwischen 16. 0–0 und 16. De2.

15. ed5: Ld6

Schwarz setzt die Entwicklung fort, aber jetzt wird sein Königsflügel buchstäblich auseinandergenommen. Das naheliegende 15. ... De7+ 16. Le2 Sc4 wird durch den taktischen Schlag 17. d6! widerlegt und nach dem dann erzwungenen 17. ... Sd6: 18. 0–0 ist es nur noch die Frage, welche Anzahl von Zügen noch übriggeblieben ist in der Partie. Hartnäckiger wäre wahrscheinlich 15. ... f6, damit man auf 16. d6 den Freibauern mit dem Zug 16. ... Dd7 blokkiert.

16. Lg7: De7+ 17. Le2 Tg8 18. Dh6!

Der Läufer ist auf keinen Fall gezwungen sich zurückzuziehen, und der Einbruch des Turmes auf c2 begünstigt nur Weiß (18. ... Tc2 19. Sd4).

18. ... f5 19. Lf6 Df8

Nicht lange verzögerte das Qualitätsopfer – 19. ... Tg6 den Untergang. Einfach ist dann 20. Dg6:+ hg6: 21. Le7: Ke7: 22. h4! La3: 23. h5, und der weiße Sieg steht fest.

20. Dh7: Df7

Nach 20. ... Tg2: entscheidet sich alles schnell mittels 21. Se5!.

21. Df5: Tg6 22. De4+ Kf8 23. Sg5! Tg5: 24. Lg5: Te8 25. Lh6+ Kg8 26. Dg4+

Schwarz gab auf.

Der Sieg von Weiß sah so überzeugend aus, daß es unwahrscheinlich schien, daß diese Eröffnungsvariante jemand von den Teilnehmern gegen mich wiederholen wird. Und doch geschah genau dies.

Kasparow - Gheorghiu

Damenindische Verteidigung

1. d4 Sf6 2. c4 e6 3. Sf3 b6 4. Sc3 Lb7 5. a3 d5 6. cd5: Sd5: 7. Dc2 c5 8. e4 Sc3: 9. bc3:

Der Sieg in dieser Partie sicherte mir den Erfolg im Turnier endgültig, deshalb beobachtete ich mit Unruhe meinen Gegner, der ohne zu zögern die ersten 8 Züge aus der vorangegangenen Partie wiederholte. Was hatte er wohl vorbereitet?

9. ... Le7

Gheorghiu bereitet einen Cocktail zu, aus den Plänen von Christiansen und Murey. Aber die nächste weiße Entgegnung zeigt die Nachteile der schwarzen Strategie auf.

10. Lb5+! Lc6 11. Ld3

Die Stellung des Läufers auf c6 bietet ein Motiv für unterschiedliche Kombinationsmöglichkeiten.

11. ... Sd7 12. 0–0 h6?!

Auf 12. ... 0–0 fürchtete Gheorghiu 13. d5, aber ein Tempoverlust in einer solchen Situation ist ein verschwenderischer Luxus.

13. Td1:

Man könnte das Spiel in ruhiger Manier fortsetzen – 13. a4 0–0 14. De2 mit weißem Übergewicht, aber es schien mir, daß eine gewisse Disharmonie in der Aufstellung der schwarzen Figuren auf eine bedeutend energischere Weise ausgenutzt werden kann. Verlockend sah das unverzügliche 13. d5 ed5: 14. ed5: Ld5: 15. Td1 aus; aber die Auswirkungen nach dem Qualitätsopfer schienen mir nicht klar genug zu sein – 15. ... Le6 16. Le4 (16. Lf5 Lf5: 17. Df5: Dc8!) 16. ... Tc8 17. Lf4 0–0 18. Lb7 Lf6.

13. ... Dc7?!

Schwarz wittert die nahe Gefahr nicht. Ohne Zweifel läßt die Stellung nach 13. ... 0–0 14. d5 ed5: 15. ed5: Lb7 16. c4 wenig Grund zum Optimismus, aber Schwarz müßte das in Kauf nehmen. Und 13. ... cd4: stieß auf die unerwartete Erwiderung 14. Sd4:, und nach 14. ... Dc7 15. Sc6: Dc6: 16. De2! kann die Fesselung auf der Diagonale a4-e8 verhängnisvoll werden.

14. d5 ed5: 15. ed5: Ld5: 16. Lb5

Jetzt sieht 16. ... Lc6 bedeutend natürlicher aus, aber nach 17. Lf4! Db7 18. Lc6: Dc6: 19. Te1! steht Schwarz eine schwere Verteidigung bevor. Obwohl Schwarz einen Mehrbauern hat, spielt er in der Tat ohne einen ganzen Turm. In diesem Falle könnte sich das Spiel folgendermaßen entwickeln: 19. ... Kf8 20. Tad1 Te8 21. Df5 Sf6 22. Se5 Dc8 23. Sd7+! Sd7: 24. Dd7: Dd7: 25. Td7: g5 26. Tde7:! Te7: 27. Ld6 mit Gewinn. Diese Variante ist nicht obligatorisch, aber sie illustriert die Möglichkeiten von Weiß sehr gut.

16. ... a6

Mit diesem Zug verband Schwarz sehr viele Hoffnungen – 17. Ld7:+ Dd7: 18. c4 Le4!.

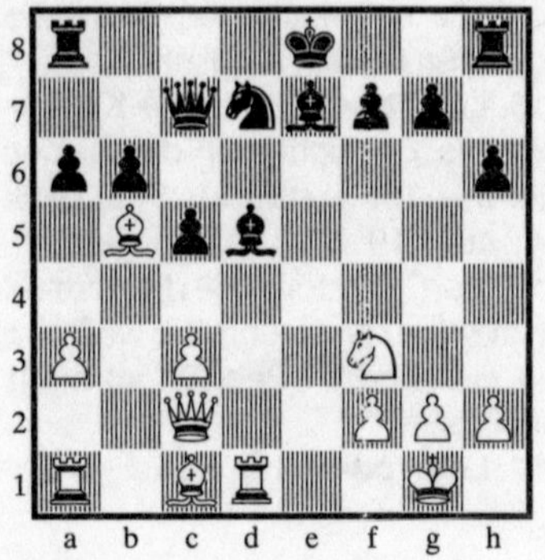

17. Lf4!

Damit wird Schwarz gezwungen aufs Äußerste zu gehen und mit dem König in das Brettzentrum zu ziehen, weil die Variante 17. ... Db7 18. Ld7:+ D Dg4 20. Td5: Df4: 21. Te1 ihm noch weniger genehm ist (zum Beispiel 21. ... Ta7 22. Se5 Tc7 23. Sg6! fg6: 24. Dg6:+ Df7 25. Td8+!).

17. ... Df4: 18. Ld7:+ Kd7: 19. Td5:+ Kc7?

Wohl nur dieser Zug verdient mit voller Bestimmtheit ein Fragezeichen. Die Realisierung der weißen Überlegenheit ließe sich maximal erschweren durch 19. ... Kc8, wobei man Ta8–a7–c7 im Auge hat.

20. Te1! Ld6

20. ... The8 21. Tde5 Df6 22. De4 führte zum Verlust einer Figur und 20. ... Lf6 21. Te4 führte zu einer pikanten Situation – die Dame ist im Brettzentrum gefangen!

21. Tf5 Dc4 22. Te4!

Sogar in dieser Position ist es noch immer möglich, einen Fehler zu begehen – 22. Sd2? The8!.

22. ... Db5 23. Tf7:+ Kb8 24. Te6 Td8 25. c4 Dc6

Im Falle 25. ... Da5 entschied alles 26. De4 Ta7 27. Td6:!.

26. Se5 Dc8 27. Db1!

Das ist nicht der einzige, aber besonders feine Weg (27. ... b5 28. cb5:).

Schwarz gab auf.

Dieser Sieg war für mich besonders wertvoll, weil er mir den Platz im Kandidatenturnier sicherte!

Spannend gestaltete sich mein Kampf in der 7. Runde gegen den Landesmeister aus den USA.

Christiansen – Kasparow

Königsindische Verteidigung

1. d4 Sf6 2. c4 g6 3. Sc3 Lg7 4. e4 d6 5. f4 0–0 6. Sf3

Die Wahl der Variante zeugt von den aggressiven Absichten des Amerikaners.

6. ... c5 7. d5 e6 8. de6:

Mit dem Abtausch des starken Bauern d5 hofft Weiß auf die bessere Kontrollmöglichkeit der zentralen Felder und auf die Aktivität des Bauernpaares e4+f4.

8. ... fe6:

Das natürliche 8. ... Le6: würde Weiß das bedeutend einfachere Spiel: 9. Ld3 Sc6 10. f5 Ld7 11. 0–0 gewähren. Deshalb wählte ich diese weniger erforschte und dynamische Fortsetzung.

9. Ld3 Sc6 10. 0–0 Sd4!

Schwarz macht sofort vom Hauptvorteil seiner Position, der Beherrschung des Punktes d4 Gebrauch. Die Variante 11. Sd4: cd4: 12. Se2 e5 ist für Weiß nicht annehmbar, aber der Kampf gegen den zentralisierten Springer sollte mittels 11. Se2 erfolgen. Das gekünstelte Manöver, das von Christiansen unternommen wurde, erlaubte es Schwarz, die Initiative zu ergreifen.

11. Sg5?! e5!

Nach 11. ... h6 12. Sf3! könnte die Schwäche des Königsflügels spürbar werden.

12. f5

Das ist folgerichtig, aber vorsichtiger wäre 12. fe5:.

12. ... h6 13. Sh3

Diesen Zug machte Christiansen ohne besondere Überlegungen, aber die Folgen des Figurenopfers waren vollkommen unklar – 13. fg6: hg5: 14. Lg5:. So erlaubte zum Beispiel das naheliegende 14. ... Se6 Weiß einen vielversprechenden Angriff zu beginnen: 15. Lf6: Tf6: 16. Dh5 Sf8 (16. ... Sf4 17. Dh7+ Kf8 18. g3 Sd3: 19. Sd5!) 17. Sd5 Tf1:+ 18. Tf1: Le6 19. Le2! Dd7 20. Dg5!, und Schwarz hat Schwierigkeiten, sich gegen den Bauernvormarsch auf der h-Linie zu verteidigen. Deshalb beabsichtigte ich fortzusetzen mit 14. ... Le6, um im Falle von 15. Sd5 (15. h4 Dd7!) 15. ... Ld5: 16. ed5: meine Kampfformation mit Hilfe eines Bauernopfers zu entfalten: 16. ... e4! 17. Le4: De7 18. Ld3 Tae8.

Als fehlerhaft erwiese sich die Rückkehr des Springers auf den alten Platz – 13. Sf3. Nach 13. ... gf5: 14. ef5: Sf5: 15. Se5: de5: 16. Lf5: Dd4+! ist die schwarze Überlegenheit nicht zu bezweifeln (17. Kh1 Lf5: 18. Tf5: Sg4!).

13. ... gf5: 14. ef5: b5!

Das ist ein Gegenschlag am Flügel. Er geschieht, um die Überlegenheit im Zentrum zu erringen. Jetzt steht Weiß an einer Weggabelung. Es gelingt nicht, den Bauern c4 zu festigen – 15. b3 b4!, und dem Springer bleiben keine vernünftigen Felder für den Rückzug. Es ist auch nicht angenehm auf das Bauernopfer einzugehen – 15. cb5: d5. Wie dem auch sei, der Bauer sollte doch zu nehmen sein, aber mit dem Springer. Und zu gleicher Zeit erlaubte 15. Sb5: die ungefähre Ausgewogenheit zu sichern: nach 15. ... Sb5: 16. cb5: d5 war der Vorstoß der schwarzen Bauern wegen des Fehlens des Springers auf d4 nicht so gefährlich, und im Falle von 15. ... e4 16. Le2 Sf5: bekam der auf h3 abseits stehende Springer die Möglichkeit, in das Spiel mit einbezogen zu werden. Aber Christiansen, enttäuscht über die strategische Art der Kampfführung, versucht die aufgetauchten Probleme mit taktischen Mitteln zu lösen.

15. Le3? bc4: 16. Lc4:+ Kh8!

Schwarz weicht der durchsichtigen Falle aus 16. ... d5? 17. Sd5: Sd5: 18. Ld4: cd4: 19. Db3. Aber wie soll jetzt Weiß den Vorstoß d6–d5 verhindern, der mit der Zerstörung der weißen Stellung einhergeht? Bedroht ist auch der Bauer f5.

17. Ld4: cd4: 18. Sd5

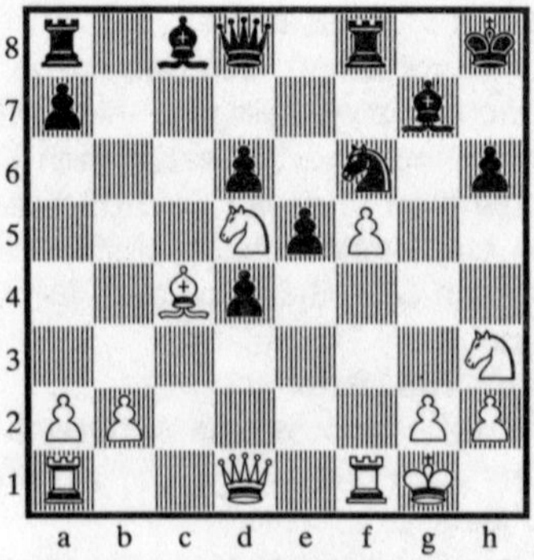

Das positionelle Übergewicht von Schwarz ist nicht zu bestreiten, obwohl der Kampf ausreichend kompliziert sein wird. Solche Stellungen fordern ein sehr exaktes und konkretes Spiel mit dem Ziel, die Mängel der gegnerischen Position aufzuspüren. Jetzt sieht 18. ... Sd5: 19. Ld5: Tb8 nicht schlecht aus oder das unverzügliche 18. ... Tb8, aber Schwarz verfügt über eine bedeutend energischere Fortsetzung.

18. ... La6!

Schwarz opfert den Vorteil des Läuferpaares gegen die Möglichkeit, für seinen Springer den beherrschenden Standplatz e3 zu besetzen. Aber wie soll man dann gegen die schwarzen Bauern ankämpfen? Der Amerikaner zieht es vor, die Qualität zu opfern und nach den Chancen in einer taktischen Auseinandersetzung zu suchen.

19. Sf6: Lc4: 20. Sh5 Lf1: 21. Dg4! Dd7! 22. Tf1:

Es könnte der Eindruck entstehen, daß Weiß schon vieles erreicht hat – seine Drohungen am Königsflügel scheinen gefährlich zu sein. Aber das Pünktchen auf dem „i" ist der schnelle Gewaltmarsch des freien d-Bauern.

22. ... d3! 23. Df3

23. De4 stieß auf das entschlossene Gegenspiel mittels 23. ... d5! 24. Dd3: e4, aber Weiß sollte die Zugfolge 23. Sf2 d2 24. Se4 Tf5: 25. Tf5: d1D+ 26. Dd1: Df5: 27. Sd6: Dg6 28. Sg7: Kg7: 29. h3 spielen, wonach ihm Rettungschancen verbleiben.

23. ... d2!

Der tollkühne Bauer entzieht Weiß die Möglichkeiten für aktive eigene Operationen, zum Beispiel: 24. f6 Lf6:! 25. Sf6: Dg7, womit der gefesselte Springer zurückgewonnen wird.

24. g4 Tac8!

Unmöglich ist wiederum 25. f6 wegen 25. ... Lf6: 26. Sf6: Dg7 27. g5! Tc1 28. Kf2 Dg6!, und materielle Verluste sind unvermeidlich.

25. Dd3 Da4 26. Sf2 Dd4!

Das ist nicht der einzige, aber vom praktischen Standpunkt aus gesehen der klarste Weg zum Sieg. Mit dem Damenabtausch verliert Weiß die letzten Hoffnungen, die durch die unsichere Stellung des schwarzen Königs bedingt sind.

27. Dd4: ed4:

Die verdreifachten Bauern sehen äußerlich sehr kümmerlich aus, aber gerade das ist derjenige Fall, wo die Stärke der Bauern durch den Umstand ihrer Vorgeschobenheit bestimmt wird. Als Hauptperson der Handlung gilt nach wie vor der Bauer d2.

28. Sf4 Tfe8 29. Se6 Tc1 30. Sd1 Lf6!

Die bedeutend verlockenderen Fortsetzungen machen den Kampf nur unnötig kompliziert, zum Beispiel: 30. ... d3?! 31. Kf2 Tb8 32. b3 Tb4 33. Ke3!.

31. Kf2 Lg5

Nach 31. ... Lh4+?! 32. Ke2 Le1 33. Tf3 Tec8 34. Td3! wird der d-Bauer gestoppt, und der schwarze Läufer ist außer Spiel.

32. Ke2 Tc5! 33. Kd3 Te5 34. Sg5: hg5:

Das Spielen auf Schönheit hatte seine Tücken, in der Variante 34. ... Te1? 35. Sf7+ Kg8 36. Tf2 Td1: 37. Sd6: konnte Weiß alle Gefahren meiden.

35. Tf2

Die wesentlichen Gesichtspunkte

werden auch durch 35. Kd2: nicht verändert. Dann durchläuft der Turm die „Treppe" – 35. ... Te4! 36. h3 Tf4 37. Tg1 Tf3! – und Weiß ist ohne Verteidigung!

35. ... Te4 36. h3?

Der Widerstand würde verlängert durch 36. Tg2.

36. ... Te3+!

Das ist eine kleine Kombination, die zum Gewinn des Bauern führt. Der Turm ist natürlich unverwundbar (37. Se3: de3: 38. Tf1 e2).

37. Kd4:

Und jetzt kommt die Sternstunde des Bauern d2, der scheinbar noch vor 15 Zügen zum Untergang verurteilt war.

37. ... T8e4+! 38. Kd5 Te2 39. Tf3 Te1 40. f6

Im Falle von 40. Td3 wird alles durch 40. ... Td1:! 41. Ke4: Te1+ entschieden.

40. ... Tf4.

Hier nahm Christiansen den Umschlag für die Unterbrechung der Partie in die Hand, dachte eine Weile nach. Dann reichte er mir die Hand und gratulierte mir zum Sieg.

van der Wiel – Kasparow

Damenbauernspiel

1. d4 Sf6 2. Lg5 Se4 3. Lf4 c5 4. d5 Db6

Ein seltenes Eröffnungsschema. Der Springer im Zentrum hat eine sehr unsichere Stellung, und Schwarz ist gezwungen, nach einer aktiven Fortsetzung zu suchen. Jetzt ist natürlich die Entgegnung 5. b3 schlecht wegen 5. ... Df6. Es liegt nahe 5. Dc1 zu spielen. Der von meinem Gegne van der Wiel gewählte Zug aber verwunderte mich.

5. Lc1

Schwarz handelte zwar energisch, aber bei der üblichen Fortsetzung 5. ... d6 6. f3 Sf6 7. e4 gehört das Zentrum dem Gegner. Deshalb ist die Unterminierung e7–e6 notwendig.

5. ... e6 6. f3 Da5+

Es ist vorteilhaft, den Bauernzug von c2 nach c3 zu erzwingen – hier wird er dem Springer seinen natürlichen Platz wegnehmen und das Feld d3 schwächen. Und das Wichtigste besteht darin, daß nach 6. ... Sf6 7. c4 alles für Weiß gut steht.

7. c3 Sf6 8. e4 d6

Auf 8. ... ed5: ist die Antwort 9. e5 stark.

9. Sa3

Diese Position habe ich früher nur einmal gesehen – in der Partie Wyschmanawin – Elwest (in der Oberligagruppe der Landesmeisterschaft der UdSSR, 1984). Wyschmanawin entdeckte den Zug 9. Ld2!?, und nach dem prinzipiellen, aber riskanten 9. ... Db6 10. c4 Db2: 11. Sc3 Db6 12. f4 ergriff Weiß die Initiative. Für Schwarz wäre es angenehmer 9. ... ed5: 10. c4 Dc7 11. cd5: g6 zu spielen mit dem Übergang zu der modernen Benoni-Verteidigung in einer günstigen Variante, aber stärker ist 10. ed5: und 11. c4 mit weißer Raumüberlegenheit bei normaler Entwicklung.

9. ... ed5: 10. ed5: Le7 11. Sc4 Dd8

Also kehrt auch die Dame nach drei von ihr gemachten Zügen auf ihren Stammplatz zurück, und der Läufer c1 marschierte ebenfalls bereits dreimal auf dem Schachbrett hin und zurück. Die Stellung ist annähernd ausgeglichen; aber hier beginnt van der Wiel ein sonderbares Spiel.

12. Se3 0-0 13. Se2 Te8 14. g4?

Weiß versucht den Gegner mittels Lg2, 0–0, g5 einzuschnüren. Schwarz verfügt wirklich über eingeengten Raum, und darüberhinaus über schneiden sich die „Interessen" seiner Springer im Hinblick auf das Feld d7.

Etwa 40 Minuten lang konnte ich keinen richtigen Zug finden, obwohl ich mich damit tröstete, daß ich vorläufig nichts Falsches getan habe. Von Weiß aber kann man das nicht behaupten.

14. ... Sfd7!

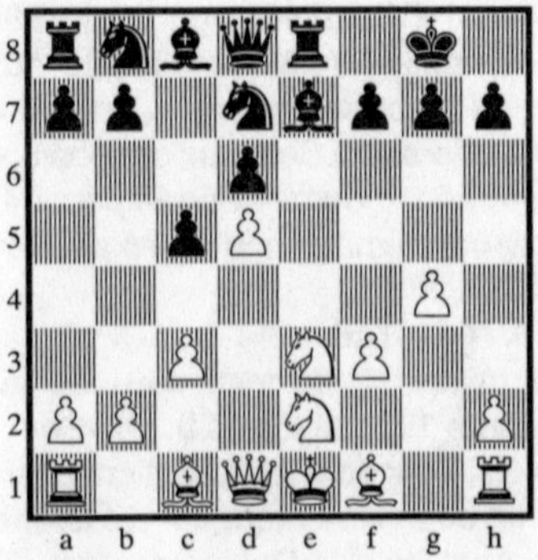

15. Sg3

Das ist die Fortsetzung der Aggressionspolitik. Aber auch Schwarz ist nicht geneigt auf der Stelle zu treten.

15. ... Lg5 16. Kf2 Se5

Schwarz hat ausgezeichnetes Spiel; noch bis vor kurzem durfte er davon nur träumen. Auf 17. h4 verfügt man bereits über die Entgegnung 17. ... Le3:+ 18. Le3: Df6, und obwohl die Drohung 19. ... Sg4:+ dem schachlichen Einmaleins entspricht, ist sie auch für einen Großmeister nicht einfach abzuwehren.

17. Lb5 Ld7 18. Ld7: Sbd7: 19. Sef5 c4!

Die weißen Springer stehen schön, aber die schwarzen Springer sind bedeutend effektiver: es droht 20. ... Sd3+. Auf 20. Lg5: Dg5: 21. Sd6: ist 21. ... Sd3+ 22. Kg2 Sf4+ 23. Kf2 Sc5! 24. Se8: Te8: möglich, wonach meiner Überzeugung nach die weiße Position hoffnungslos ist.

20. Sh5? Sd3+ 21. Kg3 Lc1: 22. Tc1: g6

Ich kann vermuten, daß van der Wiel nur mit 23. Dd2 gf6: 24. Dh6 rechnete, aber hier ist es nicht unbedingt notwendig nach dem Zentrum zu schlagen: 23. ... gh6:! 24. Dh6 Df6, und aus ist der Traum vom weißen Angriff.

Weiß gab auf.

Velimirović – Kasparow

Caro-Kann Verteidigung

Für die echte Kampfstimmung vor der Partie sorgte Velimirović, der erklärte, daß er sich in dieser letzten Runde Mühe geben wird, dem Sieger des Turniers eine Niederlage beizubringen. Das Problem mit der Wahl der Eröffnung wurde auf einfache Weise gelöst: dem kampfeslustigen Musketier wurde vorgeschlagen, die Bastionen der Caro-Kann-Verteidigung zu durchbrechen.

1. e4 c6 2. d4 d5 3. e5 Lf5 4. Sc3

Das ist der populäre Plan: auf das natürliche 4. ... e6 folgt der Sturmangriff auf den Königsflügel mit 5. g4 Lg6 6. Sge2 und weiter Sf4 und h4. Aber schon lauerte auf Weiß eine Überraschung.

4. ... Db6!?

Wenn Weiß schon beabsichtigt den Bauern g2 vorzuschieben, dann soll es in einer für Schwarz bedeutend günstigeren Situation geschehen.

5. g4 Ld7

Jetzt hat das Vorschieben des Bauern h2 keinen Sinn mehr, und Weiß sollte den f-Bauern für den Einsatz vorbereiten. Vielleicht werden neue Forschungen beweisen, daß hier besser 5. ... Lc8 zu geschehen hat (in Anbetracht der nachfolgenden Aktion von Velimirović).

Die neuen „Forschungen" – die Partie Sweschnikow – Dončenko (1983) – bestätigten eine alte Weisheit: in der Eröffnung ist es wichtig, die Figuren schnell zu entwickeln. Nach 5. ... Lc8 6. Lg2 e6 7. Sge2 c5 8. dc5: Lc5: 9. 0–0 Ld7 (9. ... Se7 10. Sa4) 10. Sf4 Dc7 11. Te1 Se7 12. Sh5 hat Weiß ein klares Übergewicht. Andererseits könnte der Mißerfolg vielleicht durch allzu gesetzmäßiges Spiel von Schwarz sich eingestellt haben – 6. ... e6 und 7. ... c5 – was wäre wohl mit 6. ... Sa6!? oder 6. ... g6!?

6. Sa4 Dc7 7. Sc5 e6 8. Sd7: Sd7: 9. f4 c5 10. c3 Se7 11. Sf3

Weiß hat seine Zeit nicht umsonst für den Abtausch des Läufers d7 verloren – der Tausch erleichtert den geplanten Durchbruch f4-f5.

11. ... h5

Das ist ein verantwortungsvoller, aber notwendiger Entschluß. Schwarz versucht, sein Spiel offen zu gestalten, damit alle seine Figuren sich am Kampf beteiligen können.

12. f5

Wahrscheinlich sollte man hier besser 12. gh5: spielen, wobei man auf 12. ... Th5:? – die Entgegnung 13. dc5: und Sf3–d4–b5 beabsichtigt. Schwarz würde antworten 12. ... Sf5 mit einer unklaren Position.

12. ... hg4: 13. fe6: gf3: 14. ed7:+ Dd7: 15. Df3: cd4: 16. cd4:

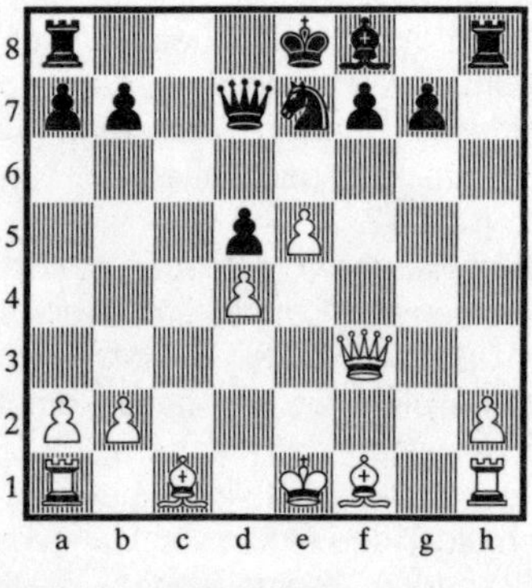

Mit dem Ergebnis der Eröffnung ist Schwarz zufrieden, aber man darf die potenzielle Kraft der beiden weißen Läufer nicht unterschätzen.

16. ... Sc6

Schwarz blickt mit viel Optimismus in die Zukunft und deshalb wollte er sich nicht für das durchaus perspektivenreiche Endspiel entscheiden, das nach 16. ... Sf5!? 17. Lh3 Th3: 18. Dh3: Sd4: 19. Dd7:+ Kd7: 20. 0–0 Ke6 entsteht.

17. Le3 Lb4+ 18. Kf2 Th4?

Die schwarzen Hoffnungen auf den Erfolg sind damit verbunden, daß der gegnerische König keinen sicheren Unterschlupf hat. Nach 18. ... 0–0–0 und weiteren Öffnungen von Angriffslinien (f7-f6) sollte Weiß komplizierte Aufgaben zu lösen bekommen. Anstatt dies zu tun, versucht Schwarz die Position zu verstärken, indem er den Bauern d4 unter Druck nimmt, und hier kalkuliert er falsch.

19. Td1 Tc8

Schwarz stellte fest, daß das früher geplante 19. ... 0–0–0 20. Lg5 Sd4: wegen 21. Td4: Td4: 22. Lh3 nicht ausführbar ist und verzichtete auf die ausführliche Analyse des Qualitätsopfers 20. ... Tdh8 21. Lh4: Th4: mit der möglichen Fortsetzung 22. Lg2 g5! 23. Dg5: Df5+ 24. Kg1 Dc2.

22. Tg1! (anstatt 22. Lg2) ließ die Absicht zweifelhaft werden. Es eignet sich jetzt nicht 22. ... Sd4:? 23. Td4: Lc5 wegen 24. Kg3! Ld4: 25. Kh4: De7+ 26. Tg5, und der Zeitverlust für 22. ... g6 kann Schwarz teuer zu stehen kommen nach 23. Tg3 mit der Idee Lh3 und Tg4.

Der Entschluß, den König im Zentrum stehen zu lassen, womit man sich des Hauptvorteiles beraubt (d.h. einer bedeutend sichereren Stellung des Königs), ist natürlich riskant, aber – so schien es mir – das weiße Spiel wird dennoch nicht einfach sein.

20. Tg1!

Das ist eine brillante Antwort. Weiß umgeht die Falle – 20. Lg2? Se5:! 21. de5: Tc2+ 22. Kf1 (22. Kg3 Tg4+!) 22. ... Db5+ 23. Kg1 Te4! mit stärkstmöglichem Sturmangriff – und indem er den Bauern aufgibt, erreicht er eine vollständige Koordinierung seiner Figuren.

20. ... Th2:+ 21. Tg2 Tg2:+

Auf 21. ... Th3 ist 22. Df4 stark.

22. Kg2: Sd8 23. Ld3 Se6 24. Tf1!

Weiß beginnt damit, konkrete Drohungen vorzubereiten – 25. Lb5.

24. ... a6 25. Dh5

Und jetzt droht 26. Tf7:.

25. ... g6 26. Dh8+ Sf8 27. Kg3!

Weiß entzieht dem Gegner die letzte Chance zur eigenen Aktivierung und behält selbst die Möglichkeiten zur Verstärkung der Position durch Lh6 und Le2–g4.

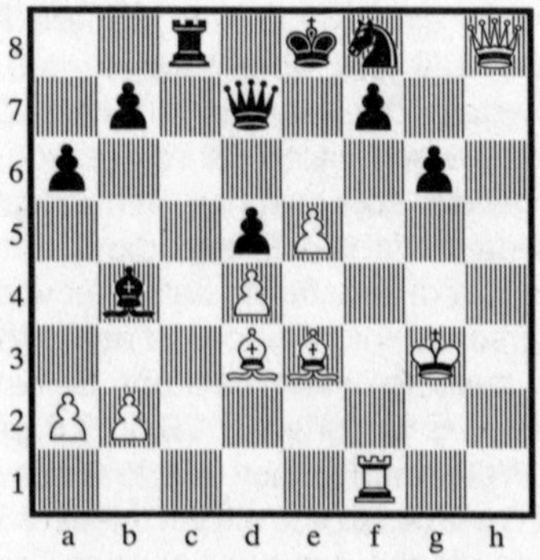

27. ... Le7?

Der Nachteil der schwarzen Stellung besteht in ihrer Passivität, aber die Position ist nach dem besseren Zug 27. ... Tc6 voll verteidigungsfähig, weil dadurch ein für alle Mal die Drohung Lg6: unterbunden wird. Zum Beispiel: 28. Lh6 (Stärker ist wahrscheinlich 28. a3 Le7 29. Tf2 mit dem nachfolgenden Le2–g4) 28. ... Le7 29. Dg8 De6 30. Tf6? Lf6: 31. Df8:+ Kd7 32. ef6: De1+ 33. Kg2 Tf6: mit gewinnversprechendem Gegenangriff für Schwarz.

28. Dg8?

Wegen Zeitmangels versäumt Velimirović eine glückbringende Chance 28. Lg6:! fg6: 29. Lh6. Die Drohung 30. Tf8:+ (sogar auch auf 29. ... Db5 – 30. Tf8:+! Kd7 31. e6+ Ke6: 32. De5+ Kd7 33. Tc8: Ld6 34. Td8+) zwang Schwarz die Figur zurückzugeben mit 29. ... Kd8 30. Lf8: Kc7 31. Dh6! (aber nicht 31. Tc1+ Kb6 32. Tc8: Dc8: 33. Lg7 Dc2, oder 31. Dg7? Tf8: 32. Tf8: Lh4+) 31. ... Te8! und nach Remis zu streben in folgendem Stellungstyp 32. Lg7 (32. Le7: Te7:) 32. ... De6 usw.

Weiß strebt nach einem Sieg ohne Opfer – 28. ... De6 29. Lh6 mit der möglichen Variante 29. ... Tc7? (29. ... Tc6) 30. Lf8: Lf8: 31. Tf6 De7 32. Lg6: fg6: 33. Te6. Aber – mit 28. Dg8? verliert man nicht nur das bissherige Stellungsübergewicht sondern auch die Partie.

28. ... De6

Schon wollte Velimirović mit der Hand nach dem Läufer e3 greifen, als er plötzlich sah, daß auf 29. Lh6 der spielentscheidende Zug des schwarzen Bauern f7 folgen wird. Er verbrauchte fast die gesamte Bedenkzeit und ihm blieb nur eine Minute für den Rest dieser Partie. Dabei blieb ihm auch nur die Hoffnung auf einen zufälligen Fehler des Gegners.

29. Dh8 f5!

Die zweimalige Tempoeinbuße muß ihre Auswirkungen haben, und die natürliche Antwort von Schwarz behauptet den schwarzen Vorteil. Der weitere zeitnotbeeinflußte Teil der Partie ist ohne Bedeutung.

30. Dh3?! Df7 31. Dh1 Se6! 32. Dd5: Td8 33. Dh1 Sd4: 34. Dh8+ Lf8 35. Lg5 Tc8 36. e6? Se6: 37. Te1 Kd7 38. Dh4 Ld6+ 39. Kf2 Sg5: 40. Dg5: Dh7.

Die Zeitnotauseinandersetzung war zu Ende und Weiß gab die Partie auf.

Und wieder sind wir die Stärksten!

Die Tage der Schachschlachten im schweizerischen Kurort Luzern waren zu Ende. Die Olympiade bestätigte erneut die unbestrittene Überlegenheit der sowjetischen Schachmannschaft – unser Vorsprung zum zweitplazierten Team war sehr groß. Das Kampfgeschehen und die Spannung lassen sich aber nicht nur mit den nackten Zahlen einfangen. Eine besondere Rolle spielen hier die äußerlich kaum bemerkbaren Faktoren (in erster Linie gilt das für psychologische Hintergründe), wobei deren Rolle gerade bei Mannschaftswettbewerben erhebt zunimmt. Um diese meine Aussage zu verdeutlichen, muß ich einen kurzen Exkurs machen.

Nach ihrer sportlichen Bedeutung stehen die Schacholympiaden nur der Einzelweltmeisterschaft nach, aber bis vor kurzem erregten sie kein überragendes Interesse. Dies erklärt sich dadurch, daß der Sieger mit nahezu 100%iger Sicherheit bereits vor dem Beginn der Wettkämpfe benannt werden konnte. Die Frage, die allein interessierte, war nur, wie groß wird der Vorsprung der Auswahl der UdSSR vor der zweitplazierten Mannschaft sein. Aber 1978 in Buenos Aires gelang es der ungarischen Mannschaft diese Tradition zu durchbrechen und Sieger der Schacholympiade zu werden. Damals wurde dieser Mißerfolg der sowjetischen Auswahl (erstmals seit 1952!) als eine unangenehme Überraschung empfunden und als nichts weiter. Begründet wurde diese nicht besonders realistische Bewertung des Sachverhalts damit, daß der amtierende Weltmeister Anatoli Karpow, der damals gerade die Endphase des WM-Titelkampfes in Baguio City hinter sich brachte, der Mannschaft fehlte, sowie mit der Umstellung des Austragungsmodus vom Rundenturnier zum Schweizer System, wodurch dem Zufall im Rahmen der Turnierwettkämpfe eine wesentlich größere Rolle zufiel. Die Zeit aber bewies, daß der Mißerfolg der Mannschaft kein Zufall war. Die seit vielen Jahren gewohnten Siege der sowjetischen Schachspieler auf internationaler Ebene, die durchweg so souverän ausfielen, daß jeder von der Unerschütterlichkeit der Vormachtposition ausging, waren bedroht. Selbst ein solcher Erfolg wie der 20,5:19,5 Erfolg im Wettkampf gegen die Weltauswahl 1970 wurde bereits als ein relativer Mißerfolg wegen des nur knappen Ergebnisses angesehen. Die wesentliche Verjüngung unter den Schachmeistern ließ in den letzten Jahren außerordentlich starke ausländische Großmeister in den Vordergrund treten. Daher war es vollkommen selbstverständlich, daß eine Reihe von Mannschaften auftauchten, deren Spieler sich allen Ernstes vorgenommen hatten, mit der sowjetischen Mannschaft um den Siegeslorbeer zu konkurrieren. Besonders imponierend war die ungarische Mannschaft zusammengesetzt. Die Junioren dieser Mannschaft wurden von dem erfahrenen Großmeister Lajos Portisch angeführt. Und doch war unsere Mannschaft nach meiner Meinung weit stärker als die ungarische, aber die übermäßige Selbstsicherheit wird oft bestraft...

Trotz der schmerzlichen Niederlage war die allgemeine Stimmung vor der nächsten Olympiade auf Malta fast die gleiche wie das vorherige Mal.

Niemand zweifelte an einem Sieg der sowjetischen Mannschaft, die sich diesmal aus den stärksten Spieler des Landes rekrutierte, und die ihre Lehren aus der vorausgegangenen Olympiade zog.

Aber die allgemeinen Resulate sahen trotz des schwer erkämpften Sieges auf keinen Fall tröstlich aus. Während des gesamten Turniers mußten wir eine Aufholjagd machen (erst ganz am Ende konnten wir aufgrund extremer Anstrengungen die ungarische Riege noch einholen) und die Goldmedaille wurde uns nur dank eines hauchdünnes Wertungsvorsprungs (Buchholz-Koeffizient) zugesprochen. Hatte man so ein Resultat von der sowjetischen Mannschaft auf Malta erwartet?

Ich war auch ein Beteiligter bei den Geschehnissen in Malta und ich kann feststellen: die Ungarn spielten keinesfalls schlechter, nur das sportliche Glück war eben nicht auf ihrer Seite. Ich werde niemals vergessen, wie die besten Schachspieler der Welt sich um die Spieltische des Wettkampfes Griechenland – Schottland versammelten, wo gerade das Schicksal der Olympiade entschieden wurde. Damals erfuhr ich, daß auch das olympische Gold einen bitteren Beigeschmack haben kann...

Jetzt ist es verständlich, warum der Olympiade in Luzern so große Bedeutung beigemessen wurde. Ob es den sowjetischen Schachspielern gelingen wird, ihre Überlegenheit zu behaupten, oder ob die Hegemonie einer einzigen Schachnation unwiderruflich der Vergangenheit angehört – das war die Frage, welche alle vor dem Turnierbeginn bewegte. Ich muß gestehen, die Auswahl der UdSSR hatte eine äußerst schwere Aufgabe zu lösen – es galt die verloren gegangene psychologische Überlegenheit zurückzugewinnen. Und das mußte bei einer enorm gestiegenen Stärke der Konkurrenten geschehen, von denen viele bereits festgestellt hatten, daß es durchaus möglich ist, gegen das sowjetische Team erfolgreich zu kämpfen. Wie sahen die Hauptkonkurrenten vor dem Start aus?

Am stärksten war ohne Zweifel die Auswahl der UdSSR, zu ihrem Team gehörten die führenden Großmeister der Welt mit dem amtierenden Weltmeister an der Spitze. Das durchschnittliche Elo-Rating des Hauptvierers (Karpow, Kasparow, Polugajewski, Beljawski) errechnete sich zu einer imponierenden Bewertungszahl von 2651. Turniere dieser Kategorie gibt es auf der gesamten Welt gar nicht. Und die Reservespieler (auf den Olympiaden ist eine solche Einteilung nur bedingt zu verstehen) – Tal und Jusupow könnten in ihrer Schlagkraft jede andere Mannschaft verstärken. Die weiteren nach der Rating-Rangliste waren die Teams aus USA, Ungarn, England, Jugoslawien und der Tschechoslowakei – sie alle schienen gleichwertig stark zu sein, aber gemäß der allgemeinen Meinung konnten nur die Ungarn und die Amerikaner für uns eine realistische Konkurrenz darstellen. Wobei die Ungarn ihre Haupthoffnungen auf die Spitzenspieler Portisch und Ribli legten, während es bei der USA die Ausgeglichenheit des Teams war, die vor allem in die Waagschale geworfen werden sollte. Zur USA-Riege zählten die Großmeister Browne, Seirawan, Alburt, Kavalek, Christiansen und Tarjan.

Es ist hier nicht möglich auf die Geschehnisse jeder Runde im Detail einzugehen, aber ich werde versuchen, die Höhepunkte zu schildern, welche den Verlauf des gesamten Turniers beeinflußt haben. Desweiteren will ich auf Einzelheiten eingehen, die für diesen Wettbewerb besonders charakteristisch sind.

Das zentrale Ereignis war zweifellos der Sieg der sowjetischen Auswahl, die einen Vorsprung von 6,5 Punkten vor der zweitplazierten Mannschaft der CSSR erreichte. Solch einen glänzenden Erfolg muß man anhand vieler Einzelfaktoren erklären; aber ich bin der Überzeugung, daß die Quelle unseres Erfolges (wie auch der vorausgegangenen Mißerfolge) in der psychologischen Verfassung der Mannschaft selbst zu suchen war.

Trotz der klar erkennbaren Individualität jedes einzelnen Spielers, gewinnt auf den Olympiaden oft die kollektive Geschlossenheit als entscheidender Faktor eine besonders große Bedeutung. Und in Luzern konnten wir die wünschenswerte Koordiniertheit und Einigkeit erreichen; wir waren unserer gemeinsamen Kampfkraft und der gegenseitigen Hilfestellung innerhalb der Mannschaft vollkommen sicher. Und wenn man dann noch das gelungene Spiel aller Mannschaftsmitglieder dazuzählt, dann erscheint ein solches Fazit der Olympiade als vollauf gesetzmäßig.

Man darf aber hierbei nicht in das andere Extrem verfallen, indem man etwa meinen könnte, daß die Olympiade ein einfacher Spaziergang für uns war. Manche Wettkämpfe zeichneten sich durch ihre enorme Schwierigkeit aus. Ich möchte aber das wichtigste betonen: das Endergebnis dieses Turniers war niemals von dem Ausgang einer einzelnen Partie abhängig gewesen.

Besonders wichtig waren die Spiele in der 3. und 4. Runde gegen die Mannschaften aus den USA und Jugoslawien. Die im hartnäckigen Kampf errungenen Siege (3:1 und 2,5:1,5) erlaubten uns mit voller Sicherheit den ersten Rang in der Tabelle einzunehmen, wo wir uns schließlich behaupteten und die Führung ausbauen konnten. Das Schicksal dieser Spiele wurde übrigens bei der Wiederaufnahme der Hängepartien dank der qualitativ guten Analyse dieser Partien entschieden. In diesem Falle half uns das harte Reglement des Turniers – wonach die Spielfortsetzung der Hängepartien bereits zwei Stunden nach Rundenende vorgesehen war. In der dazwischenliegenden Zeit war es nicht möglich, alles zu untersuchen, aber es gelang uns, die Ressourcen unserer Stellungen optimal zu erforschen und dabei Möglichkeiten zu entdecken, von denen unsere Gegner keine Ahnung hatten. Gerade auf diese Art konnten wir mehrere halbe Punkte zusätzlich einheimsen.

In der Mitte des Turniers, als die führenden Mannschaften praktisch nur noch unter sich zu spielen hatten, verlangsamte sich das Tempo in der Punkte-Fortschrittstabelle auch bei unserer Mannschaft. Aber alle anderen hatten ebensoviele Punkteinbußen und unser Vorsprung blieb ungeschmälert erhalten. Die entscheidende Rolle im Kampf um Platz eins spielte schließlich das Match gegen die Ungarn, die mit ihrem Start etwas Pech hatten. Dann vermochten sie aber sich laufend zu steigern und vor dem Spiel gegen unsere Mannschaft hatten sie den Rückstand auf einen Zähler reduziert. Wäre es den Ungarn gelungen, in dem Match einen Erfolg zu erzielen, wer weiß, wie es dann weitergegangen wäre... Aber es gab kein Wunder. Auf die von Karpow und Beljawski gewonnenen Partien konnte der Gegner nur mit einem Sieg von Csom (über Jusupow) antworten, und ich konnte mit den schwarzen Steinen einen Sturmangriff von Ribli erfolgreich abweisen.

Und in den dann folgenden Runden war unser Team nicht mehr zu stoppen – 3,5:0,5; 4:0; 4:0; 3,5:0,5 – das waren die Resultate in den Wettkämpfen gegen die ziemlich starken Teams aus England, der Schweiz, Argentinien und Rumänien. Den sowjetischen Großmeistern gelangen positionelle und kombinatorische Siege und feine Endspielerfolge. Mit einem Wort, in diesen Runden klappte einfach alles; freilich gab es auch einiges Pech bei unseren Gegnern. Um nicht nur bei den Worten zu bleiben werde ich zwei anschauliche Beispiele anführen:

Bronstein (Argentinien) – **Jusupow**

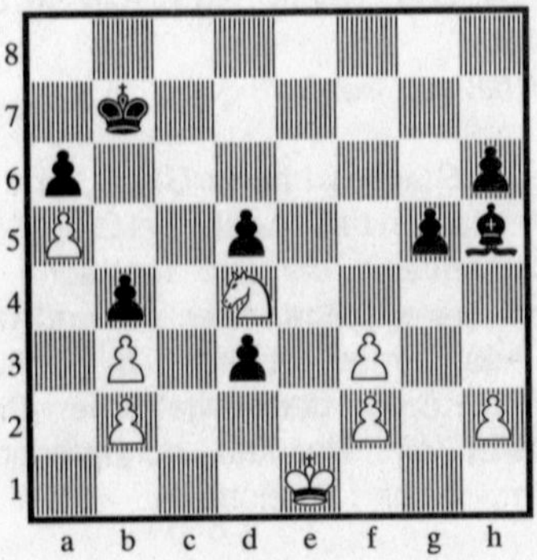

Die Position ist eindeutig: Weiß verfügt über ein ausgesprochenes Übergewicht. Und als Saizew mich nach meiner Meinung fragte, so schien ihm meine Antwort sonderbar zu sein! Und wirklich, in dem Satz „Die Lage Jusupows ist ausgesprochen schlecht; aber ich habe den Eindruck, daß er dennoch gewinnen wird" steckt wenig Logik. Keiner konnte jedoch vermuten, wie genau das der Wahrheit entsprach:

Die Partie wurde folgendermaßen fortgesetzt:

35. Kd2

Das kann nichts verderben, aber es wäre bedeutend stärker 35. f4! gf4: 36. Se6 zu spielen, und dann müßte sich Schwarz schon zur Decke strecken, wenn er noch Remis erreichen will.

35. ... Lg6 36. f4 gf4: 37. Se6

Nicht schlecht wäre auch 37. f3, aber Weiß ist in Zeitnot geraten; er hat keine Zeit mehr, sich die Lage genauer zu betrachten.

37. ... f3 38. Sd4?

Und dieser Fehler verändert grundlegend den Charakter des Kampfes. Trotz aller bereits begangenen Ungenauigkeiten konnte 38. Sc5+ die weißen Vorteilschancen immer noch sichern.

38. ... Le4 39. Ke3 Kc7 40. Sf3:??

Schwarz steht nun zwar bereits überlegen; aber Weiß brauchte nicht sofort zu verlieren.

40. ... Lf3: 41. Kf3:

und ohne das offenkundige 41. ... d4 abzuwarten, gab Weiß die Partie auf.

Nach der Beendigung der Runde gab Jusupow zu: „Ich verstand, daß ich in der schlechteren Lage war, aber ich konnte den Gedanken nicht loswerden, daß ich die Partie doch noch gewinnen kann."

Triumphierend sah ich Saizew an...

Nach einer Runde schenkte Caissa das gleiche huldvolle Lächeln auch Michail Tal.

Schneider (Schweden) – **Tal** (UdSSR)

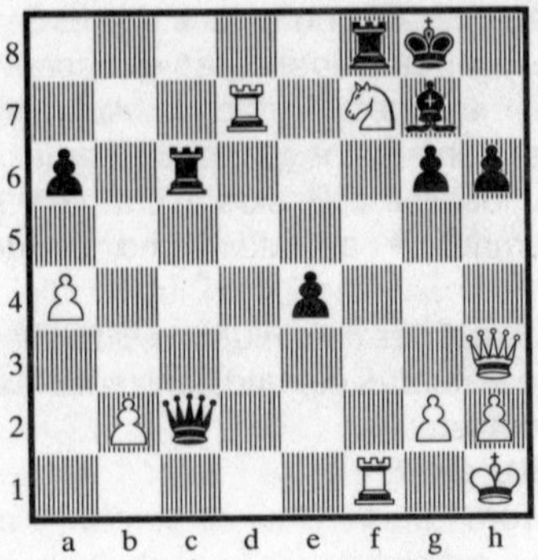

Mit seinem letzten Zug 29. ... Kh8-g8 verzichtete Tal unvorsichtigerweise auf die mögliche Zugwiederholung (29. ... Kh7 30. Sg5+), wobei er irrtümlich meinte, daß die weißen Drohungen aufgrund der Grundreihenschwäche ungefährlich sind. Zum Beispiel: 30. Sh6:+

Lh6: 31. Tf8:+ Kf8: 32. Dh6:+ Ke8, und Schwarz gewinnt. Weiß verfügt aber über eine Kombination, in welcher die Dame die Hauptrolle zu spielen hat – sie sollte geopfert werden: 30. Dh6!!. Die Dame ist unverwundbar wegen der Mattgefahr in zwei Zügen. Ein zwingender Mattschluß folgt auch nach 30. ... Tf7: 31. Td8+; bzw. nach 30. ... Tf6 (oder 30. ... De2) 31. Dh8+!! Th8: 32. Sh6 matt! Der einzige Schutz besteht in 30. ... g5, aber auch dann sind die weißen Drohungen nach 31. Dg5: nicht mehr abzuwehren.

In diesem Moment lenkte ich meine Aufmerksamkeit auf Ulf Andersson, den schwedischen Spitzenspieler (unsere Partie war bereits mit einem Remis beendet), der entgegen seiner üblichen Zurückhaltung vollkommen erregt seinen Kollegen aus der schwedischen Mannschaft etwas zu erklären versuchte. Man konnte ihn verstehen – der Sieg von Schneider über Tal wäre eine Sensation; der Schwede selbst würde zum Helden der Olympiade und seine Mannschaft könnte dank dieses Sieges die Oberhand über die sowjetische Auswahl erringen! Dutzende Augenpaare beobachteten gespannt die Partie, aber der Spieler ließ sich nicht von dem Drumherum ablenken und überlegte seinen nächsten Zug. Plötzlich fiel sein Blick auf das aufsteigende Blättchen an seiner Kontrolluhr und dann spielte er zu überhastet:

30. g3??,

womit er die Chance vergab, sich in der Geschichte der Schacholympiaden einen bleibenden Namen zu machen. Und gerade die Tatsache, daß der Zauberer auf dem Gebiet der Schachkombinationen selbst das Opfer einer Mattkombination werden könnte, würde das Prestige dieser Partie noch deutlich erhöht haben.

30. ... h5!

Das war eine Art Mahnung für Weiß hinsichtlich der versäumten Möglichkeit. Wahrscheinlich hatte Schneider mittlerweils seinen Fehler eingesehen. Verstimmt über das eigene Mißgeschick verliert er die Partie schnell, ohne nennenswerten Widerstand zu leisten. Der Vorteil freilich war bereits hier an Schwarz übergegangen.

31. Sg5 Db2: 32. Se6 Tf1:+ 33. Df1: Lf6 34. Td8+ Kf7 35. Sg5+ Ke7 36. Se4: Kd8:

Weiß gab auf.

„Die Starken haben Glück, und die sehr Starken haben sehr viel Glück" – so kommentierte der Presseattache Roschal diese Siege. Aber sie sind doch die Ausnahmen geblieben. In der Regel sind die Siege der sowjetischen Großmeister ein Resultat schöpferischer Kreativität und Spielstärke.

Und jetzt einige Beispiele aus meinen eigenen Partien:

Kasparow (UdSSR) – **Nunn** (England)
Benoni-Verteidigung

1. d4 Sf6 2. c4 e6 3. Sc3!

Dieser Zug verdient ein Ausrufezeichen für das psychologische Gespür. Der Hintergrund ist: Nunn ist bekannt als ein Anhänger der Modernen Benoni Verteidigung, worüber er eine ausführliche Monographie geschrieben hat. Deshalb, da ich überzeugt war, daß Nunn im nächsten Zug c7–c5 spielen würde, machte ich diesen Zug, der mir in diesem Falle eine breitere Auswahl an Fortsetzungen offen ließ.

3. ... c5 4. d5 ed5: 5. cd5: d6 6. e4 g6 7. f4 Lg7 8. Lb5+

Der dritte Zug von Weiß erklärt sich gerade durch den Wunsch, dieses Angriffsschema zur Anwendung zu bringen.

8. ... Sfd7 9. a4!

Das ist meiner Meinung nach stärker, als der verbreitetere Zug 9. Ld3, weil hier der weiße Läufer die Möglichkeit behält, sich auf ein beliebiges Feld der Diagonale a6–f1 zurückzuziehen, und der Zug a2–a4 sowieso zum weißen Plan gehört.

9. ... Sa6

Bedeutend natürlicher wäre 9. ... 0-0, aber mein Gegner, der die Idee dieser Eröffnung gründlich erforscht hat, entschied sich dafür, die Rochade aufzusparen.

10. Sf3 Sb4 11. 0-0 a6?

Es war noch nicht zu spät zur Rochade, aber dann hat Schwarz nach 11. ... 0-0 12. Te1! a6 13. Lf1 Schwierigkeiten bei der Organisation eines Gegenspiels. Die Idee von Nunn sieht äußerlich schön aus: wie im Falle von 12. Lc4 0-0 13. Kh1 Sb6! 14. Le2 Lg4, so auch nach 12. Le2 0-0 13. Le3 Sf6, und es gelingt Schwarz sämtliche Schwierigkeiten zu überwinden. Der nächste Zug deckt aber bereits die Schwächen der schwarzen Stellung deutlich auf.

12. Ld7:+ Ld7: 13. f5!

Die schwarzen Figuren sind außer Spiel (insbesondere gilt dies für den Springer b4, der eine unerschütterliche, aber nutzlose Position innehat). Demgegenüber sind alle weißen Figuren ohne irgendeine Beeinträchtigung am Spielgeschehen beteiligt. Gehen wir von den allgemeinen Einschätzungen nunmehr zu den konkreten Varianten über: 13. ... gf5: 14. Lg5 f6 15. Lf4 Dc7 16. Sd2! 0-0-0 (16. ... Sd3 17. Ld6:! Dd6: 18. Sc4) 17. Sc4, oder 14. ... Lf6 15. Lf4 0-0! (15. ... De7 16. e5!) 16. e5! (16. Ld6:? La4:) 16. ... de5: 17. Se5:, und Schwarz wird mit großen Schwierigkeiten zu kämpfen haben. In einem Fiasko endet auch der Versuch, den Springer b4 einzusetzen: 13. ... c4 14. Lg5 (Nunn hielt auch das einfache 14. Le3 für ziemlich unangenehm) 14. ... Db6+ 15. Kh1 Sd3 16. f6 Lf8 17. a5! Sf2+ 18. Tf2: Df2: 19. Sa4!, und die zahlenmäßige weiße Überlegenheit im entscheidenden Kampfgebiet sollte den Spielausgang zugunsten des Anziehenden entscheiden.

13. ... 0-0

Um das Schlimmste zu vermeiden, beschließt Schwarz, den König aus dem Zentrum zu entfernen, aber der weiße Druck nimmt nicht ab.

14. Lg5 f6

Nach 14. ... Lf6 15. Dd2 kann Schwarz dem einfachen weißen Sturmangriff am Königsflügel nichts entgegensetzen. Es gab wohl noch einen Versuch auf taktischem Wege den Partieverlauf zu ändern – 14. ... Ld4+!? 15. Kh1 (aber nicht 15. Dd4: cd4: 16. Ld8: dc3: 17. bc3: Sd5:) 15. ... f6, aber auch dann sichert das einfache 16. Lh6 Te8 17. Tc1! für Weiß eine deutliche Positionsüberlegenheit.

15. Lf4 gf5:?

Dieser Versuch, den Kampf doch irgendwie zu komplizieren, führt zur Katastrophe. Zweifellos ist es nicht leicht, die Position nach 15. ... De7 zu verteidigen, aber man müßte doch gerade diesen Zug versuchen. In diesem Fall könnte Weiß zwischen dem ruhigen 16. Te1, das alle Positionsvorteile bewahrt, und dem anspruchsvolleren 16. fg6: hg6: 17. Sh4 Kh7 18. Lg3 wählen. Jedenfalls hat Schwarz danach einige Schwierigkeiten bei der Verteidigung sämtlicher Schwachpunkte in seiner Stellung.

16. Ld6: La4:

Schwarz verbindet mit diesem Gegenangriff gewisse Hoffnungen, aber die Positionsnachteile seiner Figurenanordnung können in keinem Fall mehr kompensiert werden. Auch 16. ... Te8 17. Lc5: fe4: 18. Sd4 Sd3 19. Se4:! könnte nichts ändern; der Partiegewinn des Weißen steht außer Zweifel.

17. Ta4: Dd6:

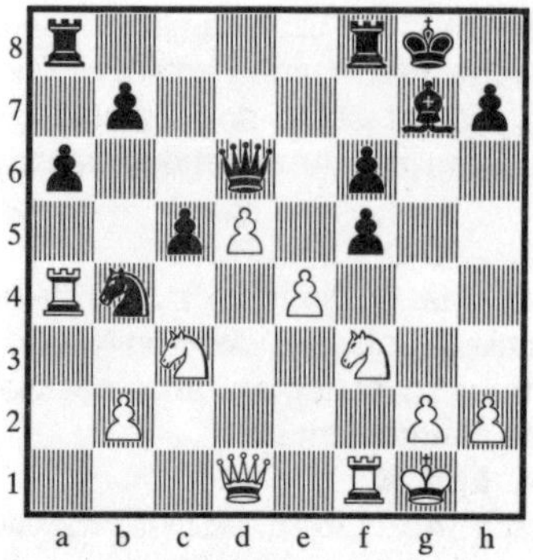

18. Sh4!

Der Springer strebt triumphierend dem Felde f5 zu, wo sein Kurswert noch um ein Vielfaches steigt.

18. ... fe4: 19. Sf5 Dd7

Oder 19. ... De5 20. Dg4 Tf7 21. Sh6+.

20. Se4: Kh8

Das soll gegen die Drohung Dg4 schützen, welche nach 20. ... Tae8 die Partie entscheidet, zum Beispiel: 21. Dg4 Kh8 (21. ... Te4: 22. Sh6+!) 22. Sc5:. Aber jetzt lauert das Unheil auf der anderen Seite des Brettes.

21. Sc5:

Schwarz gab auf.

Die Variante 21. ... Dd5: 22. Dd5: Sd5: 23. Se6 bedarf keines weiteren Kommentars mehr.

Alburt (USA) – **Kasparow** (UdSSR)
Königsindische Verteidigung

1. c4 g6 2. d4 Lg7 3. Sc3 Sf6 4. e4 d6 5. Le2 0-0 6. Lg5 Sbd7

In einer früheren Begegnung gegen den gleichen Partner war es mir gelungen, den Eröffnungskampf (und damit auch die Partie) mit der Problemvariante 6. ... c5 7. d5 h6 8. Lf4 e6 zu gewinnen. Es hat sich aber herausgestellt, daß Weiß sein Spiel wesentlich verstärken konnte, weshalb ich diesmal die Geschehnisse in eine andere Richtung lenken wollte. Aber auch hier lauerte auf mich eine Neuerung!

7. Dc1!?

Dieser scheinbar gekünstelte Zug hat seine logische Rechtfertigung. Dies läßt sich folgendermaßen erklären: Nach dem „normalen“ 7. Dd2 e5 8. d5 Sc5 ist Weiß gezwungen, die Schwierigkeiten, die mit der Verteidigung des Bauern e4 verbunden sind, durch den wenig ästhetischen Zug 9. f3 oder 9. Lf3 zu lösen. Aber jetzt kann man alle Probleme mit dem einfachen 9. b4 lösen. Wenn Schwarz aber zur Sicherung des sicheren Springerstandplatzes auf c5 ein Tempo für einen Vorbereitungszug verliert – 7. ... e5 8. d5 a5, so liegt auch dann der Vorteil der Damenstellung auf c1 auf der Hand: nach 9. Sf3 Sc5 wird der weiße Läufer das freie Feld d2 besetzen. Mehr als eine halbe Stunde überlegte ich mir die Vor- und Nachteile des Zuges 7. Dc1 und endlich entschloß ich mich zu einer Eröffnungsbehandlung im Stile des Wolga-Benkö-Gambits.

7. ... c5

Es wäre gut, wenn man das Spiel am Damenflügel durch 7. ... a6 vorbereiten könnte, aber dann gelingt es Weiß, den für ihn sehr günstigen Abtausch der schwarzfeldrigen Läufer zu verwirklichen: 8. Sf3 c5 9. Lh6.

8. d5 b5!?

Ein ähnliches Bauernopfer brachte ich in der letzten Runde der 49. UdSSR Landesmeisterschaft, als mich die Turniersituation dazu zwang, unbedingt auf Gewinn zu spielen. Im Prinzip ist die Korrektheit solcher Opfer immer zweifelhaft, aber das Einschalten des Zugpaares Dc1 und Sbd7 gereicht zweifelsfrei dem Nachziehenden zum Vorteil.

9. cb5: a6 10. a4

Heute gilt diese Spielart als die Stärkste gegen alle Varianten des Wolga-Benkö-Gambits. Indem Weiß den Punkt b5 verstärkt, begrenzt er die schwarzen

Möglichkeiten am Damenflügel wesentlich.

10. ... Da5 11. Ld2 ab5:

Nach 11. ... Db4?! 12. f3 riskiert die schwarze Dame zuviel. Sie könnte sich in der feindlichen Stellung verlaufen und verloren gehen.

12. Sb5:!

Das ist bedeutend stärker als 12. Lb5: La6!, und die schwarze Initiative könnte reale Formen annehmen. Ein Eventualabspiel könnte dann etwa lauten: 13. Sge2! Db4! 14. f3 Se5 15. 0-0 Sc4, und Weiß hat Schwierigkeiten mit der Abwehr des sich anbahnenden Druckspiels.

12. ... Db6 13. Dc2?!

Und dieser Zug verdient – trotz seiner Offensichtlichkeit – getadelt zu werden. Wie die weiteren Ereignisse zeigen werden, war es falsch, den Turm a1 ohne Schutz zu belassen. Folglich sollte man sich mit dem bescheidenen 13. Db1 begnügen, oder sogar mit 13. f3 fortsetzen. Aber Weiß hofft auf die Möglichkeit, seine Figuren harmonisch zu ordnen, ohne irgendwelche Konzessionen in Kauf nehmen zu müssen.

13. ... La6 14. Sf3?

Wenn Weiß die Konsequenzen der von Schwarz vorbereiteten Kombination richtig eingeschätzt hätte, dann würde er sich mit der Entwicklung des Königsflügels Zeit lassen und stattdessen den prophylaktischen Turmzug 14. Ta3 einschalten. In diesem Falle könnte Schwarz dann entweder seinen Entwicklungsvorsprung durch 14. ... c4!? in die Waagschale werfen, oder die Unterminierung e7–e6 sofort oder nach Vorbereitung (14. ... Tfe8) in die Wege leiten.

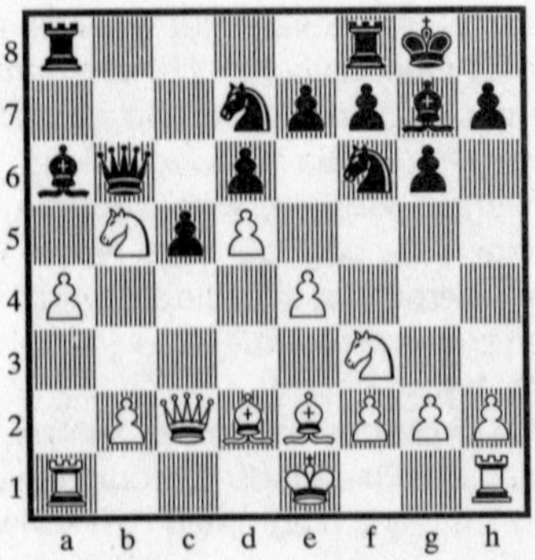

14. ... Lb5:!

Somit vermeidet man wohlerwogenerweise die Versuchung, das gleiche Motiv auf eine andere Art zu verwirklichen. Obwohl die Variante 14. ... Se4:? 15. De4: Lb5: 16. Lb5: Db5: 17. ab5: Ta1:+ 18. Ke2 Th1: zu für Schwarz günstigen Materialverhältnissen führt, gewährleistet nach 19. De7: der starke weiße b5-Freibauer deutliche Vorteilschancen für den Anziehenden. Es schien mir wohl zuerst, daß Schwarz danach das Remis forcieren kann mittels 19. ... Sf6 20. b6! Tb1 (20. ... Te8 21. De8:+ Se8: 22. b7) 21. b4! Sd5: 22. Df8:+? Lf8: 23. b7 Sf4+ 24. Ke3 Sd5+, und Weiß darf dann nicht 25. Ke4 spielen wegen 25. ... Sb4:! 26. b8D d5+ mit sofortigem Gewinn der soeben auf b8 aufgetauchten Dame. Aber das einfache 22. De4! zerstört alle derartigen Illusionen.

15. Lb5: Db5: 16. ab5: Ta1:+ 17. Lc1 Se4:!

Nach dem Verlust dieses Bauern ist auch bereits das Schicksal des Bauern d5 vorausbestimmt. Die Überbewertung der Bedeutung des Bauern b5 könnte zur Einbuße der Initiative führen: 17. ... Tb8 18. 0-0 Tb5: 19. Ld2!, und Weiß konsoldiert seine Position und behält dabei sein materielles Übergewicht.

18. 0-0 Sef6

Formal-rechnerisch hat Weiß ein materielles Übergewicht; aber die Schwäche der Bauern b2, b5 und d5, sowie auch die große Beweglichkeit der schwarzen Figuren, insbesondere der Springer, die über günstige Felder verfügen, berechtigt uns, die schwarze Position zu bevorzugen.

19. b4!

Das ist die beste Chance für Weiß; auf Kosten des Bauern d5 (der ohnehin verloren ist), zerschlägt Weiß den schwarzen Zentrumsblock und wertet die Bedeutung des Bauern b5 für den bevorstehenden Kampf auf.

19. ... Sd5: 20. Ld2

Vielleicht hätte es sich ausgezahlt, auf den Abtausch auf c5 sofort einzugehen.

20. ... Tfa8

Und auch hier mußte ich der Versuchung widerstehen, die von folgender schönen Variante ausging: 20. ... Tf1:+ 21. Kf1: cb4: 22. Dc6 b3!! 23. Dd5: b2 24. Da2 Sb6! 25. La5 (sonst entscheidet Ta8) 25. ... Ta8 26. Sd2 Lc3 mit schwarzem Gewinn. Oh weh, aber alle (vermeintliche) Schönheit der Variante verschwindet nach der einfachen Entgegnung 22. Db3!.

21. bc5:?!

Man sollte den Zug 21. g3 wählen, um dem König einen sicheren Unterschlupf vorzubereiten. Schwarz kann dann wohl nach 21. ... T1a2! 22. De4 e6 seine Initiative behalten, aber es war nicht einfach, daraus einen Nutzen ziehen.

21. ... Tf1:+ 22. Kf1: Ta1+! 23. Ke2

Der Zug 23. Le1 zerstört die Koordination der weißen Figuren, aber auch die Lage des Königs im Zentrum gewährt Schwarz zusätzliche Möglichkeiten.

23. ... Sc5: 24. Dc4 e6

Der Unterschied in der Aktivität der weißen und der schwarzen Figuren ist offenkundig. Weiß kann nicht passiv warten: nach den Vorbereitungszügen ...Lf6 und ...Kg7 wird das Schicksal des Bauern b5, und damit auch der Partie, entschieden. Darüber hinaus droht Schwarz mit dem Zug 25. ... Ta4 die Handlungen der weißen Dame noch mehr zu begrenzen. Es gelingt nicht, sie mit „therapeutischen" Maßnahmen zu aktivieren (25. Dh4 Lf6 26. Lg5 Ta4!), und Weiß entscheidet sich deshalb zu außerordentlichen Maßnahmen.

25. b6!?

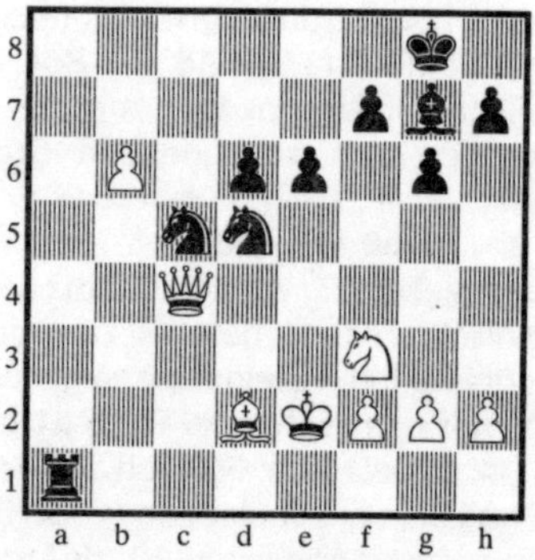

Ein Zug, der viele Vorteile aufweist (er aktiviert die Dame und beeinträchtigt die Koordinierung der schwarzen Figuren), der aber auch einen äußerst gewichtigen Nachteil hat: das materielle Übergewicht wechselt auf die Seite des Nachziehenden über. Die Pläne beider Spieler werden vollkommen klar. Schwarz wird versuchen, seinen Zentralbauern in Bewegung zu bringen, und Weiß wird den Versuch machen, gleichzeitig diese Bauern zu bekämpfen und zur selben Zeit den schwarzen König zu bedrohen.

Wahrscheinlich war es doch unzweckmäßig, sich von dem Bauern zu trennen. Man könnte folgende Fortsetzung versuchen: 25. g3 Lf6 26. Se1! Ta4 27. Dc2 Ta3 28. Sg2 mit nachfolgendem Se3 oder Sf4.

25. ... Sb6:

Es war verlockend, die harmonische Springerstellung beizubehalten und den

Turm mit der Liquidierung des b-Bauern zu beauftragen. Aber gerade der Zug 25. ... Tb1? erlaubt Weiß sein Ziel zu erreichen – die maximale Aktivierung seiner Figuren. Nach 26. Da2! Tb6: 27. Da8+ Lf8 28. Lh6 Sd7 29. Lf8: (29. Dd8? Tb8! 30. Dd7: Lh6:, und der Bauer d6 ist unantastbar: 31. Dd6:? Tb2+ 32. Kf1 Tb1+ 33. Ke2 Sc3+ mit Damengewinn) 29. ... Sf8: 30. Sg5!, und Schwarz könnte sich kaum ohne Materialverlust aus der Umklammerung befreien. Zum Beispiel: 30. ... h6 31. Sh7! Kh7: 32. Df8:, oder 30. ... Sf6 31. Dd8 Tb2+ 32. Ke1 S6d7 33. De7. Man erreicht sein Ziel auch mit dem Versuch eines Gegenangriffes nicht: 30. ... Tb2+ (30. ... Sf4+ 31. Ke3!) 31. Ke1 (31. Kf3? Sf6 32. Dd8 Tb5! 33. h4 h6!) 31. ... Sf4 32. Sh7: Sd3+ 33. Kd1 Sf2:+ 34. Kc1 Sd3+ 35. Kd1 Kh7: 36. Df8:, und, allem Anschein nach, wird es Schwarz nicht gelingen, sein minimales Übergewicht zur Geltung zu bringen.

26. Db5 Sbd7 27. Le3 Lf8! 28. Sd4?!

Mit den Figuren allein ist die schwarze Position nicht zu bedrohen – 28. h4!?

28. ... Ta2+ 29. Kf1 Ta1+ 30. Ke2 e5!

Die Frage, welcher Bauer zuerst gezogen werden soll, wird – wie es auf den ersten Blick scheint – auf eine sonderbare Weise entschieden. Die „eigenwillige" Lösung hat aber eine logische Erklärung: Später wird es einfacher sein, d6–d5 zu verwirklichen, weil diesen Punkt nur zwei weiße Figuren kontrollieren können.

31. Sc6 Ta2+ 32. Kf1 Ta1+ 33. Ke2 Ta2+ 34. Kf1 Ta6

Nicht schlecht war auch 34. ... Se6, aber Schwarz verwirklicht konsequent seine Idee.

35. Lc5:

Wenn man 35. Sd8? d5! 36. Lc5: Sc5: 37. De8 Tf6 spielt, dann ist der Bauer e5 unantastbar: 38. De5:? Tf2:+! 39. Kg1 Se4! 40. Dd5: Tf5 mit Gewinn.

35. ... Sc5:?

Das ist ein Fehler, und er ist um so unverzeihlicher, weil Schwarz im 22. Zug in einer analogen Situation den richtigen Weg wählte. Der Einschub des Zwischenzuges 35. ... Ta1+! würde die weiße Verteidigung wegen der ungünstigen Lage des weißen Königs erheblich erschweren.

36. g3!

Jetzt bekommt der weiße König seinen Unterschlupf. Im Laufe der nächsten Züge (bis zur Unterbrechung der Partie) verändert sich die Position kaum mehr, und Weiß ist zum Abwarten gezwungen, während Schwarz in Zeitnot befindlich ist.

36. ... Ta1+ 37. Kg2 Se6 38. Db8 Td1 39. Db2 Td5 40. Db8 Tc5

Zu bevorzugen war 40. ... Td2 oder 40. ... Kg7, aber Schwarz konnte der Versuchung nicht widerstehen, eine Falle zu stellen, die freilich recht offensichtlich war.

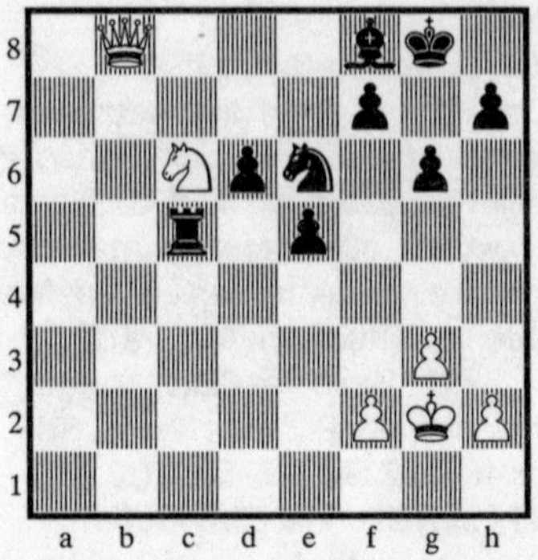

41. Se7+

Das war der Abgabezug. 41. Sb4 würde es dem Nachziehenden erlauben, die weißen Möglichkeiten zu begrenzen – 41. ... Sc7!, zum Beispiel: 42. Sd3 Tc3 43. Sb4 Tb3!, und der Abtausch der Springer ist nicht zu vermeiden. Der Abtausch der leichten Figuren ist übrigens für Schwarz sehr angenehm, weil Weiß danach zum passiven Warten bis zum Schluß der Partie verurteilt ist. Dieser Abtausch ist aber nicht leicht herbeizuführen. Diese Position gehört zu der Gattung von Stellungen, die „praktisch am Brett" ausgekämpft sein wollen, und bei denen den Spielern die häusliche Analyse bei der Realisierung ihrer Partiechancen nur wenig zu helfen vermag. Der Erfindungsgeist während der Partiefortsetzung am Brett ist gefragt – nichts anderes!

Es gelang uns dennoch während der gemeinsamen Analyse mit Jusupow und Makaritschew einige Perspektiven und Marschrouten abzustecken, die für das Weiterspielen hilfreich sein sollten.

41. ... Kg7 42. Sc8

Das ist der einzige Zug. Der Bauer d6 ist unantastbar (nach 42. Dd6:? h5! gibt es keinen Schutz gegen 43. ... Kh7! und 44. ... Tc7 mit Gewinn des Springers), und Weiß, wie wir bereits zuvor angedeutet hatten, sollte den Abtausch der Leichtfiguren möglichst aus dem Wege gehen.

42. ... Td5 43. Da8!

Der Kampf dreht sich jetzt um den Vorstoß d6–d5. Auf den ersten Blick scheint es, daß auch 43. Db7 nichts ändern würde, aber dann könnte Schwarz mit Hilfe einer taktischen List das Vorgeplante verwirklichen: 43. ... Td2 44. Sb6 d5!, und Weiß verliert wegen der Schwäche des Punktes f2. (45. Sd5: Lc5 oder 45. Sd7 Sc5 46. Db4 Tf2:+!).

43. ... Td2 44. Sb6 Sc5

Das übereilte 44. ... d5? gäbe Weiß die Möglichkeit, das Remis zu forcieren: 45. Da5! Tb2 46. Sd5: Lc5 46. Se3!.

45. Sc4 Td4 46. Se3 Le7 47. h4?!

Weiß überschätzt die Gefährlichkeit des Zuges 47. ... Lg5 und läßt die Festlegung der Bauern am Königsflügel zu. Dadurch sichert er in der längerfristigen Perspektive dem Schwarzen das Vorpostenfeld g4 für den Springer.

47. ... h5 48. Sd5 Ld8!

Wieder helfen taktische Feinheiten bei der Erreichung übergeordneter strategischer Ziele. Schwarz ist jetzt darauf vorbereitet, einen Plan zu verwirklichen, der schon bei der Analyse skizzenhaft entworfen wurde: Die Überführung des Springer nach f6 (zum Beispiel 49. Dc6 Se4 50. Da8 Sf6!).

49. Kf3?!

Das Vorhaben von Weiß besteht in der Abwehr des Manövers Sc5–e4–f6, aber trotz der Begrenztheit des verbliebenen Materials auf dem Brett muß der König im Zentrum äußerst vorsichtig agieren. Besser war jedenfalls 49. Se3.

49. ... Se6!

Dadurch wird eine neue positionelle Drohung (Se6–c7!) geschaffen. Die Verwirklichung des vorherigen Planes würde folgendermaßen beantwortet werden können: 49. ... Se4 50. Dd8: Sd2+ 51. Ke2 Td5: 52. g4! (wegen dieses Durchbruches ging Weiß auf den ungünstigen Abtausch ein) hg4: 53. h5! Sf3 54. hg6:, und die aufgerissene Stellung des schwarzen Königs gewährt Weiß gute Remisaussichten.

50. Dc6

Nach 50. Kg2 nimmt Schwarz den h4-Bauern (50. ... Lh4: 51. gh4: Td5:).

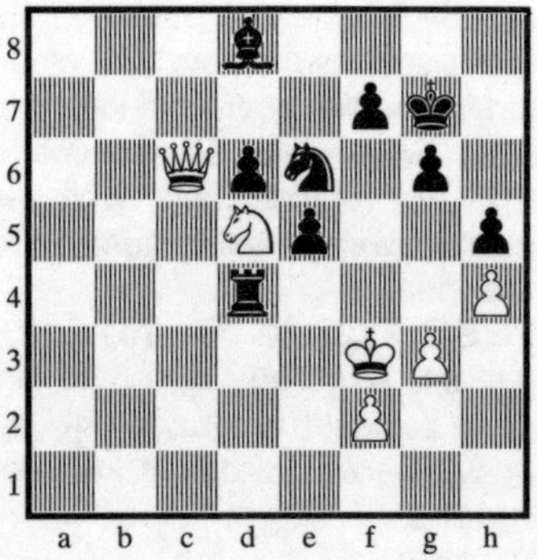

50. ... Td2

Das ist gerade ein solcher Fall, wo Schwarz seinen Turm zum Opfer anbieten könnte. Die Selbstopferungsversuche würden jedoch von Weiß ignoriert:

50. ... Th4: 51. Dd6: oder 50. ... Tf4+ 51. Ke3. Das zu gewagte 50. ... e4+ könnte die Position nur verschlechtern: nach 51. Kg2 Lh4: 52. Dd6: Lf6 53. Dc6 Le5 54. Se3 würde Schwarz durch die Schwäche des e4-Bauern gebunden. Eine ähnliche Position wäre in der Partie möglich, wenn Weiß folgendermaßen fortgesetzt hätte: 51. Kg2, aber in diesem Falle würde nach 51. ... Lh4: 52. Dd6: Lf6 53. Dc6 Ld8 die Drohung h5–h4 in Verbindung mit der Schwäche des Punktes f2 die schwarzen Erfolgschancen sehr realistisch werden lassen.

Als problematisch wäre anzusehen: 51. Dd6: Lc7! 52. Dd7 Lb6! 53. Sb6: Td7: 54. Sd7: f6 55. Ke4 Kf7. Es ist schwer zu sagen, ob das resultierende Endspiel zu gewinnen ist, aber es ist auch keinesfalls einfach für den Gegner ein Remis nachzuweisen. Darüberhinaus ist es unklar, ob Schwarz die Verteidigung nach 51. Db7 oder 51. Dc4 durchbrechen könnte.

Die Partie beantwortet diese Fragen nicht. Weiß beschloß alle Komplikationen zu vermeiden und den Bauern d6 zu nehmen, wobei er im voraus die gegnerischen Drohungen ausschalten wollte.

51. Ke3? Te2+!

Die Ernüchterung für Weiß kam blitzschnell – es ist bitter für Weiß: der Weg zurück ist abgeschnitten!

52. Kd3 e4+ 53. Kc4 Tc2+ 54. Sc3 Lf6 55. De4: Tc3:+ 56. Kd5 Tc5+ 57. Kd6: Le5+.

Nach 58. Kd7 Tc7+ 59. Ke8 Ld6 ist das Matt unvermeidlich. Weiß gab sich geschlagen.

Kasparow – Suba (Rumänien)

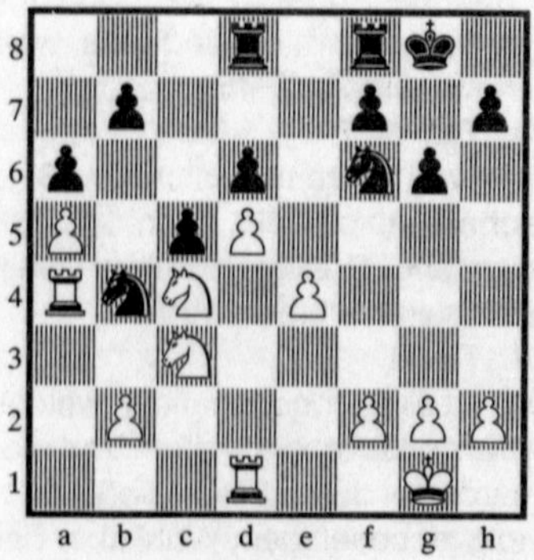

In dieser Partie sollte ich noch einmal die für mich recht seltene Rolle des Anziehenden in der Modernen Benoni Verteidigung spielen, welche (als Schwarzer) in den letzten Jahren zu meinem Eröffnungsrepertoire zählte. Schwarz sieht sich oft gezwungen, bedeutende strategische Schwierigkeiten zu überwinden, aber die Eröffnung an sich ist durchaus lebensfähig und beweist ihre Existenzberechtigung immer wieder. In dieser Hinsicht sind meine Partien gegen Portisch bei den internationalen Turnieren in Moskau und Tilburg 1981 beweiskräftig und anschaulich.

Die Position in der Diagrammstellung ist günstig für Weiß: Es ist dem Anziehenden gut gelungen, das thematische schwarze Gegenspiel am Damenflügel zu unterbinden und mit dem Springer die dominierende Position c4 fest in die Hand zu bekommen. Der Springer auf b4 hat auch ein gutes Feld, aber das allein kann die strategischen Nachteile der schwarzen Stellung nicht kompensieren.

22. Td2!

Dadurch wird dem schwarzen Springer auf b4 jegliche Bewegungsfreiheit entzogen.

22. ... Se8!

Das ist ein gutes positionelles Manöver. Schwarz bereitet die Überführung des Springers über c7 nach b5 vor und plant die Unterminierung des weißen Zentrums mittels f7–f5.

23. Ta1 Sc7

Vielleicht sollte man sich für 23. ... f5 entscheiden, obwohl nach 24. f3 die momentane Positionsstruktur weitgehend erhalten bleiben wird.

24. Te1?!

Das ist eine Ungenauigkeit, welche es Schwarz erlaubt, die weißen Vorteile am Damenflügel durch 24. .... Sb5! fast vollständig zu beseitigen. Wohl aber behält Weiß auch in diesem Fall nach 25. Sb5: ab5: 26. Sa3 Ta8 27. Sb5: Tfd8 28. Ta1 b6 29. b3 ein gewisses Übergewicht. Stärker war jedenfalls 24. b3 oder 24. f3.

24. ... Kg7?! 25. b3 Tfe8 26. g4!

Weil die schwarzen Figuren am Damenflügel festgefahren sind, beginnt Weiß die Kampfhandlungen am Königsflügel zu verschärfen.

26. ... Td7

Nach 26. ... g5? 27. f3 könnte die Überführung des Springers von c3 nach f5 den Partieausgang zu Gunsten von Weiß entscheiden.

27. f3 Sb5 28. Se2!

Das stellt die weiße Überlegenheit klar. Die schwarzen Springer, die schöne Standplätze innehaben, sind von dem Flügel entfernt, wo sich die entscheidenden Kampfhandlungen entwickeln werden.

28. ... f5?!

Die passive Verteidigung etwa nach 28. ... Kh8 29. Se3 (oder 29. g5) gefällt dem rumänischen Großmeister nicht; aber bereits jetzt wirkt sich die zahlenmäßige weiße Überlegenheit am Königsflügel aus, wo dem Anziehenden mit geringen Kräften ein Angriff gegen den schwarzen König gelingt. Auch 28. ... Sd4 war nicht anzuraten, weil nach 29. Sd4: cd4: 30. Ta1! der Springer auf b4 verloren gehen wird.

29. gf5: gf5: 30. Sg3 fe4:

Auf 30. ... Sd4 entscheidet das Qualitätsopfer 31. Td4: cd4: 32. Sd6:!.

31. fe4: Kh8 32. Tf1 Sd4 33. Tg2!

Weiß setzt in aller Ruhe den Aufmarsch seiner Streitkräfte fort. Die Drohungen Sh5 und Tf6 sind nicht abzuwehren.

33. ... Sb3: 34. Sf5 Tf8

Der Bauer d6 ist sowieso nicht zu verteidigen.

35. Sfd6: Tf1:+ 36. Kf1: Sa5:

Schwarz ist es gelungen, den Bauern zu liquidieren, der seinen Damenflügel eingeengt hat, aber es ist bereits zu spät!

37. Se5! Tg7 38. Sef7+ Kg8 39. Sh6+ Kf8 40. Tf2+ Ke7 41. Shf5+ Kd7 42. Sb7:!

Das verlockende 42. e5 gewährte Schwarz die Möglichkeit, mittels eines Turmopfers den Kampf zu verschärfen – 42. ... Tg6 43. e6+ Te6: 44. de6:+ Ke6:.

42. ... Sd3

Der Nachziehende versucht, Weiß durch eine Reihe von Figurenopferangeboten vom geraden Wege abzubringen.

43. Sa5:!

Das ist nicht die einzige, im Gewinnsinne zielführende Lösung, aber wohl die brillanteste – die Springer kontrollieren das gesamte Schachbrett!

43. ... Sf2: 44. Kf2: Tg4 45. Kf3 Tg1 46. e5 Tf1+ 47. Ke4 Te1+ 48. Kf4

Schwarz gab auf.

Da unsere Mannschaft am Ende des Turniers keine Konkurrenz mehr hatte, blieb die Spannung im Kampf um Platz eins aus. Aber der hartnäckige Kampf um den zweiten Platz zwischen den Teams der USA, Jugoslawiens und der Tschechoslowakei konnte dennoch etwas Spannung hervorrufen. Das besonders sichere Spiel in den letzten und entscheidenden Runden der Olympiade ermöglichte es den Schachspielern aus der CSSR einen Erfolg zu wiederholen, der ihnen zuletzt vor 50 Jahren beschieden war. Sie erkämpften die Silbermedaille. Das war wohl die größte Überraschung der gesamten Olympiade. Bei den vorausgegangenen Mannschaftsweltmeisterschaften hatte das tschechische Team stets einen sehr starken Eindruck hinterlassen, aber es gehörte niemals zum engeren Kreis der Favoriten und war nie am Ringen um die Plätze zwei und drei beteiligt. Der dritte Platz fiel den Amerikanern zu, die die Mannschaft aus Jugoslawien noch um einen halben Punkt überholten. Der gute Start schien für die Jugoslawen vielversprechend, aber nach dem Match gegen unser Team kam es zwischen ihnen zu einer gewissen Verstimmtheit. Den Verbleib in der Spitzengruppe verdanken die Jugoslawen vor allem ihren Spitzenspieler Ljubojević, der ein brillantes Resultat am Spitzenbrett erzielte (11 aus 14). Als eine Überraschung war der Mißerfolg der ungarischen Mannschaft anzusehen, die während der gesamten Olympiade eine untergeordnete Rolle spielte. Die Erfolge der beiden vorausgegangenen Olympiaden hatten die Ungarn davon überzeugt, daß ihre Spielstärke sie zum Kampf um den ersten Platz berechtigen würde, und das Luzerner Turnier begann das Ungarnteam mit dem festen Entschluß, um den Sieg zu kämpfen. Aber ab Runde zwei kam es zu unplanmäßigen Punktverlusten, und es wurde offenkundig, daß es unmöglich sein würde, mit der Sowjetunion Schritt zu halten. Zu diesem Zeitpunkt verloren die Ungarn ihren Kampfgeist und sie konnten sich nicht mehr umstellen auf den Kampf um die Ränge zwei und drei. Kurz gesagt, es zeigte sich eine ausgesprochene Überschätzung und Fehleinschätzung der eigenen Kräfte.

Zum Schluß möchte ich noch zwei Fragen ansprechen, die einer Lösung meines Erachtens bedürfen.

Die erste Frage: Die Ermittlung der Sieger an den einzelnen Brettern: Hier bewertete man nur die Gewinnprozente allein und nicht solche Faktoren, wie das durchschnittliche Elo-Mittel aller Gegner. Daher hatten die Spieler in Mannschaften unterer Ränge einen unbestreitbaren Vorteil. Der recht erfahrene Spieler einer insgesamt schwachplazierten Mannschaft erreichte eine deutlich höhere Gewinnquote, weil das schwache Abschneiden seines Teams ihm stets individuell leichtere Gegner bescherte! Im folgenden sehen Sie die paradoxe Zusammenstellung: für die einzelnen Spielbretter:

1. Brett: Franco (Paraquay)	10:2 (84,6%)
2. Brett: Mascarinas (Philippinen)	7,5:1,5 (83,3%)
3. Brett: Matamoras (Ecuador)	7:2 (77,7%)
4. Brett: Agdestein (Norwegen)	9:3 (75,0%)
5. Brett: Roos (Frankreich)	9:2 (81,8%)
6. Brett: Fanci (Papua&Neuguinea)	8:1 (88,8%)

Diese Liste sieht pikant aus, nicht wahr? Während der Schlußfeier konnte sich Michail Tal nicht enthalten, aus diesem Anlaß scherzhaft zu sagen: „Jeder Teilnehmer der sowjetischen Auswahl könnte ohne Bedenken gegen diese »Weltauswahl« zum Simultanspiel antreten!"

Wenn man sich mit dieser Situation aber ernsthaft befaßt, dann sollten die Resultate, die von den Großmeistern vorgelegt werden, bedeutend höher gewichtet werden. Nehmen wir beispielsweise das Resultat von Ljubojević oder das von Tal (6,5:1,5). Es ist klar, daß diese unbefriedigende Bewertungspraxis einer Lösung bedarf. Dabei scheint mir am geeignetsten die Festlegung einer Elo-Untergrenze, die hinsichtlich des individuellen Gegnerniveaus gefordert wird, um das Resultat überhaupt in die Berechnung einzubeziehen.

Die zweite Frage betrifft den Austragungsmodus der Olympiade insgesamt.

Ohne Zweifel handelt es sich hierbei um ein großes Schachfest; andererseits kämpfen doch die besten Mannschaften mit größtem Einsatz kompromißlos um den Sieg. Und wenn sich der Kampf auf den hinteren Plätzen geradezu durch volksfestartige Stimmung auszeichnet, so wird in der oberen Tabellenhälfte erbittert um jeden halben Punkt gerungen, der hier einen so wichtigen und ausschlaggebenden Wert haben kann, daß das Ringen enorme Mühen und Anspannung aller Kräfte erfordert. Natürlich kann ein so buntgemischten Konglomerat von Mannschaften, die in ihrer Spielstärke himmelweit auseinanderliegen durch die Idee gerechtfertigt und legitimiert werden, daß wir das Schachspiel populär machen wollen; aber ich meine, daß da eine deutliche Grenze gezogen werden sollte zwischen den Teams, die an einem Schachfestival teilnehmen und denen, die mit Fug und Recht um die Ehre des Titels eines Mannschaftsweltmeisters kämpfen. Vorläufig aber wächst die Teilnehmerzahl bei den Schacholympiaden immer weiter an.

Wo nur das Schachspiel gewinnt

Wie soll die Schachpartie eingeschätzt werden? Die üblichen Ausdrücke „gewonnen", „verloren", „unentschieden" können den Tiefgang der Geschehnisse nicht charakterisieren. Für die rein sportliche Einschätzung reichen übrigens die drei genannten Begriffe durchaus. Wie aber soll die schöpferische Energie der Partner, die noch mit der enormen Spannung des Kampfes einhergeht, bewertet werden? Man kann sich an viele Partien erinnern, bei denen die Arithmetik der Resultate nichtssagend ist. In diesen Fällen tritt die Schachliteratur in Form von Partiekommentierungen in den Vordergrund. Die Kommentare bestehend aus Wörtern, die mit schönen Metaphern geschmückt sind, erlauben es uns, den Schleier der Ereignisse im Zusammenhang mit den kompliziertesten Schachschlachten auf dem schwarz-weiß karierten Brett zu lüften.

... Es kommt manchmal vor, daß die Figuren gleichsam einen unsichtbaren Impuls von den Spielern bekommen zu haben scheinen, wonach sie ihr eigenes Leben zu führen beginnen. Und wenn der aufopferungsvolle Einsatz beiderseits den kritischen Punkt erreicht hat, dann beginnt die Partie sich nach unbekannten Gesetzen zu entwickeln und ihr Verlauf ist nicht mehr zu bändigen. Der konzentrierte Strom der schachspezifischen Gedanken lockert die üblichen Konturen des Brettes und der Figuren, wird erfaßt vom rasenden Strudel und taucht ein in die Tiefen der Schachspielkunst. und wie auch immer die Partie enden mag, der Sieger steht fest: es ist die reine Idee der Schachspielkunst! Es ist ganz und gar unmöglich die Kasuistik solcher Partien sofort zu verstehen, und sogar in der nachfolgenden Analyse gelingt dies oft nur nach Überwindung größter Schwierigkeiten. Es ist außerordentlich kompliziert über eine solche Partie zu berichten, damit das Bild ihrer grandiosen Brettschlacht nicht dadurch zerstört wird!

Dieser Gedanke, welcher in der Sprache zum Ausdruck gebracht als geschraubt erscheinen mag, findet seine Bestätigung in der nachfolgenden Partie. Sie fand in der 10. Runde im Match UdSSR – Schweiz statt. Die ehrenvolle Pflicht, das zweite Mal nacheinander das erste Brett unserer Mannschaft einzunehmen, war für mich eine außerordentlich schwere Prüfung. Ich hatte mit den schwarzen Steinen gegen Kortschnoi anzutreten. Es war daher nicht schwer, sich der komplizierten Aufgabe, mit der ich konfrontiert sein würde, voll bewußt zu sein. Übrigens, wie es oft der Fall ist, die Befürchtungen, die ich hatte, gingen einher mit optimistischen Erwartungen.

Mein Gegner zog entschlossen mit dem Damenbauern zwei Felder nach vorne, wobei er mit seiner ganzen Gestik und Statur demonstrativ seine Gewinnambitionen offenbarte. Nur von einem Ziel war er beseelt: er wollte siegen. Ich muß hier aber eine besondere Vorinformation geben: Die erste Partie zwischen uns beiden wurde auf einem Turnier im Palast der Jungen Pioniere zwischen Großmeister Kortschnoi und den jungen Pionieren im Jahre 1975 in Leningrad gespielt. Aber das alles geschah in einer anderen Epoche und in einer anderen persönlichen Situation...

Kortschnoi (Schweiz) – **Kasparow**

1. d4 Sf6 2. c4 g6

Ich wußte, daß Kortschnoi über eine reiche Erfahrung mit den unterschiedlichsten Eröffnungssystemen verfügt und ich entschied mich für die Königsindische Verteidigung, d. h. für eine Eröffnung, die ich besonders gut kenne.

3. g3 Lg7 4. Lg2 c5

Das System mit der Fianchettierung des weißfeldrigen Läufers nach g2, welches in der klassischen Königsindischen Verteidigung für Schwarz äußerst unangenehm sein kann, ist im Modernen Benoni nicht ganz so effektiv. Dadurch läßt sich die Wahl des 4. Zuges von Schwarz erklären.

5. d5

Ruhiger wäre 5. Sf3, aber Kortschnoi ist an dieser Stelle bereit, einen Kampf von prinizipieller Art auszufechten.

5. ... d6 6. Sc3 0-0 7. Sf3 e6 8. 0-0

Vor 15 – 20 Jahren ging Kortschnoi gerne auf die Komplikationen ein, die nach 8. de6: Le6: 9. Sg5 Lc4: 10. Lb7: Sbd7 entstehen; aber damals stellte die Theorie dieser Variante auch noch unerforschtes Brachland dar...

8. ... ed5: 9. cd5:

Das ist die Position, die in der Praxis schon unzählige Male vorgekommen ist. Mittels unzähliger Erprobungen und analytischer Forschungen wurde die optimale Zugfolge ermittelt, wie sie hier von den Partner auch eingehalten wird.

In allerletzter Zeit wurde die Variante noch weiter entwickelt; es stellten sich für beide Seiten Möglichkeiten heraus, wie man von den besonders stark ausanalysierten Hauptvarianten abzweigen kann: Weiß wählt oft die Pläne mit Lf4, und Schwarz verzichtet mitunter auf den Zug Te8.

9. ... a6 10. a4 Te8 11. Sd2 Sbd7 12. h3 Tb8 13. Sc4

Das ist die kritische Stellung dieser Eröffnung. Der Charakter des weiteren Kampfes hängt davon ab, wohin der Springer d7 zieht. Nach 13. ... Sb6 wird das Hauptgewicht des Kampfes auf den Damenflügel verlagert. Zum Beispiel: 14. Sa3 Ld7 15. a5 Sc8 16. Sc4 Lb5, oder 15. e4 Sc8 16. Dd3 Dc7. Bedeutend ehrgeizigere Ziele verfolgt der Zug des Springers ins Zentrum: In diesem Falle ist Schwarz nicht bereit, sich auf Aktionen alleine am Damenflügel zu beschränken; im Gegenteil, er bereitet aktive Kampfhandlungen auf dem gesamten Brett vor, wobei nicht selten auch der weiße König zum unmittelbaren Angriffsobjekt auserkoren wird. Die Wahl der einen oder anderen Fortsetzung ist Geschmackssache, obwohl meines Erachtens der Zug 13. ... Sb6 als positionell besser begründet erscheint. Aber der Geist dieser Partie war geprägt von

Sturm und Drang, deshalb marschierte der Springer mitten ins Zentrum.

13. ... Se5 14. Sa3 Sh5

Das scheint widersinnig zu sein, denn die in der Vorhut befindlichen Springer werden unausbleiblich den Angriffen der weißen Bauern ausgesetzt sein. Aber in der letzten Zeit gibt es aus irgendwelchen Gründen niemand mehr, der bereit wäre, in der Variante 15. f4 Sg3:! 16. fe5: Le5: oder 15. g4 Dh4! 16. gh5: Lh3: das angebotene Figuenopfer anzunehmen. Andererseits aber droht Schwarz mit dem Zug f7–f5 die weiße Bauernüberlegenheit im Zentrum zu egalisieren, wonach er freie Hand für das Spiel auf beiden Flügeln bekommt. Deshalb darf Weiß nicht zögern.

15. e4!

Jetzt wird für Schwarz der thematische Zug f7–f5 unvermeidbar mit Opfern verbunden sein. Vor etwa 7 – 10 Jahren (Anm.: d.h. am Anfang bis Mitte der 70-ger Jahre) standen die Komplikationen, die nach 15. ... f5 16. ef5: Lf5: 17. g4 Lg4: 18. hg4: Dh4 19. gh5: Tf8! 20. h6! Lh8 entstehen, im Mittelpunkt der Aufmerksamkeit. Die Partien nahmen gewöhnlich folgenden Fortgang: 21. Se4 Sg4 22. Dg4: Dg4: 23. Sc4, und sie verliefen mit wechselndem Erfolg. Aber ein Motiv vieler Schachaufgaben, das Motiv der »Ablenkung« – 21. Sc4!!, welches an dieser Stelle erstmals vom jugoslawischen Großmeister Kovačević in die Spielpraxis eingeführt wurde, entschied den langen theoretischen Streit zugunsten von Weiß. Nach 21. ... Sg4: 22. Dg4: Dg4: 23. Sd6: Le5 24. Sde4 erwiesen sich die gut koordinierten Leichtfiguren von Weiß als stärker im Vergleich zur schwarzen Dame. Die Antwort von Schwarz stammte von Timman. Gerade mit seinem Zug 15. ... Tf8 wird die Haupthoffnung von Schwarz auf die Rahabilitierung der gesamten Spielweise verbunden.

15. ... Tf8!?

Dies erscheint tollkühn. Schwarz bereitet in aller Ruhe f7–f5 vor, wobei er den gegnerischen Plänen keine Beachtung schenkt. Aber der Versuch einer sofortigen Widerlegung durch 16. g4 endete in der Stammpartie Scheeren – Timman für Weiß ungünstig. Nach 16. ... Dh4! 17. gf5: Lh3: 18. h6 Lh8 19. Se2? f5! trug Timman seinen Königsangriff sehr kraftvoll und erfolgreich vor.

16. Kh2!

Weiß hat alles für f2–f4 vorbereitet; was soll Schwarz jetzt tun? Es bleibt ihm nur eines: die Flucht nach vorne! Es gibt bereits kein Zurück mehr.

16. ... f5

Das ist konsequent, aber es lohnte sich auch, die gründliche Vorbereitung von b7–b5 mit dem Zug 16. ... Ld7 in Erwägung zu ziehen. Indem man die Vorbereitungen des Gegners wiederum ignoriert, beabsichtigt Schwarz im Falle des natürlichen 17. f4 eine interessante Kombination mit Opferangriff zu spielen – 17. ... b5 18. fe5: Sg3:! (der weiße König ist gezwungen auf das Äußerste einzugehen) 19. Kg3: Le5:+ 20. Kf3 (Die Aufgaben, die Weiß nach 20. Kf2 Dh4+ 21. Kg1 Lh3: 21. De1 Lg3 23. Tf4! Lg4 zu lösen haben wird, sind keineswegs einfach.) 20. ... b4, womit eine geopferte Figur zurückgewonnen wird, und für die zweite Figur kann die stark exponierte Stellung des weißen Königs als hinreichende Kompensation angesehen werden.

17. f4

Wenn wir die Situation logisch einschätzen, dann müssen wir die schwarzen Pläne als abenteuerlich bezeichnen, weil der Rückzug der Springers einem Zusammenbruch der Stellung gleichkommen würde. Aber von diesem Augenblick an, tritt der gesunde rationale Verstand in den Hintergrund, und die grenzenlosen Weiten der schachlichen Phantasie öffnen sich. Die Stärke einer Figur kann schon nicht mehr mit den üblichen Vergleichswerten auf der gängigen Bewertungsskala ermittelt werden, sondern ist nur noch mit der Nützlichkeit in der konkreten einmaligen Augenblickssituation anzusetzen. Dabei kann im Schachspiel, wo die strengen mathematischen Begrenzungslinien nicht immer ihre volle Gültigkeit haben, der Nützlichkeitskoeffizient einer aktiven Figur im Rahmen der Kampfhandlungen durchaus auch über den Grenzwert von 100 Prozent hinaus ansteigen.

17. ... b5!

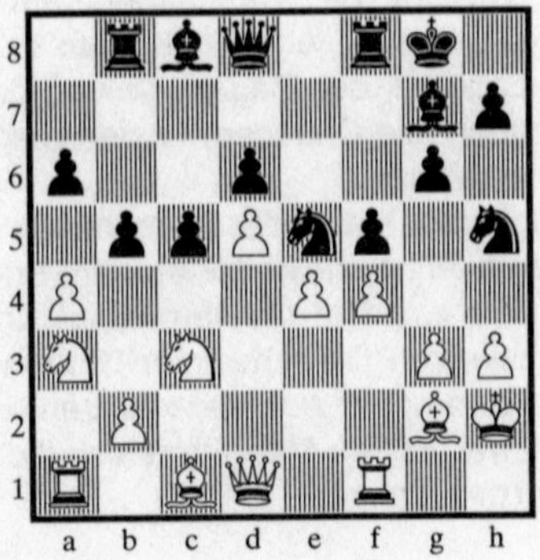

Das Handgemenge entfaltet sich in allen Frontabschnitten. Weiß muß irgendwo zugreifen und einen feindlichen Stein aus dem Felde schlagen, aber wo?

18. ab5:

Weiß läßt sich noch nicht zum Nehmen einer Figur verführen. Er entscheidet sich dafür, die Probleme am Damenflügel zu lösen. Die Annahme eines Opfers führt für Weiß zu keinen irreparablen Konsequenzen; aber die schwarzen Absichten konnte man damit auch nicht widerlegen. Hier beginnt eben ein neues Kapitel dieser spannenden Geschichte. Die natürlichste Antwort auf 18. fe5: ist 18. ... Le5:. Jetzt könnte Schwarz im Falle der Verteidigung des Punktes g3 durch 19. Lf4 das materielle Gleichgewicht wiederherstellen: – 19. ... b4 20. Le5: de5: 21. Sc4 bc3: 22. bc3: f4! – bei weiterhin unsicherer weißer Königsstellung.

Aber 19. Se2 eliminiert sofort beide Drohungen des Nachziehenden. Um die Initiative zu behalten, müßte man sich für das Opfer des zweiten Springers entscheiden – 19. ... Sg3:! 20. Sg3: f4 (nach 20. ... Dh4? 21. Df3 Ld7 22. ef5: Tf5: 23. De3 kommt der Angriff zum Erliegen). In diesem Falle konnte Weiß prinzipiell unterschiedliche Wege einschlagen:

a) den Versuch machen, den Druck abzuwehren, ohne zu Rückopfern zu schreiten;
b) ohne sich an den augenblicklichen materiellen Vorteil zu klammern, die Initiative selbst an sich reißen. Der Kampf könnte sich dann etwa folgendermaßen gestalten:

1.) 21. Kg1 Dh4 22. Tf3! (Es verliert 22. Df3? Ld4+ 23. Kh1 Lh3:!, und der Rückzug des Springers gewährt Schwarz einen kaum abzuwehrenden Angriff, zum Beispiel: 22. Sh1 f3! 23. Tf3: Lg4! 24. Tf8:+ Tf8:, oder 22. Sge2 f3! 23. Tf3: Tf3: 24. Lf3: Lh3:!.) 22. ... Ld4+! 23. Kf1 (Zu einer undurchsichtigen Position führt das Damenopfer 23. Dd4:!? cd4: 24. Sf1.) 23. ... Lh3: 24. Sh1 (wenn 24. Sge2, dann hat der schwarze Angriff nach 24. ... Lg2:+ 25. Kg2: Dg4+ 26. Sg3 h5! alle Chancen zu triumphieren) 24. ... Lg2:+ 25. Kg2: Dg4+ 26. Kh2 (nach 26. Kf1? gelangt Schwarz mit einfachen Zügen zu einem unabweislichen Angriff – 26. ... Tbe8! 27. Sf2 Lf2: 28. Kf2: Dh4+! 29. Kg2 Te5!) 26. ... Dh5+ mit ewigem Schach. Darüber hinaus kann Schwarz versuchen, das Maximum aus der Stellung herauszuholen: 26. ... Lg1+!? 27. Dg1: Df3:.

2.) Vollkommen anders gestaltet sich das Spiel nach 21. Lf4: Lf4: (es ist schade um den Läufer, aber es gelingt nicht „à la Gufeld" zu spielen –

21. ... Tf4:? 22. Tf4: Lf4: 23. Df3 Df4 24. Tf1 g5 25. ab5: ab5: 26. Sc2, und die Mehrfigur sollte ihre Geltung erlangen.) 22. ab5: ab5: 23. Tf4:!? (wenn sich der Läufer auf e5 behaupten kann, dann wird es äußerst schwierig, den gefesselten Springer zu retten) 23. ... Tf4:. Es ist eine Position mit beiderseitigen Chancen entstanden, die kreative Möglichkeiten bietet.

Wie es aus den angeführten Varianten ersichtlich ist, können die Verteidigungsstellungen um den weißen König nur mit Hilfe des Springeropfers auf g3 gesprengt werden. Vielleicht wäre es einfacher, dies sofort auszuführen? Also wollen wir prüfen, 18. fe4: Sg3:!? 19. Kg3: Le5:+ 20. Kf2 Dh4+ 21. Kg1 Dg3. Jetzt ist die Wahlmöglichkeit für Weiß gering – 22. Tf2 oder 22. Tf3. Etwas cleverer scheint 22. Tf2 zu sein, was Schwarz zu 22. ... Ld4? provozieren soll, wonach das unerwartete Damenopfer 23. Dd4:! (nicht 23. Df3? Df3: 24. Lf3: fe4: 25. Se4: Tf3: 26. Kg2 Tf2:+ 27. Sf2: Lb7!, was Schwarz ausgezeichnete Siegeschancen einräumt) 23. ... cd4: 24. Lf4! Dh4 25. Ld6: läßt die Waagschale des Kampfes deutlich zugunsten von Weiß neigen. Schwarz kann sich nur mit der breitangelegten Fortsetzung seiner Operationen helfen: 22. ... b4! 23. Sc4 Dh2+ 24. Kf1 Lg3! mit außerordentlich verwirrtem Spiel. Es sei eine der pikanten Varianten angeführt, welche die reichen Möglichkeiten von Schwarz illustriert: 25. Tf3 bc3: 26. Lh6? f4! 27. Lf8: Lh3: 28. Lh3: Dh3:+ 29. Ke2 Dg2+ 30. Kd3 c2! mit Gewinn. Stärker ist 22. Tf3 Dh2+ 23. Kf2! (das auf den ersten Blick bedeutend sicherere 23. Kf1? ermöglicht Schwarz die Mobilisierung seiner letzten Reserven: 23. ... Ld7!, wonach die weiße Position kaum noch verteidigungsfähig ist) 23. ... Ld4+ 24. Dd4:! cd4: 25. Lf4 fe4: 26. Lh2: ef3: 27. Ld6:! dc3: mit den folgenden Möglichkeiten für Weiß:

1.) 28. Lb8:? cb2: 29. Te1 fg2:+ 30. Kg2: b4 31. Sb1 Lb7, und Schwarz hat nichts zu befürchten.
2.) 28. Lf1!? cb2: 29. Tb1 Lf5 30. Tb2: Le4! 31. Lf8: Tf8: 32. Tb3 Ld5: mit baldigem Remis.
3.) 28. Lf1!? cb2: 29. Tb1 Lb7! 30. Lb8: Tb8: 31. ab5: ab5: 32. d6! Td8 33. Sb5: Lc6 34. Tb2: Lb5: 35. Tb5: Td6:, und es ist nicht klar, ob es Weiß gelingen wird, sein materielles Übergewicht zu realisieren.
4.) 28. Lh1!! – das ist eine wichtige Verstärkung der vorausgehenden Variante, weil jetzt Weiß dazu in der Lage ist, den Bauern d5 und damit auch alle Chancen für den Sieg zu erhalten.

Schwarz hat in der Reserve nur den abenteuerlichen Versuch, den Angriff mit 23. ... Ld7!? (anstatt 23. ... Ld4+) fortzusetzen. Die schwarzen Drohungen sind zwar nicht zu unterschätzen, aber die zwei weißen Mehrfiguren sind doch wohl gewichtiger.

Alle diese Varianten sind hochinteressant, aber es ist an der Zeit, daß wir zum eigentlichen Partiegeschehen zurückkehren!

18. ... ab5: 19. Sab5: fe4:

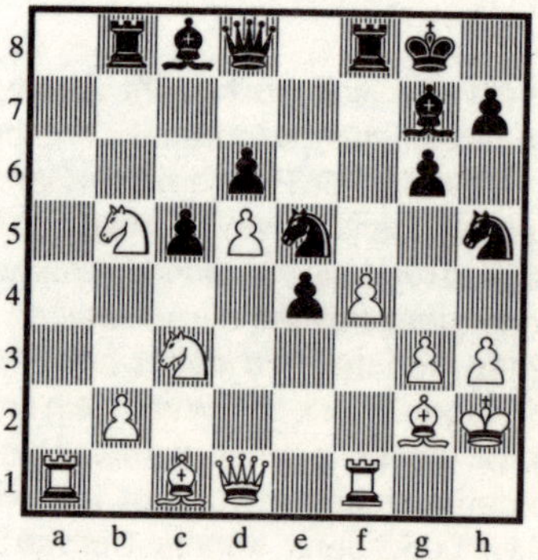

Wieder steht Weiß am Scheideweg. Das Nehmen der Figur 20. fe5: rechtfertigt sich nur im Falle von 20. ... Sg3:?.

Dann kommt der schwarze Angriff nach 21. Tf8:+ Df8: 22. e6! Le5: 23. Kg1 zum Erliegen. Aber das einfache 20. ... Le5: konfrontiert Weiß mit schwierigen Problemen, zum Beispiel: 21. Lf4 Sf4: 22. gf4: Lf4:+ 23. Kg1 Ld7! mit deutlichem Übergewicht. Verlockend scheint 20. Sa7!? zu sein, indem man das Feld c6 anvisiert. Aber Schwarz findet eine unerwartete Ressource, die zur maximalen Spannung auf dem Kampfschauplatz führt: 20. ... e3!?, so wurde in der Partie Alburt – Olafsson (1982) gespielt. Trotz des weißen Sieges in den Komplikationen nach 21. De2 Sg3:! 22. Kg3: g5! 23. f5! ist es kaum möglich die Position genau einzuschätzen.

21. Sc6! (anstatt 21. De2) 21. ... Sc6: 22. dc6: überläßt dem Weißen das klare Übergewicht: starker Bauer c6, ausgezeichneter Springerstützpunkt d5! Auf 20. Sa7 sollte Schwarz wahrscheinlich anders reagieren: 20. ... Sf3+ 21. Lf3: ef3:. In den Komplikationen nach 22. Sc6 Dd7 23. f5 Tb7 24. g4 Sf6 25. Tf3: gf5: ist der weiße Mehrbauer nicht spürbar (26. Tf5:? Sg4:+! 27. hg4: Tf5: 28. gf5: Df5: mit unabwendbarem Angriff; oder 26. gf5: Se8 mit unklarer Position).

Ich will der erstaunten Frage der Leser zuvorkommen – ob das alles bereits vorgekommen war? Ich möchte sofort alle denkbaren „Plagiats"-Beschuldigungen zurückweisen: die erwähnte Partie wurde kurz vor der Olympiade gespielt, deshalb hatten die beiden Spieler von dieser Partie auch keine Ahnung. Als wichtiger Beweis für diese Behauptung kann auch der Zeitverbrauch beider Spieler gelten!

Während der Partie befürchtete ich, daß Weiß versuchen wird, den Gordischen Knoten mit Hilfe eines provisorischen Springeropfers zu durchschlagen: 20. Sd6:!?. Schwarz sollte sich dann mit folgender Variante abfinden: 20. ... Dd6: 21. Se4:! Db6 22. fe5: Tf1: 23. Df1: Le5:, welche ihm ein Gegenspiel aufgrund der schlechten Stellung des weißen Königs sichert. Leider erreicht das Gegenopfer sein Ziel nicht: 20. ... Sg3:? 21. Kg3: Dd6: 22. Se4: Db6 23. Le3! (zu riskant ist 23. fe5:?! Le5:+ 24. Kh4 Lf5!) und jetzt ergreift Weiß die Initiative und behält zudem materielles Übergewicht.

Aber Weiß hat noch einen anderen Weg. Der Zug von Kortschnoi erweist sich trotz seiner äußerlichen Einfachheit als ziemlich stark.

20. Le4:! Ld7!

Schwarz läßt den Springer e5 in der Bedrohung und verstärkt seine Position! Das unvorsichtige Nehmen des Bauern d6 würde es Schwarz gestatten, seine Kampfkräfte im rasenden Tempo zu entwickeln: 21. Sd6:? Tb6!! 22. fe5: Le5: 23. Sc4 Lg3:+ 24. Kg1 (24. Kg2 Lh3:+) 24. ... Tbf6 25. Lg2 Tf2!. Dem weißen König fehlt es nun an Verteidigungskräften, die ihm ein Überleben im Trommelfeuer der feindlichen Figuren ermöglichen würden.

Deshalb ist 23. Se2! besser mit einer beiderseitig spannenden Position.

Das aktive 21. Sa7? büßte mittlerweile seine frühere Kraft ein (nach 21. ... Ta8! hat Weiß Schwiergkeiten bei der Auflösung der entstandenen Fesselung), aber das einfache 21. Sa3 verdiente es, in Betracht gezogen zu werden. Wahrscheinlich sollte Schwarz in diesem Falle sich mit der Fortsetzung 21. ... Sf7 zur Bescheidenheit entschließen, wonach er auf 22. Sc4 die interessante Antwort 22. ... Tb4!? geplant hätte. Aber Kortschnoi findet eine andere, unerwartete und starke Fortsetzung.

21. De2!

Dadurch wird der Springer auf b5 provisorisch erhalten. Die nächsten zwei Züge von Schwarz sind praktisch erzwungen.

21. ... Db6 22. Sa3 Tbe8

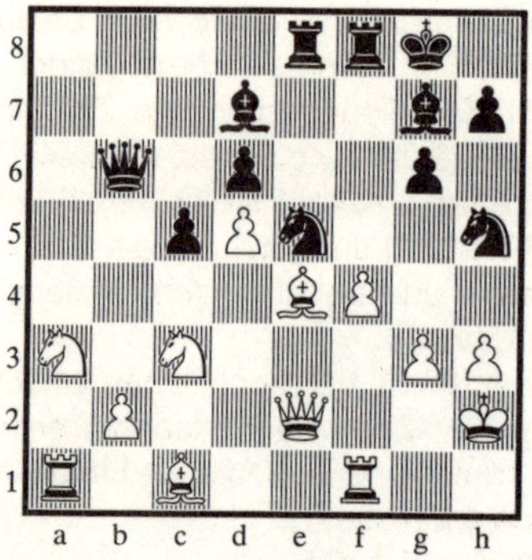

Das ist wohl die entscheidende und kritischste Situation der Partie. Die Hochspannung steigert sich bis ins Unerträgliche und die Güte der nächsten zwei/drei Züge wird das Schicksal der Partie besiegeln. Die Schwierigkeit der Wahl für Weiß besteht hauptsächlich in der Vielfalt der sich anbietenden Möglichkeiten. Erstens steht Weiß wiederum vor dem Schicksalsproblem: „Schlagen oder nicht schlagen?" Es scheint, daß diese Schicksalsfrage jetzt in diesem Moment alles entscheidet. Die Antwort von Schwarz ist erzwungen 23. ... Le5:, aber danach kann Weiß zwischen der direkten und der indirekten Verteidigung des Punktes g3 wählen. Die Fortsetzung 24. Lf4? Sf4: 25. gf4: Lf4:+ 26. Kg2 führt zu einer Position, in der die zahlenmäßige schwarze Überlegenheit auf dem Königsflügel die weiße Mehrfigur überwiegen dürfte. Stärker sieht 24. Sc4! aus, aber auch dann spürt man nach 24. ... Lg3:+ 25. Kg1 Dd8 das materielle Übergewicht von Weiß nicht. Die Ansammlung der schwarzen Figuren am Königsflügel würde zudem zur Beunruhigung des weißen Monarchen Anlaß geben, zum Beispiel: 26. Lh6?! Tf1:+ 27. Df1: Dh4 28. Ta7 Sf6! mit schwer abzuwendenden Drohungen.

Weiß kann noch eine weitere Drohung schaffen, indem er den anderen Springer mit dem zug 23. g4 angreift. Materielle Verluste sind unvermeidlich, aber wenn Schwarz die richtige Methode zum Springeropfer findet: 23. ... Sg4:+! 24. hg4: Dd8!, dann wird es Weiß nicht gelingen, die Drohungen gegen seinen König abzuwehren und dabei gleichzeitig die Mehrfigur zu bewahren. Zum Beispiel: 25. g5? Lc3:! 26. bc3: Lf5, oder 25. Df3 Dh4+ 26. Dh3 Dh3:+ 27. Kh3: Lc3:.

Richtiger wäre es für Weiß, auf alle materiellen Gewinne zu verzichten, um die Stellung dafür lieber vollkommen zu konsolidieren. Am besten eignet sich zur Erreichung dieses Zieles der Zug 23. Dg2!, der die Dame aus der Gegenüberstellung mit dem Turm entfernt und zudem das wichtige Feld e2 für den Springer frei macht. Früher oder später müßte Schwarz seinen Springer von e5 abziehen, womit er seinen strategischen Mißerfolg eingestehen würde. Bei weitem reicht nicht zum Ausgleich reicht das Unverzügliche 23. ... Sf7; denn nach 24. Sc4 Db8 25. g4 Sf6 26. Ld3! ersticken die schwarzen Figuren im eigenen Lager.

Vielleicht müßte man sich in diesem Falle zur Anwendung taktischer Tricks entschließen vom Typ: 23. ... Dd8. Die schwarze Initiative geriete in die Sackgasse, aber ihr noch glimmender Funke könnte jederzeit wieder mit neuer Kraft entflammen: 24. fe5:? Tf1:+ 25. Df1: Le5: 26. Se2 Sg3:! 27. Sg3: Dh4 28. Dg2 Lh3:! 29. Dh3: Lg3:+ 30. Kg2 De4:+ 31. Kg3: Dd3+ mit Gewinn. Auch das einfache 24. Ld2! stürzt Schwarz in die gleiche Problemsituation.

Mehr Chancen, das Spiel zu verwirren, ergeben sich nach 23. ... Db4!?, zum Beispiel: 24. Sc2 Db8 25. Se3 Sf7 26. Sc4 Lc3:! 27. bc3: Sf6 28. Lf3 Lf5 29. Se3 Ld3 30. Td1 c4, und es besteht keine Klarheit über die Einschätzung der Position.

Also läßt sich das Resümee ziehen, daß Weiß durch eine Serie äußerst präziser Züge den Gegner vor extrem schwierige, kaum noch lösbare Aufgaben hätte stellen können. Aber soll man daher das gesamte vorangegangene schwarze Spiel als ungenügend bewerten? Ich meine, daß eine derartige Schlußfolgerung allzu oberflächlich wäre, denn absolut präzises Spiel gibt es nur theoretisch, und je komplizierter die Stellung ist, desto höher ist die Wahrscheinlichkeit, daß Fehler gemacht werden. Natürlich ist ein solches Herangehen an eine Schachpartie und an den Schachkampf mit einem hohen Risiko verbunden, aber wie soll man denn ohne Risiko Schach spielen? Solches Verhalten hat übrigens besondere Erfolgschancen nur bei einer Neuerung, die eine noch nie dagewesene Situation hervorbringt. Daher wäre es nicht angebracht, die Züge dieser Partie künftighin vollständig zu kopieren. Wahrscheinlich muß man die Stellung nach 16. ... Ld7 ausgiebig untersuchen, oder vielleicht einen prinzipiell anderen Plan mit der Eröffnung verbinden (vgl. Anmerkung zum 13. Zug).

Aber zurück zum Partiegeschehen! Kortschnoi dürfte wohl im allgemeinen die gleichen Schlußfolgerungen bezüglich des weiteren Kampfverlaufes gezogen haben, doch er löste die Aufgabe auf eine andere Weise.

23. Ld2?

Dies scheint logisch zu sein: Weiß beabsichtigt, ohne Verzögerung die Entwicklung zu beenden, doch nach 23. Le3?! Sf7! 24. Sc4 Dd8 würde sich die unstabile Läuferstellung in der e-Linie nachteilig bemerkbar machen. Aber auch eine an sich richtige strategische Idee kann sich aufgrund taktischer Unwägbarkeiten als falsch erweisen.

23. ... Db2:!

Das ist nun die langerwartete Wende! Die Dame stürzt sich furchtlos mitten hinein in die Schlachtordnung der gegnerischen Figuren, wohlwissend, daß im Falle von 24. Tfb1? der zum Verderben verurteilte Springer zum spielentscheidenden Schlag ausholen würde. – 24. ... Sf3+!. Diese Mikrovariante ließ Kortschnoi ungeduldig werden, und der schwarze Springer verschwand für immer vom Brett.

24. fe5:?

Dieses Schlagen geschieht zur Unzeit! Jetzt setzt sich die angesammelte Energie frei, die in den schwarzen Figuren latent angehäuft war, und bringt Tod und Vernichtung in das weiße Lager. Man müßte die schwarze Dame sofort mittels 24. Ta2 vertreiben. Das sich anbietende 24. ... Db4 führt zu einem Massenabtausch, welcher Vereinfachung und Remis nach sich zieht: 25. Tb1 Dd4 26. Sab5 Lb5: 27. Sb5: Dc4 28. Dc4: Sc4: 29. Ld3! Sd2: 30. Td2:. Bedeutend stärker ist 24. ... Db8!. Das Nehmen auf e5 führt auch diesmal zu schweren Nachteilen – 25. fe5:? Tf1:! 26. Df1: Le5: 27. Le1 (27. Se2 Sg3:! 28. Sg3: Db3) 27. ... Lc3: 28. Lc3: Te4:. Die schwarze Überlegenheit ist unbestreitbar, weil Weiß nicht imstande ist, die Schwächung der Diagonale a1–h8 auszunutzen; zudem kann Schwarz alsbald ernsthaft den weißen König bedrohen. Die folgende originelle Variante verdient es, erwähnt zu werden: 29. Sc4? (29. Tf2 Te3!) 29. ... Lb5 30. Da1 (30. Tb2 De8!) 30. ... Lc4:! 31. Ta8 Te2+ 32. Kg1 Tg2+! 33. Kh1 Sg3:+ 34. Kg2: Ld5:+, und Schwarz gewinnt. Deshalb sollte sich Weiß nach 24. ... Db8! mit dem vorbeugenden Zug 25. Dg2 zufriedengeben, aber dann sichert der ruhige schwarze Springerrückzug nach f7 das Übergewicht des Nachziehenden – die weißen Figuren bekommen keine Stützpunkte.

Der Zug 24. Sc2 scheint stärker zu sein, obwohl nach 24. ... Db8 das Nehmen auf e5 nach wie vor nachteilig ist.

24. ... Le5:

In keinem Augenblick der Partie könnte dieser Zug so effektiv sein, wie gerade jetzt!

25. Sc4 Sg3:!

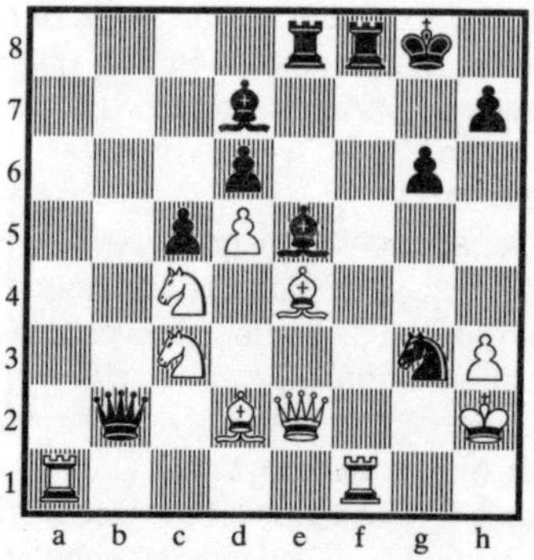

Der Springer e5 hat sich nicht umsonst geopfert. In allen Varianten behält Schwarz ein entscheidendes Übergewicht. Viele würden in einer solchen Situation die Hoffnung sinken lassen, aber nicht Viktor Kortschnoi. Ihm gelingt es, seine einzige Chance aufzufinden, wodurch vom Gegner noch besondere Präzision verlangt wird.

26. Tf8:+ Tf8: 27. De1! Se4:+ 28. Kg2 Dc2

Das ist die naheliegende Fortsetzung, aber Schwarz verfügte auch über einen anderen, bedeutend effektiveren Weg zum Ziel: 28. ... Tf2+!, zum Beispiel: 29. Df2: Lh3:+! 30. Kf3 Sd2:+ 31. Dd2: Da1: 32. Se5: de5:, oder 29. Kh1 Td2:!! 30. Ta8+ Kg7 31. Dd2: (31. Sb2: Sg3+ 32. Kg1 Ld4+) 31. ... Dd2: 32. Sd2: Sd2: 33. Ta7 Lc3: 34. Td7:+ Kf6 35. Td6:+ Ke5 mit Gewinn.

29. Se5:

Für eine bestimmte Zeit bleibt Weiß im Besitz einer Mehrfigur, aber die geöffnete Königsstellung begrenzt seine Möglichkeiten beträchtlich. Jetzt konnte Schwarz sofort mittels 29. ... Sd2:! gewinnen. Die forcierte Variante 30. Sd7: Sf3+ 31. De2 Sh4+! 32. Kg1 Dc3: 33. De6+ Kh8 34. Sf8: Dg3+! 35. Kf1 Dg2+ 36. Ke1 Sf3+ 37. Kd1 Dd2 matt wäre ein würdiger Abschluß dieser dramatischen Schlacht. Aber, in der Euphorie des nahen Sieges betrat ich einen falschen Weg...

29. ... Tf2+?

Das, was vor einem Zug noch gut war, erweist sich mittlerweile als unbrauchbar. Die Variante, die ich mir ausdachte, sieht überzeugend aus: 30. Kg1 Td2:! 31. De4: (zum Matt führt 31. Se4: Tg2+ 32. Kh1 Th2+, oder 32. Kf1 Lb5+) 31. ... Dc3: 32. Ta8+ Kg7 usw. Das Damenopfer wurde von mir nicht ernsthaft in Erwägung gezogen, denn es schien mir, daß die stärkste schwarze Figur mühelos mit der zerstreuten Armee des Gegners fertig werden könnte. Aber ich ließ vollkommen außer Betrcht, daß nicht nur die schwarzen Figuren in dieser Partie wahre Wunderdinge vollbringen können!

30. Df2:!

Jetzt entwickelt sich ein Kampf unter ganz neuen Vorzeichen mit einem veränderten Kräfteverhältnis. In dieser Endphase des Duells, welche sich ganz besonders spannend gestaltet, spielte leider die Zeitnot eine gewichtige Rolle, so daß sehenswerte Varianten unbeachtet blieben und der Wert dieser Partiephase in Mitleidenschaft gezogen wurde. Beide Spieler hatten nur noch ca. 5 Minuten Restbedenkzeit.

30. ... Sf2:!

Es lebe die Intuition! Wohl der siebte Sinn ließ mich auf das naheliegende 30. ... Lh3:+ verzichten, obwohl ich schon keine Zeit mehr für die Berechnung der komplizierten Varianten hatte. Die spätere Analyse bestätigte meine Befürchtungen. Was konnte nun nach 30. ... Lh3:+? geschehen? – 31. Kg1! Sf2: 32. Ta2!. Wenn Schwarz nun noch auf Gewinn spielt, dann hat er keine Wahl: 32. ... Df5 (32. ... Da2:? 33. Sa2: Se4 34. Sc4!) führt unverzüglich zum Dauerschach – 33. Ta8+ Kg7 34. Ta7+. Es bleibt 32. ... Db3. Dann aber muß Schwarz nach 33. Ta8+ Kg7 34. Ta7+ mit einem Remis zufrieden sein – 34. ...

Kg8 (34. ... Kf8?? 35. Lh6+ Ke8 36. Ta8+ Ke7 37. Lg5 matt) 35. Ta8+ usw. Was aber ist im Falle von 34. ... Kf6 zu befürchten? Ob die scheinbar hilflosen weißen Figuren dann überhaupt dazu in der Lage sein werden, ernsthafte Drohungen aufzustellen?

Analyse-Diagramm

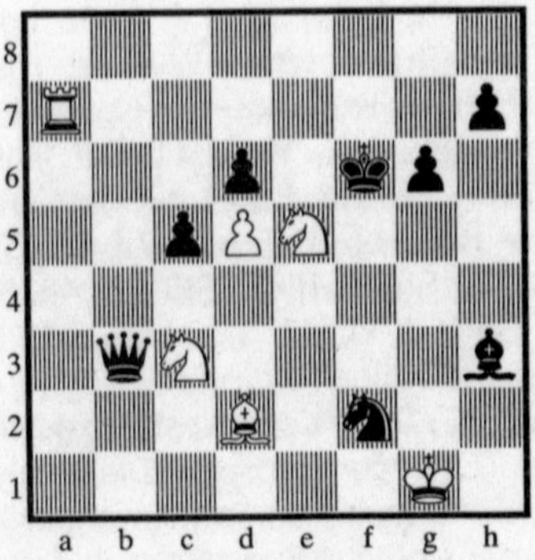

Aber ein so überraschender Zug wie 35. Sf3!! führt eine märchenhafte Position herbei. Überraschend entsteht eine Mattdrohung in vier Zügen (36. Lg5+ Kf5 37. Tf7+ Kg4 38. Tf4+ Kh5 39. Th4 matt, oder 38. ... Kg3 39. Se2 matt); darüberhinaus ist der Springer auf f2 bedroht. Diese beiden Drohungen können nur mit dem Zug 35. ... Sd3 abgewehrt werden, aber dann droht das Unheil von der anderen Seite – 36. Se4+! Kf5 37. Sd6:+ Kg4 (37. ... Kf6 38. Tf7 matt) 38. Sh2+ Kh4 39. Th7:+ Kg3 40. Se4 matt!. Im Prinzip könnte, wenn Schwarz sich zu 30. ... Lh3:+? verführen läßt, die Partie in der Zeitnot in dieser Weise enden. Aber dann wäre es kaum zu diesem Kommentar gekommen...

31. Ta2! Df5

Nichts würde sich ändern im Falle von 31. ... Lh3+? 32. Kg1.

32. Sd7: Sd3

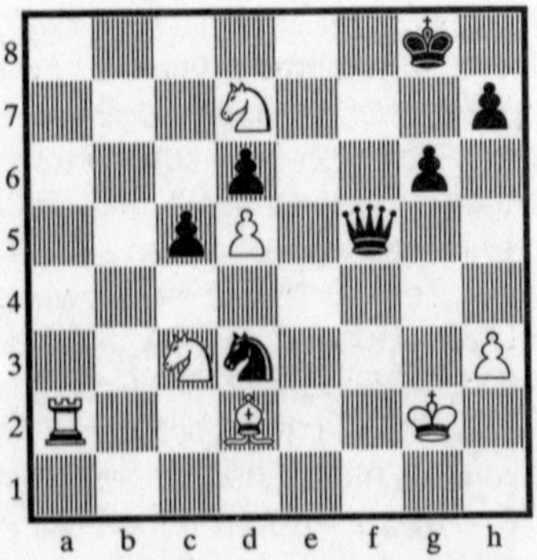

Von der materiellen Seite aus betrachtet, sind die Kräfte der beiden Seiten etwa gleich; aber Schwarz hat die Initiative. Das drohende Zusammenspiel von Dame und Springer könnte wesentlich stärkeres Gewicht bekommen, als die zwar weitaus zahlreichere, aber in ihrem Zusammenwirken beeinträchtigte weiße Armee. So etwa würde das kleinmütige 33. Sb6? dem Gegner unverzüglich gestatten, den Kampfausgang zugunsten des Nachziehenden zu entscheiden – 33. ... Df2+ 34. Kh1 Df3+ 35. Kh2 (35. Kg1 Dg3+) 35. ... Sf4! 36. Lf4: (sinnlos ist 36. Ta8+ Kg7 37. Ta7+ Kh6) 36. ... Df4:+ 37. Kg2 Dg5+, womit der Springer gewonnen wird. Weiß fügt sich in die Unvermeidlichkeit materieller Verluste und beginnt einen erbitterten Angriff. Der schwarze König, der bislang in aller Ruhe den Kampfverlauf beobachten konnte, soll jetzt in die Rolle des Gejagten hineingezwungen werden.

33. Lh6?!

Das Ausrufezeichen verdient dieser Zug allenfalls für seine Kühnheit, das Fragezeichen dafür, daß hiermit nicht die richtige Figur geopfert wurde. Es war bedeutend wichtiger, den Springer d7 am Leben zu erhalten. Der Mechanismus Turm + 2 Springer könnte Schwarz noch viele Unannehmlichkeiten bereiten. Wohl würde das direkte 33. Ta7? es dem Schwarzen ermöglichen, die gegnerischen Absichten mühelos zu widerlegen: 33. ... Df2+ 34. Kh1 Dd2: 35. Sf6+ Kf8 36. Sce4 Sf2+! mit schwarzem Gewinn, doch könnte Weiß mit größerer List und Rafinesse agieren: 33. Ta8+ Kg7 34. Ta7!. Schwarz ist gezwungen, den Läufer zu nehmen – 34. ... Df2+ 35. Kh1 Dd2: (35. ... c4? 36. Sc5+!), und nach 36. Se5+! ist der schwarze König gezwungen, nach einem ungefährlichen Schleichweg aus dem Minenfeld Ausschau zu halten: 36. ... Kf8 (36. ... Kh6?? 37. Sg4+ Kg5 38. Se4+) 37. Ta8+ Ke7 38. Ta7+ Kd8 39. Sf7+. Was soll jetzt geschehen? Wollen wir uns auf den Rückweg machen – 39. ... Ke8 40. Sd6:+ Kf8 41. Tf7+ Kg8 42. Sce4! De1+ 43. Kh2, und Schwarz wird gezwungen sein, in der Suche nach dem Erfolg die Dame zu opfern: 43. ... De4: 44. Se4: Kf7: 45. Kg3, wonach dieses Springer-Endspiel wohl kaum Grund für Optimismus beim Nachziehenden zu bieten vermag. Der König ist wohl oder übel genötigt, in einer anderen Brettecke nach Unterschlupf zu suchen, also – 39. ... Kc8 40. Sd6:+ Kb8 41. Tb7+ Ka8 42. Scb5. Die Situation ist etwa die gleiche, wie nach 39. ... Ke8, aber jetzt verfügt Schwrz über ein günstigeres Verfahren, um das Mattnetz zu zerreißen: 42. ... Sf2+ 43. Kg1 Sh3:+ 44. Kh1 Dd5:+ 45. Kh2 Db7: 46. Sb7: Kb7: 47. Kh3: Kc6. Allem Anschien nach sollte Schwarz diese Endspiel gewinnen können, zum Beispiel: 48. Sc3 c4 49. Kg3 Kc5 50. Kf3 Kd4 51. Se2+ Kd3.

Alles ist in Wirklichkeit bedeutend einfacher – 39. Ta8+! (anstatt 39. Sf7+?) zwingt den König zurückzukehren, weil 39. ... Kc7? wegen 40. Sb5+ Kb7 (40. ... Kb6 41. Sc4+) 41. Ta7+ mit Matt nicht spielbar ist. Also führt 29. ... Tf2:+ auf eine erstaunliche Weise forciert zu ewigem Schach.

33. ... Dd7: 34. Ta8+ Kf7 35. Th8?

Man sollte die Bewegungsfreiheit des schwarzen Königs mittels 35. Se4! begrenzt halten. Am Schachbrett litt ich unter den unterschiedlichsten Wahnvorstellungen, daher wollte ich fortsetzen mit 35. ... g5!?, wobei dem König weiträumige Fluchtwege aufgetan werden. Die Position nach 35. ... g5 war so interessant, daß Saizew und ich sie noch während der Olympiade aufs sorgfältigste ausanalysierten. Die Hauptvariante sah folgermaßen dabei aus: 36. Tf8+! (36. Lg5: h6! 37. Lh6: Kg6) 36. ... Ke7 37. Th8 Sf4+! (37. ... Df5? 38. Lg5:+ Kd7 39. Th7:+!, wobei Weiß die Dame gewinnt) 38. Kf2 Sh3:+ 39. Kg3 Df5 40. Lf8+! Kd8! (40. ... Kd7? 41. Th7:+! Kd8 42. Le7+ Kc7 43. Ld6:+ mit Remis) 41. Ld6:+ Kd7 42. Th7:+! Dh7:! 43. Sf6+ Kd6: 44. Sh7: c4! 45. Sf6 Sf4 46. Kg4 (46. Se4+ Kd5: 47. Sg5: c3!, und der Bauer verwandelt sich in eine Dame) 46. ... Sd5: 47. Se4+ Kd5: mit einem gewonnenen Springer-Endspiel. Die Analyse beinhaltet noch weitere Abzweigungen, aber der einfache Zug, den mein Trainer Nikitin vorschlug, machte alle diese Feinheiten überflüssig. Und tatsächlich: Nach 35. ... De7! ist die weiße Stellung ein Scherbenhaufen – das Enspiel nach 36. Tf8+ (harmlos ist 36. Sg5+ Kf6 37. Tf8+ Ke5 38. Tf7 De8) 36. ... Df8: 37. Sg5+ Ke8 38. Lf8: Kf8: 39. Sh7:+ Kg7 40. Sg5 Kf6 ist vollkommen hoffnungslos für meinen Gegner.

35. ... Kf6

Das ist das einzige; aber der Zug ist vollkommen ausreichend. Zum ersten Mal in der Partie konnte ich beruhigt aufatmen – alle Ängste und Gefahren sind überstanden und vorbei!

36. Kf3?

Gewöhnlich verdient eine solche Unachtsamkeit zwei Fragezeichen. hier wurde der Zug aber nur ausgeführt, um in der herrschenden Zeitnot überhaupt der Zugpflicht zu genügen, so daß er keine so harte Bestrafung mehr verdient.

36. ... Dh3:+.

Weiß gab auf!

Kandidatenturnier-Viertelfinale

Mein erstes Interzonenturnier, mein erster Kandidatenkampf ... Der hohe Einsatz in den Wettkämpfen, sowie die Tatsache, daß jeder einzelne Schritt für mich Neuland darstellte, könnte dazu führen, einen Spieler zu lähmen, ihn an der optimalen Ausschöpfung seines spielerischen und schöpferischen Potentials hindern. Gerade daher machte ich es mir zur Aufgabe, mich während des Viertelfinale-Kandidatenkampfes der mir neuen und noch unbekannten Logik der Matchkämpfe anzupassen. Zweifelsohne erforderte daher die Vorbereitungsphase vor dem Match eine ganz besondere Sorgfalt, weil ich hier zum ersten Mal mit der Durchleuchtung meines Eröffnungsrepertoirs im Hinblick auf seine Brauchbarkeit und Eignung im Zusammentreffen über zahlreiche Partien gegen ein und denselben Gegner konfrontiert war. Ähnliche Probleme dürften wohl auch meinem Widersacher zu schaffen gemacht haben.

Mir scheint, daß die wichtigste Rolle in Hinblick auf meinen endgültigen Erfolg gerade diese Vorbereitungsphase gespielt hat. Dabei meine ich nicht, daß die Überlegenheit dieser Vorbereitung in ihrem schachlichen Inhalt lag, was viele Fachleute so gesehen haben, sondern ganz bedeutend war das flexiblere Herangehen an die Matchstrategie, wobei das Lösen der Eröffnungsprobleme als Hauptelement zu sehen ist. Darüberhinaus studierte ich mit meiner Trainergruppe (bestehend aus A. Nikitin, A. Schakarow, G. Timoschenko und E. Wladimirow) die Partien meines Gegners Beljawski mit großer Sorgfalt. Wir versuchten seine Stärken und Schwächen zu erkennen. Auf der Seite seiner besonderen Stärken gilt zu erwähnen: seine enorme Arbeitsfähigkeit am Schachbrett, brillante Spielführung in bekannten Positionen, hervorragende Ausdauer. Aber aus diesen Stärken erwachsen ihm z.T. auch seine Schwächen – seine Prinzipientreue bei der Behauptung seines eigenen Standpunktes geht bei Beljawski oft zu weit und mithin in Starrheit über; seine ausgezeichnete Kenntnis der Entwicklungsschemata erweckt in ihm in der Eröffnung den Wunsch, mit minimaler Kraftanstrengung auszukommen. Ausgehend von diesen Überlegungen wurde der Versuch unternommen, den Matchverlauf so weit wie möglich vorauszuplanen.

Wollen wir die Entwicklung der Ereignisse nun von Anfang an unter die Lupe nehmen. Die Geschehnisse spielten sich alle im Konferenzsaal des Hotels „Sport“ in Moskau ab.

Kandidatenkampf im Matchverlauf

KANDIDATENTURNIER – VIERTELFINALE: Kasparow – Beljawski

Kasparow	**=**	**1**	**=**	**0**	**1**	**=**	**=**	**1**	**1**	**6**
Beljawski	**=**	**0**	**=**	**1**	**0**	**=**	**=**	**0**	**0**	**3**

1. Partie
Kasparow – Beljawski
27./28. Februar 1983
Damengambit

1. d4 Sf6 2. c4 e6 3. Sc3 d5 4. cd5: ed5: 5. Lg5 Le7 6. e3 h6 7. Lh4 0-0 8. Ld3 b6 9. Sf3 Lb7 10. 0-0 c5 11. Se5 Sc6?! 12. La6! Dc8 13. Lb7: Db7: 14. Lf6: Lf6: 15. Sg4 Ld8 16. Sd5: Sd4:! 17. Sdf6+! Lf6: 18. Sf6:+ gf6: 19. ed4: cd4: 20. Dd4: Kg7 21. Tac1?! Tac8 22. Dg4+ Kh7 23. Df4 Tg8! 24. Df5+ Kg7 25. h4? Tge8 26. Dg4+ Kh7 27. Df4 Kg7 28. Tc8: Dc8: 29. Td1 De6 30. Td3 De1+ 31. Kh2 De5 32. Tg3+ Kh7 33. Dc4 De6 34. Dd4 Df5! 35. Dc4 De6 36. Dc7 De7 37. Dc6 De6 38. Db7 De7 39. Dd5 De6 40. Dh5 Td8! 41. Te3 Td5! 42. Df3 Df5 43. Df5:+ Tf5: 44. Kg3 Kg6 45. Te7 Ta5 46. a3 Tb5 47. b4 a5 48. Te4 Td5 49. f3 h5 50. Kf4 Td3 51. a4 f5 52. Tc4 ab4: 53. Tb4: f6 54. Kg3 Td6 55. Kf2 Te6 56. g3 Kg7 57. Tc4 Kg6 58. Tc8 Te5 59. Ta8 Kg7 60. Ta6 b5 61. f4 Tc5 62. Ta7+ Kg6 63. a5 b4 64. a6 b3.
Remis

Die erste Partie besitzt immer ein besonderes Gewicht, und für einen Neuling in einem Wettkampf dieser Art, in dem nur die namhaftesten Großmeister der Welt aufeinandertreffen, bekommt diese erste Matchpartie noch eine größere Bedeutung. Die weißen Steine, die mir das Los bescherte, verpflichteten mich zu aktivem Spiel. Eine große Bedeutung war der Eröffnungswahl in dieser ersten Partie beizumessen, zumal das Resultat eine Art Test für die Spielform der beiden Kontrahenten darstellen sollte. Wie sonderbar es auch klingen mag, aber die Eröffnung erwies sich als überraschend für beide Partner – der Abtausch im vierten Zug kam früher im Rahmen meiner Partien nicht vor. Beljawski seinerseits überraschte mich damit, daß er sich für ein System entschied, in welchem der weißfeldrige Läufer fianchettiert wird, was an sich in der Karlsbader-Variante nicht üblich ist. Was aber das Ungewöhnlichste überhaupt war, ist, daß bereits im 11. Zug eine Position entstand (nach dem Zug 11. Se5), die in einem so ausführlichen Kompendium wie dem Buch: »Enzyklopädie der Schach-Eröffnungen« nicht erörtert wird. Die Versuche Beljawskis, die Eröffnungsprobleme durch den einfachen Zug 11. ... Sc6 zu lösen, gestatteten es mir frühzeitig in der Partie eine Stellung herbeizuführen, in der die geöffnete schwarze Königsstellung und die hoffnungslos angegriffene Bauernstruktur dem Anziehenden berechtigte Siegeshoffnungen einräumte. Die kritische Position entstand nach dem 20. Zug von Schwarz.

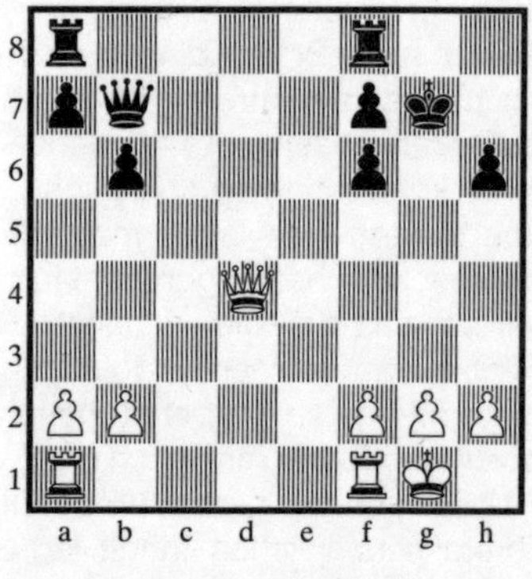

Hier verlor Weiß nach dem kraftlosen Zug 21. Tac1?! den größten Teil seines Vorteils. Stattdessen hätte des einfache 21. Tad1, was die d-Linie kontrolliert, den Nachziehenden mit größten Schwierigkeiten konfrontiert. So würde etwa 21. ... Tad8 22. Dd8: ein für Schwarz verlustträchtiges Endspiel nach sich ziehen. Als das Beste wäre noch 21. ... Tg8! anzusehen, was die Überführung des weißen Turmes auf die 3. Reihe verhindert. Aber auch in diesem

Falle wird es Schwarz kaum gelingen, nach 22. Td3 Kh7 23. g3 Dc6 24. Tfd1 Tae8 25. Df4! den zerstörten Königsflügel zu verteidigen.

In der Partie aber gelang es Schwarz, nach vollzogenem Turmtausch die Spannung abzubauen. Darüberhinaus entzog das impulsive 25. h4? (richtig ist 25. h3) dem Weißen ein wichtiges Tempo beim 29. Zug. Auf 29. Tc1 ist 29. ... Te4! stark, falls aber der Bauer auf h3 stünde, bliebe diese Verteidigungsressource wegen 30. Dg3+ wirkungslos. Zum Zeitpunkt des Partiabbruchs war es Beljawski bereits gelungen, die weiße Initiative völlig zu neutralisieren, und obwohl Weiß bis zum Partieschluß noch einen symbolischen Vorteil bewahren konnte, war dieses minimale Übergewicht nicht mehr für den Partieausgang relevant.

2. Partie
Beljawski – Kasparow
1. März 1983
Damengambit

1. d4 d5 2. c4 e6 3. Sc3 c5 4. cd5: ed5: 5. Sf3 Sc6 6. g3 Sf6 7. Lg2 Le7 8. 0-0 0-0 9. Lg5 cd4: 10. Sd4: h6 11. Le3 Te8 12. Da4 Ld7 13. Tad1 Sb4 14. Db3 a5 15. Td2?! a4 16. Dd1 a3 17. Db1 Lf8 18. ba3: Ta3: 19. Db2 Da8! 20. Sb3?! Lc6! 21. Ld4 Se4 22. Se4: de4: 23. Ta1? Ld5! 24. Db1 b6! 25. e3 Sd3 26. Td1 b5 27. Lf1 b4 28. Ld3: ed3: 29. Dd3: Ta2: 30. Ta2: Da2: 31. Sc5 Lf3 32. Ta1 Dd5 33. Db3! Dh5 34. Sd3 Ld6 35. Se1 Lb7 36. Tc1 Df5 37. Td1 Lf8 38. Db1
Weiß überschritt die Zeit

Der Großmeister aus Lemberg spielt gewöhnlich mit Weiß besonders erfolgreich; aber in dieser Partie ist es dem Anziehenden nicht gelungen, die üblicherweise vorhandene Eröffnungsinitiative zu ergreifen. Es ist keine Übertreibung, wenn ich hier betonen möchte, daß Beljawski durch die Wahl der Tarrasch-Verteidigung überrascht wurde. Für die ersten 14 wohlbekannten Theoriezüge benötigte er bereits anderthalb Stunden Bedenkzeit. Beljawski hatte es sich zur Aufgabe gemacht, den Anzugsvorteil gewichtig in die Waagschale zu werfen; daher versuchte er die theoretischen Wege zu vermeiden, um mich von meiner häuslichen Vorbereitung abzubringen. Nur so kann man sich erklären, daß er dem Normalzug 15. a4 eine Absage erteilte und sich lieber dem zweifelhaften 15. Td2 zuwandte. Tatsächlich kam die Position nach 16. ... a3 bislang nicht in Wettkampfpartien vor, aber diese Neuerung stellte für Weiß keinen Vorteil dar. Schwarz konnte seine Figuren günstig plazieren, und der große Vorsprung auf dem Gebiet der Bedenkzeit gab psychologischen Auftrieb. Weiß wurde sich der nahenden Gefahr zu spät bewußt. So sollte man anstelle des schablonenhaften 20. Sb3?! lieber sein Heil im Bauernopfer 20. Sdb5!? Lb5: 21. Sb5: Ta2: 22. Db3 suchen, wonach das Stellungsgleichgewicht erhalten bleiben dürfte.

Beim 23. Zug versäumte Weiß die letzte Möglichkeit, den sich verstärkenden schwarzen Initiativdruck abzubremsen.

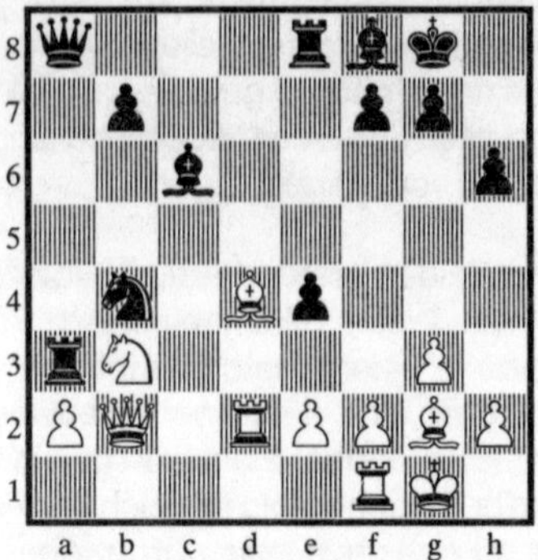

23. Sc5! sollte geschehen. Danach verfügt Schwarz nach 23. ... e3 24. Lc6:

ef2:+ 25. Lf2: Sc6:, oder auch nach 23. ... Sa2:!? 24. Ta1 Da5 25. Se4:! (25. Ta2:? Lc5:!) 25. ... Le4: 26. Ta2: Lg2: 27. Kg2: Dd5+ 28. Kg1 Tb3 nur über einen minimalen Vorteil. Das passive 23. Ta1? andererseits erlaubt es dem Nachziehenden, seinen Druck weiter zu steigern, ohne auf nennenswerten Widerstand zu stoßen. Wegen der Drohung e4–e3 mußte Weiß dem schwarzen Springer den ausgezeichneten Standplatz auf d3 zur Verfügung stellen, wobei es sich als sehr schwierig erweist, den Springer von dort wieder zu vertreiben: 26. Sc1 (26. Lb6:? Lb4!) 26. ... Se1, oder 27. Sc1 Sc1: 28. Tc1: b4! 29. Tc2 Da4 gefolgt von 30. ... Ta8 und das Schicksal des Bauern a2 ist somit entschieden. In schlimmer Zeitnot löst Beljawski dann das Problem des Springers d3, indem er dafür den Läufer preisgibt. Danach ist an der entscheidenden schwarzen Überlegenheit aber nicht mehr zu rütteln, die sich in der katastrophalen Schwäche der weißen Felder im Lager des Anziehenden und in der Stärke des schwarzen b-Freibauern manifestiert. Obwohl sich Weiß durch die listige Springerüberführung nach e1 noch vor dem unmittelbaren Zusammenbruch retten kann, behält doch Schwarz alle Vorteile in der Hand. Meines Erachtens änderte die Zeitüberschreitung nichts mehr am Schicksal der Partie – es wäre Beljawski ohnehin kaum noch möglich gewesen, seine Position nach 38. ... Le4 39. Db3 h5 längerfristig zu verteidigen.

Die beiden ersten Partien (jeder einmal mit Weiß) bilden eine Art Start-Etappe in einem Matchkampf. Ich verfügte über eine deutliche Initiative und man könnte den Eindruck gewinnen, daß der Gesamterfolg für mich ganz einfach zu erreichen sein würde. Aber die größten Schwierigkeiten standen mir noch bevor.

3. Partie
Kasparow – Beljawski
3. März 1983
Damengambit

1. d4 d5 2. c4 e6 3. Sc3 Sf6 4. cd5: ed5: 5. Lg5 Le7 6. e3 h6 7. Lh4 0-0 8. Ld3 b6 9. Sf3 Lb7 10. 0-0 c5 11. Se5 Sbd7 12. Df3?! cd4:! 13. ed4: Se5: 14. de5: Sd7 15. Le7: De7: 16. Sd5: De5: 17. Se7+ Kh8! 18. Db7: Sc5 19. Df3 Sd3: 20. Sc6 De6 21. b3 Se5 22. Se5: De5: 23. Tae1 Dc7 24. Tc1 De7
Remis

Beljawski wandelt auf denselben Pfaden wie in der ersten Partie, aber beim 11. Zug weicht er ab. Diese mikroskopische Verstärkung 11. ... Sbd7 führt unerwartet schnell zu Vereinfachungen und zum Remis. Ohne Zweifel ist an allem der Zug 12. Df3 schuld, aber darüber werde ich mich später noch äußern...

Nachdem Beljawski schon erfolgreich das Problem der schwarzen Steine gelöst hat, konnte er sich entspannen und die nächste Partie mit großen Siegesambitionen in Angriff nehmen.

4. Partie
Beljawski – Kasparow
5. März 1983
Nimzo-Indische Verteidigung

1. d4 Sf6 2. c4 e6 3. Sc3 Lb4 4. e3 0-0 5. Ld3 c5 6. Sf3 d5 7. 0-0 cd4: 8. ed4: dc4: 9. Lc4: b6 10. De2 Lb7 11. Td1 Lc3: 12. bc3: Dc7 13. Ld3! Dc3: 14. Lb2 Dc7 15. d5! Ld5: 16. Lf6: gf6: 17. De3! Kg7 18. Tac1 Sc6! 19. Le4 Dd6! 20. Ld5: ed5: 21. Tc4 Dd7? 22. Th4 Df5 23. Td5:?! Se5? 24. h3! Tfe8! 25. Sd4 Dg6 26. Df4 Tad8 27. Sf5+ Kh8 28. Td8: Td8: 29. De4! Tc8! 30. Kh2 Tc4 31. Da8+ Dg8 32. Da7: Th4: 33. Sh4: Dg5

34. Da8+! Kg7 35. De4 h5?? 35. Sf5+ Kg6 37. Se7+ Kh6 38. f4

Schwarz gab auf.

In diesem Falle konnte die Abweichung in der Eröffnungswahl das angestrebte Ziel nicht erreichen. Mehr noch, alles sprach dafür, daß die entstandene Position Beljawski mehr zusagte als mir und ihm auch bekannter war. Das kühne doppelte Bauernopfer gilt als eine sehr energische Fortsetzung in dieser Position. Schwarz wurde vor eine schwere Wahl gestellt: Entweder die nachteilige Position nach c3–c4 in Kauf nehmen, oder die Herausforderung annehmen. Ich wählte den zweiten Weg, aber bereits nach wenigen Zügen war die weiße Initiative ein mehr als ausreichendes Äquivalent für das geopferte Material. Die erste kritische Phase erreichte man beim 19. Zug.

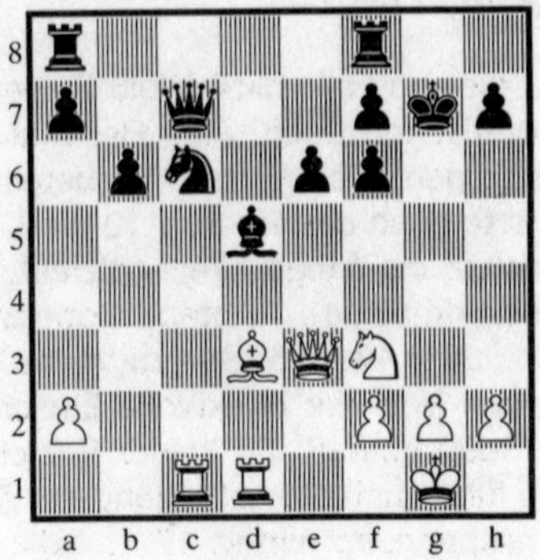

Alle Vorteile der weißen Position konnten hier mittels 19. Sd4! abgesichert werden. Danach wäre es für Schwarz nicht einfach gewesen, eine hinreichende Verteidigung gegen alle weißen Drohungen zu finden. Das direkte 19. Le4? demhingegen gestattete es Schwarz, die unmittelbaren Drohungen abzuwenden, wonach ihm die zwei Mehrbauern verblieben. Übrigens revanchierte sich Schwarz bereits zwei Züge später für den Fehler des Gegners, indem er die Möglichkeit ausließ mit dem einfachen 21. ... Se7! seine Lage zu konsolidieren. In der Eventualabwicklung 22. Th4 Sf5 23. Tg4+ Kh8 24. Dd3 Se7 erweisen sich die beiden schwarzen Mehrbauern als gewichtiger als die weiße Initiative. Aber auch Weiß vermochte seinerseits das Manöver der schwarzen Dame nicht richtig auszunutzen. Es ist natürlich angenehm, mit Tempogewinn den zentralen Bauern zu nehmen, aber nach meiner Meinung war 23. Dh6+ Kh8 24. Tf4 Dg6 25. Dh4 f5 26. Dh3! (26. Td5:? Tad8) noch stärker, denn danach kann Schwarz seine Schwächen kaum noch verteidigen.

Nach 23. ... Se5? 24. h3! ging die weiße Absicht aber in Erfüllung während das naheliegende 23. ... Db1+ den Charakter des Kampfes doch wesentlich verändert hätte. Nach dem erzwungenen 24. Se1 kann Schwarz defensiv spielen: 24. ... Kh8 25. Tdh5 Tfe8 26. Th7:+ Dh7: 27. Th7:+ Kh7: 28. Dh3+ Kg7, und die unsichere Lage des schwarzen Königs ist nicht so einfach auszunutzen, oder er kann die Möglichkeit zur maximalen Verschärfung des Kampfes nutzen, wozu der paradoxe Zug 24. ... Tg8!? geeignet wäre. Zum Beispiel: 25. Tdh5 Kf8! 26. Th7:+ Te8 27. Dh6+ Ke7 oder 25. Td3 Kf8! (25. ... Kh8? 26. Th7:+ Kh7: 27. De4+ mit Damengewinn) 26. Th7: Se5 27. Dh6+ Ke7 28. Te3 Tac8 – in beiden Fällen entsteht unklares und verworrenes Spiel.

Wie sonderbar es auch erscheinen mag, aber derartig gravierende Fehler wurden trotz der akuten Zeitnot im weiteren Verlauf der Partie von beiden Spielern vermieden. Beljawski steigerte trotz seines Minusbauern seine positionelle Überlegenheit, und Schwarz widmete seine gesamte Aufmerksamkeit der Verteidigung seines Königs gegen die ständig neu entstehenden Drohungen. Einige Varianten, die nicht am Brett erschienen sind, sollen zur Verdeutlichung dienen: 26. Dd2? (anstelle von 26. Df4) 26. ... Tad8! 27. Td8: Td8: 28. Sf5+ Df5: 29. Dd8: Dg5, und jetzt befindet sich Schwarz im Vorteil (30. Te4? Sf3+ 31. Kf3 Dc1+ 32. Ke2 Sg1+ usw.). Im Falle von 26. ... Tac8? (anstelle von 26. ... Tad8) – 27. Sf5+ Kh8 28. Sd6 Ted8 29. Th6 mit Zertrümmerung der schwarzen Stellung. Kaum könnte Schwarz seinen Mehrbauern behalten im Falle von 29. ... b5 30. Kh2! (30. f4? Sf3+!, bzw. 30. g4? Dg8! 31. Th6 Sg6 32. Dc6 Td1+ 33. Kg2 Dd8, und Schwarz kann sich behaupten) 30. ... a5 (es ist kaum noch etwas Brauchbares zu finden) 31. g4!, und die Gefahr Th6 zusammen mit f2–f4 sollte den Kampf zugunsten von Weiß entscheiden.

Die Endphase der Partie stand unter dem Einfluß extremer Zeitnot, wobei der grobe Fehler von Schwarz (35. ... h5??) zur unverzüglichen Niederlage führte. Das naheliegende 35. ... Sg6 führte nach 36. Sf5+ Kg8 37. Da8+ Sf8 zu einer Position, in der Weiß dank seiner besseren Bauernstruktur und angesichts des machtvollen Springers ein gewaltiges positionelles Übergewicht erhält, aber das reduzierte Material erlaubt es Schwarz zumindest noch, auf eine Rettung zu hoffen.

Somit hat Beljawski in dieser dramatischen Partie mittels energischem Druckspiel sein Ziel erreicht. Es begann nach dieser Runde bei wiederhergestelltem Gleichstand eine neue Kampfetappe, und es wurde von uns beschlossen, ein Time out einzulegen, um die neuen Erkenntnisse, die während der bisherigen Partien des Wettkampfes gewonnen werden konnten mit Ruhe auszuwerten, insbesondere natürlich im Hinblick auf Eröffnungen. An sich war eine solche Entscheidung nur natürlich und naheliegend, da man aber nach gültigem Reglement lediglich über ein einziges Time out verfügt, fiel uns diese Entscheidung dennoch nicht ganz leicht.

5. Partie
Kasparow – Beljawski
9. März 1983
Damengambit

1. d4 d5 2. c4 e6 3. Sc3 Sf6 4. cd5: ed5: 5. Lg5 Le7 6. e3 h6 7. Lh4 0-0 8. Ld3 b6 9. Sf3 Lb7 10. 0-0 c5 11. Se5 Sbd7 12. Lf5! Se5: 13. de5: Se8?! 14. Lg3 Sc7?! 15. Dg4 De8 16. Ld7! Dd8 17. Tad1 h5 18. Dh3 h4 19. Lf4 Lg5 20. Lf5 g6 21. Se4! Lf4: 22. ef4: gf5: 23. Df5:! de4: 24. Dg4+! Kh7 25. Td8: Tfd8: 26. Dh4:+ Kg8 27. De7! e3! 28. Te1! ef2:+?! 29. Kf2: Td2+ 30. Te2 Te2:+ 31. Ke2: La6+ 32. Kf2 Se6 33. f5 Sd4 34. e6 Tf8 35. Dg5+ Kh7 36. e7 Te8 37. f6 Se6 38. Dh5+ Kg8.

Schwarz gab auf.

In diesem Falle blieb Weiß Sieger im theoretischen Duell. Zum Resultat der dreitägigen häuslichen Vorbereitung gehörte auch der 12. Zug 12. Lf5!, der Schwarz die Möglichkeit entzieht, die standardmäßige Abtauschoperation 12. ... Se5: 13. de5: Se4 zu vollziehen, wonach jetzt der effektvolle Einschlag 14. Sd5:! kommt. Zu keiner Erleichterung führt auch die Aufhebung der Zentrumsspannung mittels 12. ... cd4: 13. Sd7:! Sd7: 14. Le7: De7: 15. Dd4:, denn Schwarz wäre dann zu einer vollkommen perspektivlosen Verteidigung verurteilt, die besonders angesichts der angespannten Matchsituation extrem unangenehm wäre. Nachdem sich Beljawski mit dieser Überraschung konfrontiert sah, faßte er einen prinzipiellen und sehr verpflichtenden Entschluß – die Initiative am Königsflügel dem Anziehenden zu überlassen, indem er selbst seine Hoffnungen auf einen

Bauerndurchbruch im Zentrum setzte. Aber bereits die zwei nachfolgenden schwarzen Züge erwiesen sich als ungenau – anstelle von 13. ... Se8 sollte man eher 13. ... Sh7 in Erwägung ziehen, weil der Springer auf c7 sowieso zum Sorgenkind wird; und wenn er auf c7 zum „Dahinvegetieren“ verurteilt ist, dann stellt er für Schwarz einen ständigen Problemfall dar. Danach war es beim 14. Zug erforderlich, den weißen Läufer zu einer Entscheidung zu zwingen – 14. ... g6, obwohl auch dann mittels 15. Lc2 das weiße Übergewicht erhalten bleibt.

Ohne Zweifel ist der Zug 15. ... De8 fragwürdig. Als das kleinere Übel wäre wahrscheinlich 15. ... Lc8 16. Tad1 Lf5: (16. ... Le6? 17. Sd5:! Ld5: 18. e4) 17. Df5: d4 zu betrachten gewesen, mit der Hoffnung, sich in einem Endspiel mit einem Minusbauern retten zu können. Es soll dabei erwähnt werden, daß wir die Position nach 16. Ld7! bereits bei unserer häuslichen Vorbereitung auf dem Brett hatten. Unsere Analyse endete mit der Variante: 16. ... Lc8 17. e6!, und Weiß gewinnt; aber in Wirklichkeit war alles bedeutend komplizierter.

Das unverzügliche 20. ... Lf4: 21. ef4: d4 verhindert die Überführung des weißen Springers auf den Königsflügel, aber nach 22. Se4 Le4: 23. Le4: Tb8 24. f5 Te8 25. f4 wird Schwarz durch eine mächtige weiße Bauernformation bedroht (25. ... f6 26. Sh4: fe5: 27. f6!).

Die mit dem Zug 21. Se4! eingeleitete Kombination (siehe Diagramm)

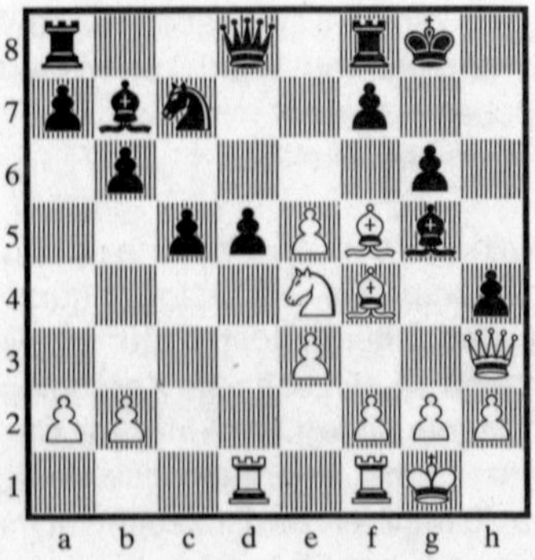

führte forciert zu einer Position, in der trotz der ungefähren materiellen Ausgewogenheit die gefährdete Stellung des schwarzen Königs und die unharmonische Aufstellung der schwarzen Figuren deutlich zu Buche schlagen und den positionellen weißen Vorteil erkennen lassen (obwohl das übereilte 27. f5? es Schwarz gestatten würde, das Zusammenwirken seiner Figuren nach 27. ... Td7! wiederherzustellen).

Die von Schwarz aufgefundene listige Ressource 27. ... e3! zwang den Anziehenden zu einer extremen Präzision, aber die Komplikationen dauern nur kurz. In der eingetretenen Zeitnot konnte Beljawski die bessere Chance, die in der Variante 28. ... e2 (28. ... Td2 29. f3!) bestand, nicht entdecken, welche es ihm erlaubt hätte, noch im Trüben zu fischen, zum Beispiel: 29. f3 Td1 30. Kf2 La6 31. Dc7: Tad8 32. Te2:?! Le2: 33. Ke2: T1d2+ 34. Ke3 T8d3+ 35. Ke4 Td4+ 36. Kf5 Tg2: mit realen Remischancen. Aber wenn Weiß findig genug ist, dann bleibt alles beim alten: 32. Da7:! Te1: 33. Da6: Tdd1 34. Db6:, und Schwarz ist absolut machtlos, weil seine einzige Hoffnung – der Bauer e2 – ihm jetzt nur zur Last fällt.

Nach dem Abtausch des Turmpaares und angesichts der nach vorwärts stürmenden Infanterie entschied sich der Kampfausgang schnell. Zum Zeitpunkt der schwarzen Kapitulation stand Weiß eine angenehme Wahl zur Verfügung zwischen– 39. Dg4+ Kh7 40. De6: fe6: 41. f7 und 40. Da4 Sc7 41. Dd7.

Mein in der 4. Partie eingebüßter Punktvorsprung war also in kürzester Zeit wieder hergestellt. Natürlich wirkte sich eine so blitzschnelle Zerschlagung der gegnerischen Stellung (für die gesamte Partie benötigte ich lediglich etwa 50 Minuten Bedenkzeit!) auf meine Stimmung sehr positiv aus. Dennoch war ich mir auch bewußt, daß sich Beljawski nun mit allen Kräften bemühen würde, das Gleichgewicht der Punkte wiederherzustellen.

6. Partie
Beljawski – Kasparow
11. März 1983
Damengambit

1. d4 d5 2. c4 e6 3. Sc3 c5 4. cd5: ed5: 5. Sf3 Sc6 6. g3 Sf6 7. Lg2 Le7 8. 0-0 0-0 9. Lg5 cd4: 10. Sd4: h6 11. Le3 Te8 12. Dc2 Lg4 13. Tfd1 Lf8 14. Tac1 Tc8 15. Sc6: bc6: 16. Ld4! Lb4 17. Td2 De7 18. a3 La5 19. b4?! Lb6 20. e3 De6! 21. Db2 Ld4: 22. Td4: c5! 23. bc5:.Tc5: 24. Se2 Tec8 25. Tc5: Tc5: 26. Sf4 Dc8 27. h3 Tc1+ 28. Kh2 Tc2 29. Db3 Lf5 30. Kg1! Tc1+ 31. Td1 Le4
Remis

Das war wohl eine Schlüsselpartie im Match. Wieder entschied ich mich wie bereits in der 2. Matchpartie für die Tarrasch-Verteidigung, aber diesmal war Beljawski darauf vollkommen vorbereitet und gut gerüstet. Gegen die Figurenaufstellung, die mit dem 12. Zug eingeleitet wurde, konnte Schwarz kein Gegenmittel finden, und Weiß erhielt die Initiative (wahrscheinlich hätte Schwarz im Falle von 15. Da4! bedeutend kompliziertere Probleme zu lösen). Der rückständige Bauer c6 macht Schwarz viel Kopfzerbrechen, und wenn Weiß rechtzeitig auf dem Feld c5 eine Blockade errichten kann, dann würde sich die Lage des Nachziehenden als sehr schwierig erweisen. Der übereilte Vorstoß 19. b4?! erwies sich als eine wesentliche Ungenauigkeit, welche es Schwarz erlaubte, das Gegenspiel zu organisieren im Zusammenhang mit der Schwächung der weißen Felder am Königsflügel, während 19. h3!, was den schwarzen Läufer zu einer Erklärung gezwungen hätte, die weiße Überlegenheit sichergestellt hätte. Das vorbeugenden 21. Db2 (**siehe Diagramm**) war gegen das mögliche ... Se4 gerichtet, zum Beispiel in der Variante 21. Sa4 Se4! 22. Le4: de4: 23. Lb6: ab6: 24. Sb6: Tcd8 bekäme Schwarz für den Bauern eine gute Kompensation.

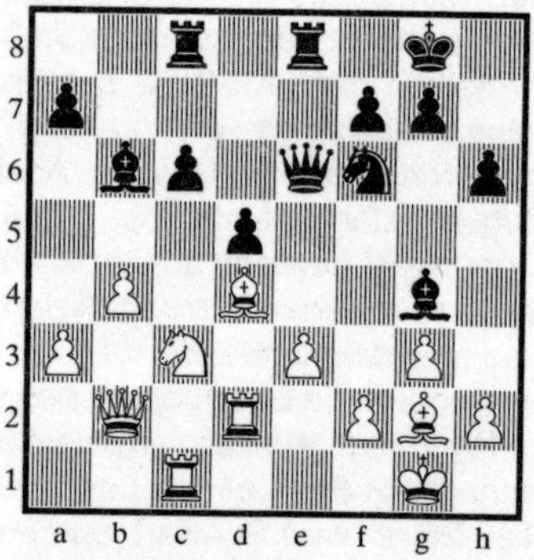

Schwarz reagiert rechtzeitig. Genau dies war der Moment für den Durchbruch c6–c5, den Weiß nicht verhindern konnte (nach 22. ed4: Lh3 bekommt Schwarz Gegenspiel am Königsflügel). Infolge dessen entstand eine Position, die sich im dynamischen Gleichgewicht befindet – die Schwäche des Isolani-Bauern d5 wird durch ein besseres schwarzes Figurenspiel ausgeglichen, welches bis zum Partieschluß erhalten bleibt. Eine wahrscheinliche Partiefortsetzung könnte etwa so ausgesehen haben: 32. Sd5: Ld5: 33. Ld5: Td1:+ 34. Dd1: Sd5: 35. Dd5: Dc1+ 36. Kg2 Da3:, und das kann das zuvor Gesagte nur noch bestätigen.

Dieses Remis begeisterte mich mehr, als der vorausgegangene Sieg. Während der Pressekonferenz, die nach dem Match abgehalten wurde, bezeichnete ich die 6. Partie als ein vorentscheidendes Spiel im Hinblick auf das Gesamtresultat.

Natürlich war dies etwas übertrieben, aber es kommt oft vor, daß Entscheidungen und Bewertungen im Schach und die damit verbundenen Erklärungen einen ausgesprochen emotionalen, subjektiven Charakter haben.

Das Match ging jetzt in seine Endphase über, und obwohl ein Ein-Punkte-Vorsprung nicht besonders stabil ist, konnte ich mit Optimismus in die Zukunft blicken. Unter Berücksichtigung seiner auf Sicherheit gerichteten Schwarz-Strategie, welche Beljawski wohl auch in der 7. und 9. Partie beibehalten würde, konnte er wohl nur in der 8. und 10. Partie mit Erfolgschancen rechnen. Man konnte natürlich auch in der 7. Partie den Versuch unternehmen, zum Ausgleich zu gelangen, aber für diesen Fall bestand keine äußerst große Wahrscheinlichkeit.

7. Partie
Kasparow – Beljawski
13. März 1983
Damengambit

1. d4 d5 2. c4 e6 3. Sc3 Sf6 4. cd5: ed5: 5. Lg5 Le7 6. e3 h6 7. Lh4 0-0 8. Ld3 b6 9. Sf3 Lb7 10. 0-0 Se4 11. Le7: De7: 12. Se5 Sd7 13. f4 Se5: 14. fe5: c5 15. De1! Tad8 16. Td1! Dg5?! 17. Tf3?! f6 18. ef6: cd4:! 19. ed4: Tde8! 20. Lb5! Td8!! 21. Ld3 Tde8
Remis

In dieser Partie bedarf fast jeder Zug einiger erklärender Worte, da praktisch alle Varianten, die denkbar gewesen wären, am Brett unsichtbar blieben. Der Zug 10. ... Se4 kann als eine Anerkennung der Stärke der weißen Neuerung in der 5. Partie angesehen werden. Das natürliche 12. Se5 wird in den Eröffnungshandbüchern nicht erwähnt; dort wird nur 12. Db3 empfohlen. Schwarz liquidiert rechtzeitig den Springer e5 (es wäre sehr gefährlich ihn weiter dort zu dulden, zum Beispiel: 13. ... Sdf6?! 14. Se4: de4: 15. Lc4 Sd5 16. Ld5:! Ld5: 17. f5 mit starkem Angriff). Es könnte der Eindruck entstehen, daß es Schwarz gelungen ist, die Eröffnungsprobleme zu lösen, aber die zwei starken und stabilisierenden Züge 15. De1! und 16. Td1! demonstrieren, daß dies bei weitem nicht der Fall ist. Das einzig logische Spiel von Schwarz, welches mit 16. ... f6 verbunden ist, führt nach 17. Le4:!? de4: 18. ef6: Tf6: 19. Tf6: Df6: 20. dc5: bc5: 21. Td8:+ Dd8: 22. Sa4 zu einem Endspiel, in dem Schwarz einen perspektivlosen Kampf ums Remis führen muß.

Solche Aussichten gefielen Beljawski natürlich nicht, und er entschied sich deshalb für die Steigerung der Spannung mit Hilfe eines riskanten Damen-Unternehmens. Am einfachsten konnte die Harmlosigkeit der schwarzen Unternehmung durch 17. De2 bewiesen werden, wonach Schwarz früher oder später gezwungen sein würde, sich mit einem Endspiel abzufinden, welches er lieber vermeiden sollte. Desweiteren sah auch die Fortsetzung 17. h4!? Dh5 18. Se2! nicht schlecht aus, was die unstabile Lage der schwarzen Dame sofort unterstreicht. Während der Partie hatte ich den Eindruck, daß auch 17. Tf3 alle Positionsvorteile sicherstellt, doch eine Reihe geschickter Züge verhalf Beljawski dazu, der ihm drohenden Gefahr zu entgehen.

Die nächsten Züge beider Seiten

scheinen schwer erklärbar zu sein, aber die Inaugenscheinnahme der konkreten Varianten überzeugt uns davon, daß sie tatsächlich die jeweils Besten waren. Man sehe zum Beispiel: 18. ... Sf6: (anstelle von 18. ... cd4:!) 19. Tf5 Dg6 20. Td5: Dg4! 21. h3! Dd1: 22. Dd1: Sd5: 23. Sd5: Ld5: 24. e4!, und nach d4–d5 gewährleisten die verbundenen Bauern das weiße Übergewicht. Noch schlechter ist etwa 18. ... Sc3:? wegen 19. h4!!, und die Variante 19. ... Dg4 20. bc3: Tf6: 21. Tf6: gf6: 22. Le2 verspricht dem Nachziehenden nichts Gutes.

Kaum zufriedenstellend für Schwarz wäre auch die Abweichung 19. ... Sf6: 20. De7! Td7 21. De6+ Tdf7 22. Tg3 Lc8! 23. Tg5: Le6: 24. Te5, und wieder erscheint ein freudloses Endspiel auf dem Brett.

Die Schlüsselstellung der Partie entstand nach dem Zug 19. ... Tde8!.

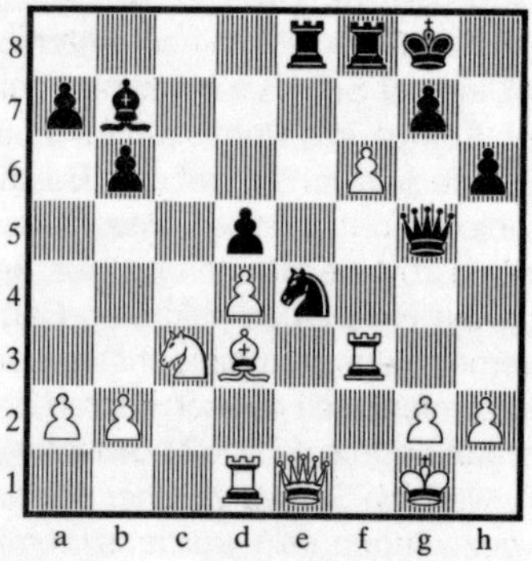

Trotz der vielen taktischen Möglichkeiten kann Weiß nichts Reales erreichen, zum Beispiel: 20. Se4: de4: 21. f7+ Tf7: 22. Lc4 Ld5 23. Tf7: Lf7:, bzw. 20. h4 Dg6!, und das jetzt naheliegende 21. Se4: de4: 22. f7+ Tf7 23. Lc4 führt zu nicht wiedergutzumachenden Nachteilen: 23. ... ef3: 24. De8:+ Kh7 25. Ld3 Dd3:! 26. Td3: f2+ 27. Kf1 Lg2:+. In diesem Augenblick meinte ich aber, daß der listige Plan 20. Lb5! die Waagschale zugunsten von Weiß neigen würde. Und tatsächlich, nach 20. ... Te6 (was könnte natürlicher sein?) 21. Se4: Te4: (im Falle von 21. ... de4: 22. Tg3! Db5: 23. Tg7:+ Kh8 24. Tb7: Tef6: 25. h3 kann sich Schwarz kaum retten) 22. Df2! (man hat keinen Erfolg nach 22. Dc3 Tf6: 23. Tf6: Df6: 24. Dc7 wegen der ausgezeichneten Entgegnung 24. ... Df4!) 22. ... Tf6: 23. Tf6: Df6: 24. Df6: gf6: 25. Tc1! Te7 (zum Verlust einer Figur führt 25. ... Td4:? nach 26. Tc7 Td1+ 27. Kf2 Td2+ 28. Kg3 Tb2: 29. a4! a6 30. Ld7) 26. Kf2 ist es ein reines Vergnügen für Weiß das Endspiel fortzusetzen. Alle derartigen Illusionen erweisen sich aber als trügerisch nach der kaltblütigen Entgegnung 20. ... Td8!!. Nachdem ich nach etwa einer Stunde zu der Überzeugung kam, daß der Vorteil eines Mehrbauern hier nicht ausgenutzt werden kann, zog ich den Läufer nach d3 zurück. Die unverzüglich darauf folgende Rückkehr des Turmes nach e8 konnte als Beginn der Friedensverhandlungen angesehen werden.

Es lohnt sich noch einen weißen Fortsetzungsversuch, der sich um den Vorteil bemüht, näher unter die Lupe zu nehmen: 22. Le4: de4: 23. Te3 Df6: 24. d5. Es könnte der Eindruck entstehen, daß der Bauer e4 ein Kind des Todes ist; aber Schwarz verfügt seinerseits über eine Umgruppierung, die es ihm erlaubt, das Gleichgewicht zu erhalten: 24. ... Kh8 25. h3 Te7! (durch das pseudo-aktive 25. ... La6? bereitet Schwarz sich selbst ernste Schwierigkeiten wegen der Möglichkeit 26. Te4: Te4: 27. De4: Df2+ 28. Kh1! Db2: 29. d6! Lc8 30. Dd4!, und der weit vorgerückte d-Bauer berechtigt Weiß zu den schönsten Hoffnungen) 26. Te4: Te4: 27. Se4: (jetzt ist 27. De4: nicht effektiv, weil nach 27. ... Df2+ 28. Kh1 Db2: der d-Bauer unbeweglich ist) 27. ... Db2: 28. Sd6 La6 29. Sf7+!? Kg8 30. d6 De2!, und das

Schlimmste hat Schwarz jetzt überstanden. Die Alternative 26. Td2 kann nichts versprechen – nach 26. ... Tfe8 wird die Schwäche des Bauern e4 durch die Schwäche des Bauern d5 kompensiert.

Durch findige Verteidigung hatte sich Beljawski einen halben Punkt gerettet, aber er konnte sich mit Remisen jetzt kaum noch zufriedengeben. Die Initiative gehörte nach wie vor mir, der Punktevorsprung blieb erhalten, und die Zahl der Partien reduzierte sich um eine weitere.

8. Partie

Beljawski – Kasparow

15. März 1983

Königsindische Verteidigung

1. d4 Sf6 2. c4 g6 3. Sc3 Lg7 4. e4 d6 5. f3 0-0 6. Le3 a6 7. Ld3 c5 8. dc5: dc5: 9. Lc5: Sc6 10. Sge2? Sd7! 11. Lf2 Sde5 12. Sc1 Lh6! 13. Sd5? e6 14. Lb6 Dg5! 15. 0-0! ed5: 16. f4 Dh4! 17. fe5: d4! 18. Se2 Le3+ 19. Kh1 Se5: 20. Lc7 De7 21. Le5: De5: 22. De1 Ld7 23. Dg3 Tae8 24. Sf4 Lc6 25. Sd5 Dg3: 26. hg3:?! Te5 27. g4 h5 28. Sf6+ Kg7 29. gh5: Th8 30. g3 Teh5:+!? 31. Sh5:+ Th5:+ 32. Kg2 f5 33. Tae1 fe4: 34. Lb1 Tc5! 35. b3 b5 36. Te3: de3: 37. Te1 bc4: 38. bc4: Tc4: 39. Te3: Tb4! 40. Tb3 e3+ 41. Kf1 Lb5+ 42. Ke1 a5! 43. Le4 Tb3: 44. ab3: Kf6 45. Kd1 g5 46. Kc2 Ke5

Weiß gab auf

Ohne Zweifel begann Beljawski diese Partie nur mit einem Wunsch – zu gewinnen, und nach der Beurteilung der Wettkampflage konnte er schwerlich mit der Königsindischen Verteidigung rechnen, d. h. mit einer Eröffnung, welche ein extrem schwieriges und für beide Seiten risikovolles Spiel nach sich zieht. Als ganz besonders überraschend konnte aber für meinen Gegner die Anwendung einer wenig erforschten Variante unter Inkaufnahme eines Bauernopfers angesehen werden, zumal dieses in meiner bisherigen Spielpraxis noch nicht vorgekommen war. Selten kommt es vor, daß sich der Überraschungseffekt so schnell bezahlt macht, bis zu seinem 15. Zuge verbrauchte Beljawski bereits 1 Stunde und 45 Minuten! Was aber oft zu beobachten ist, die Qualität der gemachten Züge steigert sich keineswegs proportional zum Zeitverbrauch. So sollte etwa anstelle des natürlichen Entwicklungszuges 10. Sge2? der Läufer viel besser sofort nach e3 zurückgezogen werden, wodurch Schwarz daran gehindert wird, den Zug 10. ... Sd7! mit Tempogewinn auszuführen. Alle Läuferrückzüge haben danach ihre Schattenseiten, zum Beispiel: 11. La3 Sde5 12. Sd5 e6! 13. Lf8: Lf8: 14. 0-0 ed5: 15. ed5: Sb4, und trotz des annähernden materiellen Gleichgewichts verfügt Schwarz über eine bedeutend aktivere Figurenanordnung; die Zugfolge – 11. Le3 Sde5 12. Sc1 Sb4 13. Sd5 Sbd3:+ 14. Sd3: Sc4: 15. Lc5 e6! 16. Lf8: Df8: – andererseits gewährte dem Nachziehenden starke Initiative als Äquivalent für die Qualität. Der auf f2 befindliche Läufer hätte zwar Angriffe der schwarzen Springer nicht zu befürchten, aber er könnte die Diagonale h6–c1 nicht kontrollieren, was von Schwarz unverzüglich ausgenutzt wird.

Die übermäßig aktive 13. Sd5? hatte bereits irreparable Folgen. Deshalb sollte Weiß sich mit dem Läufer lieber bescheiden nach e2 zurückziehen, wobei er sich mit der schlechteren Position nach 13. ... Dd1:+ 14. Sd1: Le6 abzufinden hätte. Die Stärke der schwarzen Initiative wird durch die folgende Variante veranschaulicht: 15. b3? Sb4 16. 0-0 Sc2 17. Tb1 Sa3! 18. Ta1 Lg7 19. Lc5 Sc6! mit Qualitätsgewinn; übrigens sind nach 15. Se3 Sd4 16. Ld1 die weißen

Verteidigungsressourcen noch lange nicht erschöpft.

Das „kühne" 15. 0-0 wäre bereits eine bessere praktische Chance: der Versuch, alles mit einem einzigen Zug 15. Se3 verteidigen zu wollen, konnte mit dem überraschenden 15. ... Sd7! widerlegt werden, wonach für Weiß nichts anderes übrig bleibt, als sich zu ergeben. Andererseits könnte Schwarz durch übertriebene Habgier – 15. ... Sd3:? die Früchte seiner erfolgreichen Eröffnungsstrategie leicht wieder zunichte machen – nach 16. f4! Sf4: 17. Sf4: De5 18. Df3 Db2: 19. Sb3 bekommt Weiß für den Bauern eine recht beachtliche Initiative.

Vielleicht sollte Weiß sein Glück in einem Figurenopfer suchen (16. cd5: statt 16. f4), aber in einem so verantwortungsvollen Augenblick wollte sich Beljawski nicht zu den äußersten Maßnahmen entschließen. Der Zug 16. ... Dh4! verfolgte das Ziel, den Königsflügel zu schwächen, um nach 17. g3 De7 18. cd5: die Figur mit eigenem Vorteil zurückzugewinnen – 18. ... Sd3: 19. Sd3: De4:! 20. dc6: Dc6:, und jetzt sollte sich die unheilvolle Schwäche der langen Diagonale bemerkbar machen.

17. ... d4! (**siehe Diagramm**), was das Brett in zwei Teile zerreißt und für den schwarzen Läufer einen festen und starken Standplatz auf e3 vorbereitet, muß als die präziseste Lösung des Stellungsproblems angesehen werden.

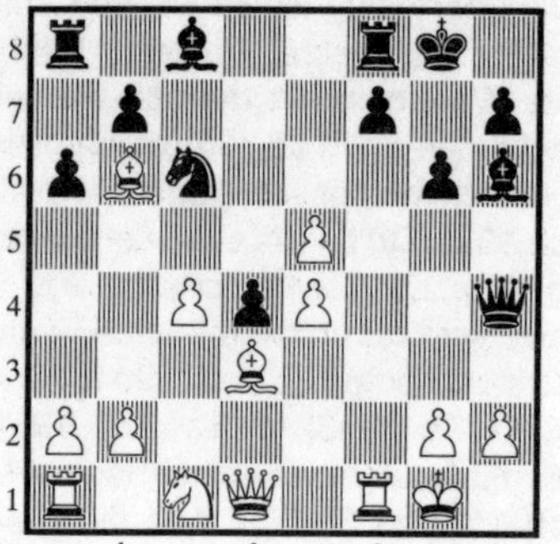

Das Schicksal der Partie war vorausbestimmt, wenngleich Schwarz noch mit technischen Schwierigkeiten zu kämpfen hat. Beim 26. Zug war es das Schachgebot auf f6, welches es dem Anziehenden erlauben würde, bedeutend hartnäckigeren Widerstand zu leisten. Beljawski nutzte diese Gelegenheit wahrscheinlich deshalb nicht, weil er hoffte, in der nahen Zukunft den gefährlichen Läufer e3 liquidieren zu können, aber es erwies sich, daß selbst dies zu keiner Erleichterung mehr führt. Zum Beispiel: 27. Se3: (anstatt 27. g4) 27. ... de3: 28. Tae1 Le4:, oder 28. Se3: (anstatt 28. Sf6+) 28. ... de3: 29. Tae1 (29. gh5: Th5:+ 30. Kg1 Td8 31. Tad1 Td4! 32. Le2 Td1: 33. Td1: Te5 mit Gewinn eines Bauern und der Partie) 29. ... hg4: 30. Te3: f5! 31. g3 (Weiß darf f5–f4 nicht zulassen) 31. ... Tfe8 32. Tfe1 g5!, und der Durchbruch f5–f4 ist unvermeidlich (33. Tf1 Kg7). Übrigens, bald mußte Weiß seinen Turm gegen den Läufer e3 opfern.

Beim 30. Zug führt anstelle des Qualitätsopfers die Alternative 30. ... Lg5! 31. Sd5 f5! noch schneller zum Ziel, wonach Weiß die Entstehung zweier verbundener Freibauern nicht verhindern kann, zum Beispiel: 32. ef5: Td5:! 33. cd5: Ld5:+ 34. Kg1 Le3+ 35. Tf2 Th5:, oder 32. Tae1 The8! usw. Das Qualitätsopfer erschwerte die Aufgabe von Schwarz in einiger Hinsicht, aber das mächtige Bauernpaar im Zentrum, das zudem die Unterstützung der beiden Läufer erhält, sollte den Kampfausgang zugunsten des Nachziehenden entscheiden. In der schlimmsten Zeitnot entscheidet sich Beljawski zu einem Rückopfer der Qualität, wohlwissend, daß eine passive Verteidigung unweigerlich zum Mißerfolg verurteilt ist. Und tatsächlich, Schwarz hat einen eindeutigen Plan zur Verstärkung seiner Position, zum Beispiel: 36. Te2 (nach 36. a4 b4! schadet Weiß die Schwäche des Bauern b3) 36.

... b4! 37. Tee1 Lb7 38. Kh2 Tc7 39. Kg2 Te7! 40. Te3: de3: 41. Te1 Kf6, und die Zentralisierung des Königs ist von partieentscheidender Bedeutung. Für einen Augenblick mag es scheinen, daß die Reduziertheit des Materials dem Weißen noch Remischancen einräumen könnte, aber das präzise 39. ... Tb4! zwang Weiß in ein verlorenes Läuferendspiel überzugehen. Entscheidend war hier 42. ... a5!, wodurch die Überführung des Königs nach c3 (43. Kd1 La4) verhindert wurde, was übrigens auch nicht mehr zur Rettung der Partie gereicht hätte. Weiß gab auf, als seine letzten Ressourcen verbraucht waren (47. Ld3 e2 oder 47. Lg6 Kd4).

Das Schicksal des gesamten Wettkampfes war damit praktisch entschieden, aber da ich den Kampfgeist von Beljawski kannte, hatte ich keinen Grund daran zu zweifeln, daß er sich nicht ergeben würde, sondern in der nächsten Partie noch einmal alles auf eine Karte setzen wollte.

9. Partie
Kasparow – Beljawski
19. März 1983
Benoni Verteidigung

1. d4 Sf6 2. Sf3 c5 3. d5 d6 4. Sc3 g6 5. e4 Lg7 6. Lb5+ Ld7 7. a4 0-0 8. 0-0 Sa6 9. Te1 Sb4?! 10. h3! e6 11. Lf4! e5 12. Lg5 Lc8?! 13. Sd2 h6 14. Lh4 g5 15. Lg3 g4?! 16. hg4: Sg4:?! 17. f3 Sf6 18. Lh4! Kh8 19. Se2! Tg8 20. c3 Sa6 21. Sg3 Df8 22. Sdf1 Sh7 23. Se3 Lf6 24. Lf6:+ Sf6: 25. Sgf5 Sh5 26. Kf2 Sf4 27. g3 Sh3+ 28. Ke2 Lf5: 29. Sf5: Tg3: 30. Sg3: Dg7 31. Tg1 Tg8 32. Dd2
Schwarz gab auf.

Eine kleine List von Weiß beim zweiten Zug zwang Schwarz dazu, auf eine Variante einzugehen, die keinen guten Ruf genießt, weil sie für Weiß zu viel Freiheit in der Wahl des Spielplanes läßt. Desweiteren plazierte Beljawski in einer wenig gebräuchlichen Situation seine Figuren nicht sonderlich günstig. So war es im 6. Zug beispielsweise ratsamer, sich gegen das Schachgebot auf b5 mittels eines Springerzuges nach d7 zu schützen. Auch die schwarze Springerüberführung auf das Feld b4 ist nicht zweckmäßig, zumal er dort vom Geschehen ausgeschlossen bleibt (sein angestammter Platz in dieser Variante wäre c7). Beim 11. Zug verfügte Weiß über eine verführerische Möglichkeit zu einem Massenabtausch – 11. de6: Le6: 12. Lf4 d5 13. ed5: Sfd5: 14. Sd5: Sd5: 15. Le5, was mit höchster Wahrscheinlichkeit zum Remis führt. Ich aber beschloß den Kampf fortzusetzen, wobei ich den Gesetzmäßigkeiten der Stellung gehorchte, und nicht die Wettkampfsituation in den Mittelpunkt meiner Überlegungen rückte. Nach der Stabilisierung des Zentrums wurde das weiße Übergewicht offenkundig, aber auch das von Kommentatoren vorgeschlagene 11. ... Lb5: führt zu Komplikationen, die für Weiß vorteilhaft sind – 12. Sb5:! (12. ab5: ed5: 13. ed5: Dd7 =) 12. ... ed5: 13. Ld6: de4: 14. Lf8: Df8: (14. ... Dd1: 15. Tad1:! Tf8: 16. Sg5 Sc2: 17. Te2) 15. Sg5! (15. Sd2? Td8) 15. ... Te8 16. Sc3, und es ist unklar, was Schwarz für die geopferte Qualität als Gegenwert haben soll; oder 12. ... a6 13. Sd6: Sh5 14. Sb7: Db6 15. Ld6! Db7: (15. ... Tfc8 16. c3) 16. Lf8: Tf8: 17. c3 mit entscheidendem materiellen Übergewicht.

Kaum lohnend für Schwarz war es auch, einen Tempoverlust für die Erhaltung des weißfeldrigen Läufers in Kauf zu nehmen. Nach meiner Meinung verfügte man in der Position nach 12. ... h6 13. Lf6: Lf6: 14. Ld7: Dd7: 15. Sd2 Le7 über bedeutend bessere Möglichkeiten zum Gegenspiel als in der Partie. Zum Hasard-Spiel, das mit dem schwarzen

Zug 14. ... g5 eingeleitet wurde, sah sich mein Gegner nicht nur durch die Matchsituation genötigt, sondern auch durch die konkrete Lage auf dem Brett. Es war ihm nicht gelungen, den thematischen Vorstoß f7–f5 zu verwirklichen (nach 14. ... Dc7 15. Le2!? Se8 16. Sc4 f5?! 17. Sb5 Dd7 18. ef5: gf5: 19. Lh5 bricht die schwarze Position zusammen).

Trotz aller Schwierigkeiten, die sich Schwarz in der Eröffnung einhandelte, können als Grund für seinen schnellen Untergang die Züge 15 und insbesondere 16 angesehen werden. Anstelle des verfrühten 15. ... g4?!, was die ohnehin geöffnete schwarze Position weiter schwächte, wäre besser 15. ... h5, was Weiß zu großer Präzision bei der Bekämpfung der Gegendrohungen zwingt (am stärksten wäre wohl 16. Le2 g4 17. Lh4! gh3: 18. g3 mit Übergewicht). Und letztendlich bestand die letzte Möglichkeit zur Aufrechterhaltung einer gewissen Spannung im Nehmen des Bauern g4 mit dem Läufer, obwohl auch dann nach 16. ... Lg4: 17. Le2 (17. f3? Sh5!) 17. ... Le2: 18. Te2: Sh5 19. Te3 Sf4 (19. ... Dg5 20. Sc4 Tad8 21. Sb5) 20. Se2 Schwarz nicht um seine Stellung zu beneiden ist, zum Beispiel: 20. ... Se2:+ 21. Te2: f5 22. ef5: Sd5: 22. Sc4 usw.

In der Partie gestaltete sich alles noch viel einfacher. Mit seinen starken Zügen 18 und 19 unterband Weiß vollkommen jegliches schwarzes aktives Gegenspiel am Königsflügel und bereitete die Eroberung des Feldes f5 vor. Der weiße Sieg war nun faktisch nur noch eine Frage der Zeit. Etwas hartnäckiger ist 21. ... Lf8 22. Sdf1 Le7, aber das konnte am Wesen der Ereignisse schon nichts mehr ändern. Die Position nach 25. Sgf5 ist ein Triumph der weißen Strategie.

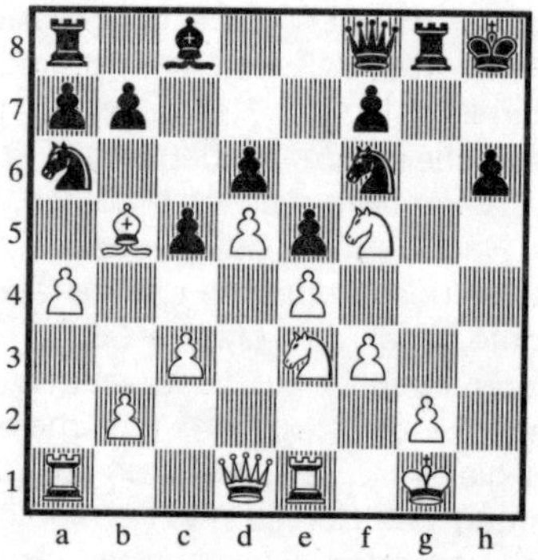

Die schwarzen Figuren sind vollkommen zurückgedrängt, während die weißen Figuren alle Schlüsselfelder kontrollieren. Der letzte schwarze Versuch am Königsflügel ist eine typische Verzweiflungsaktion (es sollte etwas gegen die Gefahr der Verdoppelung der weißen Türme in der h-Linie getan werden). Die präzise weiße Spielführung sei hervorgehoben, natürlich waren die Züge 31. Tg1 und 32. Dd2 nicht die einzigen, aber sie waren besonders exakt. Zu dem großen Positionsübergewicht von Weiß kam schließlich noch ein materieller Vorteil dazu.

Beljawski ließ sich seine Enttäuschung nicht anmerken; er stand auf und gratulierte mir zum Sieg.

So endete für mich der erste Kandidatenwettkampf, der sich nach den Worten des Hauptschiedsrichters Mikenas durch seine äußerste Korrektheit und freundschaftliche Atmosphäre auszeichnete.

Fortsetzung des Kampfes

Die VIII. Spartakiade der Völker der UdSSR Moskau 1983

Kasparow – Tal
Damengambit

Wieder einmal sollte mir die spannende Botwinnik-Variante bevorstehen! Die Leser erinnern sich wohl daran, daß es mir gelungen war, während des »doppelten Duells« gegen Timoschenko und Dorfman die Korrektheit der Eröffnungs-Strategie von Schwarz in Frage zu stellen.

Der Kommentar zu diesen Partien endete mit dem Gedanken, daß es trotz des für Schwarz bitteren Resultats noch zu früh sei, diese Variante zu den Akten zu legen – uns stehen noch viele spannungsreiche Kämpfe bevor. Vor dem Beginn der Partie mit Michail Tal konnte ich kaum ahnen, daß gerade an diesem Tag das Eröffnungs-Duell von neuem aktuell wird.

1. d4 Sf6 2. c4 e6 3. Sf3 d5 4. Sc3 c6 5. Lg5

Für wenige Sekunden tauchte bei mir der Gedanke auf, daß der Exweltmeister eine Verbesserung vorbereitet haben Könnte gegenüber unserer Partie beim Interzonenturnier in Moskau, wo ein wenig erforschte Variante mit einem Bauernopfer vorgekommen war: 5. ... h6 6. Lh4!? dc4: 7. e4 g5 8. Lg3 b5. Aber diesmal zog Tal es vor, den Bauern c4 sofort zu nehmen.

5. ... dc4: 6. e4 b5 7. e5 h6 8. Lh4 g5 9. Sg5: hg5: 10. Lg5: Sbd7 11. ef6: Lb7 12. g3 c5 13. d5 Db6

Schwarz bewegt sich auf dem normalen Weg der Variante und vermeidet das heute moderne 13. ... Lh6. Wo also lauert auf mich die Überraschung?

14. Lg2 0–0–0 15. 0–0 b4 16. Sa4 Db5 17. a3 Sb8

Gerade diese Fortsetzung führte bei Timoschenko und Dorfman zur Katastrophe! In letzter Zeit waren die erfolglosen schwarzen Versuche zur Rehabilitierung der Variante mit dem Zug 17. ... ed5: verbunden.

18. ab4: cb4:

Hier brauchte ich etwa 20 Minuten, um im Gedächtnis den Verlauf der Ereignisse in früher gespielten Partien wiederherzustellen. Es schien alles in bester Ordnung zu sein und deshalb wurden die nächsten vier Züge schnell und sicher gemacht.

19. Le3 Ld5: 20. Ld5: Td5: 21. De2 Sc6 22. Tfc1 Se5!

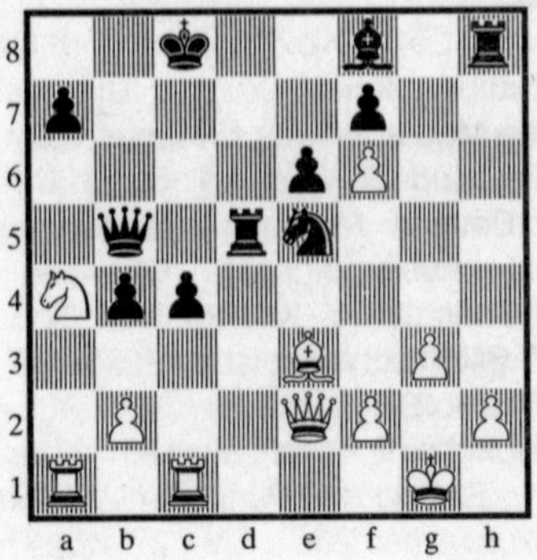

Da haben wir es – die Neuerung Tals!

Timoschenko wie auch Dorfman setzten fort mit 22. ... Sa5, womit sie den Springer für die Verteidigung reserviert haben und bei Gelegenheit die Drohung ...Sb3 schufen. Aber auf a5 wird der Springer auch weiter passiv sein und er wurde zu einer bequemen Angriffs-Zielscheibe für die weißen Figuren, während er auf e5 eine aktive Position innehat und dabei defensive wie auch aggressive Funktionen gleichermaßen erfüllt.

Der nächste Zug fiel mir besonders schwer. Das direkte 23. f4 wurde von mir verworfen wegen der Variante 23. ... Sd3 24. Tc4:+ Dc4: 25. Tc1 Dc1:+ 26. Lc1: Sc1: 27. Dc4+ Kb7 28. Dc1: Ld6, denn danach sind (wegen der ungünstigen Lage des Springers a4) die schwarzen Chancen zumindest nicht schlechter. Es fiel schwer, auf 23. La7: zu verzichten, was den Springer a4 zu aktivieren erlaubte, aber nach 23. ... Kb7! muß man mit dem Läufer zurückkehren (24. Sb6 c3!), und ich hatte Angst vor einer Tempoeinbuße in einer solchen Stellung. Deshalb wählte ich den erprobten Weg, obwohl ich die Gefahr witterte, welche mit der aktiven Stellung des Springers e5 verbunden war.

23. b3!? c3 24. Sc3: bc3: 25. Tc3:+ Kb8

Nach 25. ... Kb7 drohten dem Nachziehenden keine ernsten Unannehmlichkeiten; aber das Endspiel nach 26. Ta7:+ Kb8 27. Db5:+ Tb5: 28. Kg2 ist nach meiner Meinung eher günstig für Weiß. Ausgezeichnete Chancen hat Weiß nach 25. ... Kd8 26. Db5: Tb5: 27. Ta7:; nicht schlecht ist auch 26. Ta7:!.

26. Dc2

Es scheint riskant zu sein, aber die Schwächung des Punktes f3 ist vorerst nicht so ernst: 26. ... Sf3+ 27. Kg2 Th2:+ 28. Kf3: Tf5+ 29. Kg4, und die Stellung des Königs auf b8 verbietet Schwarz das effektvolle 29. ... Tf4+.

Bedeutend schwächer war 26. La7:+ Kb7 27. De4 wegen 27. ... Db4!. Nach dem erzwungenen 28. Dc2 (28. Tc4 Db3: 29. Tb1 Sf3+!) 28. ... Ld6 wird Weiß seine taktische Hauptressource (b3-b4) entzogen, und der Versuch, die schwarze Dame durch 29. Ta4 zu vertreiben, wird durch 29. ... Sf3+!! 30. Tf3: De1+ 31. Kg2 Th2:+ 32. Kh2: Th5+ mit Matt widerlegt.

26. ... Ld6 27. La7:+ Kb7 28. b4!

Wie in den Partien mit Timoschenko und Dorfman wird diesem Bauern eine wichtige Rolle im Angriff eingeräumt. Die unerwartet entstandene Drohung 29. Ta5 zwingt Schwarz zu großer Vorsicht.

28. ... Sc6

Schwarz hatte noch zwei weitere Möglichkeiten. Wohl sind nach 28. ... Ta8 29. Ta5 Dd7 30. Lb6! die weißen Drohungen ausreichend ernst, zum Beispiel: 30. ... Lb8 31. Ta8: Td1+ 32. Kg2 Dd5+ 33. Kh3 Ka8: 34. Da4+ Kb7 35. b5! mit entscheidendem Angriff oder 31. ... Ka8: 32. De4! und der Freibauer auf der h-Linie plus die unsichere Stellung des schwarzen Königs kompensieren die Minusfigur. Am einfachsten würde das Problem der Verteidigung mittels 28. ... Td3! gelöst werden, wonach die Drohung ...Sf3+ Weiß zwingt, sich mit den Vereinfachungen einverstanden zu erklären – 29. Td3: Dd3: 30. Dd3: Sd3:!. Bei bestem Spiel beider Seiten – 31. Td1! Ka7: 32. Td3: Td8! 33. h4 Lc7 – ist das Remis unvermeidlich. Aber in diesem Moment wollte Schwarz gewinnen!

29. Le3

Hier wurde Tal lange nachdenklich. Zuerst neigte er zu 29. ... Tc8 (er notierte sogar diesen Zug in das Formular), aber letzten Endes wählte er eine weniger ehrgeizige Fortsetzung, welche Weiß das Remis garantierte.

29. ... Le5

Über welche Möglichkeiten würde Weiß aber im Falle von 29. ... Tc8 verfügen?

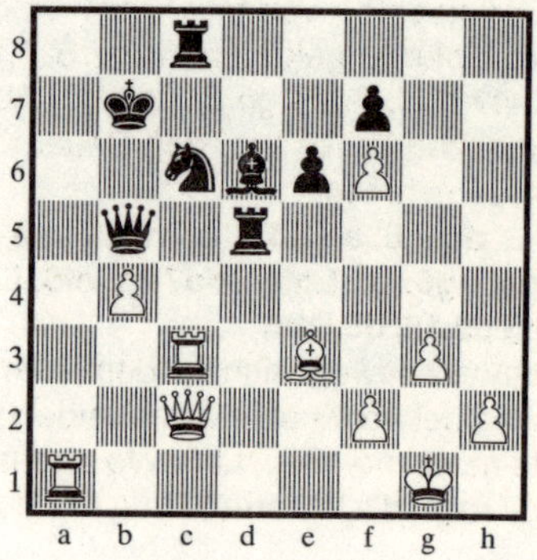

Nach Tals Worten fürchtete er am meisten das paradoxe 30. f4!?, wodurch Schwarz die Verfügungsmöglichkeit über das Feld e5 entzogen wird. Tal hielt für obligatorisch für Schwarz 30. ... Lb4: 31. Tb1 Lc3: 32. Tb5:+ Tb5: 33. Dc3: mit schwierigem Kampf ums Remis. Mir scheint, daß sich Schwarz ohne besondere Ängste für 30. ... e5!? entscheiden konnte.

Außer 30. f4 verfügt Weiß noch über mehrere Fortsetzungen: 30. Tc1? Sb4:; 30. Tca3?! Le5!; 30. Da2?! Lb4: 31. Tb1 Lc3:; 30. Dh7 Le5 31. Df7:+ (schlecht ist 31. Tc6:? wegen 31. ... Dc6:! 32. Df7:+ Tc7 33. Ta7+ Kb8, und die Mattdrohung auf der ersten Reihe zwingt Weiß zur Kapitulation) 31. ... Tc7 32. De8 Td8 33. f7 Lc3: 34. Dd8: Sd8: (34. ... La1: 35. Dc7:+ oder 35. Dg8!?) 35. Ta7+ Kc8 36. Tc7:+ Kc7: 37. f8D mit wahrscheinlichem Remis-Ausgang; 30. Tb1!? Tc7 (30. ... Sb4:? 31. Tb4:) 31. Tc5! Dd3 32. b5! – ein erbitterter Sturmangriff! Und wenn Schwarz jetzt gierig ist – 32. ... Lc5:?, dann folgt unverzüglich die Vergeltung: 33. bc6:++ Kc6: (oder 33. ... Kc8 34. Dd3: Td3: 35. Lc5: mit gewonnenem Endspiel) 34. Da4+ Kd6 35. Lc5:+ Tdc5: (35. ... Tcc5: 36. Tb6+; 35. ... Kc5: 36. Db4+ Kc6 37. Tc1+ Kd7 38. De7+ mit Matt) 36. Td1 Dd1:+ (36. ... Tc1 37. Da6+!) 37. Dd1:+ Ke5 38. Df3 usw. Deshalb muß Schwarz zwischen den unterschiedlichen Rückzugsmöglichkeiten des Springers wählen: 32. ... Sb8 33. Tc7:+ Lc7: 34. Dd3: (34. Da2?! Tb5: 35. Da7+ Kc8 36. Tc1 Tb7) 34. ... Td3: 35. g4! Sd7 36. g5 Se5 37. Tb4! mit garantiertem Remis; 32. ... Sb4!? 33. Dd3:! Sd3:! 34. Td5: ed5: 35. Td1 Sb4 36. g4, und trotz des begrenzten Materials ist es nach wie vor schwierig, irgend eine Seite zu bevorzugen; 32. ... Se5!? (in diesem Falle balancieren beide Seiten auf des Messers Schneide) 33. Tc7:+ Lc7: 34. Da2! Kc8! 35. b6! Sf3+ 36. Kg2 De4! 37. Tc1! Sh4++ (oder 37. ... Sh2:+ 38. Kg1 Sf3+ 39. Kf1 mit Remis) 38. Kh3! (38. Kf1? Dh1+ 39. Ke2 Df3+ 40. Ke1 Sg2+) 38. ... Dg2+ (oder 38. ... Df5+ 39. g4 Df3+ 40. Kh4: Df6:+ 41. g5! Td4+! 42. Ld4: Df4+ mit Remis) 39. Kg4 (der Springer ist unverwundbar wegen Matt in zwei Zügen) 39. ... Df3+ 40. Kh3 mit Zugwiederholung.

All das blieb hinter den Kulissen, aber das in der Partie Geschehene ist nicht weniger interessant.

30. Tc6: La1: 31. Tc7+ Kb8! 32. La7+

32. Tf7:? würde es Schwarz erlauben, den für ihn günstigen Abtausch der Türme einzuleiten mittels 32. ... Td7!.

32. ... Ka8 33. Le3

Das ist eine Demonstration der Stärke der eigenen Position (Schwarz muß sowieso mit dem König nach b8 zurückkehren), und darüberhinaus wird Bedenkzeit für das weitere Überlegen gewonnen – Zeit, die ja ohnehin so knapp ist.

33. ... Kb8 34. La7+ Ka8 35. Lc5 Kb8 36. Tf7:!

Der Kampf um den Sieg wird fortgesetzt! Dem schwarzen Mehrturm stehen die gewaltige Aktivität der weißen Figuren und der weit nach vorne geschobene f-Bauer gegenüber.

36. ... Le5!

Schwarz verliert sofort im Falle von 36. ... Dd3? wegen 37. La7+ oder nach 36. ... Thd8 wegen 37. Ld6+!. Auch im Falle von 36. ... Td7 37. Ld6+! Kb7 38. De4+ Ka6 39. De6: Tf7: 40. Df7: sollte Weiß mit hoher Wahrscheinlichkeit den Sieg davontragen.

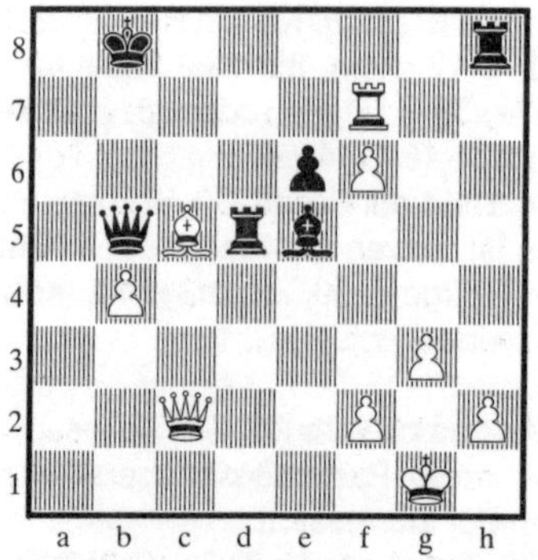

37. La7+

Am Brett war ich nicht imstande, die Folgen der Variante 37. Te7 Thd8 richtig einzuschätzen (kaum abwehrbar ist der weiße Angriff nach 37. ... Lf6: 38. Te6:) 38. f7 Td1+ 39. Kg2. Die spätere Hausanalyse aber zeigte, daß bei 39. ... Df1+? 40. Kf3 Dh1+ 41. Kg4 Schwarz verlieren soll (41. ... T1d3 42. Dd3:), während 39. ... Dc6+! 40. Kh3 Df3 ihm erlaubt, gefährliche Mattdrohungen aufzustellen. Auf 41. Dh7 (die einzig annehmbare Verteidigung) wird mit einem Dolchstoß geantwortet 41. ... Lg3:! (Schwarz darf auch nicht zögern, weil nach 42. Te8 der f-Bauer nicht mehr aufzuhalten ist) 42. fg3: T1d5. Schluß? Nein, 43. Tb7+! Kc8 44. Tc7+!, und jetzt bietet Weiß Dauerschach. Phantastisch!

Eine schwer zu beurteilende Position mit einem originellen materiellen Kräfteverhältnis könnte nach 37. Kg2!? Td7! 38. Td7: Dd7: 39. De4 Dd5 40. Dd5: ed5: 41. f7 Lg7 entstehen. Die weiße Bauernarmada sieht eindrucksvoll aus, aber der d-Bauer darf nicht unterschätzt werden: 42. g4 (sonst folgt Lf8) 42. ... Kc7 (42. ... Lf8? 43. g5) 43. f4 d4. Nach meiner Meinung ist hier am wahrscheinlichsten ein Remis-Ausgang möglich, aber um das zu beweisen, wäre hier eine spezielle weitere Analyse notwendig.

37. ... Ka8 38. Le3 Td7!

Nach 38. ... Kb8 39. Te7 Thd8 40. f7 Td1+ 41. Kg2 verändert die Verschiebung des Läufers von c5 nach e3 die Einschätzung der Stellung zu Gunsten von Weiß: 41. ... Dd5+ 42. f3 Td3 (nicht 42. ... Db5? 43. Dd1:, und im Falle von 42. ... Ta1 43. Te8 Lg7 44. b5! ist Schwarz machtlos) 43. Te8 Lg7 44. Td8:+! (44. Lf4+? Kb7 45. Dc7+ Ka6) 44. ... Dd8: 45. Lf4+ Kb7 (45. ... e5 46. Le5:+! Le5: 47. Dd3: oder 46. ... Kb7! 47. Lg7:! Td2+ 48. Kh3 Tc2: 49. f8D Dd7+ 50. g4 Dc7 51. f4, und Weiß sollte siegen) 46. b5! Dd7 47. Da4, und Weiß sollte, nachdem er die Drohung der f-Bauernumwandlung mit den Bedrohungen des Königs verbindet, höchstwahrscheinlich gewinnen können.

39. Da2+

Es gibt nichts Besseres. Es gelingt nicht, im Endspiel nach 39. De4+? Dd5 40. Dd5:+ Td5: die Bauern zu einer drohenden Kette zu vereinigen: 41. g4 Th2: 42. Kf1 Ld4!.

39. ... Kb8 40. La7+

Dieses letzte (das fünfte!) Schachgebot auf dem Feld a7 ist nur ein Vorbote der Friedensverhandlungen. Es könnte der Eindruck entstehen, daß nach 40. De6: Td1+ 41. Kg2 Df1+ 42. Kf3 Dh1+ 43. Kg4 (43. Ke2 Te1+ 44. Kd2 Td8+) 43. ... De4+ 44. Kg5 der weiße König sich vor der Verfolgung versteckt. Aber 44. ... Tg8+ 45. Tg7 Lf6:+! 46. Kf6: (46. Df6: Td5+ 47. Kh6 Th8+) 46. ... De6: 47. Ke6: Tg7: läßt den Vorhang fallen – Weiß kann sich kaum retten.

40. ... Kc8

Nach dem leichtsinnigen 40. ... Kb7? 41. De6: Tf7: 42. Df7:+ Lc7 43. Lc5 hat nur noch Weiß gewisse Chancen.

41. De6: Dd5 42. Da6+ Db7 43. Dc4+ Dc7

Wahrscheinlich verliert Schwarz auch nicht im Falle von 43. ... Kd8 44. Td7:+ Dd7: (44. ... Kd7:? 45. Lc5!) 45. Lb6+ Lc7 (45. ... Ke8? 46. De2!), aber 43. ... Dc7 ist präziser, weil es 44. Da6+ erzwingt mit Zugwiederholung.

Remis

Postkriptum

Anscheinend ist es Schwarz prinzipiell gelungen, den Eröffnungsstreit zu gewinnen, und deshalb sollte ich bei der Analyse eine Spielverstärkung für Weiß finden. Zweifellos entsteht die kritische Situation nach 22. ... Se5!. Der Leser erinnert sich wohl daran, daß die Variante 23. La7+ Kb7 24. Le3 von mir rein intuitiv verworfen wurde – ich hatte Angst vor dem Tempoverlust (auf Kosten des Bauern). Aber es gibt einen gravierenden Unterschied zwischen der Turnierpartie, wo die Ängste manchmal übertrieben werden, und der Hausanalyse, wo in der ruhigen Situation jedwedes „Für" und „Wider" exakt ausgewertet werden kann. Wollen wir die entstandene Situation aufmerksam erörtern.

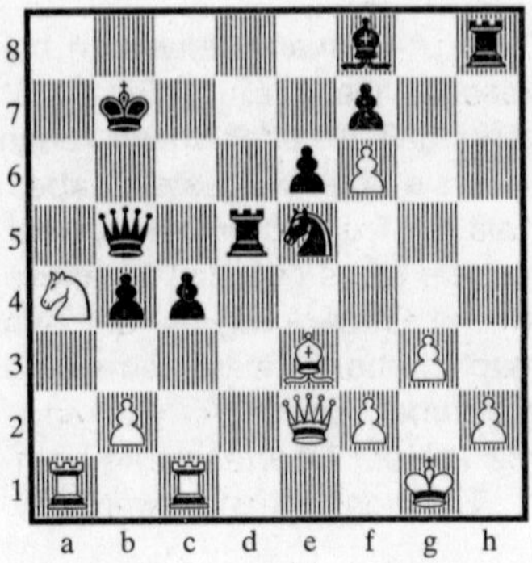

Die Drohung Sb6 kann sich als tödlich erweisen, deshalb muß Schwarz sofort etwas unternehmen. Das gewonnene Tempo kann man am effektivsten bei den Aktivitäten gegen den weißen König verwenden. In den anderen Fällen gestaltete sich der Kampf deutlich zu Gunsten von Weiß, zum Beispiel: 24. ... Lh6 25. f4! Sd3 26. Td1 Ta8 27. Sb6 Ta1: 28. Ta1: Td6 29. Df3+ Dc6 30. Dh5, oder 24. ... Sd3 25. Tc4:! Dc4: 26. Sb6 De4 27. Sd5: ed5: 28. Td1 d4 29. Td3: de3: 30. Te3:, – und die geöffnete Stellung des Königs macht die schwarze Position kaum verteidigungsfähig.

Äußerst vorteilhaft scheint 24. ... Dc6 zu sein, da es mit einem entscheidenden Abzug des Turmes droht (so zum Beispiel: 25. ... Ta5). Weiß ist nicht imstande den Punkt f3 sicher zu verteidigen (25. f4? Td2! 26. Ld2: Sf3+ 27. Kf1 Th2:), deshalb beginnt er selbst mit dem Angriff – 25. Sb6!. Jetzt verfügt Schwarz über zehn (!) mögliche Turmabzüge. Wir wollen die logischsten davon einer Erörterung unterziehen:

25. ... Td3 26. Sc4:! Sf3+ 27. Df3: Df3: 28. Sa5+ Ka6 29. Sc6+ Kb7 (29. ... Kb5 30. Ta5matt!) 30. Ta7+ usw.;

25. ... Td2 26. Sc4:! Sc4:! (26. ... Sf3+ 27. Df3: haben wir bereits erörtert...) 27. Dc4: Td1+ 28. Td1: Dc4: 29. Ta7+, wonach man die Dame zurückgewinnt und das entscheidende materielle Übergewicht behält;

25. ... Td4 26. Ld4: Sf3+ 27. Df3: Df3: 28. Sc4: mit stärkstmöglichem Angriff bei materieller Ausgewogenheit.

Wollen wir versuchen uns vorzustellen, daß nach dem Abzug der Turm auch eine Verteidigungsfunktionen mit übernimmt, d.h. also – 25. ... Tb5. Jetzt hat 26. Sc4: nicht die frühere Stärke, weil das Feld a5 kontrolliert wird, aber Weiß steht ein anderer Weg für den Angriff zur Verfügung – 26. Ta7+! Kb8 (26. ... Ka7:? 27. Sc4:+ Kb7 28. Se5:) 27. Ta8+ Kb7 28. Tca1! Sf3+ 29. Df3: Df3: 30. T1a7+ Kc6 31. Tc8+ Kd6 32. Sc4:+ Kd5 33. Td7+ Ke4 34. Sd2+, und die schwarze Dame geht verloren.

Und zuletzt – 25. ... Td6!. Weiß muß maximale Findigkeit an den Tag legen, weil hier die alten Verfahren nicht geeignet sind. Im ersten Falle nach 26. Sc4:? Sf3+ 27. Df3: Df3: 28. Sa5+ Kb8 gibt es keine Schachgebotsmöglichkeit auf c6, und im zweiten Fall findet der schwarze König auf b5 Zuflucht. Der Weg zum

Sieg besteht in der Verschmelzung beider Verfahren! – 26. Ta7+! Kb8 27. Ta8+ Kb7 28. Sc4:!! Sf3+ (was wäre hier sonst noch zu machen?) 29. Df3: Df3: 30. Sa5+! Ka8: 31. Tc8matt!!.

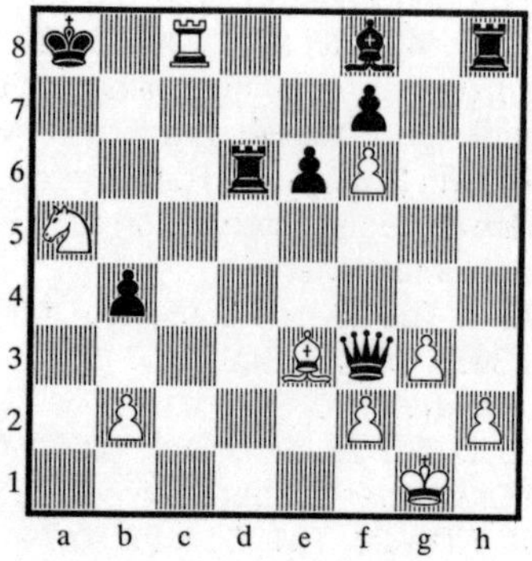

Ein einmaliges reines Matt – eine seltene Erscheinung in der praktischen Partie! Meine Enttäuschung über alle diese Varianten ist zu verstehen. Es blieb mir nichts anderes übrig, als die verpaßte Möglichkeit zu bedauern, und zu warten, bis ein anderer meiner Konkurrenten einmal diesen Weg wählen wird.

Aber ... ich konnte nicht umhin zu vermuten, daß die schwarzen Ressourcen noch nicht erschöpft sind, obwohl ich die sorgfältige Überprüfung der Korrektheit der angeführten Analyse nur bestätigen konnte. Soll mich die Intuition hereingelegt haben und soll doch 23. La7: zum Sieg führen?

Doch – trotz allem – nein. Kehren wir zur Stellung nach 24. Le3 zurück. Schwarz verfügt hier über eine äußerst aggressive Antwort - 24. ... Td3!, was Weiß mit den schwierigsten Problemen konfrontiert. Es muß etwas gegen die Drohung 25. ... Dc6 getan werden, aber 25. Sb6 wird durch 25. ... Te3:! 26. De3: Lc5 widerlegt. Es bleibt 25. f4, aber in diesem Falle bricht der Turm h8 stürmisch in das gegnerische Lager ein – 25. ... Th2:!! 26. Kh2: Te3:! 27. Dd1 (27. Df1 Sg4+ mit Matt) 27. ... Td3! 28. fe5: (oder 28. De2 Sf3+ 29. Kg2 Dd5 mit einem nicht abzuwehrenden Sturmangriff) 28. ... Td1: 29. Td1: De5: mit völliger Zerschlagung der weißen Stellung.

Die letzte Variante erweckte bei mir gemischte Gefühle. Natürlich ist es schade, daß alle effektvollen Varianten, wie ich sie eben vorgestellt habe, sich nur als ein Trugbild erwiesen, aber andererseits ist es gut, daß ich diese untröstliche Entdeckung bei der Analyse gemacht habe. Es wäre bedeutend unangenehmer gewesen, während der Partie mit der Überraschung vom Typ 24. ... Td3! konfrontiert zu werden...

Also – die vorübergehend abgeschriebene Variante ist wieder einsatzfähig! Jetzt ist es an Weiß, eine überzeugende Antwort zu finden.

Anstelle des Kandidatenhalbfinales zum Turnier nach Niksić

Der Titel charakterisiert die Situation, in welcher ich mich im Sommer jenes Jahres befand. Die völlige Ungewißheit in der Frage des Halbfinales im Kandidatenturnier ließ mich meine Pläne ändern. Es war mir klar, daß es nur diesen Ausweg aus diesem „schachlichen Schwebe-Zustand" gibt – die Teilnahme an einem internationalen Turnier. Deshalb nahm ich ohne zu zögern die Einladung aus Jugoslawien an, die gerade in dieser Zeit eintraf. Es handelte sich um das Turnier in Niksić, welches dem 60-jährigen Jubilar Svetozar Gligorić – dem Vorkämpfer des jugoslawischen Schachs und langjährigem Spitzenbrett des Länderteams Jugoslawiens gewidmet war. Dort versammelte sich eine kampfstarke Teilnehmerschar.

Vom Standpunkt der Schach-Arithmetik aus betracht, stellte dieses Turnier nichts Besonderes dar (die 14. Kategorie bei Elo-Durchschnitt 2591), aber nach der Anwesenheit namhafter Spieler brauchte es den Vergleich mit jedem beliebigen Schachturnier der letzten Jahre nicht zu scheuen. Mir wurde klar, daß hier hart gerungen wird. Meine persönliche Lage (d.h. meine Eigenschaft als Inhaber des mit Abstand höchsten Elozahl-Koeffizienten) verpflichtete mich, um den ersten Platz zu kämpfen, aber es war vollkommen klar, daß etwa die Hälfte der Teilnehmer auch von einem solchen Resultat träumte: Boris Spasski, Michail Tal, Jan Timman, Lajos Portisch, Ljubomir Ljubojević, Ulf Andersson. Außerdem verunsicherte mich auch die vier Monate lange Spielpause und die Geschehnisse um das Semifinal-Match konnten kaum zur Verbesserung meiner Stimmung beitragen. Andererseits aber wollte ich mich für die „Niederlage" in Pasadena revanchieren.

		1	2	3	4	5	6	7	8	9	10	11	12	13	14	15	Punkte
1.	Kasparow	●	1	0	1	½	½	½	1	1	1	1	1	1	½	1	11
2.	Larsen	0	●	½	½	0	1	½	1	1	½	1	½	½	1	1	9
3.	Spasski	1	½	●	½	½	½	½	½	0	½	½	½	1	½	1	8
4.	Portisch	0	½	½	●	½	½	1	½	0	½	½	1	1	1	½	8
5.	Miles	½	1	½	½	●	0	0	½	½	1	½	½	½	1	½	7,5
6.	Andersson	½	0	½	½	1	●	½	½	½	½	0	1	1	½	½	7,5
7.	Tal	½	½	½	½	1	½	●	½	0	½	½	½	½	½	½	7
8.	Timman	0	0	½	½	½	½	½	●	½	1	1	½	½	½	½	7
9.	Seirawan	0	0	1	1	½	½	1	½	●	0	½	½	0	0	1	6,5
10.	Ljubojević	0	½	½	½	0	½	½	0	1	●	½	0	½	1	1	6,5
11.	Gligorić	0	0	½	½	½	1	½	0	½	½	●	½	½	½	½	6
12.	Petrosjan	0	½	½	0	½	0	½	½	½	1	½	●	½	½	½	6
13.	Nikolić	0	½	0	0	½	0	½	½	1	½	½	½	●	½	½	5,5
14.	Sax	½	0	½	0	0	½	½	1	0	½	½	½	½	●	0	5
15.	Ivanović	0	0	0	0	½	½	½	½	0	0	½	½	½	1	●	4,5

Während der kurzen improvisierten Vorbereitung mit meinem Trainer in Moskau legten wir die Gesamtlinie der Spieltaktik im Turnier fest. Ich sollte mich möglichst schnell an die Besonderheiten anpassen – jedes Turnier hat eben seine eigene Spezifik, welche sich vom Match-Kampf stark unterscheidet. Ich beschloß dort mit vollem Kräfteeinsatz und ohne kurze Remispartien zu spielen. Deshalb versuchte ich bei jeder Partie aus der Position alles „herauszuholen", was sie möglicherweise beinhaltete (wohl aber ohne Überteibungen); ich suchte nach den kleinsten Chancen sogar bei objektiven Remis-Stellungen. Diese für mich früher nicht ganz typische Beharrlichkeit in meiner Spielweise trug schnell ihre Früchte.

Seirawan – Kasparow

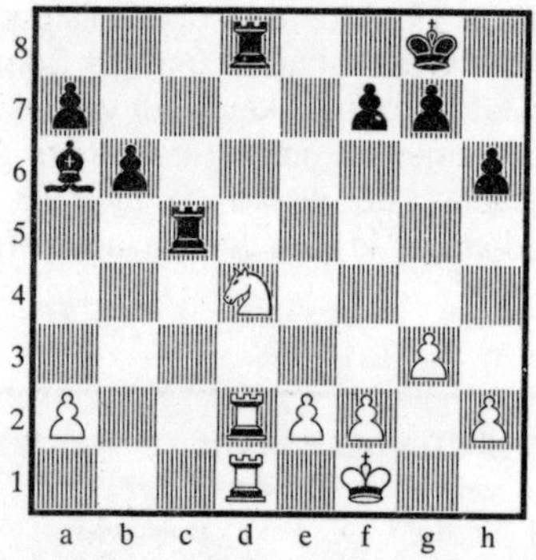

Kasparow – Petrosjan

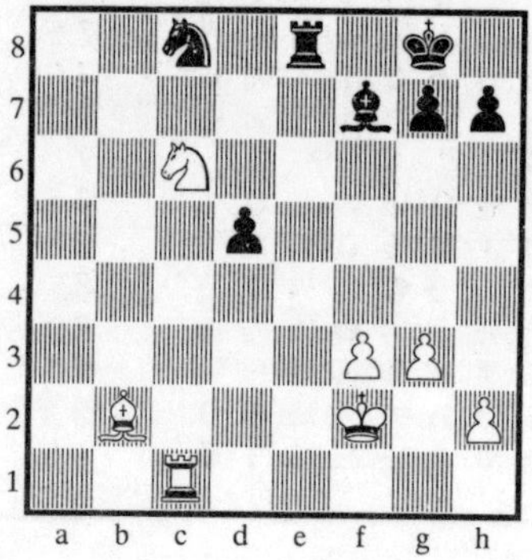

Larsen – Kasparow

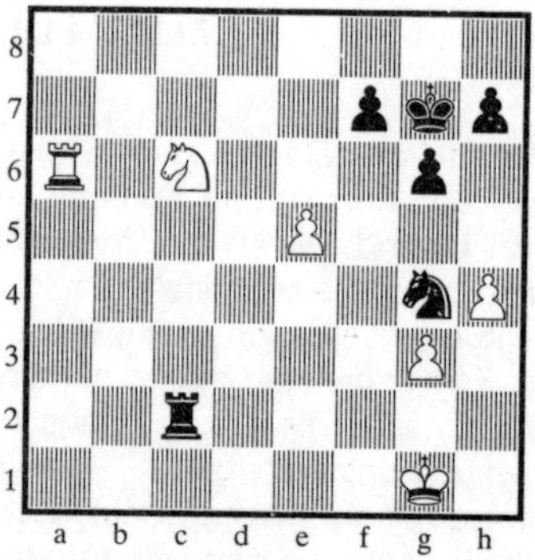

In all diesen Partien lag die Initiative bei mir, aber entsprechend den Stellungen auf den Diagrammen sind drei Remis-Ergebnisse durchaus am wahrscheinlichsten zu erwarten. Hat man aber Glück, kann man auch auf einen Sieg rechnen, aber nicht auf drei Siege bei diesen drei Positionen (!) – ein solches Resultat würde auch der größte Optimist vorauszusagen wagen.

Seirawan – Kasparow

27. Sb3

Vereinfachungen scheinen immer ein besonders zuverlässiges Verfahren für das Erreichen des Remis-Hafens zu sein, aber vielleicht lohnte es sich nicht, den Springer vom ausgezeichneten Standplatz auf d4 wegzurücken. Nicht schlecht scheint das von Petrosjan empfohlene 27. Ke1 mit nachfolgendem e2–e3. Aber das ist eher Geschmackssache.

27. ... Td2: 28. Td2: Tc7 29. Td8+

Natürlich wäre es gut, den König des Gegners möglichst weit vom Zentrum abzudrängen, aber meiner Meinung nach konnten mit der sofortigen Überführung des Königs nach d1 mit dem nachfolgenden Sd4 und e3 alle Probleme der Verteidigung einfacher gelöst werden.

29. ... Kh7 30. Ke1 Lc4!

Jetzt wird die Überführung des Springers nach d4 unmöglich (jedenfalls im Laufe der nächsten Züge). Weiß befindet sich jetzt in einer gewissen Verlegenheit, obwohl vorläufig keine realen Gefahren festzustellen sind.

31. Kd2 g6!

Das schablonenhafte 31. ... Kg6?! erlaubte Weiß nach 32. e4! Kf6 33. f4 Ke7 34. Tg8 g6 35. g4! das Gegenspiel am Königsflügel zu organisieren. Jetzt aber kann der schwarze Läufer auf e6 die Bildung einer beweglichen Bauernkette verhindern, zum Beispiel: 32. e4 Kg7 33. f4 h5 34. h3 Le6! usw.

32. Sc1

Das ist der erste schwarze Erfolg – der Springer ist zeitweilig in eine weniger günstige Stellung zurückgedrängt.

32. ... Kg7 33. a3 Kf6 34. e3?!

Es bewährt sich kaum, ohne besondere Notwendigkeit das Feld d3 zu schwächen, wonach der weiße Springer das Feld c1 ohne fremde Hilfe nicht verlassen kann. Wohl verliert Weiß auch jetzt noch nicht forciert, aber von ihm wird mittlerweile größere Präzision im Kampf um das Remis verlangt, und das unter Zeitnotbedingungen. In dieser Situation sollte ohne Zweifel 34. Sd3 Ke7 35. Td4 vorgezogen werden, womit der Status-Quo aufrechterhalten blieb, – die weiße Situation ist schlechter, aber Schwarz kann nichts Konkretes unternehmen.

34. ... Ke7 35. Td4

Natürlich ist Weiß nicht gerne geneigt, die d-Linie preiszugeben, aber jetzt bekommt Schwarz die Möglichkeit zum Abtausch der Türme, wonach das Bauernendspiel unvermeidlich wird. Obwohl das entstehende Endspiel am Brett nicht gänzlich ausgerechnet werden konnte, spielte ich ohne lange zu zögern:

35. ... Td7,

wobei ich vermutete, daß sich solch eine Chance später nicht mehr bieten wird.

36. Kc3 Td4: 37. Kd4: b5 38. Sd3

Das pseudo-aktive 38. a4? wäre nur Wasser auf die Mühle des Gegners. Nach 38. ... a6 bekäme er ohne viel Mühe den entfernten Freibauern. Sinnlos ist auch 38. Kc5 – nach 38. ... a6! 39. Kb6 Kd6 ist der Bauer a6 unantastbar wegen 40. ... b4+. Die entstandene Position illustriert im allgemeinen die Vorteile des Läufers gegenüber dem Springer.

38. ... Ld3: 39. Kd3: Kd6

Hier warf Seirawan seinen Blick auf das Zifferblatt (das Fähnchen auf seiner Uhr drohte zu fallen), und griff nach dem e-Bauern.

40. e4??

Das ist ein entscheidender Fehler! Man müßte 40. Kd4! spielen, wonach ein unentschiedenes Endspiel entsteht, trotz der Möglichkeit von Schwarz zur Bildung eines entfernten Freibauern am Damenflügel. Das sind die möglichen Varianten (es werden natürlich nicht alle demonstriert): 40. ... f5 (gerade diesen Zug fürchtete der amerikanische Großmeister) 41. f4! a5 42. e4 fe4: 43. Ke4: Ke6 44. g4, oder 40. ... g5 41. f4 f6 (41. ... gf4: 42. gf4:! f5 43. e4) 42. e4 a5 43. h4! gh4: (43. ... g4 44. h5!) 44. gh4: h5 45. e5+ fe5: 46. fe5:+ Ke6 47. Kc5 mit Remis.

40. ... g5!

Das ist sehr präzise. Wegen der Drohung g5-g4 ist die weiße Antwort praktisch erzwungen.

41. f4 gf4: 42. gf4: Kc5

Der Gewinnplan sieht äußerst einfach aus – den weißen König mit Hilfe des Freibauern abzulenken, wonach die weißen Bauern im Zentrum schutzlos werden. Aber mit listiger Verteidigung gelingt es Seirawan noch, die Aufgabe von Schwarz in dieser Endspielsituation maximal zu erschweren.

43. Kc3 a5 44. Kd3 h5

Es ist vorteilhaft, den h-Bauern möglichst weit nach vorne zu ziehen.

45. h4!

Ein »Auf der Stelle treten« führt hier schnell zum Verlust: 45. Kc3 h4 46. Kd3 b4! 47. ab4:+ (47. a4 h3!) 47. ... ab4: 48. f5 f6 49. Ke3 b3 50. Kd3 b2 51. Kc2 Kd4 usw.(–+).

45. ... b4 46. a4

Weiß muß die Bildung eines gedeckten Freibauern in Kauf nehmen, weil 46. ab4:+ ab4: äußerst schlecht ist.

46. ... f6 47. f5!

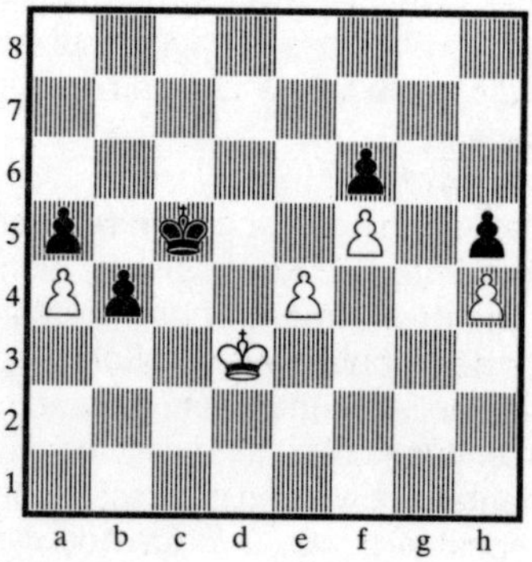

Weiß hat nun den Aufbau einer eigenartigen Festung beendet. Es scheint, daß die einzige Durchbruchsmöglichkeit in dem unverzüglichen 47. ... b3 besteht; aber dann entsteht nach 48. Kc3 b2 49. Kb2: Kd4 50. Kb3 Ke4: 51. Kc4 Kf5: 52. Kb5 Kg4 53. Ka5: f5 54. Kb4 f4 55. a5 f3 56. a6 f2 57. a7 f1D 58. a8D ein Damenendspiel mit dem h-Bauern, das theoretisch als unentschieden gilt. Sollte es wirklich noch ein Remis geworden sein? Nein, Schwarz verfügt über einen Plan, der mit Zugzwang verbunden ist. Dafür soll in Diagrammstellung der Gegner am Zug sein. Das Ziel wird mit Hilfe der „entfernten Opposition" erreicht.

47. ... Kc6! 48. Kc4

Das Feld d4 ist für den weißen König wegen Kd6 unzugänglich.

48. ... Kc7! 49. Kd3 Kd7!

Der schwarze König unternimmt einen Dreiecksmarsch und ist jetzt für den Siegeszug zurück nach c5 gerüstet.

50. Ke3

Auch 50. Kc4 Kc6 konnte nichts ändern.

50. ... Kc6 51. Kd3 Kc5

Das ist alles. Jetzt muß der weiße König den Weg freigeben.

52. Ke3 b3!

Natürlich nicht 52. ... Kc4 wegen der Entgegnung 53. e5.

53. Kd3 Kb4 54. e5 Ka3!

Weiß gab auf.

Kasparow – Petrosjan

Auch in der Partie der zweiten Runde mit Tigran Petrosjan entwickelten sich die Hauptereignisse in der Phase beiderseitiger Zeitnot. Die Partie war reich an Höhepunkten: ein langsames Manövrieren nach der Eröffnung, dann lebhafte taktische Auseinandersetzungen und zuletzt das Endspiel, in welchem das geringe weiße Übergewicht und das reduzierte Material den Sieg wenig wahrscheinlich machten. Und nichtsdestoweniger...

37. La3! h6 38. Tb1

Das ist die Fortsetzung des Spieles mit dem Ziele der Begrenzung der Beweglichkeit der schwarzen Figuren und zur Vorbereitung der Turmaktivierung.

38. ... Te6

Um den Springer c8 aus dem Kerker zu befreien. Nicht wahr, diese Situation erinnert etwas an das Endspiel aus der Partie mit Seirawan?

39. Sd4 Ta6 40. Lc5 Sd6

Der letzte Zug vor der Zeitkontrolle und zugleich die erste Ungenauigkeit. Es war notwendig zu versuchen, den Läufer aus der aktiven Position auf c5 durch 40. ... Ta5! zu vertreiben.

41. Tb8+

Hier wurde die Partie unterbrochen. Ehrlich gesagt, schätzte ich anfangs meine Gewinnchancen skeptisch ein, aber die oberflächliche Analyse beim Abendessen (die Fortsetzung der unterbrochenen Partien begann zwei Stunden nach Beendigung der Runde) zeigte, daß alles nicht so einfach ist. Wie sonderbar es auch scheinen mag, aber das weiße Übergewicht wurde im Wesentlichen durch die verschiedenfarbigen Läufer geprägt. So begrenzt der weiße Läufer die Bewegungsfreiheit des schwarzen Springers und er ist bereit, am Angriff auf den Punkt g7 teilzunehmen, während der schwarze Läufer keine seiner Stärke entsprechende Verwendung findet. Darüberhinaus hat auch die absolute Kontrolle über den Punkt d4 eine nicht minder wichtige Bedeutung, da d4 als eine Manörierplattform für die Leichtfiguren von Weiß eine wichtige Rolle spielt.

41. ... Kh7 42. g4!

Weiß nimmt das Feld f5 unter seine Kontrolle und bereitet zugleich den Unterschlupf für seinen König vor.

42. ... Ta4!

Indem er geschickt die Besonderheiten der Stellung ausnützt, beginnt der Ex-Weltmeister die weißen Kampfabordnungen im Zentrum zu bedrohen. Dadurch hindert er Weiß daran, seine erforderlichen Umgruppierungen vorzunehmen. Bedeutend schwächer war das schablonenhafte 42. ... Sc4? wegen 43. Tb7 Kg8 44. Sf5, und es ist nicht ersichtlich, wie man sich gegen die Drohung Ld4 verteidigen soll.

43. Ke3! Sc4+ 44. Kf4

Das ist der kritische Moment. Gerade jetzt sollte Schwarz versuchen, die Unstabilität in der Anordnung der weißen Leichtfiguren auszunutzen und den Kampf um den Punkt d4 fortsetzen. Diesem Ziel konnte man mit ...Sd6 oder ...Sa3 näherkommen. Nach 44. ... Sd6 kann Weiß dem Abtausch nicht ausweichen und in der Variante 45. Tb6! Tc4! 46. Td6: Tc5: 47. Td7 Kg8 48. h4 wird Schwarz mit einer schwierigen Verteidigung zu tun haben. Vielversprechend scheint 44. ... Sa3 zu sein (mit der zusätzlichen Drohung ...Sc2). Aber auch in diesem Falle gelingt es Weiß, die gefährliche Initiative aufrecht zu erhalten: 45. Kg3 (45. Tb7? Sc2!) 45. ... Tc4 46. Tb7! Kg8 (schlecht ist 46. ... Tc5: wegen 47. Tf7: Kg6 48. Tg7:+) 47. La7 Sc2 48. Sf5 und weiter, zum Beipiel – 48. ... Tb4 49. Tc7 Tc4 50. Te7 Tb4 (es drohte 51. Sd6, und auf 50. ... Kf8 ist die Entgegnung 51. ... Tb7 unangenehm) 51. h4, – Schwarz muß wieder schwierige Probleme im Zusammenhang mit der Verteidigung seines Königsflügels lösen.

Und doch lohnte es sich für Schwarz, einen der angesprochenen Wege zu wählen (eher den ersten), vielleicht erst nach einem nach dem Zug 44. ... h5 (45. h3 hg4: 46. hg4:) eingeleiteten Bauernabtausch. Petrosjan war nicht geneigt, in dauernder passiver Verteidigung zu verharren und entschied sich für die Forcierung der Geschehnisse.

44. ... g5+?

Das ist ein schwerwiegender strategischer Fehler. Es gelingt nicht, dem weißen König ernste Drohungen zu bereiten und die nicht wieder gut zu machende Schwächung der Felder am Königsflügel erweist sich als verhängnisvoll.

45. Kg3

Das unbedachte 45. Kf5? rechtfertigte die schwarze Absicht. Nach 45. ... Ta6! würde Weiß wegen der Matt-Drohung das Remis forcieren müssen: 46. Tb7 Kg8 47. Tb8 usw.

45. ... Ta2

Es könnte scheinen, als ob bei Schwarz alles in Ordnung sei – die Drohungen ...Se3 oder ...Sd2 sehen unangenehm aus. Aber jetzt geht Weiß selbst zum Angriff über, wobei er seine zahlenmäßige Überlegenheit ausnutzt (alle seine drei Figuren sind aktiv im Spiel).

46. Tb7 Kg6?

Schwarz versäumt die letzte Möglichkeit, die Aufgabe des Weißen mit dem scharfsinnigen 46. ... Se3! zu komplizieren, womit er die zeitweilige Unantastbarkeit des Läufers ausnutzen konnte (47. Tf7:+? Kg6). Wohl hätte aber auch dann nach 47. Ld6! (womit der Punkt h2 verteidigt wird) 47. ... Kg6 48. h4! gh4:+ 49. Kh4: Schwarz Schwierigkeiten bei der Verteidigung gehabt.

47. Sf5 Ta6

Das ist notwendig, weil der Gegenangriffsversuch – 47. ... Sd2 nach 48. Tb6+ Kh7 49. Th6:+ Kg8 durch das früher erwähnte Manöver 50. Ld6! widerlegt wird. Und jetzt besteht die Hauptaufgabe von Weiß – wegen der Vielzahl der verlockenden Fortsetzungsmöglichkeiten – darin, nicht in Verwirrung zu geraten.

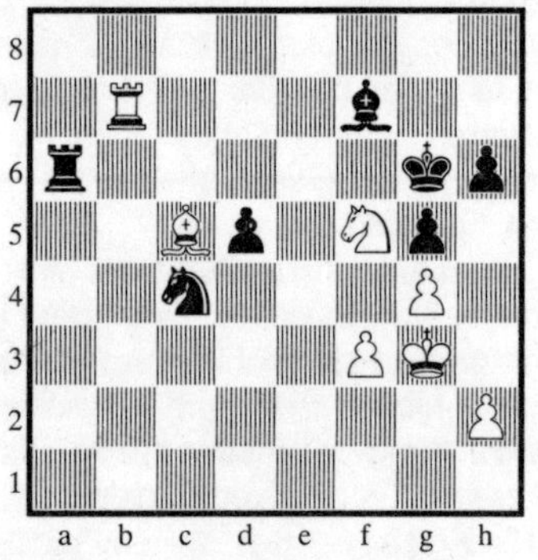

48. h4!

Das ist äußerst präzise.

48. ... gh4:+ 49. Sh4:+ Kg7

Oder 49. ... Kf6 50. Ld4+ Ke6 51. Sf5, und der schwarze König ist in der Matt-Falle.

50. Sf5+ Kg6 51. Ld4!

Endlich haben alle weißen Figuren die idealen Stellungen bezogen. Schwarz gab auf.

Gegen die Drohung Sh4+ verfügt er über die einzige Verteidigungsmöglichkeit 51. ... Sd6, aber dann steht Weiß außer dem nüchternen 52. Td7 das brillantere 52. Sd6: Td6: 53. f4! zur Verfügung, wonach in der praktischen Partie die eigenartige Situation entsteht, daß Matt oder Läuferverlust unvermeidlich wird.

Larsen – Kasparow

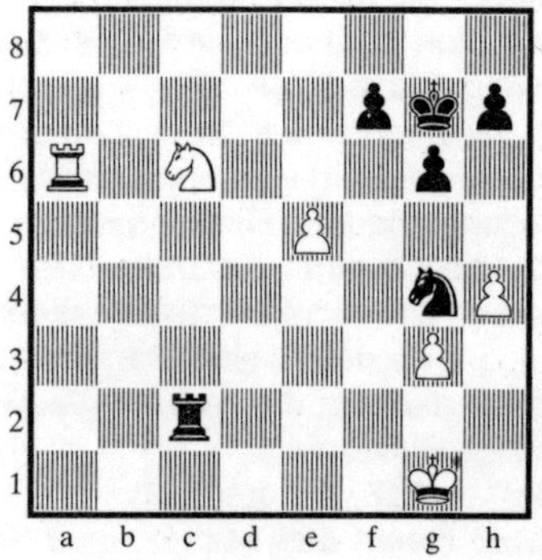

Bevor diese Stellung in meiner Partie gegen Larsen entstand, fanden viele interessante Ereignisse statt. Ein neuer Eröffnungsplan sicherte mir ein Spiel mit reichhaltigen Möglichkeiten und bald, nach einem mißlungenen Manöver des weißen Springers, bekam das schwarze Übergewicht reale Konturen. Im entscheidenden Moment wählte ich aber einen unzureichenden Weg, und Larsen gelang es, mit geistreicher Verteidigung die Stellung auszugleichen. Im weiteren sind ihm wohl ein paar Ungenauigkeiten unterlaufen und es gelang mir, gewisse Chancen zu bekommen, obwohl die Position der Hängepartie keinen besonderen Grund für großen Optimismus lieferte.

Die Nachteile in der weißen Stellung liegen auf der Hand: die geöffnete Lage des Königs und die Bauernschwächen auf e5 und g3. Schwarz mangelt es deutlich an Kampfkräften, um diese Faktoren gezielt auszunutzen. Darüberhinaus forderte Larsen mit dem notierten Zug noch einen weiteren Abtausch heraus.

41. h5!

Die anderen Fortsetzungen sind deutlich schlechter: 41. Tb6? Se3! oder 41. e6?! fe6: 42. Sd4 Tc1+ 43. Kg2 e5 44. Se6+ Kf6! 45. Sg5+ Kf5, und die Aktivität der schwarzen Figuren ist gefährlich.

41. ... Kh6!

Ohne die Hilfe seitens des Königs kann man nichts erreichen. Zum Beispiel: 41. ... Se3 42. hg6: hg6: 43. e6! fe6: 44. Sd4 Tg2+ 45. Kh1 e5 46. Se6+! (schwächer ist 46. Sf3 e4 47. Sg5 Te2!, und der Bauer e4 ist unangreifbar wegen ...Te1+ und ...Sg4) 46. ... Kh6 47. Ta4! g5 48. Te4 Te2 49. Kg1 mit Remis. Nach 41. ... gh5:? 42. Sd4 Tf2 43. e6 ist auch ein Unentschieden am wahrscheinlichsten.

42. hg6: hg6: 43. Ta4!

Indem der König auf g5 (43. ... Se3? 44. Sd8!) gelockt wird, bereitet Weiß weitere Vereinfachungen vor.

43. ... Kg5 44. Sd4

Jetzt ergibt sich im Falle von 44. ... Tc1+ 45. Kg2 Se5: 46. Sf3+ ein unentschiedenes Turmendspiel. Deshalb versucht Schwarz, den Bauern e5 auf listige Art zu gewinnen.

44. ... Tc3! 45. e6!

Nach 45. Kg2 Se5: kann der Kampf objektiv mit Unentschieden enden, aber Schwarz kann – ohne etwas zu riskieren – den Gegner durch Ermüdungsstrategie kleinkriegen. Es ist sehr unangenehm, eine solche Position zu verteidigen. Larsen weiß dies und beschließt, den Kampf zu verkomplizieren, indem er mit Recht hofft, das Remis in kurzer Zeit zu erreichen.

45. ... Tg3:+ 46. Kh1?

Das ist ein Fehler, der dem Zug 34. e3 in der Partie Seirawan – Kasparow gleichwertig ist. Wieder entsteht die bekannte Situation – Weiß verliert noch nicht, aber zum Remis führt nur ein einziger, nicht offenkundiger Weg. Und das gerade in dem Augenblick, wo das natürliche 46. Kf1 alle weißen Probleme lösen konnte: 46. ... f5 47. e7 Te3 48. Sc6 Sf6 49. Ta8 Te6 50. Tf8! f4 (50. ... Tc6:? 51. Tf6:) 51. Kf2, und Schwarz gelingt die Verstärkung der Position nicht. Dagegen gewährt die Stellung des Königs auf h1 Schwarz die Möglichkeit mit kleinen Schritten einen gefährlichen Angriff zu organisieren.

46. ... f5 47. e7 Te3 48. Sc6 f4!

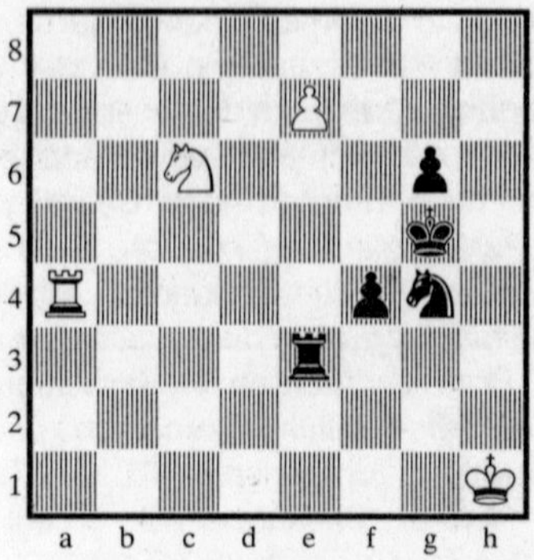

Das ist das Signal zum Angriff! Weiß muß bereits auf die direkte Bedrohung seines Königs reagieren, zum Beispiel: 49. Ta8? Te1+ 50. Kg2 Te2+! 51. Kf1 (51. Kf3 Te3+ 52. Kg2 f3+ usw.) 51. ... f3! 52. e8D Sh2+ 53. Kg1 f2+. Zu keiner wesentlichen Erleichterung führt vermutlich auch der Versuch, die Stärke des weit vorgerückten Bauern e7 auszunutzen: 49. Se5!? Te5: 50. Ta5 Ta5: 51. e8D Tf5, und die Dame kann schwerlich den schwarzen Figuren dauerhaften Widerstand leisten, oder 49. Ta5+? Kh4 50. Se5 Se5:! 51. e8D Te1+ 52. Kg2 f3+ 53. Kf2 Sd3+.

Diese buchstäblich „wie ein Gewitter aus heiterem Himmel" entstandenen

Probleme ließen auch einen so erfahrenen Kämpfer wie Larsen nervös werden. Und die unmerklich herangeschlichene Zeitnot war keinesfalls dazu angetan, ihn zu einem intensiven klaren Gedankengang kommen zu lassen. Man könnte nur vermuten, worüber in diesem Moment der Großmeister aus Dänemark nachdachte, jedenfalls ist es ihm nicht gelungen den richtigen Weg zu finden.

49. Ta5+?

Mit diesem Zug verbindet Weiß nicht den Gedanken an die Verlustvariante, die bei der Unterbindung der e-Linie entsteht (vgl. vorherige Anmerkung), sondern er denkt an einen anderen, bedeutend interessanteren Plan der Verteidigung. Aber auch dieser erweist sich als nicht ausreichend. Das paradoxe 49. Sd4!! (was Timman nach Beendigung der Partie vorschlug) erlaubte Weiß sich zu retten. – Wie sonderbar es auch scheinen mag, aber die auf dem gesamten Brett zerstreuten weißen Figuren können erstaunlich harmonisch zusammenwirken; zum Beispiel: 49. ... Te7: 50. Sf3+ Kf5 51. Sh4+ oder 49. ... Kh4 50. Kg2!, oder 49. ... Sf6! 50. Ta6! Te7: 51. Se6+ Kg4 52. Sf4:. Obwohl die Varianten einfach zu sein scheinen, war es meiner Meinung nach doch nicht einfach, einen solchen Zug wie 49. Sd4!! zu finden.

49. ... Kh4 50. Ta8

Die weiße Absicht ist jetzt transparent geworden. Weil der Bauer f4 inzwischen schutzlos ist, wird es Schwarz nicht gelingen die Idee mit 50. ... Te1+ zu realisieren, welche im Falle des unverzüglichen 49. Ta8 zum Gewinn der Partie führte. Aber jetzt kann der schwarze König am Angriff teilnehmen, weshalb der schwarze Springer vorübergehend zurückgezogen werden kann.

50. ... Sf6!

Es wird nicht gelingen, den Springer aus dieser Position zu vertreiben – nach 51. Tf8 Kg3! ist der weiße König in einem Mattnetz gefangen!

51. Kg2 f3+ 52. Kf1 Kg3 53. Sd4

Das ist der erbitterte Versuch auf Kosten des Bauern e7 (53. ... Te7:? 54. Ta3) den König zu retten. Leider ist es jetzt schon zu spät ...

53. ... Sg4! 54. Sf3:

Sonst ist der Bauer nicht aufzuhalten (54. e8D Sh2+ 55. Kg1 f2+).

54. ... Tf3:+ 55. Kg1 Sh2! 56. Tf8 Tc3

Weiß gab auf.

Die Fortsetzung 57. Tf1 Te3 bedarf keines Kommentars mehr.

Kasparow – Portisch

Damenindische Verteidigung

1. d4 Sf6 2. c4 e6 3. Sf3 b6 4. Sc3 Lb7 5. a3 d5 6. cd5: Sd5:

Diese Fortsetzung ist heute in Mode, aber sie ist kaum besser als das übliche 6. ... ed5:. Weiß sichert sich danach die Überlegenheit im Zentrum, wie auch die Wahlmöglichkeit hinsichtlich des weiteren Spielplanes.

7. e3 Sc3:

Portisch verwendet in letzter Zeit diese Variante ständig. Sein Spiel gegen Miles auf der kürzlich stattgefundenen Europa-Meisterschaft hatte folgende Fortsetzung: 7. ... Le7 8. Lb5+ c6 9. Sd5: Dd5: 10. Ld3 0–0 11. Dc2 h6 12. Lh7+ Kh8 13. Le4 Dd8. In dieser Partie wird ein anderer, bedeutend besser erforschter Weg gewählt.

8. bc3: Le7 9. Lb5+ c6 10. Ld3 c5 11. 0–0 Sc6 12. Lb2

Gerade dieser Plan genießt heute die meiste Popularität. Er ist logisch – Weiß will zuerst seine Figuren in die günstigsten Stellungen bringen und erst dann das aktive Spiel im Zentrum beginnen, welches vor allem mit dem Vorstoß e3–e4 verbunden ist.

12. ... Tc8

Das ist eine Eröffnungslist. Schwarz will, daß die weiße Dame sich nicht nach c2, sondern nach e2 entwickelt. Darüberhinaus steht der Turm auf der c-Linie keineswegs schlecht.

13. De2 0–0 14. Tad1

Das ist eine Standardstellung, welche in letzter Zeit sorgfältig analysiert wurde.

14. ... Dc7

Das ist der thematische Zug. Dieser Zug kam in der Partie Polugajewski – Portisch (Plovdiv 1983) vor, wobei die Gegner sich in wenigen Zügen auf ein Remis einigten (Weiß spielte 15. e4). Aber eine interessante Möglichkeit blieb unberücksichtigt.

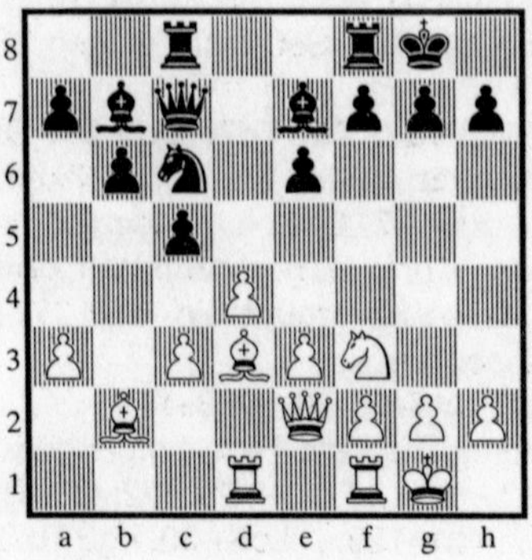

15. c4!

Dieser Zug selbst ist eine Neuerung! Im Falle von 15. e4 Sa5 erwiese sich der Plan von Schwarz als gerechtfertigt. Jetzt bekommt die Position eine neue Farbe. Weiß hat mächtige Läufer, die den schutzlosen Königsflügel des Gegners unter Feuer nehmen, und dazu noch ein bewegliches Bauernzentrum. An dieser Stelle mußte Portisch für lange Zeit nachdenken. 15. ... Lf6 eignet sich nicht wegen 16. d5 Se5 (16. ... Lb2: 17. dc6:, wobei Weiß eine Figur gewinnen wird) 17. Se5: Le5: 18. Lh7:+ usw. Heute kann man nach der gründlichen analytischen Durchleuchtung der Stellung eine bessere Lösung empfehlen 15. ... Sa5, obwohl nach 16. d5 Weiß das bessere Spiel bekommt. Der ungarische Großmeister entschied sich aber für den Kampf gegen das „hängende“ Bauernzentrum von Weiß.

15. ... cd4: 16. ed4: Sa5

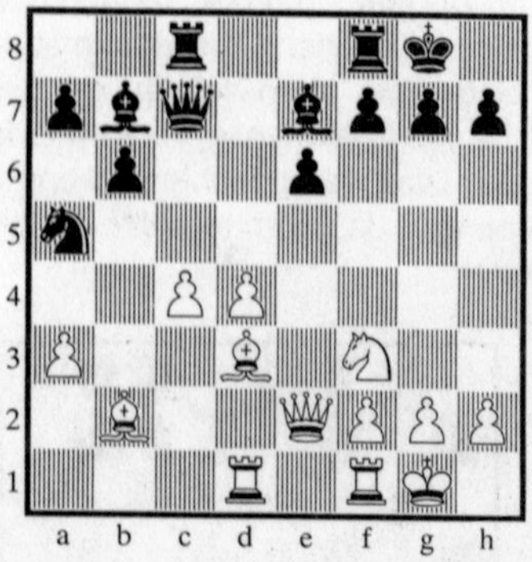

17. d5!

Die weißen Figuren stehen für einen Sturmangriff bereit, der schwarze Plan erleidet ein Fiasko. Hier eignet sich nicht der Zug 17. ... Sc4: wegen 18. De4 g6 19. Lc4: Dc4: 20. De5 f6 21. De6:+ Tf7 22. Tc1 Da6 23. d6. Und dann gibt es zwei Möglichkeiten:

a) 23. ... Ld8 24. Tc8: Lc8: 25. De8+ Tf8 26. d7 Lb7 27. Sg5! (es droht 28. Se6) 27. ... fg5: 28. De5 Tf6 29. Df6: (+–);
b) 23. ... Tc1: 24. Tc1: Ld8 25. Sg5! fg5: 26. Tc7 Lc7: 27. De8+ Tf8 28. De5, und Matt ist unvermeidlich.

Es könnte sein, daß Portisch nicht alles wahrgenommen hat. Er konnte eher intuitiv feststellen, daß Weiß für den Bauern mehr als eine ausreichende Kompensation bekommt. Und er wählte einen anderen Weg.

17. ... ed5: 18. cd5: Ld5: 19. Lh7:+ Kh7: 20. Td5: Kg8

Das ist der logische Zug. Es sollen Maßnahmen getroffen werden gegen Drohungen wie etwa: 21. De4+ Kg8 22. Th5. Wenn aber 20. ... Dc2 gespielt wird, dann geschieht 21. Td2 Dc5 22. Se5, und wieder sind schwarze Materialverluste unvermeidlich.

In diesem Moment mußte ich nachdenken. Die weißen Figuren haben eine ideale Anordnung, aber vordergründig gibt es nichts Konkretes. Ich vermutete, daß ich aktiv spielen müßte, aber wie? Es lagen die Züge Sf3-g5 oder Sf3-e5 nahe. Übrigens hat der Springer auf g5 nichts zu suchen. Nicht schlecht ist 21. Se5, aber dann scheint der Läufer auf b2 keine sinnvolle Verwendung zu finden. Und was geschieht, wenn man ihn opfert? Ja, ja, man sollte ihn gleich opfern!

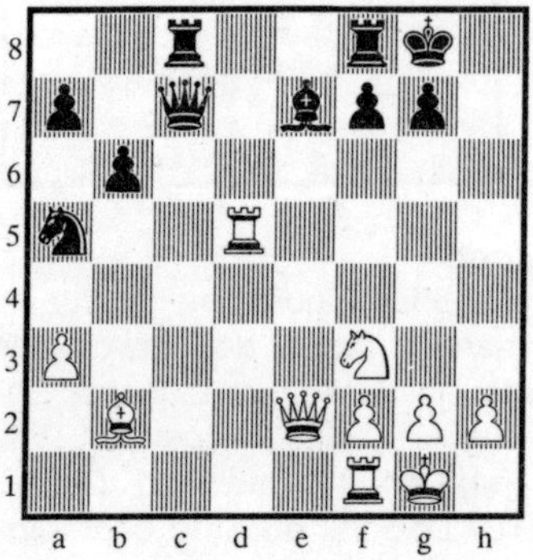

21. Lg7:!!

Das ist ein positionelles Opfer einer Figur und was bemerkenswert dabei ist: an der Operation, welche den schwarzen König bloßstellte, waren die beiden weißen Läufer beteiligt!

21. ... Kg7: 22. Se5

Eine erstaunliche Situation – Weiß verfügt zunächst über keine Möglichkeiten zu direkten Drohungen, er hat sogar eine Minus-Figur, aber er steht hervorragend. Wie läßt sich das nur erklären? – Nun, das Hauptübel ist, daß der schwarze Springer auf allzufernen Weideplätzen im Müßiggang lebt. Portisch findet die einzige Möglichkeit, um nicht sofort zu verlieren.

22. ... Tfd8

Es eignet sich nicht 22. ... f5 wegen 23. Td3 Dc5 24. Sd7, und Weiß kann die Figur zurückgewinnen. Auf 22. ... Th8 steht die Möglichkeit 23. Dg4+ Kf8 24. Df5 f6 25. Te1 zur Verfügung, und wenn dann fortgesetzt wird mit dem Zug 25. ... Sc6, dann folgt 26. Sd7+ Kf7 27. Te7:+ mit Matt. Es gibt keine Rettung nach 25. ... Dc1 26. Tdd1. Wenn aber 22. ... Dc2 gespielt wird, dann folgt 23. Dg4+ Kh7 24. Td3, und im Falle von 24. ... Tc3 25. Df5+ Kg8 26. Tg3+ gewinnt Weiß die Dame.

23. Dg4+ Kf8 24. Df5 f6 25. Sd7+

Man könnte sich durch ein schönes Matt verführen lassen: 25. Sg6+ Ke8? 26. Dh5 Td5: 27. Se5+, aber nach 27. ... Kg7 gibt es hier nichts Besonderes (26. Sf4 Td5:, wodurch 27. Sd5: Dc5 28. Se7: erzwungen wird. Es eignet sich in diesem Fall auch die Fortsetzung 27. Dg6+ Kh8 28. Se6 nicht wegen 28. ... Tg5).

25. ... Td7: 26. Td7: Dc5 27. Dh7

Hier gab es eine Wahlmöglichkeit: 27. Dh7 oder 27. Dh3. Ich beschloß näher an den König zu heranzutreten, obwohl ich heute überzeugt bin, daß 27. Dh3 präziser war.

27. ... Tc7 28. Dh8+!

Somit wird die Falle umgangen: 28. Td3? – 28. ... Df2:+!! 29. Kf2: (29. Tf2: – 29. ... Tc1+) 29. ... Lc5+ 30. Kg3 Th7: mit Remis.

28. ... Kf7 29. Td3 Sc4 30. Tfd1!

Ein wichtiger Zug, der die Türme zu gemeinsamem Handeln verbindet. Portisch ist durch die schwierige Verteidigung ermüdet und macht den entscheidenden Fehler.

30. ... Se5?

Besser ist 30. ... Ld6, aber dann folgt 31. Td5, und es ist unzureichend 31. ... Da3 zu spielen wegen 32. Td6: – Schwarz ist faktisch gelähmt.

31. Dh7+ Ke6

Der schwarze König ist gezwungen, den letzten Weg anzutreten.

32. Dg8+ Kf5 33. g4+ Kf4 34. Td4+ Kf3 35. Db3+

Schwarz gab auf.

Chronik – Tatsachen – Kommentare

Hier soll ein breites Panorama der Kämpfe unter Berücksichtigung aller Feinheiten vermittelt werden, welche sich in irgendeiner Weise auf den Verlauf oder den Charakter des Wettkampfes ausgewirkt haben. Ich möchte hoffen, daß der von mir eingenommene Erörterungsstandpunkt bei den Lesern dazu beitragen wird, daß sie alle Umstände und Gegebenheiten des zu Ende gegangenen Matchkampfes besser bewerten und einschätzen können.

Ich möchte darauf hinweisen, daß sich meine Schilderung des Matchverlaufes in einigen Punkten ganz wesentlich von dem unterscheiden wird, wie der Wettkampf in der Berichterstattung der Massenmedien seinen Niederschlag gefunden hat. Ich möchte niemanden beleidigen, oder etwa das Werk erfahrener Kommentatoren herabwürdigen, aber ich möchte nur darauf hinweisen, daß der Standpunkt, den die Wettbewerbsteilnehmer selbst vertreten, doch einen sehr entscheidenden Stellenwert zu beanspruchen hat.

Prolog

Wenn man den Anspruch erhebt, eine allumfassende Schilderung der Ereignisse vornehmen zu wollen, so muß in aller Kürze auf die skandalumwitterte Vorgeschichte des Wettkampfes eingegangen werden, die sich über den Zeitraum von etwa einem halben Jahr erstreckte.

Jetzt freilich, wo die Schlachten neben dem Schachbrett und auch das Match selbst bereits der Vergangenheit angehören, wäre es eine unnütze Zeitverschwendung, die Rechtmäßigkeit oder das Verschulden der einen oder der anderen Partei beweisen zu wollen. Ich bin sicher, daß die Zukunft selbst die Fragen beantworten wird, die ohnehin mit der Zeit an Aktualität einbüßen werden. Übrigens, das Wichtigste ist auch heute schon klar – das Schachspiel selbst ist auch in diesem Falle nicht der Verlierer gewesen, wenngleich es eine der aufregendsten Perioden in seiner Geschichte durchstehen mußte. Und noch etwas: es ist geradezu etwas Symbolisches darin beinhaltet, daß die beiden sowjetischen Großmeister, die noch im August disqualifiziert wurden, letztendlich beide ihr Semifinalmatch gewonnen haben.

Bevor ich zu den Analysen der Partien übergehe, möchte ich ausführlich die Situation vor dem Match behandeln. Es geht mir um die rein schachliche Einschätzung des Kräfteverhältnisses zwischen den Konkurrenten selbst seitens der Fachleute und seitens der Presse. Die überwiegende Mehrheit prophezeite meinen Sieg, aber während es seitens der Experten mit Vorbehalten geschah, so wertete die westliche Presse die Wahrscheinlichkeit meines Erfolges mit etwa 90 %. Solche Übertreibungen können ja das reale Kräfteverhältnis nicht widerspiegeln. Und Kortschnoi selbst zeigte, daß er sich keineswegs für chancenlos hielt. Mehr noch, in einem Interview betonte er seine ehrgeizigen Pläne. Es war nicht ganz klar, was bei ihm im Vordergrund stand – der reale Glaube an den Erfolg oder psychologische Kriegsführung und der Wunsch, die Nerven des Gegners damit zu beanspruchen.

KANDIDATENTURNIER – HALBFINALE: Kasparow – Kortschnoi

Kasparow	0	=	=	=	=	1	1	=	1	=	1	7
Kortschnoi	1	=	=	=	=	0	0	=	0	=	0	4

Sehr interessant ist auch die Charakteristik, die Kortschnoi über seinen Wettkampfgegner abgab: „Kasparow ist ein Spieler mit einem K.O.Schlag; aber wenn man seinen erbitterten Sturmangriff abgewehrt hat und als erster ihm einen Schlag versetzt, dann kann Kasparow seine Sicherheit verlieren und er beginnt zu wanken." Diese Worte sind sehr hilfreich, um eine Reihe von Matchereignissen besser zu verstehen, welche allein mit Hilfe schachlicher Erklärungsmittel nicht verständlich gemacht werden können.

Es soll hier einmal betont werden, daß mir oft ein schwaches Spiel in einfachen Stellungen und in Endspielpositionen vorgeworfen wurde. Natürlich fällt es mir leichter einen Angriff zu führen oder die Spannung in einer verwickelten Situation zu steigern, dies gelang mir in der Regel ohne besondere Schwierigkeiten, aber es konnte kaum Anlaß geben, mich wegen meines Spiels in andersgearteten Positionen zu tadeln. Ich möchte mich dabei auf meine praktischen Turnierresultate und dabei besonders auf die Partien des vor kurzem stattgefundenen Turniers in Niksić berufen. Und nichtsdestotrotz ging Kortschnoi bei der Entwicklung seiner Matchstrategie scheinbar von derartigen fehlerhaften Überlegungen aus und bemühte sich daher in erster Linie Komplikationen aus dem Wege zu gehen. Vielleicht wirkten sich hier auch die Eindrücke von unserer Partie bei der Schach-Olympiade in Luzern aus? Wie es auch sein mag, jedenfalls lenkte Kortschnoi das Hauptaugenmerk auf die Schlußphase der Partie, d.h. auf das Endspiel, denn er hoffte dort seine gewaltige Erfahrung und Routine in die Waagschale zu werfen, und meine ungestüme Impulsivität in vollem Maße auszunutzen. Darüberhinaus schenkte Kortschnoi seine besondere Aufmerksamkeit dem Sektor der Eröffnung und konnte sich hier für die Stellungsschemata perfekt vorbereiten, welche das Rückgrat seines herkömmlichen Repertoires bildeten.

Und jetzt ist es an der Zeit, unmittelbar auf die Wettkampfereignisse selbst einzugehen. Abends am 20. November während der Auslosung in der Residenz des Premierministers Großbritanniens hatten die sowjetischen Großmeister Glück – wir beide bevorzugten einen Start mit den weißen Steinen und zogen ein entsprechendes Los. „Wer weiß, ob das Match nicht nach der 11. Partie bereits endet, dachte ich, und in diesem Fall wäre es angenehm, einmal öfters die weißen Steine führen zu können. So kam es denn auch, aber im Verlaufe der ersten Zeit versuchte ich, an die Möglichkeit einer vorzeitigen Matchbeendigung erst gar nicht zu denken...

Also, am 21. November um 16 Uhr stieß der weiße Damenbauer an meinem Brett zwei Felder nach vorne. Ich will daran erinnern, daß in Pasadena allein der einzige Zug 1. d2–d4 Kortschnoi zum kampflosen Gewinn im Match verhalf. Hier in London sollte sich alles als weitaus komplizierter erweisen.

1. Partie
Kasparow – Kortschnoi
Damenindisch

1. d4 Sf6 2. c4 e6 3. Sf3 b6
In den Jahren zuvor wählte Kortschnoi bedeutend häufiger die Fortsetzung 3. ... Lb4+.
4. Sc3 Lb7 5. a3
Und diese Position kam in seinem praktischen Spiel ausgesprochen selten vor.
5. ... d5 6. cd5: Sd5: 7. e3 g6!?
Dies ist nach Meinung vieler Experten eine echte Neuerung, und einige Kritiker versuchten dadurch sogar meine

schlechte Vorbereitung zu rechtfertigen. Und in der Tat, den Zug 7. ... g6 hatte ich an dieser Stelle niemals einer analytischen Bewertung unterzogen. Warum dies so war, das ist schwer zu erklären. Am ehesten liegt der Grund dazu darin, daß es in den anderen häufigeren Abzweigungen bereits genug Probleme gab, die einer Lösung bedurften... Und dennoch konnte ich mich an etwas erinnern: es waren die Partien Timman – Short (1982) und Ftačnik – Adorjan (1983). Auf die Popularität des Zuges 7. ... g6 wirkte sich wahrscheinlich der Umstand aus, daß die schwarze Partei die beiden genannten Partien verlor, obwohl in der letzterwähnten Partie das Resultat nicht von der Eröffnung abhängig war. Es gelang mir auch, mich einer Partie zu erinnern, die vor meinen Augen gespielt wurde beim Blitzturnier in Herzog-Novi im Jahre 1983 zwischen Tal und Kortschnoi!! Dort siegte übrigens Schwarz... Es ist selbstverständlich, daß eine Erinnerung dieser Art beim Spiel die Stimmung nicht stimuliert. Nach einem gewissen Nachdenken entschied ich mich für den Weg, der im Falle von 7. ... Le7 üblich war, obwohl ich mir bewußt war, daß die Transponierung des Läufers nach g7 für Schwarz höchst gelegen war.

8. Lb5+

Timman setzte fort mit 8. Sd5: und nach 8. ... Dd5: 9. Dc2 Dd8? 10. e4 Lg7 11. Lg5 Dd7 12. Lc4 bekam er das Übergewicht. Stärker ist jedoch 9. ... Sd7!? (10. Dc7: Tc8 11. Dg3 Ld6 12. Dg5 e5 mit schwarzer Initiative für den Bauern) oder 8. ... ed5:.

8. ... c6 9. Ld3 Lg7 10. e4

In der Partie Tarjan – Adorjan, welche im Herbst 1983 gespielt wurde, geschah 10. Sd5: cd5: mit einer ausgewogenen Position.

10. ... Sc3: 11. bc3: c5!

Das ist energischer als 11. ... 0-0 (Ftačnik – Adorjan).

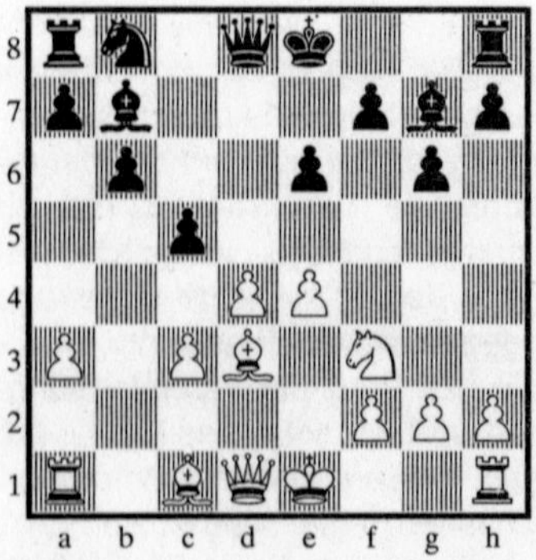

Die schwarzen Fianchettoläufer setzen das gegnerische Bauernzentrum stark unter Druck. Dem Wesen nach entstand somit eine für Schwarz vorteilhafte Abwicklung der Grünfeld-Verteidigung.

12. Lg5

Es ist angenehm, eine Figur mit Tempogewinn und Angriff zu entwickeln; aber als sichererer Weg war 12. Le3 0-0 13. 0-0 anzusehen.

12. ... Dd6

Geeignet ist auch der Zug 12. ... Dc7. Schwarz will die Angriffsrichtung aber nicht vom Punkt d4 wegverlagern, indem er mit Recht davon ausgeht, daß ein weiterer Tempogewinn dem Weißen keinen Vorteil bringen wird.

13. e5

Im Normalfall bietet ein solcher Zug für Weiß rosige Zukunftsaussichten im Hinblick auf einen späteren Königsangriff; aber hier werden damit nur reine defensive Ziele verfolgt. Man könnte natürlich auch die Rochade bevorzugen, aber ohne den Zug e4–e5 kann man früher oder später nicht auskommen.

13. ... Dd7 14. dc5:?!

Wegen des schwachen Spiels in der ersten Partie gab es zahlreiche kritische Bemerkungen, die an meine Adresse gerichtet waren. Sie alle sind begründet abgesehen von einer Ausnahme – einem Argument, welches von den Kommentatoren als tiefsinnig bezeichnet wurde. Der Sinn dieser kritischen Bemerkung läßt sich in kurzen Worten so umreißen: ein junger und unerfahrener Schachspieler, konfrontiert mit einer Eröffnungsneuerung, vergeudet seine gesamte Zeit damit, eine Widerlegung des gegnerischen Planes zu suchen, anstatt den Weg der Vereinfachung zu suchen und ein schnelles Remis anzustreben. Diese logische Vermutung hat jedoch einen Fehler – sie ist weit von der Wahrheit entfernt. Es ist klar, daß Weiß mittels des 14. Zuges 14. dc5:, womit er sich Bauernschwächen geschaffen hat, auf keinen Vorteil rechnen kann (und es wäre kaum angebracht den Kontrahenten in diesem Match der WM-Kandidaten der positionellen Unkenntnis zu verdächtigen). Aber auch 14. dc5: hat seine wesentlichen Vorteile – es wird zunächst ein Bauer gewonnen, für dessen Zurückgewinnung Schwarz Kraft und Zeit einsetzen muß; und diese Tatsache, so dachte ich damals, wird es dem Anziehenden ermöglichen, seine Figuren normal anzuordnen und das Spiel auszugleichen. Im großen und ganzen entsprach dieser mein Gedankengang den nachher vorgebrachten Verbesserungsvorschlägen der Kommentatoren. Leider...

Andernfalls hätte ich eher fortgesetzt mit 14. 0-0 0-0 15. De2 cd4: 16. cd4: Sc6 17. De3 oder 17. Le4 – die Position ist kompliziert, aber Weiß drohen keine unmittelbaren Gefahren.

14. ... 0-0!

Natürlich nicht 14. ... bc5: 15. Lb5 Lc6 16. a4, und nur Schwarz ist es, der Probleme zu lösen hat.

15. cb6: ab6: 16. 0-0 Dc7

Es werden unverzüglich die Bauern c3 und a5 anvisiert, und der Einsatz des Springers wird vorbereitet. Das voreilige 16. ... Sc6 überläßt dem Weißen die Initiative: 17. Le4 Dc7 18. Lf6! – und es fällt dem Nachziehenden schwer das materielle Gleichgewicht wiederherzustellen (18. ... Lf6: 19. ef6: Df4 20. Db1!). Hier mußte ich wieder lange nachdenken. Lange vorher hatte ich 17. Te1 geplant, indem ich mit 17. ... Sc6 18. Le4 Ta5 19. Lf6 oder 17. ... Dc3: 18. Le7 Te8 19. Lb4 rechnete. Aber bei der näheren Betrachtung stellte ich fest, daß Schwarz über ein interessantes Qualitätsopfer in zwei Varianten verfügt: 17. ... Sd7! 18. Le7 Se5: 19. Lf8: Sf3:+ 20. gf3: Tf8:, oder, was anscheinend noch stärker ist: 18. ... Lf3:! 19. gf3: (19. Df3:? Se5: 20. Te5: Le5: 21. Lf8: Tf8: mit Bauerngewinn) 19. ... Le5: 20. Lf8: Tf8:. Trotz der Mehrqualität hat Weiß außerordentlich unangenehme Verteidigungsaufgaben zu lösen, während Schwarz seine Position praktisch ohne irgendein Risiko verstärken kann.

Deshalb beschloß ich, den Charakter des Kampfes zu ändern. Weiß gibt sofort den wichtigen Bauern e5 preis und versucht, die Aktivität seiner Figuen zu maximal zu steigern und eine gewisse Rückständigkeit der gegnerischen Entwicklung auszunutzen.

17. Lb5!

Und noch eine nicht weniger wichtige Tatsache sei erwähnt – zu diesem Zeitpunkt hatte Weiß bereits über zwei Stunden Bedenkzeit aufgebraucht, während Kortschnoi seine ersten 15 Züge in 4 (!) Minuten absolvierte. Aber für seinen nächsten Zug benötigte Schwarz schon 50 Minuten.

17. ... Le5:

Indem Schwarz die ungeschützte Stellung der weißen Läufer ausnützt, kann er sich diesen Zug leisten (18. Se5:? De5: 19. Lh6 Db5: 20. Dd4 e5). Das vorbereitende 17. ... Sc6 würde es Weiß gestattet haben, in ein Endspiel überzuleiten – 18. Dd6 (schwächer ist 18. Lc6: Lc6: 19. Lf6 Lb5!) 18. ... Le5: 19. Dc7: Lc7: 20. Tfd1, wonach der schwarze Vorteil nur noch symbolischen Wert besitzt.

18. Lh6

Hiermit wird eigentlich ein Damenopfer angeboten: 18. ... Td8 19. Se5: Td1: 20. Tad1:. In diesem Falle berechtigt die große Aktivität seiner Figuren den Weißen zu der Hoffnung, den Unannehmlichkeiten auf günstige Weise entgehen zu können; zum Beispiel: 20. ... f6 21. Sd7! (das Hasard-Spiel 21. Lc4? wird widerlegt durch 21. ... fe5: 22. Le6:+ Kh8 23. Lg5 Kg7 24. Td8 h6! 25. Tg8+ Kh7 26. Lf6 Sc6) 21. ... Sd7: 22. Td7: Dc5 23. Tg7+! Kh8 24. Tb7: Db5: 25. Lg7+ Kg8 26. Lf6:. Und doch scheint es mir, daß die entstehende Position den Schwarzen begünstigen könnte. Nach 20. ... Sc6 21. Sg4 Td8! (21. ... De7?? 22. Td7!) 22. Sf6+ Kh8 oder sogar 20. ... Lc6 21. a4 f6 konnte Schwarz allmählig alle gegnerischen Drohungen abwenden und hätte danach gute Chancen für die Realisierung seines materiellen Übergewichts. Freilich ist es nicht klar, ob es während der nervenanspannenden Matchsituation gelingen würde, die aufgezeigten Pläne tatsächlich optimal zu verwirklichen. Aber darüber, wie sich die Geschehnisse im Falle von 18. ... Td8 weiterentwickelt hätten, kann man nur Vermutungen anstellen, denn in der Partie folgte:

18. ... Lg7?!

Das ist ein Moment von besonderer prinzipieller Bedeutung. Kortschnoi ist bestrebt, alle Unklarheiten zu vermeiden und den Kampfausgang mit rein technischen Mitteln zu entscheiden. Ich vermute, daß sich gerade hierin ein Markstein der Kortschnoi'schen Matchstrategie zeigt – mit allen Mitteln den Komplikationen ausweichen, selbst dann, wenn sie objektiv vorteilhaft sind. Diese Regel wird von ihm unentwegt während der ersten acht Partien befolgt, bis ihn die Matchsituation endlich dazu zwingt, den Kampfcharakter grundlegend zu verändern.

19. Lg7: Kg7:

Die schwarzfeldrigen Läufer sind nun vom Brett verschwunden, und Weiß bekommt die Möglichkeit, das Gegenspiel auf den geschwächten dunklen Feldern zu organisieren.

20. Dd4+ Kg8

Als eine Alternative wäre 20. ... f6 anzusehen, aber dadurch würde die schwarze Bauernstellung etwas geschwächt, und eine solche Perspektive gefällt Kortschnoi natürlich nicht.

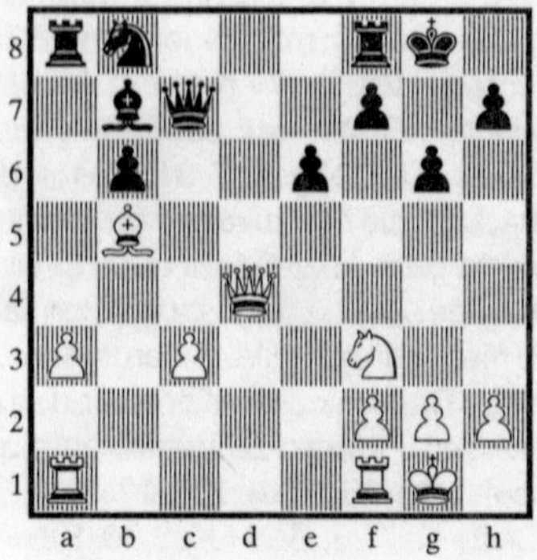

21. Sg5?

Die Wahl der falschen Marschroute für den weißen Springer läßt die schwarze Absage an Komplikationen vor drei Zügen als voll und ganz gerechtfertigt erscheinen. Trotz alledem sollte Weiß besser zur Zentralisierung schreiten – 21. Se5!, obwohl diese energische Fortsetzung mit einem Figurenopfer verbunden ist. Die unangenehmen Drohungen Sg4 und Sc4 zwingen Schwarz dazu, die Herausforderung anzunehmen: 21 ... Td8 22. Dh4! Td5 23. Sg4 Tb5:. Auf den ersten Blick könnte es scheinen, daß Schwarz sämtliche Gefahren meistern kann und seinen materiellen Vorteil dabei behält – 24. Sf6+ Kf8 25. Dh6+ (25. Sh7:+ Kg7) 25. ... Ke7 26. Sg8+ Kd7 27. Tad1+ Ld5 28. Df8 Kc6! 29. De8+ Dd7 usw. So schien es auch mir während der Partie. Leider!

Aber eine von mir nicht beachtete Antwort änderte sofort die Einschätzung der Position – 24. Tad1!. Weiß setzt noch eine weitere Figur im Angriff ein und schneidet damit dem schwarzen König den Fluchtweg zum Damenflügel ab. Im Zusammenhang damit, daß 24. ... Sc6 (oder 24. ... Sa6) wegen 25. Td7! schlecht ist, sollte Schwarz dann wohl die d-Linie unterbrechen. Wollen wir zunächst die Zugfolge 24. ... Ld5 25. c4 Dc4: 26. Td5:! überprüfen (wenn es einem zu unübersichtlich wird, dann kann man das Remis mit Dauerschach herbeiführen – 26. Dd8+ Kg7 27. Df6+) 26. ... ed5: 27. Dd8+ Kg7 28. Df6+ Kf8 29. Te1 De4 30. Dh8+ Ke7 31. Te4:+ de4: 32. h4, und die Initiative gehört uneingeschränkt dem Anziehenden. Deshalb ist es richtiger, 24. ... Td5! zu spielen, aber auch hier gelingt es Weiß durch den Einsatz des Bauern c3 die Koordination der schwarzen Figuren zu beeinträchtigen: 25. c4! Td6! 26. Sf6+ Kf8 27. Df4! Tc6 28. Dh6+ Ke7 29. Sg8+ Ke8 30. Sf6+ mit ewigem Schach.

Die schwarzen Bemühungen, sich mit Hilfe der Taktik zu befreien, werden mit brillanten Gegenaktionen beantwortet: 25. ... Td1:? 26. Td1: Sc6 27. Td7! Ta3: 28. Sf6+ Kg7 29. Dh7:+ Kf6: 30. Dh8+ und 31. Tc7:, oder 27. ... Td8 28. Sf6+ Kg7 29. Dh7:+ (schwächer ist 29. Se8+? Kf8 30. Sc7: Td7:) 29. ... Kf6: 30. Df7:+ Kg5 31. h4+ usw.

Somit hat sich herausgestellt, daß der verwegene Zug 21. Se5! dem Weißen zumindest Chancenausgleich gewährt hätte. Nachdem Weiß diese günstige Möglichkeit versäumt, überläßt er dem Gegner das alleinige Gesetz des Handelns.

21. ... h6! 22. Se4 Le4:

Mit der Liquidierung dieses Springers verschwinden alle Hoffnungen auf Angriff.

23. Dc4: Sa6

Das ist einfach und gut. Nach 23. ... Sd7 rettet sich Weiß noch aus der Verlegenheit durch 24. Ld7: Dd7: 25. De3; doch jetzt ist er gezwungen, sich auf die Suche nach dem kleinstmöglichen Übel zu begeben.

24. De3?!

Die Perspektiven des schwarzen Springers sind deutlich besser, als die des weißen Läufers. Deshalb sollte der Abtausch der Leichtfiguren in Kauf genommen werden. Am Schachbrett hat diese Möglichkeit mir nicht zugesagt: 24. La6: Ta6: 25. De3 Tfa8!. Und tatsächlich, die Variante 26. Dh6: Ta3: 27. Ta3: Ta3: 28. h4 Dc3: 29. h5 Ta1 30. hg6: Tf1:+ 31. Kf1: Dd3+ 32. Kg1 Db1+ 33. Kh2 Dg6: bietet Schwarz ausgezeichnete Gewinnchancen im Damenendspiel. Aber das passive Verhalten mittels 25. Db4 Tc8 26. Tfc1 beläßt dem Weißen gute Rettungschancen. Indem ich 24. De3 spielte, rechnete ich auf 24. ... h5 25. La6: Ta6: 26. Tfb1 Tfa8 27. Ta3, aber die starke schwarze Antwort zerstörte diese Hoffnung.

24. ... Dc5!

Eine unangenehme Überraschung für mich. Es erweist sich, daß das Feld c5 nicht nur durch den Springer besetzt werden kann. Weiß ist zum Damentausch gezwungen (24. De2? Sc7), und muß daher in ein perspektivloses Endspiel übergehen, in dem der Abtausch der zwei schwachen weißen Bauern gegen den Bauern b6 das Verteidigungsproblem bei weitem nicht zu lösen vermag.

25. Dc5: Sc5: 26. Tfb1 Tfd8 27. Tb4 Td6 28. Lf1 Kf8 29. a4?!

Eher sollte man auf die Vereinfachung eingehen – 29. Tab1 Ta3: 30. Tb6: Tb6: 31. Tb6: Tc3:, aber wegen des Zeitmangels ist es nicht einfach, sich zu so einem endgültigen Schritt zu entschließen. Die Position mit allen Figuren zu verteidigen, ist aber noch schwieriger.

29. ... Ta5!

Dadurch wird die Drohung a4–a5

ausgeschaltet, und die Bauernschwäche a4 fixiert.

30. g3 Ke7 31. Kg2 f5

Somit wird das Feld e4 für den Springer gesichert.

32. Lb5 Td2?!

Das ist etwas überhastet. Die schwarzen Kampfhandlungen sollten erst mittels der Überführung des Königs nach c7 vorbereitet werden. Darüberhinaus verfügt Schwarz über einen anderen guten Plan, der mit dem Vorstoß der Bauern am Königsflügel verbunden ist.

33. Td4?

In arger Zeitnot versäumt es Weiß hier, eine Rettungschance wahrzunehmen – 33. Lc6! (die passiven Züge wie etwa 31. Tf1? würden es dem Nachziehenden erlauben, zum richtigen Plan zurückzukehren – 33. ... Kd6!) 33. ... Sd3 (33. ... Kd6? 34. Tb6: Kc7 35. Tb5) 34. Tb6: (aber nicht 34. Td4? wegen 34. ... Tf2:+ 35. Kg1 Td2 36. Lb5 Se5!) 34. ... Sf2: 35. Tb5!, und der a-Bauer garantiert Weiß einiges Gegenspiel.

33. ... Td4: 34. cd4: Sa4:!

Das ist ein einfacher taktischer Schlag, nach dem das Spiel in ein leicht zu gewinnendes Turmendspiel übergeht.

35. Ta4: Tb5: 36. Ta7+ Kd6

So geht es am einfachsten. Das übertrieben vorsichtige 36. ... Kf6?! ließe dem Weißen noch gewisse Hoffnungen auf eine Rettung, zum Beispiel: 37. h4 Td5 38. Tb7.

37. Th7 h5 38. Tg7 Td5 39. Tg6: b5

Hier konnte man bereits die Partie aufgeben, doch rein mechanisch setzte ich den Widerstand fort:

40. Kf3 b4 41. Ke3 b3 42. Kd2 Td4:+ 43. Kc3 b2! 44. Kb2: Td2+ 45. Kc3 Tf2: 46. h4 f4 47. Tg5 Tf3+ 48. Kd4 Tg3: 49. Th5: Te3 50. Th6 Ke7 51. h5 e5+ 52. Kd5 f3.

und Weiß gab auf.

Ohne Zweifel war das Resultat dieser Auftaktpartie und insbesondere der Spielverlauf als solcher ein Grund für eine traurige Stimmung. Zwar standen noch 11 Partien bevor, doch jetzt bekam jeder Zug einen noch höheren Stellenwert und die Verantwortung stieg, weil jeder neuerliche Fehler verhängnisvoll sein konnte. Und den Schachspielern ist es bewußt, daß die übermäßige Angst vor der Möglichkeit von Fehlern die Qualität des eigenen Spiels unweigerlich beeinträchtigt. Man erinnerte sich an folgende Statistik – in allen 12 gewonnenen Kandidaten-Matchkämpfen behielt Kortschnoi, nachdem er einen Punktevorsprung erzielt hatte, die Führung bis zum Ende des Wettkampfes bei, ohne sie sich je wieder nehmen zu lassen (er spielte übrigens insgesamt 15 Kandidaten-Wettkämpfe). Aber wie es mit Recht einer meiner Sekundanten zu sagen pflegte: „Im Leben geschieht einmal alles zum ersten Mal". Manchmal kann man nichts anderes tun, als sich mit solchen philosophischen Erkenntnissen zu trösten...

Wie dem auch sei, aber nach der ersten Partie mußte ich meine Matchstrategie gewaltig umstellen. Aber ein solcher Stellungswechsel unter dem Feuer des Gegners kann verheerende Folgen haben, deshalb war es unbedingt erforderlich, in erster Linie Zeit zu gewinnen, d.h. dem Druck des Gegners in den nächsten Partien zu widerstehen. Niemand zweifelte daran, daß Kortschnoi in der Euphorie seines ersten Sieges, den Versuch machen würde, seinen Vorsprung auszubauen. Und wie vorherzusehen war, in der Tat sah ich mich in der zweiten Partie zunächst mit großen Schwierigkeiten konfrontiert.

2. Partie
Kortschnoi – Kasparow
Damengambit

Nach den ersten 11 Zügen, die gut bekannt sind und die im Blitztempo absolviert wurden:

1. d4 d5 2. c4 e6 3. Sc3 c5 4. cd5: ed5: 5. Sf3 Sc6 6. g3 Sf6 7. Lg2 Le7 8. 0-0 0-0 9. Lg5 cd4: 10. Sd4: h6 11. Le3 Te8

spielte Weiß unerwartet:

12. a3!?

Auf den ersten Blick sieht das nach einem unbegründeten Tempoverlust aus, aber die genauere analytische Betrachtung der Feinheiten der Hauptvariante gestattet es, den Sinn dieses bescheidenen Bauernzuges zu verstehen. So könnte Schwarz etwa nach 12. Da4 Ld7 13. Tad1 Sb4 14. Db3 a5! aufgrund der ungünstigen Stellung der weißen Dame ein ausgezeichnetes Gegenspiel organisieren, zum Beispiel: 15. Td2 a4 16. Dd1 a3 17. Db1 Lf8 18. ba3: Ta3: 19. Db2 Da8 (Beljawski – Kasparow, 1983, 2. Matchpartie), oder 15. a4 Tc8 16. Sc2 b5!? 17. Sb4: ba4: 18. Sa4: Lb4: 19. Sb6? Te3:! 20. De3: Lc5 (Kortschnoi – Kasparow, Blitzturnier in Herzeg-Novi, 1983). Deshalb bereitet Weiß im voraus für seine Dame einen ungewöhnlichen, aber bombensicheren Standplatz auf a2 vor, von wo aus sie das Druckspiel gegen den Bauern d5 unterstützen wird.

12. ... Le6

Nach längerer Überlegung beschloß ich, die Qualität dieser Neuerung nicht in einer kritischen Variante von der Art: 12. ... Lg4 13. Db3 Sa5 14. Da2 Sc4 15. Sd5: Se3: 16. fe3: zu testen, sondern meinen Zentralbauern einfach zu verstärken. Und später kann man immer noch aktives Gegenspiel einleiten.

13. Db3 Dd7 14. Se6:

Es ist nicht klar, ob es sich auszahlte, sich mit diesem Abtausch so zu beeilen; aber jedenfalls kann Weiß beruhigt sein, daß der feindliche Läufer niemals mehr nach h3 gelangen wird.

14. ... fe6: 15. Tad1

Es könnte der Eindruck entstehen, daß sich die Eröffnung eindeutig zugunsten des Anziehenden entwickelt hat: Er verfügt über das Läuferpaar, das schwarze Zentrum bleibt unstabil und der geschwächte Königsflügel bleibt schutzbedürftig. In Wirklichkeit aber hat Schwarz eine relativ sichere Position, wenn es ihm gelingt, sich gegen den Vorstoß e2–e4 zu wappnen.

15. ... Ld6!

Dadurch befreit sich Schwarz von der unangenehmen Gegenüberstellung von weißem Turm und schwarzer Dame, fernerhin wird eine vorteilhafte Figurenumgruppierung hiermit in die Wege geleitet.

16. Lc1

Jetzt steht der e-Bauer zum Vormarsch bereit.

16. ... Kh8

Damit wird die Drohung e2–e4 abgewehrt. Darauf würde jetzt folgen: 17. ... d4 18. Sb5 e5. Deshalb ist Weiß gezwungen, auf einen bedeutend günstigeren Moment für den Beginn aktiver Handlungen zu warten.

17. Da4

Von hier aus kann die Dame auf den Königsflügel überführt werden. Desweiteren darf man die Fianchettomöglichkeit des Läufers nicht außer Betracht lassen (b2–b4 nebst Lc1–b2).

17. ... De7

Dies geschieht mit dem Ziel, daß Weiß nach 18. Dh4 Le5 das gegnerische Zentrum nicht mit dem Zug 19. e4 zerstören kann (19. ... Lc3: 20. bc3: Se4:).

18. e3

Jetzt verfügt der weiße Springer im Falle von Ld6–e5 über einen günstigen Rückzug nach e2.

18. ... a6 19. Dh4

Die verlockende Überführung des Springers nach f4 könnte Weiß kaum in Vorteil bringen – 19. Se2 Tac8 20. Sf4 Se5! mit nachfolgendem ... Tc4, und nachdem Schwarz das Zentrum dann gut unter Kontrolle hat, kann er mit Zuversicht in die Zukunft sehen.

19. ... Tac8

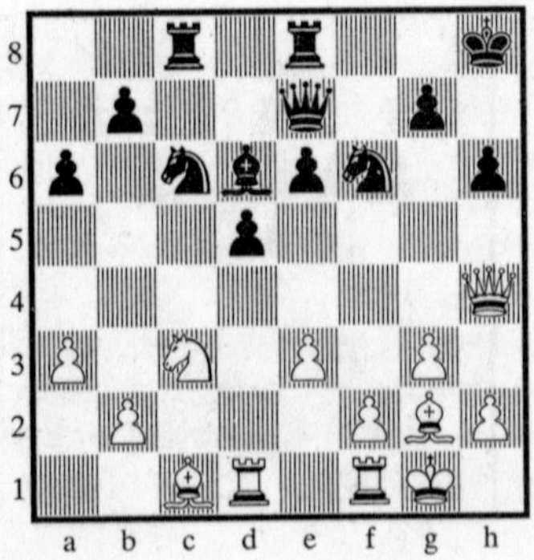

Das ist der kritische Moment in der Partie. Weiß muß endlich etwas unternehmen, und es ist selbstverständlich, daß er seine aktiven Handlungen am Königsflügel entfalten wird. Zudem ist es offenkundig, daß die schwarze Position nur mit Hilfe eines Sturmangriffs der Bauern zu schwächen sein wird. Mit welchem Bauern soll man aber den Angriff beginnen?

20. e4?!

Meiner Meinung nach bedeutend entschlossener ist 20. f4!, wodurch der Vormarsch des g-Bauern vorbereitet wird und die Möglichkeit für die Ausführung von e3–e4 für einen wesentlich günstigeren Moment aufgespart wird. Aber auch in diesem Fall würde der Kampf trotz eines gewissen weißen Übergewichts spannenden Charakter annehmen. Und die entstehenden Komplikationen standen in keiner Weise im Einklang mit der Kortschnoi'schen Wettkampfstrategie. Deshalb wählt er eine Fortsetzung, welche die Position stabilisiert und den schwarzen Leichtfiguren die Möglichkeit zur Entwicklung neuer Aktivitäten nimmt. Dabei wird der entstehende schwarze Freibauer auf d4 aber den Nachziehenden für die vorübergehenden Unbequemlichkeiten vollauf entschädigen.

20. ... d4 21. Se2 e5 22. Lh3

Es werden hiermit die nachfolgenden Vereinfachungen erkennbar eingeleitet. Zu einem viel komplizierteren Spiel führt etwa 22. Ld2!?, womit die Überführung des Springers nach d3 geplant wird. Dabei erhält Schwarz dann aber ein ausreichendes Gegenspiel am Damenflügel: 22. ... b5! 23. Sc1 b4 24. a4 Sa5 25. Sd3 Sb3 usw.

22. ... Tc7 23. Lg5 Kg8 24. Lf6: Df6: 25. Df6:

Mir scheint, daß man dem Damentausch ausweichen sollte (25. Dh5), aber Weiß ist konsequent...

25. ... gf6: 26. Sc1 Sa5!

So wird der Kampf um die c-Linie zugunsten von Schwarz entschieden.

27. Sd3 Sb3 28. Lf5

Die weißen Leichtfiguren besitzen uneinnehmbare Positionen, aber was nutzt dies? Das gewünschte Ziel kann Weiß nur erreichen, wenn er seine Figuren aktiv umgruppiert, aber eine solche Umgruppierug kann nur geschehen, wenn Schwarz sie duldet.

28. ... a5 29. Kg2

Weiß bemerkt nicht, daß seine besten Zeiten bereits vorbei sind. Die schwarze Überlegenheit am Damenflügel wird deutlich spürbar, daher sollte die Kampfspannung auf der gegenüberliegenden Bretthälfte intensiviert werden.

29. ... Kg7 30. Kh3

Wohin des Wegs?

30. ... Tee7!

Natürlich nicht sofort 30. ... Tc2?? wegen 31. Ld7 und 32. La4. Jetzt ist es aber Schwarz, der zum Einbruch in das gegnerische Lager bereit steht. Kortschnoi nimmt die Gefahr wahr und faßt den richtigen Entschluß – den Springer b3 zu vertreiben, der den weißen Damenflügel blockiert.

31. Sc1!

Nach Ausführung dieses starken Zuges schlug Kortschnoi das Remis vor, und nach kurzem Nachdenken akzeptierte ich es. Wohl äußerte mein Trainer nach Beendigung der Partie die Meinung, daß der einfache Rückzug des Springers nach c5 dem Nachziehenden befriedigende Möglichkeiten einräumt. Es gab natürlich kaum nennenswerte Gewinnchancen; aber ich wollte jegliches unnötige Risiko vermeiden! Ich war aber mit der geglückten Bekämpfung der gegnerischen Neuerung zufrieden und betrachtete meine Aufgabe in dieser Partie als erfüllt. Ich überschätzte vielleicht sogar das Resultat dieser Partie, indem ich meinte, daß jetzt alles ins Lot kommen wird. Aber der ersehnte Wendepunkt im Wettkampf war noch lange nicht eingetreten.

3. Partie
Kasparow – Kortschnoi
Damenindische Verteidigung

1. d4 Sf6 2. c4 e6 3. Sf3 b6 4. Sc3 Lb7 5. a3 d5 6. cd5: Sd5: 7. Da4+ Sd7 8. Sd5: ed5: 9. Lf4 c6 10. g3 Le7 11. Lh3 0-0 12. Tc1 Lf6 13. 0-0 Te8 14. Tc6: Lc6: 15. Dc6: Sf8 16. e3 Se6 17. Ld6 Le7 18. Le7:
Remis

In der dritten Partie ist es mir gelungen, den Gegner zu überraschen – 7. Da4+!? kam in der Turnierpraxis fast nicht vor. Aber die originelle Eröffnungsbehandlung brachte dem Anziehenden nichts Konkretes ein. Eine starke Entgegnung 12. ... Lf6! (12. ... Sf6?! 13. Se5 c5 14. Sc6) bewies, daß die weiße Aufstellung gekünstelt war.

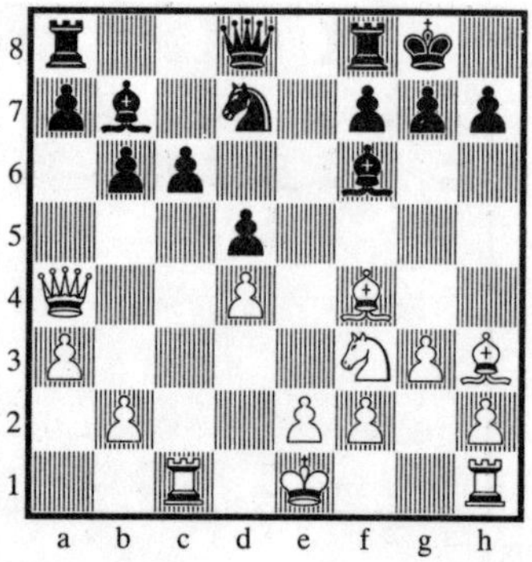

Dieser positionell starke Zug (dadurch wird das wichtige Feld e5 kontrolliert) hat auch eine taktische Komponente: das naheliegende 13. Tc6: wird mit dem effektvollen 13. ... Sc5!! 14. dc5: De8 abgewehrt. Weiß könnte über die Eventualfolge 14. Tc5: bc5: 15. dc5: Lc8! (15. ... Lb2:? 16. Db4) 16. Lc8: Dc8: 17. b4 Dh3 usw. dann kaum beglückt sein.

Um die ins Leere hinein wirkenden Läufer zu beschäftigen, beschloß Weiß nach diesem Zug, die Qualität zu opfern; aber es ist ihm nicht gelungen, die Schwäche des Bauern d5 und eine gewisse Zusammenballung der schwarzen Figuren auszunutzen. Vielleicht wäre vorzuziehen: 16. Le5!? Le5: (nach 16. ... Sg6?! 17. Lf6: Df6: 18. Df6: gf6: 19. e3 trägt nur Schwarz ein Risiko) 17. Se5: Sg6! 18. f4! Se5: 19. fe5:, obwohl auch jetzt Weiß bestenfalls hinreichende Kompensation für die geopferte Qualität erreichen kann.

Der Verzicht auf den Läufertausch 18. Le5 kommt nur dem Nachziehenden gelegen. 18. ... Lf8 mit nachfolgendem ...Tc8, und die weißen Aktivitäten sind nur von kurzer Dauer. Und 18. Le6:?! fe6: 19. Lc7 erlaubt es Schwarz alle Probleme zu lösen: 19. ... Dc8 20. Se5 Lf6 21. Tc1 Le5: 22. de5: Te7 usw.

Zur Einschätzung der Schlußposition: es herrscht ein dynamisches Gleichgewicht. Zum Beispiel: 18. ... Te7: 19. Se5

Tc7 20. Db5 Dd6 21. Lg2 Td8 22. h4! (damit wird Se6–g5–e4 verhindert), und die Schwäche des Bauern d5 beeinträchtigt die Entfaltungsmöglichkeiten der schwarzen Figuren sehr. Schwarz könnte allerdings, wenn er mehr Energie an den Tag gelegt hätte, versuchen, seine minimale materielle Überlegenheit längerfristig zu realisieren, wenn es im Ergebnis auch nur darauf hinausläuft, den Gegner etwas zu beunruhigen. Aber hier wiederholt sich die Situation aus der zweiten Partie: jetzt hat Kortschnoi eine Eröffnungsneuerung erfolgreich bekämpft und indem er meint, daß er seine Aufgabe erfüllt hat, nimmt er meinen Remisvorschlag an.

Schwere Prüfungen mußte ich in der 4. Partie überstehen. Nachdem ich zum ersten Male in meiner Turnierpraxis die Hauptvariante der Katalanischen Eröffnung gespielt habe, konnte ich keinen wirkungsvollen Plan zur Entwicklung eines Gegenspiels finden und geriet in eine bedrängte Situation.

4. Partie
Kortschnoi – Kasparow
Katalanisch

1. d4 d5 2. c4 e6 3. Sf3 Sf6 4. g3 Le7 5. Lg2 0-0 6. 0-0 dc4: 7. Dc2 a6 8. Dc4: b5 9. Dc2 Lb7 10. Ld2 Le4 11. Dc1 Sc6 12. Le3 Sb4 13. Sbd2 Lb7 14. Lg5 Tc8 15. a3 Sdb5 16. Sb3 h6

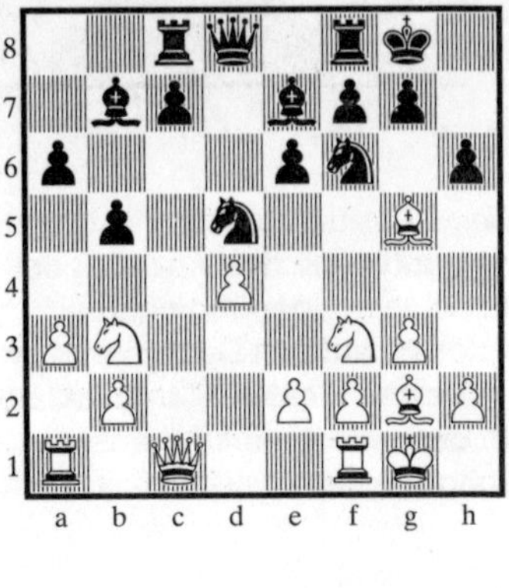

17. Sa5!?

Nicht schlecht ist auch das einfache 17. Ld2, wodurch die Spannung aufrechterhalten wird. Der weiße Vorteil ist offenkundig. Zu verwundbar sind die Schwächen der Felder c5 und a5.

17. ... La8 18. Sc6 Lc6: 19. Lf6: Lb7

Im Falle von 19. ... Lf6: 20. Dc6: Dd6 21. Tac1 Se7 22. Dc5! müßte sich Schwarz beständig Sorgen um den schwachen Damenflügel machen.

20. Le7: De7:

Nach den vollzogenen Vereinfachungen bekommt Schwarz in seinem Lager mehr Spielraum; aber auf vollständigen Chancenausgleich kann man nur dann hoffen, wenn man den rückständigen Bauern c7 los wird. Das elementare 21. b4 konnte jetzt diese Möglichkeit des befreienden Vorstoßes c7–c5 ein für allemal unterbinden. Schwarz müßte versuchen, Gegenchancen mit Hilfe des Bauernopfers 21. ... a5!? zu bekommen (die Einschätzung der Position nach 21. ... Sb6 22. Se5 wäre zweifelsfrei für Weiß vorteilhaft), aber daß auch nach 22. ba5: Ta8 23. Dd2 Ta7 24. Tfb1 bzw. nach 22. ... c5 23. Db2! La6 24. Tfc1 Schwarz keinen Grund für großen Optimismus haben dürfte, ist klar. Anstelle des befürchteten 21. b4! folgte jedoch:

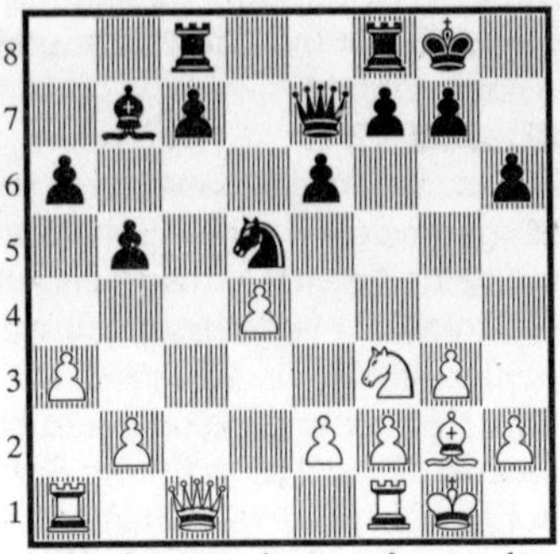

21. Dc5?

Dieser Zug ist schwer erklärbar. Wenn man aber die Ursache darin sucht, daß

Kortschnoi schon die bloßen Anzeichen einer Komplikation vermeiden wollte, dann liegt man wohl richtig. Darüberhinaus geht die Partie nun in ein Endspiel über – also in diejenige Partiephase, auf die Kortschnoi seine besondere Hoffnung setzte. Solch eine Erklärung könnte gekünstelt erscheinen, aber ich wüßte nicht, wie man den Verzicht auf den Zug 21. b4! bei einem Großmeister der Extraklasse anders erklären kann.

21. ... Dc5: 22. dc5: Se7!

Es wird klar, daß Schwarz, nachdem er (mit gnädiger Hilfe seines Kontrahenten!) sich von den Schwächen in seiner Bauernstruktur befreien konnte, frohgemut in die Zukunft blicken kann.

23. a4

Hiermit versucht Weiß Angriffsziele zu schaffen.

23. ... b4

Schwarz beginnt nunmehr selbst damit, um die Initiative zu kämpfen. Zu einem Remis führte am einfachsten 23. ... ba4: 24. Ta4: Tb8, und die Schwächen auf a6 und auf b2 gleichen einander aus.

24. Sd4 Lg2: 25. Kg2: Tfd8 26. Tfd1

Nach 26. Sb3? Td5 27. Tfd1 Tcd8 erobert Schwarz die d-Linie.

26. ... Td5

Es scheint, daß alles nur auf eine Zugumstellung hinausläuft, aber mit seinem nächsten brillanten Zug verändert Weiß den Kampfablauf.

27. Sc2! Tb8?!

Etwas verwirrt und aus seinem Konzept gebracht, konnte Schwarz hier keine befriedigende Antwort finden und er beschloß, zur Verteidigung überzugehen. Klar zum Vorteil von Weiß wäre 27. ... Tc5:? 28. Sb4: a5 29. Sd3, aber das paradoxe 17. ... Te5! hätte es Schwarz erlaubt, alle Schwierigkeiten abzuschütteln, zum Beispiel: 28. Sb4: Te2: 29. Sa6: (29. Td7 Tb2:) 29. ... Tb2: 30. Tdb1 (im Falle von 30. Td7?! Sd5 kann nur Schwarz auf Vorteil hoffen) 30. ... Tb1: 31. Tb1: Sc6! (nach 31. ... Sd5? 32. Tb8! ist der a-Bauer äußerst gefährlich) 32. Tb7 Ta8 mit baldigem Remis.

28. Td5: Sd5: 29. Sd4! Se7 30. Td1 Kf8

Jetzt ergreift der Gegner voll und ganz die Initiative, aber ich wollte in der fünften Spielstunde das Schicksal nicht in der Variante 30. ... Td8 31. Td3 e5 versuchen. In dem Bauernendspiel, das nach 32. Sf5 Td3: 33. Se7:+ Kf8 34. Sg6+ fg6: 35. ed3: entstehen würde, erreicht Schwarz ohne Mühe ein Remis – 35. ... Ke7 36. Kf3 Ke6 37. Ke4 g5! 38. a5 c6. Ich befürchtete aber, daß Weiß die Springer auf dem Brett behält und dann vielleicht in der Lage sein würde die schwarzen Bauernschwächen auszunutzen: 32. Sc2 Td3: 33. ed3: Sc6 34. Se3 mit der ständigen Drohung Sd5. In Wirklichkeit wird bei weiterer Überprüfung der Variante klar, daß Schwarz nach 34. ... Se7 35. Kf3 f5 36. g4 g6 oder 35. Sc4 Sc6 usw. nichts zu befürchten hat.

31. Sb3! Sc6 32. f4 Ke7 33. Kf3

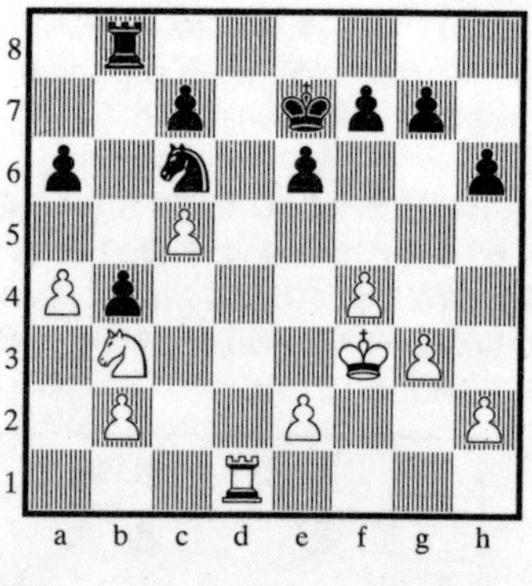

Diese Position ist für Weiß günstig. Der Hauptvorteil des Anziehenden besteht in der Überführungsmöglichkeit des Königs auf den Damenflügel, wo er auf c4 einen idealen Standplatz haben wird. Besonders effektiv ist diese Überführung in einem Endspiel, in dem der

Bauer b4 praktisch schutzlos wird. Deshalb soll Schwarz den Turmabtausch vermeiden, indem er die einzige offene Linie preisgibt. Seine einzige Chance ist es dann zu versuchen, die gegnerische Aufmerksamkeit von den Operationen am Königsflügel abzulenken.

33. ... g6!

Das scharfe 33. ... g5? gewährte Weiß die Möglichkeit für den Springerabtausch mit der günstigen Fortführung: 34. Sd4! Sd4: 35. Td4: gf4: 36. gf4:, und die neue Schwäche auf h6 verschlechtert die schwarze Lage noch zusätzlich (36. ... a5 37. c6! Td8 38. Td8: Kd8: 39. Kg4).

34. Td2

Weiß hat es nicht eilig. Er verbessert zunächst seine Turmstellung.

34. ... f6!

Als Hauptgedanke des schwarzen Planes ist der Vorstoß e6–e5 anzusehen, der die Aktivierung des Königs erlaubt und dem Gegner die ständige Drohung Sb3–d4 entzieht.

35. Ke4

Sofern Weiß mittels 35. g4 e5 36. f5? fortfährt, würde der schwarze Turm nach 36. ... gf5: 37. gf5: Tg8 zum Einsatz kommen. Besonders flexibel war die Möglichkeit 35. g4 e5 36. e3, wodurch die Spannung im Zentrum aufrechterhalten werden könnte. Jetzt jedoch kann die exponierte weiße Königsstellung ausgenutzt werden, und es gelingt Schwarz, die maximale Aktivierung seiner Kräfte zu verwirklichen.

35. ... f5+! 36. Kd3 e5!

Nach 37. Kc4 Ke6 oder 37. fe5: Se5:+ 38. Kc2 g5 kann Weiß nichts erreichen. Deshalb entscheidet sich Kortschnoi für den Kampf im Zentrum; aber Schwarz konnte mit dieser Wende in den Geschehnissen zufrieden sein – jetzt wird die Schwäche des Bauern b4 nicht spürbar.

37. e4 Ke6 38. Ke3 ef4:+ 39. gf4: g5!

Schwarz hat deutliche Fortschritte erzielt – seine Figuren haben ihre Operationsfreiheit wiedergewonnen. Kortschnoi macht sich bewußt, daß sein Übergewicht spurlos verschwunden ist und er greift zum Springerabtausch.

40. Sd4+

Etwa 40. fg5: hg5: 41. Td5 Th8 42. Tf5: Th2:, bzw. 40. ef5:+ Kf5: 41. fg5: hg5: 42. Td5+ Kg4 könnte nur für Weiß problematisch werden.

40. ... Sd4: 41. Td4:

Hier wurde die Partie abgebrochen, und ich notierte den Zug **41. ... gf4:+**. Stärker ist 41. ... fe4:!, wonach Weiß zu einer gewissen Präzision gezwungen ist: 42. Ke4: Tf8! 43. fg5: hg5: 44. Ke3 Th8 usw. Nach 41. ... gf4:+ bekommt Weiß einen symbolischen Vorteil, aber das Remis läßt sich ohne weiteres sicherstellen: 42. Kf4: fe4: 43. Ke4: Tg8!. Vor der Wiederaufnahme der Hängepartie unterbreitete Kortschnoi ein Remisangebot, das von mir akzeptiert wurde.

Ein Drittel des Matchkampfes war vorbei. Kortschnoi hatte seinen Punktevorsprung bewahrt (2,5:1,5) und verfügte nach wie vor über die Initiative. Es waren radikale Maßnahmen notwendig, um eine Veränderung der ungünstigen Matchsituation zu bewirken. Erstens sollte ich meinen Arbeitsrhythmus optimieren, und darüber hinaus mußte ich meine weiteren Schritte im Match reiflich überlegen.

Den Ernst der Lage berücksichtigend, wurde beschlossen, das einzige vom Reglement vorgesehene Time out jetzt zu nutzen. Der weitere Verlauf der Ereignisse bestätigte die Richtigkeit dieses Entschlusses.

In der 5. Partie hat es jedoch keinen heftigen Kampf gegeben.

5. Partie
Kasparow – Kortschnoi
Katalanisch

1. d4 Sf6 2. c4 e6 3. g3

Die Katalanische Eröffnung... Viele Jahre hindurch hat diese Eröffnung Kortschnoi treue Dienste geleistet, wenngleich er sie in jüngster Zeit nur noch seltener anwandte. Ich habe demhingegen diese Eröffnung lediglich ein einziges Mal in einer Partie gegen Andersson in Niksić gespielt (wobei ich damals ziemlich genau wußte, welches Verteidigungssystem Andersson wählen würde), und daher hat Kortschnoi wohl nicht ernsthaft damit gerechnet, daß ich Katalanisch in mein Eröffnungsrepertoire für den Wettkampf aufnehmen würde.

3. ... d5 4. Lg2 dc4: 5. Sf3 c5

Ich möchte betonen, daß Kortschoi auch mit Schwarz stets zu zufriedenstellenden Ergebnissen gegen die Katalanische Eröffnung gekommen ist. Meistens verband er seine Pläne im Spiel mit der Verteidigung des Bauern c4 (5. ... a6 oder sogar 5. ... b5); in dieser Partie jedoch wagte Kortschnoi es nicht, angesichts der dann auftauchenden Komplikationen, sein Schicksal herauszufordern, zumal ihn der Stand des Wettkampfes nicht zu scharfem Spiel nötigte.

6. 0-0 Sbd7?!

Kortschnoi bleibt sich selber treu und vermeidet es, der theoretischen Hauptlinie zu folgen, die mit dem Normalzug 6. ... Sc6 eingeleitet worden wäre. Jetzt erhält Weiß ohne Mühe ein deutliches Eröffnungsübergewicht.

7. Sa3 Sb6 8. Sc4: Sc4: 9. Da4+ Ld7 10. Dc4: b5

Man muß zu solchen Zügen Zuflucht nehmen, da es sonst schwerfallen würde, sich gegen die Bedrohung Sf3–e5 zu verteidigen.

11. Dc2

11. Dd3 gab Schwarz ein Tempo zur Stabilisierung der Lage – 11. ... c4 12. Dc2 Lc6.

11. ... Tc8 12. dc5:

Das ist der einfachste Zug. Die Fortsetzungen 12. Td1 oder 12. Lg5, welche die Spannung aufrechterhalten, sind jedoch auch beachtenswert.

12. ... Lc5: 13. Db3 0-0 14. Se5 Db6 15. Lg5

Die Position von Weiß sieht auch nach 15. Sd3 Le7?! 16. Le3 De8 17. Tac1 gut aus, wenn Schwarz jedoch seinen Läufer hergeben wird, so können alle Probleme leicht gelöst werden: 15. ... Lc6! 16. Lc6: Dc6: 17. Sc5: Dc5: 18. Le3 Dh5

15. ... Tfd8

Aus der Schwächung des schwarzen Königsflügels (16. Lf6:?!) kann Weiß keinen direkten Nutzen ziehen. Eine Aussicht auf Vorteil besteht nur in der Ausnutzung der Kraft des Läuferpaares und der Schwächen am gegnerischen Damenflügel.

16. Df3 Le7 17. Sd7: Td7:

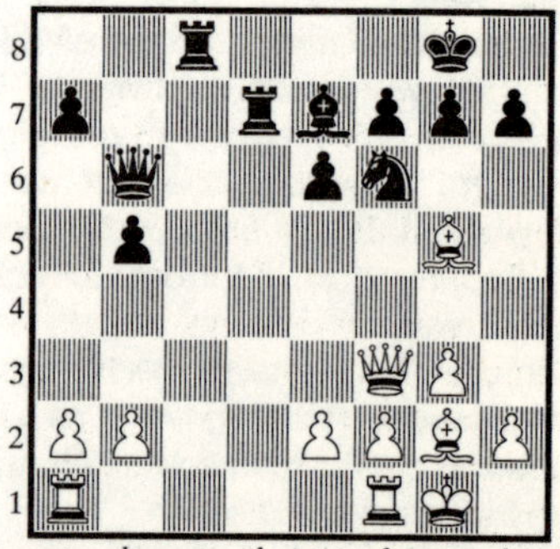

18. Tac1!?

Ein anschauliches Beispiel dafür, wie leicht der falsche Turm gezogen wird. Während der Turm a1 eine wichtige Funktion bei der Verteidigung des Damenflügels erfüllt hat, bleibt der Turm auf f1 nach wie vor arbeitslos. Richtig war Tfc1! und nach 18. ... Tcd8 – 19. e4!, was die Beweglichkeit des schwarzen

Springers einschränken soll. Die zeitweilige Aktivität der schwarzen Figuren würde bald abnehmen (beispielsweise 19. ... Td3 20. De2 h6 21. Le3 Db8 22. Td1 Td1:+ 23. Td1:), und danach treten strategische Gesichtspunkte in den Vordergrund, wie sie schon in den vorhergegangenen Anmerkungen erwähnt wurden. Schwarz wäre dann zu einer perspektivlosen Verteidigung gezwungen.

18. ... Tcd8! 19. Dc6?!

Danach schwindet der Rest der weißen Überlegenheit. Nach 19. Db3 Sd5 20. Ld2!? konnte Weiß immer noch versuchen, die Vorzüge seines Läuferpaares zur Geltung zu bringen.

19. ... Da5! 20. a3 b4 21. Lf4 Sd5

Das ist das Einfachste. Ein mehrfacher Abtausch ist in der Position unvermeidbar geworden, und die Partner einigten sich daher auf ein Remis.

Das schnelle Remis in der 5. Partie konnte den Eindruck erwecken, als ob meine Lage im Wettkampf nicht beneidenswert wäre. „Das Time out hat Kasparow nicht geholfen", bemerkte giftig eine englische Zeitung. Natürlich spielte auch die Tatsache eine Rolle, daß mir dadurch wieder eine Weißpartie weniger zur Verfügung stand. Dies jedenfalls gewichteten die Berichterstatter, die sich im Hinblick auf den Ausgang des Wettkampfes äußerten. Erstmals jetzt begannen in den Spalten der Weltpresse überzeugte Stimmen lautzuwerden, die Kortschnoi als den Wettkampfsieger prophezeihten. So gab beispielsweise Großmeister Stean in der Zeitung „New York Times" ein Interview, in dem er die ersten fünf Partien ausführlich besprach. Daraus folgerte er, daß die Überlegenheit von Kortschnoi, dem es gelungen sei, mir seine Spielweise aufzuzwingen, einen dauerhaften und nicht mehr umkehrbaren Charakter trage. Die Praxis beweist aber, daß man in derartigen Turnieren auf diesem Niveau lieber mit Voraussagen vorsichtig sein soll. Es machte auch keinen Sinn, einfach die Tatsache zu ignorieren, daß es Kortschnoi ja während der 2.-5. Runde nicht gelungen war, seinen Vorsprung auszubauen, und allein dem Übergewicht von einem Punkt konnte man noch keine solche Bedeutung beimessen, zumal in diesem Augenblick noch sieben Runden ausstehen. Die Eröffnung im Treffen der 5. Partie mußte Kortschnoi zumindest bewußt machen, daß er es in der 7., 9. und 11. Partie nicht leicht haben werde (selbstredend unter der Voraussetzung, daß ich mein Spiel noch verbessern werde). Solch ein erfahrener Turnierkämpfer konnte nicht umhin zu fühlen, daß eine solche Situation in Bälde entstehen wird. Deshalb nimmt es nicht wunder, daß er sich beeilen wollte, mir einen zweiten Schlag zu versetzen, der seiner Meinung nach meinen Widerstand brechen würde.

Der Morgen des 4. Dezember, der Tag der 6. Partie also, begann für mich mit einem unerwarteten Anruf: „Wir verbinden Sie mit Moskau..." Das anschließende Telefongespräch mit Ex-Weltmeister Botwinnik kann man (natürlich mit gewissen Einschränkungen) als einen Ausgangspunkt der im Turnier stattfindenden Veränderungen auffassen. Michail Botwinnik überraschte mich ungemein mit der Frage: „Erinnerst Du Dich, welches Ereignis vor 50 Jahren vor sich ging?" Im Halbschlaf sich zurechtzufinden fiel mir schwer, ich habe mich jedoch konzentriert und geantwortet: „1933 haben Sie im Turnier mit Flohr gespielt". „Und wie verlief damals der Wettkampf?" folgt gleich die nächste Frage. Ich mußte mich anstrengen. „Es schien mir, Sie haben die 1. und die 6. Partie verloren und sich danach in der 9. und 10. Partie revanchiert", antwortete ich. „Na siehst Du in welch vorteilhafter

Lage Du Dich befindest. Die sechste Partie hast Du noch nicht verloren!“ gab Botwinnik unerwartet als Antwort. Nach einer kurzen Pause fügte er hinzu: „Und überhaupt ist alles in Ordnung. Ein klein wenig mehr Konzentration und Selbstbesinnung und Du müßtest das Match gewinnen können.“ Wie dem auch immer sei, ein solches Gespräch weckt positive Emotionen und trägt zur Neumotivierung bei. In einem solch kritischen Augenblick des Wettkampfes war es angenehm zu wissen, daß mein Lehrmeister am erfolgreichen Abschluß des Matchkampfes nicht zweifelt. Noch angenehmer jedoch ist es heute, diese Zeilen zu Papier zu bringen, in dem Bewußtsein, daß ich die in mich gesetzten Hoffnungen nicht enttäuscht habe.

Weder meine leidenschaftlichsten Anhänger, noch die pessimistischsten Mitstreiter Kortschnois waren jedoch imstande, den weiteren Verlauf der Ereignisse vorauszusagen. Allzu groß war das Unheil, das meinen Widersacher in der zweiten Turnierhälfte getroffen hat. Übrigens begann die 6. Partie für Kortschnoi noch durchaus günstig.

6. Partie
Kortschnoi – Kasparow
Damengambit

1. d4 d5 2. c4 e6 3. Sf3 c5 4. cd5: ed5: 5. g3 Sc6 6. Lg2 Sf6 7. 0-0 Le7 8. Le3!?

Diese Fortsetzung wurde in der Turnierpraxis fast nie angewandt, und die Partie geht somit bereits frühzeitig in wenig untersuchtes Fahrwasser über.

8. ... c4 9. Se5 0-0 10. b3

Mit dem Zuge 10. Sc3 konnte Weiß das Spiel in wohlbekannte Bahnen überführen; Kortschnoi hat jedoch ein anderes Vorhaben.

10. ... cb3: 11. Db3:

Weiß möchte gewisse Vorteile durch das Hinausschieben der Springerentwicklung erreichen. Eine von diesen Vorteilen würde in folgender Variante vor Augen treten: 11. ... Sa5 12. Da4 a6 13. Ld2! Sc4! 14. Sc4: b5 15. Da5 bc4:. Die entstandene Position kann man in den Nachschlagewerken über diese Eröffnung antreffen, wo sie als gleichwertig eingeschätzt wird. Stimmt diese Einschätzung aber auch nach 16. Dd8: Td8: 17. La5! Td7 18. Sc3 Lb7 19. Tab1 noch?

11. ... Db6!?

Es sieht seltsam aus – Schwarz bietet einen Abtausch der Damen an, der mit einer gleichzeitigen katastrophalen Verschlechterung der eigenen Bauernstruktur einhergehen würde. Das dafür nach 12. Db6: ab6: erworbene aktive Figurenspiel wiegt aber vollkommen die Mängel der Bauernstellung auf, beispielsweise: 13. Tc1 Sb4 14. Sc3 Le6 15. a3 Sc6 16. Sb5 Tfc8 usw.

12. Tc1!

Weiß nutzt erfolgreich den Umstand, daß auf c3 noch kein Springer erschienen ist. Schwarz ist jetzt gezwungen, den Damentausch auf dem Feld b3 vorzunehmen, wodurch der noch nicht bewegte Turm a1 aktiviert wird.

12. ... Db3: 13. ab3: Sb4! 14. Sa3

Auf diese Weise verhindert Weiß zunächst die Entwicklung des Läufers c8 (es droht Tc7); die unbequeme Lage des Springers auf a3 erlaubt es dem Anziehenden aber nicht, das gewonnene Tempo zu nutzen. Eine durchaus nicht unproblematische Aufgabe hätte Schwarz nach dem sich natürlicherweise anbietenden Zug 14. Sc3 zu lösen. So ist etwa der Zug 14. ... Le6? sehr schlecht, da Weiß folgendermaßen fortsetzen könnte: 15. Sb5 a6 16. Sc7 Tac8 17. Se6: fe6: 18. Lh3. Nach 14. ... Lf5 15. g4! Lg4: 16. Sg4: Sg4: 17. Sd5: Sd5: 18. Ld5: Se3: 19. fe3: Lg5 20. Kf2 Tfe8 21. Tc3 Te7 22. e4 steht Schwarz ein hartes

Ringen um das Remis bevor. Zum Vorteil von Weiß gereichen auch die im Falle von 14. ... a6 15. Sa4! Lf5 16. Tc7 Ld6 17. Tb7: Sc2 entstehenden Komplikationen (18. Tc1 Tac8 19. Sb6 Se3: 20. Sc8: Lc8: 21. Lb6! Sf5 22. e3 mit der unangenehmen Drohung Lh3). Dennoch könnte Schwarz mit Hilfe von 14. ... Td8 die Schwierigkeiten wahrscheinlich unbeschadet überstehen. Beispielsweise: 15. Sb5 (15. Sa4 Lf5!) 15. ... a6 16. Tc7 Kf8! 17. Ld2! Sc6! 18. Sc6: bc6: 19. Sc3 (19. Tc6:? Ld7) 19. ... Ld7 20. Lf4! Se8 21. Tb7 Sd6 22. Tb6 (22. Ld6: Ld6: 23. Tb6 Ke7 24. Tba6: Ta6: 25. Ta6: Tb8) 22. ... Sb5! 23. Sb5: ab5:, – und Weiß hat nichts erreicht.

14. ... a6! 15. Ld2 Tb8

Noch ein Zug (16. ... Lf5), und die Initiative würde an Schwarz übergehen, deshalb muß Weiß etwas unternehmen.

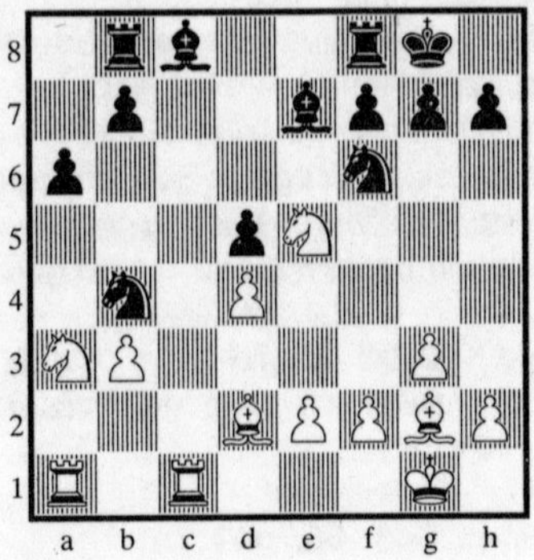

16. Lb4:!

Das ist der Anfang eines originellen strategischen Planes, den ich nicht sofort enträtseln konnte. Weiß tauscht seinen Läufer ab, wobei er mit Fug und Recht annimmt, daß er ihm keinen besonderen Nutzen bringen könnte, während der schwarze Springer b4 bedeutsame Verteidigungs- und Angriffsfunktionen inne hat.

16. ... Lb4: 17. Sd3

Auf c5 wird der Springer den Damenflügel von Schwarz lahmlegen.

17. ... Ld6?!

Schwarz sollte hier unkonventionell spielen, auf a3 schlagen und damit das Spiel ausgleichen: 18. Ta3: Lf5 19. b4 (19. Sc5 a5! und b6) 19. ... Tbc8 20. Tac3 Tc3: 21. Tc3: Tc8! (21. ... Ld3:?! 22. ed3: Tb8 23. Tc7 mit einem geringen weißen Vorteil) 22. Tc8:+ (22. Sc5 b6 23. Sa4 Tc3: 24. Sc3: Le6 25. Sa4 Sd7) 22. ... Lc8: 23. Sf4 Le6 mit baldigem Remis. In diesem Augenblick aber war ich mir im Unklaren, weshalb ich den aktiven Läufer aufgeben soll.

18. Sc2 Lg4?!

Dies it ein nutzloser Zeitverlust. Der Platz dieses Läufers ist auf e6; nach 18. ... Le6 19. Se3 Tfc8 20. b4! hätte Schwarz im Vergleich zum Partieverlauf zwei Tempi eingespart.

19. Kf1 Lf5?!

Mit Hilfe von 19. ... Tfc8 20. Se3 Le6 konnte man immer noch ein Tempo sparen. Nachdem ich den Zug 19. ... Lf5 ausgeführt hatte, schlug ich Remis vor, bekam aber eine begründete Absage – die drei vorausgegangenen Züge von Schwarz sprechen nicht zu seinen Gunsten. Außerdem gehört die Initiative objektiv bereits deutlich Weiß.

20. Sc5 Tfc8

Der doppelte Abtausch 20. ... Lc5: 21. dc5: Lc2: 22. Tc2: verurteilt Schwarz zu einer aussichtslosen Verteidigung.

21. Se3 Le6 22. b4 Kf8 23. Tc2 Ke7

Es darf jetzt nicht die Fortsetzung 23. ... b6? gewählt werden, da darauf 24. Se6:+ fe6: 25. Tc8:+ Tc8: 26. Lh3! Kf7 27. Ta6: folgen würde.

24. Ke1 h5

Ein nützlicher Zug. In der Folge kann man nach h5–h4 hoffen, auf dem Königsflügel gelegentlich ein Gegenspiel zu entfalten, und im Falle von Ke1–d1 muß Weiß immer mit der Möglichkeit Sf6–g4 rechnen. Nach wie vor ist für Weiß der Zug 24. ... b6? vorteilhaft zu bekämpfen – mittels 25. Sa6: Tc2: 26. Sc2: Ta8 27. b5 Ld7 28. Tb1.

25. Tb2 Tc7!

Vom Feld c7 aus verteidigt der Turm den Bauern b7 und nimmt gleichzeitig den Springer c5 aufs Korn (insbesondere im Falle von b4–b5), während der andere Turm längs der 8. Reihe an den Brennpunkt des Geschehens überführt werden kann.

26. Sd3!

Weiß hat alle Vorbereitungen vollendet, jetzt genügt es, b4–b5 zu spielen und die Position von Schwarz bricht zusammen.

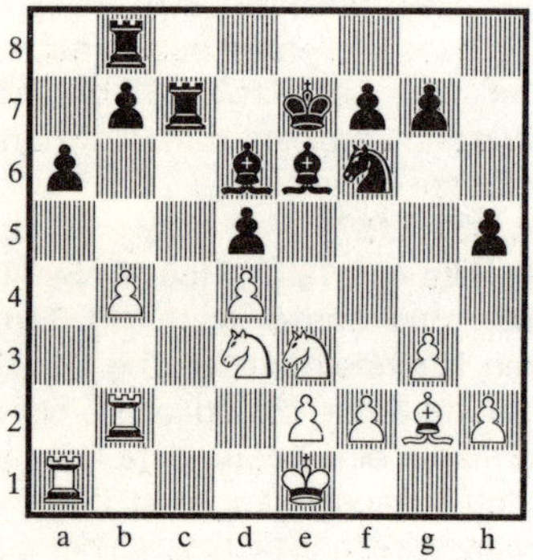

26. ... Ta8!

Jetzt ist der Zug b4–b5 nicht mehr sinnvoll, denn der a-Bauer geht einfach nach vorne. Verlockend ist 27. Tba2, jedoch gelingt es Schwarz auch in diesem Falle sich erfolgreich zu verteidigen: 27. ... Td8! 28. Ta5?! Tc3!, und der Bauer d5 ist unantastbar (29. Sd5:+? Ld5: 30. Ld5: Td3:), und das Qualitätsopfer auf d3 kommt auf die Tagesordnung. Höchstwahrscheinlich sollte sich Weiß damit abfinden, daß es unmöglich ist, sofort schnelle Vorteile zu erringen, d.h. er sollte in ein neues Stadium des Manövrierens übergehen. Kortschnoi jedoch hat es eilig...

27. b5?!

Mein Gegner war sich sicher bewußt, wie riskant dieser Zug war, konnte jedoch sich dieses Vorstoßes nicht enthalten.

27. ... a5 28. b6 Tc6 29. Tb5

Eine seltsame Position würde entstehen im Falle von 29. Ta4!? Ta6 30. Tb5 Tb6: 31. Taa5:. Die Schwierigkeiten hinsichtlich der Verteidigung der Bauern d5 und b7 würde Schwarz mit dem unerwarteten Zug 31. ... Se4! überwinden.

29. ... a4 30. Sd5:+?!

Es war noch nicht zu spät, sich eines Besseren zu besinnen – und der mehrfache Abtausch nach 30. Sb4 Lb4: 31. Tb4: a3 32. Tb3 a2 33. Tb2 Kd6 34. Tba2: Ta2: 35. Ta2: Tb6: oder 30. Sc5 Lc5: 31. dc5: Sd7 32. Sd5:+ Ld5: 33. Ld5: Tc5: 34. Lb7: Tb5: 35. La8: Sb6: führt zum Remis.

30. ... Sd5: 31. Ld5: Ld5: 32. Td5: Tb6: 33. Th5: Tb3!

Die Fehlerhaftigkeit der von Weiß durchgeführten Operation liegt auf der Hand. Der Turm auf h5 ist außerhalb des Spieles, die Figuren von Schwarz haben sich stark aktivieren können und die verbundenen Bauern a und b sind gefährlich.

34. Kd2 b5 35. h4

Nicht realistisch ist 35. e4? Tc8 36. e5 Lb4+ 37. Sb4: Tb4: 38. Kd3 Tcc4 mit Gewinn für Schwarz.

35. ... Tc8 36. g4?

Der Fall 36. Tg5! g6 37. h5 würde zu einem beiderseits scharfem Kampf führen. Die Qualität der Züge beginnt unter der beiderseitigen Zeitnot zu leiden.

36. ... a3

Gut war auch 36. ... Tc4.

37. f4 Tcc3?!

Zu bevorzugen wäre 37. ... Tc4. Nach 38. Td5? Ke6 39 e4 Tcc3 40. Sc5+ Lc5: 41. Tc5: Th3! kann Schwarz zum entscheidenden Angriff übergehen. Die schwarzen Bauern sind kaum aufzuhalten im Falle von 38. Ke3 Tc2 39. Th8 b4

40. Ta8 Tbc3. Es würde auch 38. Th8 nicht helfen, da 38. ... b4! folgen könnte.

38. Td5 Ke6 39. Th5 b4?

Ein ernsthafter Fehler, der es dem Turm h5 gestattet, in Aktion zu treten.

Würde Schwarz in diesem Augenblick die Qualität geopfert haben, so sähe sich Weiß mit unlösbaren Problemen konfrontiert: 39. ... Td3:+! 40. ed3: Lf4:+ 41. Ke2 Tb2+ 42. Kf3 Ld6 43. Th8 (43. Ke4 a2!) 43. ... Kd5 44. Ke3 Tg2!.

40. Ta5 Td3:+

Dasselbe Opfer, jedoch bei weitem nicht mit dem gleichen Effekt. Nichts ergab hier auch ein anderes Opfer der Qualität: 40. ... Tb2+ 41. Sb2: ab2: 42. Tb1 Lf4:+ 43. e3 Le3:+ 44. Ke2 Lc1 (44. ... Ld4: 45. Tb2: Te3+ 46. Kd2 Tg3 47. Tb1 Lc3+ 48. Kc2 Tg4: 49. h5) 45. Tb5 b3 46. h5 mit wahrscheinlichem Remiergebnis.

41. ed3:

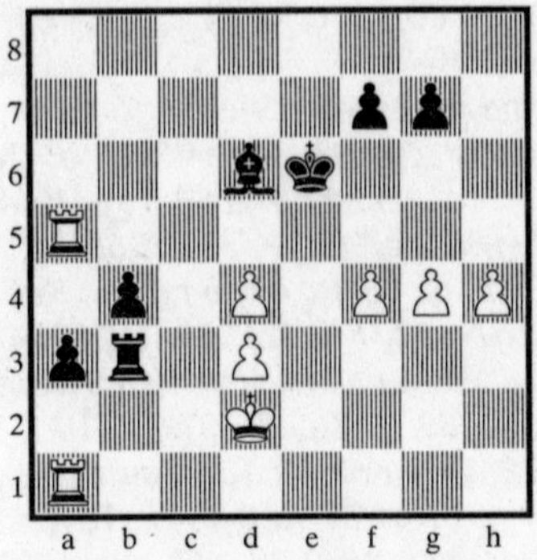

Hier wurde die Partie abgebrochen. Zuerst schien es, daß Schwarz Gewinnchancen hat, doch nach eingehenderer Analyse stellte es sich heraus, daß sich die Lage auf dem Brett im Zustand dynamischen Gleichgewichts befindet. Als Gegengewicht zu den Freibauern von Schwarz organisiert Weiß ein Gegenspiel gegen den feindlichen König.

41. ... Lf4:+ 42. Ke2 Tc3

Allzu langsam wäre 42. ... Tb2+ mit Überführung des Läufers nach c3, und der „feine" Zug 42. ... Lc7? erlaubt es Weiß, zum Gegenangriff überzugehen – 43. Ta6+ Kd5 44. Tc1!

43. g5?!

Bei der Analyse haben wir nicht ernsthaft mit diesem Zug gerechnet. Ein unkompliziertes Remis sicherte 43. Kf3 Lc1 (43. ... Tc1 44. T1a3:! oder 43. ... Ld6 44. Ke4 b3 45. T5a3: b2? 46. d5+!) 44. Ke4 Kd6 45. Ta6+ Kd7 (45. ... Kc7 46. d5 Kb7 46. d6!) 46. d5 b3 47. Ta7+ Kd6 (47. ... Kc8 48. T7a3:) 48. Ta6+ usw. Kortschnoi liebte es aber, bei der Wiederaufnahme oder gerade im Endspiel seinen Gegner durch eine unerwartete Fortsetzung zu überraschen.

43. ... Lc1 44. h5 b3 45. T5a3: La3: 46. Ta3: b2 47. Ta6+ Kf5 48. Tb6

Den Bauern zu retten gelingt hier nicht mehr – 48. Ta5+? Kf4! 49. Tb5 Tc2+.

48. ... Tc2+ 49. Ke3 Kg5:

In dieser akuten Endspielsituation, die von beiden Seiten genaueste Berechnung verlangt, riskiert Weiß bedeutend mehr.

50. d5

Der energischste Zug. Durch ein Wunder hätte sich Weiß retten können im Falle von 50. Tb5+ f5 51. d5 Kh5: 52. d6 Tc5 53. Tb2: Td5 54. Tb6 g5 55. d4 Kg4 56. Tc6 (56. Kd3? Kf3), und 56. Kg3 wird abgewehrt durch 57. Tc5!

50. ... Kh5: 51. Kd4

Nicht 51. d6? Tc6!.

51. ... g5 52. Tb8! g4 53. d6

Hier versank ich in Nachdenken. Es springt gleich ins Auge der Zug 53. ... Tc8; doch nach 54. Tb2: (54. Tc8:? b1D 55. d7 Db6+ 56. Kc3 Da5+ 57. Kc4 Da4+) 54. ... g3 55. Ke3! kommt Weiß zurecht, um die Gefahr zu beseitigen – 55. ... Kg4 56. Tb4+ Kh3 57. Tb5! Kh2 (57. ... Td8 58. Kf3) 58. Th5+.

53. ... Tc6!? 54. Ke5

Die Idee von Schwarz bestand in folgendem: 54. Kd5 Tc8! 55. Tb2:! g3 56. d7 (56. Ke4 Kg4) 56. ... Td8 57. Kd6 f5

58. Ke7 Td7:+ 59. Kd7: f4, und die Bauern sind nicht aufzuhalten. Jedoch würde der Zug 55. Tc8!! Weiß trotzdem retten: 55. ... b1D 56. d7 Dd3:+ 57. Kc6 Dc4+ 58. Kd6 usw.

Diese letzte Variante bedarf einer gewissen Präzisierung, da das schwarze Spiel verstärkt werden kann: 56. ... Db5+! 57. Kd6 Db6+ 58. Ke7 De6+ 59. Kd8 g3. Es könnte scheinen, daß Schwarz nahe am Erfolg ist, jedoch auch hier gelingt es Weiß, sich zu retten: 60. Kc7 De7 (60. ... g2? 61. Th8+ und 62. d8D) 61. Te8 Dc5+ 62. Kb7 Dd5+ 63. Kc7 f5 64. d8D Dd8:+ 65. Td8: f4 66. Tg8! (66. Tf8? g2) 66. ... Kh4 67. Tf8! Kg4 68. d4 f3 69. d5 f2 70. d6 usw. Durch ein ewiges Schach bei reduziertem Kräfteverhältnis endet die Partie im Falle von 60. ... De5+ 61. Kc6 g2 62. d8D De6+ (62. ... g1D?? 63. Dh8+) 63. Kb7 g1D 64. Dh8+ Dh6 65. De5+ Dgg5 66. De2+! (Weiß verliert nach 66. Dh2+? Kg6 67. Tg8+ Kh7 oder 67. Tc6+ f6) 66. ... Kh4 (66. ... Dg4 67. Tc5+) 67. Dh2+ Kg4 68. Dg2+ (68. Tc4+? Kf3) 68. ... Kh5 69. De2+ usw. Der Versuch, den weißen König auf d8 zurückzuhalten – 59. ... De5 (anstelle von 59. ... g3), wird widerlegt durch den überraschenden Zug 60. d4!, und Schwarz hat nichts erreicht (60. ... Dd4: 61. Ke7).

54. ... Tc5+ 55. Kf6?!

Einfacher wäre 55. Kd4, was zum Zuge 55. ... Tc8 zwingt, mit der zuvor untersuchten Remisabfolge.

55. ... g3 56. Tb2: Td5 57. Kf7: Td6: 58. Td2 Kg4 59. d4

Schlecht wäre 59. Ke7? wegen 59. ... Td4 60. Ke6 Kf4.

59. ... Kf5!

Der clevere Zug des Königs stellt Weiß neue Probleme. 59. ... Kf4 gewährte dem Anziehenden ein einfaches Remis: 60. Ke7 Tg6 61. Tg2! Ke4 62. Kf7 Tg4 63. Kf6.

60. Ke7 Td5 61. Td3!

Nur so! Zum Verlust führt 61. Tg2? Kf4 62. Td2 Ke4 63. Tg2 Kf3 64. Td2 g2.

61. ... Kf4 62. Ke6 Tg5

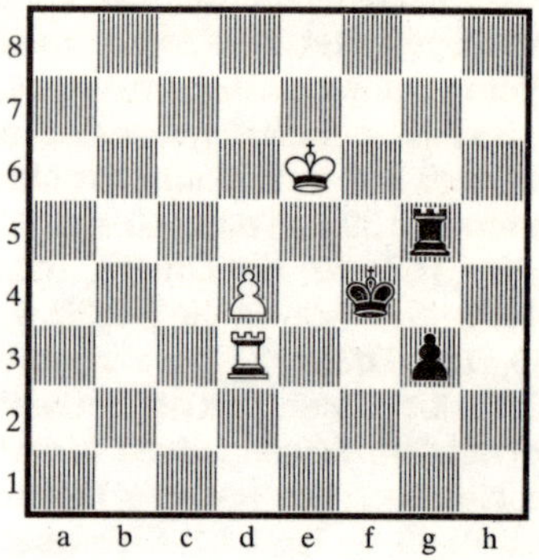

63. d5?

Ein entscheidender Fehler in dem Augenblick, als das Remis greifbar nahe war: 63. Td1! (63. ... g2 64. Tg1 Ke4 65. d5 Tg6+ 66. Kf7 oder 63. ... Tg6+ 64. Kf7 Td6 65. Ke7).

Eine gewisse Vorsicht erforderte von Weiß der Zug 63. ... Ke4!? 64. d5 Tg6+ (64. ... Te5+ 65. Kd6 g2 66. Te1+ Kd4 67. Td1+) 65. Ke7! (65. Kf7? Td6 66. Tg1 Kf3 67. Td1 g2 68. Ke7 Td5:) 65. ... Ke5 66. d6 Tg7+ 67. Kf8 Td7 68. Td3! Kf4 69. Td4+ mit unausbleiblichem Remisergebnis (69. ... Ke3 70. Tg4 Kf3 71. Tg6 g2 72. Tf6+ Ke2 73. Tg6 oder 69. ... Kf3 70. Td3+ Kg4 71. Ke8 g2 72. Td1).

Nachdem Weiß 63. d5? gespielt hat, hoffte er auf ein Zwischenschach – 63. ... g2 64. Td4+! Ke3 65. Td1 mit Remis; Schwarz kommt dem aber zuvor.

63. ... Tg6+! 64. Ke7 g2 65. Td1 Ke5!

Jetzt ist der Ausgang der Partie offensichtlich.

66. d6 Te6+ 67. Kd7 Td6:+ 68. Td6: g1D 69. Te6+ Kf5 70. Td6 Da7+ 71. Kd8 Ke5 72. Tg6 Da5+ 73. Kd7 Da4+ 74. Ke7 Dh4+ 75. Kf8 Dd8+ 76. Kf7 Kf5 77. Th6 Dd7+ 78. Kf8 Kg5

Weiß gab auf.

So kam es im Turnier zum Punktegleichstand. Dabei liege ich wohl nicht fehl, wenn ich sage, daß dies für beide Spieler überraschend kam. Wenn mir jedoch der Abend des 5. Dezember eine angenehme Überraschung gebracht hat, so mußte Kortschnoi diese Wende der Ereignisse zum ernsthaften Nachdenken gezwungen haben. Erstens war das Übergewicht an Punkten, das am Start ihm so leicht in den Schoß gefallen war, verschwunden. Damit schwand auch gleichzeitig das Gefühl der psychologischen Initiative dahin, über die Kortschnoi während der ersten Turnierhälfte verfügte. Und die wichtigste Erkenntnis bestand wohl darin, daß solch ein erfahrener Kämpfer wie Kortschnoi nicht umhin konnte zu fühlen, daß der Gegner allmählich an Sicherheit und Selbstvertrauen gewinnt, und bald die Stunde schlagen wird, wo er mit vollster Wucht seine Kampftruppen aufmarschieren lassen wird.

Nichtsdestoweniger bin ich weit von dem Gedanken entfernt, die 6. Partie als entscheidend für den gesamten Wettkampf anzusehen. Letzten Endes war mir ja „nur" der Punktausgleich gelungen, was man an und für sich noch nicht als Übernahme der Initiative betrachten kann. Es wäre nicht verkehrt daran zu erinnern, daß im Halbfinale des vorausgegangenen Zyklus mein jetziger Gegner von Lew Polugajewski in der 12. Partie, der regulären Schlußpartie des Wettkampfes vernichtend geschlagen wurde, und es dann dennoch vermocht hat, das Turnier in der Wettkampfverlängerung für sich zu entscheiden. In der Tat ist es vornehmlich der Punktausgleich, den ein zurückliegender Spieler anstrebt, und oft läßt er nach der Erreichung dieses Zieles unwillkürlich die Zügel schleifen, obwohl der entscheidende Kampf noch bevorsteht. Deshalb konnte nur die 7. Partie die Frage beantworten, inwieweit die bisherigen Veränderungen reale Bedeutung gewinnen. Ich meine, daß Kortschnoi einen Fehler beging, als er nach der erlittenen Niederlage nicht die Möglichkeit eines Time outs nutzte. Nach den Regeln des Turniers fand die 7. Partie bereits am folgenden Tag statt, d.h. nach weniger als 24 Stunden Zwischenraum, und die emotionsgeladenen Erinnerungen an die Endspielkatastrophe waren noch allzu frisch.

7. Partie
Kasparow – Kortschnoi
Katalanisch

1. d4 Sf6 2. c4 e6 3. g3 d5 4. Lg2 dc4: 5. Sf3

Es wäre naiv zu hoffen, daß Kortschnoi nochmals das zweifelhafte Experiment aus der 5. Partie wiederholen würde; und in der Tat ging er nicht mit leeren Händen, sondern wohlvorbereitet in diese Partie.

5. ... Ld7!?

Wie man mir nachher erzählt hat, überzeugte der impulsive argentinische Großmeister Najdorf alle im Pressezentrum davon, daß er bereits vor 50 Jahren so gespielt habe. In der Enzyklopädie der Schacheröffnungen ist dieser Zug jedoch nicht erwähnt.

6. Dc2

Weiß wählt in Anbetracht des unerwarteten Zuges die ruhigste Fortsetzung, welche es sofort erlaubt, den Gambitbauern zurückzugewinnen. Wahrscheinlich tauchte im Unterbewußtsein der Gedanke auf: „Es herrscht ja Punktgleichheit. Wozu unnötige Risiken eingehen?!" Zu einem bedeutend komplizierteren Spiel würden die Fortsetzungen 6. Se5 oder 6. 0-0 führen.

6. ... c5! 7. 0-0

Hoffnungen auf ein Übergewicht konnte man sich nur in Verbindung mit dem Zug 7. Dc4: machen, wonach mit

Zugumstellung eine Position der nachfolgenden 8. Partie entsteht.

7. ... Lc6 8. Dc4: Sbd7

Offensichtlich kann Schwarz mit dem Verlauf der Eröffnung zufrieden sein. Seine Leichtfiguren kontrollieren das Zentrum und die exponierte Stellung der weißen Dame bietet ihm zusätzliche Möglichkeiten zum Tempogewinn.

9. Lg5 Tc8

Einfacher wäre 9. ... cd4:, da jetzt Weiß die Bauernspannung ausnützend, eine gewisse Disharmonie im feindlichen Lager hervorrufen kann.

10. Lf6:!

Hier ist der Abtausch des Läufers gegen einen Springer vollkommen berechtigt. Unerwarteterweise zeigt es sich, daß jedwedes Zurücknehmen auf f6 irgendeinen Nachteil aufweist: So kann man im Falle von 10. ... Df6: 11. Sc3 die schlechte Position der schwarzen Dame nicht rechtfertigen, beispielsweise: 11. ... cd4: 12. Sd4: Sb6 13. Lc6:+ bc6: 14. Dd3 Td8 15. e3 e5 (15. ... c5 16. Db5+) 16. De4, oder 11. ... Sb6 12. Dd3 Td8 13. Se4 (13. Tfd1!?). Das elastischste war, wenn es auch seltsam erscheint, das Schlagen auf f6 mit dem Bauern vorzunehmen, wonach eine komplizerte Position entsteht, in welcher die beiden Läufer von Schwarz die Nachteile der Bauernstruktur aufwiegen. Etwa eine halbe Stunde überlegte sich Kortschnoi seine Antwort; letztendlich gewannen jedoch Erwägungen der Sicherheit die Oberhand, und er führt einen mehrfachen Abtausch herbei.

10. ... Sf6:?! 11. dc5: Lf3:

Es ist natürlich schade, sich vom starken Läufer trennen zu müssen, aber da hilft nichts, ohne Nachteile gelingt es nicht, den Bauern zurückzugewinnen, beispielsweise: 11. ... Dd5 12. Dd5: Sd5: 13. Sd4 (13. Tc1 Ld7!) 13. ... Lc5: 14. Sc6: Tc6: (14. ... bc6: 15. Sd2 mit offensichtlichem Positionsübergewicht für Weiß) 15. Sc3, und Schwarz kann wohl materielle Verluste nicht mehr abwenden.

12. Lf3: Lc5:

Schwarz muß nichts anderes mehr tun als rochieren, und er kann sich vollkommen sicher fühlen. Es ist nicht ausgeschlossen, daß Kortschnoi den baldigen Beginn von Friedengesprächen erwartete; es stellt sich aber schließlich doch heraus, daß auch eine solch äußerlich leblose Position viele Feinheiten in sich birgt.

13. Db5+ Dd7 14. Sc3!

Mit Tempogewinn den Springer ins Spiel bringend, beendet Weiß praktisch seine Entwicklung, und Schwarz steht noch vor der Aufgabe, die Probleme der Verteidigung seines Damenflügels zu lösen.

14. ... Db5:

Schwarz ist gezwungen, selbst zur Aktivierung des gegnerischen Springers beizutragen, da seine Rochade momentan schon nicht funktioniert hätte. Nach 14. ... 0-0?! 15. Db7:! Db7: 16. Lb7: Tb8 17. La6! ist der Bauer b2 unantastbar wegen 18. Sa4 Tc2 19. Ld3.

15. Sb5: Ke7

Nach dem Damentausch hat der schwarze König eine bequeme Position im Brettzentrum inne, und auf den ersten Blick sind keine Unannehmlichkeiten vorauszusehen, beispielsweise: 16. Lb7: Tb8 17. Tac1 Lf2:+, oder 16. Tac1 Sd5! 17. Ld5: ed5: 18. Tfd1 Ke6 usw. Weiß kann jedoch das ihm zur Verfügung stehende Tempo viel wirksamer nutzen.

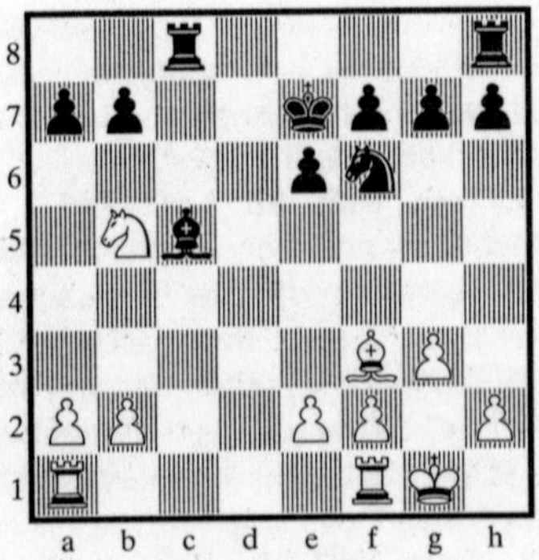

16. b4!!

Streng genommen würde ein Ausrufezeichen vollauf genügen, wegen der Originalität und Einzigartigkeit des Zuges kann man aber auch das zweite rechtfertigen.

16. ... Lb4:

Sonst geht der Bauer b7 kompensationslos verloren.

17. Sa7: Tc7?

Schwarz wurde durch die unerwartete Wendung der Ereignisse aus dem Geleise gebracht, so daß er jetzt einen Zug zweiter Wahl macht, der sich schließlich schon als entscheidender Fehler entpuppt! Es war notwendig 17. ... Ta8 zu ziehen, obwohl auch in diesem Falle Schwarz eine mühsame Verteidigung bevorstand, sowohl nach 18. Sb5 Thb8 19. Tfb1 La5 20. Tb3!, als auch nach 18. Tfb1!? Ta7: 19. Tb4: Tb8 20. a4.

18. Tfc1!

Nicht oft ist es der Fall, daß weit auseinanderliegende Figuren so gut miteinander zusammenarbeiten.

18. ... Td7

Es hatte wohl kaum einen Sinn, dem Abtausch eines Turmpaares auszuweichen, um so mehr, als der Bauer b7 ohnehin nicht zu retten war.

19. Tab1 Ld2 20. Tc2

Kaum fünf Züge sind geschehen, und wie hat sich die Position bis zur Unkenntlichkeit verändert – der Damenflügel von Schwarz ist zerschlagen, und seinen Figuren gelingt es nicht mehr, zu koordinierten Aktionen zusammenzukommen. Theoretisch ist das Schicksal entschieden; auf dem Wege zum Sieg mußte aber noch ein harter Widerstand des Gegners gebrochen werden, der sich durchaus noch nicht damit abfinden wollte, die zweite Partie nacheinander zu verlieren.

20. ... Thd8 21. Lb7:

Die schwarzen Türme stören einander, deshalb hat es für Weiß keinen Sinn einen Generalabtausch anzustreben.

21. ... Kf8 22. Sc6

Es hat den Anschein, daß alles entschieden ist – 22. ... Te8 23. Se5 Tdd8 24. Tc7 mit leichtem Gewinn? Jedoch noch nicht; Schwarz gelingt es, noch Ressourcen zu mobilisieren.

22. ... Tc7! 23. Tbb2! Td6!

Dies ist wiederum der einzige Zug. Nach dem natürlichen Zug 23. ... Tdd7 hätte Schwarz weitere materielle Einbußen erlitten: 24. Se5! Te7 25. Lc6! La5 26. Tb5! Ta7 27. Tb8+ Se8 28. Le8: Te8: 29. Te8:+ Ke8: 30. Tc8+ Ld8 31. Td8:+ usw. Jetzt ist es für Weiß wichtig, daß er es mit der Entwirrung des Figurenknäuls nicht übermäßig eilig hat. So gibt beispielsweise 24. Td2: Tb7:! dem Nachziehenden gewisse Rettungschancen. Deshalb setzt Weiß seine Truppen im Hinterland des Feindes ein (Läufer b7, Springer c6), die als Sprungbrett für einen stürmischen Bauernvormarsch dienen.

24. a4! Le1

Ein verzweifelter Versuch die Aufmerksamkeit von Weiß zumindest für einen Augenblick vom Damenflügel abzulenken. Eigentlich konnte man die Drohung Sg4 ignorieren; nach 25. a5 Sg4 26. a6! Lf2: 27. Kg2 hat Weiß allem Anschein nach eine Gewinnstellung; ich beschloß jedoch, dem Gegner nicht die geringste Schwindelchance zu geben.

25. Tb1 Sd5!

Schwarz versucht, das Spiel zu verwirren, und hofft so im Trüben fischen zu können. Das folgende Manöver von Weiß durchkreuzt aber praktisch alle schwarzen Hoffnungen.

26. La8

Weiß hat es nicht eilig; für alle Fälle kann er durch eine Zugwiederholung Zeit gewinnen.

26. ... Tc8 27. Lb7 Tc7

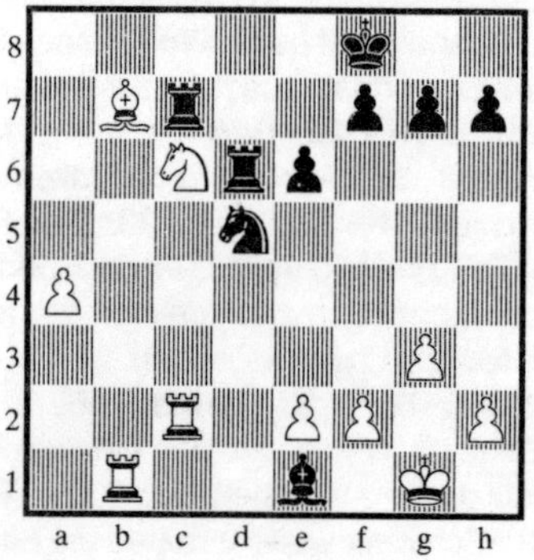

28. Tc4!

Der präziseste Zug. Die weißen Figuren haben das für einen Augenblick verlorengegangene Zusammenspiel zurückgewonnen, und jetzt kann nichts mehr den a-Bauern aufhalten.

28. ... Se7 29. Se5! La5

Jetzt führt eine nicht besonders komplizierte Kombination zu einem technisch gewonnenen Endspiel: 30. Tc7: Lc7: 31. a5! La5: 32. Sc4 Lc7 33. Sd6: Ld6:. Weiß plant jedoch – ohne materielle Eroberungen anzustreben – konsequent den Vormarsch seines a-Bauern.

30. Tb5 Sg6 31. Sc6!

Alles läuft wie am Schnürchen! Jetzt hat Schwarz keinen Funken Hoffnung mehr auf Gegenspiel.

31. ... Td1+ 32. Kg2 Le1 33. a5 Se7 34. a6 Sc6:

Den Springer, der dem Schwarzen so übel mitgespielt hat, kann der Gegner nun zwar abtauschen, doch der a-Bauer ist schon allzu weit vorgerückt.

35. Tc6: Tc6: 36. Lc6: Ta1

Das Vorhandensein ungleichfarbiger Läufer gereicht oft der schwächeren Partei zum Nutzen; im gegebenen Fall spielt Weiß aber scheinbar mit einer Mehrfigur, da der nicht am Kampf beteiligte schwarze Läufer auf e1 eine bedauernswürdige Rolle spielt.

37. Tb8+ Ke7 38. Tb7+ Kd6

Jetzt würde Schwarz nach 38. ... Kf6 39. a7 und 40. Td7 einen ganzen Turm einbüßen.

39. Lb5 Lc3 40. Tf7:

Hier könnte man schon aufgeben, doch Schwrz leert die bittere Schale der Niederlage bis zur Neige.

40. ... Lf6 41. Td7+ Kc5 42. Ld3 h6 43. Tb7 Ta3 44. a7 Kd5 45. f3 Kd6 46. Tb6+

Schwarz gab auf.

Wenn 46. ... Kc5, so folgt 47. Ta6, und dennoch hat der kühne Bauer das ersehnte Ziel erreicht!

So wurden buchstäblich innerhalb von 24 Stunden die Rollen im Wettkampf vertauscht – der Verfolger ging in Führung, und der ehemalige „Leader" sah sich gezwungen, in die Rolle des Verfolgers zu schlüpfen. Es lag auf der Hand, daß ein Umbruch im Turnier sich schon vollzogen hatte.

Zwei Niederlagen hintereinander können jeden beliebigen, sogar den erfahrensten Turnierkämpfer aus dem Geleise werfen. Deshalb nimmt es nicht wunder, daß Kortschnoi in dieser Lage sein einziges Time out nutzte. Die veränderte Situation zwang ihn anzugreifen, andererseits aber war die Zeit für extrem riskantes Spiel noch nicht gekommen. Wie der Verlauf der 8. Partie zeigte, ist Kortschnoi der ursprünglich gewählten Strategie zunächst treu geblieben.

8. Partie
Kortschnoi – Kasparow
Katalanisch

1. d4 d5 2. c4 e6 3. Sf3 Sf6 4. g3

Die Gegner spielen mit vertauschten Farben in Vergleich zur 7. Partie die gleiche Eröffnung: Katalanisch. Dabei wird der Verlauf der Kampfes eine Zeitlang mit Motiven der vorangegangenen Partie korrespondieren.

4. ... dc4: 5. Lg2 c5 6. Da4+ Ld7 8. Dc4: Lc6 8. dc5:!

Den Mehrbauern wird Weiß kaum behalten können, aber um ihn zurückzugewinnen, muß Schwarz gewisse Zugeständnisse machen (wollen wir uns an die Anmerkung zu 11. ... Lf3: in der 7. Partie erinnern).

8. ... Sbd7 9. Le3 Ld5!

Die Theorie empfiehlt hier 9. ... Sd5 10. Ld4 Da5+, doch ist nach 11. Sbd2 Sc5: 12. 0-0 kein vernünftiges Verfahren zu sehen, wie man seine Figurenentwicklung vollenden kann.

10. Da4 Lc6 11. Dc4

Der Dame fällt es nicht leicht, ein vorteilhaftes Feld zu finden, beispielsweise: 11. Dc2 (11. Da3 Sg4! 12. Ld4 e5) 11. ... Le4! 12. Dc1 Da5+ 13. Sc3 Lc6 14. 0-0 Lc5: 15. Lc5: Dc5: mit vollständigem Ausgleich.

11. ... Ld5 12. Db4!

Das ist wohl die einzige Möglichkeit, das Spiel zu komplizieren.

12. ... Dc8

Eine ähnliche Situation ist in der 7. Partie entstanden (siehe Anmerkung zu 10. ... Lf6:). Von den zwei Wegen – 12. ... a5!? und 12. ... Dc8 – wählt Schwarz den zuverlässigeren, jedoch wenig aussichtsreichen und erklärt sich somit mit einer passiven Verteidigung einverstanden. Es werden dabei Vereinfachungen herbeigeführt, während nach 12. ... a5!? die Position unklar blieb. Der Gerechtigkeit halber wollen wir vermerken, daß die Komplikationen – 13. Da4 Lc6 14. Dc2 Sg4! (14. ... Le4?! 15. Dc1, und es gibt kein Schach auf a5!) 15. Ld4 e5 16. h3 ed4: 17. hg4: Sc5: – für Schwarz keine besondere Gefahr darstellten (18. Th7:? d3).

13. Sc3 Lc5: 14. Lc5: Dc5: 15. Sd5:!

Ein wichtiger Zwischenzug. Im Endspiel nach 15. Dc5: Sc5: 16. Sd5: Sd5: 17. Tc1 Tc8! 18. 0-0 Ke7 gewinnt Weiß nichts.

15. ... Sd5: 16. Dd2

Die Fesselung 16. Da4 erweist sich als illusorisch. Schwarz rochiert einfach, da der Springer unantastbar ist: 16. ... 0-0! 17. Dd7:? Db4+ 18. Sd2 Tfd8.

16. ... Tc8

Die Fortsetzung der Abtauschaktionen verheißt Schwarz viele Unannehmlichkeiten: 16. ... Db4? 17. Db4: Sb4: 18. Sd4! 0-0-0 (18. ... e5 19. a3) 19. a3 Sd5 20. Ld5: ed5: 21. Sf5 mit Gewinn eines Bauern.

17. 0-0 0-0

Die Position hat sich weiterentwickelt. Durch seinen weitreichenden Läufer bewahrt Weiß ein klares Übergewicht, obwohl die Symmetrie der Bauernkette es dem Nachziehenden gestattet, mit einem Chancenausgleich zu rechnen (natürlich unter der Bedingung einer akkuraten Verteidigung). Übrigens spricht für Weiß auch ein kleiner psychologischer Vorteil – das Spiel in einer solchen Position, wo ein Remis das Ziel aller Wünsche ist, ist in einer solchen Matchsituation besonders unangenehm.

18. Tac1 Db6 19. Dd4

Zu einem komplikationsreichen Spiel führt die Springerwanderung nach d3, man sehe: 19. Tfd1 Tfd8 20. Se1!? S7f6 21. Sd3. Diese Position würde einen weniger konkreten Charakter tragen, und Schwarz müßte immer auf der Hut sein, um die eventuelle Aktivierung der gegnerischen Figuren zu unterbinden. Weiß tauscht die Damen ab in der Hoffnung, einen unangenehmen Druck auf den Damenflügel ausüben zu können. Letztmalig im Wettkampf setzt Kortschnoi seine Hoffnungen aufs Endspiel.

19. ... Tfd8

Für Schwarz hat es keinen Sinn, dem Abtausch auszuweichen. Im Falle von 19. ... Da6?! 20. e4 S5f6 21. a3 ist die starke Zentralposition der weißen Dame ein offensichtliches Merkmal für den weißen Vorteil.

20. Tfd1 Dd4:

Verlockend sah der prophylaktische Zug 20. ... a6 aus, womit dem weißen Springer das Feld b5 für alle Zukunft genommen wird; dann könnte sich jedoch nach 21. Db6: Sb6: 22. Se5! (mit der Idee Se5–d3–c5) die spürbare Schwäche der Bauern a6 und b7 als nachteilig herausstellen; beispielsweise: 22. ... Tc1: 23. Tc1: Tc8 24. Tc8:+ Sc8: 25. Sd7! mit Androhung von Sd7–c5 und e2–e4–e5.

21. Sd4: S7b6

Dieser Springer muß das Feld c8 kontrollieren. Nach dem Routinezug 21. ... S7f6? dringt Weiß unter Ausnutzung der Schwäche der 8. Reihe in das Lager des Gegners ein: 22. Sb5 Tc1: (22. ... a6? 23. Tc8: Tc8: 24. Sd6 Tc7 25. e4 und 26. Sb7:, wobei ein schwarzer Bauer fällt) 23. Tc1: a6 24. Sd6! b5 25. a3! mit der unangenehmen Drohung Tc6.

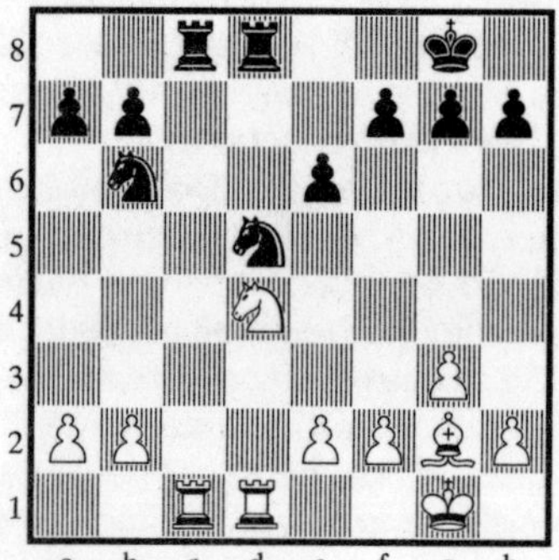

22. Sb3?!

Kortschnoi schafft hiermit die Drohung Sb3–c5 und er möchte die Mängel des 21. Zuges von Schwarz dadurch herausstreichen. Weiß stellt auch eine kleine Falle – 22. ... Sc4, 23. Tc4:! Tc4: 24. e4. Jetzt kommt aber Schwarz unter vertretbar günstigen Bedingungen zum Abtausch aller vier Türme. Die größten Probleme hätte Schwarz nach dem energischen Zug 22. Tc8:! (22. Sb5?! Tc1:! 23. Tc1: a6) 22. ... Tc8: 23. Sb5 zu meistern gehabt. Die Bauern am Damenflügel zu verteidigen, fällt nicht leicht. So verliert der Zug 23. ... a6? nach dem bereits bekannten Schema: 24. Sd6 Tc7 25. e4 und 26. Sb7:.

Deshalb muß ein Luftloch für den König vorrangig geschaffen werden – 23. ... g6 (Kaum etwas wesentliches ändert der Zug 23. ... Kf8. Vielleicht hat dann aber Schwarz nach 24. e4 eine noch kleinere Auswahl; man darf dann nicht mit 24. ... Se7? fortsetzen, da 25. Sa7: Ta8 26. Sb5 folgen würde, und der Bauer a2 ist unantastbar.) 24. e4. Wohin soll sich der Springer jetzt zurückziehen?

Naheliegend wäre der Zug 24. ... Sb4, jedoch gerät Schwarz nach 25. Sa7: Ta8 26. Td6! Sc4 27. Td4 Ta7: 28. Tc4: Sa2: 29. Lf1 aufgrund der bedauernswerten Lage des Springers an den Rand einer Niederlage.

Vorsichtiger wäre allemal 24. ... Se7, jedoch erzielt auch hier Weiß durch den feinen Zug 25. b3!, der die Beweglichkeit des Springers b6 einschränkt, ein spürbares Übergewicht, beispielsweise: 25. ... a6 26. Sd6 Tc7 (26. ... Td8? 27. e5!) 27. a4, und Schwarz fällt es schwer, eine befriedigende Figurenstellung zu erreichen.

Richtig wäre 24. ... Sc7! mit einer Attacke auf den Springer b5, d.h. auf die gefährlichste weiße Figur. Jetzt führt 25. Sa7: zu einem Generalabtausch mit Remis: 25. ... Ta8 26. Td6 Sc4 27. Td7 Ta7: 28. Tc7: Sb2:. Deshalb nimmt Weiß einen anderen Bauern aufs Korn – 25. Sd6. Fast forciert entsteht dann ein

Endspiel mit einem neuen Kräfteverhältnis: 25. ... Td8 26. e5 Se8! (schwächer wäre 26. ... Sc4 wegen 27. Tc1 Se5: 28. Sf7:! Sf7: 29. Tc7: Td1+ 30. Lf1 mit guten Chancen auf Gewinn) 27. Lb7: Sc4 28. Tc1! Sed6: 29. ed6: Sd6: 30. Lf3. Hier müßte Schwarz, um ein Remis zu erreichen, noch bestimmte Schwierigkeiten überwinden.

Die angeführten Analysen zeigen, daß die Beherrschung der c-Linie keine Vorteile verheißt. Davon ausgehend kann man die richtige Lösung der Position beim 21. Zug finden: 21. ... Tc1:! 22. Tc1: S7b6. Dann verspricht 23. Sb5, wie bereits angemerkt, keinen Erfolg wegen 23. ... a6, und der Zug 23. Sb3 führt zur Position in der Partie. Übrigens behält Weiß nach 23. a3!? einen gewissen Druck (beispielsweise 23. ... Tc8 24. Tc8: Sc8: 25. e4 Sde7 26. e5). Folglich stellte diese äußerlich so einfache Position ziemlich große Probleme während der Partie.

22. ... Tc1:! 23. Tc1: Tc8 24. Tc8:+

Der Versuch der Vermeidung eines sofortigen Abtausches – 24. Tc5!? – bringt bei richtigem schwarzen Gegenspiel keinen Vorteil: 24. ... Kf8 25. a4! Tc5:! (schlechter ist 25. ... Ke7 wegen 26. Ld5:! ed5: 27. Tb5! Sa4: 28. Tb7:+ Kf6 29. Sd4, und die Schwierigkeiten von Schwarz haben zugenommen) 26. Sc5: Sc4 27. b3 Sd2! 28. Ld5: ed5: 29. b4 b6 30. Sd7+ Ke7 31. Se5 a6! mit Remis.

24. ... Sc8: 25. Ld5:

In dem sich herausbildenden Endspiel mit Leichtfiguren gelingt es nicht, die größere Fernwirkung der Läufer auszunutzen, deshalb entschließt sich Kortschnoi zu einem neuerlichen Abtausch, womit er dem Nachziehenden einen Isolani verschafft. In der Variante 25. Sc5 Sd6 26. e4 Sb4 27. e5 Sc4 war die Aktivität des Springer eine Gewähr gegen jedwede Unannehmlichkeit.

25. ... ed5: 26. Sc5 Sd6

Die Hauptaufgabe von Schwarz besteht darin, sich in der neu entstandenen Position nach Möglichkeit keine neue Blöße zu geben.

27. Kg2 Kf8 28. Kf3 Ke7 29. Kf4 f6 30. h4

Weiß strebt danach, Angriffsobjekte am Königsflügel zu schaffen.

30. ... g6 31. g4 b6 32. Sa6 Se4!

Die wachsende weiße Aktivität zwingt Schwarz zu Gegenmaßnahmen.

33. f3

Nach 33. Ke3 Kd6 erwiese sich der Springer auf a6 als zu exponiert.

33. ... Sc5 34. Sc7 d4?!

Der Übergang in ein Bauernendspiel hätte ein unkompliziertes Remis erlaubt: 34. ... Se6+ 35. Se6: Ke6: 36. Ke3 Ke5! 37. f4+ Kd6 38. Kd4 f5! 39. g5 Ke6.

35. Sd5+?!

Kortschnoi verspürt die Zeitnot und beeilt sich damit, für alle Fälle den Bauern d4 zu blockieren. In der Tat ist das Voranschreiten d4–d3 für Weiß ungefährlich. Mehr noch, nach 35. b4! d3 36. Ke3 de2: 37. Ke2: Sd7 (37. ... Se6 38. Sd5+) 38. Ke3 tauchen sogar wieder gewisse weiße Gewinnchancen auf.

35. ... Ke6 36. Sb4 a5

Dieser Zug sichert dem König ein ausgezeichnetes Standfeld auf d5.

37. Sd3 Kd5 38. g5!

Hier muß schon der Anziehende Vorsicht walten lassen. 38. Kg3? Kc4 würde Weiß in eine kritische Lage bringen.

38. ... f5 39. Kg3

Jetzt würde der Zug 39. ... Kc4 den Gegenzug 40. Se5+ nach sich ziehen.

39. ... Sd3:

Die Partner einigten sich auf Remis. Die Bauernketten waren ein unüberwindliches Hindernis für beide Könige.

Ich denke, daß diese sich äußerlich durch nichts auszeichnende Partie eine wichtige Rolle im Endergebnis des Wettkampfes gespielt hat. Wenn Kortschnoi den Mißerfolg in der 7. Partie als zufällig betrachtete, so mußte das Remis in diesem vorteilhafteren Endspiel in der 8. Partie ihm offenbar die ganze Aussichtslosigkeit der Fortsetzung seiner bisherigen Turnierstrategie, die sich in Abtausch und Vereinfachung manifestierte, vor Augen führen. Und tatsächlich – Kortschnoi greift in der 9. Partie zu einem komplizierten Schema mit figurenreichen Mittelspielverwicklungen. Zu diesem Zeitpunkt war jedoch die psychologische Überlegenheit bereits auf meiner Seite; zudem hatte ich wohl auch die größeren Kraftreserven.

9. Partie
Kasparow – Kortschnoi
Katalanisch

1. d4 Sf6 2. c4 e6 3. g3 d5 4. Lg2 dc4: 5. Sf3 Sbd7 6. 0-0 Tb8?!

Kortschnoi bleibt seiner Eröffnungstaktik treu. Um den Gegner aus dem üblichen Geleise zu bringen, wählt er auch diesmal eine wenig erforschte Fortsetzung, die sich eines zweifelhaftes Rufes erfreut. Kortschnoi hatte auch hier Pech, denn diesen Plan kannte ich gut.

7. a4 b6

Ruf hin, Ruf her, aber bisher gelang es Schwarz in dieser Variante durchaus achtbare praktische Ergebnisse zu erzielen. Während eines Trainingslehrgangs gelang es mir jedoch, in einer Übungspartie gegen Wladimirow, die Brauchbarkeit dieser Eröffnungsposition von Schwarz in Zweifel zu ziehen.

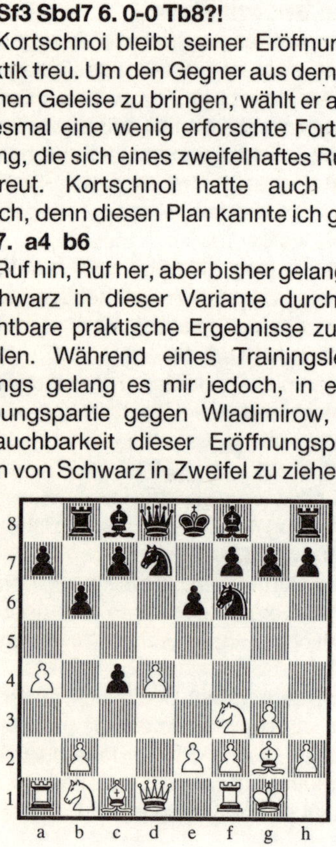

8. Sfd2!

Ein paradoxer Zug, der es Weiß erlaubt, auf optimale Weise seine Kräfte zu entfalten. Die Springer auf c4 und c3 werden Idealfelder beziehen, das Zentrum wird kontrolliert, ohne daß die anderen Figuren gestört werden. Nach dem unausweichlichen Abtausch der weißfeldrigen Läufer wird die Schwäche des schwarzen Damenflügels spürbar werden.

8. ... e5!?

Das „Normale“ 8. ... Lb7 9. Lb7: Tb7: 10. Sc4: c5 11. Sc3 Le7 12. d5 ed5: 13. Sd5: wurde von Kortschnoi aller Wahrscheinlichkeit nach als aussichtslos angesehen, wodurch er sich davon abbringen ließ. Deshalb stellt Kortschnoi eine verdeckte positionelle Falle.

9. Sc4:!

Verlockend sah auch der Zug 9. d5 aus (im Hinblick auf die Fortsetzung 9. ... La6 10. Sc3 Ld6 11. Sb5 0-0 12. Sc4: Lb5: 13. ab5:). Jedoch nach dem unerwarteten Zug 9. ... a5 würde sich das Vorhaben Kortschnois als gerechtfertigt erweisen. Beispielsweise: 10. Sc3 (10. Sc4: La6) 10. ... La6 11. Sb5 Lb5: 12. ab5: Ld6 13. Sc4: 0-0, und Schwarz kann, nachdem er die Schwäche auf a7 beseitigt hat, mit Zuversicht den weiteren Geschehnissen entgegenblicken.

9. ... ed4: 10. Dd4: Lc5 11. Dd3 0-0 12. Sc3 Lb7

Dieser Zug ist nicht zu umgehen. Man muß den Damenflügel doch irgendwie entwickeln, und 12. ... La6 ist sehr schlecht wegen 13. Sb5.

13. Lb7: Tb7: 14. Df3!

Ein wichtiger Zwischenzug, der Schwarz daran hindert, sein Figurenzusammenspiel zu organisieren. Das routinemäßige 14. Lf4 erlaubte es dem Nachziehenden mittels 14. ... Lb4! 15. Df3 Sc5 das Schlimmste zu verhüten.

14. ... Da8 15. Lf4

Die Ergebnisse des Eröffnungskampfes sind für Kortschnoi ungünstig, wobei es nicht absehbar ist, wie Schwarz die vollständige Disharmonie seiner Figurenstellung überwinden will. Mir scheint, daß solch eine Einschätzung aber nicht das Recht gibt zu der Erklärung: „Schwarz hat die Eröffnung außerordentlich schlecht gespielt." (nämlich so kategorisch waren die Beurteilungen einiger Kommentatoren zur 9. Partie). In der Tat ging Schwarz in der Eröffnung ein großes strategisches Risiko ein; daß im Ergebnis einer Reihe starker Züge des Gegners (einer von diesen stellt eine Neuerung dar!) sich dieses Risiko nicht auszahlt, nun so etwas kann passieren. Nebenbei sei daran erinnert, daß Kortschnoi nicht selten in Nachteil geriet, wenn er sich mit Neuerungen in der Eröffnung konfrontiert sah, und dies passierte ihm auch bei günstigeren Eröffnungssystemen. Damals wurde jedoch sein Spiel nicht so streng verurteilt.

15. ... a6

Schwarz konnte den Versuch machen, durch Hergabe eines Bauern den Druck der weißen Figuren zunächst abzuschütteln: 15. ... Tbb8 16. Lc7: (Den Bauern mit allen Bequemlichkeiten zu gewinnen, mißlingt – 16. Da8: Ta8: 17. Lc7:? Tfc8 18. Ld6 Lf2:+) 16. ... Df3: 17. ef3: Tbc8 18. Ld6 Tfd8!. In diesem Endspiel würde ein langwieriger Kampf um das Remis entstehen. Übrigens, wenn Weiß die Vorzüge seiner Position nicht gegen einen verdoppelten Mehrbauern eintauschen will, so kann Weiß auch ruhig fortsetzen 16. Da8: Ta8: 17. Tad1 mit deutlichem Übergewicht, beispielsweise: 17. ... c6 18. e4 Tfd8 19. Lc7! Tdc8 20. Ld6. Kortschnoi wählt ein andere Umgruppierung seiner Figuren, jedoch bleibt dabei der schwarze Turm nach wie vor außerhalb des Spiels.

16. e4!

Die große Mobilität seiner Figuren kann Weiß nur durch ein energisches Spiel nutzen.

16. ... Ta7 17. Sd5

Weiß führt folgerichtig den Plan zur Erzielung der absoluten Zentrumsherrschaft weiter. Nicht weniger vielversprechend war auch 17. Kg2, wobei die Drohung e4–e5 erneuert wird, beispielsweise 17. ... Te8 (17. ... Td8 18. Tad1) 18. e5 Df3:+ 19. Kf3: Sh5 20. Tad1 Sf4: 21. gf4: mit offensichtlichem Übergewicht.

17. ... b5?

Dieser impulsive Entschluß verschlechtert die schwarze Position weiter. Es war sehr gefährlich, den Gewinn des Bauern anzustreben: 17. ... Sd5: 18. ed5: Sf6 19. Tad1 Td8 20. Lg5! Td5: 21. Lf6: Td1: 22. Dd1: gf6: 23. Te1!, und die Verteidigung von Schwarz ist mit riesigen Schwierigkeiten verbunden, beispielsweise 23. ... c6 24. b4! Lb4: 25. Sb6: Df8 26. Dg4+ Kh8 27. Te4 mit einem kaum abzuwehrenden Angriff. Ein relativ besserer Ausweg aus der Lage war anscheinend 17. ... Dc6, einwilligend in die Variante 18. b3 Sd5: 19. ed5: Df6 20. Tac1, wonach Schwarz eine nicht leicht zu führende passive Verteidigung bevorsteht.

18. Sa5!

Natürlich ist dies ein Zug weit abseits vom Zentrum, dafür aber hat der Springer hier eine starke und uneinnehmbare Position inne (18. ... Lb6 19. Sc6!), während nach 18. Se5? Schwarz die Möglichkeit hätte, durch Abtausch seine Lage zu erleichtern: 18. ... Se5: 19. Le5: Sd5: 20. ed5: Ld6! (20. ... Te8? 21. Lg7:! Kg7: 22. Dc3+) 21. Ld4 Tb7 usw.

18. ... ba4:?!

Schwarz ist auf dem Wege zum baldigen Untergang. Es war erforderlich, die weißen Kampfkräfte im Zentrum zu attackieren – 18. ... Te8!. In diesem Falle führt zwar die Variante 19. Sc7: De4: 20. De4: Te4: 21. ab5: Tf4:? 22. gf4: Tc7: 23. ba6: zu einer für Schwarz verlorenen Position (die weißen Freibauern entscheiden), im Endspiel mit einem Minusbauern jedoch konnte man nach 21.

... ab5: 22. Sb5: Ta8 noch auf hartnäckigen Widerstand hoffen.

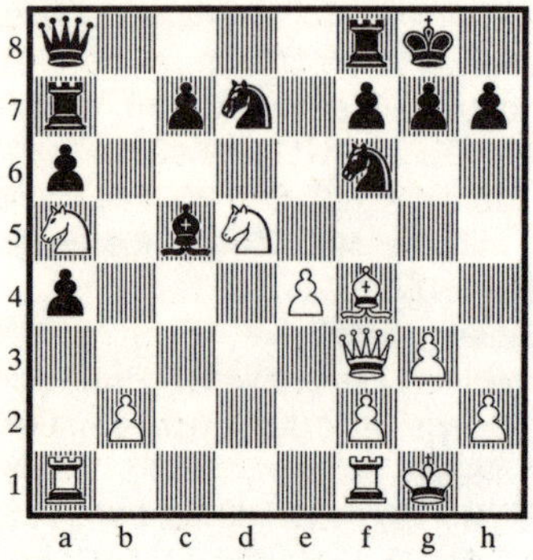

19. Tfc1!

Dieser Zug bringt alle Nachteile der schwarzen Position zur Geltung. Die schwarzen Figuren, und in erster Linie der Läufer, können keinen normalen Standplatz finden. Schlecht wäre zum Beispiel 19. ... Ld6 wegen 20. Sc6 Lf4: 21. Sf4:! Tb7 22. e5 Se8 23. Ta4: mit absoluter Dominanz des Weißen auf dem gesamten Brett.

19. ... Ld4 20. Ta4: Lb2:?

Nur die vorherige Beseitigung des Springer d5 (20. ... Sd5: 21. ed5: Lb2:) ermöglichte einen weiteren Widerstand. Übrigens, mußte auch in diesem Falle der Druck aller weißen Figuren dem Anziehenden den Sieg ermöglichen. Nach 22. Tc2 sind die folgenden Varianten denkbar: 22. ... Sb6 (22. ... Le5 23. Sc6! Lf4: 24. Sa7:) 23. Tb4 Lf6 24. Sc6 Tb7 25. d6! cd6: 26. Db3! Ld8 27. Sd8: Dd8: 28. Tb2, oder 22. ... Lf6 23. Le3! (23. Lc7:? Le5!) 23. ... Sb6 24. Tg4! h5! (24. ... Kh8 25. Tc6 Dd8 26. d6) 25. Te4 (25. Tf4? Sd5:!) 25. ... Dd5: 26. Tc5 Dd7 27. Sc6 Taa8 28. Ld4!, und die gefesselten schwarzen Figuren sind außerstande, ihrem König zu helfen (28. ... Ld4: 29. Td4: De6 30. Te5; oder 28. ... Tfe8 29. Te8:+ Te8: 30. Lf6: gf6: 31. Df6: usw.). Die Position nach 28. Ld4! stellt ein beeindruckendes Beispiel einer Idealzentralisierung dar.

21. Se7+!

Der am Leben gebliebene Springer fügt Schwarz weitere Unannehmlichkeiten zu.

21. ... Kh8 22. Tc2

Jetzt treten materielle Verluste für Schwarz ohne jedwede Entschädigung ein.

22. ... De8

Es ändert auch 22. ... Se5 23. Le5: Le5: 24. Sac6 De8 25. Ta5! Ld6 26. e5 Le7: 27. Sa7: (27. ef6:? Lf6: 28. Sa7: De1+) 27. ... Sd7 28. Sc6 nichts an der Sache.

23. Tb2: De7: 24. Sc6 Dc5 25. Sa7:

Die bemitleidenswerte Karriere des schwarzen Turms, der sich gezwungen sah im Miniquadrat a8–b8–b7–a7 sein Leben zu fristen, ist beendet. Das übrige war eine Sache der elementarsten Technik.

25. ... Da7: 26. e5 Sg8 27. Le3 Da8 28. Da8: Ta8: 29. f4 Se7 30. Td2!

Schwarz gab auf.

Die Partie bestätigte die Richtigkeit meiner Charakterisierung von Kortschnoi vor dem Turnier. Die vernichtende Niederlage in der 9. Partie weckt Assoziationen an das direkte K.O. eines Boxers im Ring, wobei jedoch die Parallele zum Boxsport damit endet. Denn im Schachsport entscheidet dieser K.O. Schlag noch nicht den Ausgang des gesamten Wettkampfes. Ungeachtet der vernichtenden Niederlage, die er erlitten hat, findet Kortschnoi jedoch noch einmal die Kraft, den Kampf fortzusetzen. Und die 10. Partie war sogar die erbittertste Kampfpartie im gesamten Match.

10. Partie
Kortschnoi – Kasparow
Damengambit

1. d4 d5 2. c4 e6 3. Sf3 Sf6 4. Lg5

Diesmal verzichtet Kortschnoi auf die Anwendung der Katalanischen Eröffnung.

4. ... Le7 5. Sc3 h6 6. Lh4 0-0 7. e3 b6

Das System Tartakower-Makagonow-Bondarewski. Die in dieser Eröffnung auftauchenden Positionen sind Kortschnoi wohlbekannt, zumal er hiermit schon viel Spielerfahrung hat.

8. Db3

Dies hat Kortschnoi – wie mir scheint – zuvor niemals gespielt.

8. ... Lb7 9. Lf6: Lf6: 10. cd5: ed5: 11. Td1 Te8

Jetzt kann Schwarz nach dem üblichen Zug 12. Ld3 wählen zwischen 12. ... c6 mit nachfolgendem Sd7–f8–e6 und aktiveren Plänen wie etwa: 12. ... Sc6!? 13. 0-0 (zu Generalabtausch mit Remis führt 13. Dd5: Ld4:) 13. ... Sa5 14. Dc2 c5, oder 12. ... c5!? 13. dc5: Sd7 – so spielte gegen mich Beljawski in der UdSSR Meisterschaft im Jahre 1978. Kortschnoi hat jedoch eine kleine Überraschung auf Lager.

12. a3!?

Mit diesem nützlichen Zug läßt Weiß die d-Linie frei, wodurch das Gegenspiel c7–c5 verhindert wird.

12. ... c6 13. Ld3 Sd7 14. 0-0 g6

Schwarz hat es nicht eilig mit dem Manöver Sf8–e6 und er beabsichtigt, der Fortsetzung 15. e4 durch den Gegenschlag 15. ...c5! zu begegnen, beispielsweise: 16. ed5: cd4: 17. Se4 Sc5! 18. Sc5: Ld5: usw.

15. Tfe1 Sf8

Und jetzt wird der schwarze Läufer nach 16. e4 Se6 17. e5 das Feld g7 besetzen.

16. Lb1 Se6 17. La2!

Das Auftauchen des weißen Läufers auf der Diagonale a2–g8 nötigt Schwarz ständig mit der Drohung e3–e4 zu rechnen.

17. ... Dc7!

Dies geschieht, um den Punkt d5 durch den Zug Tad8 zu befestigen.

18. Da4

Erneuert wird die Drohung e3–e4 (19. e4 Tad8 20. ed5: cd5: 21. Ld5:).

18. ... Tad8

Jetzt wird Schwarz auf 19. e4 mit der Entgegnung 19. ... Db8 antworten. Kortschnoi überzeugt sich davon, daß ein Durchbruch im Zentrum nichts Reales verspricht und startet ein Spiel am Damenflügel.

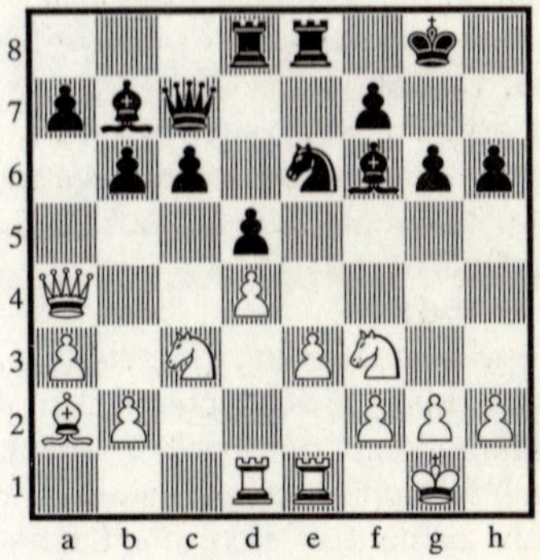

19. b4 Db8 20. Dc2 Dc7!

Dies verhindert b4–b5.

21. Lb3 Lg7?!

Schwarz versäumt den günstigen Augenblick für den befreienden Zug c6–c5: 21. ... c5! 22. dc5: bc5: 23. Sd5: Ld5: 24. Ld5: cb4:. Aktivität an den Tag zu legen, wird in absehbarer Zeit dem Nachziehenden nicht mehr gelingen.

22. Da2!

Die Batterie Dame+Läufer macht die Unterminierung e3–e4 und b4–b5 besonders gefährlich.

22. ... a6

Der Versuch hier c6–c5 durchzuführen, konnte Schwarz teuer zu stehen kommen. Nach 22. ... c5? 23. Sd5: Ld5: 24. Ld5: cd4: 25. ed4: Sd4:! 26. Te8:+! Te8: 27. Sd4: Ld4: 28. Db1! gewinnt Weiß einen Bauern mit ausgezeichneten Chancen für den Gewinn (28. ... Df4 29. Dg6:+ Kf8 30. Dc2).

23. Tc1 Db8 24. Sa4

Die Schwächung des Bauern b6 nutzend, will Weiß den Springer nach d3 überführen, wo er eine Idealstellung einnimmt und die Felder e5 und c5 unter Kontrolle nehmen wird.

24. ... Da7! 25. Sc3

Falls 25. Sb2 geschieht, so folgt darauf 25. ... c5!.

25. ... Db8 26. Tb1

Höchstwahrscheinlich dient dies der Vorbereitung von a3–a4 und b4–b5.

26. ... Dd6

Wiederum setzt sich Schwarz den Zug c6–c5 zum Ziel, beispielsweise: 27. Sa4 c5! 28. dc5: bc5: 29. bc5: Sc5: 30. Sc5: Dc5: 31. La4 Te7.

27. Tbd1?!

Ohne einen klar abgegrenzten Plan zu haben, beginnt Kortschnoi die „Aufrechterhaltung" der Position anzustreben. Angesichts einer gewissen Zeitnotgefahr bemüht er sich, die Sache bis zum Abbruch der Partie hinauszuzögern, ohne nennenswerte Positionsänderungen vorzunehmen. Und dies ließe sich vielleicht auch in die Tat umsetzen, wenn Weiß 27. Ted1! gezogen hätte.

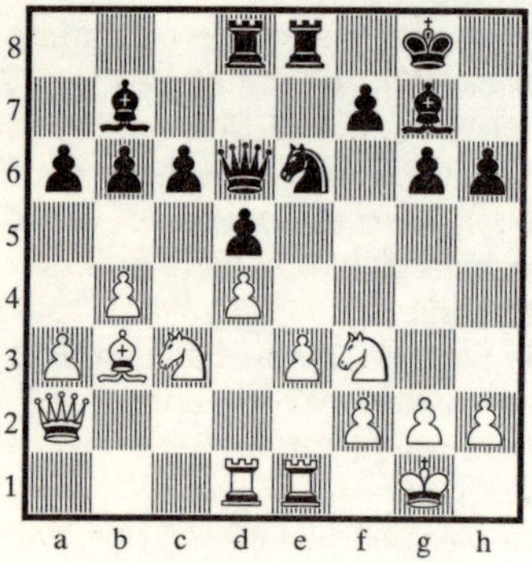

27. ... a5!

Zu meiner Überraschung schätzten die Kommentatoren diesen Zug mit dem Zeichen »?!« ein, wobei sie ihn als den Versuch werteten, Komplikationen in der fünften Spielstunde herbeizuführen. Meiner Ansicht nach ist der Zug durch die Position vollauf gerechtfertigt. Der vereinzelte Bauer a5 wird Schwarz nicht mehr zu schaffen machen, als der Bauer a3 Weiß. Und der weiße Läufer erweist sich nach Öffnung der b-Linie als nicht besonders gut plaziert.

28. ba5:

Auf 28. b5 würde ich mich entschlossen haben, folgendermaßen fortzusetzen: 28. ... c5! 29. dc5: Dc5: 30. Sd5: a4 31. Lc4 Tc8 32. Lf1 Sc7! 33. Sc7: Tc7: mit genügender Kompensation für den geopferten Bauern.

28. ... ba5:

Auf dem Damenflügel eröffnen sich für Schwarz durchaus brauchbare Perspektiven: ...La6, ...Tb8 mit einer Verdoppelung auf der b-Linie, wie auch Lf8, was Weiß nötigen könnte, entweder den Punkt b4 zu schwächen, oder noch eine Figur zum Schutze des Bauern a3 abzustellen. Durch diese Umstände gezwungen, entschließt sich Kortschnoi endlich zu einem Durchbruch im Zentrum.

29. e4 a4?!?

Streng genommen, verdient dieser Zug nur ein Fragezeichen. Faktoren, die außerhalb des unmittelbaren Spiels liegen, und die durch diesen Zug in Kraft gesetzt wurden, zwingen aber diese Einschätzung durch das Zeichen »!?« zu ergänzen. Es handelt sich darum, daß Schwarz für den Bauern eine zusätzliche Kompensation in Form... von 8 Minuten Bedenkzeitverbrauch bei Weiß erhalten hat, so lange beschäftigte sich Kortschnoi mit der Beantwortung dieses Zuges, und dies war mehr als der halbe verbliebene Zeitvorrat meines Gegners. Richtig war natürlich 29. ... de4:, und die schwarzen Chancen sind durchaus nicht schlecht. Wollen wir beide möglichen Varianten untersuchen:

a) nach 30. Te4:?! c5! nehmen die weitreichenden schwarzen Läufer die gesamte gegnerische Position unter Beschuß. 31. Le6:; jetzt führt 31. ... Le4: 32. Lf7:+ Kh7 33. Le8: Lf3: 34. gf3: Te8: 35. Se4 Df8! (35. ... Df4? 36. De2) 36. Kg2! cd4: 37. Tb1 zu einem unklaren Spiel. Nicht so offensichtlich sind die Folgen der Variante 31. ... fe6: 32. dc5: Dd1:+ 33. Sd1: Td1:+ 34. Te1 Lf3: 35. Td1: Sd1: 36. Dd2! La4! 37. Da5: Tb8 usw. Stärker wäre 31. ... Te6: 32. Te6: fe6:, und die Position von Weiß ist unstabil (33. Te1 Kh7 34. Te6: Df4). Interessant ist 31. d5 Lc3: 32. de6: Dd1:+ 33. Te1! (nach 33. Ld1: Td1:+ 34. Te1 Te1:+! 35. Se1: Te6: ist ein kleines Übergewicht zugunsten von Schwarz zu verzeichnen) 33. ... Lf3:! 34. ef7:+ Kg7 35. fe8:D Te8: 36. Td1: Ld1: 37. f3! (es verliert 37. h3? Te1+ 38. Kh2 Le5+ 39. g3 Lf3) 37. ... Te1+ 38. Kf2 Te2+ mit Remis. Aber der einfache Zug 31. ... Sd4 gibt Schwarz bessere Chancen.

b) 30. Se4: Df4. Jetzt würde ein allzu großer Optimismus Weiß in Schwierigkeiten bringen: 31. Te3?! c5! (31. ... Sd4:? 32. Sd4: Ld4: 33. g3! Df5 34. Td4: Td4: 35. Lf7:+! Df7: 36. Sf6+ Kf8 37. Te8:+ Kg7 38. De2!) 32. g3 Df5 oder 31. Sc5?! Sc5: 32. dc5: Te1:+ 33. Te1: Lc8, und durch das Läuferpaar ist das Übergewicht auf der Seite des Nachziehenden. Deshalb muß Weiß die Lage entspannen – 31. d5! cd5: 32. Ld5: Ld5: 33. Td5: Sd4!? 34. Sd4: Ld4:! 35. Td4: Td4: 36. Sf6+ mit Generalabtausch und Remis.

30. La4:!

Schwächer wäre 30. Sa4:? de4: 31. Te4: c5! 32. d5 (32. Le6: fe6:) 32. ... Sd4.

30. ... de4: 31. Se4:

Nicht 31. Te4? wegen 31. ... Sd4: 32. Sd4: Ld4:.

31. ... Df4 32. d5!

Ungeachtet der Zeitnot ist Weiß auf der Höhe. Nach 32. Dd2? entgeht Schwarz allen Gefahren: 32. ... Dd2: 33. Td2: Kf8! (33. ... Sd4:? 34. Sd4: Ld4: 35. Td4: Td4: 36. Sf6+ Kf8 37. Te8:+ Kg7 38. Te4) 34. Sc5 (34. d5?! Td5:! 35. Td5: cd5: 36. Le8:? de4:) 34. ... Sc5: 35. Te8:+ Te8: 36. dc5: Ta8.

32. ... Sd4!?

Es könnte scheinen, daß 32. ... Td5: 33. Td5: cd5: für Schwarz günstig ist: 34. Le8: de4: 35. Sd2 Lc3! 36. Te3 Ld4. Der Zwischenzug 34. Sf6+! stellt jedoch alles auf den Kopf, beispielsweise: 34. ... Lf6: 35. Le8: Lc3 36. Te3 d4 37. Lf7:+! Kg7 (37. ... Df7: 38. Te6: Le4 39. Se5) 38. De6: de3: 39. Dg6:+ Kf8 40. Dg8+ Ke7 41. De8+ Kf6 42. fe3: mit Gewinn für Weiß. Deshalb versucht Schwarz die Position zu verkomplizieren.

33. Sd4: Te4: 34. Lc6:?

Schlecht für Weiß wäre 34. dc6:? Te1:+ 35. Te1: Dd4: 36. cb7: Da4:, jedoch der Zug 34. Sc6:! widerlegte den abenteuerlichen 29. Zug von Schwarz. Kaum steht danach etwas besseres zur Verfügung als 34. ... Lc6: 35. Lc6: Tb8 mit nur geringen Hoffnungen auf Rettung.

34. ... Ld4: 35. Lb7:

Weiß hat zwei Mehrbauern; die bessere Figurenstellung und das Zugrecht erlauben es aber dem Nachziehenden, ein Gegenspiel zu initieren.

35. ... Tb8

35. ... Te1:+ 36. Te1: Tb8 würde abgewehrt durch 37. g3! Df3 38. Dd2! Lc5 39. Lc6 La3: 40. Dh6:.

36. Te4:

In einer solchen Position kann schon ein einziger Fehler zum Verlust führen: 36. g3? Df3!.

36. ... De4: 37. Db1

Noch weniger versprach 37. Db3 De2 38. Tf1 De7! 39. Dd3 (39. Tb1 De2 40. Df3? Tb7:!) 39. ... Lc5 40. Lc6 Tb2 41.

Df3 (41. a4 Tf2:!) 41. ... La3:, und die Aktivität der schwarzen Figuren kompensiert den Bauern vollauf.

37. ... Df4

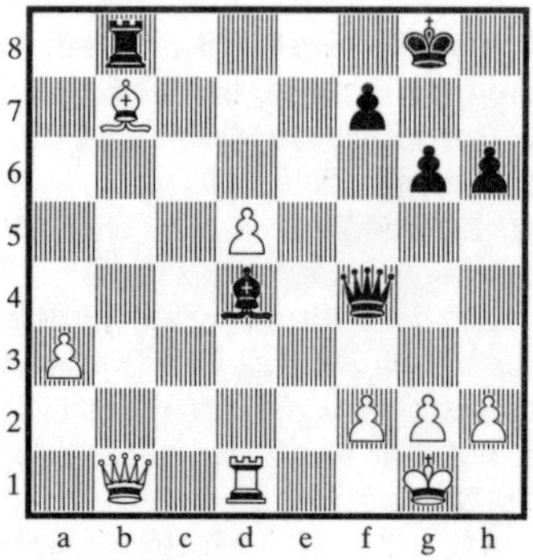

Hier bot sich Weiß eine interessante Möglichkeit: 38. Dc2!?, die jemand von den Großmeistern im Pressezentrum gefunden hat. Anscheinend erwies sich der Effekt einer einfachen Falle (38. ... Tb7:? 39. Dc8+) als so stark, daß die Kommentatoren, sich auf die Variante 38. ... Kg7? 39. Tb1 beschränkend, den Zug 38. Dc2 als angeblich gewinnbringenden Zug betrachteten. Die Position verdient aber eine eingehendere Analyse: Also, 38. Dc2 Le5! 39. g3 Df3 40. Td3 (zum Remis führte 40. Lc6 Tb2 41. d6 Da3:! 42. De4 Dc5, und im Falle von 40. Te1 Da3:! 41. Lc6 Dd6 trägt das Übergewicht von Weiß nur noch symbolischen Charakter – das Kräfteverhältnis ist fast mit dem in der 15. Partie in Meran identisch) 40. ... De4 41. La6 (nach 41. Lc6 De1+ 42. Kg2 Tb1 ist der Angriff von Schwarz gefährlich) 41. ... Tb2 (hier ist 41. ... De1+ 42. Kg2 Tb1 nicht wirksam wegen 43. Te3!) 42. Dd1 (42. Dc8+?! Kg7 43. Te3 Db1+ 44. Kg2 Ld4 45. Te2 Te2: 46. Le2: De1, oder 44. Lf1 Ld4 45. Tf3: De1) 42. ... Te2! 43. f3! Ld4+! (43. ... Te1+? 44. Kg2 Te2+ 45. Kf1) 44. Kh1 Te1+ 45. Kg2 Te2+ 46. Kh3 Df5+ 47. g4 De5 48. f4 Te3+ (48. ... De4?! 49. Tg3 Tf2 50. d6!) 49. Te3: De3:+ 50. Kg2 Df2+ 51. Kh1 Df4: mit wahrscheinlichem Remis.

Günstig für Weiß wäre 43. Kf1 (anstelle von 43. f3!) 43. ... Ta2 44. Df3 Ta1+ 45. Kg2 De1 46. Te3, jedoch wird der Zug 43. Kf1 auf phantastische Weise widerlegt: 43. ... Ld4!!

Analyse-Diagramm

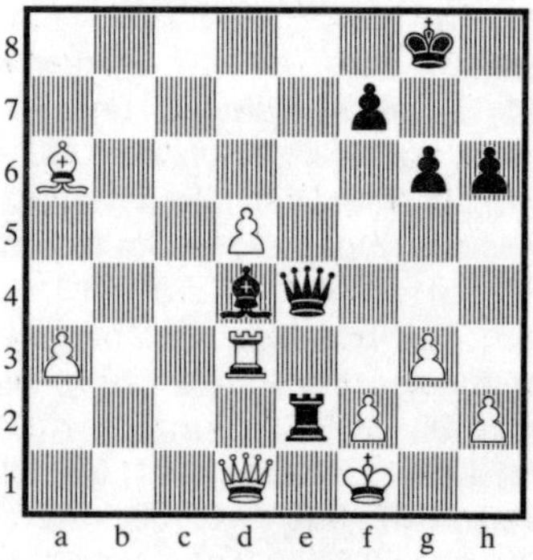

Meinem Geschmack würde hier folgende Variante entsprechen: 44. Td4: Df3 45. De2:? Dh1 matt. Zu einem für Schwarz besseren Endspiel führt 45. Tf4 Tf2:+ 46. Ke1 Dh1+ 47. Kf2: Dd1:, und im Falle von 44. Te3 Tf2:+ 45. Kf2: Le3:+ 46. Kf1 Lc5 wird die ungeschützte Stellung des Königs dem Weißen viel Kopfzerbrechen bereiten.

Folglich ergab auch 38. Dc2 bei exaktem Gegenspiel keinen Gewinn für Weiß. Freilich kann man noch immer die Vermutung äußern, daß dies alles am Brett nicht gefunden worden wäre.

38. d6 Dd6:!

Schwarz zieht diesen Bauern natürlich dem Bauern f2 vor.

39. g3

Ohne Luftloch für den König geht es nicht.

39. ... Tb7:!

Verlockend war 39. ... Dc5 (39. ... Dd7? 40. Kg2 Tb7: 41. Tb4:), jedoch nach 40. De4 (40. Td2? Tb7:!; oder 40. Tf1? Da7) 40. ... Lf2:+ 41. Kg2 konnte Schwarz in Schwierigkeiten geraten. Deshalb zielt er auf ein schnelles Remis hin.

40. Db7: Lf2:+ 41. Kf2: Dd1: 42. Da8+

Hier bot Kortschnoi ein Remis an. Der Wettkampfstand war nun bereits bei 6:4 zu meinen Gunsten angelangt, und das Match näherte sich seinem Ende. Ein Remis in der 11. Partie, in der ich Weiß hatte, war eigentlich kein großes Problem mehr. Ich wollte aber das Turnier nicht mit einem Remis abschließen, sondern noch einmal einen Siegpunkt erzielen und einen würdigen Schlußpunkt setzen. Die Turniersituation zwang Kortschnoi dazu, die Partie scharf anzulegen, und immer dann, wenn Schwarz ein bedeutendes Risiko eingeht, so ist ein mutiges und entschlossenes Vorgehen von Weiß für den Erfolg notwendig (ohne Vorurteile von der Art „Tradition der letzten Partie" oder „gentlemanlike").

11. Partie
Kasparow – Kortschnoi

Moderne Benoni Verteidigung

1. d4 Sf6 2. c4 e6 3. g3 c5

Natürlich rückt Kortschnoi, der gezwungen ist auf Sieg zu spielen, von den ruhigeren Strukturen der Katalanischen Eröffnung ab.

4. d5 ed5: 5. cd5: b5

Früher hat Kortschnoi auch schon so gespielt (gegen Lajos Portisch während der Olympiade in Luzern), deshalb kam dieser Zug für mich nicht unerwartet. Schwarz konnte nach 5. ... d6 auch in die normale Spielweise der Modernen Benoni-Verteidigung übergehen, womit Kortschnoi aber quasi gegen sich selber spielen müßte, da er viele Male gegen diese Eröffnungsstruktur gewonnen hat, indem er den weißfeldrigen Läufer fianchettierte. Während der Olympiade in Luzern hat er zwar die Partie gegen mich verloren, doch war dies nicht mit der gewählten Eröffnung in Zusammenhang zu bringen. Jetzt möchte er vor allem eine weniger erforschte Position anstreben.

6. Lg2 d6 7. b4!

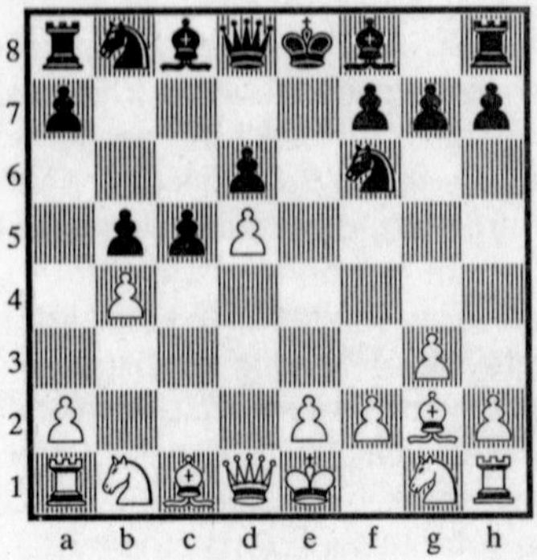

Dieser Zug war für meinen Gegner wahrscheinlich unerwartet. Die Lage im Turnier gestattet es mir, ruhig zu spielen (beispielsweise mittels 4. Sf3), doch ich wollte auch diese Partie auf Gewinn anlegen, weshalb ich mich anschickte, solche Züge zu machen, die ich für die allerbesten hielt. Das um so mehr, als der von mir gewählte siebente Zug eine durchaus logische positionelle Grundlage hat: So schnell wie möglich sollte die schwarze Positionsschwäche c6 bloß gelegt werden. Sobald der Bauer c5 seinen Posten verlassen hat, wird der weiße Springer die Möglichkeit bekommen, auf der vielversprechenden Route: Sg1–f3–d4 in Richtung c6 voranzustürmen.

Der Zug hat freilich auch seine Nachteile: ein Bauer wird geopfert. Nach 7. ... cb4: 8. a3 ba3: 9. Sa3: entsteht eine eigenartige Variation des Wolga-Gambit Stellungstyps, jedoch in einer für Weiß ganz offensichtlich günstigen Form; die Position von Schwarz weist ja bereits viele Schwachpunkte auf. Obwohl in der „offiziellen“ Stammpartie, der sozusagen ältesten Belegquelle für diese Zugwahl (Sosonko – Timman, Tilburg, 1982) Weiß seine Vorteilschancen nicht zu nutzen verstand, scheint es mir doch, daß man die weißen Figuren viel geschickter einsetzen kann. Nebenbei erwähnt: Soweit mir bekannt ist, hat sich solch eine Position bereits 1981 in einer (weitgehend unbeachtet gebliebenen) Partie zwischen Saitschik und Wladimirow ergeben, d.h. bereits ein Jahr früher, als in der oben erwähnten Partie. Wladimirow setzte fort mit 9. ... Ld7 und konnte alle Eröffnungsprobleme wohlbehalten überstehen. Ich betone jedoch nochmals, daß man das weiße Spiel gewiß wesentlich verstärken kann. Übrigens gefallen mir solch komplizierte Positionen stets. Der minimale materielle Nachteil wird vollständig durch die Vorzüge der Position aufgewogen. Außerdem behält Weiß die Initiative in der Hand.

Kortschnoi weicht diesen Varianten aus und macht einen ziemlich interessanten neuen Zug.

7. ... Sa6!?

Schwarz gewinnt damit zwar keinen Bauern, aber dafür setzt er die Entwicklung seiner Figuren mit Tempogewinn fort. Sein Springer nimmt eine keineswegs schlechte, man könnte fast sagen „ewige“ Position auf c5 ein. Im Moment ist Schwarz sogar eine Kleinigkeit mit der Entwicklung im Vorteil, während bei Weiß die Felder am Damenflügel, c3 und c4, tendenziell etwas zur Schwäche neigen.

8. bc3: Sc5:

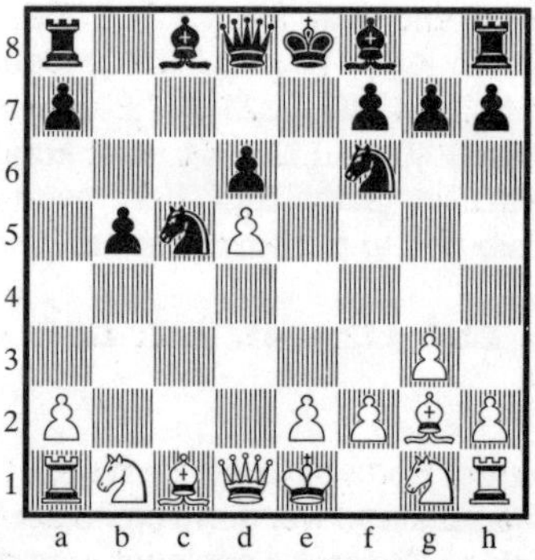

Diese Position kann folgendermaßen charakterisiert werden: die schwarzen Figuren sind dynamischer angeordnet, wenn es Weiß jedoch gelingt, seine Figuren gut zu entwickeln, so werden seine langfristigen strategischen Vorteile zur Geltung kommen.

9. Sf3 g6

Ein starker Zug. Die besten Zukunftschancen erhält der Läufer durch sein Auftreten auf der langen Diagonale.

10. 0-0

Das ist ein natürlicher Entwicklungszug. Vielleicht sollte man aber trotzdem sofortiges 10. Sd4 in Erwägung ziehen.

10. ... Lg7 11. Sd4 0-0?

Wenn die Rochade von Weiß zwar etwas voreilig, aber noch akzeptabel ist, so ist der analoge Zug von Schwarz eine ernsthafte Ungenauigkeit. Jetzt setzt Weiß seinen Plan ungehindert in die Tat um. Es war unbedingt notwendig 11. ... Lb7 zu ziehen, mit konkreter Bedrohung des weißen Zentrums und mit der Möglichkeit, eine gegnerische Figur, die das Feld c6 besetzen möchte, umgehend zu liquidieren. Schwarz sollte die günstige Stellung seiner Figuren zum sofortigen Angriff auf den Bauern d5 nutzen, d.h. auf den Dreh- und Angelpunkt der Position, sowie die Entlastung der Diagonale a1–h8 verhindern. Jetzt überwindet Weiß unter Ausnutzung kleiner taktischer Feinheiten sofort alle temporären Schwierigkeiten.

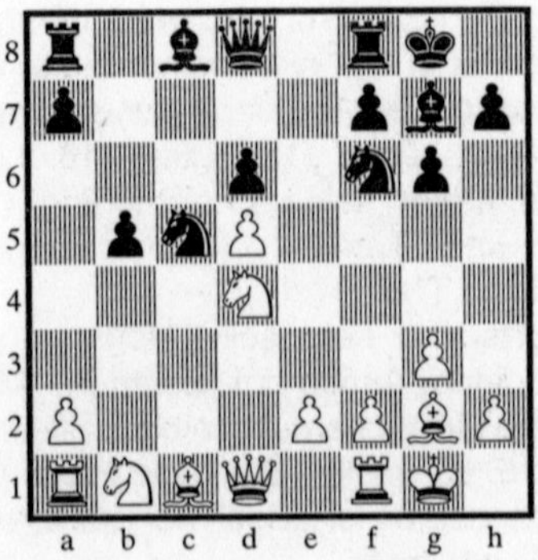

12. Sc3!

Hier verfiel Kortschnoi in ein langes Nachdenken. Etwas unverhofft hatte er plötzlich ziemlich ernste Probleme zu lösen. Am natürlichsten sieht der Zug 12. ... b4 aus. Dann folgt aber 13. Sc6 (dies genau ist ja der Grund, weshalb 11. ... Lb7 vor der Rochade den Vorzug verdient hätte).

Auf 13. ... Db6 ist 14. Tb1 eine starke Antwort, was nicht nur den Turm aus der Röntgenwirkung des Diagonalläufers g7 entfernt, sondern auch den Gewinn eines Bauern zur Folge hat. Deshalb muß Schwarz 13. ... Dd7 spielen, und Weiß wird danach nicht auf b4 schlagen (14. Sb4: Sfe4! mit schwarzem Qualitätsgewinn). Ich glaube zwar, daß Weiß auch in diesem Fall ein gutes Spiel bekommt, doch noch stärker ist 14. Sb5!. Jetzt kann Schwarz keinesfalls mehr die Schutzlosigkeit des Turmes a1 ausnutzen. Nach beispielsweise 14. ... Sd5: 15. Dd5: La1: vollzieht einer der weißen Springer einen eigenartigen „Saldo mortale" 16. Sd6:! Se6 17. Sc8:! Dd5: 18. S8e7+ Kg7 19. Sd5: – und Schwarz bleibt nichts anderes übrig, als sich zu ergeben. Die Variante ist ziemlich einfach. Die weißen Springer haben ja fast das gesamte Brett unter Kontrolle. Eine andere Variante – 14. ... Sfe4 15. Sbd4, ergibt eine interessante Position mit zwei Springeraneinanderkoppelungen. Die weißen Springer agieren jedoch wirksamer, besonders der auf c6 – er beeinträchtigt die Wirkung der schwarzen Dame und des schwarzen Turmes. Im Falle von 15. ... Sc3 16. Dc2 La6 17. Te1 steht Schwarz die Lösung komplizerter Probleme im Zusaammenhang mit dem Bauern b4 bevor, und das Übergewicht von Weiß wird einen stabilen Charakter tragen.

Dadurch ist eben erklärbar, warum Kortschnoi nicht 12. ... b4 gespielt hat, sondern einen bescheideneren Zug wählte, den er mit der Hoffnung verband, diese Drohung für später aufzubewahren und zunächst seine Figuren zu entwickeln.

12. ... a6

Hier versank ich für lange, etwa für 25 Minuten, in tiefes Nachdenken. Die Tatsache, daß die weiße Position vielversprechend ist, liegt auf der Hand. Leider jedoch ist sofortiges 13. a4 nicht möglich, weil 13. ... b4 14. Sc6 Dd7 folgt, und dem Springer dann das entscheidene Feld b5 nicht mehr zugänglich ist. Am logischsten erscheint der Zug 13. Tb1, was den Randbauernzug vorbereiten würde; was demnach also dem Plan von Weiß entsprechen würde. Schwarz hat aber eine starke Erwiderung in Form von 13. ... Te8! zur Verfügung, wonach die Drohung Sf6–e4 unangenehm ist (es wirkt sich die Schwäche des Feldes c3 und die labile weiße Springerstellung aus). Schwarz bekommt danach ein gewisses Gegenspiel, und wenngleich es nicht sonderlich gefährlich ist, würde Weiß seinen Eröffnungsvorteil einbüßen. Deshalb kam ich nach einiger Überlegung zu der Schlußfolgerung, daß man das Spiel von Schwarz auf der langen Diagonalen neutralisieren und irgendwie die „hängende Position" der Springer beseitigen sollte. In dieser Weise entwickelte ich einen Plan, der mir zum endgültigen Wettkampfsieg verhelfen sollte.

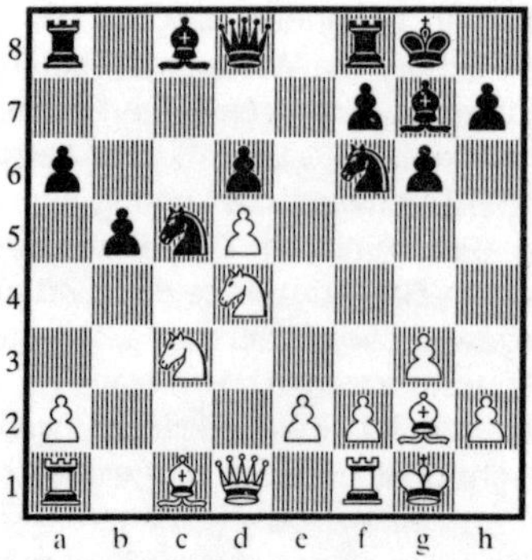

13. Sc6! Dc7 14. Le3

Eine Spur Ironie ist wohl dabei, daß ich mit diesem Plan das Turnier gewonnen habe. Nach der Überführung des Läufers auf d4 wird das aktive Spiel von Schwarz grundsätzlich zunichte gemacht. Schwarz muß nun die Frage beantworten: wie kann man seinen Widerstand organisieren. Für Weiß gibt es praktisch keinerlei Verlustgefahr, wenn ihm kein ganz grober Fehler unterläuft. Natürlich mutet es seltsam an, in solch einer Stellung überhaupt an die Gefahr einer Niederlage zu denken, nichtsdestoweniger sah ich mich durch die Turniersituation verpflichtet, besondere Sorgfalt bei der Behandlung der Stellung walten zu lassen. Glücklicherweise trafen hier das Wünschenswerte und das Notwendige zusammen, d.h. der gemachte Zug erwies sich als der stärkstmögliche in der gegebenen Sitaution. Bald werden sich jetzt, wie ich es schon zuvor vorausgesagt habe, die strategischen Vorzüge der weißen Stellung bemerkbar machen, insbesondere der Springer auf c6. In der Perspektive entsteht auf c6 ein Freibauer, denn einen solch gewaltigen Springer kann Schwarz nicht lange tolerieren. Und der Bauer auf c6, der Unterstützung durch den Läufer g2 erfährt, ist eine ebensolch gefährliche Kraft.

14. ... Lb7 15. Ld4

Jetzt steht Weiß bereit, den Zug a2–a4 auszuführen. Schwarz demhingegen ist in der Wahl seiner Mittel beschränkt. Der Abtausch der schwarzfeldrigen Läufer (15. ...Sfd7 16. Lg7: Kg7:) ergibt keine Erleichterung (17. Dd4+ und 18. a4).

15. ... Tfe8

Kortschnoi setzt seine Hoffnung auf irgendeine Aktion im Zentrum. Man konnte hier sicherheitshalber das einfache 16. e3 wählen; der in der Partie geschehene Zug ist jedoch der Stärkste.

16. a4! ba4:

Ein erzwungener Zug. Die Fortsetzung 16. ... Lc6: 17. dc6: b4 stößt auf eine einfache Antwort 18. Lf6: Lf6: 19. Sd5. Und im Falle von 18. ... bc3: folgt 19. Lg7: Kg7: 20. Dd4+, wonach der Bauer nicht gleich geschlagen werden sollte, sondern es ratsam wäre 21. Ta2 zu ziehen. Der Bauer c3 wird sowieso vernichtet, während der Bauer c6 den Ausgang des Kampfes entscheidet. Deshalb sieht sich Schwarz gezwungen, seine Bauernstruktur am Damenflügel zu zerstören. Die Variante 16. ... Sa4: 17. Sa4: ba4: 18. Ta4: kommt eigentlich überhaupt nicht in Frage. Schwarz kann den Bauern d5 nicht nehmen – 18. ... Sd5: 19. Ld5: Lc6: 20. Tc4.

Jetzt gibt Weiß in einer ziemlich günstigen Lage den schwarzfeldrigen Läufer. Die Bauernstruktur von Schwarz am Damenflügel ist vollständig zerstört, der Bauer d5 kommt durch. Was den schwarzen Läufer g7 anbetrifft, so werden alsbald alle weißen Figuren die gefährdete Diagonale verlassen haben, und er wird dann mehr oder minder arbeitslos und unwirksam sein.

17. Lc5: dc5: 18. Da4:

Anscheinend konnte man auch mit dem Turm schlagen; der Partiezug ist jedoch richtiger. Er erlaubt es, eine ernstzunehmende Drohung Sc6–a5 zu schaffen und bietet mehr Möglichkeiten für eine Umgruppierung.

18. ... Sd7 19. Db3

Ein Zug, der wohl hinterfragt werden könnte. Gewiß ist es der einzige Zug in der gesamten Partie, bei dem ich mich daran „erinnert" habe, daß ein Remis für mich gleichbedeutend mit einem Sieg ist. Dennoch ist dieser Zug nicht schlecht; er zwingt Schwarz zum Schlagen auf c6 (sonst folgt 20. d6), und das Spiel nimmt einen ganz einfachen Charakter an. Im allgemeinen hat dieser 19. Zug die Chancen auf einen Wettkampf-Gesamtsieg wesentlich vergrößert, die Siegchancen innerhalb der Partie aber etwas geschmälert.

Richtiger wäre 19. Da3, und der Plan von Weiß wäre zur hundertprozentigen Zufriedenheit erfüllt. Schwarz kann nicht auf c6 schlagen wegen des Verlustes des Bauern c5, und Weiß hätte zumindest ein Tempo gewonnen. Schwarz wird gezwungen sein 19. ... Lf8 zu spielen, wenn man jedoch genötigt ist, solche Züge zu machen, dann ist die Position hoffnungslos. Weiß wird seine Türme nach b1 und d1 stellen mit strategischer Gewinnstellung.

19. ... Lc6: 20. dc6: Sb6 21. Tab1

Weiß hat seine Normalzüge gemacht. Kortschnoi versinkt wiederum für lange in Gedanken. Er war sich bewußt, daß 21. ... c4 hier besser wäre, jedoch kann dann Weiß mittels 22. Db6: sofort das Remis forcieren. Übrigens hätte ich wahrscheinlich mit 22. Da3 fortgesetzt.

21. ... Tab8 22. Da3 c4

Schwarz konnte 22. ... Ld4 ziehen, womit das Feld c4 für den Springer freigelassen wird. Nach 23. e3 könnte Schwarz 23. ... Sc4 fortsetzen, um im Falle von 24. Da6: folgendermaßen zu spielen: 24. ... Se3:. Weiß kann jedoch die Partie forciert zur Entscheidung führen: 24. Sd5 Sa3: 25. Sc7: Sb1: 26. Se8: Sd2 27. Sd6! Sf1 28. c7 oder 26. ... Te8: 27. ed4: Sc3 28. d5.

23. Tfc1 Lc3:

Verzweiflung! Die Hoffnung setzt Schwarz auf seinen aktiven Turm nach 24. Tc3: Te2: 25. Da6: De5, obwohl, wie ich überzeugt bin, Weiß auch dann den Sieg davonträgt. Ich setzte fort „im Zentrum" zu spielen, wobei in der Perspektive beim Spiel am Königsflügel die unbequeme Stellung des schwarzen Springers berücksichtigt wird.

24. Dc3: Te2:

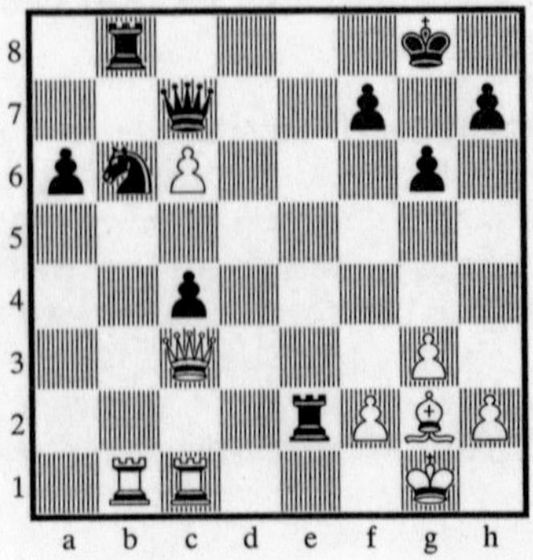

25. Dd4!

Die Dame hat sich im Zentrum etabliert, und bald werden konkrete Drohungen entstehen, beispielsweise 26. Td1 und 27. Dd6 oder 27. Tb6:. Deshalb ist Schwarz jetzt gezwungen, 25. ... Te5 zu spielen, um danach irgendwie den Springer zu decken. Danach könnte man aber die zahlenmäßige Überlegenheit im Zentrum und auf dem Königsflügel bequem ausnutzen: 25. Te1! Tb5 26. Tbd1, gefolgt von beispielsweise 27. g4 und 28. Df6 mit zahlreichen Drohungen. Die schwarzen Damenflügelbauern stellen nur bedingt ein materielles Übergewicht dar. Dagegen trennt der Bauer c6 vollkommen die schwarzen Streitkräfte. In der heraufkommenden Zeitnot macht Kortschnoi einen impulsiven Zug:

25. ... a5

Schwarz hegt noch immer Hoffnungen.

26. Tb5

Weiß schickt sich an, den gegnerischen Springer zu gewinnen.

26. ... a4 27. Lf3

Das ist das Einfachste, obwohl man auch anders gewinnen kann.

27. ... Tee8 28. Dc5!

Schwarz weiß weder ein noch aus!

28. ... De7 29. c7 Dc5: 30. Tc5: Tbc8 31. Lb7 Sd7 32. T5c4:

Weitere materielle Verluste sind unvermeidlich.

Kortschnoi gab daher auf.

Es mag seltsam anmuten, aber dieser Sieg veranlaßte einige Kritiker, mir jugendlichen Maximalismus, übermäßige Heißblütigkeit und dergleichen mehr vorzuwerfen.

So endete am 16. Dezember mit diesem Siege das Halbfinale im Kandidatenkampf des Weltmeisterschaftszyklus. Eine wichtige Etappe meiner Biographie war geschrieben, während welcher ich viel an schachlichen und außerschachlichen (anderweitigen) Erfahrungen gesammelt habe.

Kandidaten-Finale 1984

Kasparow – Smyslow

Wilna 1974

Wilna – der Weiße Saal des Palastes der Künste... Hier begann am 10. März das Finale des Kandidatenturniers. Die Kandidaten ähnelten sich in absolut gar nichts. Ohne auf die Einzelheiten einzugehen, sei lediglich daran erinnert, daß einer von ihnen während des Turniers das 63. Lebensjahr vollendete, während der andere gleich nach Abschluß des Wettkampfes seinen 21. Geburtstag feiern konnte. Übrigens gab es im Laufe des Kandidatenturniers einige Parallelen. Vor Beginn des Turniers hörte man bei der Erörterung unserer Chancen zuweilen die Frage: „Welche Chancen sollen Sie schon haben im Hinblick auf ihr Lebensalter... So wie Smyslow den Beweis antreten wollte, daß er durchaus noch genügend Kräfte für einen harten und kompromißlosen Kampf besitzt, mußte ich meine Kritiker davon überzeugen, daß ich durch andere Qualitäten den Mangel an Erfahrung und Turnierroutine auf dem Niveau der Kandidatenwettkämpfe zu kompensieren vermochte.

Das Interzonenturnier, das Viertelfinale, das Halbfinalmatch – die erfolgreiche Überwindung dieser Etappen war für uns beide bereits ein großer Sieg und ein Triumph über unsere Kritiker. Die übliche Auffassung über das optimale Alter der Weltmeisterschaftsanwärter hatte sich gleichzeitig in beide Richtung verschoben. Letzten Endes mußte aber eine Entscheidung zwischen den Extremen der unterschiedlichen Generationen fallen:

In der Vorbereitungsphase vor dem Match gegen Smyslow hatte ich mit meinem Trainerteam eine Reihe schwieriger Fragen zu beantworten. Zunächst mußte ich sorgfältig die Erfahrungen meiner Kämpfe gegen Beljawski und gegen Kortschnoi auswerten, um dort begangene Fehler zu vermeiden. Dann war es erforderlich, das schachliche Werk des Ex-Weltmeisters unter die Lupe zu nehmen, um etwaige Schwachpunkte meines zukünftigen Gegners erkennen zu können. Unumgänglich war auch eine tiefgründige und umfassende Vorbereitung im Hinblick auf das Eröffnungsrepertoire, das im Wettkampf zur Anwendung gebracht werden sollte. Besonders gegen einen so harmonischen Schachspieler wie Smyslow, kann die richtige Wahl der Eröffnung vieles entscheiden. Nicht selten kommt es vor, daß ein Wettkampf zwischen zwei Schachspielern hoher Klasse zum Versuchsgelände für die Erforschung eines bestimmten Eröffnungssystems wird. In einer Reihe von Partien geht es dann vor allem darum, die Richtigkeit der eigenen schachlichen Konzeption unter Beweis zu stellen. Offensichtlich kann dann der Sieg auf diesem Sektor über den Ausgang des gesamten Wettkampfes entscheiden. Von ganz hervorragender Bedeutung ist in diesem Zusammenhang die erfolgreiche und abgestimmte Teamarbeit des Berater-

KANDIDATENTURNIER – FINALKAMPF: Kasparow – Smyslow

Kasparow	=	=	1	1	=	=	=	=	1	=	=	1	=	8,5
Smyslow	=	=	0	0	=	=	=	=	0	=	=	0	=	4,5

stabs, d.h. der Sekundanten, während des Turniers, da ja eine ständige Überprüfung und Vervollkommnung der angewandten Systeme erforderlich ist. In den vorangehenden Wettkämpfen hatte ich zusammen mit meinen Sekundanten dieses Problem beim Spiel mit den weißen Steinen zu lösen (gegen Beljawski kam es in vier Partien zu einer bestimmten Variante des Damengambits, gegen Kortschnoi stand viermal die Katalanische Eröffnung auf dem Programm). Im Turnier gegen Smyslow dagegen wurden die Kämpfe gleich an zwei Fronten ausgefochten: mit Weiß in der Cambridge-Springs Verteidigung und mit Schwarz in der Tarrasch-Verteidigung. Und aus den Siegen in diesen Miniturnieren (zu je 4 Partien) setzte sich praktisch mein Wettkampferfolg zusammen. Deshalb möchte ich die Berichterstattung über das Kandidatenfinale in der Form vornehmen, daß ich erstrangig auf diese speziellen Auseinandersetzungen hinsichtlich kritischer Eröffnungsvarianten abziele.

Zunächst zur Eröffnungs-Diskussion in der Tarrasch-Verteidigung:

Die »**Themavariante**« der 2./8./10. und 12. Matchpartie:

1. d4 d5 2. Sf3 c5 3. c4 e6 4. cd5: ed5: 5. g3 Sf6 6. Lg2 Le7 7. 0-0 0-0 8. Sc3 Sc6 9. Lg5 cd4: 10. Sd4: h6 11. Le3 Te8 12. a3 Le6 führt zu folgender Stellung:

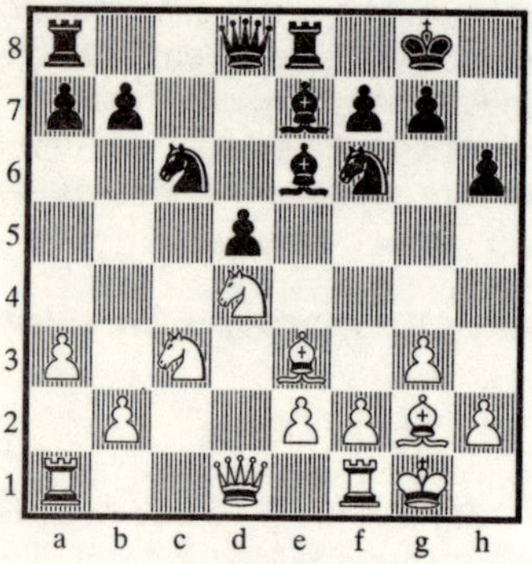

Nun zu den genannten Wettkampfpartien im einzelnen:

2. Partie
Smyslow – Kasparow

1. d4 d5 2. Sf3 c5 3. c4 e6 4. cd5: ed5: 5. g3 Sf6 6. Lg2 Le7 7. 0-0 0-0 8. Sc3 Sc6 9. Lg5 cd4: 10. Sd4: h6 11. Le3 Te8 12. a3 Le6

Wie sich der Leser wohl erinnern wird, wurde der Zug 12. a3!? erstmalig von Kortschnoi in der 2. Partie unseres Londoner Kandidatenkampfes angewandt. Damals war es mir gelungen, die Lebensfähigkeit der schwarzen Position zu beweisen. Es folgte damals: 12. ... Le6 13. Db3 Dd7 14. Se6: fe6: 15. Tad1 Ld6! 16. Lc1 Kh8. In der 2. Partie unseres Kandidatenkampfes in Wilna erlebte ich jedoch eine originelle Überraschung. Smyslow wählte den Zug:

13. Kh1!?

Dieser scheinbar sinnlose Tempoverlust hat eine solide positionelle Grundlage. Nach einem wahrscheinlichen Abtausch auf e6 wird es dem Weißen nicht leicht fallen, für seinen schwarzfeldrigen Läufer einen sicheren und wirkungsvollen Standplatz zu finden. Deshalb macht ihm Weiß schon vorsorglich das Feld g1 frei. Der strategische Plan von Weiß sieht demnach so aus: Se6:, f4, Lg1, danach im geeigneten Augenblick e2–e4 und f4–f5 mit Öffnung des Spiels, um die Vorzüge des Läuferpaares zur Geltung zu bringen.

13. ... Dd7?!

Der Zug gestattet Weiß sein Vorhaben zu realisieren. Eine Entgegnung prinzipieller Art wird erst in der 8. Partie vor Augen geführt werden.

14. Se6: fe6: 15. f4!

Eine wichtige taktische Finesse wäre nach 15. ... d4? aufgetaucht: 16. Se4!.

15. ... Ted8!

Schwarz findet die günstigste Turmstellung. Im Falle des naheliegenden

Zuges 15. ... Tad8? bliebe der Turm e8 ohne Aufgabe.

16. Lg1 Tac8 17. Da4 Kh8

Auch Schwarz ergreift nützliche prophylaktische Maßnahmen.

18. Tad1

Weiß hat die Mobilisierung seiner Streitkräfte abgeschlossen und ist schon bereit, auf dem Wege des Bauernvorstoßes e2–e4 die gegnerische Bastion zu stürmen. Von Schwarz wird nun maximale Findigkeit und Geschicktheit verlangt, da er ständig am Abgrund einer Niederlage balancieren muß.

18. ... De8 19. e4 d4!

Das ist eine wichtige Nuance; jetzt darf Weiß nicht 20. Ld4:? spielen wegen 20. ... b5! mit Gewinn einer Figur. Damit rettet sich Schwarz zunächst aus den schlimmsten Kalamitäten.

20. Se2

Nach 20. e5 dc3: 21. ef6: Lf6: 22. bc3: De7! ermöglichen die Schwächen der weißen Bauern dem Nachziehenden ein beachtliches Gegenspiel.

20. ... Lc5 21. Db5

Der Zug bindet die Figuren von Schwarz und verhindert die Vorwärtsbewegung des d-Bauern, welcher dem Weißen Unannehmlichkeiten bereitet hätte; beispielsweise: 21. b4? d3! 22. Sc1 Lg1: 23. Kg1: d2 24. Sb3 Sg4! 25. Td2: (25. b5 Dh5 26. h3 Se3) 25. ... Td2: 26. Sd2: Dd8!.

21. ... Lb6 22. h3!

Ein sehr starker Zug, der Schwarz seiner Hauptchance beraubt – der Überführung des Springers nach e3. Nicht überzeugend ist die von den Kommentatoren vorgeschlagene Variante: 22. e5 Sg4 23. Lf3 Se3 24. Le3: de3: 25. Td6. Meiner Meinung nach bekommt Schwarz dann nach 25. ... Td6: 26. ed6: Td8 27. Td1 e5! 28. Lc6: bc6: 29. De5: Dg6 ein exzellentes Gegenspiel.

22. ... e5!

Der Zug e4–e5 darf jetzt bereits keinesfalls mehr zugelassen werden.

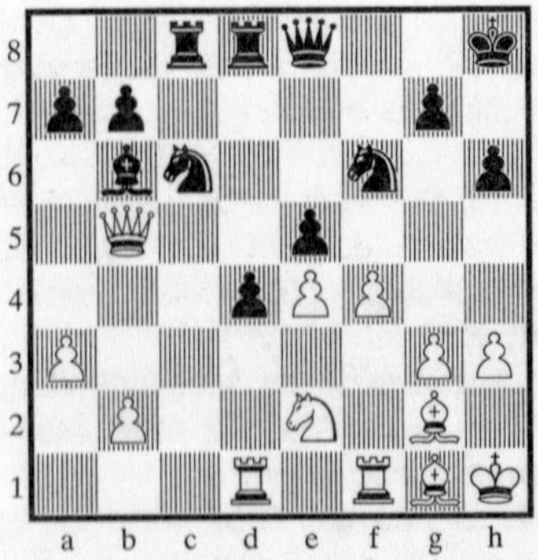

23. fe5:?

Weiß hat es eilig, aus der Position einen konkreten Nutzen zu ziehen! Die Entspannung der Lage im Zentrum kommt aber vornehmlich dem Schwarzen zu gute. Viel aussichtsreicher war der Weg einer Verstärkung des Drucks: 23. Lh2! und g3–g4. In diesem Falle sähe sich Schwarz mit viel komplizierteren Problemen konfrontiert.

23. ... Se5: 24. De8:+

Nach 24. Sd4: Db5: 25. Sb5: Td1:! 26. Td1: Tc2 ist die Aktivität der schwarzen Figuren eine vollauf genügende Kompensation für den Bauern (beispielsweise: 27. Lb6: ab6: 28. b4 Sh5!).

24. ... Te8: 25. Sd4: Sc4 26. e5!

Der Versuch, das materielle Übergewicht aufrechtzuerhalten, mißlingt ohnehin; daher sucht Weiß seine Chance in dem jetzt beginnenden lebhaften Figurenspiel, wo ihm dank des Läuferpaares die Initiative gehört.

26. ... Te5: 27. Lb7:

Der Zwischenzug 27. Tc1 würde sein Ziel nicht erreichen, wegen 27. ... Se4! 28. Kh2 Sed2 29. Tfd1 Td8.

27. ... Tc7 28. Tc1! Sb2:!

Nach 28. ... Tb7:? 29. Tc4: Te4 30. Tfc1 hätte Weiß gute Chancen, den Mehrbauern zur Geltung zu bringen.

29. Tc7: Lc7: 30. Sc6 Te2!

Die Rettung von Schwarz liegt in der

maximalen Aktivierung seiner Figuren.

Auf 30. ... Tb5? ist der Gegenzug 31. Lc8! stark, und wenn 31. ... Se4 erfolgt, so geschieht 32. Tf8+ Kh7 33. Kg2! mit einer für Schwarz durchaus nicht leichten Position (es geht nicht 33. ... Sg3:? wegen 34. Lh2 Tg5 35. h4).

31. Sd4

In Anbetracht der Möglichkeiten 31. Sa7: Sh5! und 31. Tf2 Se4! muß der Springer zurückkehren.

31. ... Te5 32. Sf5!

Eine neue Idee: Smyslow versucht die etwas beeinträchtigte Koordinierung der schwarzen Figuren auszunutzen, um mit maximaler Kraft einen Angriff auf den feindlichen König zu inszenieren.

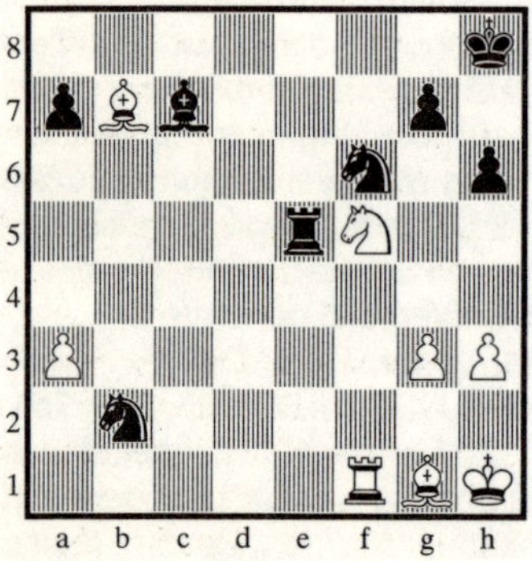

32. ... Lb6!

Damit soll die potentiell gefährlichste weiße Figur getauscht werden.

33. Sh6: Ta5! 34. Lb6:

Weiß kann diesem Tausch nicht vorteilhaft ausweichen: 34. Lh2 Sd3! (34. ... Ta3:? 35. Sf7+ Kg8 36. Se5!) 35. Sf5 Ta3:, und Schwarz hat nichts zu befürchten.

34. ... ab6: 35. Sf5 Ta3: 36. Kh2 Sc4 37. g4

Ungeachtet des reduzierten Materials muß Schwarz aufgrund seiner unsicheren Königsstellung Vorsicht walten lassen.

37. ... Ta7!

Eine gewichtige Verteidigungsressource. Es stellt sich heraus, daß es durchaus nicht leicht fällt, für den weißen Läufer ein günstiges Rückzugsfeld zu finden, beispielsweise: 38. Lg2 Ta2!. Zur Passivität verurteilt wäre Schwarz nach 37. ... Se3 38. Se3: Te3: 39. g5 Sh7 40. h4.

38. Lh1 Se5 39. g5?!

Dies ist wohl wenig sinnvoll, zumal es dem schwarzen Springer einen ausgezeichneten Standplatz auf h5 einräumt. Ein wenig chancenreicher wäre die weiße Position nach 39. Te1 Ta5 40. Te2.

39. ... Sh5 40. Te1 Ta5

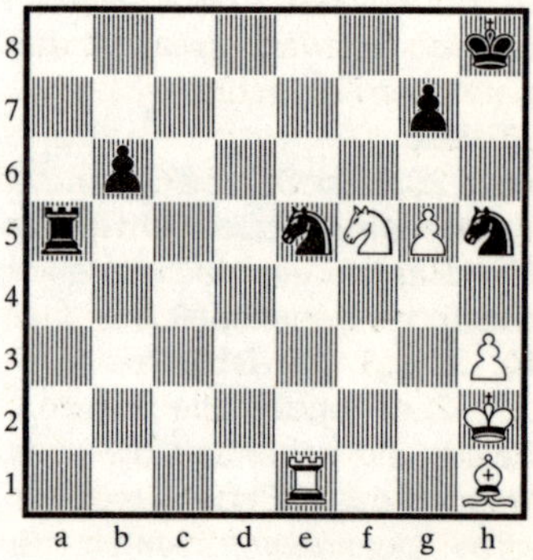

Hier wurde die Partie abgebrochen. Bei der Analyse stellte sich unerwartet schnell heraus, daß jetzt bereits Weiß vorsichtig sein muß; beispielsweise: 41. Se7?! Sd3! 42. Td1 Ta2+ 43. Kg1 Sdf4 (43. ... Shf4 44. Sg6+), und Weiß rettet sich nur durch das Opfer einer Figur – 44. Td8+ Kh7 45. Le4+ g6 46. Lg6:+! Sg6: 47. Sg6: Kg6: 48. Td6+ Kg5: 49. Tb6: usw. Die Kommentatoren, die sich jedoch anscheinend noch unter der Hypnose der vorangehenden Ereignisse befanden, schätzten die Hängepartiestellung zugunsten von Weiß ein. Smyslow schätzte die Position nüchterner ein und notierte nach 25 Minuten Überlegung einen äußerst starken Abgabezug – 41. Sd6! und schlug am folgenden Tage ein Remis vor. Dies wurde von mir akzeptiert in Anbetracht von 41. ... Kh7 42. Sb7! Tb5 43. Sd6.

Das war wahrscheinlich für mich die schwerste Partie des Wettkampfes. Andererseits stärkte die erfolgreich durchgeführte Verteidigung mein Selbstvertrauen.

Nach dieser Partie war es offensichtlich, daß die originelle Idee von Smyslow den Nachziehenden in der Tarrasch-Verteidigung vor neue Probleme stellt. Den tatsächlichen Wert des Zuges 14. Kh1!? konnte freilich nur eine weitere Erprobung bestimmen. Nichtsdestoweniger versahen die Kommentatoren den Königszug gleich mit zwei Ausrufezeichen und meldeten den Schachfreunden voller Begeisterung die Geburt einer „Neuerung des Jahres“. Wie die nachfolgende theoretische Auseinandersetzung im Match erweisen sollte, ließ es sich nicht rechtfertigen, mit dieser Schlußfolgerung so voreilig zu sein. Im übrigen reimt sich der Gedanke, daß man mit den Zügen 12. a3 und 13. Kh1 die Tarrasch-Verteidigung widerlegen könnte, wohl kaum mit dem gesunden Menschenverstand im Schachspiel.

8. Partie
Smyslow – Kasparow

1. d4 d5 2. Sf3 c5 3. c4 e6 4. cd5: ed5: 5. g3 Sf6 6. Lg2 Le7 7. 0-0 0-0 8. Sc3 Sc6 9. Lg5 cd4: 10. Sd4: h6 11. Le3 Te8 12. a3 Le6 13. Kh1

In dieser Partie hatte ich als Antwort auf den Königszug eine andere Entgegnung vorbereitet:

13. ... Lg4!

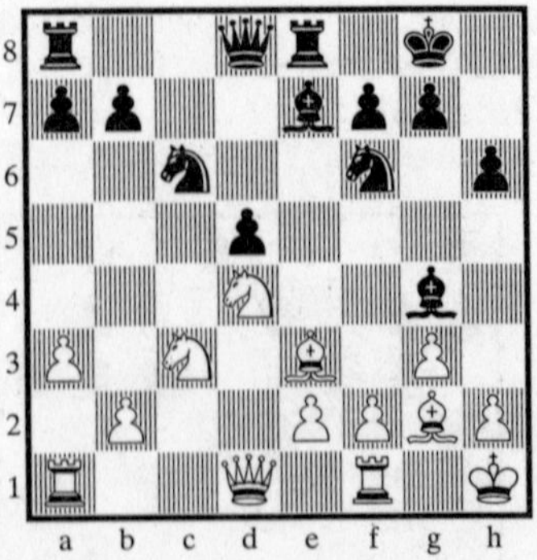

Der schwarze Läufer ist durchaus nicht verpflichtet, passiv zu bleiben und auf sein Schicksal zu warten. Und der Tempoverlust (der zweite Zug mit diesem Läufer) fällt angesichts der etwas ungünstigen weißen Königsstellung auf h1 auch nicht ins Gewicht. Etwa eine halbe Stunde dachte Smyslow nach, und konnte sich doch nicht zu einer prinzipiellen Entscheidung wie etwa 14. Db3 oder 14. h3 durchringen.

14. f3

Weiß ist konsequent – sein schwarzfeldriger Läufer wird wiederum das Feld g1 einnehmen. Diese Umgruppierung hat diesmal aber nicht die ehemalige Wirkungskraft.

14. ... Lh5 15. Lg1

Es drohte 15. ... La3:.

15. ... Dd7!

Die Aktivierung des Läufers von g2 nach h3 muß unterbunden werden.

16. Da4

Der Versuch 16. Sc6: bc6: 17. e4 würde am einfachsten durch den Zug 17. ... Db7 abgewehrt.

16. ... Lc5!

Auf dem Feld b6 wird der Läufer den Damenflügel schützen und gleichzeitig einen Druck auf das Schlüsselfeld d4 ausüben.

17. Tad1 Lb6 18. Tfe1

Für den Fall irgendwelcher Operationen im Zentrum verteidigt Weiß im voraus den Bauern e2, vielleicht war jedoch 18. Td2 eher angezeigt.

18. ... Lg6!

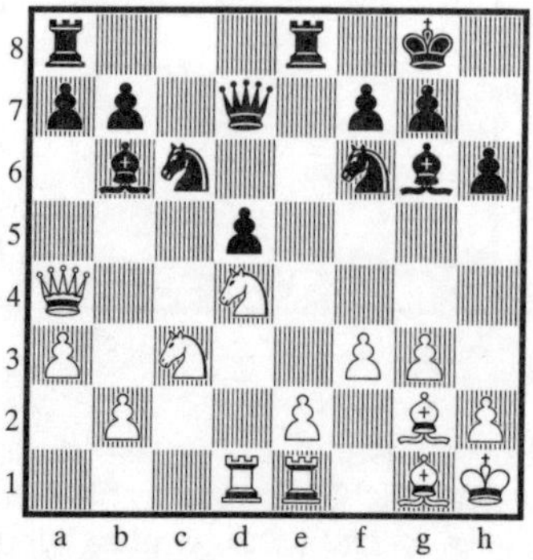

Jetzt, nachdem auch dieser Läufer ins Spiel gebracht ist, ist es offensichtlich geworden, daß die Eröffnungsschwierigkeiten von Schwarz gemeistert sind. Mehr noch, durch seine aktiven Leichtfiguren hat Schwarz Aussicht auf Initiative.

19. Db5

Ein richtiger Entschluß: Weiß beabsichtigt, durch das Manöver Sc3-a4 den Gegner zu zwingen, die Spannung im Zentrum aufzugeben. Die Variante 19. Sc6:?! bc6: 20. e4 Lg1: 21. Kg1: Db7! gefiel Weiß wohl kaum (22. ed5: Te1:+ 23. Te1: Db6+! 24. Kh1 Sd5: 25. Sd5: cd5: usw.).

19. ... Tad8 20. e3?!

Meiner Ansicht nach sollte Weiß konsequent bei seinem Plan bleiben – 20. Sa4. Ich hätte dann wohl folgendermaßen reagiert: 20. ... Ld4: 21. Ld4: Lc2 22. Lf6: Ld1: 23. Ld8: (der Zwischenzug 23. Sc5? wird auf vernichtende Weise widerlegt: 23. ... Le2:!!, und Schwarz geht aus dem nun entstehenden Scharmützel mit einem entscheidenden Übergewicht hervor, beispielsweise: 24. Te2: Df5 25. Te8:+ Te8: 26. Lc3 d4 27. Ld2 b6!) 23. ... La4: 24. Da4: Dd8: mit geringer Initiative (25. f4 d4! 26. Lc6:? bc6: 27. Dc6: d3 28. e4 d2 29. Td1 Te6 30. Dc3 Td6). Höchstwahrscheinlich würde die Partie in diesem Falle mit Remis enden.

Solch ein Zug, wie 20. e3, könnte vielleicht Nimzowitsch gefallen, jedoch sollte man nicht einmal im Namen einer Überdeckung des Punktes d4 den schwarzfeldrigen Läufer zur Untätigkeit verdammen. Außerdem führt die übermäßige Deckung und Verstärkung eines Punktes unweigerlich zur Schwächung der Kontrolle anderer Punkte. Das nicht beneidenswerte Schicksal der weißen Springer in dieser Position steht in auffallendem Kontrast zu der zweiten Matchpartie.

20. ... Dd6

Für Schwarz hat mehrfacher Abtausch keinen Sinn.

21. Sce2 Se5!

Auf diese Weise wird der zentrale Vorposten des Gegners umgangen. Falls es diesem Springer gelingen sollte, sich auf dem Feld c4 dauerhaft einzurichten, so dürfte das schwarze Übergewicht spürbar werden.

22. Db3 La5! 23. Sc3

Dies ist eine erzwungene Rückkehr, da auf 23. Tf1 der außerordentlich unangenehme Zug 23. ... Sc4 folgen würde.

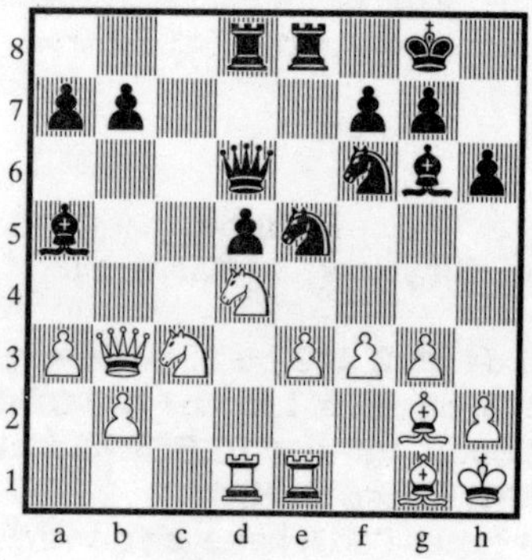

23. ... Sd3?!

Hiermit kommt Schwarz vom richtigen Weg ab. Seine Figuren waren ideal angeordnet, und deshalb galt es, am Damenflügel mit Hilfe der Bauern Raum zu gewinnen – 23. ... a6! mit nachfolgendem b7–b5. Danach könnte schon der schwarze Springer das komfortable Feld c4 einnehmen. Meines Erachtens könnte bei einer solchen Entwicklung der Ereignisse das schwarze Übergewicht bald deutliche Formen annehmen.

24. Te2 Sc5 25. Da2 Lc3: 26. bc3:

Die Zerstörung der Bauernkette ist unumgänglich: 26. Sb5 Da6 27. Sc3: Sa4!. Nicht so klar ist 27. ... Ld3 28. Tf2! Lc4 29. Db1, und man darf nicht 29. ... Te3:? ziehen wegen 30. Tfd2.

26. ... Da6

Dieser Zug verdient einen Tadel; ich denke jedoch nicht, daß das als Ersatz vorgeschlagene 26. ... Ld3 27. Tde2 Lc4 besser wäre. Die Überführung des Läufers nach c4 weist außer offensichtlichen Vorzügen auch wesentliche Mängel auf: das Feld f5 wird geschwächt, und in der Hauptsache, auf dem Feld c4 nimmt der Läufer dem Nachziehenden die Möglichkeit zu aktiven Handlungen in der c-Linie.

27. Ted2 Sa4?!

An dieser Stelle konnte man das Spiel von Schwarz meines Erachtens durch das vorbereitende 27. ... Tc8 verstärken, beispielsweise: 28. Lh3 Tc7 29. Lf1 Da5 30. c4 Sa4!? 31. Sb5 Tc5 32. e4 Tb5: 33. cb5: Sc3 usw.

Nach 27. ... Sa4?! 28. Db3 Tc8 29. Sb5! (29. Lf1?! Da5 30. Db4 Db4: 31. cb4: a6! mit offensichtlich besserem Endspiel) wird die Position absolut unklar.

Da ich in diesem Augenblick des Wettkampfes (d.h. nach sieben gespielten Partien) bereits einen Zwei-Punkte-Vorsprung besaß, war ich nicht geneigt, etwas zu riskieren, und deshalb machte ich ein Remisangebot. Allem Anschein nach gefiel Smyslow die Position nicht – er nahm das Remis unverzüglich an.

In der 10. Partie mußte Smyslow bereits neue Wege für Weiß suchen. Der Ex-Weltmeister wünschte wiederum nicht, die prinzipielle Auseinandersetzung aufzunehmen, sondern begnügte sich mit einer Verbesserung im Detail.

10. Partie
Smyslow – Kasparow

15. Sc6: (die Züge 1-14 wie zuvor bei der 8. Partie)

15. ... bc6: 16. Sa4

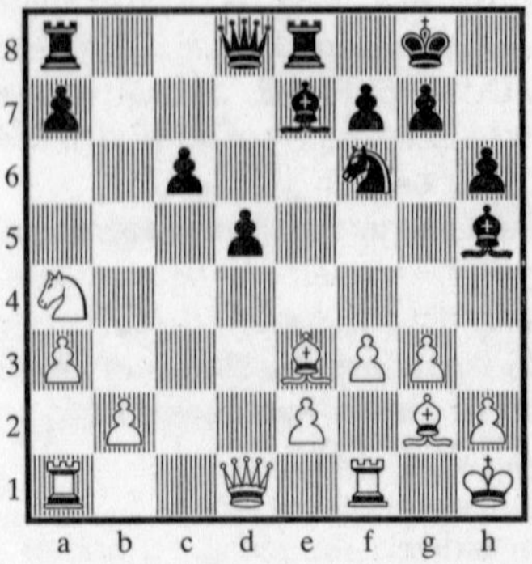

Der weiße Plan ist einfach: Die Punkte d4 und c5 sollen kontrolliert werden und danach soll Nutzen daraus gezogen werden, daß der weißfeldrige Läufer des Nachziehenden am Damenflügel fehlt, wodurch die dortigen weißen Felder und der Bauer c6 unter Druck gesetzt werden sollen. Das Gegenspiel von Schwarz muß offensichtlich auf die Nutzung der halboffenen b- und e-Linie gerichtet sein.

16. ... Dc8!

Auf e6 wird die Dame einen ausgezeichneten Platz einnehmen: sie wird gleichzeitig den Bauern e2 angreifen, die Schwäche des Feldes c6 schützen und die Aktivierung des Läufers g2 verhindern.

17. Ld4 De6 18. Tc1 Sd7 19. Tc3 Lf6?!

Der Abtausch der schwarzfeldrigen Läufer ist hier für Weiß günstig. Deshalb wäre an dieser Stelle der Zug 19. ... Lg6 zu bevorzugen.

20. e3! Lg6 21. Kg1?!

Natürlich kann dieser Zug im Hinblick auf ein denkbares Endspiel nützlich sein, zunächst befindet sich jedoch eine Mittelspielstellung auf dem Brett, und es fällt schwer, die Logik dieses Zuges einzusehen. Keiner kann mit Bestimmtheit sagen, wo der bessere Platz für den König ist, auf h1 oder auf g1. Außerdem kann Schwarz das Tempo, das ihm somit geschenkt wird, recht produktiv nutzen. Stärker wäre: 21. Lf6: Df6: 22. Dd4! (22. Dd2?! Sb6!) 22. ... Dd4: 23. ed4:, und die Schwäche auf c6 wird spürbar.

21. ... Le7!

Die Gelegenheit ausnutzend, korrigiert Schwarz seinen Fehlzug! Desweiteren droht nun schon c6–c5, und auch darin manifestiert sich ein weiterer Nachteil des Königszuges nach g1.

22. Dd2 Tab8

Schwarz strebt in erster Linie nach einem aktiven Gegenspiel: neben der Möglichkeit durch c6–c5 einen vorteilhaften mehrfachen Abtausch herbeizuführen, verfügt Schwarz auch über die unangenehme Drohung Sb6. Der Bauer a7 ist selbstverständlich vergiftet: 23. La7:? Ta8 24. Sc5 Dd6! 25. Sd7: Ta7: 26. Sc5 Lf6 27. Tcc1 De5 mit schwarzem Übergewicht.

23. Te1

Dies dient zur Verteidigung des Bauern e3 und geschieht zudem in der Absicht, den Läufer g2 ins Spiel zu bringen. Es wäre auch 23. b4!? Sb6 24. Sb2 in Erwägung zu ziehen gewesen.

23. ... a5!

Es ist wichtig, den Zug b2–b4 zu verhindern, der den Damenflügel eingeklemmt hätte. Die Schwäche des Bauern a5 ist nur scheinbar (nach 24. Tcc1 kann Weiß ohnehin nicht mit der Dame auf a5 schlagen wegen ...Ta8.

24. Lf1

Der Abtausch der Leichtfiguren auf c5 ist für Schwarz vorteilhaft – 24. Sc5?! Lc5: 25. Lc5: Sc5: 26. Tc5: a4!, und die Schwächen auf b2 und e3 sind zumindest ebenso spürbar, wie diejenigen auf c6 und a4.

24. ... h5

Schwarz führt die Zuverlässigkeit seiner Position vor Augen und deutet an, daß er im günstigen Falle sogar eine Gegenspiel gegen den weißen König zu organisieren vermag.

25. Tec1

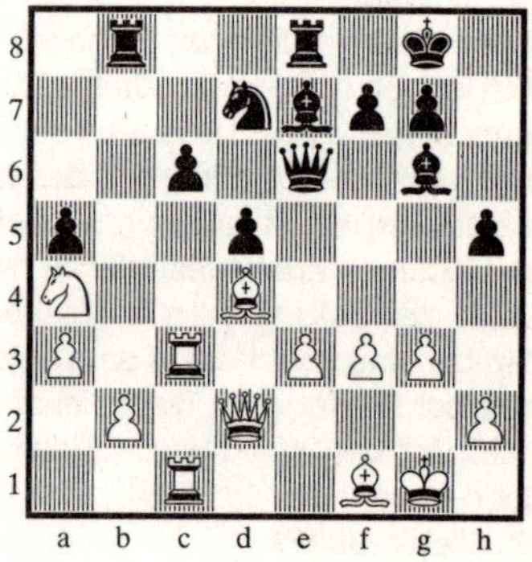

25. ... Se5?!

Ein nicht sehr glücklicher Entschluß, der dem gesamten bisherigen schwarzen Spielplan zuwiderläuft. Allerdings konnte Weiß im Falle von 25. ... c5 die Qualität opfern: 26. Sc5: Sc5: 27. Tc5:!? Lc5: 28. Tc5: mit gutem Spiel angesichts der Schwächen auf a5 und d5. Jedoch bewahrte das einfache 25. ... Tec8 die Position im dynamischen Gleichgewicht. Alle weißen Figuren besitzen ausgezeichnete Felder; diesen Faktor aber irgendwie in realen Vorteil umzusetzen, gelingt nicht (26. Sc5?! Sc5: 27. Lc5: Lc5: 28. Tc5: Df6!). Außerdem muß Weiß mit h5–h4 rechnen, was die Position seines Königs schwächt.

Ihrerseits sind die schwarzen Figuren ebenfalls an die Verteidigung des Bauern c6 und an die Deckung des Feldes c5 gebunden.

26. Le5:?!

Einen Zeitmangel verspürend, greift Smyslow zum Abtausch. Gleich nachdem der schwarzfeldrige Läufer aber verschwunden ist, machen sich die Felderschwächen b2 und e3 bemerkbar. Unklar ist die Lage nach den Zügen 26. Kf2 Lf6 27. Sc5 Df5!, jedoch der Zug 26. Le2 bot Weiß bessere Chancen. Obwohl man dennoch in der beispielhaften Variante 26. ... Ld6! 27. f4 Sc4 28. Lc4: dc4: 29. Tc4: Le4 30. Sc5 Lc5: 31. Tc5: Ld5 das Gegenspiel von Schwarz auf den hellen Feldern nicht unterschätzen darf.

26. ... De5: 27. Tc6: Lf6 28. T6c5?

Dies stellt den Versuch dar, in Zeitnot einen Generalabtausch herbeiführen, doch es bringt Weiß in eine schwierige Lage. Durch 28. Kf2 Tb3 (28. ... d4? 29. e4 mit der Drohung T1c5) 29. T6c3 (29. Tc8?! Kh7! 30. Te8: De8: 31. Sc3 Db8! mit gefährlicher Initiative) 29. ... Tc3: 30. Sc3: d4 31. ed4: Dd4:+ 32. Dd4: Ld4:+ 33. Kg2 Tb8 34. b4 (das einfachste) erreicht Weiß ein Remis.

28. ... De3:+ 29. De3: Te3: 30. Td5: Tf3: 31. Le2

Den Bauern a5 zu erobern, gelingt dem Anziehenden nicht: 31. Ta5:? Ld4+ 32. Kg2 (32. Kh1 Tf1:+ mit Matt) 32. ... Tf2+ usw.

31. ... Te3

Verlockend schien 31. ... Tf5 32. Tf5: Lf5: 33. Lh5: Ld7 34. Sc5? Ld4+!. Jedoch nach 34. Tc4! ist nicht ersichtlich, wie man die „hängende“ Stellung der weißen Figuren nutzen könnte.

32. Lh5: Lh5: 33. Th5: g5!

Jetzt ist es für Weiß nicht einfach, die Figuren zu koordinieren, und es stellt sich die Frage, inwieweit Schwarz das momentane Kräfteübergewicht zu nutzen vermag.

34. Sc3! Td8!

Nicht vorteilhaft ist 34. ... Tb2: wegen 35. Sd5 Ld4 36. Tg5:+ Kf8 37. Kh1!.

35. Tc2 Kg7 36. Kg2 Kg6 37. g4 Td4! 38. h3

Weiß muß sich mit der Einsperrung des Turmes abfinden, da die Position nach 38. Th3 Tg4:+ 39. Tg3 Tgg3:+ 40. hg3: Le5 41. Se2 Kf5 42. Kf2 Tb3 dem Weißen keinesfalls gefallen könnte.

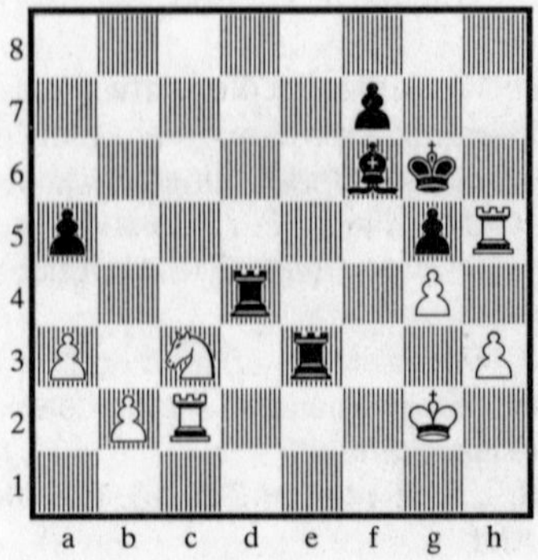

Jetzt konnte Schwarz nicht nur das materielle Gleichgewicht herstellen, sondern auch in ein Turm-Endspiel mit Mehrbauern übergehen – 38. ... Tc4. Beispielsweise: 39. Tf2 Lc3: 40. bc3: Tcc3: 41. h4 Tg3+ 42. Kf1 gh4: 43. Th4: (kaum besser wäre 43. Ta5: Tc1+ 44. Ke2 Tg4: oder 44. ... h3) 44. ... Tc1+! 44. Ke2 Ta3: mit ausgezeichneten Aussichten auf Gewinn. Dennoch rettet 39. a4! den Anziehenden: 39. ... Lc3: 40. bc3: Tcc3: 41. Tc3: Tc3: 42. h4 f6 43. hg5: fg5: 44. Th8 Tc4 45. Kg3 Ta4: 46. Ta8 Kf6 47. Tf8+ usw. In der Zeitnot ist es jedoch keine leichte Aufgabe, eine solch außergewöhnliche Problemlösung wie 39. a4 zu entdecken.

Schwarz konnte sich auch mit der Verstärkung seiner Position zufriedengeben – 38. Tdd3 39. Se2 a4! (40. h4? Te4!). Es liegt auf der Hand, daß in beiden Fällen Weiß ein mühsamer Kampf um das Remis bevorstehen würde. Anstelle dessen folgte jedoch ... ein Remisangebot, das Weiß sofort akzeptiert.

Seltsam? Gewiß. Es ist mir nicht möglich vernünftige Gründe dafür zu benennen, warum ich das Spiel nicht fortgeführt habe.

12. Partie
Smyslow – Kasparow

Die 12. Partie war die letzte in diesem Wettkampf. Smyslow war fest entschlossen, zumindest einen Ehrenpunkt zu erzielen. Nach den traditionellen ersten 12 Zügen (vgl. 2./8. Matchpartie) folgte:

13. Se6:

Der Exweltmeister verzichtete auf seine Neuerung.

13. ... fe6: 14. Da4 Tc8 15. Tad1 Kh8 16. Kh1

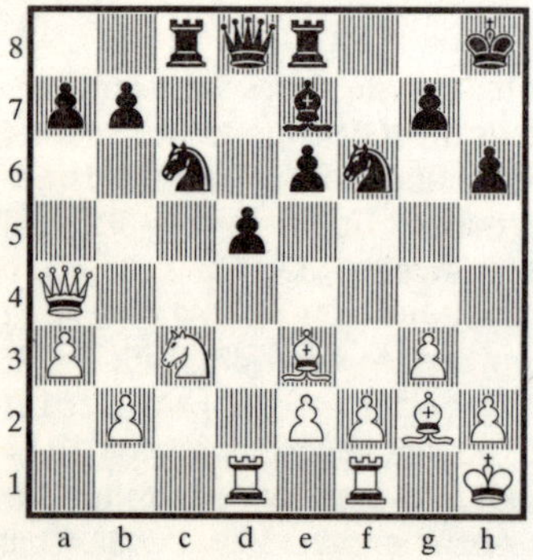

Weiß beschließt nun doch f4 und Lg1 zu spielen, wonach die Lage seiner Figuren mit der Position der 2. Partie nach 18 Zügen identisch wird. Ein Erfolg der Eröffnungsstrategie? Zum Unterschied zur 2. Partie sind jedoch die schwarzen Figuren diesmal wesentlich besser für ein Gegenspiel angeordnet.

16. ... a6 17. f4 Sa5!

Vom Feld c4 greift der Springer nicht nur die Bauern a3 und b2 an, sondern ist auch bei Gelegenheit (d.h. nach dem Abtausch der schwarzfeldrigen Läufer) bereit, auf das Feld e3 vorzudringen, beispielsweise: 18. Lg1?! Sc4 19. Db3 Lc5!. Daher muß sich Weiß beeilen.

18. f5

Noch ein Zug und die Befestigungen von Schwarz im Zentrum werden zusammenbrechen, deshalb muß auch Schwarz die Zeit ausnutzen.

18. ... b5!

Nicht 18. ... Sc4? 19. Lc1, und eine Katastrophe im Zentrum ist nicht zu vermeiden. Es mißlingt auch der Versuch, eine Öffnung des Spieles zu verhüten – 18. ... Tc4? 19. Dc2 e5. Nach 20. Dd2! d4 21. Lh6: gh6: (21. ... dc3: 22. Dg5) 22. Dh6:+ Kg8 23. g4! ist der weiße Angriff kaum noch abzwehren.

19. Dh4

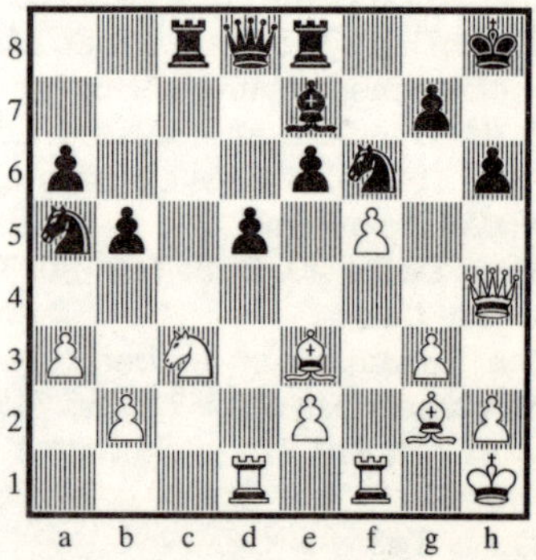

Es scheint, daß die Vergeltung für das leichtfertige Benehmen der schwarzen Armee, die den König seinem Schicksal überlassen hat, unvermeidlich ist. Beispielsweise: 19. ... Sc4? 20. Lh6: Sh7 21. Dh5 gh6: 22. fe6: Se3 23. Tf7 mit Matt in wenigen Zügen. In der Tat ist jedoch alles komplizierter: das Prinzip von Capablanca befolgend, der empfahl

„nur ein Minimum an Kräften bei der Verteidigung" einzusetzen, vermag Schwarz rechtzeitig binnen kürzester Frist wirksame Drohungen zu schaffen.

19. ... Sg8! 20. Dh3

Dieser Zug wurde wahrscheinlich aufgrund allgemeiner Erwägungen ausgeführt: Weiß mag folgendermaßen gedacht haben: „vielleicht wird irgendwann das Opfer auf h6 aktuell, ja dann steht die Dame auf h3 sicherer". Die größeren Probleme hätte jedoch der Zug 20. Dg4 dem Nachziehenden gestellt. Dann sollte die Partie mit einem Remis enden, wie es in einer Analyse von Kupreitschik „nachgewiesen" wurde: 20. ... Sc4 21. Lc1 Lg5! 22. fe6: Lc1: 23. Td5: Db6 24. Td7 Lg5 25. Tg7:! Kg7: (zu einem verlorenen Endspiel führt 25. ... De6: 27. Tff7! Sf6 28. De6: Te6: 28. Lh3 Tce8 29. Le6: Te6: 30. h4 Lc1 31. Tg6 Lb2: 32. Tff6: Tf6: 33. Tf6: Lc3: 34. Th6:+ Kg7 35. Ta6:, oder 30. ... Se5 31. hg5: Sf7: 32. Tf7: hg5: 33. Kg2) 26. Tf7+ Kh8 27. Df5 Sf6 28. Le4 Tc7! 29. Tf6: Lf6: 30. Df6:+ Tg7 31. Dh6+ Kg8 32. Lh7+! Th7: 33. Dg6+ Kf8 34. Df6+ mit Dauerschach. Eine schöne Variante, bei der Angriff und Verteidigung einander die Waage halten. Ich meine, daß solch ein Ausgang ein gerechter Abschluß des Widerstreites zweier weitreichender strategischer Pläne wäre.

Leider haftet der obenangeführten Variante, die sich so schön in den Kommentar einfügt, ein äußerst gravierender Nachteil an – der kühne Angriff von Weiß wird durch den Zwischenzug 25. ... Se5! abgewiesen. Beispielsweise: 26. Df5 Kg7: 27. De5:+ Lf6, oder 26. Tg8:+ Kg8: 27. Df5 Tf8! 28. De5: Tf1:+ 29. Lf1: Df2 30. Lh3 Le3. Deshalb liegen keine besonderen Gründe vor, den von Smyslow in der Partie gemachten Zug einer Kritik zu unterziehen.

20. ... Sc4 21. Lc1 Lg5! 22. fe6: Lc1: 23. Tc1:

Nach dem Zwischenzug 23. Td5:? stößt Weiß auf große Schwierigkeiten – 23. ... Db6 24. Tc1: Sb2: usw.

23. ... Se3 24. Sd5:!

Dies war das einzige Mittel zur Aufrechterhaltung der abflauenden weißen Initiative. Für die Qualität erhält Weiß zwei Bauern und die Aussicht auf einen Angriff auf den weißen Feldern. Natürlich mißfällt Weiß die Position nach 24. Tg1 Sf6.

24. ... Sf1:

Es verliert 24. ... Tc1:? 25. Tc1: Sd5: wegen 26. Td1 Sgf6 (26. ... Se3 27. Td8: Td8: 28. Kg1) 27. Ld5: Sd5: 28. e4.

25. Tf1: Tf8! 26. Sf4?!

Der Wunsch Smyslows, einem Abtausch auszuweichen, ist (durch die Lage im Turnier) erklärlich; der Turm f1 hat jedoch keine Zukunft. Deshalb sollte man 26. Le4 spielen. In diesem Falle hat Weiß eine genügende Kompensation für die Qualität.

26. ... Se7 27. Dg4?

Ein gravierender Fehler. Auf ein starkes Gegenspiel konnte Weiß allenfalls hoffen, wenn der starke Springer auf f4 erhalten bleibt. Zu diesem Zweck wäre es notwendig, 27. Dh5 und h2–h4 zu ziehen. Smyslow möchte die Züge h2–h4–h5 ohne Zeitverlust machen, doch die unerwartete Erwiderung wendet die Partiechancen endgültig zugunsten des Nachziehenden.

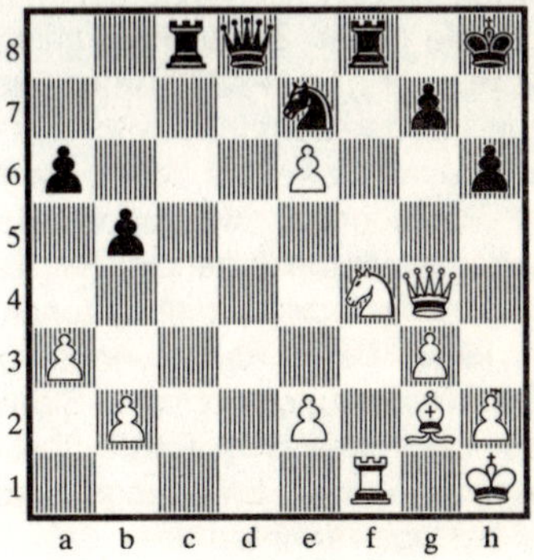

27. ... g5! 28. Dh3 Tf6! 29. Sd3 Tf1:+ 30. Lf1: Kg7

Das unvorsichtige 30. ... Df8 würde Weiß eine ausgezeichnete Chance überlassen – 31. Se5 und Sf7.

31. Dg4 Dd5+ 32. e4

Der Springer d3 verliert die Stütze, man darf jedoch nicht 32. Lg2 ziehen wegen 32. ... Tc1+! und matt.

32. ... Dd4 33. h4 Tf8 34. Le2 De3 35. Kg2

Der Zug 35. hg5: verliert sofort wegen 35. ... h5!.

35. ... Sg6 36. h5?!

Hartnäckiger wäre 36. hg5:.

36. ... Se7 37. b4 Kh7!

Eine seltsame Zugzwangstellung! Weiß hat keine vernünftigen Züge, beispielsweise: 38. e5 Kh8 usw.

38. Kh2 Td8 39. e5 Td3: 40. Ld3:+ Dd3:

Weiß gab auf.

Wenn man vor Beginn des Wettkampfes das theoretische Duell in der Tarrasch-Verteidigung voraussagen konnte, so war die oftmalige Anwendung der Cambridge-Springs-Verteidigung durch Smyslow eine Überraschung. In der mehr als vierzigjährigen Praxis des Exweltmeisters kam ja diese Variante des Damengambits bloß wenige Male vor, und von den Beispielen jüngeren Datums, die noch frisch im Gedächtnis haften, kann man sich nur an die Partie gegen Zoltan Ribli im Interzonenturnier in Las Palmas erinnern. Ich wurde mit der Cambridge-Springs-Variante bislang zweimal konfrontiert: in einer Partie gegen Awerbach (Mannschaftsmeisterschaft der UdSSR, 1982) und gegen Rodriguez (Interzonenturnier, 1982). Beide Partien endeten zu meinen Gunsten, obwohl sich Schwarz in der zweitgenannten Partie über die Ergebnisse des Eröffnungskampfes nicht beklagen konnte.

3. Partie
Kasparow – Smyslow

1. d4 d5 2. Sf3 Sf6 3. c4 c6 4. Sc3 e6 5. Lg5 Sbd7 6. e3 Da5

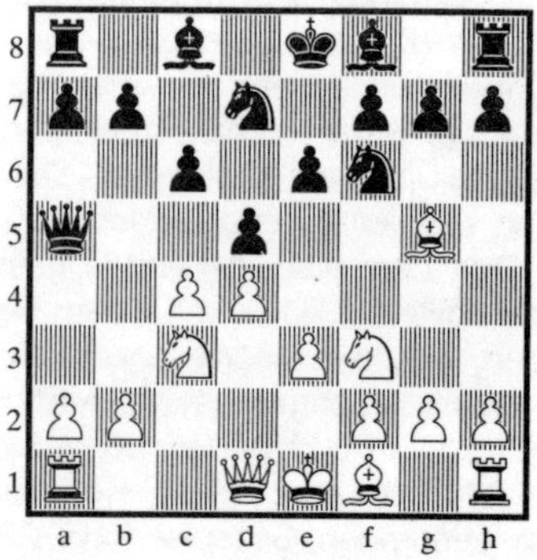

Das ist die Ausgangsposition dieser vom Amerikaner Pillsbury erfundenen und praktizierten Variante. Die größte Popularität genoß diese Variante in den 20-ger und 30-ger Jahren, als sie in den Wettkämpfen Aljechin – Capablanca, Aljechin – Bogoljubow und Aljechin – Euwe einer intensiven Erprobung unterzogen wurde. Ungeachtet der weitverbreiteten Praxis und der zahlreichen Analysen gibt es keine klare Einschätzung über diese Eröffnung. In der Nachkriegszeit wurde diese Eröffnung zunehmend rarer und gilt heute als seltener Gast bei Turnieren.

7. cd5:!

Durch das Ausrufezeichen wird nicht so sehr die Stärke des Zuges betont, sondern vielmehr seine grundsätzliche Bedeutung. Gebräuchlicher ist 7. Sd2 mit einem „geringen, aber stabilen Vorteil“. Diese von Theoretikern oft angewandte Einschätzung wird jedoch durch die Praxis nicht bestätigt, und unter anderem, beide Partien, in denen ich 7. Sd2 gespielt habe, endeten schnell mit Remis:

7. ... Lb4 8. Dc2 0-0 9. a3 dc4:! 10. Lf6: Sf6: 11. Sc4: Lc3:+ 12. Dc3: Dc3:+ 13. bc3: c5 14. Le2 Remis (7. Matchpartie, Kasparow – Smyslow);

bzw.

9. Le2 e5 10. Lf6: Sf6: 11. de5: Se4 12. cd5: Sc3: 13. bc3: Lc3: 14. Tc1 Le5: 15. dc6: bc6: – Remis (13. Matchpartie, Kasparow – Smyslow) – hier hängt das Resultat der Partie mit der Eröffnung nicht zusammen).

7. ... Sd5: 8. Dd2 Lb4

Hier kann Schwarz, wie bekannt sein dürfte, beschleunigt einen Bauern gewinnen – 8. ... S7b6 9. Ld3 Sc3: 10. bc3: Sd5 11. 0-0 (11. Tc1 Sc3: 12. 0-0 Lb4) 11. ... Dc3: 12. De2, wonach die Initiative für längere Zeit in die Hände des Weißen übergeht. Solch eine Abwicklung liegt nicht im Interesse von Smyslow, der selber zu einer schnellen Entfaltung seiner Kräfte kommen möchte.

9. Tc1 0-0

So entwickelte sich die dritte Partie.

10. Ld3

Dieser natürliche Zug wird in den Nachschlagewerken nicht einmal erwähnt. In der Enzyklopädie der Schacheröffnungen wird eine lange Variante angeführt, die mit dem Zug 10. e4 beginnt und die Weiß einen minimalen Endspielvorteil einräumt.

10. ... e5!

Dies ist ein typischer Durchbruch, der dem Spiel von Schwarz freie Bahn gibt.

11. 0-0

Weiß nimmt die Isolierung des Zentralbauern in Kauf und hofft, dadurch weiterhin die größere Aktivität seiner Figuren zu bewahren.

11. ... ed4: 12. ed4: f6

Die naheliegende Fortsetzung – 12. ... S7f6 13. Tfe1 Le6 – stößt auf eine starke Entgegnung 14. a3!, womit der Abtausch auf c3 erzwungen wird (14. ... Ld6? 15. Sd5:), und dies in einer günstigeren Situation als in der Partie.

13. Lh4 Td8

Falls es Schwarz gelingt, rechtzeitig die vorgesehene Figurenstellung (Sf8, Le6–f7) einzunehmen, so ist beim Nachziehenden alles in Ordnung, wie auch in der Variante 14. Dc2 Sf8 15. Sd5: cd5: 16. Lg3 Ld6.

14. a3! Lc3:

Schwarz kann folgende Entwicklung nicht akzeptabel finden: 14. ... Ld6 15. Sd5: Dd2: 16. Sf6:+ Sf6: 17. Sd2: Lf4 18. Tcd1 Td4: 19. Sf3.

15. bc3: Sf8

Allzu gefährlich ist der Bauernraub 15. ... Da3: 16. c4.

16. Lg3 Le6

Auf 16. ... Lg4 würde ich folgendermaßen geantwortet haben: 17. c4! Dd2: 18. Sd2: Se7 19. Sb3. Nach 19. ... Se6 steht Weiß ein aussichtsreiches Bauernopfer zur Verfügung: 20. d5! (20. f3? Sd4: 21. Sd4: Td4: 22. Tcd1 Tad8) 20. ... cd5: 21. Tfe1, und es ist nicht abzusehen, wie Schwarz seine hängenden Figuren den gegnerischen Angriffen entziehen soll. Beispielsweise: 21. ... Kf7 22. f3 Lf5 23. cd5:! Ld3: (23. ... Td5: 24. Lc4) 24. de6:+ Kf8 25. Sc5 mit großem Vorteil, oder 22. ... Lh5 23. cd5: Sd5: 24. Lc4 mit vielen Schwierigkeiten.

17. Tfe1 Lf7 18. c4

Verlockend war es, die Damen am Brett zu behalten – 18. Db2, dann könnte Schwarz jedoch seinen Stützpunkt auf d5 bewahren – 18. ... b5!. Immerhin überläßt 19. c4 bc4: 20. Tc4: dem Weißen die Initiative. Der Partiezug führt zu einer komplizierten Stellung mit vielen Figuren, in der Weiß die besseren Chancen dank seines Läuferpaares und aufgrund des Bauernzentrums hat.

18. ... Dd2: 19. Sd2: Sb6 20. Sb3 Sa4!

Die Kommentatoren tadelten diesen Zug zu Unrecht. Zunächst steht der Springer am Brettrand durchaus günstig: er kontrolliert das Feld c5 und droht zudem, bei sich bietender Gelegenheit auf b2 einzudringen. Gleichzeitig gestattet der empfohlene Druck auf den Bauern d4 (20. ... Se6) Weiß ein sichtbares Übergewicht zu bekommen. Man sehe: 21. c5! Sd5 (21. ... Sa4 22. Ld6) 22. Sa5!. Der taktische Schlag 21. ... Sd4:? wird wirksam widerlegt durch: 22. Sd4: Td4: 23. Tcd1 Tad8 24. Lc7! T8d7 25. cb6: ab6: (25. ... Td3: 26. ba7:) 26. Lc2! Td1: 27. Td1: Tc7: 28. Td8+ mit Gewinn (besser wäre natürlich auf die Qualität zu verzichten – 24. ... Td3: 25. Ld8: Td1: usw.).

21. Lf1 Td7?

Dies ist nun aber ein ernsthafter Fehler. Lediglich durch 21. ... b6! konnte Schwarz seinen vorausgehenden Zug rechtfertigen. Weiß mußte sich dann mit der allmählichen Verstärkung der Position befassen (f3, Lf2, h4, g3 usw.), während Weiß jetzt das Spiel mit Vorteil öffnen kann.

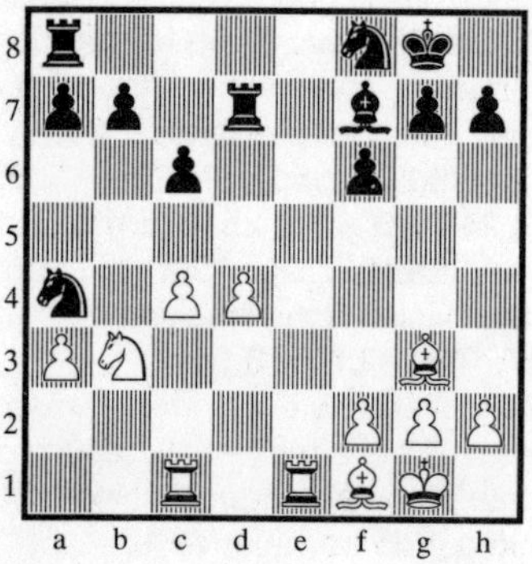

22. Sa5!

Gerade am Brettrand übt der weiße Springer einen unangenehmen Druck auf die gegnerische Position aus. Der Abtausch der Bauern d4 und b7 (22. ... Td4: 23. Sb7:) ist für Weiß vorteilhaft – der weiße Springer bekommt einen ausgezeichneten Standplatz auf d6. Jetzt droht 23. Tb1, und auf 22. ... Tc8 ist 23. c5 angeraten, beispielsweise: 23. ... Se6 24. Tb1 b6 (24. ... Sd4: 25. Sb7: Sc3 26. Tb2 Sf5 27. Sd6!) 25. Sc6:! Sc3 (25. ... Tc6: 26. Sb5) 26. Sa7:! Ta7: 27. cb6: Tb7 28. La6 Sd8 29. Lb7: Sb7: 30. Tb2 mit Siegchancen. Der Zug 23. ... Ld5 beläßt Schwarz jedoch eine vollauf verteidigungsfähige Position. Der Versuch Smyslows, das Spiel zu komplizieren, vergrößert nur die schwarzen Schwierigkeiten.

22. ... Se6?! 23. d5 Sd4 24. dc6:!

Dadurch werden die Hoffnungen von Schwarz auf ein Gegenspiel im Falle von 24. Tcd1 c5 25. Tb1 b5! zunichte gemacht.

24. ... Sc6:

Das geringere Übel wäre wahrscheinlich 24. ... bc6: 25. c5.

25. Sc6: bc6: 26. c5

Das Übergewicht von Weiß wurde deutlich: Weiß hat zwei sehr aktive Läufer, und, das Wichtigste, der schwarze Springer ist hoffnungslos von seinen Figuren abgeschnitten.

26. ... Te8 27. Te8:+ Le8: 28. Ld6

Der voreilige Zug 28. Tc4?, der auf die Fortsetzung 28. ... Sb2 29. Tb4 Td2 (29. ... Sd3 30. Tb8 Kf7 31. Ld6) 30. Tb8 Kf7 31. Th7+ hoffen könnte, würde den größten Teil des Vorteils preisgeben: 28. ... Td1! 29. Ta4: Lg6 30. Ta7: Ld3 31. h3 Tf1:+ 32. Kh2 h5, und die weißen Chancen wären deutlich gesunken.

28. ... Lf7

Der Meinung der Kommentatoren nach war dies ein entscheidender Fehler. Die Überführung des Läufers nach d5 ist jedoch die einzige Möglichkeit die Verteidigung zu befestigen, während die Eroberung der b-Linie (es wurde 28. ... Tb7 empfohlen) schlecht war, wegen 29. g3! mit einem Angriff auf den Bauern c6 in Verbindung mit einem baldigen Eindringen des Turmes auf der e-Linie. Beispielsweise: 29. ... Lf7 30. Lg2 Le8 31. Te1 Kf7 32. Lf1! Ld7 33. La6, oder 29. ... Sb2 30. Te1 Lg6 31. Lg2. Die Einschätzung der Kommentatoren wurde gewiß durch den Umstand beeinflußt, daß Weiß die b-Linie für eine sofortige

Invasion ausgenutzt hat. Falls jedoch Schwarz nach 28. ... Tb7 29. g3! verloren hätte, so würde als beste Verteidigung gewiß die Überführung des Läufers nach d5 propagiert worden sein! Die Sache verhält sich so, daß man die organischen Mängel der schwarzen Position nicht mehr durch einen einzigen wohlgeratenen Zug beseitigen kann.

29. Tb1 Ld5?

Obwohl auf dem Brett bereits das Stadium des Endspiels erreicht ist, gerät der König bei seinem Marsch ins Zentrum in große Unannehmlichkeiten. Die harmonisch zusammenwirkenden weißen Figuren bringen Mattdrohungen zustande. Einen etwas hartnäckigeren Widerstand zu leisten, gestattet allein der prophylaktische Zug 29. ... h5! (30. Ld3 Td8).

30. Tb8+ Kf7 31. Tf8+ Ke6

Beschleunigt gewann Weiß nach: 31. ... Kg6 32. Ld3+ Kh6 33. Lf4+ Kh5 (33. ... g5 34. Tf6:+ Kg7 35. Le5) 34. Lf5 Tf7 (34. ... Le6 35. g4+) 35. g4+ Kh4 36. Lg3+ Kg5 37. h4+ Kh6 38. Tg8! g5 39. Ld6 Tg7 40. Tf8 Lf7 41. Le7.

32. g3

Rascher beendet 32. La6 den Kampf (32. ... Td6: 33. cd6: Kd6: 34. Ta8 Kc7 35. Ta7:+ Kb6 36. Ta8 c5 37. Td8).

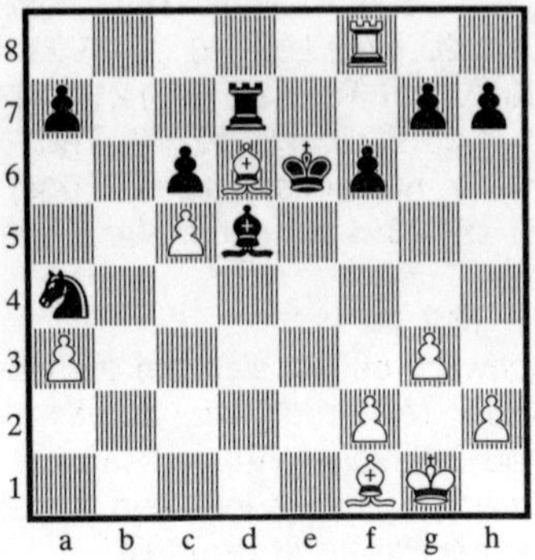

32. ... g6

Dieser Zug erleichtert die Aufgabe von Weiß. Übrigens ist auch im Falle des

32. ... g6

Dieser Zug erleichtert die Aufgabe von Weiß. Übrigens ist auch im Falle des
relativ besseren Zuges 32. ... f5 (32. ... Le4 33. f3! Lc2 34. Lc4+ Kf5 35. La6! Kg6 36. h4! h5 37. g4 hg4: 38. fg4: f5 39. Lc8 Tf7 40. h5+ Kf6 41. g5+) 33. La6 Tf7 34. Te8+ Kf6 (34. ... Kd7 35. Th8) 35. Le5+ Kg6 36. Ld4 Schwarz absolut hilflos.

33. La6 Td6: 34. cd6: Kd6: 35. Tf6:+ Ke5 36. Tf8 c5 37. Te8+ Kd4 38. Td8 Ke5 39. f4+ Ke4 40. Lf1 Lb3 41. Kf2

Hier stellte Smyslow, ohne die Hand von der Figur zu lösen, den Springer nach c3, als er jedoch das Matt im nächsten Zug bemerkte, brachte er langsam die Figur auf das alte Feld zurück. Danach zog er **41. ... Sb3**, lächelte und hielt die Uhr an zum Zeichen der Aufgabe.

9. Partie

Kasparow – Smyslow

Der Versuch, das Spiel von Schwarz zu verstärken, wurde in der 9. Partie beim 9. Zug unternommen:

9. ... e5?!

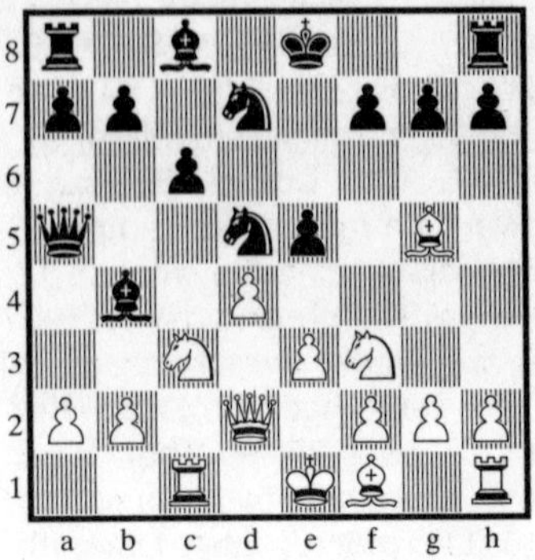

Nach kurzer Überlegung gelang es mir, diejenige Fortsetzung zu finden, welche tatsächlich die frühzeitige schwarze Aktivität widerlegt.

10. a3!

Es stellt sich heraus, daß auf den geplanten Vormarsch des e-Bauern – 10. ... Lc3: 11. bc3: e4 – eine starke Entgegnung zur Verfügung steht: 12. c4!. Natürlich kann Schwarz einen Bauern gewinnen (11. ... Da3: 12. e4 S5b6 13. Ld3), aber die Initiative von Weiß gleicht den minimalen materiellen Nachteil aus.

10. ... Ld6

Auf den ersten Blick sieht die Position von Schwarz recht gesund aus: 11. Sd5: Dd2:+ 12. Kd2: cd5: 13. de5: (13. Lb5 f6) 13. ... Se5: 14. Se5: Le5: 15. Lb5+ Ld7 16. Tc5 Lb5: 17. Tb5: f6! 18. Lh4 (18. Td5: Lb2:) 18. ... 0-0-0 usw. Weiß findet jedoch eine originelle Möglichkeit, die Spannung im Zentrum zu seinen Gunsten aufzuheben.

11. de5: Se5: 12. Se5: Le5: 13. b4 Lc3:

Gleichbedeutend mit Selbstmord wäre 13. ... Da3:? 14. Sd5: cd5: 15. Lb5+ Kf8 16. 0-0 Le6 17. f4 Ld6 18. f5 Lb4: 19. Df2.

14. Dc3:!

Dies geht einher mit der Überführung der Partie in ein deutlich besseres Endspiel. Interessante Komplikationen konnten auftauchen im Falle von 14. Tc3: Sb4: 15. e4 (nicht 15. Tc5? Sd3+!). Nach 15. ... Sa6 (15. ... Sa2? 16. Tc2 Dd2:+ 17. Kd2: Le6 18. Lc4, und der Springer kann sich nicht retten) 16. La6: ba6: 17. Tc6: Dd2:+ 18. Kd2: steht Schwarz ein mühsamer Kampf um Remis bevor. Gleichzeitig ist auch 17. 0-0 wirkungslos (rechnend mit 17. 0-0? 18. Lf6!), wegen des Zwischenzuges 17. ... h6! (18. Dd6? hg5: 19. Dc6:+ Ke7 20. Tc5 Db6 oder 20. e5 Th6). Weiß bekommt eine starke Initiative nach 15. ... f6 16. Lf6: gf6: 17. ab4: Db4: 18. Lc4 (und man darf 18. ... Db1+ 19. Tc1 De4:+ nicht spielen wegen 20. Kd1! mit unabwehrbarem weißen Angriff). Es ist jedoch unklar, inwieweit das Übergewicht von Weiß reale Formen annehmen würde, wenn Schwarz einfach mit der Dame zurückzieht – 14. .... Db6 (15. Tc1 h6 16. Lh4 Lf5).

14. ... Sc3: 15. ba5: Se4 16. Lf4

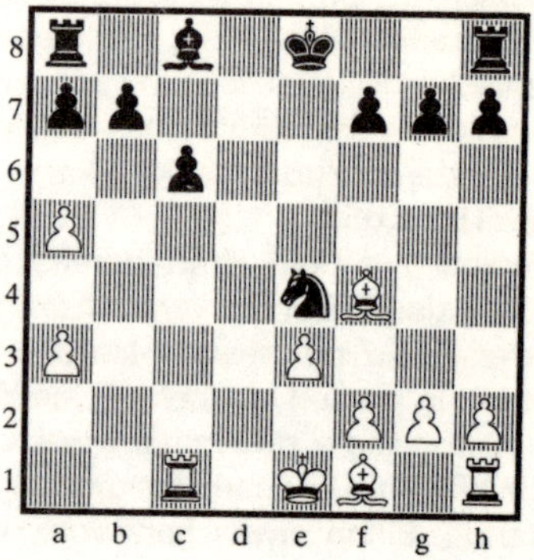

Die Vorzüge der weißen Position liegen auf der Hand: Weiß besitzt das Läuferpaar, ein Bauernübergewicht im Zentrum und selbst der Doppelbauer auf der a-Linie kann eher ein Vorteil als ein Nachteil sein, denn durch diese Bauernkonstellation wird ein Frontalangriff gegen den Bauern b7 ermöglicht, dessen Verteidigung für Schwarz zu Unbequemlichkeiten führen wird, da das Feld b8 vom Läufer f4 kontrolliert wird.

16. ... 0-0 17. f3 Sf6 18. e4 Te8

Mit einem Mißerfolg würde der Versuch enden, den befreienden Bauernzug b7–b6 zu machen: 18. ... Ld7 19. Kf2 b6 20. La6! Lc8 (20. ... c5 21. Lb7 Tad8 22. Lc7 Tde8 23. Ld6) 21. Le2 Ld7 (21. ... c5 22. Lc7! Sd7 23. Thd1 und Schwarz hat einfach keine Züge) 22. Thd1 b5 23. Lg5! mit großem weißen Vorteil.

19. Kf2 a6

Schwarz befreit sich ein für allemal von der Notwendigkeit, der Drohung a5–a6 ständige Aufmerksamkeit zu widmen. Er bleibt jedoch von nun an zu ständiger Passivität verurteilt.

20. Le2

Verlockend war der Versuch, die Entwicklung des schwarzen Damenflügels zu erschweren mittels: 20. Tb1 Te7 21. Ld6, dann könnte jedoch der Nachziehende mit Hilfe eines Qualitätsopfers 21. ... Te4:! noch Remisaussichten erlangen.

20. ... Le6 21. Tb1 Te7 22. Thd1 Tae8 23. Tb2!

Das ist der Anfang eines langfristig angelegten strategischen Planes. Die Verdoppelung der Türme dient dazu, um nach dem Abtausch eines Turmpaares die d-Linie weiterhin unter Kontrolle zu halten. Schwarz wird gezwungen sein, auch den Abtausch des zweiten Turmpaares anzustreben, während Weiß derzeit möglicherweise weiter mit den Königsflügelbauern nach vorne rükken kann, um im nachfolgenden Endspiel »Läuferpaar gegen Läufer + Springer«, sein zahlenmäßiges Übergewicht in diesem Brettabschnitt zur Geltung zu bringen.

Diesen Plan vermochte Weiß tatsächlich in die Tat umzusetzen und den Sieg davonzutragen. Ich möchte aber nicht soweit gehen, zu behaupten, daß die Ausgangsstellung für dieses Vorhaben bereits als unbedingt gewonnen einzuschätzen sei. Jedenfalls gab es in der Partie Situationen, in denen Schwarz die gegnerische Aufgabe hätte erschweren können. In der Praxis ist jedoch die Verteidigung solch einer perspektivlosen Position kaum erfolgreich möglich.

23. ... Lc8 24. Tbd2 Td7 25. Td7: Sd7: 26. g4! Sc5?!

Es wäre sinnvoll, an dieser Stelle den Zug h7–h6 einzuschalten, um durch den Abtausch eines Bauernpaares (nach h2–h4 und g4–g5) die Kraft der weißen Bauern zu reduzieren.

27. Le3 Sd7

Im Falle von 27. ... Se6 28. f4 Td8 erzielt Weiß eine absolute Dominanz auf dem Brett: 29. f5 Td1: 30. Ld1: Sc7 31. a4! Se8 32. Lb3 Sf6 33. Kf3 Sd7 34. Kf4 Kf8 35. e5.

28. g5! Se5

Ein Schlag ins Wasser wäre 28. ... Te5 wegen 29. f4! (29. ... Te4:? 30. Lg4 Te7 31. Lc5).

29. Ld4!

Aufmerksamkeit tut not – der übereilte Zug 29. Kg3? würde Schwarz erlauben, die Figuren zu aktivieren mittels 29. ... Le6 und danach ...Sc4 oder ...Lc4.

29. ... Sg6 30. Kg3 Sf8 31. h4 Td8 32. f4 Le6 33. Lc3!

Dieser Zug ist genauer als 33. f5 Lb3 34. Td2 c5! 35. Lc3 Td2: 36. Ld2: Sd7 37. Kf4 f6!.

33. ... Td1: 34. Ld1: Sd7

Der Versuch, den Vormarsch f4–f5 zu verhindern, mißlingt (34. ... g6 35. Lc2).

35. f5 Lc4 36. h5!

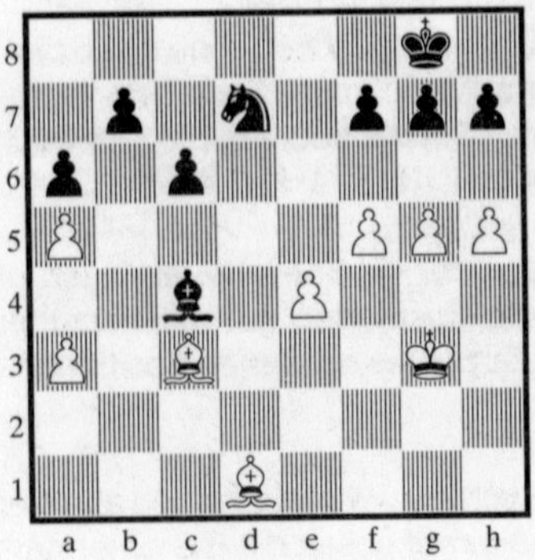

36. ... h6

Auf 36. ... f6 entscheidet 37. h6 mit Bildung von verbundenen Freibauern; nach dem Partiezug hingegen (ohne den man nicht auskommen kann) taucht bei Schwarz noch die zusätzliche Schwäche des Bauern h6 auf.

37. gh6: gh6: 38. e5 Sc5 39. Kf4 Ld5 40. Lc2 f6

Schwarz sieht ein, daß Weiß ohnehin Mittel und Wege hat, sein riesiges positionelles Übergewicht zur Geltung zu bringen. Smyslow setzt seine letzte Hoffnung auf die Errichtung einer „Festung", die beim leichtesten Windstoß jedoch wie ein Kartenhaus in sich zusammenbricht...

41. e6 Kg7 42. Lb4

Nicht schlecht wäre auch 42. Ld4 Sb3 43. e7 Kf7 44. Lf6:.

42. ... Sb3 43. Ke3 c5

Oder 43. ... Lc4 44. Lc3 Ld5 45. Le4! Lc4 (45. ... Sc5 46. Ld5: cd5: 47. Kd4 Se4 48. Lb4 Sg3 49. Kd5: Sf5: 50. Kc5 Sg3 51. Kb6 Sh5: 52. Kb7: Sf4 53. Ka6: Se6: 54. Kb6) 46. Lf3, und Schwarz befindet sich im Zugzwang: 46. ... Sc1 47. e7 Lf7 48. Ld1, oder 46. ... Lb5 47. Le2!.

44. Lc3

Über seinen Abgabezug hat Smyslow hier 53 Minuten nachgedacht.

44. ... Kf8

Hoffnungslos ist auch 44. ... Sc1 45. La4; oder 44. ... c4 45. Le4 Lc6 46. Lc6: bc6: 47. Ke4 (wiederum Zugzwang).

Schwarz gab auf, ohne das Spiel wieder aufzunehmen. Zum Ziele führte sowohl 45. Lb3: Lb3: 46. Lf6:, als auch 45. Le4 Le4: 46. Ke4: Ke7 47. Kd5.

Sowohl die 3. Partie, als auch die 9. Partie illustrierten gut die Vorzüge des Läuferpaares in offenen Positionen.

Noch zwei weitere Partien aus diesem Wettkampf sollen die Berichterstattung abrunden:

4. Partie
Smyslow – Kasparow
Damengambit

1. d4 d5 2. Sf3 Sf6 3. c4 e6 4. Sc3 Le7

So begann die 4. Partie. Nicht nur die Tarrasch-Verteidigung wurde im Match erprobt.

5. Lf4

In der 6. Wettkampfpartie machte ich mir nach 5. Lg5 h6 6. Lh4 0-0 7. Tc1 den Rat von Emanuel Lasker zunutze – 7. ... Se4. Zu einem richtigen Kampf war es nicht gekommen: 8. Le7: De7: 9. e3 c6 10. Ld3 Sc3: 11. Lc3: dc4: 12. Lc4: Sd7 13. 0-0 b6 14. Ld3 c5, und Schwarz brachte die ganze Sache mühelos zu einem Remis.

5. ... 0-0 6. e3 c5 7. dc5: Lc5: 8. Le2

Solch ein Spiel kann keinen Vorteil ergeben; nun mitunter passieren auch Wunder! In der Partie Karlsson – Balaschow (1983) sind bei Schwarz nach 8. ... Sc6 9. 0-0 dc4: 10. Lc4: Dd1: 11. Tfd1: b6 12. Sb5 Lb7 13. Ld6 dennoch Schwierigkeiten aufgetreten.

8. ... dc4: 9. Lc4: a6! 10. De2 b5 11. Ld3 Lb7 12. 0-0 Sbd7 13. e4?! Sh5! 14. Ld2 Dc7 15. g3 Tad8 16. Le3?!

Wie alle Kommentatoren betont haben, führte der Versuch von Smyslow, mittels 13. e4 die Initiative zu ergreifen, zum umgekehrten Resultat. Vielleicht ist die Ursache dessen die vorzeitige Reue, d.h. 16. Le3 (besser 16. b4!?).

16. ... Le3: 17. De3: Dc5! 18. Tfe1 Shf6 19. a3 Sg4! 20. Dc5: Sc5: 21. Lc2

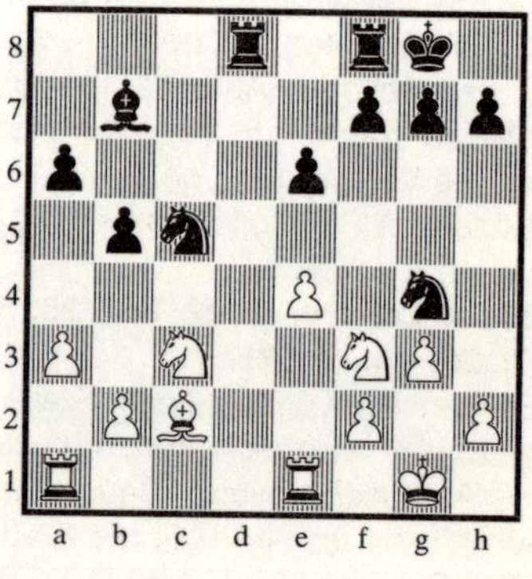

21. ... f5

Die schwarzen Figuren stehen so günstig, daß man anstelle des üblichen Zuges 21. ... Sd3 auch den Versuch unternehmen kann, zu einem Angriff überzugehen. Nebenbei gesagt, erlaubte es der Zug 21. ... Sd3 dem Weißen durchaus noch, sich zu erfolgreich wehren: 22. Ld3: Td3: 23. h3! Sf6 24. Se5 Td2 25. Tab1 Tfd8 26. f3! Kf8 27. Tbd1 usw.

22. Sg5!

Auf 22. ... h6? würde 23. Se6: Se6: 24. Lb3 folgen. – Smyslow sucht seine Rettung in taktischen Verwicklungen.

22. ... f4?

„Welches Zeichen soll man dem letzten Zug von Schwarz beifügen?" fragt Großmeister Makaritschew in einem Kommentar. Natürlich ein Fragezeichen. Indem Schwarz sich das Feld e5 gesichert hat, hat er gleichzeitig den Läufer b7 und den Springer c5 entwertet. Richtig wäre: 22. ... Td2! 23. Te2! (23. Se6:? Se6:! 24. Lb3 Sf2: 25. Le6:+ Kh8, jedoch nicht 23. ... Tc2:? 24. Sc5: fe5: 25. Sb7: Tff2: 26. Se4:, und Schwarz hat nur Dauerschach) 23. ... Te2: 24. Se2: fe4: 25. Sf4 Ld5! (sich gegen Se6: mit nachfolgendem Lb3 verteidigend) 26. f3! (26. b4 h6! 27. Sge6: Se6: 28. Sd5: Sd4) 26. ... Se5 27. Le4: (27. fe4: Lc4 ∓) 27. ... h6! 28. Sd5: hg5: 29. Se7+ (29. Sc7 Tc8 30. Se6: Se6: 31. Ld5 Kf7 32. Te1 Kf6 33. Le6: Te8!) 29. ... Kf7 30. Sc6 Sc6: 31. Lc6: Tc8 32. Le4 (32. Tc1 Tc6: 33. b4 Kf6 34. bc5: Ke5) 32. ... Se4: 33. fe4: Kf6! 34. Tf1+ Ke5 35. Tf7 g6 – und Schwarz hat gute Siegchancen in diesem Endspiel.

23. Tad1 Td1: 24. Ld1:?

Bei den Komplikationen nach 24. Td1: fg3: 25. hg3:! Sf2: (gefährlich ist 25. ... h6 26. Sh3 g5 wegen 27. b4 Tf3 28. Se2 Le4: 29. bc5: Sc2: 30. Td8+) 26. Td6 konnte Weiß das Gleichgewicht aufrechterhalten: 26. ... h6 27. Se6: (27. b4? hg5: 28. bc5: Sh3+ 29. Kg2 g4 30. Ld1 Tc8! 31. Lg4: Sg5 wäre zu Gunsten von Schwarz ausgefallen) 27. ... Se6: 28. Lb3! (28. Te6:? Sh3+ 29. Kh2 Tf2+! 30. Kh3: Lc8 31. Lb3 Kf7) 28. ... Sh3+ 29. Kg2 Sg5 30. Le6:+ Se6: 31. Te6: usw.

24. ... Se5 25. gf4: Sed3 26. b4?!

Besser wäre 26. Te3 Sf4: 27. b4 h6 28. Sf3. Die Hoffnungen auf ein Gegenspiel im Fálle von 26. ... Se1: 27. bc5: erweisen sich als trügerisch.

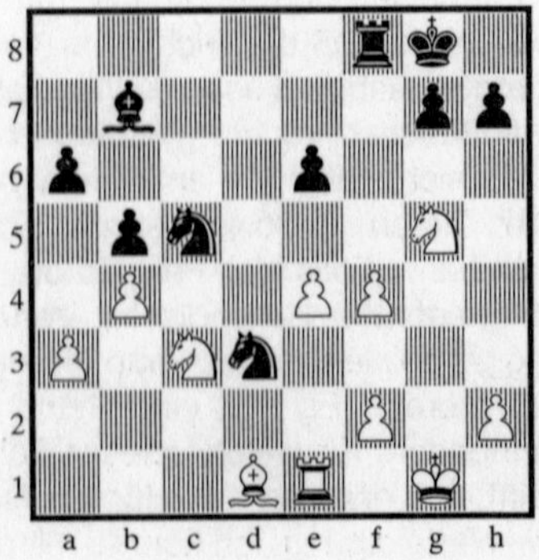

26. ... h6! 27. bc5: hg5: 28. Te3 Sf4:

In Anbetracht der Drohung 29. ... Tc8 ist die Lage für Weiß sehr schwierig.

29. a4 b4 30. Se2

Oder 30. Sa2 Td8! 31. Lg4 Td2 32. Sb4: (32. Sc1 Lc6 33. Sb3 Tc2) 32. ... a5 33. c6 Lc8 (–+).

30. ... Tc8 31. Lb3 Tc5: 32. Sf4: gf4: 33. Le6:+ Kf8 34. Te1 Te5 35. Lb3 Te4: 36. Td1 Ke7 37. Kf1 a5 38. Tc1 Kf6 39. h3 g5 40. Tc7 Te7 41. Tc5 Te5

Der Sieg des Nachziehenden steht außer Zweifel, deshalb gab hier Smyslow (ohne weiteren Widerstand zu leisten) die Partie auf.

In der 11. Partie brachte der Ex-Weltmeister die Tschigorin-Verteidigung zur Anwendung.

11. Partie
Kasparow – Smyslow

1. d4 d5 2. Sf3 Sc6 3. c4 Lg4

Im Sammelband seiner besten Partien, der unter dem Titel »Auf der Suche nach Harmonie« erschienen ist, schrieb

Smyslow im Kommentar zu einem Match gegen Gligorić, daß diese Eröffnung eine angemessene Aufmerksamkeit verdient, insbesondere dann, wenn Schwarz nach Figurenspiel strebt. Deshalb rechnete ich durchaus mit der Möglichkeit, daß die Tschigorin-Verteidigung im Rahmen unseres Wettkampfes auftauchen könnte. Dennoch habe ich sie nicht sorgfältig analysiert. Weshalb? Tigran Petrosjan sagte einmal scherzhaft: „Falls der Partner die Absicht hegt, die Holländische Verteidigung zu spielen, so soll man ihn dabei nicht stören!“ Es gibt eine Reihe von Eröffnungen, für welche dieser Scherz zutrifft, und darunter auch für die Tschigorin-Verteidigung. Ich könnte mir denken, daß Smyslow etwa die gleiche Meinung vertritt, und daß ausschließlich die Lage im Turnier ihn zu der Eröffnungswahl veranlaßt hat. In diesem Treffen hat für ihn einfach das aktive Figurenspiel mehr Gewicht, als das Läuferpaar und das weiße Übergewicht im Zentrum.

4. cd5: Lf3: 5. gf3: Dd5: 6. e3 e5 7. Sc3 Lb4 8. Ld2 Lc3: 9. bc3: Dd6 10. Tb1 b6 11. f4!? ef4: 12. e4 Sge7 13. Df3 0-0 14. Lf4: Da3 15. Le2! f5!

Nach 15. ... Da2: 16. 0-0 mußte Schwarz nicht nur mit „der Überlegenheit des Läuferpaares und dem mobilen Bauernzentrum“ des Gegners rechnen, sondern auch schon mit konkreten Drohungen wie Lc7:, Ta1, d5.

16. 0-0

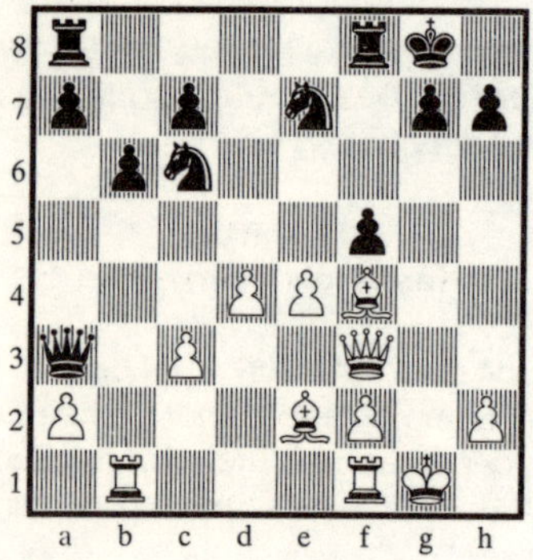

16. ... fe4:?

Dies ist ein schwerwiegender Fehler und er passiert ausgerechnet in dem Augenblick, als 16. ... Sg6! 17. Lc7: De7 18. ef5: Dc7: 19. Dd5+ Kh8 20. fg6: Se7! zu einer unklaren Situation mit beachtlichen Konterchancen für Schwarz geführt hätte!

17. De4: Dc3:

Jetzt hat Weiß kein Zentrum mehr und sogar einen Minusbauern, dafür ist jedoch der Unterschied in der Kraft zwischen den starken weißen Läufern und den passiven schwarzen Springern so gewaltig, daß die Position in wenigen Zügen gewonnen ist.

18. Le3!

Es droht Tc1 (bei günstiger Gelegenheit auch d4–d5), und der Rückzug des Läufers vom unverteidigten Feld verstärkt nur diese Bedrohung. Ich habe nicht ganz verstanden, warum ein prominenter Großmeister hier den Zug 18. Tfd1 empfohlen hat, und ein anderer viel später den ersteren zitierte...

18. ... Da3 19. Ld3!! Dd6

Zum Verlust führen auch alle anderen Züge: 19. ... g6 20. Lc4+ Kg7 21. d5; 19. ... Sf5 20. De6+; 19. ... Tf5 20. Tb5! (das Einfachste) Tb5: 21. Lb5: Dd6 22. Tc1.

20. Dh7:+ Kf7

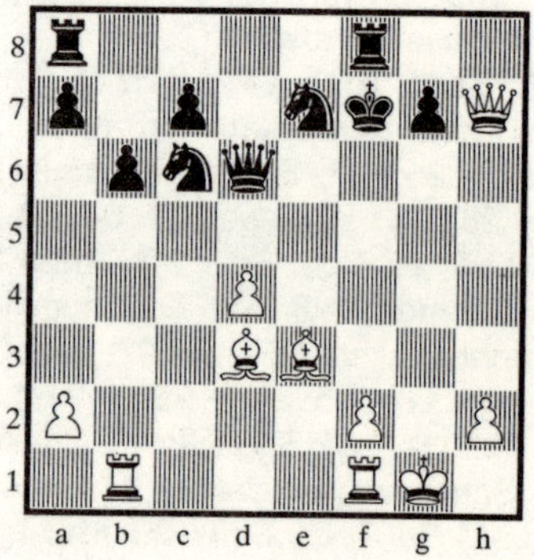

Natürlich, wenn man die Kühnheit besitzt, die Position von Schwarz als „lebensfähig“ zu bezeichnen, so ist auch der 18. Zug diskussionswürdig. Wege zum sicheren Gewinn gibt es jetzt jedoch bereits verschiedene. Beispielsweise: 21. Lc4+ Ke8 22. Tfe1 – „die Position von Schwarz ist schauderhaft" (Tal).

21. Tb5!

Das Energischste.

21. ... Sd4:! 22. De4?

Hier ist der Fehler passiert. Leider ist jetzt weder 22. ... Sb5: (23. Lc4+ Kf6 24. Dh4+ usw.), noch 22. ... c5 (23. Ld4: und 24. Lc4+) erzwungen.

Weiß konnte bequem gewinnen mittels: 22. Ld4: Dd4: 23. Tg5!, beispielsweise: 23. ... Ke6 (23. ... Thh8 24. Lc4+!) 24. Dh3+ Kd6 (24. ... Kf6 25. Tf5+!) 25. Le2! Sd5 26. Td5:+.

22. ... Tad8!

Eine unvorhergesehene Riposte. Nun ist die Zeit für einen Gewinn versäumt (23. Tg5 Th8), und man muß wohl beschleunigt ein Remis anstreben.

23. Ld4: Dd4: 24. Tf5+ Sf5: 25. Df5:+ Kg8 26. Dh7+ Kf7.

Remis.

Wie Sie sehen können, gelang es mir durchaus nicht immer, Gewinnstellungen auch tatsächlich zu gewinnen. Im großen und ganzen jedoch stellte das Match doch eine persönliche Spitzenleistung dar: Ich blieb ohne Niederlage; ja ich hatte kein einziges Mal eine wirklich schlechte Position, und selbst in der 2. Partie, als ich vorübergehende Schwierigkeiten zu überstehen hatte, bekam Smyslow nie wirkliche Siegchancen. Der Ex-Weltmeister hat gegen mich, wie mir scheint, nicht schlechter als gegen Hübner und Ribli gespielt (besonders am Anfang des Wettkampfes). Und wenn das Punkteverhältnis (4,5:8,5) schließlich nicht allzu erfreulich für ihn ist, so ist das in so mancher Hinsicht die Schuld seines Gegners.

Ich bin sehr damit zufrieden, daß es mir gelungen ist ohne Verlust zu bleiben. Das nachfolgende wichtigere Turnier um die Weltmeisterschaft wird ja nicht nur bis zu sechs Gewinnpartien, sondern auch bis zu sechs Niederlagen gespielt werden!

Biographische Angaben

Kasparow Garri Kimowitsch, geboren am 13. April 1963 in Baku;
Absolvierte die Schule in Baku mit Goldmedaille;
Student des Aserbaidschanischen staatlichen pädagogischen Fremdspracheninstituts;
Mitglied des ZK des LKSM Aserbaidschans;
Ausgezeichnet mit einer Ehrenurkunde des Präsidiums des Obersten Sowjets der Aserbaidschanischen SSR;
Tritt dem Sportverein "Spartak" bei;
Juniorenmeister der UdSSR in den Jahren 1976 und 1977;
Meister des Sports der UdSSR seit 1978;
Internationaler Großmeister seit 1980;
Großmeister der UdSSR seit 1982;
Juniorenweltmeister im Jahre 1980;
Sieger in der Junioren-Mannschaftsweltmeisterschaft im Jahre 1981;
Sieger mit dem Team der UdSSR bei der Europa-Mannschaftsmeisterschaft;
Sieger mit dem Team der UdSSR bei den Schcholympiaden in den Jahren 1980 und 1982;
Sieger in den Kandidatenkämpfen im Weltmeisterschaftszyklus der Jahre 1982-1984;
Erhielt die Auszeichnung »Schachoscar« der Internationalen Assoziation der Schachjournalisten bereits für die Jahre 1982 und 1983.

Übersicht über Kasparows Turnier- und Matchresultate

Jahr	**Turnier/Wettkampf**	**+**	**–**	**=**	**Platz**
1976					
Januar	UdSSR Juniorenmeisterschaft, Tiflis	5	0	4	1
1977					
Januar	UdSSR Juniorenmeisterschaft, Riga	8	0	1	1
1978					
Januar	Sokolski Gedenkturnier, Minsk	11	2	4	1
Juni/Juli	UdSSR Meisterschaft-Qualifikationsturnier, Daugapils	6	1	6	1
Dezember	46. UdSSR Meisterschaft, Tiflis	4	4	9	9

1979					
April	Internationales Turnier, Banja Luka	8	0	7	1
Juli	UdSSR Spartakiade, Moskau (2. Brett)	4	1	3	2
Dezember	47. UdSSR Meisterschaft, Minsk	6	3	8	3-4
1980					
Januar	Europa-Mannschaftsmeisterschaft, Skara	5	0	1	1
April	Internationales Turnier, Baku	8	0	7	1
August	Junioren Weltmeisterschaft, Dortmund	8	0	5	1
November/Dez.	24. Schacholympiade, Malta	8	1	3	2
1981					
Februar	Match der Auswahlteams, Moskau, Brett 1	3	1	2	1
April	Internationales Großmeisterturnier, Moskau	3	1	9	2-4
Mai	UdSSR Mannschaftsmeisterschaft, Moskau	4	0	5	1
August	Junioren Mannschafts-Weltmeisterschaft, Graz	8	0	2	1
Oktober	Internationales Großmeisterturnier, Tilburg	3	3	5	6-8
Dezember	49. UdSSR Meisterschaft, Frunze	10	2	5	1-2
1982					
Mai	Internationales Großmeisterturnier, Bugojno	6	0	7	1
September	Interzonenturnier Moskau	7	0	6	1
November/Dez.	25. Schacholympiade, Luzern	6	0	5	1
1983					
Februar/März	Kandidatenturnier-Viertelfinalkampf gegen Beljawski, Moskau	4	1	4	
August/Sept.	Internationales Großmeisterturnier Niksić	9	1	4	1
November/Dez.	Kandidatenturnier-Halfinalkampf gegen Kortschnoi, London	4	1	6	
1984					
März/April	Kandidatenturnier Finalkampf gegen Smyslow, Wilna	4	0	9	
Juni	Match UdSSR – Rest der Welt (Brett 2 gegen Timman)	1	0	3	
September – Februar **85**	WM-Match gegen Anatoli Karpow	3	5	40	
1985					
Mai/Juni	Trainings-Match gegen Dr. Hübner, Hamburg	3	0	3	
Juni	Trainings-Match gegen Andersson, Belgrad	2	0	4	
Sept. – Nov.	WM-Match gegen Anatoli Karpow	5	3	16	
Dezember	Trainings-Match gegen Timman, Hilversum	3	1	2	
1986					
Mai	Trainings-Match gegen Miles, Basel	5	0	1	
August-Okt.	WM Revanche-Match gegen Anatoli Karpow	5	4	15	

Partien- und Eröffnungsverzeichnis